KB211067

전도제자와
복음의 비밀

전도제자의 산상복음

전도제자의 산상복음

조상용 지음

에페코북스

하나님이 원하시는 일 그 속에 있는...

저자 조 상 용 목사

• 광주복음교회 담임(현)

예수님의 제자들이 예수님을 표방하지 않는다면 예수님의 제자들로서 가장 큰 잘못이다.

기독교 교회 안에서 누군가 어떤 분을 마음의 스승으로 삼는다면, 그 분의 사상이 성경적으로 옳기 때문이다. 우리의 사상 발판은 성 삼위 하나님이시다. 성 삼위 하나님을 알게 하는 것이 성경이다. 이 성경의 사상을 정확하게 살펴서, 나로 하나님이 원하시는 곳에 있게 하며, 하나님이 원하시는 일에 뛰어들게 하고, 하나님이 원하시는 사람들 속에 있게 하면서 세상에 절대 필요한 인생을 살도록 끌어 준 어떤 분이 있다면, 모두가 다 그런 분을 스승으로 섬기는데 망설임이 없을 것이다.

그리고 참된 스승의 길에 동참하는 제자라면, 그 스승의 사상이 자신의 사상이 되기에 당연히 사상이나 글들이 표방될 수밖에 없다. 그런 의미에서 [류 광수] 목사님은 나에게 스승이다. 나 스스로 그것을 영광으로 여기는 것은, 그분이 하나님이 원하시는 일을, 하나님이 주신 성경의 방법으로 가장 쉽고 정확히 가르쳐 주기 때문이다.

30년이 지나는 동안, 그 분 아래 전 세계에서 제자들이 일어났지만, 지금까지 하나님이 사용하시는 그 자리에서 벗어난 적이 없는 모습이 나에게 든든함이 된다. 그분에게서 증언되는 복음의 진수들도 처음부터 변함 없는 겸비함에서 나오고 있다.

기왕에 하나님이 주신 은혜라면, 이로 전 세계에 복음 선교의 순환기를 허락하소서!

한 세대가 지나가기 전에, 한국과 세계에 복음을 사랑하고 참 전도운 동이 일어나기를 원하는 신학도들과 하나님의 사람들이 이 복음 전도 운 동을 연구의 대상으로 삼을 것으로 예상된다. 그렇다면 한국교회의 큰 축 복이다.

하나님이 내 인생에서 주신 가장 큰 응답이 류 목사님과 만남이다. 나 는 스승의 사상을 따르고 스승의 사상은 성경적이기 때문에 모든 나의 글 이 스승의 사상에 영향을 받은 것이다. 단지 나의 모든 것이 스승의 깊이 에 미치지 못하기 때문에 그 사상을 부분적으로나마 곡해하여 오해를 불 러올 소지가 있다. 그것은 나의 잘못이고 나의 부족함 때문임을 밝힌다.

참고로 독자들이 성경을 찾아 읽고 확인하는 일이 번거로운 일이 되어 버린 관계로 해당되는 성구들을 될수 있는 대로 다 기록해 놓았다.

이 책을 위해서 세심한 지도를 해 주신 [나용화] 박사님께 감사드리며, 아울러 출판을 맡아주신 「에페코북스」 대표 [박정자] 권사님께도 감사를 드 리며, 잔일을 도맡아 처리해 준 [백미영] 전도사님에게도 고마움을 표한다.

이 책을 읽는 모든 분들에게 그리스도 안에 있는 지혜와 지식의 보화 가 감추어져 있는 곳으로 들어 가는 단초(端初)가 되기를 기도 한다.

2020년 8월 10일
목양실에서

산상수훈을 귀로 듣고 가슴에 새기다

신학박사 **나 용 화**

• 전 개신대학원대학교 총장
• 현 렘넌트신학연구원 석좌교수

지난 30여년 예수 그리스도와 그분의 복음에 사로잡혀 살아온 광주복음교회 조상용 목사님이 기어코 책을 한 권 썼습니다. 『전도제자의 산상복음』입니다.

그동안 세계적으로 유명하다는 신학자와 목사님들께서 예수님의 산상수훈을 깊이 있게 신학적으로 책들을 써냈습니다. 또한 좋은 주석들도 있습니다. 그런데 광주 한 모퉁이에서 목회하는 조상용 목사님이 예수님의 산상수훈에 관해 감히 책을 써냈습니다.

조 목사님은 유명하다는 신학자나 목사님들과는 다르게 복음의 전도제자로서 산상수훈을 눈으로 읽고 귀로 듣고 가슴에 새기고 발로 뛰어 전했습니다. 이는 예수님이 산상에서 말씀을 가르치실 때 전도를 위해 부르신 자기의 제자들에게 입을 열어 명하셨기 때문입니다.

예수님의 산상수훈은 전도제자의 눈과 귀와 가슴으로 들어야 마땅합니다. 전도제자라야 그분의 산상수훈을 제대로 듣고 깨달을 수 있습니다.

조상용 목사님이 쓰신 『전도제자의 산상복음』은 책 제목이 밝히 말하듯이, 전도제자가 썼습니다. 전도 제자라야 심령이 가난합니다. 죽어가는 영혼들을 보며 슬퍼합니다. 전도 제자는 마귀에 사로잡힌 자들을 구원하고자하기에 그들에게 온유합니다. 예수 그리스도의 나라를 위해 전도 제자는 그리스도 십자가의 피의 복음으로 화평케 합니다. 전도 제자는 하나님 나라와 그분의 의의 복음 때문에 박해를 받습니다.

전도 제자의 귀로 예수님의 산상수훈을 듣는 복을 함께 누리고 싶어서 이 책을 기쁨으로 추천합니다.

"주 예수님, 큰 영광을 받으소서!"

2020년 8월 10일

Contents

1부

영접과 구원

예수께서 이 말씀을 마치시매 무리들이 그의 가르치심에 놀라니
이는 그 가르치시는 것이 권위 있는 자와 같고
그들의 서기관들과 같지 아니함일러라(마7:28-29).

제1장

전체 서론
(마 16:16)

> "시몬 베드로가 대답하여 이르되 주는 그리스도시요
> 살아 계신 하나님의 아들이시니이다"(마 16:16).

1. 역사적 배경

　신약시대가 시작되기 전 중간기의 팔레스틴의 역사적 배경은 세 부분으로 나눌 수 있다. 첫째는 헬레니즘이며, 둘째는 유대교이고, 셋째는 로마의 제국주의이다. 유대교는 기독교의 뿌리가 되었고 헬레니즘도 긍정적인 면에서는 기독교가 성장할 수 있는 지적 토양의 역할을 하였다. 헬레니즘은 지적토양이 되긴 했어도 언제나 기독교 사상의 경계의 대상이었다. 로마제국은 기독교가 성장할 수 있는 환경이 되었다. 그러나 초대교회 전도 제자들은 복음의 능력으로 그것들을 뛰어넘어야 했고, 또 뛰어넘었다. [헤라클리토스][1]의 로고스개념이 [필로]에 의해 기독교 로고스개념으로 이해되기도 했고 플라톤의 '지식은 구원이며 죄는 무지'라는 이원론은 기독교 복음을 크게 변질 시키는 영지주의[2]와 신플라톤주의[3]를 확산시켰다.

　이 철학적 영역에서 에피큐리안주의가 나타났는데, 세계는 원자(原子)가 우연히 결합되어 형성된 것이라 하여 진화론의 고대사상이 되었다. 그

---

1) 헤라크리토스(Heraclitos, BC 540-480) : 철학자, 만물의 원소는 불이라고 주장함.
2) 영지주의(Gnosticism) : 영적지식으로 구원얻는 다고 주장한 1세기의 종교 혼합주의
3) 신프라톤주의(Neoplatonism) : 헬라의 이원론 사상.

리고 스토아철학[4]이 사도행전에서 에피큐리안[5]과 함께 성육신 교리를 부정하는 이단으로 경계 대상이 되었다.

당시 유대교는 근원적으로는 모세로부터 시작되었지만 실제적으로 유대교는 [에스라]로부터 시작 되었다 해도 무방하다. 유대교에는 세 종파가 있었는데 첫째 [바리새파]로 예수님 당시 약 6000명이 활동했고 그들은 당시 사두개파나 헬라주의자들과는 스스로 분리된 집단으로 자처했다. 둘째 [사두개파]는 마카비 때에 정치 활동한 권력층으로 제사장가문이나 귀족 지주들의 후손이었다. 바리새파보다 숫자는 적었고 바리새주의 초자연적 교리에 비해 사두개파는 세속주의자들로 죽은 자의 부활을 부인했다. 셋째로 [에센파]로 약 400명이 활동했으나 사해서쪽광야에 본거지를 두고 있어서 쿰란 공동체와 밀접한 관계가 있는 것으로 본다. 그들은 부(富)와 혼인을 경멸하고 은둔생활을 하며 값진 사해사본을 만든 공동체이다. 넷째는 [서기관]과 [랍비]이다. 당시 오래전부터 글을 쓰는 직업적 서기관이 있었는데 신약에 나오는 서기관은 성격상 전혀 다르다. 그들은 신앙적 기능을 가진 자들이었다. 서기관으로 최초의 인물은 [에스라]이다. 느헤미야 8:9에 '제사장 겸 학사'라고 했고 스가랴 7:6, 10에 그는 '모세의 율법에 익숙한 학사'로 "에스라가 여호와의 율법을 연구하여 준행하며"라고 표현한다.

그래서 서기관이란 구약을 해석하며 가르치는 전문적인 사람을 말한다. 복음서에서는 그들을 [율법사]라고 부르고 또 [율법의 교사], 또 단순히[교사]라고 부르기도 한다. 이들을 부를 때 가장 많이 쓰이는 칭호는 [랍비]였다. 그런데 서기관 대부분이 바리새파에 속해 있었기 때문에 "바리새인의 서기관"(막 2:16) 또는 "바리새인 편에서 몇 서기관이 일어나"(행 23:9)라고 기록된 것이다.

---

4) 스토아철학(Stoicism) : 스토아철학은 주전 4세기부터 시작된 금욕주의 철학.
5) 에피큐리안(Epicurianism) : 주전 4세기부터 시작된 쾌락주의 철학.

2. 메시아에 대한 기대들

　'메시아'라는 말은 히브리어에서 유래하였으며, 이 말은 '기름부음을 받은 자'라는 의미를 가지고 있다. 이스라엘에서 왕이나 선지자, 또는 제사장과 같은 특별한 직분을 받을 때 기름을 부어 위임하였다. 헬라어로는 '그리스도'이다. 이 말은 신약에서 21회 사용되었다(마태-13회, 마가-6회, 누가-2회). 후에 신약 성경에서 '예수 그리스도'란 말이 사용되면서 '그리스도'란 말이 마치 고유 명사처럼 사용되었다. 그러나 '그리스도'란 말은 직분에 관한 단어이기 때문에 '그리스도이신 예수'라고 해야 한다. '예수 그리스도'라고 하면, 이것은 '예수는 그리스도이시다'를 의미한다. 구약에서 약속된 그리스도가 때가 차서 오신 분이 예수님이라는 점에서는 '그리스도 예수'이고, 신약에서 여자의 후손으로 오신 예수님이 구원을 성취한 그리스도라는 점에서는 '예수 그리스도'이다.

　장차 올 약속된 메시야와 메시아 시대에 대한 사상은 유대인들의 생각 속에 깊이 뿌리 박혀 있었다. 유대인들은 장차 임하게 될 메시아를 학수고대하였으나, 정작 메시아가 오셨을 때는 영접하지 않고(요 1:11) 오히려 반대하여 십자가에 못 박아 버렸다. 왜냐하면 메시아로 오신 예수님께서 그들이 생각해 왔던 메시아와는 전혀 달랐기 때문이었다. 그러면 그들이 기대하던 메시아란 어떤 의미였는가

1) 다윗 계통의 구원자였다.

　메시아에 대한 대망은 다윗 왕조의 건설과 그것이 영원히 지속될 것이라는 기대에서 출발하였다. 하나님께서는 [나단] 선지자를 통하여 성전 건축을 원하는 다윗에게 그가 성전을 지을 수는 없지만, 그 아들이 성전을 짓게 될 것이며 "네 집과 네 나라가 내 앞에서 영원히 보전되고 네 위가 영원히 견고하리라"(삼하 7:16)라고 하심으로 그의 왕위가 영원할 것임을 약

속해 주셨다. 그 후에 선지자들은 계속하여 이 언약을 반복하여 언급하였
다(사 11:1-10, 30:9, 33:15, 17, 22, 겔 37:24, 슥 12:8).

> 여호와의 말씀이니라. 보라 때가 이르리니 내가 다윗에게 한 의로운 가지를 일으킬
> 것이라 그가 왕이 되어 지혜롭게 다스리며 세상에서 정의와 공의를 행할 것이며 그
> 의 날에 유다는 구원을 받겠고 이스라엘은 평안히 살 것이며 그의 이름은 여호와 우
> 리의 공의라 일컬음을 받으리라(렘 23:5-6).

> 내가 한 목자를 그들 위에 세워 먹이게 하리니 그는 내 종 다윗이라 그가 그들을 먹이
> 고 그들의 목자가 될지라. 나 여호와는 그들의 하나님이 되고 내 종 다윗은 그들 중에
> 왕이 되리라 나 여호와의 말이니라(겔 34:23-24).

> 베들레헴 에브라다야 너는 유다 족속 중에 작을지라도 이스라엘을 다스릴 자가 네게
> 서 내게로 나올 것이라 그의 근본은 상고에, 영원에 있느니라(미 5:2).

초창기에는 장차 임하게 될 다윗 계통의 왕에 대한 기대가 단순하였다.
그 왕은 지혜와 놀라운 능력의 왕이 될 것이며, 그는 온유하고 의로운 왕일
것이다. 그래서 그의 시대는 이스라엘이 화평과 공의가 강같이 넘치며, 번
영이 지속될 것이라고 하였다. 이사야에 의하면 "흑암에 행하던 백성이 큰
빛을 보고 사망의 그늘진 땅에 거주하던 자에게 빛이 비치도다. 주께서 이
나라를 창성하게 하시며 그 즐거움을 더하게 하셨으므로 추수하는 즐거움
과 탈취 물을 나눌 때의 즐거움 같이 그들이 주 앞에서 즐거워하오니 이는
그들이 무겁게 멘 멍에와 그들의 어깨의 채찍과 그 압제자의 막대기를 주
께서 꺾으시되 미디안의 날과 같이 하셨음이니이다"(사 9:2-4). "이새의 줄
기에서 한 싹이 나며 그 뿌리에서 한 가지가 나서 결실할 것이요. 그 날에
이새의 뿌리에서 한 싹이 나서 만민의 기치로 설 것이요, 열방이 그에게로
돌아오리니 그 거한 곳이 영화로우리라"(사 11:1, 10). 예레미야 선지자도 예
언하기를 "나 여호와가 말하노라. 보라 때가 이르리니 내가 다윗에게 한 의
로운 가지를 일으킬 것이라. 그가 왕이 되어 지혜롭게 행사하며 세상에서

공평과 정의를 행할 것이며.."(렘 23:5)라고 이스라엘이 메시아 오심을 기대하게 했다.

호세아 선지자 역시 예언하기를 "그 후에 저희가 돌아와서 그 하나님 여호와와 그 왕 다윗을 구하고 말일에는 경외함으로 여호와와 그 은총으로 나아가리라"(호 3:5)고 함으로 다윗 계통에서 탄생할 이 왕이 장차 원수들을 멸망시키고 그의 백성을 고통 가운데 구원해 낼 것이고, 그는 예루살렘 성을 다시 거룩하게 정화시킬 것이며, 완전한 평화를 가져오게 될 것이라고 기대하였다. 유대인들은 지금까지도 이러한 메시아에 대한 소망을 간직하고 있다. 오늘날 회당에서 기도할 때는 속히 다윗의 보좌를 세울 수 있게 해 달라고 기도문을 낭송하고 있다.

2) 하늘의 구원자(하나님)로 기대했다.

성경은 곳곳에 하나님께서 직접 개입하셔서 만국을 심판하고 이스라엘을 구원하실 것임을 언급해 주고 있다.

> 여호와가 너의 형벌을 제하였고 너의 원수를 쫓아내었으며 이스라엘 왕 여호와가 너의 중에 있으니 네가 다시는 화를 당할까 두려워하지 아니할 것이라(습 3:15).

3) 구원자에 대한 생각이 신(神)에서 인간(人間)으로 바뀌었다.

메시아를 기다리다 지친 이스라엘은 영적인 환멸을 느끼고 타락하게 되었다. 그 와중에 그들의 메시아에 대한 기대가 이전보다 더 세속적으로 변화 되었다. 메시아에 대한 그들의 생각도 완전한 신(All God)이 아닌 인간 메시아로 많은 부분이 바꾸어 진 것이다.

4) 서기관들과 랍비들은 메시야가 장차 지상에 임하여 그의 영광을 다시 찾게 될 것이라고 생각하였다.

오는 메시아는 열국의 왕을 심판하실 것이며, 제 2의 출애굽을 일으키고, 메시아가 지금의 율법보다 더 완전한 새 율법을 주실 것이라고 생각했다. 또 어떤 사람들은 메시아가 이미 베들레헴에서 탄생하였고, 나타나지 않고 계시지만 때가 되면 장성한 모습으로 나타날 것이라고 생각하기도 했다. 그들의 메시아에 대한 윤곽이 두리뭉실했다. 그러나 어떤 메시아를 기대하고 있었던지, 정작 그들이 간절히 기다리던 메시아가 오셨을 때는 이상하리만치 그들은 메시아를 심히 배척했다.

3. 메시아 이전과 이후의 이중적 사건들 - '이미'와 '아직'

유대인들이 메시아를 기대하면서 가장 크게 관심을 기울였던 것은 '시간'에 대한 개념이었다. 그들은 시대를 '현세'와 '내세'로 구분시켰다. 하나님께서 직접 개입하시는 날, 즉 '여호와의 날'에는 현재의 모든 체제가 완전히 깨뜨려지고, 그 대신 '새 하늘과 새 땅'이 창조될 것으로 생각하였다.

그들은 그리스도가 오심으로 시작된 말세가 그의 재림으로 열리게 될 내세 간에 있는 상당한 시간적 간격을 생각지 못하였다. 그들은 메시아의 초림과 재림을 구별하지 않고 있었다. 초대교회가 깨달은 초림과 재림의 개념이 없이, 유대인들은 메시아가 오면 단순히 만국이 새롭게 되는 것으로 여겼다. 그들의 생각에는, 메시아가 오심으로 일어날 일들은 육신적이며 세속적이었으나 영적인 재림으로의 메시아는 생각을 못하였다. 그들에게는 메시아 오심으로 시작되는 천국의 이중성, 곧 '이미'와 '아직' 사이의 간격(間隔)을 생각하지 못한 것이다. 그들은 예수 그리스도의 초림으로 '이미' 시작된 말세(하나님 나라)와 그의 재림으로 열리게 될 '아직' 오지 않은 내세(새 하늘과 새 땅) 사이의 간격을 알지 못하였다.

이미 기다리던 메시아는 오셨다. 하나님의 직접 통치는 실현되었다. 그 증거로 메시아로 오신 예수님으로 말미암아 수많은 표적이 나타났다. 특히 구약에 드물던 귀신들이 갑자기 무수히 정체를 드러내고 그분의 명령에 쫓겨나가는 것은 하나님의 나라 도래의 가장 단순하면서도 직접적인 표적(Sign)이었다. 그러나 새 하늘과 새 땅은 아직 기다려야 한다. 이것은 메시아의 재림으로 되어 진다. 이 사실은 모세 시대 주어진 세 절기로 이미 말씀하신 것이었다.

> 너는 매년 세 번 내게 절기를 지킬지니라. 너는 무교병의 절기를 지키라 내가 네게 명령한 대로 아빕월의 정한 때에 이레 동안 무교병을 먹을지니 이는 그 달에 네가 애굽에서 나왔음이라 빈손으로 내 앞에 나오지 말지니라. 맥추절을 지키라 이는 네가 수고하여 밭에 뿌린 것의 첫 열매를 거둠이니라. 수장절을 지키라 이는 네가 수고하여 이룬 것을 연말에 밭에서부터 거두어 저장함이니라(출 23:14-16).

이 절기의 명령은 광야 즉, 그들이 농사를 지을 수 없는 곳에서 지키라는 명령이었다. 그렇다면 이는 영적으로 접근을 했어야 함이 옳다. 유월절(무교절)은 그들이 양의 피를 바를 때 노예 생활이 끝난 것을 기념하는 것이며, 맥추절(오순절)은 해방 받은 언약의 백성들을 광야에서 인도 보호하신다는 약속이며, 수장절(장막절)은 언약의 백성들이 가나안을 정복하게 하신다는 언약이다. 이 절기들은 메시아의 절기이다.

유월절은 메시아된 예수께서 어린양으로 십자가를 지신 것으로 성취되었고(요 1:29), 오순절은 메시아께서 약속하신대로 성령의 강림으로 성취되었다(행 2:1). 또한 수장절은 메시아가 다시 오심으로 성취될 것이다(행 1:9-11). 다시 말하면, 유월절은 십자가로 성취 되었고, 오순절은 성령강림으로 언약이 성취 되고 있고, 수장절은 메시아의 재림으로 성취될 언약이 된다. 유월절은 메시아의 과거 사역이며, 오순절은 메시아의 현재사역이며, 수장절은 메시아의 미래 사역이라고 할 수 있다. 그러면서도 모든 인간 개인에게 그 언약의 절기는 언제든지 살아있는 생명의 진행이 된다. 메시아(그리스도)는 어제나 오늘이나 영원토록 동일하시기 때문이다(히 13:8).

여기서 유대인들은 성령을 통한 복음 전파의 시기 즉, 이 땅의 모든 족속에게 메시아의 오셨음의 소식을 전파하여 하나님께 돌아올 수 있도록 심판을 늦추고 계시는 하나님의 기다리심을 불필요한 것으로 여기는 어리석음에 빠져 버린 것이다.

> 이런 일을 행하는 자를 판단하고도 같은 일을 행하는 사람아, 네가 하나님의 심판을 피할 줄로 생각하느냐 혹 네가 하나님의 인자하심이 너를 인도하여 회개하게 하심을 알지 못하여 그의 인자하심과 용납하심과 길이 참으심이 풍성함을 멸시하느냐 (롬 2:3-4).

> 만일 하나님이 그의 진노를 보이시고 그의 능력을 알게 하고자 하사 멸하기로 준비된 진노의 그릇을 오래 참으심으로 관용하시고 또한 영광 받기로 예비하신바 긍휼의 그릇에 대하여 그 영광의 풍성함을 알게 하고자 하셨을지라도 무슨 말을 하리요 (롬 9:22-23).

유대인들은 또 '여호와의 날'에는 이전에 승천했던 [엘리야]가 메시아의 길을 예비할 자로 다시 와서 메시아의 오심을 선포할 것이라고 하였고 그는 이스라엘 전국에 대대적인 회개 운동을 일으킬 것이라고 하였다.

> 만군의 여호와가 이르노라 보라 내가 내 사자를 보내리니 그가 내 앞에서 길을 준비할 것이요 또 너희가 구하는 바 주가 갑자기 그의 성전에 임하시리니 곧 너희가 사모하는바 언약의 사자가 임하실 것이라(말 3:1).

> 보라 여호와의 크고 두려운 날이 이르기 전에 내가 선지자 엘리야를 너희에게 보내리니 그가 아버지의 마음을 자녀에게로 돌이키게 하고 자녀들의 마음을 그들의 아버지에게로 돌이키게 하리라 돌이키지 아니하면 두렵건대 내가 와서 저주로 그 땅을 칠까 하노라 하시니라(말 4:5-6).

정경에 속하지 않는 책들도 말세의 극한혼란을 말하며 우주의 물리적인 붕괴 현상과 개인적인 인간 관계가 무너진다고 기록하고 있다. 메시아 시대가 개막될 때에는 심판이 임할 것이라고 말한다. 그 책들은 정경의 다음과 같은 구절들을 인용하여 메시아를 말한다.

만군의 여호와가 이르노라 보라 용광로 불같은 날이 이르리니 교만한 자와 악을 행하는 자는 다 지푸라기 같을 것이라 그 이르는 날에 그들을 살라 그 뿌리와 가지를 남기지 아니할 것이로되 내 이름을 경외하는 너희에게는 공의로운 해가 떠올라서 치료하는 광선을 비추리니 너희가 나가서 외양간에서 나온 송아지 같이 뛰리라 (말 4:1-2).

그리고 메시아가 오신 이후에는 모세 시대와 관련해서 이스라엘 백성들이 한 곳으로 모이게 될 것이라고 하였다. 유대인들은 오랫동안 근동 각처에 흩어져 살아야만 했으며, 때로는 고국으로부터 추방되어 쫓겨 가기도 하였다. 또 스스로 이민을 가야할 때도 있었다. 그러나 메시아가 올 때는 모든 유대인들이 이스라엘, 특히 예루살렘으로 모이게 될 것이며 이때에는 이방인들까지도 그들이 고국으로 귀환하는 일을 도울 것이라고 했다. 당연히 유다와 이스라엘은 하나가 될 것이라고 했다.

여호와께서 열방을 향하여 기치를 세우시고 이스라엘의 쫓긴 자들을 모으시며 땅 사방에서 유다의 흩어진 자들을 모으시리니(사 11:12).

그 날에 큰 나팔을 불리니 앗수르 땅에서 멸망하는 자들과 애굽 땅으로 쫓겨난 자들이 돌아와서 예루살렘 성산에서 여호와께 예배하리라(사 27:13).

또한 메시아 시대에는 전쟁이 그치고, 온 세계에 평화가 있게 될 것이라고 하였고(암 9:13, 사 29:17, 32:15, 35:1, 욜 3:18, 사 2:4 11:9, 미 4:1-4, 슥 9:10). 인간과 동물 사이에 새로운 관계가 이루어지고, 대적하는 일들이 사라지게 되며(사 11:6-9, 65:25, 호 2:18), 모든 고통과 사망이 사라지게 되고(렘 31:13, 33:24, 35;10, 65:20-22), 하늘로부터 만나가 다시 내려오게 될 것이며,

메시아 시대가 개막될 때에 죽은 자의 부활이 이루어지게 될 것이라고 말하고 있다.

> 사망을 영원히 멸하실 것이라 주 여호와께서 모든 얼굴에서 눈물을 씻기시며 자기
> 백성의 수치를 온 천하에서 제하시리라 여호와께서 이같이 말씀하셨느니라. 그 날에
> 말하기를 이는 우리의 하나님이시라 우리가 그를 기다렸으니 그가 우리를 구원하시
> 리로다 이는 여호와시라 우리가 그를 기다렸으니 우리는 그의 구원을 기뻐하며 즐거
> 워하리라 할 것이며(사 25:8-9).
>
> 땅의 티끌 가운데에서 자는 자 중에서 많은 사람이 깨어나 영생을 받는 자도 있겠고
> 수치를 당하여서 영원히 부끄러움을 당할 자도 있을 것이며 3) 지혜 있는 자는 궁창
> 의 빛과 같이 빛날 것이요 많은 사람을 옳은 데로 돌아오게 한 자는 별과 같이 영원토
> 록 빛나리라(단 12:2-3).

4. 복음서의 핵심 - 마태복음 16장 16절

예수님이 약속된 메시아 즉, 그리스도라고 소개한 성경이 복음서이다. 구약의 히브리어 '메시아'에서 신약의 헬라어 '그리스도'로 어휘도 달라진다. 예수님 당시 사회적 배경을 유대 종교와 유대민족주의가 그 어느 식민 지역 보다 뚜렷이 유지 되고 있었고 그러면서도 로마의 속국으로 로마의 법치 아래 있었다. 또한 로마제국 자체가 이전의 헬라의 모든 문화와 철학 사상을 수용하였다. 당시의 언어도 헬라어가 국제 언어로 통했다. 이 배경에서 예수님을 소개하는 복음서 기자들도 각각 일차적 수신 대상들을 구분했다.

마태의 일차적 수신자들은 유대인들이었다. 그는 그리스도라고 하는 예수님이 오셨는데 다윗 왕의 혈통으로 오신 것을 증언한다. 그래서 '그분

은 다윗의 자손이고 아브라함의 자손이다'(마 1:1)고 하여 처음부터 왕의 족보를 소개했다. 그의 복음서는 유대적 색채가 짙다.

마가의 일차적 수신 대상은 로마인이다. 마가는 로마인에게 맞는 간략한 전기체(傳記體)로 로마인의 눈으로 볼 때 예수님은 처음부터 동족의 모함을 받아 공격당하고 도살장의 어린양과 같이 묵묵히 십자가를 지고 가서 형틀에 못질 당하는 고난의 종으로 보게 되었다.

누가의 일차 대상은 헬라인이다. 누가는 의사로 헬라인이며 사도행전을 이어서 기록했다. 누가복음의 특징은 서정적 문학 작품들로 가득차 있는 아름다운 회화(繪畫)적 정서를 보인다. 선한 사마리아인 이야기(눅 10:25-37), 100마리 양 중에 잃은 양 한 마리(눅 15:1-17), 돌아온 탕자(눅 15:11-32), 부자와 나사로(눅 16:19-31), 삭개오 이야기(눅 19:1-10)와 엠마오로 가는 제자 이야기(눅 24:13-35)들은 세상의 어느 것도 견줄 수 없는 문학 작품이다. 누가는 예수님이 헬라의 철학적 스승들을 능가하는 참 스승이요 참 선지자로 소개한다.

요한은 유대, 로마, 헬라 전체를 일차 대상으로 하여 예수님이 '육신을 입으신 하나님' 되심을 증거 한다(요 1:14). 그래서 요한은 처음부터 예수님은 말씀이시고, 하나님이시고, 창조주이시고, 생명이시고, 빛이시라고 소개하는데 요한은 그의 책으로 하나님만 하실 수 있는 이적들을 소개하면서 그 기적(奇蹟,Miracle)이 의미하는 표적(表迹,Sign)을 거의 각 장마다에서 기록하고 있다. 예를 들면 오병이어의 기적은(요 6:1-71) 기적자체의 기술은 1절부터 15절 까지 할애하지만 그 기적의 의미를 설명하는 데에는 22절부터 71절까지를 하고 있다. 이것이 전자는 기적(Miracle) 자체이고, 후자는 표적(Sign) 즉, 기적으로 나타내고자하는 의미이다. 그것은 이 기적으로 예수님 자신이 예언된 참 생명의 떡이요 그리스도라는 것을 가르치는 목적에 기적의 의미가 있는 것이다. -요 6:48 내가 곧 생명의 떡이니라.-

그렇다면 예수님이 세상에 오신 궁극적 목적은 굶주린 사람을 먹이고 가난한 사람을 돌보기 위해 오신 것이 아니다 라는 사실을 분명히 숙지할 수 있게 된다. 물론 그리스도인의 삶이 도움이 필요한 세상에 도움을 베푸는 것이 당연한 상식이다. 그러나 예수님의 오신 목적은 그리스도의 일이었다. 만약 배고픈 자를 먹이는 일로 오셨다면, 예수님을 따르는 자들이 조금 후에 다시 배고팠을 때 또 먹이셔야 했을 것인데 더 이상 먹이지 않으셨다. 왜냐하면 이미 자신이 그리스도이심을 기적으로 나타내 보이셨기 때문이다. 그 다음은 따르는 자들의 선택이요 따르는 자들의 믿음이다.

이 일은 요한이 11장에서 또 들어낸다. 나사로가 병들어 죽어가고 있었다. 그의 여동생들이 예수님께 기별했다. 그러나 예수님은 바로 달려가지 않았다. 그 남매들을 사랑하사 한 번도 거절하신 적이 없으셨는데도 말이다. 그 이유는 예수님을 바라보는 모든 사람들을 위해서라고 하셨다(요 11:4-15). 그리고 제자들을 데리고 가서 무덤에 이미 장사된 나사로를 불러 내신 것이다(요 11:43). 만약 예수님이 병든 자들을 고쳐주러 오셨다면 나사로 뿐 아니라 당시에, 최소한 그 주변에 있는 자들을 다 고쳐주고 살려 주어야 맞다. 그러나 그 기적으로 예수님이 '곧 부활이요 생명이신 그리스도라'는 사실이 증거 되었다. 이 일로 주님은 자신이 그리스도인 것을 세상에 알리신 것으로 목적을 이루셨다.

> 예수께서 이르시되 나는 부활이요 생명이니 나를 믿는 자는 죽어도 살겠고 무릇 살아서 나를 믿는 자는 영원히 죽지 아니하리니 이것을 네가 믿느냐 하셨을 때 마르다가 대답했다. 이르되 주여 그러하외다 주는 그리스도시요 세상에 오시는 하나님의 아들이신 줄 내가 믿나이다(요 11:25-27).

그 외에도 모든 사건에 대해 요한은 예수님이 하나님의 유일한 아들이시오, 바로 참된 하나님 자신임을 증언한다.[6]

그러므로 마태복음 16장 16절은 4복음서의 요절이 된다. 제자들을 부르신지 거의 3년이 지나왔을 때 「가이사랴 빌립보」에서 예수님이 질문하신다. "나를 계속 따라다니는 저 무리들이 나를 누구라 하느냐" 예수님이 몰라서 물으신 것이 아니고 제자들에게 자신이 그리스도이신 것을 '오직'으로 붙잡을 것을 가르치시려고 사람들의 생각을 제자들에게 먼저 주지시키시는 것이다.

이제 마태복음 16:16의 "주는 그리스도시오 살아계신 하나님의 아들이시니이다"는 사도 베드로의 고백으로 복음서가 정리 되었다. 예수님이 그리스도되시는 증언은 4복음서의 핵심이요 요약이다. '그리스도'라는 단어의 윤곽이 들어난 것이다. '기름부음을 받은 자'로써 마태를 통해서는 '만왕의 왕'이며, 마가를 통해서는 자신의 피로 영원한 제물을 드린 '십자가의 참 제사장'이며, 누가는 예수님이 '영원한 스승 참 선지자'이심을 증거 한다.[7] 요한은 '살아계신 하나님의 아들' 곧 '참 하나님' 이심을 밝히고 있다.

「가이사라 빌립보」에서 예수님을 쫓던 무리들이 예수님을 보는 관점으로는 세상을 살릴 수 있는 답이 되지 못하였다. 그들이 그렇게 열렬히 예수님을 쫓아 다녔으나 그들이 가진 답은 세례 요한(사회 운동)이나, 엘리야(신비주의), 예레미야(박애주의), 선지자들 중 하나(종교)였다. 예수님은 '자 봐라, 저 사람들이 나를 그렇게 생각하고 있다. 저들을 세상에 보내서 복음을 증거하게 할 수 있겠냐 너희는 나를 누구라 하느냐' 라고 했을 때 베드로가 대표로 고백했다. "주는 그리스도시오 살아계신 하나님의 아들이시니이다" 이것이 세상을 살리는 하나님의 유일한 답이었다.

하나님께서 인간의 능력이 필요한 것이 아니다. 제자들에게 능력이 필요하면 주께서 필요한 능력을 주시면 된다. 문제는 '답'이다. 하나님이 세

---

6) '독생자'로 번역하는 대신에 '유일한 아들'로 번역한다. 새 번역 사도신경 참고. /나용화 교수
7) '제사'로 사용 될 경우 그것은 조상숭배개념이 있고, 예수님은 친히 속죄의 제물이 되신 것이다. /나용화 교수

상을 살릴 수 있는 답을 주셨는데, 그 답을 가지고 있느냐 하는 것이다. 그 답을 가지고 있다면, 그 답이 '오직'으로 되었느냐 이것이 예수님의 의도였다. 그러므로 제자들에게 당장, 그리고 끝까지 필요한 것은 능력의 문제가 아니고, 세상을 살릴 유일하고, 완전하고, 영원한 답을 소유하는 것이다. 이 답을 가진 제자들이 세상에 나가서 증거할 때 그들이 당장, 또 영원히 필요한 능력을 주님이 주셨다.

> 그가 고난 받으신 후에 또한 그들에게 확실한 많은 증거로 친히 살아 계심을 나타 내사 사십 일 동안 그들에게 보이시며 하나님 나라의 일을 말씀하시니라 사도와 함께 모이사 그들에게 분부하여 이르시되 예루살렘을 떠나지 말고 내게서 들은 바 아버지께서 약속하신 것을 기다리라 요한은 물로 세례를 베풀었으나 너희는 몇 날이 못 되어 성령으로 세례를 받으리라 하셨느니라(행 1:3-5).

> 제자들이 감람원이라 하는 산으로부터 예루살렘에 돌아오니 이 산은 예루살렘에서 가까워 안식일에 가기 알맞은 길이라 들어가 그들이 유하는 다락방으로 올라가니.. 다 거기 있어 여자들과 예수의 어머니 마리아와 예수의 아우들과 더불어 마음을 같이하여 오로지 기도에 힘쓰더라(행 1:12-14).

> 오순절 날이 이미 이르매 그들이 다 같이 한 곳에 모였더니 홀연히 하늘로부터 급하고 강한 바람 같은 소리가 있어 그들이 앉은 온 집에 가득하며 마치 불의 혀처럼 갈라지는 것들이 그들에게 보여 각 사람 위에 하나씩 임하여 있더니 그들이 다 성령의 충만함을 받고 성령이 말하게 하심을 따라 다른 언어들로 말하기를 시작 하니라 (행 2:1-4).

이제 복음서의 핵심을 정리하면 이렇다. "주 나사렛 사람(예수님)은 그리스도시오 즉, 참 왕이시오(마태), 참 제사장이시오(마가), 참 선지자이시오(누가), 살아계신 하나님의 아들이시니이다(요한)" 이 유일하고 완전하며 영원한 답을 가지고 제자들과 초대교회는 당시의 거대한 장벽, 유대 민족 종교 사상과 로마의 힘과 모든 조직, 황제 숭배와 미신적 종교, 그리고 헬라의 소크라테스와 아리스토텔레스, 플라톤에 이르는 철학과 지식을 뛰어

넘은 것이다.

　사도 바울은 고린도에 보낸 편지에서 불신자에게나 신자에게나 우리는 하나님 앞에서 '그리스도의 향기'라 했다(고후 2:15) 또 너희는 '그리스도의 편지'라고도 하며 그 편지는 마음 판에 쓴 것이고(고후 3:3) 돌에 쓴 율법 조문이 아니고 영으로 써진 것이라 하며, 모세의 율법 조문은 죽게 하는 것이라 했다(고후 3:6-7). 모세의 얼굴의 영광을 감당할 수 없어 수건으로 모세의 얼굴을 가렸지만 그 수건은 그리스도 안에서 없어질 것이고, 주는 영이시니 주의 영이 계신 곳에는 자유함이 있다고 했다(고후 3:14-17). 그러면서 만일 복음이 가리웠으면 망하는 자들에게 가리어진 것이고, 복음은 그리스도의 영광의 광채요 우리는 우리를 전파하는 것이 아니라 오직 그리스도 예수의 주되신 것과 그 분의 종된 것을 전파한다고 했다(고후 4:3, 5).
　전도제자의 체질은 질그릇 속의 보배처럼, 그리스도로 채워진 복음의 체질을 말한다. 그래서 누구든지 그리스도 안에 있으면 새로운 피조물이라 하고 이전 것은 지나가고 새것이 되었다(고후 5:17)고 한다.

제2장
산상수훈 서론
(마 7:28-29)

"예수께서 이 말씀을 마치시매 무리들이 그의 가르치심에 놀라니
이는 그 가르치시는 것이 권위 있는 자와 같고
그들의 서기관들과 같지 아니함일러라"(마 7:28-29).

1. 산상수훈의 성격

[아더 핑크](Arthur W. Pink, 1886-1952)는 그의 저서 산상수훈의 서론 중에서 주님의 가르침의 대상이 된 사람들은 구원을 받은 사람들인가 구원을 받지 못한 사람들인가에 대해서 양극단이 있어 왔다고 말했다. 그 자신은 개인적으로 산상설교가 그리스도의 모든 말씀 사역의 대요(大要)이며 예언이며 모든 가르침의 전반적인 대의(代議)를 요약한 것이라고 했다. 그는 대상에 관하여 유대인에게만, 이방인에게만, 하나님의 교회에게만이라 하며 구분 짓는 것은 바르지 않다고 말한다.

그는 하나님의 말씀을 인간의 생각으로 제한하지 않도록 조심할 것을 지적하면서 4복음서 전체에서 예수님의 가르치심을 말하는데, 첫째로 예수님의 가르치심은 특별히 고통당하는 하나님의 백성에게 적용되며, 둘째로 그리스도와 가까운 제자들과 관계가 있고, 셋째로 사람들 모두에게 전체적으로 관계가 있다고 한다.

산상설교 역시 첫째로 처음 부분(8복)은 분명히 영혼의 고통을 당하는 자에게, 즉 하나님 앞에서 심한 연단을 받고 있는 자들에게 말씀하신 것이

고, 둘째로 그 다음 부분은 주님의 사역자들과 관계된 것이며, 셋째로 대부분은 율법의 영성을 면밀히 설명하고 있고, 유대교 장로들의 그릇된 가르침을 논박하시면서 모든 사람들을 위하여 말씀하신 것이라 한다.

그는 또한 그리스도께서 회개를 주장하심으로써 공적 사역을 시작하셨으며(마 4:17) 회개와 그 열매에 대해 가르쳐 주시면서 여러 가지 방법으로 중요한 주제를 설명하셨다고 한다.

아더 핑크는 '산상설교는 전반적으로 강력한 실천적인 설교이다'라고 한다. 산상수훈에는 믿는 자들이 선하고 정직하며 축복된 생활을 하는 것이 준비되어있고 그 속에는 믿지 않는 자들을 위한 것도 적지 않게 준비되어있다고 한다. 핑크는 특히 그 나라의 영적인 본질과 그 나라에 들어가 그 나라의 특권을 누리는 자들의 특성에 대해서 자세히 설명하신다고 했다.[8]

[존 스토트](J. W. Stott,1921-1011)는 그의 저서 산상수훈 강해에서 이 산상수훈은 사람들이 가장 이해하지 못한 부분이며, 또 가장 순종하지 않는 부분이기도 하다고 한다. 산상수훈은 예수님의 선언서이며 예수님을 따르는 사람들이 어떤 사람이 되기를 원하시는지, 어떻게 행동하기를 원하시는지를 설명하신 것이라고 한다. 예수님의 산상수훈은 '기독교적 대항문화'(Christan counter-culture)라고 표현했다. 이 산상수훈이야말로 현대사회에 주는 도전을 가장 분명히 잘 나타낸다고 하였다.

교회가 세상에 순응하고 사람들 눈에 교회라는 공동체가 세상이라는 공동체와 다를 것이 없어 보인다면 교회는 자신의 참된 정체성을 부정하고 있는 것이라 하면서 '너도 다른 사람과 다를 바 없어'라는 평가를 받는 것은 그리스도인에게 가장 큰 수치가 된다고 했다.

그는 성경전체에서 들어난 본질적 주제는, 하나님 자신을 위해서 그

---

8) 아더 핑크(Arthur W. Pink),『산상수훈강해 』,지상우역, 크리스천 다이제스트, pp11-15

백성을 불러내는 것이 하나님의 역사적 목적이고, 이 백성은 세상과 구별되어야 하나님께 속하며, 그 분께 순종하는 거룩한 백성의 소명은 자신의 정체성에 충실한 것, 즉 모든 견해와 행동이 '거룩한' 또는 '다른' 존재가 되는 것이라고 말한다. 그리고 이것이 산상수훈을 이해하는 배경이라는 것이다.

예수님은 세례를 받고 시험받으신 직후, 구약의 오랜 세월 약속되었던 하나님 나라가 바야흐로 시작된다는 소식을 알리고, 예수님 자신이 그 일을 시작하러 오셨다고 했다. 그래서 새 시대가 열렸고 하나님의 통치가 역사 속으로 들어왔다고 한다.

스토트는 예수님이 "회개하라 천국이 가까이 왔느니라"(마 4:17)고 외치셨고, "온 갈릴리에 두루 다니사 그들의 회당에서 가르치시며 천국 복음을 전파"하셨다는 맥락에서 산상수훈을 보아야한다고 말한다. 이 가르침은 하나님나라에 속한 회개와 의를 묘사 한다고 하며 스토트는 산상수훈이 인간의 삶과 공동체가 하나님의 은혜로운 통치아래 있을 때 어떤 모습인지를 말해준다는 것이다.

스토트가 보기에는 산상수훈의 핵심이 '그들을(바리새인과 서기관들) 본받지 말라'(마 6:8)에 있다고 보고, 그것의 근거는 '너희는...의 풍속을 따르지 말라'(레 18:3)는 말씀에 있다고 했다. 그는 산상수훈은 처음부터 끝까지 이 주제로 설명되어진다고 하면서, 하나님의 백성들은 어두움이 가득 찬 세상에 등불처럼 빛나야하며, 그들의 의(義)는 윤리적으로나 종교적 헌신에서나 서기관들과 바리새인의 의보다 더 나아야 했으며, 그들의 사랑은 이교도들 사랑보다 더 크고, 그들의 야망은 이교도들보다 더 고상해야 한다는 것이 산상수훈의 내용이라는 것이다.

스토트는 예수님이 제자들을 이방인이 아닌 유대인들과 대조시키시며, 이교도들이 아닌 하나님을 신앙한다는 종교적인 사람들, 특히 서기관들과 바리새인들을 대조시키신다고 하면서, 서기관들은 일정 기간 동안 교육을 받은 신학 교사들인 반면, 바리새인들은 신학자가 아니라 공동체안의 각층의 경건한 평신도 집단이라면서, 여기에 예수님의 가르침은 그리스도인들의 도덕을 서기관들의 윤리적 궤변과 대조시키고(마 5:21-48) 그리스도인들의 헌신을 바리새인들의 위선적 경건과 대조시키신다(마 6:1-18)고 한다.

그는 산상수훈은 신약 전체에서 기독교적 대항문화를 가장 완벽하게 묘사한 것이라고 했다. 이 모든 가르침은 비기독교 세계의 것들과 완전히 상충되며 이 기독교적 대항문화는 바로 하나님 나라의 삶이며, 실로 충만한 인격적 삶이지만 하나님 통치 아래 사는 삶이라고 했다.[9)]

[마틴 로이드 존스](Martyn Lloyd-Jones,1899-1981)는 그의 산상설교집 서론에서부터 장황하다. 그는 이 설교는 누구를 가르치기 위한 것인가에 대해서 상반되는 여러 주장들을 나열하면서 두 페이지를 활용해 세대주의자들의 주장을 반박한다. '세대주의는 예수님의 산상설교가 천국의 시작과 관계가 있는데 불행하게도 유대인들이 예수님의 가르침을 믿지 않았기에 주님이 천국을 세우실 수가 없었다. 이런 이유로 때늦은 방편으로 십자가의 죽음이 오게 되었고, 또 하나의 방편으로 교회의 세대가 오게 되었으며, 이 교회 세대 상태가 역사의 어느 시점까지 지속될 것인데, 그때에 주님이 천국을 가지고 재림하실 것이다.'라고 주장한다는 것이다.

그래서 세대주의자들은 주님이 다시 오실 때 다시 산상설교가 소개 될 것이고 산상설교가 천년왕국세대를 위한 것이라면 세대주의자들은 산상설교가 왕국시대의 천국의 법이기 때문에 그 어간의 성도들과는 상관이 없다는 것을 주장한다고 존스는 판단한다.

그러면서 존스는 주님은 분명히 우리 중에 계시고, 우리의 행할 것을

---

9) 『존스토의 산상수훈』, 정옥배역, 생명의 말씀사, pp8-15

말씀하시고 계시며, 주님의 산상설교는 당시부터 이후 끝까지 실천하도록 작정된 것이라고 했다.

그는 산상수훈의 교훈은 하나도 빠짐없이 신약의 서신들에서도 나타나고 있다고 한다. 모든 서신은 오늘날 모든 기독교인들을 위한 것인데 산상설교가 서신들과 일치 된다면, 산상수훈 역시 오늘의 기독교인들을 위한 것이라는 것이다. 산상설교는 구약의 계명인 '하나님을 사랑하고 우리도 서로 사랑하라'는 이미 주신 말씀을 정교화한 것에 지나지 않는다고 했다.

로이드 존스는 산상설교가 마태복음의 첫 머리에 놓인 것이 천국이라는 주제 때문이라고 하며, 마태는 특히 유대인들을 염두에 두고 썼으며 그런 이유로 마태는 천국을 강조하고 있다는 것이다. 그러면서 덧붙여 말하기를 그러나 그때의 유대인들은 거짓된 물질적 천국관을 가지고 있었고, 그들은 로마제국의 속박에서 구해줄 메시아, 즉 정치적 해방을 주시기 위해 오시는 분으로 기대했다고 한다. 이런 속에서 마태는 천국에 대한 본질을 영적인 것으로 설명하려고 했다는 것이다. 그래서 천국은 '여기에.., 저기에'가 아닌 기독교인들의 삶의 현장에 지금 이미 시작되어 있는 것으로, 천국이 사람의 마음과 정신 및 행동을 지배하고 조정한다는 것이다.

존스는 '이렇게 살아라 그래야 기독교인이 될 것이다'라는 교훈이 아니라 '너희가 기독교인이니까 이렇게 살아라'는 것이라고 했다. 그래서 본 가르침대로 살려고 한다면 예수님을 바라봐야 한다. 예수님께서 우리로 천국 삶을 살도록 하시고, 우리를 깨끗하게 하사 선한 일에 열심 하는 친 백성이 되도록 만들기 위해서 십자가위에서 죽으신 것이라는 것이다. 그는 주님의 죽으심은 우리가 지금 산상수훈대로 살 수 있도록 하는 것을 의미한다고 했다. 그는 또 이 수훈을 실천하면 할수록 더 많은 축복을 체험한다고 하면서 '만일 생활의 능력을 얻으며 축복받기를 원할 진데 산상수훈으로 곧바로 가십시오.'라고 했다.

존스 목사는 전도의 최선의 수단이 산상수훈이라고 했다. 이유는 오늘의 세계는 참된 기독교인을 찾고 있고, 절실히 요구하고 있기 때문이라고 한다. 그는 오늘의 교회가 해야 할 일은 전도 팀을 조직하여 외부 사람들을 끌어드리는 일이 아니라 교회 자체가 기독교인들의 삶을 다시 살아야 한다고 말하는 것을 주저하지 않겠다고 한다.[10)]

산상수훈은 예수님이 공생애 시작 때 산에서 집중적으로 주신 가르침을 모아 놓은 것이다. 예수님이 무리를 보시고 산에 올라가 앉으시니 제자들이 나아왔으며 "...입을 열어 가르쳐 이르시되"(마 5:1)로 시작하시고 "이 말씀을 마치시매 가르치심에 심히 놀라니..."(마 :28)라는 무리들의 반응으로 끝맺어져 있다. 그리고 그 가르침에 대한 평가를 청중들에게 맡겼는데 청중들은 "그 가르치심에 권위가 있고 그들의 서기관들과 같지 않다"(마 7:29)고 놀라워했다.

여기서 "그 가르치심에 심히 놀랐다"는 '경악하다' '소름 끼치다'는 뜻이다. 그들은 예수님의 가르치심에 압도되어 정신을 잃고 그 충격이 한동안 지속되는 경험을 한 것이다. 또 고전 헬라어 의미는 '강화하여 내쫓는' 의미가 있어 그들 속에 평생 자리 잡고 있었던 서기관들의 올무가 복음으로 몰아내지는 상태의 해방감을 말한다. 이런 경외와 놀람의 이유는 무엇이었을까 그들의 서기관 때문이었다. 백성들은 서기관 뿐 아니라 바리새인들과 대제사장, 장로들로 인하여 수백 년 동안 통제받고, 엄포에 가까운 지시를 받고 살아왔다. 저들 서기관들의 지시는 말씀 그대로가 아닌 율법을 추론해서 만들어낸 전통까지도 법규를 세워서 하나님을 제대로 섬기고자하는 백성들의 어깨를 심히 무겁게 했고, 그들의 가르침은 하찮은 문제에서까지 백성들에게 부담을 주고 인생을 낭비하게 했다.

---

10) 마틴 로이드존스, 『산상설교집(상)』, 문창수역, 정경사, pp13-21

그들은 하나님이 주시는 선민의 행복을 빼앗아갔다. 그들의 가르침은 청중들에 대한 사랑, 이해가 결여되어 뽑혀진 나무처럼 생명 없는 설교를 했으며, 또한 항상 율법의 본질에서 벗어나 자기들이 만든 구전(口傳)을 상황에 맞추어 가르쳤다. 그러나 예수님은 자신이 진리셨고, 진리를 들어내셨다. 항상 생명과, 죽음과 영원의 문제를 제시하셨다. 예수님의 가르치심은 단순하지만 체계가 있었고 구체적 실례를 사용하여 듣는 자들로 하여금 호기심을 불러 일으키셨다(마 5:13-16, 6:26-30, 7:24-27 등).

예수님은 하늘에 계신 아버지의 사랑을 전달하여 청중들을 영원한 행복의 바다로 초대하셨는데, 예수님의 메시지는 바로 아버지의 마음과 생각에서, 말씀이 되시는 자신의 존재에서 흘러나온 메시지였다(마 5:17). 그 결과 청중들은 생수의 근원 되시는(렘2:13) 전능자로부터 흘러나오는 영생하도록 솟아나는 물을 마시며 행복의 근원을 찾아 들어갔다.

2. 유대 서기관들과의 충돌

인쇄기술이 발달하기 시작한 15세기 이전에는 성경을 가까이 접한다는 것은 대단한 특권이었다. 이때 성경을 가까이 접하고 필사한 것은 서기관들이었고 그들은 구약의 율법 외에 구전으로 모아진 탈무드의 해석자이며 필사자였으며 교사였다. 그래서 그들은 지도자로 추종을 받았다. 초기에는 서기관이 제사장의 역할도 함께 담당했다. 바벨론 포로 후 성전이 재건 될 때는 제사장 임무가 다양해짐에 따라 겸직이 힘들게 되었고 두 직분이 각각 분리 되었다. 서기관은 오랜 훈련을 거쳐 자격을 취득하였는데 포로 후 당시 대표적 인물이 에스라였다(스 7:6).

이후 신구약 중간시대 율법과 회당의 중요성이 커지자 성경학자 계급이 나타났다. 이들이 율법을 해석하고 율법을 수호하고 백성들에게 가르치는 일을 맡았다. 이들은 누구보다 백성들의 섬김을 받았고, 거기에 따라 지위나 부(富)도 누렸다. 그들은 백성들에게 율법만 아니라 전통(傳統)까지 율법인양 가르쳤다. 율법에 조목조목 행동 양식을 만들어 백성들을 가르 쳤는데 로마 시대에 와서는 그 백성들을 심히 괴롭히는 올무가 되었다.

신약시대에 들어서자 서기관들은 제사장, 장로들과 함께 산헤드린 공 의회 구성원이 되었다(마 16:21). 사두개파는 주로 제사장직을 독점했고, 서기관은 주로 바리새파에서 나왔다. 그래서 서기관은 제사장들도 있었고 바리새인으로서 서기관으로 활동하는 사람들도 있었다.[11]

에스라 시대 이후 5백년이 흐르는 중에 모든 기득권을 이들 서기관, 바 리새인, 제사장들이 독식을 했다. 당연히 백성들은 영적, 육적, 정신적으 로 매말랐다. 백성들은 소망이 전혀 없었고 그냥 포기한 채로 살아갔다. 그들은 로마의 정치적 괴로움, 경제적 억압, 바리새인, 서기관, 제사장들 의 과도한 욕구를 채워주는 도구에 불과한 존재일 뿐이었다.

이 때 예수님의 가르치심이 시작된 것이다. 이 처음 집중(集中)식 가르치 심이 우리가 말하는 산상수훈이다. 여기에서 예수님의 가르치심은 그야말 로 충격적이었다. 백성들은 새로운 소망의 여명을 보았다. 예수님의 가르 치심은 저희 서기관들과 전혀 다른 그 무엇이 있었다. "예수께서 이 말씀을 마치시매 무리들이 그의 가르치심에 놀라니 이는 그 가르치시는 것이 권위 있는 자와 같고 그들의 서기관들과 같지 아니함일러라"(마 7:28-29). 백성들 에게 사라져버린 줄 알았던 희망의 빛줄기가 저 밑에서 살아나 꿈틀거리기 시작했다. 그래서 예수님을 기대하며 따라다니게 되었다.

예수님의 가르치심은 당연히 서기관, 바리새인, 제사장들과 충돌할 수 밖에 없었다. 서기관 무리들은 예수님의 가르침이 옳다고 판단했어도 그 들이 가진 기득권을 포기할 수가 없었다. 이후 그들은 예수님을 대적하기

---

11) 막 2:16 '바리새인들의 서기관'; 눅 5:30 '바리새인과 그들의 서기관'; 행 23:9 '바리새인 편에서 몇 서기관이 일어나..'

시작했고, 집요하게 예수님의 행적을 조사하면서 매사에 시비를 걸고 약점을 찾았다.

3. 산상수훈은 누구를 위한 것인가?

마태가 복음서를 기록한 때를 AD70년 예루살렘이 붕괴되는 시점으로 본다면 바리새인들과 서기관을 비롯한 기득세력이 가장 활발히 활동한 때 일 것이다. 당연히 예수님의 가르치심에 놀랄 수밖에 없다. [어거스틴] 이후로 마태복음 5장에서 7장까지를 산상수훈이란 말을 사용하기 시작했으나 전에는 마태복음 5장의 시작부분에 있는 '가르쳐'라는 단어와 7장의 끝에 있는 '가르치심에 놀라니'라고 한 것에 근거해서 예수님의 '디다케'로 불려졌다.

그런데 복음서는 '디다케'의 기록(교훈)이 아니다.[12] 복음서는 '케리그마'(복음의 말씀선포)이다. 예수님의 가르치심은 천국복음의 선포이다. 예수님의 대속(代贖)적 죽음과 부활을 통해 우리를 구원하셨다는 선포가 '케리그마'이며 '디다케'는 구원 받은 자들의 삶의 규범인 것이다.

그러므로 산상수훈을 적용하는 방법은 말씀의 흐름에 있는 것이다. 산상수훈 안에서 머물 것이 아니라 그리스도 되신 예수님의 그리스도 사역을 이루시는 흐름에서 살펴보아야 한다.

산상수훈이 누구를 위한 것인가 그 목적은 무엇인가에 대한 상반된 견해들이 있어 왔다. 먼저 사회복음주의 운동(social gospel Movement)의 견해이다.[13]

---

12) 본래 '디다케' 라는 책은 초대기독교 공동체를 위한 법규 모음집이었다.
13) 사회복음주의 : 19세기~20세기 초 진보적인 신학운동

이 견해에 의하면, 성경에서 중요한 것은 이 산상수훈뿐이라는 것이다. 이 산상수훈이 사회복음의 기초가 되고, 여기에 인간이 어떤 삶을 살아야 하는가에 대한 답이 다 들어있다. 이 원리를 적용해서 지구상에 하나님 나라를 건설 할 수 있고 전쟁을 비롯한 이 땅의 모든 어려운문제도 해결된다고 했다.

다음으로는 모세의 율법을 정교화한 것으로 보는 견해이다. 예수님은 이스라엘에게 주신 율법을 서기관들과 지도자들이 풀이한 것에 덧붙여 산상설교에서 모세의 율법을 정교화(精巧化)하시므로 율법에 더 깊은 영적 내용을 추가하셨다는 견해이다. 이 견해도 위험하기는 마찬가지이다. 산상설교가 어떤 면에서는 율법을 해석하고 설명하는 것이 사실이나, 산상수훈은 모세의 율법을 완전히 초월하는 영역으로 이끌어 가고 있다. 또한 세대주의의 견해가 있다.[14]

이들은 산상설교가 주님께서 천국을 시작한 것인데 유대인들이 예수님의 가르침을 믿지 않으므로 천국을 세우실 수 없어 십자가에 죽으시고 부활하심으로 교회 세대가 부득이 와야 되며 이 세대가 천년 왕국 시대까지 이른다는 것이다. 그래서 산상수훈은 그 천년 왕국 시대를 위한 것이라는 견해이다. 그렇게 본다면, 이 주장은 산상수훈이 천년 왕국 시대의 법이 되기 때문에 그 어간의 신자들과는 아무 상관이 없게 되는 것이다. 그래서 우리는 이 주님의 수훈을 읽을 필요가 없다는 말이 되는데 이것도 매우 심각한 오류가 된다.

또 다시 비슷한 견해가 있는데, 산상수훈은 제자들과 제자들의 이후 일부 사람들에게만 적용된다는 주장이다. 그들은 "예수께서... 앉으시니 제자들이 나아와 온지라...가르쳐 가라사대"라는 말씀을 근거로 삼아 그렇게 주장한다. 그렇다면 "너희는 세상의 소금이니" "너희는 세상의 빛이니"하시는 말씀이 모든 기독교인들에게 해당이 안 된다는 말이 아닌가?

---

14) 세대주의(Dispensationalism) : 성경과 교회의 역사를 시대별로 구분하여 해석하는 비 성경적 신학사상.

사람들 앞에서 빛과 소금으로서 하나님께 영광을 돌릴 일이 없다는 것은 일고의 가치가 없는 것이다.

4. 전체를 보는 눈

산상설교의 교훈은 하나도 빠짐없이 구약과 신약성경에 그대로 나타난다. 예수님의 보훈은 전체로서 살펴야한다. 위에서 소개한 주장들을 살펴보면 나무들 때문에 숲을 보지 못하는 위험을 안고 있다.

예수님은 수 천년동안 예언되어온 메시아이시다. 시대마다 단어는 다르지만 '메시아'의 예언은 동일하게 표현이 되었다. 맨 처음 이 땅에 문제가 시작 되었을 때는 '여자의 후손'(창 3:15)으로, 노아시대에 온 인류 멸망의 때에는 '방주'(창 6:14)로, 이스라엘의 출애굽 시대에는 노예에서 해방시킬 메시아를 '유월절 어린양의 피'(출 12:13)라는 언약으로, 바벨론 포로에서 해방되는 언약은 '처녀가 잉태한 아들'(사 7:14)로, 성막이나 성막의 재료나 모양, 또 성막 안에서 하나님을 만나는 여러 종류의 제물들..., 또 이스라엘 백성을 이끌어 가는 직분들 즉, 왕들과 제사장들과 선지자들이 모두 메시아(그리스도)에 대한 예표요 언약이다. 이 메시아의 언약은 이스라엘의 역사 속에서 일어난 거의 모든 사건들 속에서 흐르고 있다.

하나님은 언약을 신실히 이행해 오시다가 메시아(그리스도)를 보내주셨는데 메시아로 오신 분이 예수님이셨다. 예수님은 공생애 첫 시작에 세례요한에게 세례를 받으셨는데, 이때 하늘이 열리고 하나님의 성령이 비둘기 같이 임하셨다(마 3:16-17). 여기서 하나님은 그 음성으로 세례 요한과 그곳에 있는 자들에게 구세주이신 것을 알리셨다. 예수님은 세례 요한에게 세례를 받으실 필요가 없으나 '그렇게 해서 뜻을 이루실 것을 작정하셨기 때문'에 받으신 것이다. 이에 예수님은 성령에 이끌리어 마귀에게 시험을 받으러 광야로 가셨다(마 4:1). 육신을 입은 인간으로 오신 메시아로서 - 둘째 아담의 신분으로(고전 15:45,롬 5:14-19) - 사탄 앞에 섰다. 극심한 외로움과 굶주림과 갈증으로 광야 40일 동안을 지내시고 사탄에게 시험을 받으셨다. 이 시험은 당하신 것이 아니고 받으신 것이다.

예수님은 말씀으로 사탄을 물리치셨다. 첫째 아담이 아무 부족함이 없는 조건에서 유혹을 이기지 못한 점을 생각해 보면 주님의 승리는 얼마나 완벽한 승리인가?

예수님은 그리스도의 일을 이루시기 위해 둘째 아담의 신분을 가지고 사탄에게 승리하심으로 이제는 세상에게 완벽한 회복의 길 -첫째 아담의 에덴은 사탄의 유혹이 있는 불안한 상태- 을 열어주셨다.

예수님은 광야에서 내려와 제자들을 부르시고 산상수훈을 설파하셨다. 그렇다면, 고작 윤리적 가르침이나 도덕적 가르침이나 세상에서의 처세법을 가르쳐 주시려고 위대한 수훈을 선포하셨다는 말인가 절대 아니다. 이 땅의 본질적 문제, 인간이 그때나 그 이전이나 지금이나 예수님이 다시 오실 때까지 반드시 해결해야하는 대명제를 풀어주시는 '케리그마'이다.

5. 성경의 두 요소

인류의 대표 첫째 아담이 에덴에서 하나님으로부터 쫓겨났다. 하나님과 함께 있어야 할 인간이 하나님과 관계가 깨진 것이다. 이 사건이 창세기 3장 사건이다.

원래 인간은 하나님 형상대로 지음을 받되 흙으로 빚어지고 그 코에 하나님의 생명의 호흡을 불어 넣으셨다. 그래서 인간은 하나님과 생명적 관계에 있었다(창 2:7). 그런데 창세기 3장 사건으로 생명적 관계가 깨어져 버렸다. 왜 그렇게 되었는가? 하나님이 맺어주신 언약을 파기하고 하나님께 범죄했기 때문이다. 이것은 모든 범죄의 시작이고 인류 재난의 원인이다. 이것을 원죄라고 한다.[15)

이 땅에 가공할 저주가 시작된 배후에는 사탄(마귀)이 있다. 사탄이 아담과 하와를 단번에 유혹해 버린 것이다. "큰 용이 내쫓기니 옛 뱀 곧 마귀라고도 하고 사탄이라고도 하며 온 천하를 꾀는 자라 그가 땅으로 내쫓기니 그의 사자들도 그와 함께 내쫓기니라"(계 12:9).

사탄은 처음부터 하나님께 범죄하여 자기의 처소에서 벗어났다. "또 자기 지위를 지키지 아니하고 자기 처소를 떠난 천사들을 큰 날의 심판까지 영원한 결박으로 흑암에 가두셨으며.."(유 1:6).

그리고 이 세상의 공중 권세를 잡았다. "그 때에 너희는 그 가운데서 행하여 이 세상 풍조를 따르고 공중의 권세 잡은 자를 따랐으니 곧 지금 불순종의 아들들 가운데서 역사하는 영이라"(엡 2:2).

이로 인하여 모든 저주와 재앙이 인류의 역사와 문화를 집어 삼킨바 되었다. 이때 하나님은 바로 복음을 주셨다. "여호와 하나님이 뱀에게 이르시되 네가 이렇게 하였으니 네가 모든 가축과 들의 모든 짐승보다 더욱 저주를 받아 배로 다니고 살아 있는 동안 흙을 먹을지니라. 내가 너로 여자와 원수가 되게 하고 네 후손도 여자의 후손과 원수가 되게 하리니 여자의 후손은 네 머리를 상하게 할 것이요 너는 그의 발꿈치를 상하게 할 것이니라 하시고.."(창 3:14-15).

성경에는 크게 보면 두 가지 요소가 있다. 그 하나는 율법적 종교적 요소이다. 성경 어디에나 십계명을 비롯한 문자적 명령의 말씀이 있다. 진실

---

15) 유대 서기관과 바리새인들은 이 원죄에 대한 접근이 거의 없다. 지금 교회에서도 원죄에 대한 접근이 없어서 기독교인들이 신앙생활을 종교생활로 하고 있다. 산상수훈을 해석하는 관점도 거의 모두 도덕적 윤리적 관점에서 해석하고 가르친다. 그들은 원죄와 관련하여 율법을 해석하지 않는다. 로마서 3:10, 23-24에 비추어 보면, 성경은 원죄를 전제하여 모든 죄를 다루고 있는 것이다.

하고 선하고 착하고 정직하고 의롭게 살 것을 말씀하신다. 이 땅에서의 최고의 윤리와 도덕적 모델이 성경에 있다. 과거나 현재나 미래 시대나 서로 다른 민족들의 법이나 풍습이나 문화를 초월하여 성경이 변함없는 기준이 된다는 것은 누구도 부인하지 않는다. 성경은 그야말로 표준이 된다(딤후 3:16-17).

또 다른 한 가지 요소는 복음적 요소이다. 이것은 하나님의 은혜로운 언약이요, 그리스도 언약은 성경의 핵심적 요소이다. 이 복음적 요소는 오직 그리스도의 몸 된 교회에서만 선포될 수 있는 요소이다.

율법은 모세로부터 주어졌고 복음은 예수 그리스도로 온 것이다(요 1:17). 성경의 이 복음적 요소는 '예수님이 그리스도이시다'로 요약 된다. 예수님이 그리스도 되신다는 말은 인간이 반드시 해결해야 될 세 가지 문제를 완전히 해결하셨다는 말이다. 하나님을 만나는 일, 원죄와 자범죄를 해결하는 일, 사단의 세력을 꺾는 일이다. 이것은 창세기 3장사건 안에서 일어난 것으로 세 가지의 문제이자 또한 하나의 문제이다.

'그리스도'라는 어휘는 '기름부음을 받은 자'라는 뜻으로 기름 부어 직분을 받은 「왕」이나 「제사장」이나 「선지자」를 가리켰다. 이 세 가지 직분들은 문제들을 각각 해결하도록 하신 분명한 언약이다.

왕이 하는 일은 나라의 원수를 물리치고 그의 백성을 행복하게 다스리는 일이다. 제사장이 하는 일은 그 백성들의 죄를 용서받도록 피의 제물을 드리는 일이다. 선지자의 일은 그 백성들에게 하나님의 말씀을 대언하여 하나님께 돌아오도록 하는 일이다. 왕은 만왕의 왕 되신 하나님 앞에 엎드리는 데서 백성들을 인도하는 리더십이 주어진다. 제사장은 백성들을 대표해서 하나님 앞에 서는 자요, 선지자는 하나님을 대신해서 백성들 앞에 서는 자이다.

그런데 원죄와 자범죄로 오염된 인간 왕, 인간 제사장, 인간 선지자는 이 직분을 완전히 이룰 수가 없었다. 그러나 하나님이 세운 직분 그 자체는 완벽하다. 이 완벽한 직분을 완벽히 이룰 자가 나타나면 그가 곧 그리스도요 이 땅의 문제를 해결할 '구세주'일 수밖에 없다. 이때 예수님이 친히 이 땅의 왕 노릇하는 사탄의 권세를 깨뜨려 버리시고 만왕의 왕이신 사실을 증거 하셨다.

> 죄를 짓는 자는 마귀에게 속하나니 마귀는 처음부터 범죄 함이라. 하나님의 아들이 나타나신 것은 마귀의 일을 멸하려 하심이라(요일서 3:8).

또한 예수님은 자신이 친히 십자가 제단의 제물이 되심으로 모든 죄와 형벌의 문제를 해결하시고 세상에 참 제사장이심을 알리셨다.

> 그러므로 이제 그리스도 예수 안에 있는 자에게는 결코 정죄함이 없나니 이는 그리스도 예수 안에 있는 생명의 성령의 법이 죄와 사망의 법에서 너를 해방하였음이라 (로마서 8:1-2).

그리고 말씀되신 하나님이 육신을 입고 오시므로 하나님을 만날 수 있는 참 선지자이심을 세상에 알리셨다.

> 예수께서 이르시되 내가 곧 길이요 진리요 생명이니 나로 말미암지 않고는 아버지께로 올 자가 없느니라(요한복음 14:6).

그래서 '예수님이 그리스도시다' 라는 것이 성경의 복음적 요소이다. "예수께서 제자들 앞에서 이 책에 기록되지 아니한 다른 표적도 많이 행하셨으나 오직 이것을 기록함은 너희로 예수께서 하나님의 아들 그리스도이심을 믿게 하려 함이요 또 너희로 믿고 그 이름을 힘입어 생명을 얻게 하려 함이니라"(요 20:30-31).

초대교회 시대와 중세교회 시대 중간까지는 하나님이 세상에 절대 진리가 되었고, 성경이 인간의 모든 삶의 절대규범이었다. 그런데 르네상스 시기에 와서는 하나님 절대 진리가 사라지고 인본주의(humanism)가 발달하여 진화론과 유물론이 성경의 자리를 침범했다. 세상은 그때부터 성경을 동화책으로 취급해 버렸다. 세상에서 성경은 구닥다리가 되어 버린 것이다. 이같은 인본주의가 일어난 배경에는 인간다운 삶을 빼앗아간 무식한 교회의 교권에 대한 반발이 있었다.

아무튼 '예수님이 구세주'라는 복음의 절대 진리는 학문에서나 여타 종교나 교육에서 제거되고 종교적 편견이라는 딱지가 붙여져 공적으로 언급할 수 없게 되었다. 그렇다면 교회에서만 할 수 있는 말일진데, 이제 교회에서 마저 이성주의와 합리주의에 밀려 참 복음은 간간이 양념처럼 뿌려지게 되어버렸다.

이것이 바로 [토마스 아퀴나스](1225-1274)가 말한 대로 이성이 은혜를 잠식해 버린데 길들진 교회 모습이다. 아퀴나스의 이성 우월론(優越論)을 [프란시스 쉐퍼]가 명쾌하게 비판했다. 쉐퍼에 의하면, 인간의 이성의 자율이 하나님의 은혜의 영역을 침범했다는 주장은 명쾌하다.[16]

요한일서2장 21-23절 "내가 너희에게 쓰는 것은 너희가 진리를 알지 못하기 때문이 아니라 알기 때문이요 또 모든 거짓은 진리에서 나지 않기 때문이라 거짓말하는 자가 누구냐 예수께서 그리스도이심을 부인하는 자가 아니냐 아버지와 아들을 부인하는 그가 적그리스도니 아들을 부인하는 자에게는 또한 아버지가 없으되 아들을 시인하는 자에게는 아버지도 있느니라."

예수님께서 그리스도이심을 부인하는 자가 거짓말하는 자인데, 그렇다면 예수님을 부인하지는 않더라도 '예수님이 그리스도이다'고 분명하

---

16) 『이성에서의 도피』, 프란시스 쉐퍼, 김영재 역, 생명의말씀사, pp14-15

게 말하지 않는 교회가 있다면 거짓말하는 자라는 지적에서 벗어날 수 없을 것이다.

6. 팔복은 모두 심령의 가난한 상태로 순환 된다 (8복 서론)

서두에서 언급한대로 산상수훈에 대한 평가는 예수님의 말씀을 들은 청중들이 내렸다. 그들은 "그 가르치심에 권위가 있고 그들의 서기관들과 같지 않다"(마 7:29)고 놀라워했다. 이것을 근거로 모든 예수님의 산상수훈의 말씀들을 살펴나가는 것이 당연할 것이다.

예수님은 제자들에게 천국을 소유한 복된 자라고 선언하시고 계신다. 당시 제자들이 그런 상태에 있었기 때문이다. 베드로 형제와 친구들 요한과 야고보 또한 [나다나엘]은 간사함이 없이 메시아를 묵상하며 기다리는 자였다(요 1:47-49).

주님은 나다나엘의 마음의 중심을 이미 간파하고 계셨다. 직업이 어부였던 베드로의 형제와 친구들이자, 예수님의 친척인 요한과 야고보들이 밤새 허탕치고 그물을 손질하고 있을 때 예수님이 다가와 다시 깊은 데로 가게 하셨고, 곧 그물이 곧 찢어질 정도로 고기를 잡게 하셨다. 이때 베드로의 고백은 그들 모두의 고백이었음이 분명하다. "나를 떠나소서 나는 죄인이로소이다"(눅 5:8).

그들은 이미 심령이 가난한 상태였고 예수님은 8복의 첫째 복을 말씀하실 때 그들의 상태를 확인해 주신 것이다. 그렇다고 할지라도 무리 중에는 이 말씀대로 구원의 길을 새롭게 알고 천국을 소유하게 되는 사람들이 많이 있었을 것이고, 그것은 오늘날까지 이르고 있다.

애통하는 자들이 복이 있다. 그들이 위로를 받을 것이기 때문이다. 그들의 위로는 어디로부터인가? 또 누구로부터 받는 위로이며, 그 위로는 어떤 것인가? 그것은 하늘의 위로이며, 하나님으로부터 받는 위로이다. 그렇다면 그 위로는 구원의 위로 곧 천국을 소유하는 위로가 아닐 수 없다. 그러므로 그들의 애통은 심령의 가난으로부터 되는 결과이다.

온유한 자들이 복이 있다. 그들이 땅을 차지할 것이기 때문이다. 이들 온유한 자들이 받는 땅은 세상의 부동산인가 아니다. 하나님 나라에 속한 영역이 될 것이다. 성령에 길들여진 자들이 땅 끝까지, 모든 족속으로 지경을 넓히는 것이요, 사탄의 영역을 정복하는 것이다. 당연히 그것도 심령의 가난한 상태에서 받는 축복이 아닐 수 없다.

의에 주리고 목마른 자들이 복이 있다. 왜냐하면 그들이 배부를 것이기 때문이다. 의에 주림이 무엇이고, 배부름은 또 무엇인가 의는 그들이 기다리는 메시아(그리스도)를 통해서 이루어지는 것이다. 그들은 그리스도를 고대함으로 목말라하며 굶주려있었다. 그들은 심령이 가난한 상태에 있었던 것이다. 그들은 천국을 소유함으로 그들의 기갈과 굶주림을 채움 받을 것이다.

긍휼히 여기는 자들이 복이 있다. 왜냐하면 그들이 긍휼히 여김을 받을 것이기 때문이다. 하나님의 긍휼은 심령이 가난한 자들에게 주시는 절대적 은총이다. 전도자들이 흑암에 있는 백성들을 긍휼히 여기는 것은 자연스런 이치이다.

마음이 청결한 자들이 복이 있다. 이유는 그들이 하나님을 볼 것이기 때문이다. 나의 공로가 없고, 불의한 세상적 동기가 사라진 상태가 심령이 가난한 상태이다. 이 사람들은 천국이 그들의 삶의 현장에서 실현된다. 그들 속에서 은혜로운 하나님의 일을 보게 된다.

화평케 하는 자들이 복이 있다. 그들이 하나님의 아들들이라 일컬음을 받기 때문이다. 누가 하나님의 자녀가 되며, 천국의 일원이 될 수 있는가 심령이 가난한 자이다. 그들이 하나님과 화목 된 자들이다. 하나님과 화목 된 자는 하나님 자녀로 인정된다.

의를 위하여 박해를 받는 자는 복이 있다. 천국이 그들의 것이기 때문이다. 심령이 가난한자들에게 주어진 축복이 천국이었다. 그들은 이제 제자의 삶으로 주님과 한 무리가 되었기 때문에 세상의 미움을 받는다. 그러나 걱정할 것이 없는 것은 육신은 죽일 수는 있어도 영혼은 죽일 수 없는 자들을 두려워하지 않게 되었다.

> 나로 말미암아 너희를 욕하고 박해하고 거짓으로 너희를 거슬러 모든 악한 말을 할 때에는 너희에게 복이 있나니 즐거워하고 기뻐하라 하늘에서 너희상이 큼이라 전에 있던 선지자들도 이같이 박해하였느니라(마 5:11-12).

"전에 있던 선지자들도.."이 말씀은 교회사 전체에서 이루지고 있는 말씀이다. 천국을 소유함에서 한 걸음 더 나가 천국의 상이 크다고 하신다. 이거야 말로 세상 사람들과 다른 전도자들의 삶이며 당시 제자들과 초대교회 모든 중직자들이나, 제자들의 제자들, 이후로 오늘날까지, 앞으로도 계속 일어날 복음의 제자들은 순교의 삶을 구차하게 피하려하지 않을 것이다.

팔복의 축복은 근본적으로 전도자들의 축복이다. 예수님은 제자들을 곁에 부르시고 가르치심을 주셨고, 앞으로 제자들 속에 들어올 무리들에게도 말씀을 주시고 계시기 때문이다. 물론 전도 제자들의 삶을 통한 전도를 예수님이 말씀하시는 것도 중시해야 하지만, 예수님은 실제적으로 땅 끝까지, 모든 족속으로 나가는 일을 두고 훈련을 하시고 계시는 것이다.

마가는 주님이 제자를 부르실 때를 기록하는데, "또 산에 오르사 자기가 원하는 자들을 부르시니 나아온지라 이에 열둘을 세우셨으니 이는 자기와 함께 있게 하시고 또 보내사 전도도하며 귀신을 내쫓는 권능도 가지게 하려 하심이라"(막 3:13-15).

를 이루고 종이 심히 많으므로..."(창 26:12-13) 족장 야곱의 때에도 이 원리는 똑같이 나타난다. 야곱이 쌍둥이 형 '에서'를 피하여 「하란」땅 외삼촌 [라반]의 집에서 품팔이로 살아갔으나 그는 결국 매우 번창하여 나왔다. "이에 그 사람이 매우 번창하여 양떼와 노비와 낙타와 나귀가 많았더라"(창 30:43).

이렇게 유대인들은 그들의 조상들 때부터 여호와 하나님의 선민으로 물질적 축복이 당연한 것이었고, 그 후손들도 당연히 부요를 이루고 사는 것이 당연한 가르침이었다. 심지어 애굽에서 노예로 살다가 나올 때도 심히 많은 재물을 가지고 나올 수 있었으며, 그 이후 그들의 최고의 전성기 다윗과 솔로몬의 시대에는 최고 부요를 누린 것이 선민의 당연한 이치로 여겼다.

이런 역사와 함께 서기관들은 『토라』와 『탈무드』로 물질적 부요를 가르쳤다. 그래서 그들에게는 가난은 곧 죄라는 것과 선민의 삶에서는 가난은 용납이 안 되는 잠재된 의식이 있었다.

한 부자 청년의 이야기에서도 이런 단면을 보인다. 한 부자 청년이 예수님께 나와서 영생에 들어갈 길을 물었을 때 '네가 계명을 지키라' 하셨고 부자 청년은 '내가 다 지켰습니다.'라고 대답했다. 이때 예수님은 한 걸음 더 나아가 '가서 네 소유를 다 팔아 가난한 자들에게 나누어주고 나를 따르라' 하셨는데 그 청년은 많은 재물로 인하여 근심하며 갔다고 했다(마 19:16-22).

재물이 많을수록 의인의 반열 속에 들어가고, 재물이 없고 가난해지면 당연히 죄인이 되는 그 구조 속에서 자기의 재산을 없앤다는 것은 여간 어려운 일이 아니었을 것이다.

마태는 '심령의 가난'을 말하고, 누가는 그냥 '가난한 자'로 표현했다. 심령의 가난이든 그냥 가난이든 유대인의 가르침은 가난 자체가 무능이고 용납이 안 되는 것이었다. 노벨경제학상의 30%, 전 세계 억만 장자의 30%, 〔포춘〕이 선정한 100대 기업의 소유주 혹은 CEO가 40%등 유대인들의 경제 업적은 대단하다. 교육방법은 대화, 토론, 논쟁의 방법인『하브루타 교육법』[17]으로 생각하는 체질로 만드는 교육인 것이다.

어릴 때 불로 소득을 거부하고 어릴 때 벌써 장사를 체험하게 하는 것은 그 이면에 가난은 선민으로서 용납할 수 없는 사상이 깔려있어 얼마나 철저했겠는가를 알 수 있다. 그들이 언제나 자선을 하는 가르침은, 전 세계 민족들로부터 수전노(守錢奴) 취급당하며 수탈당하는 것을 미연에 막는 깊은 전략도 있었을 것이다. 실제로 세계 금융계의 파동이 일어날 때마다 그들은 문제를 일으키는 막후 세력들로 지목되어 왔다.

예수님의 제자들도 길가다가 맹인 걸인을 보고 질문하기를 거지가 된 것이 누구의 죄인가를 질문한 것이다(요 9:-12). 그렇다면 병든 자, 가난한 자, 심령이 가난하다는 것이 무슨 의미인가 여기 마태의 심령의 가난은 구원에 관한 말씀이다. 인간의 절대 명제는 '나는 구원을 받아야하는데 구원을 받을 공로도, 행위도, 수준도, 능력도 아무 것도 없다'는 사실을 아는 것부터 시작하는 것이다.

원하든지 원하지 않든지 사악한 사탄과 한 통속이 되어버리고 원죄(原罪)와 그로 인한 자범죄로 점철되어 구원의 소망이 전무한 내가 어떻게 하나님을 만날 수 있겠는가 도저히 불가능함을 철저히 인식하는 것을 심령의 가난한 상태라고 할 수 있다. 이 사실을 어떻게 인식하는가 그것이 율법의 기능이다.

---

17) 하브루타 교육법 : 파트너와 함께 서로질문하며 탈무드를 배우는 교육방법

1. 율법의 기능

하나님을 참으로 경외하는 자는 하나님의 율법을 제대로 지키려한다. 그런데 율법에 직면하여 처음에는 지킬 수 있다는 생각으로 접근을 하지만 율법을 지켜나가다 보면 율법이 그야말로 완벽하다는 것을 깨닫게 된다. 율법이 하나님이 주신 법이요, 하나님의 말씀이기 때문에 그것은 하나님의 수준이요 너무나 완벽해서 점점 더 율법을 지키기에 불가능하다는 것을 인정할 수 밖에 없는 자리에 이르게 된다.

어떤 일이 있어도 반드시 구원은 받아야 되는데 구원을 받을 가능성이 없다는 철저한 절망에 빠지게 된다. 그래서 하나님의 은혜와 자비에만 호소할 길 외에는 길이 보이지 않는다. 하나님이 그 크신 긍휼을 베풀어 구원을 값없이 주시는 길 외에는 아무 방법도 없음을 그저 고백할 뿐이다. 결국 하나님의 처분만 기다릴 수밖에 없게 되는 것이다. 이때 하나님의 자비가 다가오고 천국을 선물로 받게 되는 것이다. "너희는 그 은혜에 의하여 믿음으로 말미암아 구원을 받았으니 이것은 너희에게 난 것이 아니요 하나님의 선물이라 행위에서 난 것이니 이는 누구든지 자랑하지 못하게 함이니라"(엡 2:8-9). 이것이 심령 가난한 상태요 거기에 하나님의 나라가 자리 잡는다.

그러나 율법주의자들이 된 서기관과 바리새인들은 그 은혜와는 거리가 아주 먼 길을 백성들에게 가르쳤다. 그들은 율법을 제대로 지키려고 많은 노력을 했지만, 그것은 지키는 모양만을 가진 것이었다. 예수님은 율법의 근원인 십계명을 구체적으로 해석해 주셨는데 제6계명과 제7계명을 예로 해석하셨다.

율법을 직접 제정해 주신 주님이 친히 하신 해석이라면 얼마나 정확하겠는가 "옛 사람에게 말한 바 살인하지 말라 누구든지 살인하면 심판을 받게 되리라 하였다는 것을 너희가 들었으나 나는 너희에게 이르노니 형제에게 노하는 자마다 심판을 받게 되고 형제에 대하여 라가라(히브리인의 욕설) 하는 자는 공회에 잡혀가게 되고 미련한 놈이라 하는 자는 지옥 불에 들어가게 되리라"(마 5:21-22)고 하셨고 "또 간음하지 말라 하였다는 것을 너희가 들었으나 나는 너희에게 이르노니 음욕을 품고 여자를 보는 자마다 마음에 이미 간음하였느니라"(마 5:27-28). 이것이 예수님이 하신 해석이었다.

그렇다면 서기관들과 바리새인들의 가르침은 그 백성들로 절대 구원을 받지 못하게 하는 가르침이 된다. 그들은 백성들을 율법 아래 가두어 놓고 저희 자신들도 구원을 받지 못하고 백성들도 구원을 받지 못하게 하는 악질이 되어버린 것이다(마 23:13).

그래서 바울은 갈라디아 교회에 보낸 편지에서 이렇게 말한다. "무릇 율법의 행위에 속한 자들은 저주 아래 있나니 기록된 바 누구든지 율법 책에 기록 된 대로 모든 일을 항상 행하지 아니하는 자는 저주 아래 있는 자라 하였음이라"(갈 3:10).

서기관들과 바리새인들의 경우, 자기들은 율법을 다 지켰기 때문에 하나님의 기준에 이르렀다는 것이며 그래서 당연히 구원을 받을 것이라는 주장이다. 자기네들이 지키지 못한 것이 있다면 말해보라는 것이고 그에 대한 책임을 지겠다는 것이다. 이 얼마나 저주를 자청하는 자신감인가 율법을 세우신 예수님의 표준은 깊숙히 도사리고 있는 동기를 밝히 보고 판단하고 계신다. 그들은 율법의 단 하나도 제대로 지키는 것이 없었던 것이다. 그렇다면 율법의 형벌대로 처분을 받아야 하는 것 아닌가 그래서 율법의 행위에 있는 자는 율법주의자요 당연한 심판이 기다리고 있는 것이다.

그들은 자기들이 율법을 어릴 때부터 지켜왔고 지금도 잘 지키고 있어서 구원을 받는 것은 당연하다고 생각하고 있는데 난데없이 예수가 나타나서 가장 비천한 세리나, 가난한 죄인들이나, 간음하다 잡힌 여자를 보고 바로 "네가 오늘 구원을 받았다"하니 속이 뒤틀리고 예수님을 역겨워 할 수밖에 없었다. 그들은 한가지로 반발했다. '그러면 지금까지 율법대로 살아온 우리는 뭐냐? 저 자는 이단이다! 죽여야 한다'고 하는 심령의 가난은 손톱만큼도 찾아보기 힘든 자들이었다. 당연히 천국을 빼앗긴 것이다.

2. 심령이 가난한 자

기록 된 바 의인은 없나니 하나도 없으며 깨닫는 자도 없고 하나님을 찾는 자도 없고 다 치우쳐 함께 무익하게 되고 선을 행하는 자는 없나니 하나도 없도다 그들의 목구멍은 열린 무덤이요 그 혀로는 속임을 일삼으며 그 입술에는 독사의 독이 있고 그 입에는 저주와 악독이 가득하고 그 발은 피 흘리는 데 빠른지라 파멸과 고생이 그 길에 있어 평강의 길을 알지 못하였고 그들의 눈앞에 하나님을 두려워함이 없느니라 함과 같으니라(롬 3:10-18).

모든 사람이 죄를 범하였으매 하나님의 영광에 이르지 못하더니 그리스도 예수 안에 있는 속량으로 말미암아 하나님의 은혜로 값없이 의롭다 하심을 얻은 자 되었느니라(롬 3:23-24).

세상에 복음이 필요 없는 사람은 단 한사람도 없다. 모든 사람은 복음이 필요하다. '모든 사람이 죄를 범하였으매' 라는 말은 이 땅의 가장 비참한 사건 창세기 3장 사건을 배경삼아 하신 말씀이다. 사탄(뱀)의 유혹을 받아 범죄한 인간은 하나님의 동산에서 쫓겨났다. 하나님과 함께 있어야 할 인간이 하나님을 떠난 상태가 되어버린 것이다.

심령의 가난은 이 사실 속에 내가 있다는 것을 자각하는 것으로 시작된다. 이런 사람은 자신의 실체를 먼저 지식적으로 알게 되었다. 그리고 마음에 갈급하고, 애통하는 마음을 가지게 되었다. 그는 이제 다른 삶, 참 인간의 공허를 채울 수 있는 길을 찾아 나섰다. 구원의 길을 구하고 찾고 두드리기를 시작한 것이다.

자신의 가련한 것과 곤고한 것과 가난하고 눈이 멀어 벌거벗은 것을 알지 못하여 하나님께 버림을 당하는 자들이 있다. 그들은 자신이 부요하여 부족함이 없다고 자신한다(계 3:16-17). 자신의 잘못으로든, 남을 통해 오든, 혹 환경을 통해서 오는 어려움이든, 인류의 폭력성으로 인한 전쟁으로, 테러로 극한 어려움에 직면하는 일들이 너무나 많다. 이것이 하나님을 떠난 인류의 현장이다.

'마키아벨리즘'이 세상에서 생존의 정신이 되어 하나님께 도움을 청하여 엎드리는 것을 수치로 여기는 것이 세상분위기가 되었다. '여호와가 누구관대 내가 그의 말을 듣겠느냐'(출 5:2)하는 독단과 도발의 누룩이 인생 역사에 가득 퍼져있다. 하나님 앞에 두 손 들고 나아오는 것이 하나님의 긍휼과 자비를 받는 길이지만, 오히려 핏발선 눈으로 이를 갈며 하나님을 향해 총을 겨누는 인간의 적개심은 배후에 사악한 자들의 도발때문이다.

이런 의미에서 곤고(困苦)해진 자신의 상황을 하나님의 긍휼하심에 호소하는 것은 하나님의 은혜로운 선택을 받은 자만이 가능하다. 이 사람에게 하나님은 "내가 네 환란과 궁핍을 알거니와 실상은 네가 부요한 자니라"(계 3:9)고 선언하신다. 사람이 자신은 비록 부요하다고 생각할지라도 심령은 가난하고 추하게 될 수 있다. 자신의 비천함 속에서도 참으로 심령은 부요해 질 수 있는 것이다.

우리 주님은 사람이 단지 물질적으로 가난한 자들기이 때문에 복이 있다고 선언하신 것이 아니다. 심령의 가난 때문에 복된 자로 불린다. 심령의 가난은 경건의 모양이 아닌 영적 가난을 자각하는 것이다. 자신의 비참과 죄성을 인식한 것이다.

그들은 구원이 하나님에게서만 나오는 것을 알지만, 감히 하나님의 구원을 요청할 수 없어 '하나님이여, 나를 떠나소서 나는 죄인이로소이다'라고 외친다. 그러나 실제로 하나님이 떠나신다면 큰일이다. 사실은 하나님의 긍휼을 간절히 원하기 때문에 다시 외친다. '하나님이여, 나를 불쌍히 여기소서 나는 죄인이로소이다' 이런 사람들은 지금까지 하나님이 필요치 않는 듯이 살았던 뻔뻔함을 회개하며 하나님 앞에서 떤다. "무릇 마음이 가난하고 심령에 통회하며 내 말을 듣고 떠는 자 그 사람은 내가 돌보려니와"(사 66:2)라는 말씀이 그들에게 적용된다.

그들은 의로운 삶을 살기를 원하지만, 그런 삶을 살 수 있는 능력은 조금도 없다는 자신의 전적 무능을 깨닫고 자신에게서 아무 것도 기대하지 않는 심령들이다. 이것이 사도 바울의 신음이었다. 이것이 사도의 신음이라면, 하나님과 멀리 있으면서 하나님을 필요로 하는 사람이라면 더욱더 그러할 것이다.

> 그러므로 내가 한 법을 깨달았노니 곧 선을 행하기 원하는 나에게 악이 함께 있는 것이로다. 내 속사람으로는 하나님의 법을 즐거워하되 내 지체 속에서 한 다른 법이 내 마음의 법과 싸워 내 지체 속에 있는 죄의 법으로 나를 사로잡는 것을 보는 도다. 오호라 나는 곤고한 사람이로다. 이 사망의 몸에서 누가 나를 건져내랴 (롬 7:21-24).

그래서 심령의 가난은 내부에 있는 성령의 역사하심으로 자신의 공허를 깨닫는 것이다. 창세기 3장 사건의 흑암 문화의 광범위함과 그 세력이 치밀하게 인류에게 전가(轉嫁)시키는 것이 어떤 것인가를 조금이라도 알면 '자신의 모든 의로움은 누더기에 불과하다'(사 64:6)는 괴로움에 절망할 수

밖에 없다.

내가 최선을 다 해서 행한 일이라도 하나님의 표준에는 미치지 못하며, 오히려 하나님이 싫어하신 것일 수도 있다는 사실을 깨닫는 것이 심령의 가난이다. 아무리 마음을 비우고 욕심을 버리고 진실을 추구했다 할지라도 그것은 내가 구원을 받을 조건이 전혀 안 된다는 것과, 그것으로는 지옥의 권세와 사탄의 세력을 절대로 이길 수 없다는 것과, 그것으로 죄인이라는 운명이 바뀌지지 않는다는 것을 철저히 아는 것이 심령의 가난이다.

하나님께서 구원을 돈 받고 판매하셨다면 그 누구도 그것을 얻을 수 없을 것이다(시 49:6-8). 하나님 떠난 인간이 그것을 구입할 수 있는 자산이 단 한 푼도 없다는 것을 하나님이 아시고 구원을 은혜로 예비하신 것이다. 이것을 인간의 생각으로 깨달을 수 있겠는가 아니다. 성령께서 눈을 밝게 해 주실 때까지 우리는 아무도 알 수 없다.

> 여호와여 내가 주께 부르짖으오니 나의 반석이여 내게 귀를 막지 마소서 주께서 내 게 잠잠하시면 내가 무덤에 내려가는 자와 같을까 하나이다(시 28:1).

3. 전도제자와 심령의 가난

누가는 "예수께서 눈을 들어 제자들을 보시고 이르시되 너희 가난한 자는 복이 있나니 하나님의 나라가 너희 것임이요"(눅 6:20)라고 한 것을 가지고 어떤 사람들은 '가난한 사람은 영적으로 복 있는 사람'으로 읽어야 한다고 하면서 가난을 권장하고 있다. 이것은 전혀 잘못된 해석이다. 왜냐 하면 성경 어디서나 가난이 좋은 것이라고 가르치지 않고 있기 때문이다. 가난한 자도 부자와 똑같이 "의인은 없나니 하나도 없으며"(롬 3:10) "모든 사람이 죄를 범하였으매 하나님의 영광에 이르지 못하나니"(롬 3:23) 말씀 속에 포함되며, 갓 태어난 핏덩이나 노인이나 모든 사람 속에 포함되기 때문이다. 거의 모든 신학자들이 하나님과 관계가 틀어진 것은 죄 때문이라고 하는데, 성경에 대한 상당한 지식이 있는 사람 아니고는, 이 죄도 자범죄만을 의식하고 인간은 모두 죄인이라고 말한다.

그러나 이 땅에 그리스도가 필요한 것은 세 가지 문제를 조목조목 해결해야 할 대 명제 때문이다. 세상에서 저주의 시작은 사탄(뱀)의 유혹과, 죄(원죄), 그로 인한 하나님과의 관계 파괴 즉, 하나님 떠남이다. 그래서 그리스도의 3중직이 필연적이다. 하나님을 만나는 구원은(요 14:6) 죄 문제 해결(롬 8:1-2)과 함께 사탄의 손에서 빠져나와야 되는 것이다(요일 3:8, 딤후 2:26).

심령의 가난은 아무리 노력해도 사탄의 손에서 해방 받는 길이 나에게는 없고, 제 아무리 선한 삶을 추구해도 자신의 의(義)로는 죄의 형벌에서 벗어날 수 없으며, 사악하고 부패된 내가 어찌 거룩하신 하나님을 만날 수 있겠는가를 철저히 인식하고 고백하는 것이다. 그는 오직 하나님의 인자와 긍휼에 소망을 두게 된다. 긍휼에 풍성하신 하나님은 이 심령에게 천국의 문을 열어주신다.

"눈을 들어 제자들을 보시고 이르시되"(눅 6:20a)나 "무리를 보시고 산에 올라가 앉으시니 제자들이 나아온지라. 입을 열어 가르쳐 이르시되"(마 5:1-2)의 말씀은 세상에 보낼 제자들을 가까이 두고 하신 말씀이다. 그런 까닭에, 8복의 모든 복들을 전도자와 관련지어 해석하는 것이 마땅할 것이다. 물론 말씀을 마치실 때 무리들도 함께 듣고 반응한 사실로 보아, 그들 가운데는 진정 복음을 전할 제자의 삶에 들어갈 자들도 있을 것이기 때문이기도 하다(마 7:28).

[로이드 존스]는 팔복을 해석하면서 심령이 가난한자는 자신에게 남아 있는 죄 성(罪性)을 인해 애통하게 되고, 자신을 주장하지 않는 온유의 상

태가 되며, 하나님의 의에 주리고 목말라하게 된다고 한다.[18] 그리고 그는 앞의 심령의 가난부터 의에 주림을 전반부로, 긍휼부터 의를 위한 핍박까지를 후반부로 하여 전반부 네 가지 복과 후반부 네 복이 짝을 이룬다고 했다.[19]

[존 스토트]도 거의 비슷하게 해석하였고, [아더 핑크]는 산상수훈을 해석하면서 실천적 교리를 크게 강조했기 때문에 그의 저서『산상수훈』이 웨스트민스트 신학교의 신학생 필수 독서가 된 것으로 생각 된다.

그런데 [헨드릭슨](William Hendriksen,1900-1982)은 이 팔복들을 독립된 모래알로 보아야하는가? 아니면 각 그룹의 고리가 유기적으로 다른 것들과 서로 연결된 것으로 보아야하는가? 하면서, 팔복 중에서 서로 중복되는 어떤 부분이 있음을 인정해야 한다고 하면서도, 첫 번째 복부터 모든 복들이 한 단계씩 진보해나가는 단계가 있어서, 그리스도인의 성품이 점차 위로 향상되어 간다고 하는 것을 입증하기는 쉽지 않다고 했다. 그러면서도 그는 점진적인 일반적 경향이 있다는 것을 발견 할 수는 있다고 했다.[20]

[헨드릭슨]은 누가복음 15장의 '탕자의 비유'에서 말하기를, 탕자처럼 자기 자신의 빈궁과 결핍을 철저히 깨달은 자에게 처음 세 가지 복이 모두 선언되는 것이 당연하다고 했다. 탕자는 자기의 비참함과 아무것도 아버지에게 요구할 것이 없고, 아버지의 어떠한 처벌도 정당하다고 여겼다. "아버지, 내가 하늘과 아버지께 죄를 지었사오니 지금부터는 아버지의 아들이라 일컬음을 감당치 못하겠나이다"(눅 15:18-19). 아버지께 말씀드릴 기회를 찾기 위하여 그는 주리고 목말라했다. 이 탕자(하나님 떠난 인간)의 목적은 아버지(하나님)와의 바른 관계를 회복하는 것이었다고 헨드릭슨은

---

18) 『산상설교집(상)』, 문창수역, 정경사, pp.138-139
19) *Ibid.*,pp.146-148
20) 헨드릭슨 성경주석-마태복음(상), 김만풍역, 아가페출판사./pp.434-435

해석했다.

헨드릭슨은 이 탕자의 의에 대한 열망을 네 번째 복 곧 '의에 대한 주림과 목마름'과 비교했다. 그가 하나님의 은혜를 힘입어 오로지 하나님을 의지함으로 청결한 마음을 갖기 위하여 분투노력하게 된다. 그리고 모든 지각에 뛰어난 평강을 얻고 나서 그가 이제 화평케 하는 자가 되는 것이다라고 그는 해석한 것이다.

이어서 이 주석가는 그리스도를 위하여 박해를 받는 자들에게 선언된 복이 여덟 번째와 그리고 마지막 복으로 그는 팔복에서 이 부분을 나누어 아홉 개의 복으로 보기도 했다. 연속적으로 이어져 있는 것에 주의를 돌렸다. 일반적으로 박해를 받는 사람은 이제 막 '거듭난'(중생)사람이 아니라 이미 새 사람으로서 자신을 외적으로 증거해 보이기 시작한 사람이라고 했다.

그는 예수님의 유월절 다락방 강화에서도 "세상에서는 너희가 환란을 당하나 담대 하라. 내가 세상을 이기었노라"(요 16:33b)하신 말씀을 소개하면서 그러므로 팔복은 새로운 삶을 전개해 나가는 실제적인 과정을 따르고 있으며, 또 대체적으로 그 순서는 다른 곳에 나오는 예수님의 말씀과 강화들과 병행을 이루고 있음이 분명하다고 했다.

헨드릭슨은 팔복의 서론의 말미에 언급하기를 '비록 이 복들이 천국 백성의 시작과 성장, 그들의 믿음으로 초래될 박해와, 믿음의 발전에 따라 그리스도인이 지닐 다양한 특성을 보여주고 있지만, 이것은 완전한 성숙 후의 일이 아니요 꽃봉오리가 이미 꽃을 포함하고 있는 것과 마찬가지로, 영적으로 자신의 빈곤을 깨닫는 초보적 은혜 속에 나머지 다른 축복들도 다 포함되어 있다'고 했다.[21]

헨드릭슨에 의하면, 팔복은 모든 복이 각각이 아닌, 처음부터 제자로

---

21) *Ibid.*,pp.435-437

부름을 받고 앞으로도 제자로 부름 받아 복음을 전파할 자들에게, 입체적으로 약속된 축복이다. 그의 해석은 참으로 탁월하다. 예수님은 제자들을 부르시자마자 그들과 함께 현장에 들어가셨고, 그들을 현장에 보내셨고, 부활하신 이후 승천하실 때는 단호하게 전 세계로 내보내셨다.

4. 주의 이름을 부르게 하는 전도제자

류광수(柳光洙) 목사는 '심령이 가난한 자가 복이 있다'는 메시지의 서론에서 예수님이 가르치시는 것은 지금 로마와 전 세계를 향해서 새로운 지식을 주시는 것이다고했다. 그리고 모든 산상수훈의 팔복을 로이드 존스와 같이 짜 맞추지 않고, 아더 핑크와 같이 율법적 해석이 아닌 전도제자의 입장에서 간결하게 풀어나간다. 참으로 그렇다. 예수님의 산상수훈은 모세시대부터 1400년 동안 내려오는 구약에 함축 된 모든 지식을 완성하는 새로운 지식이다.

주님은 돈이 없어 가난한 사람을 복이 있다 하신 것이 아니고 '심령이 가난한 자'가 복이 있다고 하셨다. 심령이 가난한 자가 누구인가 어떤 사람은 말하기를 심령이 가난한 자는 마음이 아주 겸손한 자라고 말한다. 그들의 심령의 상태가 가난한 것은 맞지만 예수님의 말씀은 그런 차원이 아니다. 어떤 사람은 갈급한 사람이 심령이 가난한 자다고 말하지만 예수님이 그 정도를 가지고 말씀하신 것이 아니다.

이정도 가지고 인간의 본질적인 문제가 해결될 것 같으면, 왜 이 땅이 계속 어려워지겠는가 또 어떤 사람은 말하기를 참 마음이 낮은 자, 겸손한 자라고 하는데 그것도 일리가 있다. 그러나 그 정도는 새로운 지식이 아니다. 그 수준가지고 예수님이 제자를 뽑으신 것이 아니다. 새로운 참 지식을 가지고 전달하신 것이다. "심령이 가난한 자는 복이 있다 천국이 저희 것임이요" 모든 사람은 각자 무엇을 깨달아야 하는가 '나는 죽을 수밖에 없는 자, 곧 창세기 3장 문제에 걸려 있는 인간이구나' 라고 깨달아야만 천국의 시민이 되는 것이다.

불교도 겸손을 가르친다. 마음이 낮은 자라면 불교나 여타의 종교를 따라갈 수 없다. 세속을 등지고 산에 올라가 사는 사람들 아닌가? 제대로 된 승려들은 장가도 안가고 고기도 안 먹는다. 이 정도를 가지고 사탄과 지옥의 저주를 막을 수는 없다. 이렇게 쉬울 것 같으면 하나님이 육신을 입고 땅에 오실 필요가 없다. 그 정도 같으면 예수님이 십자가를 지실 이유가 없는 것이다. 인간이 창세기 3장 원죄의 문제에 걸려있다는 그 사실을 성경을 통해 깨닫고, 절대 해결 불가라는 사실에 직면해 하나님의 자비를 구걸하는 것이 심령의 가난이다. 이런 상태에 이르는 것이 하나님의 은혜이다. 인간 스스로는 깨달을 수 없기 때문이다. 이렇게 해서 천국을 소유하게 된다. 이것이 구원이며 하나님의 자녀가 되었다는 말이요, 그는 천국의 시민권자로서 이 땅에 머물 동안 하나님의 보좌의 축복을 누리면서 하나님의 영광스런 구속사에 동참하는 것이다.

제자들은 이미 심령의 가난한 상태에 들어간 자들이었다(마 4:19, 눅 5:8, 요 2:47). 예수님의 가르침으로 심령의 가난을 이해하고 자신들이 그 상태에 있음을 알게 되었다. 그들은 천국을 소유했다. 그리고 산에 함께 있던 무리들은, 권위 있는 분으로부터 천국을 소유할 수 있는 새로운 가르침을 받고 있다. 이 말씀이 성경으로 기록된 이후에는 전 세계 여기저기에서 천국을 상속받은 자들의 모임이 일어나고 있다.

제자들의 심령의 가난 상태는 이제 다른 차원으로 나타나게 된다. 그것은 예수님의 명하신 지상의 명령을 중심으로 나타난다. 닭의 훼소리에 섞인 베드로의 통곡이 심령의 가난한 상태라고 할 수 있지만, 베드로 인생 전체적인 문맥으로 볼 때, 그것은 주님의 지상 명령을 더 잘 수행하기 위한 안전 장치로서의 역할이 더 크다.

"누구든지 주의 이름을 부르는 자는 구원을 받으리라"(롬 10:13)는 말씀은 심령이 가난한 상태에 이른 자들의 모습이다. 하나님을 떠난 인간이 스스로 해결할 수 없는 인생의 짐을 버거워하며, 절대자의 도움을 구하는 것은 심령의 가난한 상태이다. 그것은 자신의 처지에 애통함이 있고, 절대자 앞에서 겸비해진 것이며, 참된 인생에 대한 주리고 목마른 상태이며, 참 평안을 구하는 상태이기도 하다. 그래서 '주여'라고 외칠 수밖에 없게 된 것이다.

"네가 만일 네 입으로 예수를 주로 시인하며 또 하나님께서 그를 죽은 자 가운데서 살리신 것을 네 마음에 믿으면 구원을 받으리라 사람이 마음으로 믿어 의에 이르고 입으로 시인하여 구원에 이르느니라"(롬 10:9-10)이다.

이 사람이 어떻게 주님을 찾고 구원을 하소연 하게 되었는가 하나님의 구원(그리스도의 하신일)을 믿었기 때문이다. 어떻게 믿을 수 있었는가 복음의 말씀을 들었기 때문이다. "믿음은 들음에서 나며 들음은 그리스도의 말씀으로 말미암았느니라"(롬 10:17)는 말씀은 그리스도의 말씀, 즉 복음의 말씀을 의미한다. 또 그가 말씀을 어떻게 들을 수 있었는가 말씀을 전해 준 사람이 있었기 때문이다. 복음의 말씀을 전한 자는 누구였는가 보내심을 받은 자이다. 예수님을 구주로 시인하고 주님의 이름을 부를 수 있기까지는 전도자의 움직임이 요구되는 것이다. 그리고 전도자는 주님의 부르심을 받고 주님과 함께(with)를 누리는 사람이다. 그들은 이런 일련의 과정 속에서 세상에 보내심을 받은 사람이다. 그러므로 팔복은 모두가 구원의 입체적인 모양이며 전도자들에게 주님이 약속하신 구원을 주시기로 작정된 자들의 진단의 기준이라고 할 수 있다.

밤에 주께서 환상 가운데 바울에게 말씀하시되 두려워하지 말며 침묵하지 말고 말하라 내가 너와 함께 있으매 어떤 사람도 너를 대적하여 해롭게 할 자가 없을 것이니 이는 이 성중에 내 백성이 많음이라 하시더라(행 18:9-10).

[존 스토트]는 『전도하지 않는 죄』[22]라는 그의 저서 서문에서 '교회에서 가장 힘든 일은 교회 의자에 앉아있는 사람들의 입을 열도록 하는 일이다!'라고 했다. 오늘날 전도와 상관 없이 교회 일에 헌신하고 봉사하며 스스로 제자라 하는 자들도 복음을 전하는 일들을 두려워한다. 한국과 세계 교회는 벙어리 신자들이 옹기종기 모여 있는 모습으로 변해버렸다. 입을 열었다하면 복음을 말하는 것이 아니고 거의 남을 판단하거나, 아니면 세상을 즐기는 이야기들일 뿐이다.

하나님의 은혜의 복음을 은혜를 받은 자들이 전하지 않는다면 분명히 큰 죄이다. [엘리사] 시대에 이스라엘이 범한바 우상으로 인한 영적 간음은 하나님의 진노를 격발케 하였다. 이스라엘은 아람에 포위당했고 성안의 모든 사람은 식량을 공급받지 못해 아사 직전에 있었다. 그들은 생존키 위해 누구 자식을 먼저 잡아먹을 것인가를 두고 제비뽑기를 할 정도였다(왕하 6:28-29). 그들의 부르짖음에 하나님은 긍휼을 베푸셨다. 하나님의 역사로 적군은 겁을 먹고 도망가고 사라졌다. 성안의 이스라엘은 아무것도 모르고 여전히 공포에 사로잡혀있었다. 이때 나병환자 네 명이 성안에 있으나, 적군에 투항하거나 죽기는 매한가지니 성을 빠져나가자고 가보니 포위하고 있던 아람 군대가 싹 다 철수하고 아무도 없었다. 아람의 군대가 얼마나 급하게 도망갔던지 진을 쳤던 막사들도 거두지도 못하고 몸만 도망을 간 것이었다. 하나님께서 그들에게 큰 전차부대와 기마병의 소

---

22) 존 스토트, 『전도하지않는 죄』, 김영배 역, 예수교 문서 선교회, PP7-8

리를 코 앞에서 듣게 하심으로 정신없이 모든 귀중품과 식량과 보물을 그대로 두고 도망한 것이었다. 이 나환자들이 실컷 먹고 좋은 것을 챙기고 서로 말했다. "오늘은 아름다운 소식이 있는 날이거늘 우리가 침묵하고 있도다. 만일 밝은 아침까지 기다리면 벌이우리에게 미칠지니 바로 가서 왕궁에 가서 알리자"(왕하 7:9).

오늘날 그 놀라운 생명의 복음을 전달 받고 구원을 얻은 평신도와 중직자, 교역자들 할 것 없이 혀가 굳어있다. 바울은 이사야 선지자의 글을 인용하면서 전도자의 발과 전하는 입을 찬송한다. "아름답도다 좋은 소식(복음)을 전하는 자들의 발이여"(롬 10:15).

여기에 전도자의 천명이 있고 소명이 있고, 사명이 있는 것이다. 하나님이 세상에 주신 명령은 "주 예수를 믿으라."이다(행 1:1, 16:31). 하나님의 천국 복음을 위하여 부르심을 받은 것이 전도자의 소명이고(행 1:3. 마 10:7) 이 일을 이룰 수 있도록 능력을 약속하셨는데 그 약속이 오직 성령이다(행 1:8, 2:1).

주님은 이 일을 위해서 원하는 사람을 부르셨고, 주님과 함께 있게 하시고, 현장에 보내셔서 전도도하며 귀신을 쫓는 권세도 있게 하셨다(막 3:13-15).

제자들은 서기관들의 프로그램 교육이 아닌, 주님과 동거함으로만 완벽한 훈련을 받았고, 약속하신 성령의 능력을 받아 하나님 나라의 미션을 이루게 되었다.

이 제자들의 발걸음이 아름답다고 탄성을 발하는 성경 말씀을 보라 이것이 전도자와 심령이 가난하도록 되어진 자들의 관계이다.

> 누구든지 주의 이름을 부르는 자는 구원을 받으리라 그런즉 그들이 믿지 아니하는 이를 어찌 부르리요. 듣지도 못한 이를 어찌 믿으리요. 전파하는 자가 없이 어찌 들으리요. 보내심을 받지 아니하였으면 어찌 전파하리요. 아름답도다 좋은 소식을 전하는 자들의 발이여 함과 같으니라(롬 10:13-15).

제4장

전도제자와 애통함
(마 5:4)

애통하는 자는 복이 있나니 그들이 위로를 받을 것임이요(마 5:4).

서기관들과 바리새인들은 [스쿠루지](찰스 디킨스의 『크리스마스 캐럴』에 나오는 구두쇠 영감)의 흔들의자에 깊숙이 앉아서 지긋한 미소를 짓는 모습을 하고 있다.

저희들은 스스로 생각하기를 '이 정도로 살았고, 이 정도로 자격을 갖추었으니, 천국은 물론이고 이생에서의 하나님의 축복이 쏟아질 일만 남았다, 내게 화가 임한다는 것은 당치도 않다. 만약 이런 나에게 화가 온다는 것은 하나님이 문제다'라고 하는 태도였다. 그들은 사람들이 바치는 뇌물에 흡족하며 음흉스런 미소를 띤다. 예수님이 "화있을 진저 너희 지금 웃는 자여 너희가 애통하며 울리로다"(눅 6:25 b)라고 하신 말씀에 해당되는 당사자들이다.

유대인들의 역사는 수많은 침략을 당함으로 숨 돌릴 틈이 없었다. 그들은 수많은 세월에 걸쳐 노예생활과 포로생활로 유린당했다. 예루살렘이 무너질 때도 처참하기가 말로 다 할 수 없었다. 예수님의 예언대로 로마군이 「마사다」를 포위했고 마침내 최후까지 버티던 모든 사람들이 죽게될 지경에 이르렀다. 막다른 길에 모두가 공포에 떨고 있을 때, 제사장 [엘르아살]이 그들에게 연설을 했다.

'자, 아직은 우리 손이 묶여있지도 않습니다. 아직은 우리 손에 칼이 있지 않습니까 지금 이 때 아내들과 자식들이 노예가 아닌 자유인으로 명예롭게 죽을 수 있도록 합시다. 사랑하는 가족들을 우리 손으로 죽이고 우리도 죽도록 합시다. 이것이 우리의 율법이 요구하는 바입니다' 하고 죽음을 격려하자 모두가 그렇게 죽었다.[23)]

이런 사상적 배경 때문에 유대인들은 울며 슬퍼하는 것은 스스로 용납할 수가 없었다. 그들은 주변의 모든 나라가 이방이며, 자기들은 유일하신 여호와의 선민이기 때문에 결단코 정신까지 굴복당할 수는 없었던 것이다. 아울러 그들이 기다리는 메시아는 이런 고통스런 전쟁에서 승리를 안겨줄 다윗 왕 같은 존재였다.

1. 자신에 대한 애통

하나님의 은혜로 예수님을 나의 그리스도로 영접했다. 구원받아 하나님의 자녀가 된 것이다(요 1:12). 이제 두 가지를 바라보는 삶이 시작된 것이다. 한 가지 삶은 하나님의 자녀로서 하나님을 더 알아간다. 하나님의 은총이 측량할 수 없다는 것을 더 깊이 알아가며 하나님을 누린다. 하나님의 풍성하신 긍휼, 한이 없는 사랑, 영원하신 인자하심을 더 깊이 체감하게 된다. 다른 한 가지는 그 하나님을 자랑하며 사는 것이다. 이것이 예배이고 찬양이며 감사이고 전도이다. 그런데 그리스도 안에서 긍휼이 풍성하신 하나님의 그 크신 사랑으로 죽었던 내가 새 생명을 얻게 되었는데, 왜 구원받은 나에게 온갖 욕구와 욕정이 꽈리를 틀고 있고 죄의 속성이 내 안에서 아침 호수의 안개처럼 피어나는가? 이것에 대한 애통이다. 그래서 바울은 가슴을 쳤다. "오호라 나는 곤고한 사람이로다. 이 사망의 몸에서 누가 나를 건져내랴"(롬 7:24). 바울은 자기가 원치 아니한 것이 자기를 늘

---

23) 요세푸스(하바드판), 『유대전쟁사』(Ⅱ), 도서출판 일호, pp376-381

주장하는 사실에 가슴 아파 울부짖었다.

애통해 하는 바울을 주님이 위로해주신다. "우리 주 예수 그리스도로 말미암아 감사하리로다"(롬 7:25 a) 그리스도 안에서 모든 답을 찾은 것이다. 그러면서 그는 "그러므로 이제 그리스도 예수 안에서 결코 정죄함이 없나니 이는 그리스도 예수 안에서 생명의 성령의 법이 죄와 사망의 법에서 너를 해방하였음이라"(롬 8:1-2) 라고 외친다.[24)]

이제 생명의 법아래 들어가 있다. 그리스도 예수 안에서 얻게 되는바 성령으로 말미암는 생명의 능력과 기운이 충만한 그 아래 들어가 있는 것이다. 그래서 나는 살았고, -영혼도, 마음 정신 생각도, 육신도- 앞으로 나와 관계된 모든 것이 살게 되고, 나를 만나는 사람도 살아나야 한다. 이는 내가 하나님의 생명의 법(法) 안에 있기 때문이다. 하나님의 생명의 법이 너무나 강렬하고 온 천하에 선포되어 실현된다. 세상 전체와 과거와 현재, 미래에 존재했던 모든 우주 만물을 살리는 능력의 생명이기 때문이다.

생(生)이란 '산다'는 뜻이다. 그리스도 안에 있으면, 생명의 법이 가정도, 가족도, 산업도, 신앙생활도, 기도도, 믿음도, 전도도 다 살아나게 한다. 경제를 예를 들어 말한다면, 타락한 불법 경제로 부가 축적되는 것은 흑암경제이고, 성령과 복음으로 세계를 살리고 이웃을 살리는 경제가 빛의 경제이다.

---

24) 롬 8:1-2의 "그러므로 이제 그리스도 예수 안에 있는 자에게는 결코 정죄함이 없나니 이는 그리스도 예수 안에 있는 생명의 성령의 법이 죄와 사망의 법에서 너를 해방하였음이라"의 헬라어 바른 번역은 "그러므로 이제 그리스도 예수 안에 있는 자에게는 결코 정죄함이 없나니 이는 그리스도 예수 안에서 생명의 성령의 법이 죄와 사망의 법에서 너를 해방하였음이라"

2. 복음운동의 부흥을 위한 애통

사탄은 자신의 전략대로 전 세계에 우상과 종교의 문화가 지배하도록 만들었다. 서구의 선진국들은 과학 기술과 인본주의가 우상이 되어있다. 남미의 대부분 국가들은 마리아우상으로 거리마다 장식되어 있다. 동남아 국가들은 불상과 사찰들로 문화를 이루고 그것으로 관광 산업을 이루고 있다. 공산 사회주의 국가는 사상과 이념이 우상화 되어있고 아프리카의 70여개 국가는 무속과 점술과 정령숭배가 삶의 바탕이 되었다.

교회는 이 현장을 보고도 아픔을 느끼지 못하고 있다. 교회가 어느새 국제적 이기주의의 한 그룹으로 자리를 잡아 버렸다. 하나님이 세상을 살리기 위해 세우신 교회가 영적으로 잠들어 있다. 현재 미국과 한국이 선교사 파송에서 1, 2위를 달린다고 한다. 미국의 경제력의 대부분이 소위 기독교인들의 손에 있다. 그런데 그들이 선교를 위해 쓰는 돈보다 껌 한통을 위해 쓰는 돈이 더 많다고 한다. 하나님께서 그들에게 주시는 재물의 십분의 일을 제대로 드린다면 세계 선교에 있어서 재정 문제는 해결 될 것이다. 여기에 대해 아픈 마음이 전도제자의 애통함이다.

세계에 산재해 있는 기독교 계통의 대학들과 신학교를 보라. 그들은 성경에 대해 고등 비평하는 교육에 열을 올리고 있다. 그들이 추구하고 있는 것은 맹목적지식이다. 그들은 아무의미도 없는 헛된 지식으로 끔찍한 재앙을 불러들이고 있다. 자신들이 멍청이 집단이 된 것을 그들은 전혀 모르고 있다. 저들은 스스로도 무슨 말을 하는지를 모르고 지껄이는 수준일 뿐이다. 이 어리석은 빈 깡통들은 예수님이 아무런 기적도 행하신 적이 없고, 죽은 자 가운데서 다시 살아나시지도 않았고, 동정녀에게서 태어나지도 않았다고 지껄인다. 그들은 하나님의 구속의 역사를 깡그리 믿지 못하게 미혹하고 있는 것이다. 이같이 세계를 지배하고 있는 흑암문화와 우상

종교와 흑암경제와 반 성경적인 신학에 대해 애통함을 갖는 자들이 전도 제자들이다. 교회는 프로그램들로 지치도록 움직이지만, 교회의 진정한 과제인 세계를 복음화 하는 일과 주변의 잃어버린 영혼을 구원하는 일은 무시되고 있다. 여기에 대한 애통이 주님의 말씀하신 애통이다.

3. 후대를 위한 애통

> 시온은 진통을 하기 전에 해산하며 고통을 당하기 전에 남아를 낳았으니 이러한 일을 들은 자가 누구이며 이러한 일을 본 자가 누구이냐 나라가 어찌 하루에 생기겠으며 민족이 어찌 한 순간에 태어나겠느냐 그러나 시온은 진통하는 즉시 그 아들을 순산하였도다 여호와께서 이르시되 내가 아이를 갖도록 하였은즉 해산하게 하지 아니하겠느냐 네 하나님이 이르시되 나는 해산하게 하는 이인즉 어찌 태를 닫겠느냐 하시니라(사 66:7-9).

자녀는 진통 없이는 태어날 수가 없다. 이것은 하나님의 일에 있어서 가장 근본적인 사실이다. 이와 같이, 영적 세계를 향한 일을 제쳐 두고 세상에 있는 근본적 고통을 해결할 수 있는 길은 없다. 영혼을 향한 애통함이 없이는 영적 자녀를 절대로 출생시킬 수 없다. 사랑하는 자녀가 풍랑에 빠져들어 가는 것을 본다면 애통하며 우는 것은 자연스러운 것이다. 죽은 시신을 거둬 장례식을 치루며 눈물을 흘리는 것도 너무 자연스런 일이다. 그런데 많은 영혼들이 사탄과 지옥의 세력에 잡혀 죽어가는 현장을 보면서도 애통함을 느끼는 감각이 상실되어 버렸다.

이 땅의 미래 주역들인 어린 아이들이라면 더욱더 아깝고 애통함을 느껴야 한다. 예수님이 십자가를 지고 골고다를 향하면서 "예루살렘의 딸들아 나를 위해 울지 말고 너희와 너희 자녀들을 위해 울라"고 하신 말씀과,

부활하신 예수님이 "내 어린양을 먹이라" 하신 말씀에는 이스라엘의 미래를 걱정하신 예수님의 연민이 한없이 담겨져 있다. 전도제자는 당연히 주님께 송구한마음이 있어야 한다. 예수님은 그 마음을 교회에 주시지만 그 마음을 소유하지 못하는 것은 우리의 명백한 불의이다.

> 제사장들아 너희는 굵은 베로 동이고 슬피 울지어다 제단에 수종드는 자들아 너희는 울지어다 내 하나님께 수종드는 자들아 너희는 와서 굵은 베 옷을 입고 밤이 새도록 누울지어다... 슬프다 그 날이여 여호와의 날이 가까웠나니 곧 멸망 같이 전능자에게로부터 이르리로다(욜 1:13, 15).

[요엘] 선지자는 지금이 무엇을 해야 할 때인가를 알고 있었다. 모든 분주하고 산적해 있는 일들을 제쳐놓고, 애통하는 마음으로 하나님께 간구할 때라는 것이다. 신앙의 위인들 가운데 영적인 승리자들, 즉 전도자들의 자서전을 보면 그들의 특징이 깊은 애통으로, 하나님이 이 땅에 복음의 순환기를 허락해 주실 것을 탄원했다는 것이다. 이런 탄원의 신음이 없이 저들과 동일한 결과를 기대한다는 것은 말이 안 된다.

이 애통으로 [허드슨 테일러]가 중국 선교에 불타게 된 것이며, 1904년 영국 웨일즈에 복음의 순환기가 온 것이며, 인자하신 하나님께서는 이 때를 즈음하여 미국과 인도, 한국과 아프리카 등 세계 곳곳에 복음의 순환기를 허용하셨다.

예수님이 골고다의 길에서 우는 여자들에게 하신 "예루살렘의 딸들아 나를 위하여 울지 말고 너희와 너희 자녀를 위하여 울라"는 말씀은 이후에 처참히 유린당하는 아이들을 미리 보시면서 하신 말씀이요, 이 말씀은 또한 시대를 거슬러 모든 세대를 향하신 말씀이다. 그러므로 예수님이 말씀하신 것은 후대들을 위한 애통이다.

전 세계에 버려진 청소년들을 보는가 아프리카나 중남미, 동남아의 굶주려 죽어가는 아이들을 보는가 각종 음란물과 마약에 빠져들고 동성애를 출구 삼아 내달리는 청소년들을 보는가 유괴 당하고 납치당해서 성적 노리개로 팔려가는 어린 소년소녀들을 생각해 보는가 아이들의 언어의 80%가 욕설과 조롱의 비속어인 것을 어떻게 생각하는가 순진한 아이들이 폭력과 테러와 종교 전쟁에 세뇌되어 자살 폭탄으로 변해가는 세상을 보는가

여기에 가슴을 치는 애통함이 그리스도 되시는 예수님과 통하는 마음이다. 지금 전도와 선교에 뛰어들지 않더라도 이 마음으로 현장을 바라보는 것이 하나님의 사람들의 마음이다. 눈물의 선지자 예레미야의 입을 빌린 하나님의 구슬픈 탄식을 보라

> 슬프다 어찌 그리 금이 빛을 잃고 순금이 변질하였으며 성소의 돌들이 거리어귀마다 쏟아졌는고. 순금에 비할 만큼 보배로운 시온의 아들들이 어찌 그리 토기장이가 만든 질항아리 같이 여김이 되었는고. 들개들도 젖을 주어 그들의 새끼를 먹이나 딸 내 백성은 잔인하여 마치 광야의 타조 같도다. 젖먹이가 목말라서 혀가 입천장에 붙음이여 어린 아이들이 떡을 구하나 떼어 줄 사람이 없도다(애 4:1-4).

예레미야의 이같은 탄식은 하나님의 애통한 마음을 대변해 주고 있는 것이다.

4. 아버지의 이름이 모욕 당함으로 애통함

지금 세계교회를 눈을 열고 보라. 유럽의 청년들은 자기들이 받은 세례가 이젠 부끄럽다고 말한다. 교회에서 세례를 받고 천국의 백성된 것이 자기들의 실수라는 것이다. 구원이란 헛된 말일뿐이 아니라 세례를 받을

때는 우리가 너무 유치했고 무식했었다고 후회한다. 그래서 하나님, 예수, 성령, 그리스도, 교회, 예배 등 이런 말이 지겹고 역겹다는 것이다. 이런 사조로 인해 유럽에서 [세례 취소 의식]이 크게 성행하고 있다.[25]

하나님의 은혜를 크게 입은 야벳의 후손들이 하나님을 모욕하고 하나님의 일을 역겨워하는 지경이 되어 버렸다. 이것은 교회가 복음을 잃었고 전도(선교)를 포기했기 때문이다. '주여, 유럽 땅에 복음의 순환기가 오게 하소서'

교회 현장에 인본주의가 판치고, 동양 종교에 매력을 느껴 교회가 접신운동인지 성령운동인지 구별도 못하는 영적허약으로 무너지고 있다. 교회 현장에 불건전 신비주의가 만연해, 어떤 능력이든 상관없이 받아서 사람들을 끌어 모으려하다가 교회를 귀신들의 소굴로 만들어 가고 있다. 세속적 인본주의로 처음부터 하나로 주신 복음에 식상을 하고, 세상의 방법을 받아들여 세상에 입맛을 맞추려하니 세상으로부터 더욱 우습고 유치한 꼴을 보이게 되었다. 이것은 뉴에이지운동의 꽁무니를 따라 가는 짓이요, 프리메이슨과 종교 단체들에게 영혼을 팔아먹는 행위이다. 그런데 하나님의 방법인 복음에 집중해야할 교회는 돈과 명예와 권세 때문에 서로 죽일 듯이 물어뜯고 있다. 이 현장을 보고 가슴 치며 애통하는 자들이 전도제자들이다.

우리 거룩하신 아버지 하나님, 구원의 예수님, 은혜의 성령님이 이렇게 모욕당하는 것을 인하여 가슴을 치며 애통하는 자들이 참 전도제자들이고 '남은 자'들이다. 하나님은 이 복음의 사람들로 새로운 문을 열어 주실 것이고, 그리스도의 깃발을 전 세계에 세울 구원의 순환기를 허락하실 것이다. 애통하는 자들은 만왕의 위로를 받을 것이다.

---

25) 세례취소 의식 : 영국에서 1866년 NSS(National Secular Society)로 부터 시작된 반 교회운동

바울이 소아시아에서 마케도니아로 건너간 이후 유럽은 20세기 초까지도 신앙의 열정으로 세계 곳곳에 복음을 전달했다. 그러나 20세기에 들어서 인본주의 사상에 기반을 둔 자유주의 신학으로 인해 유럽의 기독교는 급격히 쇠퇴했다. 영국의 경우 교회는 텅 비었고, 커다란 예배당건물을 유지하기 힘들어 술집에 팔리고, 모슬렘에 팔아넘기는 일이 수두룩하다. 유럽의 인구 중 77%에 육박하는 사람들이 '나는 기독교인'이라고 말하지만 그들 중 주일날 교회에서 예배를 드리는 인구는 4%에 못 미친다고 한다. 영국의 경우 교회 출석률이 2%정도라는 것이 현지 선교사들의 말이다. 이것이 영국의 현상뿐이 아니고 독일, 프랑스 등 모든 유럽의 현상이다.

스코틀랜드의 한 선교사는 '지난 10년 동안 스코틀랜드에서 30여개 교회가 팔리는 것을 목격하고 마음이 아팠다'고 말했다. 장로교의 어머니 격인 스코틀랜드교인들이 예배를 중요하게 여기지 않아 문을 닫는 교회가 많아 졌다는 것이다. 한 한국인 선교사는 자신이 사역하는 인근 지역에서 장로교교회당이 매물로 나왔다는 소식을 전해 들었다. 그 예배당이 무려 300년 전통의 교회였다. 그 선교사는 300년 전통을 지닌 교회에 교인이 없다는 이유로 스코틀랜드 장로교단에서 예배당을 매각하려고 했다면서 무조건 계약부터 했다고 한다. 선교사는 이「스트란나 교회」건물을 구입하기로 계약을 했는데, 나중에 안 일이지만 당시 교회는 술집사장에게 넘겨질 예정이었다고 한다. 2층 건물로 600석의 교회가 불과 1억 3000만 원에 술집으로 넘어갈 뻔했다.

'주여 저 유럽 땅에 복음의 전성기가 다시 오게 하소서! 다시 유럽 땅에 복음의 순환기를 허락하소서! 애통한 심령으로 이 현장을 보게 하소서!'
다윗의 아픈 고백을 보라. 역대기상 29:10-14 "나는 상아침대에 잠을 자고 있고 가죽으로 된 이불을 덮고 잠을 자고 있다." 그런데 하나님의 "언약궤는 바람 부는 곳에 있다." 그리고 그의 소원을 보라. 내 생애 최고의 목표와 기도는 여호와의 전을 건축하는 것이다. 여호와의 전은 없는데 나는 왕궁에 잠을 자니까 하나님께 죄송스럽다는 고백이다. 이것이 애통의 마음이고 하나님을 위한 아픈 가슴이다.

5. 모든 피조물들도 인간이 하나님의 형상을 회복하기를 고대 한다

지금 삼라만상의 피조물들이 세상 속에서 함께 애통하며, 세상에서 하나님의 자녀 된 성도들이 일어나 자기들을 정복해 주고, 다스려줄 것을 기다리고 있다. 만물이 사탄과 흑암의 세력 때문에 고통당하는 모습이 환경문제로 나타나고 있는 것이다. 피조물들도 에덴에서 일어난 비극적 사건을 알고 있다. 하나님의 형상을 받은 인간이 다스릴 것들이, 마귀에게 다스림을 받고 있으니 신음하는 것이다. 이제는 '여자의 후손'을 통해 하나님의 자녀가 된 자들이 환경을 다스려야 피조물이 기뻐하게 된다. 그리스도 안에 있는 사람들이 진리를 회복해야 환경의 문제가 해결된다는 사실을 알고, 복음의 사람들이 일어나기를 고대하고 있는 것이다.

> 피조물의 고대하는 바는 하나님의 아들들이 나타나는 것이니 피조물이 허무한데 굴복하는 것은 자기의 뜻이 아니요 오직 굴복하게하시는 이로 말미암음이라 그 바라는 것은 피조물도 썩어짐의 종노릇한 데서 해방되어 하나님의 자녀들의 영광의 자유에 이르는 것이니라. 피조물이 다 이제까지 함께 탄식하며 함께 고통을 겪고 있는 것을 우리가 아느니라(롬 8:19-22).

하나님 떠나 마귀에게 속해 있는 자들의 정복은 전쟁으로 인해 황폐되는 것과, 삼라만상이 불타는 것이지만, 복음전도제자들의 정복은 모든 저주와 재앙과 지옥과 멸망에서 건져내어 살리는 것이다.

우리 인생의 과거를 돌아보며 현실을 볼 때에

무엇을 해야 될 것인지 알게 하시고

우리가 중대한 언약을 붙잡고 주께 기도할 때

우리 주위에 만남의 축복을 허락 하소서

어려운 가운데 주님의 계획을 보며 감사하게 하시고

마음에 넘치는 은혜를 부어 주사

새롭게 시작하게 하소서

애통한 심령으로 현장을 보게 하사

복음만이 필요한 이유를 알게 하시고

나의 일생이 하나님의 소원에 매여

온 세상에 그루터기를 세우게 하소서

- 권정민 -

제5장

전도제자와 온유함
(마 5:5)

온유한 자는 복이 있나니 그들이 땅을 기업으로 받을 것임이요(마 5:5).

일반적으로 세상에는 양 같이 온순한 사람들이 있다. 그들은 적이 없고 호감을 갖는 사람들이 많아서 삶이 평온하다. 그들은 원수들이 없기 때문에 그의 주변에 사람들이 모일 것이며 지경이 넓어지는 것이 사실이다. 그러나 예수님이 그런 사람을 가리켜 온유하다 말씀하신 것이 아니다. 왜냐하면 구원을 받은 사람을 말씀하실 때 '심령이 가난한 자'를 전제로 하고 계시기 때문이다.

구원 받기에 절대 불가능한 사람이 하나님의 큰 긍휼로 인하여 구원을 받았기에 자기 의를 자랑 할 수는 절대로 없다. 예수님은 복음이 너무 귀해서 복음을 자랑 할 수밖에 없는 제자들을 중심으로 말씀하고 계신다.

제자의 길을 가는 사람이 온유한 사람이다. 구원의 은총을 아는 사람이라면, 일만 달란트 빚진 자가 탕감을 받고서 자기에게 일백 데나리온 빚진 자를 불러다가 멱살을 잡고 옥에 가두는 악한 자처럼(마 18:21-36)할 수는 없다.

온유한 사람은 남의 일과 소행에 끼어들어 판단하는 사람이 아니다. 그저 그 사람이 복음이 필요함을 알아 그리스도의 은혜를 말할 뿐, 모든 판단은 하나님께 맡기는 사람이다. 그는 더 나아가서 자신이 그 상황에 놓였다면 자신은 더 악질이 되었을 것이 분명하다는 사실을 진심으로 인정하는 사람이다.

1. 저희 서기관들과 바리새인들의 가르침

서기관들과 바리새인들의 보복에 대한 가르침은 유대인들의 투쟁심과 기질이 되었다.

> 그가 그 형제에게 행하려고 꾀한 그대로 행하여 너희 중에서 악을 제하라 네 눈이 긍휼히 여기지 말라 생명에는 생명으로, 눈에는 눈으로, 이는 이로, 손에는 손으로, 발에는 발로이니라(신 19:19, 20).

> 피를 보복하는 자는 그 살인한 자를 자신이 죽일 것이니 그를 만나면 죽일 것이요 만일 미워하는 까닭에 밀쳐 죽이거나 기회를 엿보아 무엇을 던져 죽이거나 악의를 가지고 손으로 쳐 죽이면 그 친자는 반드시 죽일 것이니 이는 살인하였음이라 피를 보복하는 자는 살인자를 만나면 죽일 것이니라(민 35:19-21).

바리세인들과 서기관들의 문제는 이 율법이 재판관들의 판결 기준이 되어야 한다는 사실을 무시한 것이다. 그들은 이것을 법정의 판결 기준으로 삼지 않았다. 당연히 정의와 공정은 무시 되었다. 그들은 재판자의 자리를 차지했다. 그들은 그들의 신분으로 재판을 했고, 재판석에서 내려올 때는, 백성들을 일일이 간섭하고 뇌물을 사양치 않고 챙겼다. 그들은 상투적으로 피해자의 보복할 권리와 가해자의 의무 사항을 만들어냈다. 결국 그들은 최소한, 어쩔 수 없이라는 전제를 무시하고 자신들의 이익과 권위를 위해 적극적인 명령으로 만들어 지키도록 했다.

그들은 또 자신들만의 기준으로 이단을 정하고 정죄 받은 자들을 인권조차 없는 벌레 취급을 했다. 자기들은 하나님을 잘 섬기고 있다고 믿었다. 그들에게는 자기들의 기준에 맞지 않는 자들은 다 악한 자들이었고, 악한 자들에게는 가차 없이 칼을 들이댔다. 결국 그들은 폭력으로 반대자들을 제압하는 불량배들이었다.

저희 서기관, 바리새인들과 예수님 사이에 근본적인 차이는 무엇인가 저들은 저들의 지원자들을 얻기에 혈안이 되어 있었다. 그들의 모습을 가리켜 예수님은 "너희는 교인 하나를 얻기 위하여 바다와 육지를 두루 돌아다닌다"(마 23:15)라고 하셨다. 그들의 이러한 열심은 바리새교인으로 만들어 개종시키는 것이었다. 그러나 예수님과 초대교회 제자들이 한 일은 개종이 아닌 전도였다. 전도는 세상 끝까지 '예수님이 그리스도'라는 하나님의 기쁜 소식을 선포하여 백성들로 참 생명을 얻게 하는 것이다.

서기관과 바리새인들은 사람들을 끌어들이고 자기들 앞에 굴복시키기를 좋아하였다. 그들은 하나님의 선민(選民)으로서 「시내산」언약을 문서(돌판)로 받은 민족이었다. 하나님은 그들에게 '너희들은 나의 백성이 될 것이며, 나는 너희들의 하나님이 될 것이라'고 하셨다(출 19:5-6). 그러나 그들은 언약을 깨뜨리기를 밥 먹듯 하였고, 그들은 포로 생활의 고통을 맛보아야 했다. 그들은 이방 민족에서 자기들을 구별하여 잡혼을 금하고, 안식일 지키며 성별에 힘썼다. 그런데 포로에서 귀환한 후에는 성결이 거짓된 분리주의로 바뀌어졌다. '이방의 빛이 되라'는 선지자들의 간곡한 외침을 까맣게 잊어버렸다. 그들은 이방인과의 모든 접촉을 끊어버렸다. 「바리새파」도 여기서 태어났다.

그들은 이방인들과 헬라파 유대인들까지도 멀리하는 것은 물론, 율법을 모르는 평민들을 멀리하게 되었다. 바리새인들은 죄인들과 세리들을 쓰레기 인생들로 여겼다. 무식한 평민들은 모두 죄인 속에 포함되어 있었고, 그 죄인들의 손님이 되지 않으며 그러한 죄인들을 친구로 부르지도 않고, 어떤 음식도 그들과 나누지 않을 것을 맹세하였다. 그들은 이런 사람들을 '암 하아레츠'라고 불렀다.[26]

예수님은 그들이 보는 앞에서 저들이 멸시하는 자들의 친구가 되어 주

---

26) 암 하아레츠(Am Ha' arez) : '땅의 백성'이라는 뜻으로 접촉해서는 안될 불결한 천민을 의미하며 히브리어 성경에 75회 등장.

셨고, 기꺼이 죄인들의 초청에 응하시고 함께 식탁에 앉으셨다. 소경 거지를 만나 주셨고(눅 18:35-43), 세리를 제자로 불러주셨고(마 9:9-10), 저들이 규율로 격리시킨 문둥병자를 만지고 치료하여 주셨다. 그러므로 서기관과 바리새인들은 예수님께 대해 심한 적개심을 가진 것이다.

이들에 대한 예수님의 질타는 소름이 끼칠 정도이다. 예수님은 그들을 오히려 도저히 용납할 수 없는 죄인이라 하셨다. "화(禍)있을진저 외식하는 서기관들과 바리새인들이여 너희는 천국 문을 사람들 앞에서 닫고 너희도 들어가지 않고 들어가려하는 자도 들어가지 못하게 하는도다"(마 23:13)라고 분개하시고, "화(禍)있을진저 외식하는 서기관과 바리새인들이여 너희는 교인 한 사람을 얻기 위하여 바다와 육지를 두루 다니다가 생기면 너희보다 배나 더 지옥 자식이 되게 하는도다"(마 23:15)라고 심하게 질타 하셨다.

2. 여러 민족 속에 흩어진 유대인들

유대인들은 그들의 조상들(아브라함, 이삭, 야곱)로 민족이 형성된 이후 천년 즈음에 다윗, 솔로몬 시대에 잠시 강력한 왕국을 이루었을 뿐이다, 곧 이어 북과 남이 각각 앗시리아와 바벨론에게 멸망 되어 늘 강대국들의 지배를 받는 민족으로 살아왔다. 이로 인해 대다수가 강제로 나라 밖으로 이주되었고 본토에는 다른 민족들이 옮겨와 살았으며, 잠시 본국 귀환이 허용되고 성전 재건도 있었으나 다시 헬라 왕조들의 지배를 받았다. 셀루커스 왕조 때는 [마카비]집안사람들로 인하여 『하스모니안 왕조』가 세워져 잠시 불안한 독립된 나라를 이어 갔으나 곧 다시 로마의 지배 아래 놓였다. 예수님이 오신 때에는 헤롯의 일가들이 분봉왕이 되어 통치하였고 이후에는 로마 총독들이 통치권을 가지고 있었다. 그들은 로마로부터 황제

숭배를 강요당하자 반란을 일으키기 시작했다.

　AD 66년 유대 반란군이 로마 수비군과 투쟁해 연전연승했고, 그래서 로마의 황제 [베스파시아누스]가 그 아들 [티투스]에게 예루살렘 공격을 지시했다. AD 70년 [티투스]는 예루살렘을 멸망시키고 성전을 완전히 파괴해 버렸다. 로마 황제 [하드리아누스]는 예루살렘에 주피터 신전을 세우고 『유대』라는 이름을 『팔레스타인』으로 바꾸고 유대인들은 예루살렘에 접근을 금지 시켰다.

　그들은 세계 곳곳에 뿔뿔이 흩어졌고 흩어져 머문 곳에서 성전(聖殿)대신 회당(會堂)을 민족 결속의 구심점으로 삼았다. 율법에 정통한 랍비들이 제사장 계급을 대신하여 정신적 지도자로서 민족성이 무너지지 않도록 [율법]을 전승하고 [탈무드]를 교육하여 민족성을 강화했다.

　상당한 시간이 지나고 유대인들은 소련, 독일, 이태리, 프랑스, 스페인 등 전 유럽 나라들 속으로 대거 이주했다. 그리고 그들은 소련을 비롯해서 독일, 헝가리, 프랑스에 이르기까지 정치와, 금융의 자본을 동원해 혁명을 조종했다. 그들은 짧은 시간에 소련의 공산주의와 미국의 자본주의를 한꺼번에 장악했다. 소련의 [볼세비키 혁명](1917년에 일어남) 때는 소련의 정치위원회의 약80%가 유대인이었다.(참고, 깨달음 디자이너 「융합오컬트학」 '볼세비키 혁명과 유대인'./http://blog.naver.com/kim kyung ho 5/)

　그들의 투쟁심은 오늘날 자본주의든, 사회주의든 상관없이 전 세계를 장악하는 것이며 그것은 비밀 단체들로 주도되고 그래서 거의 모든 비밀 단체 배후에 유대인들이 있다. 그들은 자신들이 당한 수난에 대한 보복을 넘어 세계를 지배한다는 야심을 불태우고 있다.

　그래서 예수님과는 처음부터 맞지 않았다. 그들은 성경에서 메시아에 대한 예언을 자세히 알고 있었고 예수님의 하시는 일들 -소경이 눈을 뜨는 일, 앉은뱅이가 일어나고, 나병이 치유를 받고 가난한 자에게 복음이 전해지는 일 등- 속에서 그 사실을 발견하고 예수님이 그 분이라는 것을 알아차렸다. 그러나 그들은 예수님이 메시아이신 것을 부정하기로 작정했다. 그들에게 예수님이 말씀하시는 '온유한 자가 복이 있다.'라는 말씀은 전혀 딴 소리가 된 것이다. 그들이 가진 민족적 기질은 구약 율법의 의미를 곡해하였고, 문자적으로 적용하였기 때문에 그들에게서 온유함은 찾아 볼 수 없었다.

그들은 지금 전 세계에 흩어져 있으나 저들의 사상은 변한것이 하나도 없다. 하나님의 선택 받은 민족으로서 결국 유대인이 세계를 지배하게 될 것이란 관념은 랍비적 유대교(Rabbinical Judaism)의 핵심적인 근간을 이룬다.

유대인 종교는 오늘날 구약 성경보다는 탈무드를 더욱 신봉한다. 반사회적이며 반국제적인 이 탈무드를 맹신하는 유대인들이 인류에 기여할 수는 없다. 그들에게 때가 오겠지만 아직은 아니다.

"너희가 전에는 하나님께 순종하지 아니하더니 이스라엘이 순종하지 아니함으로 이제 긍휼을 입었는지라 이와 같이 이 사람들이 순종하지 아니하니 이는 너희에게 베푸시는 긍휼로 이제 그들도 긍휼을 얻게 하려 하심이라 하나님이 모든 사람을 순종하지 아니하는 가운데 가두어 두심은 모든 사람에게 긍휼을 베풀려 하심이로다"(롬 11:30-32).

3. 비유대 사회

이 선악을 알게 하는 나무의 열매를 먹는 날에는 네가 하나님 같이 될 것이다 (창 3:5).

그러면 어떠하냐 우리는 나으냐 결코 아니라 유대인이나 헬라인이나 다 죄 아래에 있다고 우리가 이미 선언하였느니라 기록된 바 의인은 없나니 하나도 없으며 깨닫는 자도 없고 하나님을 찾는 자도 없고 다 치우쳐 함께 무익하게 되고 선을 행하는 자는 없나니 하나도 없도다 그들의 목구멍은 열린 무덤이요 그 혀로는 속임을 일삼으며 그 입술에는 독사의 독이 있고 그 입에는 저주와 악독이 가득하고 그 발은 피 흘리는 데 빠른지라 파멸과 고생이 그 길에 있어 평강의 길을 알지 못하였고 그들의 눈 앞에 하나님을 두려워함이 없느니라 함과 같으니라(롬 3:9-18).

유대 서기관과 바리새인들과 상관없는 다른 민족들은 주님의 말씀대로 서 있다고 말할 수 있는가 아니다. 인간의 사악함과 그 폭력성은 오래 전에 일어난 에덴의 사건으로 인해 어두움과 아우성으로 생육하고 번성되어 왔다.

인간은 하나님의 피조물로 하나님의 형상대로 지음을 받았다. 그 형상을 가지고 있었을 때는 야심과 폭력성은 어디에도 없었다. 하나님은 아담에게 "생육하고 번성하여 땅에 충만하라, 땅을 정복하라, 바다의 물고기와 하늘의 새와 땅에 움직이는 모든 생물을 다스리라,"고 하셨다(창 1:27-28).

이 놀라운 축복은 상실 되었다. 하나님과의 생명적 관계가 깨어지고 인간의 모든 관계가 어김없이 다 깨졌기 때문이다. 인간과 인간사이, 인간과 동물과 환경 사이도 깨진 것이다. 사탄(마귀)에 미혹 되어버린 것이다.

이것은 인간의 의지의 선택이었다. 왜냐하면, 아담은 사탄의 유혹을 이길 수 있는 힘인 '하나님의 형상'을 가지고 있었기 때문이다. 그래서 더욱더 큰 형벌이 될 수밖에 없는 것은 스스로 사탄의 유혹을 선택해서 하나님을 떠나 사탄의 품으로 들어간 것이기 때문이다. "너희 자신을 종으로 내주어 누구에게 순종하든지 그 순종함을 받는 자의 종이 되는 줄을 너희가 알지 못하느냐 혹은 죄의 종으로 사망에 이르고 혹은 순종의 종으로 의에 이르느니라"(롬 6:16)이기 때문이다.

하나님 형상의 거룩함은 완전 부패로 바꾸어지고, 하나님을 아는 지식은 상실 되었으며, 하나님의 의(義)를 이루는 삶은 사탄과 한 통속이 되어 절대적으로 사악해져 버렸다. 이런 인간에게 나타나는 것은 '피 흘리는데 빠른 발'로 사악한 정복이었다(롬 3:15).

이때로부터 인간의 다스림은 '폭력적 다스림' 밖에 다른 길이 없게 되었고, 정복은 침략과 전쟁을 통한 정복만 있을 뿐, 인류의 역사는 전쟁 역사를 빼면 아무것도 기록할 것이 없어질 정도이다.

하나님이 주신 인간의 가능성은 [우라늄]을 발견하여 꿈의 에너지를 만든 것 같으나 사탄의 노예 된 인간은 반드시 또 그 우라늄으로 전쟁을 위한 가공할 [핵무기]를 만들어 내게 되어있다. 이것은 환경을 다스리는 쪽이나, 그 외 모든 분야에서 적용 되어 인류의 문명을 이룬다. 그렇다면, 원죄 아래 있는 인간은 너무나 사악해 스스로는 절대 그 저주에서 빠져 나올 수 없는 것이다.

그러므로 구원을 받은 자 외에는 온유의 가능성이 없는 것이다. 세상의 모든 권세와 정사는 『군주론』과 『한비자』를 교과서로 하여 살아간다고 봐도 무방할 것이다. 지배자는 반역을 꾀하지 못하도록 피지배자들로 하여금 공포심을 갖게 하며, 군주의 자상함을 느끼도록 적당한 당근을 물려주는 것으로 통치 술(術)을 삼는 곳에 온유가 있을 수 없는 것이다.

4. 복음을 모르면 팔복의 온유는 불가능

실제역사의 현장을 보면 넓은 땅은 사나운 짐승들이 차지하지 못하고 양들과 같은 온순한 동물들이 차지하고 있다. 세상에서 가장 온유하다고 하나님으로부터 인정받은 [모세]도(민 12:3) 광야에서 금송아지 일로 인하여 형제와 친구와 이웃을 죽이라고했다(출 32:25-29). 또한 「바알 부올」의 사건으로 거기에 가담한 사람들을 죽이라 했고, [비느하스]가 모압 여인과 함께 동침한 이스라엘 남자와 그 여자를 창으로 배를 꿰뚫어 죽이게 했다. 그렇다면 참으로 온유함은 구원을 받은 자요 하나님 편에 서서 하나님의 거룩하심과 그 이름이 모욕당하는 것을 참지 못하는 자이다(민 25:6-15, 31:1, 7-8).

자연적으로 태어날 때부터 유순하고 모가 나지 않는 사람이 있다. 이 것은 불신자들에게서 얼마든지 발견된다. 땅을 기업으로 받을 온유함은 타고난 것이 아닌 하나님의 은혜로 되는 것이다. 마치 이리 새끼가 양같 이 유순해진 것 같은 경우가 온유이다. 이것은 골로새 지역의 [빌레몬] 집 노예였던 [오네시모]가 사고를 치고 탈주해서 결국 로마에서 체포 되었 고, 그가 감옥소에서 전도자 바울을 만나 완전히 변화 되었는데 후에 골로 새 지역의 목회자가 되었다. 그는 정말 주님의 은총으로 이리가 양같이 변 해 버린 경우이다. 또한 빌레몬은 오네시모를 바울의 요청을 그대로 받아 드려 오네시모를 탓하지 않았을 뿐만 아니라, 오네시모를 목사로 섬기고 평신도로서 그 교회에 헌신했다. 복음을 전해 늑대를 변화 시킨 바울이나, 모든 살기를 내버리고 완전히 복음 전하는 자로 변화된 오네시모나, 그 노 예를 형제로 받아드리고, 목회자로 섬긴 빌레몬은 모두 복음으로 길들여 진 온유한 사람들이다.

[메튜 헨리]는 그의 주석에서 '온유한 자는 고요히 자신을 하나님과, 하나님의 말씀과, 하나님의 홀(笏)에 복종하는 자이며, 하나님의 의도에 응 하며, 그는 상대의 공격에도 침착하고 부드러운 답변을 하는 자이며, 성을 낼지라도 쉽사리 가라앉히는 자이며, 한 번 복수하기보다는 스무 번 용서 해 줄 수 있는 자이다. 그들은 광포가 없으신 주님의 속성을 가진 자이다. 그는 그들은 어떤 조건에도 방해받지 않는 즐거움을 가지고 있는 자들이 다. 그들은 어떤 공격에도 평안함을 유지하며, 살수도 있고 죽을 수도 있 는 자들이다'고 했다.[27]

---

27) 『메튜 헨리 주석 마태복음(상)』, 고영민역, 기독교문사, p187-188

온유한 자는 하나님의 구원의 은총을 받은 자이다. 구원의 은혜를 받아 하나님의 말씀에 길들여진 자이다. 이것은 그리스도께 길들여진 자요, 복음에 길들여진 자요, 성령에 길들여진 자이다. 하나님의 구원이 세상을 향한 하나님의 큰 계획이기 때문에 이 계획을 이루는 것을 자신의 존재의 목적으로 삼은 자요, 영혼 구원의 일선에서 전도의 현장을 마음에 두고 선교에 앞장 서는 전도제자가 진정 온유한 자이다. 온유한 자는 무슨 일을 하고 어디에 있든지 하나님 나라와 그의 의를 먼저 구하는 자이다.

주님은 약속하시기를 "오직 성령이 너희에게 임하시면 예루살렘과 온 유다와 사마리아와 땅 끝까지 증인이 되리라"(행 1:8)고 하셨다. 이 약속이 성취된 초대교회 시대의 제자들은 하나같이 온유한 자들로 바꾸어졌다. 그들의 삶의 방향과 이유는 세상 구원이었고, 그들에게 임한 성령의 충만함으로 그들을 박해하는 자들을 같이 맞 대항하지 않고 오히려 전도의 대상으로 보았다.

사도들 뿐 아니라 평신도들도 마찬가지였다. [스데반] 집사는 악랄하게 자기를 돌로 치는 자들을 위하여 기도했다. "주여 이죄를 그들에게 돌리지 마옵소서!"(행 7:60) 이는 그리스도 되신 예수님의 기도였다. 스데반은 예수님이 하신 일로 충만했고 그리스도의 영으로 충만했다. 교회사의 증거는 오직 복음에서 답을 찾은 자들로 기록 되어졌고, 이들은 오직 성령의 힘으로 사는 전도자들이었다.

한국의 [주기철]목사 비롯하여 [한상동]목사, [주남선]목사, [손양원]목사 그 외에 복음을 위해 인생을 불태운 전도자들은 모두 하나님의 영에 길들여진 자들이었다.

손양원 목사는 공산주의 추종 학생들에 의해 예수쟁이에 친미파라는 이유로 두 아들이 총살당했다. 반란이 진압 되고 두 아들을 죽인 학생들

중 한 명이 체포되어 사형장으로 끌려가는데, 손 목사는 이 학생을 죽이지 말아달라고 탄원했다. '이 아이를 죽이면 내 아들들의 죽음이 헛된 것이 된다. 이 아이를 내 아들로 삼고 사람 되게 하겠다.'고 하여 자기 아들로 삼았다. 어떻게 모두가 손 목사님처럼 따라 갈 수 있겠는가? 우리의 힘으로 할 수 없고 이것은 성령의 충만할 때 가능해진다.

구약의 믿음의 사람들이 가진 변화된 기질들을 보라. [요셉]이 자기를 미워하여 심히 구박하고 노예로 팔아버린 형들에게 하는 말을 보라. 그가 제국의 총리가 된 후에 형들이 보복을 당할까 두려워 떨고 있을 때 하는 말이다.

> 그의 형들이 또 친히 와서 요셉의 앞에 엎드려 이르되 우리는 당신의 종들이니이다. 요셉이 그들에게 이르되 두려워하지 마소서 내가 하나님을 대신하리이까 당신들은 나를 해하려 하였으나 하나님은 그것을 선으로 바꾸사 오늘과 같이 많은 백성의 생명을 구원하게 하시려 하셨나니 당신들은 두려워 마소서 내가 당신들과 당신들의 자녀를 기르리이다. 하고 그들을 간곡한 말로 위로하였더라(창 50:18-21).

[다윗]을 보면 사울의 적개심과 질투로 헤아릴 수 없이 고생하는 중에 쉽게 사울을 제거하고 왕의 자리에 설 수 있었으나, 그는 끝까지 악령에 시달리는 왕을 하나님의 손길에 맡겼다. 사도행전과 전도자 바울의 편지들을 보면, 그들에게는 온유함이 삶에서 넘친다. 그들은 모두 전도자요, 하나님과 하나님의 복음에 매료 된 자들이요, 성령과 복음의 말씀에 길들여 진자들이다.

"이는 이로, 눈은 눈으로"라는 율법과, "악한 자를 대적하지 말고 사랑하라. 원수가 오른 뺨을 때리면 왼뺨도 돌려대라"는 예수님의 말씀은 너무나 분명한 반대의 가르침이다. 이것은 쟁론을 좋아하는 자들에게 아주 좋은 논쟁의 자료를 제공해 준다. 그런데 이런 명령은 성경 전체 사상과 문맥에 비추어야 그 뜻을 찾을 수 있다.

산상수훈은 윤리 규범이나 사람의 행동 양식을 상세하게 가르치는 규칙이 아니다. 그리고 예수님의 가르침을 모세 율법을 대신할 새로운 법규로 받아서는 안 된다. 주님의 가르치심은 율법의 정신과 율법의 목적을 강조하는 것이다. 은혜 아래 있는 자들이 율법의 목적을 깨닫지 못하고 율법 아래 있던 향수를 느끼는 것은 비극이 아닐 수 없다.

예수님의 말씀을 기계적으로 적용해서도 안 된다. 문자보다는 영적인 쪽으로 들어가야 한다. 또 이 계명을 불가능한 것으로 보이게 한다면 정말로 큰 잘못이다. 예수님은 불가능한 것을 하나도 가르치시지 않았고 산상수훈은 매일의 삶을 위한 것이다. 또 이 부분이 성경의 다른 부분과 모순된다면 해석이 잘못된 것이 분명하다. 성경은 모순이 없기 때문이다. 이 가르침은 국가나 세계를 위한 것이 아니며, 결국은 불신자들의 구원을 위한 말씀이지만, 세상이 명언으로 사용하는 것과 상관이 없다. 주님은 구원의 축복을 받은 하나님의 백성과 구속사에 동참할 사람에게 말씀하시고 계시는 것이다.

이렇게 눈은 눈으로 이는 이로 갚으라는 뜻은 죄를 범하면 반드시 하나님의 심판을 받는다는 심판을 더욱 단호하게 선포하는 말씀이다. 아울러 세상의 인간들은 모두 하나님의 정죄의 대상이며, 죄인들이 스스로 심판을 면할 길을 만들 수는 절대로 없다는 것이 성경 전체의 흐름이다. 그래서 이 땅에는 종교 교주가 필요한 것이 아니고 대속의 희생 제물이 필요하다. 그래서 예수님이 그리스도로 오셨고, 그리스도는 대속의 십자가를 지셨던 것이다.

구약성경에는 이 내용이 가득 차있는데 이중에 하나의 메시지가 '도피성(逃避城)' 계시였다. 이 도피성 제도가 그리스도를 피난처로 찾아 가는 것이요, 전도자는 '수고하고 무거운 짐 진 자들'이 예수님의 멍에 아래 들어가도록 알리는 것이며, 노아 시대 전도자 노아와 같이 방주 안에 들어가서 생명을 보전할 것을 외치는 자들이다. 전도자는 오른편 뺨을 친다면 왼편도 돌려 대는 자들이다.

마태복음 5:40에 "또 너를 고발하여 속옷을 가지고자 하는 자에게 겉옷까지도 가지게 하며" 성경에는 고발하여 속옷을 가지고자 했던 자가 있다. 선악과를 따먹은 아담과 하와의 경우 그들이 지은 죄가 그들 자신을 고발하였다. 범죄함으로 어두움의 눈이 밝아져 자기들의 벌거벗은 것에 수치를 느꼈고 그것을 가리기 위하여 무화과나무 잎을 엮어 그 수치를 가리려했다. 이때에 여호와 하나님은 그들에게 가죽옷을 지어 입혀 주신 것이다. 예수님은 우리를 위하여 겉옷까지 주셨고, 왼 뺨도 돌려대시며 대속해주셨다.

마태복음 5:41에 "또 누구든지 너로 억지로 오리(五里)를 가게 하거든 그 사람과 십리(十里)를 동행하고" 내가 가기 싫은 것을 억지로 가자고하는 것은, 내가 싫은 일이지만 기꺼이 함께 하면서 복음을 전하여, 율법도 다 지키는 자가되고 구원도 받게 해주라는 뜻이다.

마태복음 5:42에 "네게 구하는 자에게 주며 네게 꾸고자 하는 자에게 거절하지 말라."는 말씀도 나에게 원하는 자에게 무조건 주라는 뜻이 아니다. 물론 필요해서 요구하는 사람에게 준다면 좋은 일을 하는 것이지만, 그가 허영을 채우기 위한 것이라면 그건 다른 이야기가 된다.

어찌하든 전도자는 모든 사람이 복음이 필요한 자라는 사실을 전제하여 내게 다가오는 자에게 복음을 전할 기회가 되므로 거절하지 말라는 뜻이다. 그의 생명이 천하보다 귀하고, 전도자는 천하보다 귀한 일을 행하는 값진 자이다. 천하보다 귀한 일을 옷 한 벌이 아까워 구원의 기회를 놓친 다면 얼마나 억울하겠는가

창세기 3장 원죄 아래 태어난 인간은, 서로 미워하고 살인하고, 육신의 간음과 우상의 영적 간음을 자행하며 하나님께 맹세한 것을 지키지 못하 지만, 예수님을 믿음으로 「죄와 의의 전가」(罪와 義의 轉嫁)의 원리에 따라 모두 지킨 것이 된다는 것이다. 죄의 삯은 사망인데 사망의 형벌아래 있는 영혼들을 도피성(逃避城)인 예수님께 도피하여 구원을 받을 수 있도록 하 는 자들이 전도자들이다.

전도자들은 예수님이 나의 그리스도가 되어 주신, 풍성하신 긍휼과, 한 량없는 자비와, 영원한 인애하심에 감사하며, 세계 만민이 구원의 하나님 께 무릎을 꿇고, 그 이름을 높일 수 있게 되는 것이 소원인 사람이 전도자 요, 온유한 자이다.

제6장

전도제자와 의에 주리고 목마름
(마 5:6)

의에 주리고 목마른 자는 복이 있나니 그들이 배부를 것임이요(마 5:6).

심령이 가난한 자가 천국의 티켓을 받았다. 그것은 긍휼에 풍성하신 하나님이 그 크신 사랑으로 구원을 허락하신 것이다. 이제 이 사람은 누구든지 주의 이름을 진심으로 부르면 구원을 얻을 수 있다는 사실을 알게 된 사람이다. 그렇다면 이 시급하면서도 유일하고, 절대적 명제인 생명의 길을 알려야 하지 않는가?

그래서 아직도 사탄과 원죄(자범죄 포함)와 하나님을 만나지 못하고 방황하는 인생들을 보면서 애통해한다. 즉 전도의 길을 천명으로 받는 것이다. 그는 또한 전도의 문을 열기 위해 오직 성령의 능력을 의지하고 복음에 길들여진 그리스도의 증인이다. 그는 성령에 통제를 받는 것을 가장 기뻐하며 매일 그리스도께 발견되기를 소원하며, 그분께 잡힌바 된 상태를 갈망한다. 그래서 온유한 사람도 전도자의 모습이다. 구원을 선물로 받았다면 의에 주리고 목말라하는 사람도 전도자로 보는 것이 옳다. 심령이 가난한 자가 받은 은혜의 경험에 의해서 주님이 말씀하신 '의(義)'를 가장 잘 설명할 수 있다.

인간은 본질적인 두 가지 문제를 풀어야 한다. 세상에 절대자가 존재한다면 그 분이 누구냐 하는 것과 두 번째는 내가 어떻게 그 분을 만날 수 있느냐 하는 것이다. 이것은 유한한 인간으로서 어떻게 하나님을 알 수 있는가 이며, 내가 사망이 선고된 죄인으로서 어떻게 하나님을 만날 수 있는가 하는 것이다.

그 대답은 하나님이 자신에 관한 모든 것을 자신의 말씀(성경)으로 계시하셨기에 알 수 있으며, 그 하나님께서 구속을 진행하셨기 때문에 구원 받을 수 있다는 것이 답이다. 이 계시와 구속은 둘 다 그리스도 안에서 완성되었다. 이것은 하나님의 말씀에 인간이 만든 어떤 것도 절대로 첨가 되지 못할 뿐 아니라, 그리스도의 완성된 사역에도 인간의 공로와 의가 절대 첨가 되지 못하는 것이다. 그것은 하나님이 직접 이루신 완성된 사역이기 때문이다.

우리가 그리스도 안에 있는 진리 즉 복음을 이해하고 또 이해해 나간다면, 우리의 탁월한 지혜나 우수한 지능 때문이 아니라 우리를 전도자로 쓰시려는 하나님의 조명 때문이다.

예수님은 제자들에게 "너희에게 내가 누구냐"고 질문하셨고 이에 베드로가 대답을 했다. "시몬 베드로가 대답하여 이르되 주는 그리스도시요 살아계신 하나님의 아들이시니이다." 예수께서 대답하여 이르시되 "바요나 시몬아 네가 복이 있도다. 이를 네게 알게 하는 이는 혈육이 아니요 하늘에 계신 내 아버지시니라"(마 16:16-18).

예수님이 그리스도 되심을 이해한 것 자체가 하나님의 커다란 은혜인 것이다. "어두운 데에 빛이 비치라 말씀하셨던 그 하나님께서 예수 그리스도의 얼굴에 있는 하나님의 영광을 아는 빛을 우리 마음에 비추셨느니라"(고후 4:6). "그러므로 내가 너희에게 알리노니 하나님의 영으로 말하는 자는 누구든지 예수를 저주할 자라 하지 아니하고 또 성령으로 아니하고는 누구든지 예수를 주시라 할 수 없느니라"(고전 12:3). 이것은 인간의 결심이나 노력 때문이 아니고 하나님의 은혜 때문이라는 확실한 증거이다.

"너희는 그 은혜에 의하여 믿음으로 말미암아 구원을 받았으니 이것은 너희에게서 난 것이 아니요 하나님의 선물이라 행위에서 난 것이 아니니 이는 누구든지 자랑하지 못하게 함이라 우리는 그가 만드신 바라 그리스도 예수 안에서 선한 일을 위하여 지으심을 받은 자니 이 일은 하나님이 전에 예비하사 우리로 그 가운데서 행하게 하려 하심이니라"(엡 2:8-10) 여기 '하나님의 선한 일'은 세상을 구원하시는 일이다.

하나님께는 아픔이 되지만, 우리에게는 유일한 길이요 새 생명의 길이다. 긍휼의 하나님은 그 크신 긍휼로 자신을 세상에 내어 주심을 기뻐하셨다. 영국 찬송 작가 [왓츠](Isaac Watts, 1674-1748)가 하나님의 은혜의 진수를 잘 표현했다.

주 달려 죽은 십자가 우리가 생각할 때에
세상에 속한 욕심을 헛된 줄 알고 버리네
죽으신 구주 밖에는 자랑을 말게 하소서
보혈의 공로 힘입어 교만한 맘을 버리네
못 박힌 손발 보오니 큰 자비 나타 내셨네
가시로 만든 면류관 우리를 위해 쓰셨네
온 세상 만물 가져도 주 은혜 못 다 갚겠네
놀라운 사랑 받은 나 몸으로 제물 삼겠네.

모든 것이 하나님께 로서 났으며 그가 그리스도로 말미암아 우리를 자기와 화목하게 하시고 또 우리에게 화목하게 하는 직분을 주셨으니 곧 하나님께서 그리스도 안에 계시사 세상을 자기와 화목하게 하시며 그들의 죄를 그들에게 돌리지 아니하시고 화목하게 하는 말씀을 우리에게 부탁하셨느니라(고후 5:18-19).

1. 아브라함의 믿음

아브라함이 의인이 된 것은 아브라함이 하나님의 약속을 믿었기 때문인가 하나님의 선택에 의해서인가 아브라함이 이삭을 약속받았을 때 그것을 믿는 믿음을 보시고 그를 의롭다고 하나님께서 말씀하셨다. 그것이 아브라함이 의롭게 된 근거인가 그것이 아니다. 아브라함은 이미 하나님의 부르심을 받았을 때 하나님을 믿고 순종함으로써 실제로 의롭다함을 받았다. 아브라함은 자신에게 이삭을 주시겠다고 약속하신 그 이삭에 대한 약속을 믿었기에 그 믿음도 또한 의롭다고 선언하신 것이다.

아브라함은 이미 의롭다함을 받았다. 하나님의 선택에 의해서 아브라함은 의인의 길로 들어선 것이다. 노아가 당세에 의인이요 완전한 자라고 했을 땐 노아의 어떤 행위가 아니고 하나님의 선택과 하나님의 은혜를 얻었기 때문이다. 이 의(義)로 말미암아 노아의 모든 행동은 의인다운 행동이 되었던 것이다.

먼저 의(義)가 무엇이며 어떻게 나오는가 사전적으로 말하자면, 의(義)란 '공정한 처리' '올바름' '덕' '경건' 등의 뜻이 있다. 그러나 이 '의'(義)에 대한 주님의 말씀은 세상이 말하는 그런 차원의 의가 아니다. 원초적인 사악함에 젖어 있는 인간의 의는 하나님과 통하지 않는다. "의인은 없나니 하나도 없으며"(롬 3:10이하)이기 때문이다.

세상에는 의롭게 사는 사람들이 있다. 그들은 의협심이 있어서 불의를 보면 참지를 못하고 정의의 편에 서서 온갖 굴욕을 감수하기도 한다. 그러나 예수님이 말씀하시는 의는 그런 의가 아니다.

많은 학자들이 이구동성으로 산상수훈은 신약의 율법이라고 하지만, 그러나 거의 모든 신학자들이 복음을 전하는 복음의 비밀을 거기서 캐내지 못하고 있다. 모든 주석가들을 살펴보면 그들은 구원받은 자의 행위에 초점을 맞추고 있었다.

심령이 가난한 그 상태에서 구원은 이미 받았기 때문에 의인이라고 칭호를 얻었다. '칭의'는 이미 선언된 것이다. 이제부터의 삶은 주님과 동행하면서 의롭게 변화되는 '성화' 과정이 남았는데 그것도 성령께서 하시는 일이다. 제자들에게는 오직 한 가지 그 구원받은 그 놀라우신 사실을 누리고, 세상에 나가서 구원의 비밀을 전하는 것이다. 그것밖에 다른 이유는 없다. 그것을 위해서 그들은 기도해야 되고, 그것을 위해서 그들에게 성령이 내주하셨고, 성령의 능력을 체험해야 되고, 성령 충만함을 받아야 되는 것이다. 성령 충만 주신 이유도 바로 세상을 구원하는 전도를 위함이다.

> 오직 성령이 너희에게 임하시면 너희가 권능을 받고 예루살렘과 온 유대와 사마리아와 땅 끝까지 이르러 내 증인이 되리라 하시니라(행 1:8).

그래서 제자들은 그 이유를 알고 주님의 감람산 약속을 붙잡고 오로지 기도에 임했던 것이다.

> 제자들이 감람원이라 하는 산으로부터 예루살렘에 돌아오니 이 산은 예루살렘에서 가까워 안식일에 가기 알맞은 길이라 들어가 그들이 유하는 다락방으로 올라가니 베드로, 요한, 야고보, 안드레와 빌립, 도마와 바돌로매, 마태와 및 알패오의 아들 야고보, 셀롯인 시몬, 야고보의 아들 유다가 다 거기 있어 여자들과 예수의 어머니 마리아와 예수의 아우들과 더불어 마음을 같이하여 오로지 기도에 힘쓰더라 (행1:12-14)

기도하고 난 다음에 주님께서 약속하신 성령이 임했을 때는 막 바로 현장에 달려가고 그들의 생명을 다할 때까지 그 현장에 나아갔다.

2. 저희 서기관들과 바리새인들이 가르친 의(義)

예수님 당시 백성들을 가르치는 서기관들과 바리새인들의 의(義)도 세상의 범주를 벗어나지 못한다. 바리새인들은 하나님의 구속의 역사를 헛되게 만드는 일에 매우 숙달되어 있었다. 성경을 먼저 받은 그들인데 지금도 깨닫지 못하고 있다. 예수님께서 말씀하신 의에 주리는 것과 의에 목마른 것이라는 영광의 지경에는 천국을 소유할 준비가 되지 못한 사람은 절대 들어갈 수 없다.

예수님의 비유에서 두 사람, 즉 '바리새인'과 죄인이라 불리는 '세리'가 하나님께 다가가는 모습에서 극명한 차이를 말씀하신다.

"또 자기를 의롭다고 믿고 다른 사람을 멸시하는 자들에게 이 비유로 말씀하시되 두 사람이 기도하러 성전에 올라가니 하나는 바리새인이요 하나는 세리라. 바리새인은 서서 따로 기도하여 이르되 '하나님이여 나는 다른 사람들 곧 토색, 불의, 간음을 하는 자들과 같지 아니하고 (나는)이 세리와도 같지 아니함을 (나는)감사하나이다. 나는 이레에 두 번씩 금식하고 또 (나는)소득의 십일조를 드리나이다.' 하고 세리는 멀리 서서 감히 눈을 들어 하늘을 쳐다보지도 못하고 다만 가슴을 치며 이르되 '하나님이여 불쌍히 여기소서 나는 죄인이로소이다' 하였느니라"(눅 18:9-13).

예수님은 "내가 너희에게 이르노니 저 바리새인이 아닌 세리가 의롭다 하심을 받고 그의 집으로 내려갔느니라. 무릇 자기를 높이는 자는 낮아지고 자기를 낮추는 자는 높아지리라" 하셨다(눅18:14).

하나님께 기도하면서 하나님 앞에 감히 자기가 옳다고 서 있는 바리새인은 사람들 앞에서도 스스로 옳다고 하는 자였다(눅 10:29). 그런데 예수님께서 '저 죄인 세리가 저보다 의롭다 함을 받고 집에 돌아갔다'고 말씀하시자 거기에 있던 바리새인들과 서기관들이 매우 분노했을 것은 자연스런 반응이다.

출애굽기 23장 7절에 "나는 악인을 의롭다 하지 아니하겠노라"고 말씀하지 않으셨는가 이 예수는 감히 악인을 의롭고 하다니 저들의 사상을 생각할 때 분개할 만하다. 사도 바울도 로마서 4장 5절에서 "경건치 않는 자를 의롭다 하신 이를 믿는 자에게는 그의 믿음을 의로 여기시나니"고 했다. 그 말 한 마디만 가지고도 그들은 사도들에게 심한 적개심을 품었을 것이다.

'칭의'(稱義)는 법정적 용어이다. 이 단어는 반대의 말 '정죄'(定罪)라는 단어로 쉽게 이해할 수 있다. 유대 교법사와 재판관의 자리를 겸해서 차지한 서기관들은 의인은 옳다하고 악인에게는 저주하도록 가르쳐왔다(신 25:1).

세리(세금징수원)는 율법적으로나 윤리적인 근거로 심한 멸시를 받아 왔다. 유대인들은 당시 세리들을 로마 정부에 고용당한 앞잡이들로 여겼다. 그리고 그들은 세금을 과중히 매겨 착복하는 도덕적으로 타락한 죄인들로 여겼다. 세리 [삭개오]가 예수님을 만나는 장면을 통해서 세리들의 불의가 흔했다는 것을 쉽게 짐작이 간다.

"삭개오가 서서 주께 여짜오되 주여 보시옵소서, 내 소유의 절반을 가난한 자들에게 주겠사오며 만일 누구의 것을 속여 빼앗은 일이 있으면 네 갑절이나 갚겠나이다"(눅 19:8). 세리들이 백성들에게 더 많이 부과해서 세금을 착복한 일들이 잦았다는 것을 부인할 수 없을 것 같다.

이 두 사람은 공통점이 많다. 두 사람이 다 남성이고, 둘이 다 기도하러 성전에 올라갔고, 둘이 다 서서 기도했고, 두 사람이 다 '하나님'께 기도를 시작했다. 그러나 표면의 유사점은 여기까지만 이었다. 저들의 기도의 내용은 전적으로 달랐다.

바리새인은 '하나님, 나는, 나는,'하는 말로 기도했다. 짧은 말속에 수 번이나 자기를 내세웠다. 세리도 '나'라는 단어를 한번 사용했으나 바리새인처럼 주격 인칭 대명사가 아닌 '나'(여격 목적어인 '나를' 의미하여 '죄인인 저를 불쌍하게 여기소서'이다)였다.

그는 그 자신이 무엇을 할 수 있는 자가 되지 못한다는 사실을 마음으로 고백했고, 무엇하나 내세울 것이 없는 지탄받는 죄인인 것을 마음으로 인정했다. 그는 자신이 감히 하나님께 무슨 말씀을 드린다는 그것마저도 불합당한 자라서 다른 말을 할 수 가 없었다. 다만 고백하기를, '하나님이여 죄인인 저를 불쌍히 여기소서'

바리새인의 입버릇처럼 '나'라는 말은 탈무드에서 자주 나타나는 의식 구조이다. 바리새인은 자신의 상대적인 비상함과 경건으로 하나님의 주의를 끌고 있었다. 물론 그의 경건은 스스로 단정한 경건이었을 뿐이다.

예수님은 그 곳에서 주님의 이야기를 듣고 있는 모두에게 - 특히 바리새 서기관들 - 의도적으로 결론을 내리신다. "내가 너희에게 이르노니 저 바리새인이 아니고 이 세리가 의롭다 하심을 받고 그의 집으로 내려갔느니라" 바리새인은 정죄 받았고 세리는 의롭다하심을 받았다. 저들의 운명이 지옥과 천국으로 갈리는 모습인 것이다.

3. 의(義)에 주림과 목마름

의에 주리고 목이 마른 사람은 하나님과 교제를 갈망하는 자이다. 에덴에서의 반역으로 뒤틀려진 하나님과의 관계가 생명적 관계로 회복되기를 간절히 원하는 사람이다. 구원은 받았으나 우리의 삶의 공간을 사탄이 지배하고, 죄악들이 발걸음마다 걸어 채이고, 사악함이 삶의 현장을 덮고 있는데 거기에 뿌리내린 체질을 벗겨내고 하나님의 은혜의 세계로 온전히 들어가려는 강한 욕구를 가진 자가 의에 주리고 목마른 자이다.

그는 공중의 권세에 붙잡힌 영혼들에게 해방의 길을 알려주기를 간절히 원한다. 그는 그리스도 되신 예수님에 의해 해방 받아 천국을 소유했으니 아직 갇혀있는 영혼들을 해방시키는 전도자의 길을 걷게 된 것이다. 그 일은 하나님이 주시는 권능이 아니면 피곤해서 중단할 수밖에 없어서 성삼위 하나님으로 충만하기를 갈망하게 된다.

이것은 구약의 믿음의 사람들도 마찬가지였다. [엘리사]의 경우를 보면, 엘리사가 구약의 [아합]왕과 [이세벨]로 인하여 이 민족이 우상으로 고통당하고 있을 때 엘리사는 그 일을 감당하기 위해서 끊임없이 스승 [엘리야]를 따라다녔다. 엘리야가 '따라오지 말고 길갈에 머물러라' 「여리고」에서도, 「벧엘」에서도 똑같이 이곳에 머물러라 했으나 결국 「요단」에 이르기 까지 따라갔다. 끝까지 따라간 것이다. 엘리야는 엘리사에게 무엇을 원하느냐 고 했고 엘리사는 당신의 영감이 갑절이 필요하다고 대답했다.

엘리사는 엘리야가 450명의 바알 우상의 선지자들과 목숨을 건 싸움에 이기고 450명의 우상의 선지자들을 다 죽였으나 아합의 왕비 음녀 이세벨은 조금도 굴하지 않고 엘리야를 죽이려고 혈안이 되어 있는 현실에 자기에게는 바알 우상과 이세벨의 세력을 이기려면 영적 권능이 엘리야보다 갑절이상이 필요하다는 청원인 것이다.

귀신들의 세력과 싸워서 흑암의 세력을 꺾고, 민족이 저주받는 것을 막기 위하여 엘리사는 갑절의 영감이 필요하다는 것이다(왕하 2:1-14). 우상의 세력에서 민족을 지킬 수 있는 힘이 절대 필요하고, 또 우상세력과 싸울 수 있는 제자들을 키우는 일에 하나님이 주신 영적 힘이 절대적 조건임을 알기에 끝까지 엘리야를 따라다녔다. 이것이 바로 의에 주리고 목마른 것이다. 엘리사는 이로써 도단성운동을 전개할 수 있었다.

예수님의 제자들은 각각 여러 나라 현장에 들어가서 하나같이 복음을 전하다가 순교를 했다. 그것은 바로 그들이 의에 주리고 목말라 있기 때문이었다. [스데반] 집사 같은 사람은 돌 맞아 죽어가는 현장에서도 복음을 증거했다. 의에 주리고 목마르다는 것은 현장에 굶주리고 구원받을 영혼들을 향한 그 주림과 목마름을 느낀 것이다.

[바울]을 보라. 그는 이 복음 전하는 일에는 생명을 조금도 아까운 것으로 여기지 않는다고 했다. 그는 끊임없이 전 세계를 돌아다니면서 죽어가는 현장을 보며 하나님 나라를 증거하다가 로마에서 순교를 당하게 된다.

그렇다면 의에 주리고 목마른 것은 전도제자 아니면 할 수 없는 일이다. 왜냐하면 전도제자는 복음을 모르면 전도할 수 없기 때문이다. 복음에 답을 내린 사람이 전도자의 길을 걸어갈 수 있다. 그래서 전도제자는 하나님 나라와 의를 위하여 구하고 찾고 두드리는 삶을 살게 된다.

이와 같이 하늘에 속한 의(義)는 세속적인 것과 전혀 다른 것이다. 사람의 힘과 노력으로 나타나는 의는 바리새인식 자만으로 이끌어 간다. 사도 바울은 정통 바리새인이었지만 땅에서 만들어지는 온갖 자랑을 '배설물'로 여겼다(빌 3:4-9).

그는 바리새인들이 추구하고 지상의 사람들이 성공의 척도를 삼는 모든 것을 배설물로 여겼다. 그는 그리스도를 발견했고 그 안에는 지혜와 지식의 모든 보화가 감추어져 있다고 고백했다. 그는 세상의 성공에 주려있는 것이 아니고, 주님이 말씀하신 의에 주려 있었다.

주리고 목마른 것은 매우 심한 궁핍을 의미한다. 이 궁핍은 채워지기 전에는 만족할 수가 없는 것이다. 그것이 채워지는 단 한 가지 소원만이 있을 뿐이다. 이것은 하나님에 대한 목마름이고, 하나님의 비밀을 탐구하는 갈함이다.

"하나님이여 사슴이 시냇물을 찾기에 갈급함 같이 내 영혼이 주를 찾기에 갈급하나이다"(시 42:1). 이것은 또 사랑하는 사람을 그리워하는 것과 같다. 사랑에는 항상 주림과 목마름이 따른다. 하나님을 사랑하기에 하나님을 열망하는 상태가 지속 된다. 하나님과 떨어져 있다는 영적 느낌이 들면 견디지를 못하는 모습을 보인다.

여호와여 내가 주께 부르짖으오니 나의 반석이여 내게 귀를 막지 마소서 주께서 내게 잠잠하시면 내가 무덤에 내려가는 자와 같을까 하나이다(시 28:1).

여호와여 속히 내게 응답하소서 내 영이 피곤하니이다 주의 얼굴을 내게서 숨기지 마소서 내가 무덤에 내려가는 자 같을까 두려워하나이다. 이것이 다윗의 굶주림이었다(시 143:7).

또한 주리고 목마르다는 것은 하나님의 계획과 하나님의 원하시는 것이 무엇인가를 알아내기 위하여 신음하며 자신의 영혼을 두고 씨름하는 상태를 말한다. 이것은 거의 절망 상태에 가깝게 되어서 생명이 꺼져가는 느낌을 받는 상태이다. 다윗은 신음한다.

내 영혼이 하나님 곧 살아 계시는 하나님을 갈망하나니 내가 어느 때에 나아가서 하나님의 얼굴을 뵈올까(시 42:2).

하나님이여 주는 나의 하나님이시라 내가 간절히 주를 찾되 물이 없어 마르고 황폐한 땅에서 내 영혼이 주를 갈망하며 내 육체가 주를 앙모하나이다(시 63:1).

내 영혼이 여호와의 궁정을 사모하여 쇠약함이여 내 마음과 육체가 살아 계시는 하나님께 부르짖나이다(시 84:2).

의에 주리고 목이 마른 것은 한 걸음 더 나간다. 하나님을 사랑하여 하나님과 함께(with)있는 것을 간절히 원하지만, 또한 하나님의 뜻을 이루는 일을 갈망한다. 사랑하는 자를 위해 그가 원하는 것을 이루기 위한 간절한 소망이 있는 것이다.

4. 마지막 미션이지만 처음부터 주신 미션

제자들에게 주신 예수님의 명령은 한가지이다. 모든 족속에게 가라는 것이다. 이것은 예수님의 처음뿐 아니라 마지막에도 주신 명령이다.

"또 산에 오르사 자기가 원하는 자들을 부르시니 나아온지라 이에 열 둘을 세우셨으니 이는 자기와 함께 있게 하시고 또 보내사 전도도 하며 귀신을 내쫓는 권능도 가지게 하려 하심이러라"(마 3:13-15). 제자들을 처음 부르실 때 벌써 전도를 하도록 하신 것이다.

"갈릴리 해변에 다니시다가 두 형제 곧 베드로라 하는 시몬과 그의 형 제 안드레가 바다에 그물 던지는 것을 보시니 그들은 어부라 말씀하시되 나를 따라오라 내가 너희를 사람을 낚는 어부가 되게 하리라 하시니"(마 4:18-19) 라는 말씀과 "예수께서 그의 열두 제자를 부르사 더러운 귀신을 쫓아내며 모든 병과 모든 약한 것을 고치는 권능을 주시니라... 예수께서 이 열둘을 내보내시며 명하여 이르시되 이방인의 길로도 가지 말고 사마 리아인의 고을에도 들어가지 말고 오히려 이스라엘 집의 잃어버린 양에 게로 가라 가면서 전파하여 말하되 천국이 가까이 왔다 하고 병든 자를 고치며 죽은 자를 살리며 나병환자를 깨끗하게 하며 귀신을 쫓아내되 너 희가 거저 받았으니 거저 주라"(마 10:1, 5-8)라고 하신 말씀이 있다. 이 명 령은 제자들을 처음 부르실 때 하신 것이다.

부활하신 예수님의 마지막 명령도 전도요 선교이다. "그러므로 너희 는 가서 모든 민족을 제자로 삼아 아버지와 아들과 성령의 이름으로 세례 를 베풀고 내가 너희에게 분부한 모든 것을 가르쳐 지키게 하라 볼지어다 내가 세상 끝 날까지 너희와 항상 함께 있으리라 하시니라"(마 28:19-20)과 "또 이르시되 너희는 온 천하에 다니며 만민에게 복음을 전파하라 믿고 세례를 받는 사람은 구원을 얻을 것이요 믿지 않는 사람은 정죄를 받으리라 믿는 자들에게는 이런 표적이 따르리니 곧 그들이 내 이름으로 귀신을 쫓아내며 새 방언을 말하며 뱀을 집어 올리며 무슨 독을 마실지라도 해를 받지 아니하며 병든 사람에게 손을 얹은즉 나으리라 하시더라"(막 16:15-18). 하셨고 누가복음을 통해서는 "또 이르시되 이같이 그리스도가 고난을 받고 제 삼일에 죽은 자 가운데서 살아날 것과 또 그의 이름으로 죄 사함을 받게 하는 회개가 예루살렘에서 시작하여 모든 족속에게 전파될 것이 기록되었으니 너희는 이 모든 일의 증인이라"(눅 24:46-48)고 하셨다. 예수님이 승천하시기 직전에 하신 말씀도 "이르시되 때와 시기는 아버지께서 자기의 권한에 두셨으니 너희가 알 바 아니요 오직 성령이 너희에게 임하시면 너희가 권능을 받고 예루살렘과 온 유대와 사마리아와 땅 끝까지 이르러 내 증인이 되리라 하시니라"(행 1:7-8)고 명하셨다.

심령의 가난으로 천국을 소유했다면 이제는 다른 것은 없다. 애통하고 온유해야 구원 받는 것이 아니다. 왜냐하면 이미 구원을 받았기 때문이다. 사람이 죽어가는 현장을 보면서 애통하는 것은 구원받은 자의 중심이다. 온유한 것도 마찬가지다. 온유하지 않고서야 어떻게 사람의 마음을 열겠는가? 예수님의 세족식(요한복음 13장)도 전도자의 모습으로 섬기는 자세가 아니면 제자를 세울 수 없다는 말씀으로 받아야 된다. 왜냐하면 단지 겸손만을 가르치는 것이 예수님의 제자들을 부르신 전체 가르침이 아니기 때문이다. 예수님이 제자들을 부르신 이유가 세상을 살리기 위한 것이기 때문이다. 이를 위해 제자들을 선택하시고 훈련을 시키신 것이다.

사도 바울은 제자 [디모데]에게 때를 가리지 말고 전도자의 일을 하라고 엄히 명했다. "하나님 앞과 살아 있는 자와 죽은 자를 심판하실 그리스도 예수 앞에서 그가 나타나실 것과 그의 나라를 두고 엄히 명하노니 너는 말씀을 전파하라 때를 얻든지 못 얻든지 항상 힘쓰라 범사에 오래 참음과 가르침으로 경책하며 경계하며 권하라 때가 이르리니 사람이 바른 교훈을 받지 아니하며 귀가 가려워서 자기의 사욕을 따를 스승을 많이 두고 또 그 귀를 진리에서 돌이켜 허탄한 이야기를 따르리라 그러나 너는 모든 일에 신중하여 고난을 받으며 전도자의 일을 하며 네 직무를 다하라"(딤후 4:2-5).

이제 의에 주리고 목말라하는 전도자의 모습을 보자. 천국을 소유한 하나님의 자녀는 이제 옛날의 자신과 같은 사람들에게 구원의 길을 알리는 것이 당연하다. 그래서 당연히 죽어가는 현장을 보고 애통함을 가진다. 나아가 모든 사람이 전도의 대상이기 때문에 누구를 만나든 감당할 수 있는 온유함을 갖게 되었다. 그에게 전도자로서 삶을 사는 것은 자연스럽고 필연적이다.

그래서 그는 전도의 현장을 찾아 나선다. 그는 끊임없이 복음을 전할 현장을 찾아다닌다. 그는 그 일에서 기쁨을 찾기 때문에 온통 거기에 관심이 있다. 그리고 거기에서 구원받을 자가 나타나면 그것으로 행복해하고 즐거워한다. 여기에 그의 주림과 거룩한 목마름이 있다. 그는 현장에서 황금어장을 본다. 또 전도의 사각 지대를 찾고 흑암세력에 완전히 잡혀서 재앙지대로 변해버린 현장도 본다. 그래서 안타까운 마음으로 달려갈 수밖에 없다. 이는 영혼구원에 주리고 목말라있기 때문이다. 그는 예수님이 말씀하신 의에 주리고 목마름이 어떤 것인가를 알고 있는 사람이다.

5. 예수님의 양식

이르시되 우리가 다른 가까운 마을들로 가자 거기서도 전도하리니 내가 이를 위하여 왔노라 하시고.. 이에 온 갈릴리에 다니시며 그들의 여러 회당에서 전도하시고 또 귀신들을 내쫓으시더라(막1:38-39).

예수님은 자기가 이 땅에 오신 목적을 한 시도 소홀히 하지 않으셨다. 그리스도로 오셨기 때문에 그 일을 집중하신 것이다. 제자들에게 의(義)를 이루기 위한 성화(聖化)는 큰 문제가 아니었다. 그것은 주님이 이루어 주실 것이기 때문이었다. 보혜사 성령이 그들 속에 계시면 자연스럽게 되어질 일이기 때문이었다.

예수님은 생명을 구원하는 그것으로 양식을 삼았다. 이것이 예수님의 사마리아성 전도에서 극명히 나타난다(요 4:1-42). 예수님이 사마리아에 들어가 수가성의 우물가에서 여인을 만나고 계실 때 제자들은 점심을 준비하러 갔다. 예수님은 영혼의 기갈로 목마른 이 여자의 갈함을 채워주셨다. 이에 이 여인은 전도자로 변해서 성 사람들에게 그리스도를 전하러 물동이를 버려둔 체 달려갔다. 이때에 제자들이 와서 음식을 준비한 것들을 예수님 앞에 펼쳐놓고 잡수시라고 했다. 이때 예수님이 제자들에게 '나는 너희들이 알지 못하는 양식이 있다.'고 하셨다. 제자들은 그 사이에 누가 예수님께 먹을 것을 갖다드렸는가 하고들 생각했다. 그런데 예수님은 복음을 전하는 일을 자신의 양식이라고 하신 것이다. 그리고 이렇게 말씀하셨다.

> 예수께서 이르시되 나의 양식은 나를 보내신 이의 뜻을 행하며 그의 일을 온전히 이루는 이것이니라. 너희는 넉 달이 지나야 추수할 때가 이르겠다 하지 아니하느냐 그러나 나는 너희에게 이르노니 너희 눈을 들어 밭을 보라 희어져 추수하게 되었도다 (요 4:34-35).

이것은 사마리아 성에 죽어가는 영혼들을 바라보면서 하시는 말씀이었다. 사마리아의 죽어가는 영혼들을 보라는 것이다. 추수 때가 가까워졌고 추수할 곡식이 많은 것을 바라보시면서 그들에게 복음을 전하는 것이 제자들이 알지 못하는 양식이라고 하신 것이다. 그래서 의에 주리고 목마른 것은 현장에 주리고 목마른 것이요, 죽은 영혼을 구원하기 위해서 목마

르고 배고파하는 것이다. 그것이 전도자의 삶이요 그것이 의를 위해서 핍박을 받는 것이다

전도자는 인생에 갈함을 해갈시켜주는 일에 주리고 목마른 자이다. 영국의 육상선수 [에릭 리들](Eric Liddle, 1902-1945)은 진정 그리스도의 제자가 무엇인가를 당시에 살았던 모든 그리스도인들에게 보여준 사람이다. 그는 1924년 파리 올림픽 400미터 육상 경기의 금메달리스트이다. 에릭 리들의 주 종목이 100m 경기였다. 육상계는 그의 기록을 볼 때 금메달은 그의 것이라고 기정 사실로 여기고 있었다. 그런데 100m 경기 결승전 날이 〈주일날〉로 잡혀있었다. 하나님과 약속을 지켜왔던 에릭은 주일날 경기 출전을 않겠다고 선언을 했다.

이일로 언론들과 온 영국 국민들이 그에게 비난을 퍼부었다. 조국을 배반한 자요, 위선자요, 옹졸한 신앙인이요, 비겁한 자라고 했다. 그래도 그는 '나는 주일을 범하면서까지 올림픽 선수 되고, 금메달을 목에 걸지는 않겠다.' 는 마음이 흔들리지 않았다. 주일이 되자 평상시처럼 조용히 교회에 가서 하나님께 예배했다.

이후 그의 실력만큼은 인정했기에 사람들은 400m 경주에 나갈 것을 권유했다. 에릭은 400m에 출전을 했다. 결승전에 출발에서부터 100m 뛰는 스피드로 뛰었다. 사람들은 곧 쓰러질 것을 염려했다. 그런데 400m를 그대로 주파했고 세계 신기록을 세우면서 금메달을 땄다.

기자들이 몰려와 그에게 물었다. '당신은 400m가 주종이 아니면서 100m 뛰듯이 뛸 수 있었냐' 그가 기자들에게 대답하기를 '200m까지는 내 힘으로 뛰고 나머지 200m는 하나님의 힘으로 뛰었습니다. 그 결과입니다'

[에릭]은 올림픽 영웅으로서의 삶을 뒤로 하고, 23세의 젊은 나이에 중국 선교를 위해 선교사로 들어갔다. 그 당시는 허드슨 테일러의 중국선교 영향이 영국과 유럽에서 큰 주목을 받았을 때였다. [에릭]은 중국의 농촌

지역을 돌면서 전도했으며, 전쟁의 소용돌이 속에서 고통 받는 사람들의 치료를 위해 헌신했다. 그러다 제2차 세계 대전이 끝날 무렵에 수용소에서 병든 사람과 어린이들을 도우며 살다 44세의 나이로 짧은 생을 마감했다. 이는 참으로 의에 주리고, 영혼 구원에 목마른 전도자였다.

6. 제자에 주리고 목마름

참으로 전도자는 제자에 주리고 목마르다. 혼자서 전도하는 것보다 팀 전도의 효과를 알기 때문이다. 이 전도 팀들은 복음 전도를 위해서 기꺼이 서로의 발을 씻어주는 것을 기쁘게 여긴다. 그냥 겸손을 보이는 것이 아니라 복음을 위한 팀이 너무 고맙기 때문이다.

이들은 이 복음 운동이 지속 되도록 어린 아이들, 청소년들에게 지대한 관심이 있다. 어릴 때부터 복음(답)을 알게 하고 세계복음화를 위해 그들이 삶의 방향과 목적을 심어주는 것이 복음운동의 지속이 되는 길이기 때문이다.

모든 선택과 하나님이 주신 것을 전문화 시키고 세계의 각 분야에서 '리더'로 세워야하기 때문에 어린이, 청소년 사역에 심혈을 기우릴 수밖에 없는 것이다. 여기에 일심으로 전심으로 지속적으로 나갈 이유를 찾는 것이다.

예수님은 공생애의 시간이 다 되어갈수록 제자들에게 더 많은 시간을 쏟으셨다. 예수님은 자신을 따르는 무리들과 제자들을 구별하시고 제자들에게는 더 깊은 영적 비밀을 알게 하셨다. 그들에게는 복음을 위한 삶에 전인적인 투자를 종용하셨다. 전도자는 예수님이 그리스도 이신 것을 발견하고 고백하는 것을 넘어 전 생애를 주님 자신께 맡기도록 훈련시켰다.

제자들에게 타협이란 있을 수 없다는 것을 각인 시키셨다. 제자들은 옛 사고방식과 배움을 버리고 하나님의 나라의 새로운 헌장들을 따라야 했다.

사도들 뿐 아니라 초대교회의 많은 남녀 제자들이 이 명령에 따라 일생을 복음 전도에 생을 바쳤다. 바울은 모든 중심이 제자들이었다. 어디를 가나 제자들을 중심으로 움직였다. 모든 개인적인 서신에는 이 제자 사상이 가득 차 있다. "내 아들아 그러므로 너는 그리스도 예수 안에 있는 은혜 가운데서 강하고 또 네가 많은 증인 앞에서 내게 들은 바를 충성된 사람들에게 부탁하라 그들이 또 다른 사람들을 가르칠 수 있으리라"(딤후 2:2-3). 여기에서 제자 디모데에게 자신(바울)에게 훈련받은 바를 충성 된 사람에게 전수하면, 충성 된 사람이 또 다른 사람을 가르칠 수 있을 것이라고 한다. 그리고 계속하는 명령은 하나님 나라와 그리스도의 재림을 두고 명령한다. 너는 때를 얻든지 못 얻든지 복음을 전하라는 것이다. 네가 가는 현장은 복음을 환영하는 현장이 아니라는 것도 주지시킨다.

> 때가 이르리니 사람이 바른 교훈을 받지 아니하며 귀가 가려워서 자기의 사욕을 따를 스승을 많이 두고 또 그 귀를 진리에서 돌이켜 허탄한 이야기를 따르리라 그러나 너는 모든 일에 신중하여 고난을 받으며 전도자의 일을 하며 네 직무를 다하라 (딤후 4:3-5).

바울은 이 말에 앞서 아시아 중심의 선교 캠프 때에 있었던 일을 상기시킨다. 이 사건으로 디모데가 제자로 세워졌었다.

> 나의 교훈과 행실과 의향과 믿음과 오래 참음과 사랑과 인내와 박해를 받음과 고난과 또한 안디옥과 이고니온과 루스드라에서 당한 일과 어떠한 박해를 받은 것을 네가 과연 보고 알았거니와 주께서 이 모든 것 가운데서 나를 건지셨느니라 (딤후 3:10-11).

디모데는 스승 바울이 「안디옥」과 「이고니온」과 「루스드라」 전도현장에서 당한 일을 직접 눈으로 보았다.

> 유대인들이 안디옥과 이고니온에서 와서 무리를 충동하니 그들이 돌로 바울을 쳐서 죽은 줄로 알고 시외로 끌어 내치니라 제자들이 둘러섰을 때에 바울이 일어나 그 성에 들어갔다가 이튿날 바나바와 함께 더베로 가서 복음을 그 성에서 전하여 많은 사람을 제자로 삼고 루스드라와 이고니온과 안디옥으로 돌아가서 제자들의 마음을 굳게 하여 이 믿음에 머물러 있으라 권하고 또 우리가 하나님의 나라에 들어가려면 많은 환난을 겪어야 할 것이라 하고(행 14:19-22).

이 사건은 전도자 바울의 수난기록에서 돌로 맞아 죽는 사건이다. 「비시디아 안디옥」의 회당에서 성경을 재해석 하여 복음을 전하는데 경건한 많은 사람들이 바울을 따랐다(행 13:14, 42-43). 다음 안식일에는 온 시민이 거의 다 말씀을 듣고자 모였다. 그때 유대인들이 그 모인 무리를 보고 시기가 가득하여 반박하고 비방을 할 때 '너희에게 먼저 말씀을 주셨는데 너희 영생을 얻기에 합당치 않는 자로 자처하니 내가 이방인에게로 가겠다'(행 13:44-48)하므로 이들은 이방인에게로 가겠다는 말에 치밀어오는 화를 이기지 못해 바울을 그 지역에서 추방했다(행 13:50).

바울 팀은 「이고니온」으로 옮겨 전도를 계속했고 거기서는 유대인, 헬라인 할 것 없이 허다한 사람들이 믿었다(행 14:1). 핍박 자들은 사람들을 선동하여 돌로 쳐 죽이려했으나 바울 일행은 그들을 피해 도망했다(행 14:5-6). 일행은 「루스드라」와 「더베로」가서 또 전도했다. 여기서 앉은뱅이를 일으키니 그 기적으로 소동이 일어났다. 바울이 「더베」에 있을 때 핍박 자들이 「안디옥」과 「이고니온」으로부터 몰려와 바울을 잡아 돌로 쳐 죽였다.(행 14:19) 그들은 바울의 시신을 성 밖으로 내던졌다. 아직 바울이 하나님 앞에 갈 때가 안 되었기에 제자들이 보는 앞에서 피투성이 몸으로 일어났다. 그리고 이 날「더베」로 다시 들어가 많은 제자를 얻었고, 「루스드라」와 「이고니온」과 「안디옥」, 즉 오던 그 길로 다시 들어간 것이다. 피투성이 바울이 왜 돌로 쳐 죽인 핍박 자들이 들끓고 있는 길로 거슬러 올라갔는가? 그것은 제자들 때문이었다. 제대로 된 제자들을 세우기 위함이었다. 그의 전도는 어떤 제자를 세우는가에 달려있기 때문이었다. 이것이 제자에 굶주려 있는 것이고 제자에 목말라 있는 것이다.

> 복음을 그 성에서 전하여 많은 사람을 제자로 삼고 루스드라와 이고니온과 안디옥으로 돌아가서 제자들의 마음을 굳게 하여 이 믿음에 머물러 있으라 권하고 또 우리가 하나님의 나라에 들어가려면 많은 환난을 겪어야 할 것이라 하고(행 14:21-22).

여기서 세워진 제자가 바울이 가장 아끼고 아들같이 여겼던 [디모데]였다. "바울이 더베와 루스드라에도 이르매 거기 디모데라 하는 제자가 있으니 그 어머니는 믿는 유대 여자요 아버지는 헬라인이라 디모데는 루스드라와 이고니온에 있는 형제들에게 칭찬 받는 자니"(행 16:1-2).

바울은 그곳에 들어갔을 때 처음부터 [디모데]를 보았고 [디모데]는 바울의 복음의 내용을 들었고, 핍박을 당해 피투성이가 된 상태였으나 제자들을 세우기 위한 것이라면 그 무엇도 불사하는 모습을 보았다.

디모데는 예수를 믿어서 훈련받아 핍박을 감당할 수 있는 제자로 성장한 것이 아니고 처음부터 핍박에도 아랑곳하지 않는 제자로 세워진 것이다. 자신이 세워진 그 사건으로 그는 처음부터 제자가 되어 있었다. '아~ 제자라는 것은 이런 것이구나 아~ 제자는 이렇게 세우는 것이구나' 하고 제자의 길을 걸어간 것이다. "나의 교훈과 행실과 의향과 믿음과 오래 참음과 사랑과 인내와 박해를 받음과 고난과 또한 안디옥과 이고니온과 루스드라에서 당한 일과 어떠한 박해를 받은 것을 네가 과연 보고 알았거니와 주께서 이 모든 것 가운데서 나를 건지셨느니라"(딤후 3:10-11). 이것이 디모데에게 보낸 편지의 배경이다.

지금까지 수많은 전도자들이 사탄의 방해 속에서도 영적전쟁에 임해왔고, 그리스도의 깃발이 전 세계에 펄럭이기를 소원했고, 지금도 주님의 전도자들은 복음의 순환기를 허락하실 것을 간구하며 현장을 누리고 있다.

[D.L 무디](Dwight Lyman Moody, 1837~1899, 미국의 평신도 설교자), [아더 태팬 피어선] 박사(Arthur Tappan Pierson, 목회자이고 선교사인 신학자), [존 워너메이커](John Wanamaker, 백화점 왕, 주일학교 부흥의 전설적 신앙인), [아도니람 저드슨 고든](Adoniram Judson Gordon, 1836~1895, 미국의 목사로서 고든 대학과 고든 콘웰 신학교를 세움, 무디와 피어선과 함께 미국 복음운동을 주도함), [R.A 토레이](한국명: 대천덕, 무디와 함께 시카고에서 동역했고 한국에 살면서 영성운동에 힘썼다), 이들 모두는 무디의 친구들로서 미국과 영국의 복음주의 운동의 선두에 섰으며 참 제자들에 굶주린 믿음의 사람들이다.

웨슬리 형제들은 대학생 제자들과 청년 제자에 굶주려했고, 웨슬리 형제들과 함께 옥외 집회를 처음 시작한 [조지 휫필드](George Whitefield, 1714-1770, 영국에서 태어났으나 주로 미국에서 사역 함)는 말씀 전하는 일에 굶주렸다. [찰스 피니](Charles Grandison Finney, 미국, 1792-1875), [윌리암 뿌스](William Booth, 영국, 1829-1912), [죠지 폭스](George Fox, 미국, 1624-1691)등 믿음의 사람들은 모두 각자 처한 현장에서 헌신할 제자에 굶주려 있었던 전도자들이다.

[모라비안](Moravian)[28]은 실제적인 믿음을 가진 제자들에 굶주려 있었고, [스펄전](Charles Haddon Spurgeon, 1834-1892)은 목사들과 제자들에 주린 가슴을 가지고 있었다.

[허드슨 테일러](James Hudson Taylor, 1832-1905)는 중국내지선교에 헌신할 제자에, [데이비드 브레이너드](David Brainerd, 1718-1747)는 인디언

---

28) 모라비안 : 진젠도르프에 의해 18세기에 활동한 선교 공동체

속에 역사하시는 하나님에 굶주려했고, [빌 브라이트](William R.'Bill' Bright 1921-2003)는 대학생 제자에 굶주려했고, 한국의 [김준곤]목사(1925-2009) 역시 자나 깨나 민족의 앞날을 위해 대학생 제자에 굶주려했다.

지금도 한국교회에는 최소 500명의 목회자들이 세계복음화를 위하여 평신도 중직자 제자들과 후대 제자들에 굶주려 전 세계를 누비며 다니고 있다. 이일은 시간이 지나면 세계교회의 이정표가 될 것이 확실하고, 하나님은 이들로 인해 성경적 전도에 가장 탁월한 실천적 전도신학의 모델로 세우실 것도 확실하다.

제7장

전도제자와 긍휼
(마 5:7)

긍휼히 여기는 자는 복이 있나니 그들이 긍휼히 여김을 받을 것임이요
(마 5:7).

직역하면 "행복하도다 긍휼히 여기는 자여. 너희가 긍휼히 여김을 받을 것이다"로 감탄문이다. 신앙 생활에서 성화(聖化)는 성도의 행위와 결부시켜서 거룩한 삶을 추구하는 구원의 과정으로 알려져 있다. 즉, 구원받은 성도는 긍휼(矜恤)을 베푸는 사람이 되어야하고, 그래야 그도 주님으로부터 긍휼히 여김을 받을 수 있다고 여긴다. 그러한 주장을 「알미니안주의」라고 한다.[29]

만약 그렇다면 로마서 9장 15절은 어떻게 해석해야 하는가 "롬 9:15-16 모세에게 이르시되 내가 긍휼히 여길 자를 긍휼히 여기고 불쌍히 여길 자를 불쌍히 여기리라 하셨으니 그런즉 원하는 자로 말미암음도 아니요 달음박질하는 자로 말미암음도 아니요 오직 긍휼히 여기시는 하나님으로 말미암음이니라" 긍휼은 원한다고 주어지는 것도 아니고 달음박질을 해도 받을 수 없는 선물이라는 것이다.

예수님의 말씀이 문자 그대로 긍휼히 여기는 자만 긍휼히 여김을 받을 수 있다고 한다면 사도바울은 정확하게 예수님의 말씀을 반박하고 있는 셈이다. 긍휼히 여기는 자는 긍휼히 여김을 받을 것이다 고 예수님이 말씀

---

29) 알미니안주의 : 1610년 화란에서 알미니우스 제자들에 의해 칼빈의 예정론을 반대하여 생겨난 신학

하시는 것인데, 바울은 '달음박질을 하는 것으로도 안 되고 원하는 것으로도 안 되고 그냥 하나님이 긍휼히 여길 자를 긍휼히 여긴다'라고 한다. 그렇다면 예수님의 말씀과 상반된 주장이다.

　그러나 이 둘은 정확히 같은 말씀이다. 어떻게 같은가 '긍휼'이라는 단어는 헬라어 '엘레오스'인데 슬픔, 애통, 긍휼, 은혜 이런 의미를 담고 있다. 긍휼은 자신이나 타인의 현실을 올바로 직시하고 그 상태를 함께 애통해 하고 자비와 은혜의 필요함을 공감하는 것을 말한다. 긍휼이 단순히 우리가 국어사전에 있는 대로 그런 불쌍히 여긴다는 의미만 갖고 있는 것이 아니다.
　그것을 뒷받침해주는 시편 62편 12절은 "주여 인자함도 주께 속하였사오니 주께서 각 사람이 행한 대로 갚으심이니 이다"라고 했다. 여기서 '인자함'이라는 단어는 70인 역에서 '엘레오스'(ἔλεος) '긍휼'로 번역 되어야 한다. 그런데 이 긍휼이 '주께 속하였다.'고 해서 '주님은 긍휼이시다'는 것이다. '하나님은 사랑이시다'처럼 주님을 지칭하는 단어가 긍휼이다.
　그런데 긍휼이신 하나님이 각 사람이 행한 데로 갚으신다면 앞뒤가 안 맞는 말이 된다. 긍휼이신 주께서 각 사람을 행한 대로 갚으신다는 것은 문맥적으로도, 성경전체의 하나님의 구속관(救贖觀)에도 맞지가 않는다. 하나님의 공의(公義)는 사랑과 함께 하나님의 가장 귀한 속성(屬性)이다. 하나님의 공의에 하나님의 긍휼이 개입하지 않을 시에는 단 한사람도 살아남을 수 없다.

　긍휼은 인간 측에서 만들어 낼 수 있는 감정이나 행위가 아니라 하나님의 긍휼을 아는 자들에게서 보여지는 필연적 반응이다. 예수님이 말씀하신 긍휼은 인간들이 생산하는 것이 아니다. 하나님이 긍휼히 여겨주심이 아니라면 사탄과 죄와 지옥의 저주에서 빠져나오는 것은 절대 불가능하다. 하나님의 자녀는 하나님의 긍휼로 값없이 구원을 받은 자이다. 그래서 구원받은 자에게서 나오는 긍휼은 인간의 절대적 무능을 들어낸다.

이것이야 말로 전도자에게서 나오는 것이다. 예수님의 가르침의 1차 대상은 제자들이고 이들이 3년 후에는 주의 복음을 들고 모든 족속에게 가서 전도할 제자를 찾아야 하는 자들로 자리를 잡아야한다. 하나님의 긍휼을 입어 천국을 소유한 자는 하나님의 긍휼을 가지고 현장의 영혼들을 바라보는 자이며 하나님의 것인 그 긍휼을 그 영혼들에게 소개를 하는 자들이다.

예수님이 깨닫게 하시는 것은 산상수훈을 통해서 성도가 하나님의 복을 받을 수 있는 방법을 설명하는 게 아니라, 이미 구원을 받아 하나님 나라의 미션이 주어진 전도자에게서 나오게 되는 반응이다. 예수님의 말씀하시는 긍휼은 이방 종교인이나 무신론자들에게서는 절대 나올 수 없는 것이다. 이 긍휼의 명령을 헐벗고 배고픈 사람을 불쌍히 여기고 잘 도우라는 식의 도덕이나 윤리의 행함으로만 보게 되면 이 말씀은 그리스도 밖에 있는 자들도 그 행위로 구원을 얻을 수 있다는 말이 되어 버린다.

이것은 예수님을 지독히 싫어했던 저희 서기관과 바리새인들의 특기였다. 그 사람들은 어떤 동기이든 간에 한 번씩 자기 재산을 희생해서 불쌍한 사람들을 구제하기도 했는데, 그렇다고 그 사람들이 예수님이 말씀하신 그 긍휼을 행한 사람들이라 할 수 있겠는가

하나님은 예수님을 알지 못하는 자들의 엄청난 긍휼의 행위를 아무것도 아니라고 하셨다. 고린도전서 13장 3절을 보면 내게 있는 모든 것으로 구제하고 또 내 몸을 불사르게 내어 줄지라도 사랑이 없으면(복음적 사랑) 내게 아무것도 유익이 없다고 했다. 재산을 다 팔아서 남을 돕고 자기 몸을 불살라서 남을 위해서 내어주는 그런 긍휼보다 더 큰 긍휼이 어디에 있는가 그런데 하나님은 그것이 헛것이라는 것이다.

긍휼은 그야말로 하나님의 성품이다. 완전한 긍휼은 하나님만이 가지

신 것이다. 이것이 전도제자에게는 그분의 영으로 전달이 된다. 고통을 당하고 있는 사람을 불쌍히 여기는 것은 불신자들에게도 있는 성품이다. 주님이 말씀하신 긍휼은 그런 차원이 아니다. 긍휼은 구원받은 자가 전도의 현장을 보는 눈이다. 헬라어 '엘레오스'(ἔλεος)는 '하나님의 긍휼로 구원받은 자가 당연한 결과로 비참한 상태에 있는 인간을 불쌍히 여겨서 하나님을 만날 수 있도록 돕는다.'는 의미이다.

1. 저희 서기관들의 가르침

성경의 필사(筆寫)자들인 서기관들이 지도적 역할을 시작한 때는 제사장 [에스라]시대였다. 처음에는 제사장들이 서기관으로 일했다(스 7:6-10). 이후로 모든 백성들이 율법을 배워야 했기에 율법을 연구하고 가르치는 사람들을 민족의 지도자로 자타가 인정하게 되었다. 이들은 스스로 독자적인 그룹을 형성하고 자칭 '의인들'이라 하였다.

예수님께서 세상에 오셨을 무렵 '서기관들'은 백성들에게 율법과 전통(탈무드)을 가르치는 자들이었다(마 7:29; 눅 5:17; 11:45). 바리새인들의 서기관들은 율법을 열심히 연구하고 가르쳤지만 구전(口傳)으로 내려온 전통도 고수했으며 백성들에게 미친 영향력이 제사장들보다 더 했다. 서기관들은 '랍비'라 불림을 받았고 존경을 받았으며 그래서 그들은 재판관의 자리에 있었고, 그들이 하는 말은 거의가 백성들에게 규칙이 되었다. 그런 서기관들이 바리새인들과 함께 예수님으로부터 혹독한 정죄를 받았다. 그 이유는 그들이 율법에 많은 것을 첨가하여 백성들을 괴롭힌 것 때문이었다. 그들 자신들은 율법의 조항들을 교묘히 피해 나갔고, 또한 하나님의 율법(성경)보다 전통을 더 귀하게 취급했다.

대답하여 이르시되 너희는 어찌하여 너희의 전통으로 하나님의 계명을 범하느냐 하나님이 이르셨으되 네 부모를 공경하라 하시고 또 아버지나 어머니를 비방하는 자는 반드시 죽임을 당하리라 하셨거늘 너희는 이르되 누구든지 아버지에게나 어머니에게 말하기를 내가 드려 유익하게 할 것이 하나님께 드림이 되었다고 하기만 하면 그 부모를 공경할 것이 없다 하여 너희의 전통으로 하나님의 말씀을 폐하는도다 (마 15:3-6).

더욱이 그들은 자기들을 스스로 거룩한 그룹으로 분리해 '의인의 집단'이 되었다. 일반 백성들은 하층의 죄인이 아니면, 늘 죄에 걸려 오염될 수밖에 없는 사람들이었다.

그들은 민생들에 대한 사랑도 없었고 긍휼을 베풀 생각조차도 없었다. 백성들의 짐을 덜어 주기위해 손가락 사용하는 것도 꺼린 자들이었다. 그들은 백성들이 자기들에게 머리 숙이는 것을 즐겼으며 거창한 칭호를 사용할 때 기뻐했다. 자신들은 언제나 민초들에게 긍휼을 베푸는 자리에 있는 자들로 생각하고 기분에 따라 인심을 쓰듯이 긍휼을 베풀기도 했다. 그런데 그것마저도 사람에게 보이기위한 선전용으로 사용했다. 그래서 예수님께서는 그들을 질타하셨다.

하나님의 긍휼의 명령을 가난한자를 불쌍히 여기라는 식의 도덕이나 구제 행위로만 보아 보상으로 하나님의 긍휼(구원)을 얻는 것으로 여긴다면 성경의 구원관을 부정하게 되어버린다. 그것은 그리스도 밖에 있는 자들도 그 선한 행위로 구원을 얻을 수 있다는 말이 되기 때문이다. 이것은 예수님을 지독히 싫어했던 서기관과 바리새인들의 특기였다. 그들은 어떤 동기에 의하여 한 번씩 불쌍한 사람들을 구제하기도 했는데 그렇다고 그들이 예수님의 긍휼을 이행한 것은 아니었다.

화 있을 진저 외식하는 서기관들과 바리새인들이여 너희는 천국 문을 사람들 앞에서 닫고 너희도 들어가지 않고 들어가려 하는 자도 들어가지 못하게 하는 도다.(없음) 화 있을 진저 외식하는 서기관들과 바리새인들이여 너희는 교인 한 사람을 얻기 위하여 바다와 육지를 두루 다니다가 생기면 너희보다 배나 더 지옥 자식이 되게 하는 도다 화 있을 진저 눈 먼 인도자여 너희가 말하되 누구든지 성전으로 맹세하면 아무 일 없거니와 성전의 금으로 맹세하면 지킬 지라 하는 도다 어리석은 맹인들이여 어느 것이 크냐 그 금이냐 그 금을 거룩하게 하는 성전이냐(마 23:13-16).

화 있을 진저 외식하는 서기관들과 바리새인들이여 너희가 박하와 회향과 근채의 십일조는 드리되 율법의 더 중한 바 정의와 긍휼과 믿음은 버렸 도다 그러나 이것도 행하고 저것도 버리지 말아야 할지니라(마 23:23).

화 있을 진저 외식하는 서기관들과 바리새인들이여 잔과 대접의 겉은 깨끗이 하되 그 안에는 탐욕과 방탕으로 가득하게 하는 도다(마 23:25).

화 있을 진저 외식하는 서기관들과 바리새인들이여 회칠한 무덤 같으니 겉으로는 아름답게 보이나 그 안에는 죽은 사람의 뼈와 모든 더러운 것이 가득 하도다(마 23:27).

화 있을 진저 외식하는 서기관들과 바리새인들이여 너희는 선지자들의 무덤을 만들고 의인들의 비석을 꾸미며 이르되(마 23:29).

뱀들아 독사의 새끼들아 너희가 어떻게 지옥의 판결을 피하겠느냐(마 23:33).

예수님은 저들을 질타하셨다. 그들은 구원의 문 앞에 서서, 자기도 들어가지 않고 들어가려고 하는 자들도 들어가지 못하게 훼방하는 자들이었다. 이유는 그들이 진정 긍휼이 무엇인가를 몰랐기 때문이다. 그들은 거지나 죄인들에게 동정은 베풀었다 해도, 주님이 말씀하시는 긍휼은 눈꼽만큼도 찾아볼 수 없었다. 그래서 당연히 하나님의 긍휼이 그들에게 들어갈 틈이 없었을 뿐만 아니라, 하나님은 그들에게 긍휼 없는 심판자로 서실 것이 확실했다. 예수님은 그들을 독사의 새끼들아, 훼칠한 무덤들아, 라고 질타하셨다. 그들 속에 긍휼이 없었기 때문이다.

긍휼을 아는 사람은 영원한 생명을 소유한 사람이다. 모든 것을 다 가진 사람이다. 그래서 초대교회 성도들이 로마황제들에게 핍박과 죽임을 당할 때에도 그들을 위해서 기도한 것은, 그들의 영혼을 불쌍히 여김에서 나온 긍휼이었다. 그들을 위해서 그들은 항상 하나님께 저들을 불쌍히 여겨 달라고 탄원했다.

하나님의 긍휼히 여김을 받은 자는 덮어놓고 긍휼히 여기고 불쌍히 여긴다는 말이 아니다. 그는 사탄에 대해서, 흑암의 세력에 대해서, 인간을 배후에서 괴롭히는 모든 악의 영에 대해서, 구원을 훼방하는 마귀의 쓰임 받는 그 도구들에 대해서는 단호하다. 오히려 그 사탄의 세력들을 물리치며 대적하는 담대함을 가진다. 그래서 더욱더 죄는 미워하되 죄인들을 사랑하는 그 주님의 놀라우신 긍휼을 받은 것이다

2. 예수님의 긍휼

> 무리를 보시고 불쌍히 여기시니 이는 그들이 목자 없는 양과 같이 고생하며 기진함이라(마 9:36).
>
> 전에는 우리도 다 그 가운데서 우리 육체의 욕심을 따라 지내며 육체와 마음의 원하는 것을 하여 다른 이들과 같이 본질상 진노의 자녀이었더니 긍휼이 풍성하신 하나님이 우리를 사랑하신 그 큰 사랑을 인하여 허물로 죽은 우리를 그리스도와 함께 살리셨고(너희는 은혜로 구원을 받은 것이라) 또 함께 일으키사 그리스도 예수 안에서 함께 하늘에 앉히시니 이는 그리스도 예수 안에서 우리에게 자비하심으로써 그 은혜의 지극히 풍성함을 오는 여러 세대에 나타내려 하심이라(엡 2:3-7).

주님은 죽어가는 영혼들을 보실 때 목자 없이 유리하는 양떼로 보셨다. 주님은 사탄의 함정에 빠져 고통당하는 영혼을 불쌍히 여기셨다. 지옥의 올무에 잡힌 영혼의 아우성에 귀를 기울이셨다. 주님 앞에 그들은 흑암

에 잡혀서 병들고, 기진하여 지쳐있었다. 주 성령께서는 전도자에게 현장을 보면서 긍휼히 여기는 마음을 전도의 동기로 주시고 계신다.

하나님의 아들이 왜 이 땅에 오셔서 십자가를 지셨는가? 성부 하나님은 왜 아들을 세상에 내어 주셨는가? 왜 성령 하나님은 비천한 우리 속에 들어오셨는가? 이것이 바로 신비 중에 신비이다. 구원받은 하나님의 자녀들은 이 기적 속에서 매일을 살고 있다. 우리는 매일 그 크신 하나님의 긍휼과 측량할 수 없는 인자하심과 한이 없는 하늘 아버지의 은혜와 사랑으로 살고 있다. 그래서 하나님의 인자하심은 영원하다고 반복적으로 외치는 시편 기자의 찬송은 우리마음에 채워 있어야 마땅하다(시 136편). 예수님의 십자위에서 일곱 번의 외침은 모두 긍휼의 극치를 이룬다.[30]

주님이 우리를 긍휼히 여기셨기 때문에 이 땅에 오셨고, 영원히 멸망받아 마땅한 우리를 살리시기 위해 대속의 짐을 지신 것이다. 따라서 주님이 이 땅에 오시고 죽으신 그 사건이야말로, 긍휼의 의미를 분명하게 가르쳐주는 대표적인 예라 하겠다.

소경거지 [바디매오]의 구원을 보라. 예수님은 그가 자기를 불쌍히 여겨달라고 간청했을 때, 예수님은 긍휼히 여겨 눈을 열어 주셨고, 영혼구원까지 하락하셨다(막 10:52). 열두 해를 혈루증으로 고생했던 여자가 주님께 나왔다. 주님은 그녀를 고쳐 주시고 그녀에게 '평안히 집으로 가라, 이것은 바로 구원의 그 길로 접어들었고 구원을 받았다는 말이 된다(막 25-34). 누구든지 예수님께 나오는 자는 그 문제를 해결해 주실 뿐만 아니라, 그 영혼이 하나님의 자녀로 변화되는 삶을 선물로 주셨다.

---

30) 십자가의 7번 외침 : "아버지 저들을 사하여 주옵소서. 자기들이 하는 것을 알지 못함이이다."(눅 23:34), "오늘 네가 나와 함께 낙원에 있으리라."(눅 23:43), "여자여 보소서 아들이니이다."(요 19:26), "나의하나님, 나의하나님 어찌하여 나를 버리시나이까?"(마 27:46), "내가 목마르다."(요 19:28), "다 이루었다."(요 19:30), "내 영혼을 아버지 손에 부탁하나이다."(눅 9:46)

그렇다면 전도제자는 구원의 관한 긍휼을 먼저 생각해야 된다. 마음 착한 사람이 어려운 사람을 불쌍히 여기는 것도 긍휼이지만, 그러나 전도자의 긍휼은 그 영혼을 바라보면서 전인(全人)을 구원하시는 하나님의 구원을 받아들이도록 하는 것이다. 하나님 없이 사는 자들로 천국을 소유하게 하는 구원을 위한 긍휼이 전도자의 긍휼이다.

[다윗]은 자기를 죽이려고 혈안이 되어 쫓아다니는 [사울]왕을 오히려 불쌍히 여겼다. 사울 왕을 죽이고 빨리 왕이 될 수 있는 기회가 있었으나 왕이 악신에 시달리고 있다는 사실을 이해하고 긍휼로 그를 대했다.

긍휼히 여기는 것은 힘 있는 자가 연약한 자에게 베푸는 것만이 아니다. 긍휼을 베풀 수 있는 자는 복음을 알고, 복음을 전하는 자라면 누구나 베풀 수 있는 것이다. 복음을 가진 자야 말로 최고의 부요를 얻었기 때문이다. 그래서 가난한 사람이 부자에게도, 낮은 자리에 있는 자가 높은 자리에 있는 자에게도, 힘이 없는 자가 힘 있는 자에게도 베풀 수 있는 것이 긍휼이다. 하나님의 긍휼로 구원에 이른 자는 모두가 전도자요, 하나님을 만나지 못한 자는 모두가 전도의 대상이 되기 때문이다. 그래서 긍휼은 복음과 관계를 지을 때만 명확해진다. 그래서 복음을 모르면 참 긍휼을 알 수 없다.

창세기의 [요셉]은 제국의 총리가 된 후 형들이 보복이 두려워 무릎을 꿇고 빌 때에 그들을 보고 울었다. 그들이 여호와 하나님을 너무 몰랐기 때문이었다. 요셉은 어릴 때 집을 떠나 타국에 노예로 팔려 자신의 마음대로 하나님께 예배를 드리고 싶고 기도를 하고 싶어도 마음대로 할 수 없는 처지였다. 그러나 형들은 평생 아버지 야곱과 함께 살면서 마음대로 하나님을 섬겼을 것이고 아버지 야곱을 통해 조상 아브라함에게 주신 언약을 계속 들었을 터인데, 그들이 하나님을 너무 모른다는 것에 가슴 아픈 눈물을 흘린 것이다.[31]

그렇지만 요셉은 언약의 비밀을 모르는 믿음 없는 형들이라 할지라도 오히려 그들을 안심시키면서 '당신들은 두려워 마소서 내가 당신들과 당신들의 가족을 기르리이다' 고 한다. 이것이 믿음의 사람의 긍휼이고 복음의 사람의 모습이다. 이것이 애굽과 주변의 모든 족속들에게 여호와 하나님의 이름을 증거하는 전도자의 참 긍휼이다.

성경은 "원하는 자로 말미암음도 아니요 달음박질하는 자로 말미암음도 아니요 오직 긍휼히 여기시는 하나님으로 말미암음이라"(롬 9:16)고 했다. 세상일이 내가 바라거나 힘써 노력한다고 되는 것이 아니라 하나님의 긍휼로 인해 돌아간다는 뜻이다.

3. 호세아서에 가득한 하나님의 긍휼

구약의 [호세아] 선지자를 통해서 하나님은 이스라엘을 긍휼히 여기시고 그들이 하나님의 품으로 돌아오라고 말씀하신다. 하나님은 호세아 선지자에게 음란한 여자와 결혼을 하게하신다. 이것은 선지자들의 가혹한 삶이자 숙명이라고 할 수 있다. 그것은 하나님의 말씀을 대언해야 될 「나실인」(참고, 민 6:1-10; 거룩하게 구별된 사람)으로서의 삶이다.

「나실인」의 삶은 오직 한길 밖에 없다. 그들은 하나님의 메시지를 하나님의 정하신 시기에, 하나님의 방법으로 전달하는 일로 부르심을 받았기 때문에 오직 그 명령에 복종하는 삶만 있을 따름이다. 어떤 남자가 창녀와 그것도 정숙을 포기하기로 마음 먹은 여자를 사랑해서 가정을 이루

---

31) "요셉의 형제들이 그들의 아버지가 죽었음을 보고 말하되 요셉이 혹시 우리를 미워하여 우리가 그에게 행한 모든 악을 다 갚지나 아니할까 하고 ..... 당신 아버지의 하나님의 종들인 우리 죄를 이제 용서하소서 하매 요셉이 그들이 그에게 하는 말을 들을 때에 울었더라. 그의 형들이 또 친히 와서 요셉의 앞에 엎드려 이르되 우리는 당신의 종들이니이다. 요셉이 그들에게 이르되 두려워하지 마소서 내가 하나님을 대신 하리이까? 당신들은 나를 해하려 하였으나 하나님은 그것을 선으로 바꾸사 오늘과 같이 많은 백성의 생명을 구원하게 하시려 하셨나니 당신들은 두려워하지 마소서 내가 당신과 당신들의 자녀를 기르리이다 하고 그들을 간곡한 말로 위로하였더라."(창 50:15-21)

고 싶을 것인가?

하나님께서 일꾼들을 선택하여 사용하시는 여러 가지 방법이 있다. 하나님은 사명자의 삶 자체가 살아있는 메시지가 되도록 하시는 경우가 빈번하다. 하나님은 아브라함에게도 그렇게 영원한 믿음의 말씀을 주셨다 (참고, 창 22장, 이삭을 제물로 바치라는 명령).

이스라엘에게는 노예에서 해방 받는 길로 유월절 어린양의 '피의 언약'을 주셨고 그들이 영원히 유월절을 기념하도록 민족의 명절로 삼게 하셨다. 민족의 삶속에 영원한 언약을 집어넣어 주시는 메시지인 것이다. 사도 바울 역시 수년간 아라비아 사막과 「다소」지역에서 은둔 훈련을 통하여 모든 성경의 재해석과 선교 사역을 준비토록 훈련을 받았다. 그 속에서 바울 사도는 하나님의 선하신 뜻과 주님의 그 크신 사랑과 긍휼을 공감하고, 지금까지의 자기 백성에 대한 인식과 이방 인류에 대한 인식을 주님의 인식으로 새롭게 바꾸게 되었다.

호세아는 주의 명하심에 따라 [고멜]과 결혼하였다. 고멜이 아들 둘과 딸 하나를 낳았다. 첫째 아들은 [이스르엘] 딸의 이름은 [로루하마] 셋째 아들은 [로암미]라 하였는데 하나님께서 고멜이 낳은 자녀들의 이름을 저주를 선포하듯이 부르게 하셨다. [이스르엘]은 '하나님께서 다 흩으신다'이고, [로루하마]는 '긍휼을 받지 못한다'는 뜻이며, [로암미]는 '너희는 내 백성이 아니다'는 뜻이다. [루하마]에 부정을 만드는 접두사[로]가 붙어서 '긍휼히 여긴다'가 '긍휼히 여김을 받지 못한다'로 변한 것이고 [로암미]도 마찬가지로 변화 된다.

하나님은 종들을 세워 쓰실 때 반드시 사역 전에 준비 과정으로 합당한 훈련을 시키신다. 즉 [모세]는 자신은 몰랐다 해도 애굽 왕궁생활 40년은 바로왕과 애굽의 문화를 잘 알 필요가 있기 때문이었고, 미디안의 40년은 하나님을 오직으로 바라보는 훈련이었다. 그리고 여기서 주어진 믿음의 힘으로 광야생활 40년 이스라엘 백성을 이끌 수 있었다. 하나님은 일을 시작하시면서 말씀을 주셨다. 모세에게는 그 말씀이 무기였고 모든 불가능한 일을 감당할 수 있는 최고의 보장이었다.

[호세아] 선지자 역시 하나님의 특별한 훈련을 받으며, 음란한 여인과 함께 살며 그녀를 끝없이 그냥 사랑해야 했다. 아내의 부정을 보면서도 미워할 수도, 버릴 수도 없이 사랑으로 끌어안아야 되는 실제적인 삶을 살았다. 이 결혼 생활 속에서 나오는 호세아의 메시지는, 이스라엘에게는 불방망이 같은 말씀이 되어 임했다.

선지자는 하나님의 끝없는 사랑과 긍휼을, 음란한 여인을 사랑하는 결혼 생활을 통해서 경험으로 알 수 있게 되었다. 그는 인간의 가장 큰 고통은 하나님을 모르는 데서 온다는 사실을 알게 되었다. "내 백성이 지식이 없음으로 망하는도다"(호 4:6). 이것이 하나님을 떠난 인간이요 복음을 모르고 전도를 모르는 교인들이다.

그러므로 육적인 삶으로 세속화되어진 사람은 아무리 도덕적이라 해도 종교일 뿐이고, 아무리 정직하다해도 율법주의 일뿐이고, 친절하다해도 영혼구원과 상관없는 봉사일 뿐이다. 여기서는 안목의 정욕이 동기가 되어 전도행위를 할 뿐이다. 호세아를 통해 하나님은 이스라엘이 사는 길은 오직 하나님께로 돌아오는 길 밖에 없음을 선포하셨다. "그런즉 너의 하나님께로 돌아와서 인애와 공의를 지키며 항상 너의 하나님을 바라볼찌니라"(호 12:6). 배우자의 부정으로 인한 배신은 마음에 가장 아픈 상처가 된다. 그러나 그 아픔으로 선지자는 하나님의 긍휼을 깊이 이해하게 되었고, 말씀을 전할 때 하나님의 입이 되어 대언 할 수 있게 되었다.

여호와께서 처음 호세아에게 말씀하실 때 여호와께서 호세아에게 이르시되 너는 가
서 음란한 여자를 맞이하여 음란한 자식들을 낳으라 이 나라가 여호와를 떠나 크게
음란함이니라 하시니(호 1:2).

하나님은 신부이기를 거부하고 바알에게 부속된, 이스라엘을 긍휼히
여기사 그들을 우상에서 빼내어 세상 현장에 하나님의 백성으로 심겠다
는 약속을 주셨다.

그러므로 보라 내가 그를 타일러 거친 들로 데리고 가서 말로 위로하고 거기서 비로
소 그의 포도원을 그에게 주고 아골 골짜기로 소망의 문을 삼아 주리니 그가 거기서
응대하기를 어렸을 때와 애굽 땅에서 올라오던 날과 같이 하리라 여호와께서 이르
시되 그 날에 네가 나를 내 남편이라 일컫고 다시는 내 바알이라 일컫지 아니하리라
(호 2:14-16).

내가 네게 장가들어 영원히 살되 공의와 정의와 은총과 긍휼히 여김으로 네게 장가
들며 20] 진실함으로 네게 장가들리니 네가 여호와를 알리라(호 2:19-20).

내가 나를 위하여 그를 이 땅에 심고 긍휼히 여김을 받지 못하였던 자를 긍휼히 여기
며 내 백성 아니었던 자에게 향하여 이르기를 너는 내 백성이라 하리니 그들은 이르
기를 주는 내 하나님이시라 하리라 하시니라(호 2:23).

베드로전서 2장 10절에도 같은 말씀이 있다. "너희가 전에는 내 백성
이 아니더니 이제는 하나님의 백성이요 전에는 긍휼을 얻지 못하였더니
이제는 긍휼을 얻은 자니라." 하나님의 긍휼을 얻은 자만이 하나님의 백성
이 될 수 있다는 말이다. 여기에 긍휼히 여기는 전도자의 마음이 있는 것
이다.

하나님은 노예가 되어 고통으로 신음하던 이스라엘을 긍휼히 여기시
고 모세를 보내 그들을 해방시켜 주셨다. 그들은 하나님의 신부의 신분을
가지고도 하나님과의 언약을 팽개치기를 서슴지 않았다. 그리고 이방 우

상 [바알]을 향해 "너는 나의 남편이라"하기를 주저하지 않았다. 만약 이스라엘에게 하나님의 긍휼이 없다면 하나님의 능력은 모두 그들에게 두려움과 공포가 될 것이었다.

4. 그리스도를 아는 자는 긍휼을 아는 자

선지자의 아내 [고멜]은 호세아 품을 떠나 간부를 좇아갔고 결국은 노예로 붙잡힌 신세가 되고 말았다. 이 때 여호와께서 호세아에게 몸값을 준비하여 가서 몸값을 지불하고 다시 데려오라고 하셨다. "너는 또 가서 타인에게 연애를 받아 음부 된 그 여인을 사랑하라하시기로 내가 은 열다섯 개와 보리 한 호멜 반으로 나를 위하여 저를 사고"(호 3: 1-2)

이런 아내를 데려오는 것은 남편으로서 도저히 참을 수 없는 굴욕과 수치를 느끼는 일이었지만, 이를 통해 호세아는 하나님의 아픈 마음을 깊이 이해할 수 있었다. 은 열다섯 개와 보리 한 호멜 반은 30 세겔에 해당되며 이는 그 당시 여종의 몸값에 준한 금액이었다. 호세아가 부정한 아내를 은 30세겔에 값을 지불하고 찾아온 것처럼, 예수님도 은 30냥에 [가룟 유다]에 팔려 가심으로 하나님은 예수님의 생명으로 우리를 다시 사서 찾으신 것이다. [호세아]라는 이름의 뜻도 [예수]라는 이름의 뜻과 같은 '여호와는 구원이시다'라는 뜻이다.

예수님이 길 가실 때 소경 거지 [바디매오]의 큰 소리가 가던 길을 멈추게 하였다. "다윗의 자손 예수여 나를 불쌍히 여기소서"(막 10:47) 이때 제자들조차도 시끄럽다고 조용히 하라 하였으나 그는 굽히지 않고 더욱 크게 소리를 질렀다. 급기야 예수님이 그를 부르셨고 그에게 긍휼을 베풀어 주셨다. 제자들은 자기들의 현장 보는 관점이 완전히 다른 것을 느꼈을 것이고 미래에 전도현장에서 큰 문제 중의 하나를 해결했을 것으로 생각

된다. 이 사건은 세상을 살릴 제자들 심령에 긍휼의 씨앗이 뿌려진 것이다.

세상에서 표현 되는 긍휼은 두 사이에 힘의 불균형 상태가 전개되었을 때 성립이 된다. 잘못을 저지른 사람이 힘이 없을 때는 통용이 되지만 잘못을 했어도 힘이 있다면 자비를 빌 필요가 없다. 그런데 어떤 인간도 하나님 앞에서 떳떳이 설 자는 없다. 하나님의 긍휼은 세상이 표방하는 긍휼이 아니다. 모든 인생은 하나님께 무릎을 꿇고 긍휼을 빌어야 한다.

세상에서 표현한 긍휼도 상대가 나에게 아무런 잘못이 없는 데에서 출발한다고 한다. 그것도 주님이 말씀하시는 긍휼이 될 수 없다. 나에게 아무런 잘못이 없는 불쌍한 사람을 도와주는 착한 사람이 있다. 그것도 긍휼히 여기는 사람인 것이 맞겠지만, 하나님 앞에서는 모든 인간이 원죄와 자범죄, 또 허물로 가득 차 있다. 어떻게 한 인간이라도 잘못이 없다고 할 수 있겠는가 그러므로 모든 인간이 할 일은 오직 하나님의 긍휼만 바라보는 것 그 뿐이다.

그 백성 유대인들은 그리스도께 돌아오지 않았다. 저희 서기관 바리새인들은 예수님을 그리스도로 인정하지 않았다. 그리스도를 인정하지 않는 것은 하나님의 언약을 내버리는 행위이다. 결국 그들은 멸망의 길을 택했다.

이제는 그리스도 예수 안에서 영적 이스라엘(유대인이든 이방인이든)이 된 우리의 차례이다. 유대인이 버린 예수님을 우리는 찾아낸 사람들이다. 유대인들의 사명은 모든 족속에게 이 땅의 구세주로 오실 메시아(그리스도)를 알려야하는 사명이었다. 그들의 사명은 그들의 혈통으로 오실 메시아를 기다리면서 그 소식을 모든 이방 족속에게 알리는 것이었다. 이제는 교회의 차례이자 나의 차례이다. 예수님을 영접하고 하나님의 사람이 되었다면 이 유일하고 완전하고 영원한 복된 소식을 땅 끝까지 전하는 일이 우리 몫으로 돌아왔다.

5. 전도제자의 긍휼히 여김

　요셉의 삶은 그 의에 주리고 목말랐으며 하나님의 함께 하심으로 긍휼이 특징이 되었다. 그는 자기를 팔아먹고 죽이려던 형들을 위해서 모든 것들을 받아들이고 그 형들과 그 가족들의 터전을 마련해 줬다. 요셉이 보디발의 아내를 대하는 모든 것들도 그렇다. 긍휼을 베푼 자는 긍휼을 베풀었다고 내가 기억하는 사람이 아니다. 그 자체가 아무 소리 없는 그냥 긍휼을 베풀 따름인 것이다. 요셉은 애굽의 백성들에 대한 여호와의 이름을 증거하는 것을 목마름으로 삼았고, 그가 알고 있는 제국의 왕과 주변의 정치인들과 백성들과 그 형들에게 긍휼을 베푼 것, 그 이상도 그 이하도 아니었다. 이것이 전도자의 삶이다.

　모세는 광야에서 그 백성들이 하나님께 불신앙하는 모습을 바라보면서 긍휼히 여기고 그들을 하나님 품으로 다시 돌아오게 했다. 이스라엘에게 주어진 선민의 사명은 가나안에 정착해서 한 나라를 세우고, 이방 모든 민족들에게 여호와 이름을 증거 하는 것이었다.

　하나님의 백성들이 천국을 소유하게 되면, 그 천국 복음을 그 주변 모든 사람들에게 증거하는 것으로 구약 이스라엘의 사명과 같은 사명이다. 이것은 교회의 사명으로 일체감을 갖는다. 이것 때문에 긍휼이 필요한 것이다. 영혼의 구원을 위한 긍휼은 끊임없이 긍휼이 베풀어져야 되고, 그 끊임없이 베풀어진 긍휼로 인하여 끊임없는 하나님의 긍휼이 그에게 계속 임하게 되는 것이다.

　다윗은 하나님의 놀라우신 긍휼과 그 은혜가 얼마나 큰지 이렇게 고백한다. "여호와께서 베푸신 은혜를 무엇으로 보답할꼬 나는 구원의 잔을 높이 들고 여호와의 이름을 부르며"(시 116:12-13) 그 백성들을 여호와께 인도하겠다고 말했다. [아합]왕 신하로 있었던 [오바댜]의 삶은 그야말로 의로운 삶이다. 그는 우상이 창궐하는 세대에 하나님의 선지자들을 100명씩이나 숨겨두고 그들을 핍박이 사라지는 기간까지 그들을 돌보며 길러냈다. 이것이 바로 전도자이다(왕상 18:3-4).

주님의 제자들은 하나님의 긍휼히 여김을 받았기 때문에 구원을 받았고 천국을 소유했다. 그렇다면 긍휼히 여기는 것이 무엇인가 하나님의 놀라우신 구원을 알려주는 것이다. 방황하는 인간들에게 하나님을 만날 수 있는 그 길을 알려주는 간절함이 긍휼히 여기는 마음이다. 하나님 없이 사단에 포로 되어 멸망 받고, 죄와 죽음과 저주 속에서 살아가는 현장을 보면서 전도자들은 긍휼히 여기는 마음을 갖게 된다.

스데반 집사는 자기에게 돌을 던져 죽이는 모든 사람들을 위해서 주님께 간구하였다. "주여 저들의 죄를 저들에게 돌리지 마옵소서 저들은 자기의 하는 일을 아무도 알지 못하고 하나이다". 이것은 예수님의 영으로 받은 스데반 집사의 긍휼이다. 그들의 영혼을 사랑해서 하나님의 긍휼을 구하는 것이었다.

"긍휼히 여기는 자는 긍휼히 여김을 받을 것임이요" 구원 받은 하나님의 백성들은 끊임없이 하나님의 긍휼이 필요하다. 하나님의 긍휼이 필요한만큼, 그들은 그들의 삶 속에서 긍휼이 여기는 마음을 갖게 된다. 이것으로 인하여 계속해서 하나님의 긍휼이 임하는 것이다. 하나님의 긍휼이 임한다면 그것은 바로 하나님의 구원의 역사 속에 들어가게 하는 긍휼이다.

[요나단 웨드워즈](Jonathan Edwards,1703-1758)는 미국 인디안 전도에 홀로 뛰어들어 하루도 쉴 틈 없이 인디안 원주민들의 영혼을 위해 생명을 불태우다가 짧은 나이에 하나님께 부르심을 받은 [데이비드 브레이너드](David Brainerd, 1718-1747)의 후원자가 되었다. 그는 [브레이너드]를 자기

아들같이 사랑하여 하나님의 부르심을 받을 때까지 그를 돌보아 주었다. 그 뒤로 브레이너드의 일기를 정리하여 그의 생애를 책으로 펴냈다. 이 책이 『데이비드 브레이너드의 일기』이다. 이 책은 전 세계의 수많은 전도자들에게 감동을 주었다. 이 참전도자를 기록한 책이 기독교 선교의 고전이 되었고 아주 귀하게 쓰임 받은 많은 사람들이 이 책을 읽고 선교사로 결단을 했다. 데이비드는 자신에게 베푸신 하나님의 긍휼에 감사해서 인디언들에게 하나님의 긍휼을 쏟아 부었다.

복음이 들어가지 못하는 영혼들의 현장 속으로 들어가 그들을 위해 생명을 불태운 것이 전도자의 긍휼이요, 복음의 사람의 긍휼이다. 또한 가족이 없었던 데이비드를 아들로 생각하고 하나님의 부르심을 받은 후에도 모든 일을 정리해주고 전도자의 삶을 책으로 만들어 성도들에게 전도자의 모습을 밝혀준 [요나단] 역시 전도자의 긍휼이요 주님의 성령의 사람이 아닐 수 없다.

중국 내지 선교회의 창설자 [허드슨 테일러](James Hudson Taylor, 1832년 5월 21일-1905년 6월 3일)는 중국에서 51년 간 사역하고 800명 이상의 선교사를 파송했다. 당시의 선교사들과는 달리 그들은 모두 중국 영혼에 대한 깊은 사랑과 긍휼로 가득 차 있었다. 중국옷을 입고 변발을 했으며 철저히 중국인의 삶의 양식을 따라서 살았다. 위험한 내지 속으로 들어가 거침없이 복음을 전했고 사역의 중심을 현지에 두었으며 재정의 필요를 선교 단체들에게 지원을 요청하지 않았고, 오직 하나님께로부터 모든 필요를 채움 받았다. 그는 중국 안에 「내지선교회」를 세워 640명의 결사대 선교사들이 중국 영혼들을 위해 헌신하도록 했다.

허드슨 테일러의 영혼을 긍휼히 여김은 북미, 스웨덴, 노르웨이, 덴마크, 독일, 호주, 뉴질랜드에까지 중국선교회 지부가 설립되도록 했고, 그의 영향으로 한 때 중국에 모여든 선교사는 1천 명을 넘었다. 한 사람의 헌신으로 1천명 이상의 선교사들이 일어 난 것은 하나님이 선교를 하신다는 결론이다. 1900년 5월 '의화단 사건'이 전국을 휩쓸었을 때는 135명의 선교사와 53명의 선교사 자녀들이 살해되었는데, 대부분 중국 「내지 선교회」소속의 선교사들이었다. [32] 이들은 중국의 영혼들을 위해 끊임없이 하나님의 긍휼을 구하는 탄원으로 자신들의 마음을 녹였다. 이것이 전도자가 받아서 베푸는 예수님의 그 긍휼이다.

하나님의 사랑은 영혼 구원을 위한 사랑이요, 이것이 복음으로 나타났기에 참 전도자는 '오직 그리스도' 즉 오직 복음이 되어야 정상이다. 그 복음의 사람에게 하나님의 사랑이 쏟아지고, 하나님의 긍휼이 넘쳐 필요한 영혼들에게 흘러가는 것이다. 하나님의 사랑은 구속사 속에서 쏟아지기 때문에, 주님이 말씀하신 긍휼은 전도자가 베풀 수 있는 것이다.

6. "내게 있는 모든 것으로 구제하고 내어줄지라도"

다시 인용하지만 고전13장을 '사랑'이라 한다. 3절에 "내가 내게 있는 모든 것으로 구제하고 또 내 몸을 불사르게 내줄지라도 사랑이 없으면 내게 아무 유익이 없느니라"고 한다. 재산을 다 팔아 구제하고 몸을 불사르게 내어 준다 해도 사랑이 없으면 아무것도 아니요, 아무 유익이 없는 사랑이라니 말이 안 된다. 아니 재산 다 팔아 구제하고 몸을 불사르게 내어 주는 사랑이 아무 유익이 없다니 세상에 이렇게 분명한 사랑이 또 어디 있

---

32) 의화단(義和團)사건 : 청나라 말기 1899년 11월부터 1901년 9월까지 산둥 지방, 화베이 지역에서 의화단(義和團)이 일으킨 '외세 배척 운동'이다. 의화단의 난이라고도 하며 1900년, 즉 庚子年년(1900년)에 일어난 교난(敎難)이라는 의미로 '경자교난'이라고 부르기도 한다. 또 의화단을 주먹을 쓰는 비적들이라는 의미의 '권비(拳匪)의 난' 혹은 '단비(團匪)의 난'으로도 지칭하였다. 산둥 지역에서는 일찍이 '의화권'(義和拳)이라는 민간 결사가 생겨나 반외세 운동을 벌이고 있었는데 1897년 독일이 산둥성 일대를 점령하자 의화권의 반외세(반기독교) 운동이 격화됐다. 이들로 일어난 외세 학살운동을 [의화단 사건]이라고 한다. 최근에는 허드슨 테일러를 중국의 역사에 중요한 인물로 평가하고 있다. 최근 중국 정부에서 중국 근대화에 기여한 사람 중 한 명으로 그를 뽑았고 그에 관한 전기를 공식적으로 발간해 주었다. /다음백과

는가 사람의 사랑에는 조건이 있기 마련이라지만 이 정도면 통과 될 만하지 않는가

그런데 조건이 있든 없든 분명한 것은 그 사랑으로는 구원을 받을 수 없다는 것은 확실하다. 이것이 성경의 가르침이다. 아무리 큰 사랑이라도 그 사랑으로 사탄을 이길 수 있는가 아무리 큰 사랑이라도 그 사랑으로 지옥 저주에서 해방 될 수 있는가 아무리 큰 사랑이라고 그 사랑으로 죄의 형벌을 피할 수 있는가? 성경은 '아니다' 이다.

이 인간의 절대적 문제를 해결하려면 하나님의 사랑 외는 어떤 사랑으로도 불가능하다. 아들을 십자가에 매달리게 하신 하나님의 사랑이 그 사랑이다. 이 사랑이 전도자에게 전달되는 것이고 전도자는 그 사랑을 가지고 하나님을 모르는 자에게 하나님의 사랑을 알려주는 사람이다.

복음을 통해 하나님의 사랑을 알았고, 하나님의 은혜로 구원 받았다면 흑암에 잡힌 영혼을 불쌍히 여기고, 낭떠러지를 향해 가는 소경 같은 영혼들을 급히 길을 돌려주는 것은 지극히 당연하다. 전도자의 베푸는 사랑의 행위는 불신자들의 마음의 문을 여는데 가장 필요로 하는 조건이기도 하다. 인색하고 잔인한 사람에게 마음의 문을 누가 열겠는가 어렵고 아픈 사람을 도와주고 함께 하는 것은 하나님의 사랑을 입은 자의 상식이다.

전도자는 영혼을 볼 때 하나님의 사랑의 눈으로 볼 수밖에 없는 사람이다. 하나님의 끝없는 사랑을 먼저 받았기 때문이다. 절대 불가능한 자가 하나님의 긍휼을 받았으니 이 하나님의 긍휼을 받을 수 있게 해 주는 것이 전도며 선교이다. 전도자 속에는 복음이 살아 있고 영혼 사랑이 살아 있어서, 사람들에게는 미안하고 하나님 앞에서는 죄송한 마음뿐이다. 아무리 전도와 선교에 수고를 한다 해도 늘 모자라는 마음뿐이기 때문이다.

그런데 이 전도 행위도 거짓 행위가 될 수 있다. 사람을 모으기 위해 열심히 전도를 시킨다든가 교회의 숫자가 늘어나면 생활에 여유가 생기

고 자랑이 되기 때문에 '오직 전도'라고 한다면 거짓이 된다. 그래도 많은 숫자 속에서 전도제자가 나올 수도 있다고 생각한다면 그것도 한 방법이 될 수 있을지 모르지만 말이다.

성령 하나님은 아버지 영이요, 그리스도의 영이요, 그 분은 진리 곧 진실의 영이시다. 그분은 그리스도를 증거하시기 위해서 오신 보혜사이시다(요 15:27). 보혜사 성령님은 버려진 영혼을 탄식하며 바라보시는 긍휼의 영이시다(롬 8:26). 성령님으로 충만하게 되면 영혼 구원의 일이 가장 우선순위가 되고 거짓 동기가 사라진다. 전도제자는 모든 영혼들이 긍휼에 풍성하신 하나님의 긍휼을 입도록, 하나님 앞에 그들을 세우는데 모든 목적과 이유가 있는 자들이다.

제8장

전도제자와 마음의 청결
(마 5:8)

마음이 청결한 자는 복이 있나니 그들이 하나님을 볼 것임이요(마 5:8).

이 산상수훈의 내용은 이미 창세전에 신령한 복으로 구원받은 자들에게서 나타나는 자연스런 모습이다. 이것은 일반적인 축복의 비결이 아니다. 히브리어에서 복이라는 단어는 언약이라는 단어와 어근이 같다. 청결한마음의 복은 하나님의 언약에 의해 값없이 주어지는 은혜로운 축복이다. 따라서 그리스도 안에 있는 자들은 이 복을 받은 자들이다.

[로이드 존스] 박사는 그의 산상설교 강해에서 8개의 복을 전반부와 후반부로 구분한다. 전반부의 4개의 복은 후반부에 와서 더욱 세밀하고 성숙되어진 탐사성(探査性)이 요구 된다고 했다. 그는 전반부의 심령의 가난과 후반부의 첫 번째 긍휼히 여김이 연결이 되며, 전반부의 애통함이 후반부의 둘째 부분인 마음의 청결과 연속 되며, 전반부의 온유는 후반부의 화평케 하는 자와 연속성을 가지며, 의를 위해 주리는 자는 후반부 끝에 나오는 의를 위해 핍박을 받는 것과 연속된다고 했다. 그는 의에 주리는 자의 복을 전체의 분수선(分水線) 으로 간주하고 앞의 세 가지는 우리의 필요를 진술하고, 의에 주린 자는 배부름으로 채움 받아 그이후의 복들은 채움을 받아 만족한 결과로 우리가 추구하는 것들이라고 한다. 그리고 심령이 가난한자는 애통하는 자로 나아가며, 애통하는 자는 온유할 수밖에 없고 온유한 자는 의에 주림으로 들어간다고 연속성 이야기 했다.[33]

필자는 전도자의 입장에서 보았다. 8복의 전체를 '심령의 가난한 자가 천국을 소유한다'는 것을 구원의 축복으로 보아 그 뒤의 모든 복들은 복음을 증거 하는 전도자의 필수로 보고자 한다. 그래서 복을 받을 조건들을 성령께서 빚으시는 전도자의 기질로 보는 것이다. 맨 끝에 주님은 의를 위해, 또 주의 이름을 위해 핍박을 받은 자 역시 천국이 저들의 것이며, 한 가지를 더해서 하늘에서 상이 있으리라 하신 말씀에 근거하면 더욱 그러하다. 주님은 제자의 이름으로 냉수 한 그릇이라도 주는 자는 결단코 상을 잃지 아니하리라 하셨다(마 10:42). 이 말씀은 산상수훈 이후에 제자들을 전도현장에 파송 하실 때 주신 말씀이다(마 10:1-42).

내가 어디서 구원을 받았으며, 하나님의 거저주신 은혜의 선물이 무엇인지를 알면 알수록 전도자의 면모는 더욱 뚜렷해진다(엡 2:6-8). 하나님만나지 못한 자의 운명과, 저주와 재앙의 사슬이 된 우상의 결과와(엡 2:1-3), 영적인 안식도 없이 삶이 짐이 되는 영혼들과(마 11:28-30), 지금도 전 세계 현장에서 마음과 정신이 황폐하여 아우성을 치는 영혼들과(딤후 3:1-5), 후손에게 자신의 저주를 유산으로 남길 수밖에 없는 지옥의 권세에 잡힌 영혼들을(눅 23:28) 건져내는 것이 하나님의 절대적 소원이다. 그래서 구원을 아는 하나님의 백성은 복음을 전할 수밖에 없는 당연성과 필연성과 절대성에서 삶의 이유를 찾는다.

전도자는 모든 것에 우선순위를 하나님의 이 구원에 둔 사람이다. 구원받은 놀라운 축복을 확인하면 할수록 그는 예수님이 말씀하신 제자의 길로 나아간다. 그는 구원받은 그 순간 즉시 성령이 내주(內住)하시며(고전 3:16), 성령께서 그를 인도하시며(요 16:13), 성령께서 그를 통해 역사하시며(행 1:8), 이 증거로 기도응답의 특권을 주셨고(요 16:24), 하늘의 군대를 전도자의 현장에 보내시며(시 103:20-22), 모든 귀신들을 내 쫓는 권세를 주

33) 마틴 로이드존스, 『산상설교집(상)』, 문창수역, 베드로서원, pp134-135

시고(눅 10:17-20), 이 땅에 살지만 천국의 시민권자로 살게 하시며(빌 3:20), 만민에게 복음을 전하는 증인으로 세우신 것을 확신한다(마 28:18-20).

이 모든 엄청난 축복이 구원받은 즉시 주어졌고, 약속되어 졌고 보장되었다. 그렇다면 8복의 순서에 따라서 복을 받기위해 성숙한 상태를 기다리는 것이 필요치 않다. 오직 그리스도로 답을 얻고(행 1:1, 요19:30) 이제는 오직 하나님나라를 위한 미션을 이루는 일에 전심하며(행 1:3, 마10:7) 현실의 상황을 감당할 수 있는 능력을 약속받았으니(행 1:8, 2:1) 이 약속 잡고 기도하며 전도의 현장에서 약속이 성취되기를 매일같이 기다리는 것이다.

여기서 현장에 대한 애통함과, 하나님의 명령에 길들어지는 온유함과, 현장에 예비 된 제자들에 굶주림이 절로 나온다. 그는 어떤 사람도 외에 없이 구원이 필요함으로 긍휼히 여기며, 마음이 청결한자로 전도에 대한 동기가 교회부흥에 있지 않고 하나님의 간절한 소원에 있으며, 그의 소원은 어찌하든지 하나님과 원수 된 영혼들을 하나님과 화해를 시키고, - 여기서 어린이들(렘넌트)을 더 귀하게 여기는데, 어릴 때부터 확실한 복음의 사람이 된다면 미래에 소망이 되 때문이다 - 이들은 복음과 주님의 이름을 위해 살기도 하고 죽기도 할 수 있는 참 전도자들이요, 시대에 남은 자들이며 하나님이 남긴 자들이며, 저들은 전도자를 남길 자들이다.

1. 마음의 청결

마음이 무엇인가에 접근이 필요하다. 성경은 마음이라는 단어를 심장이라는 단어와 같이 쓴다. 그래서 마음은 생명과 직결된 어떤 것이다. "무릇 지킬만한 것보다 더욱 네 마음을 지키라 생명의 근원이 이에서 남이니라"(잠 4:23). 마음에서 생명의 근원이 난다는 것이다. 또 "공의로 판단하시며 사람의 심장(마음)을 감찰하시는 만군의 여호와여 나의 원정을 주께 아뢰었사오니 그들에게 대한 주의 보수를 내가 보리이다 하였더니"(렘 11:20)라 한다.

하나님은 인간의 외모가 아니라 마음을 감찰하시는 분이시다는 것이다. 마음이란 지성과 정서와 의지를 다 포함한 인간의 전인격이다. 그런데 예수님은 그 마음이 청결할 수 도 있고 더러울 수도 있다고 하신다.

성경은 인간들의 마음이 세상에서 제일 더럽다고 한다. "만물보다 거짓되고 심히 부패한 것은 마음이라 누가 능히 이를 알리요 마는"(렘 17:9) 그러면 모든 인간은 다 죽은 것이라는 뜻이다. 그래서 사도바울이 모든 인간을 죄와 허물로 죽은 자라고 한 것이다(엡 2:1). 그렇다면 마음이 청결하다는 건 무엇을 이야기하는 것인가

'청결'이라는 단어의 사전적 의미는 티 없이 맑아서 정직하고 사특함이 없고 흔들림이 없는 고요한 상태이다. 그러면 누가 자신 있게 '나는 흠이 없는 깨끗한 자다'고 나설 수 있겠는가 사람들이 그렇게 마음을 청결하면 하나님을 만날 수 있다고 생각한다. 그런데 성경은 그 주장에 절대로 부정한다. 성경의 청결한 마음은 우리가 열심히 노력하면 가질 수 있는 그런 종류의 마음이 아니다.

중세 때의 수도원운동이나 쿰란 공동체의 금욕적 성결 운동을 하던 신비주의 자들은 깨끗이 살았다. 마음에 세속을 담지 않겠다고 수도를 하는 종교인들의 노력은, 적어도 보통 세속인들 보다는 청결한 것이 사실이다. 그렇다고 그들이 주님이 말씀하신 청결된 상태라고 할 수 있는가 그리고 그들이 하나님을 볼 수 있었는가

물론 신비주의 체험은 있다고 해도 예수님이 말씀하신 하나님을 보았다는 것과는 다르다. 예수님이 말씀하신 것은 신비적 체험이 아니라 삶속에서 늘 누리는 '하나님 봄'을 말씀하신 것으로 보는 것이 자연스럽다.

성경이 말하는 청결은 인간들이 수도와 열심을 통하여 만들어 낼 수 있는 그런 종류의 청결이 아니다. 성경은 인간들을 스스로 그들의 마음을 청결하게 지켜낼 수 없다는 걸 단호하게 선언한다. 바울사도는 로마서 7 장 15절 이하에서 "나의 행하는 것을 내가 알지 못하노니 곧 원하는 이것은 행하지 아니하고 도리어 미워하는 그것을 함이라 내 속 곧 내 육신에 선한 것이 거하지 아니하는 줄을 아노니 원함은 내게 있으나 선을 행하는 것은 없노라 내가 원하는 바 선은 하지 아니하고 도리어 원치 아니하는바 악은 행하는 도다 내 지체 속에서 한 다른 법이 내 마음의법과 싸워 내 지체 속에 있는 죄의 법 아래로 나를 사로잡아 오는 것을 보는 도다"

가장 하나님을 가까이에서 누리며 성령의 역사 속에 있었던 사도 바울이 이런 뼈아픈 탄식을 했다면 우리들이랴? 그는 자기 마음대로 마음상태를 바꾸지 못했다. 마음을 청결하게 만들지를 못한 것이다. 오히려 죄의 법이 마음을 계속 더럽히고 있는 그런 것만 체감했다. 이것은 어떤 면으로는 불가항력 이였다. 그래서 결국 한탄이 쏟아져 나올 수밖에 없었다. "오호라 나는 곤고한 사람이 로다 이 사망의 몸에서 누가 나를 건져 내랴" 그런데 그가 어떻게 청결한 마음이 되게 할 수 있는가 그것은 하나님이 복을 주셔서 만드시는 것이다. 그의 승리와 환희의 고백을 보라 "우리 주 예수 그리스도로 말미암아 하나님께 감사하리로다. 그런즉 내 자신이 마음으로는 하나님의 법을 육신으로는 죄의 법을 섬기노라"(롬 7:25)하면서 "그러므로 이제 그리스도 예수 안에 있는 자에게는 결코 정죄함이 없나니 이는 그리스도 예수 안에 있는 생명의 성령의 법이 죄와 사망의 법에서 너를 해방하였음이라 율법이 육신으로 말미암아 연약하여 할 수 없는 그것을 하나님은 하시나니 곧 죄로 말미암아 자기 아들을 죄 있는 육신의 모양으로 보내어 육신에 죄를 정 하사 육신을 따르지 않고 그 영을 따라 행하는 우리에게 율법의 요구가 이루어지게 하려 하심이니라"(롬 8:1-4)고 했다.

예수님이 말씀하신 마음의 청결은 구원 받은 성도에게서 하나님의 은혜로 만 나타나는 것이다. 성경의 마음이 불결하고 더럽다는 것은 마음이 있어야 할 자리를 찾지 못한 상태를 말한다. 이 상태를 두마음을 품어 모든 일에 정함이 없다고 하는 것이다(약 1:8).

야고보 사도는 "그런즉 너희는 하나님께 순복할 찌어다 마귀를 대적하라 그리하면 너희를 피하리라 하나님을 가까이 하라 그리하면 너희를 가까이하시리라 죄인들아 손을 깨끗이 하라 두 마음을 품은 자들아 마음을 성결케 하라 슬퍼하며 애통하며 울지어다 너희 웃음을 애통으로, 너희 즐거움을 근심으로 바꿀지어다"(약 4:7-9)고 한다.

사도는 두 마음을 품은 자들에게 '마음을 성결케 하라. 마음을 청결케 하라'고 권고한다. 그래서 청결한 마음의 반대는 둘 이상으로 갈라진 마음이다. 야고보는 그런 두 마음을 가진 자들에게 교만한 자라고 하며 그들에게 슬퍼하며 애통하며 울라고 한다. 산상수훈의 맥과 상통하여 애통하는 자, 우는 자, 낮아지는 자가 복 받은 자라고 하며 하나님과 재물, 두 주인을 섬기는 자들을 경고하였다.

2. 저희 서기관 된 바리새인들의 가르침

주님은 내내 마음에 대하여 언급을 하시고 계셨는데 그 까닭은 서기관 된 바리새인들과 제사장들 때문이었다. 저희들은 예수님을 사사건건 반대했다. 그런데 주님은 저희들을 더욱 더 지탄하셨다. 죽은 자의 부활이 없다는 사두개인들에게는 하나님의 말씀에 대한 무지를 지적하셨고, 부활이 있다고 주장한 바리새인들에게는 그들이 옳다고 해주시지 않고 오히려 저들이 그들의 유전을 가지고 '하나님의 말씀을 무효'로 만드는 자들이라고 더 심하게 꾸짖었다.

바리새인들은 기록된 율법에는 없지만 구두(口頭)로 전해진 조상들의 유전을 「시내산」에서 모세에게 주신 율법으로 포함시켜 믿었다. 그들은 두 개의 대등한 계시, 즉 성문화된 율법과 구전(口傳)을 똑같은 권위에 두었다. 그리고 이 구전들을 문서의 형태로 보전하게 되었는데 그것이 『탈무드』[34]가 되었다.

　　그런데 시간이 지나감에 따라 유대인들은 구약의 율법보다 탈무드 쪽에 무게를 더 두게 되었다. 후대에 유대 랍비들은 율법과 탈무드를 비교 표현하기를 "성서는 물이요, '미쉬나'는 술이다, 그러나 '게마라'는 향을 친 술이다"고 했다.[35] 바리새인들은 하나님의 말씀에 무엇을 더하였고, 사두개인들은 성경에서 무엇인가를 빼냈다.

　　예수님의 산상수훈은 율법적 규칙이 아니요 그것은 율법을 온전케 하는 복음이다. 이것을 어떤 신학자도 어떤 주석가도 복음으로 보지 않는 것이 문제다. 바리새인들과 서기관들의 율법적인 그 행위는 비판하면서도 반드시 구원 받은 사람들은 이렇게 살아야 된다는 잣대를 두고 판단하는 율법적 성향이 모두에게 다 들어가 있다.

　　그러나 여기에 류광수 목사의 해석은 매우정확하다. 마태복음 연속 설교와 팔복에 있어서도 마찬가지이다. 그것은 반대급부를 이야기하는 것이라고 했는데 그것은 참으로 옳다. 주님의 가르치심은 서기관과 바리새인들의 가르침을 뒤집어엎는 가르침이다. 그것은 율법의 완전성을 가르치는 것이고, 율법의 완전성을 가르친다는 말은 하나님이 세우신 모든 율법은 일점일획까지도 완전하다고 하신 것이다.

　　하나님의 계명은 너무나 완벽해서 아담이후로 그 어떤 인간도　지킬

---

34) 탈무드 : 주전 2 세기 중에 구전들을 '미쉬나'(Mishnah)에 문서화 했다. 이 미쉬나에 주석을 달아 보강했는데 이것을 '게마라'(Gemara)라고 한다. 이 미쉬나와 게마라가 함께 유대의 탈무드를 이룬다.
35) 『논쟁자 그리스도』, 존 R.W. 스토트, 한중식 역, p.84 인용

수 없음을 말씀하시고 계신 것이다. 율법은 예수님자신이 모세에게 주신 것이다. 그런데 저희 서기관들과 바리새인들은 다 지켰다고 소리를 친다. 그들이 예수님의 말씀을 진정 깨달았다면 그 우기는 꼴사나움은 그쳤을 것이다.

하나님의 선택받은 백성이라 해도 그렇고, 구원의 반열 속에 들어온 영적 이스라엘이라 해도 마찬가지이다. 구원을 받았다고 해서 율법을 지킬 수 있는가? 행실로는 지킬 수 없지만 믿음으로는 그것이 가능하다. 예수님은 지금 믿음의 이야기를 하시는 것이다. 이것이 전가(轉嫁)의 논리이다. 나의 심판 받을 수밖에 없는 모든 원인을 예수님에게 전가하고 예수님이 율법으로 인한 모든 형벌을 받으신 그것을 내게로 전가 시키신 것이다. 그래서 예수님은 십자가위에서 최종적 완성을 선포하셨다.

"내가 다 이루었다"(요 19:30). 예수님께서 그리스도의 일을 다 이루시고 그 효력을 내게 전가시켜주셨다. 그 의가 내게 들어오는 즉시 주님의 의가 나의 의(義)가 되는 것이다. 이것은 믿음으로만 가능해지는 일이다.

"너희는 그 은혜에 의하여 믿음으로 말미암아 구원을 받았으니 이것은 너희에게서 난 것이 아니요 하나님의 선물이라 행위에서 난 것이 아니니 이는 누구든지 자랑하지 못하게 함이라 우리는 그가 만드신 바라 그리스도 예수 안에서 선한 일을 위하여 지으심을 받은 자니 이 일은 하나님이 전에 예비하사 우리로 그 가운데서 행하게 하려 하심이니라"(엡 2:8-10) 사실 믿음도 우리의 행실이 되어 공로가 될 수 없다. 믿음은 하나님의 선물인 은혜의 구원을 수납하는 방법일 뿐이다.

"또 함께 일으키사 그리스도 예수 안에서 함께 하늘에 앉히시니.."(엡 2:6) 이제 구원은 완성 되었다. '하늘에 이미 나를 앉히셨기' 때문이다. 그렇다면 이제 할 일이 하나밖에 없다. 그 은혜의 지극히 풍성함을 '오는 여러 세대에 나타내는 것'이다. 그리고 하나님의 '선한 일'을 위해 지음을 받았는데, 하나님의 선한일은 이 땅의 역사 속에서 구원의 일이 가장 선한일이며, 그일 때문에 아버지는 아들을 보내셨고, 아들은 그일 때문에 십자가를 지셨으며, 성령께서는 그일 때문에 천한 우리 육신에 들어와 거처를 삼고 떠나지 않으시는 것이다(요 14:16-17).

그 외에 성도들이 착하게 살아서 하나님께 영광 돌린다고 하는데 그것은 소극적 선(善)이며 적극적이고 큰 영광은 하나님의 구속사의 일선, 즉 전도와 선교의 현장에 있는 것이다. 하나님은 우리로 그 큰 구원을 오고오는 세대에 나타내려 하신다.

"이는 그리스도 예수 안에서 우리에게 자비하심으로써 그 은혜의 지극히 풍성함을 오는 여러 세대에 나타내려 하심이라"(엡 2:7) 그래서 후대들에게 이 놀라운 복음을 제대로 알게 하고 그들도 오는 세대를 위하여 후대를 세우는 렘넌트 운동에 동참케 하는 것이다. 이일을 위하여 다른 모든 동기를 버리는 것이 전도제자의 마음의 청결이다.

저희 서기관 된 바리새인들과 서기관 된 제사장들의 불행이 뭔가? 그들은 행위로 하나님의 말씀을 실천하기 위해서 엄청난 조목을 만들어냈다. 십계명과 신명기를 통해서 그들이 실천할 수 있는 조목을 613가지를 만들어 냈다. 거기에다가 그들은 구전을 더 중요한 율법으로 봤다. 그들은 하나님의 율법을 온전히 지킬 수 있는 것으로 가르쳤다. 그들은 그것을 천명인양 백성들에게 오래도록 가르쳤다. 그래서 자신들은 율법을 온전히 실천을 했기 때문에 구원의 1순위로 자처했고 하나님의 모든 축복과 응답의 1순위도 자기들 몫 이였다.

그들은 자신들을 구별해 거룩한 그룹, 즉 「바리새인」이라고 했다. 이 그룹에 속하지 않는 서민들은 아예 율법을 자기들처럼 지킬 능력이 없는 자들로 취급을 해서 죄인들로 여겼다. 그들의 눈에는 죄인들인 서민들에게 하나님의 은혜가 흘러들어가서는 안 되는 것이었다. 연약하고 가난한 자들과 달리 자신들은 하나님이 원하시는 그 수준에 얼마든지 이른다고 생각했기 때문에 구원은 당연히 자기들 몫이라고 생각했다. 그 그룹에 속한 자들은 성경의 모든 축복이 자기들에게 오는 것은 자연스러운 것이라고 생각한 것이다.

그들에게 약속 된 메시아는 그들의 기준에 맞추어서 오는 메시아였다. 그들의 기다린 메시아는 그들과 가장 가까이서 그들을 대표하는 메시아로 오실 것을 기정사실로 알았다. 그런데 막상 예수님을 보니 그들은 메시아로 인정할 수가 없었다. 기준이 달라도 너무 달랐기 때문이다. 자기들은 죄인이라고 생각하는 병든 자, 가난한 자, 세리, 창녀들을 예수님은 지체치 않고 아브라함의 후손이요, 하나님의 구원이 저들에게 임하였다고 하니 어이가 없었다. 하나님의 구원을 공짜로 남용하는 모습을 봤을 때 예수님을 도저히 용납할 수가 없었다. 그래서 예수는 가짜요 예수는 사기꾼이요 예수는 제거되어야할 대상이 되었다. 그들에게 예수님은 이단이었고, 이단은 반드시 처단을 해야 되는데 그냥 죽이면 안 되고 저주의 십자가형에 죽여야 마땅하다고 했다. 그렇게 해야 그를 따르는 자들이 없어질 것으로 계산했다. 그들은 그들의 계획대로 예수님을 십자가에 죽였다. 이것이 바로 그들에게는 가장 불행한 일이었다.

그들은 유전을 가지고 늘 예수님의 권위에 도전했다. 어찌하여 당신의 제자들은 장로들의 유전을 준행치 아니하고 부정한 손으로 떡을 먹는가 한 부분을 복음서의 저자는 이렇게 기록하고 있다(막 7:1-9).
바리새인들은 최고의 율법, 최고의 지식을 가지고 있었다. 그러나 하나님이 보시기에는 그 바리새인들은 전혀 깨끗하지 않았다. 불신자와 똑같이 자기 기준으로 살아가는 사람들이었다. 만약에 우리 믿음이 그 믿음이라면 불신자와 똑같은 것 아닌가 복음서의 예수님의 가르치심은 마음, 즉 중심에 대해 가르치고 계신다. 주님이 이것을 강조한 이유는 저희 서기관들과 바리새인들의 오랜 가르침 때문이었다. 주님이 저들을 가차 없이 책망하신 이유는 그들이 잔과 주발의 겉에만 관심을 가졌고 속을 무시했기 때문이었다. 겉만 보면 그들은 나무랄데가 없었다. 그러나 그들의 속에는 탐욕과 악독이 가득했다. 그들은 종교의 외형에만 관심을 가졌고 율법의 더 중한 것 곧 하나님과 영혼 사랑하는 것은 버리고 있었던 것이다.

주님은 머리가 아니라 마음을 강조하신다. 주님의 관심은 마음에 있었다. 신앙은 궁극적으로 교리에 대한 이해와 지성의 문제일 뿐만 아니라 마음의 상태이다. 신앙의 위험은 지적인 동의에서 끝나버리는 것이다. 이게 교회의 치명적인 문제로 대두 되었다. 이것은 지금도 주님의 몸 된 교회의 치명적 문제가 되고 있다. 교회 공동체의 커다란 문제는 거의 똑똑한 자들로부터 생겨나왔다. 바리새인들은 항상 의(義)의 문제를 행위와 윤리와 품행의 문제로 떨어뜨릴 구조를 갖추고 있었다.

반면에 다른 쪽에서도 위험이 있다. 지적인 신앙에 대한 혐오를 가진 자들은 '중요한 것은 지적인 것이 아니라 행동이라'고 한다. 그러나 그것도 전자와 별반 다를 게 없다. 복음은 행위와 품행의 문제도 아니기 때문이다. 복음은 언제나 마음의 상태를 들어다 보는 것이다. 교육만으로 깨끗한 사람을 만들 수 없다. 최고의 교육을 받고도 역사적으로 가장 사악한 사람이 될 수 있다는 것이 이미 증명 되었다. 환경을 개선함으로 사람을 깨끗게 할 수도 없다는 것도 전 인류의 역사 속에서 증명 되었다. 인류가 타락한 것도 가장 좋은 환경인 에덴의 낙원에서였다. 개인이나 단체나 국가를 막론하고 비열한 욕망은 마음에서 나온 것이다. 그래서 지성을 발전시킨다 해서 더러운 마음이 청결해 질 수는 없다.

3. 마음의 불결은 두 마음을 품은 자이다

청결한 마음의 가장 잘된 정의는 일심(一心)이다. 하나님을 향한 일심은 곁눈 팔지 않고 하나님의 뜻을 향한 전심(全心)으로, 지속(持續)으로 나아간다. 그러나 부정한 마음은 두마음이고 갈라짐 마음이다. 하나님을 향해서만 집중되어야 하는 마음이 '나' 라는 육적 자아에게 분산이 되어있을 때 두 마음이라고 한다.

그래서 예수님께서도 두 마음을 품지 말라고 말씀하시면서 사람이 두 주인을 섬길 수 없다고 하셨다. "한 사람이 두 주인을 섬기지 못할 것이니 혹 이를 미워하며 저를 사랑하거나 혹 이를 중히 여기며 저를 경히 여김이라 너희가 하나님과 재물을 겸하여 섬기지 못하느니라"(마 6:24). 그 두 주인을 하나님과 재물을 겸하여 섬기는 것임을 말한다.

그 맘몬의 주인공은 '나'이다. 하나님을 섬기는 것 같으나 사실은 '내가 하나님 같이 되는 것'으로 이것이 아담을 유혹할 때 사단의 가장 치명적 유혹이 되었다. 하나님과 재물을 함께 섬기는 것은 나누어지고 갈라진 마음으로 이것이 불결한 마음이다. 그런데 대부분의 기독교인들까지 내가 주인 되서 하나님을 부리려고 하지 종으로 살기를 싫어한다. 그게 두 마음이고 부정한 마음이다. 그게 하나님의 진노 아래 놓인 죄인의 실체인데 하나님의 자녀들이 거의 모두 거기에 머물러있는 것이다.

성경에서 사람을 잡아서 종으로 삼을 수 있는 존재는 죄(원죄와 자범죄 모두)와 마귀(사탄)이다. 그래서 '죄의 종'(요일 3:8) 또 '너희 아비 마귀'라고 하는 것이다(요 8:44). 그리고 사람을 '종'으로 삼을 수 있는 존재는 하나님이시다. 그래서 '주의 종' 또는 '하나님의 종' 또는 '그리스도 예수의 종'등 다양하게 호칭한다. 두 주인은 한 하나님 이외의 다른 것을 숭배하는 것이고, 숭배 대상이 자신이어도 마귀를 섬기는 것이 된다. 마귀는 오직 하나님을 섬기지 못하게 하는 것을 목적으로 모든 전략을 사용하기 때문이다.

"또한 저희가 마음에 하나님 두기를 싫어하매 하나님께서 저희를 그 상실한 마음대로 내어 버려 두사 합당치 못한 일을 하게 하셨으니"(롬 1:28).

야고보 사도는 두 마음은 믿음이 없는 마음이라 한다. "너희 중에 누구든지 지혜가 부족하거든 모든 사람에게 후히 주시고 꾸짖지 아니하시는 하나님께 구하라 그리하면 주시리라 오직 믿음으로 구하고 조금도 의심하지 말라 의심하는 자는 마치 바람에 밀려 요동하는 바다 물결 같으니 이런 사람은 무엇이든지 주께 얻기를 생각하지 말라 두 마음을 품어 모든 일에 정함이 없는 자로다"(약 1:5-8).

야고보는 두 마음을 품은 자들을 가리켜서 의심하는 자라고 한다. 한 마음으로 정결케 된 사람들을 믿는 자라고 한다.

이 말씀은 단순히 의심하면서 구하면 절대 하나님께서 응답하지 않는다는 뜻이 아니다. '의심하면 안 돼. 의심하지 말아야지' 그럴수록 더욱 의심이 든다. 그런데도 기도가 응답되는 경우가 있는 것이 사실이다. 하나님이 일구이언 하시는 건가 의심하지 않는다는 건 이게 될까 안 될까하면서 조급해하는 것을 의심이라 하는 것이 아니다. 성경은 믿음에서 비롯된 것이 아닌 그것을 의심이라고 한다. 그래서 믿는 자와 의심하는 자가 대조되고 있는 것이다.

청결하지 못한 불결한 마음은 마음이 하나로 모아지지 못하고 두 마음으로 갈라져 있는 상태를 말하는데 그 두 마음은 의심하는 마음이고 의심하는 마음은 믿음이 없는 상태를 말하는 것이다.

4. 청결케 되는 것은 하나님의 작업

누가복음 11장 13절에 "너희가 악할 찌라도 좋은 것을 자식에게 줄줄 알거든 하물며 너희 천부께서 구하는 자에게(다른 데서는 좋은 것이라고 했지만, 여기는 성령을 주시지 않겠느냐 그러는 거예요) 성령을 주시지 않겠느냐 하시니라"

두드려라, 열릴 것이다. 찾아라, 주실 것이다. 그래 놓고 구하는 자에게 왜 좋은 것을 주시지 않겠느냐 는 예수님이 직접 하신 말씀이다. 그런데 그 좋은 것이 무엇인가 바로 성령이다.

마12장에서 예수님이 하신 말씀을 보자. "더러운 귀신이 사람에게서 나갔을 때에 물 없는 곳으로 다니며 쉬기를 구하되 쉴 곳을 얻지 못하고 이에 이르되 내가 나온 내 집으로 돌아가리라 하고 와 보니 그 집이 비고 청소되고 수리되었거늘 이에 가서 저보다 더 악한 귀신 일곱을 데리고 들어가서 거하니 그 사람의 나중 형편이 전보다 더욱 심하게 되느니라. 이 악한 세대가 또한 이렇게 되리라"(마 12:43-45).

비고 청소되고 수리되었다는 것은 마음의 상태를 말한 것이다. 이것이 무소유의 종교인의 모습이다. 수리되고 비어있는 마음에 그리스도가 들어가셔야 한다. 욕심 버리고 속세를 벗어나면 더 큰 위험에 직면하게 된다. 일곱 귀신(많은 귀신)에게 잡히는 고리가 되기 때문이다. 그래서 비어두지 않고 복음의 말씀, 성령이 들어오셔야 된다. 하나님이 그 안에 들어가시니 청결한 마음이 되는 것이다.

그래서 마음이 청결해질 수 있는 길은 하나님께서 작업을 해주셔야 되는 것이다. 두 마음을 품은 자의 삶 속에서 성령께서 그 분의 능력과 그 분의 말씀으로 두 마음을 제거하시고 하나님의 은혜만을 의지하게 만드실 때 가능한 일이다. 이럴 때 오염된 세상 속에서 하나님의 계획이 진행 되는 것을 보게 되는 것이다. 이것이 청결케 하시는 작업이고, 이 일은 서서히 진행 되며 완벽히 진행이 되는 것이다. 그리고 이 진행 과정에서 하나님을 계속 볼 수 있는 것이다. 에스겔은 이 언약을 상세히 예언하고 있다.

인자야 이스라엘 족속이 그 고토에 거할 때에 그 행위로 그 땅을 더럽혔나니 나 보기에 그 소위가 월경 중에 있는 여인의 부정함과 같았느니라 그들이 땅 위에 피를 쏟았으며 그 우상들로 더럽혔으므로 내가 분노를 그들의 위에 쏟아 그들을 그 행위대로 심판하여 각국에 흩으며 열방에 헤쳤더니 그들의 이른바 그 열국에서 내 거룩한 이름이 그들로 인하여 더러워졌나니 곧 사람들이 그들을 가리켜 이르기를 이들은 여호와의 백성이라도 여호와의 땅에서 떠난 자라 하였음이니라. 그러나 이스라엘 족속이 들어간 그 열국에서 더럽힌 내 거룩한 이름을 내가 아꼈노라 그러므로 너는 이스라엘 족속에게 이르기를 주 여호와의 말씀에 이스라엘 족속아 내가 이렇게 행함은 너희를 위함이 아니요 너희가 들어간 그 열국에서 더럽힌 나의 거룩한 이름을 위함이라 열국 가운데서 더럽힘을 받은 이름 곧 너희가 그들 중에서 더럽힌 나의 큰 이름을 내가 거룩하게 할 찌라 내가 그들의 목전에서 너희로 인하여 나의 거룩함을 나타내리니 열국 사람이 나를 여호와인줄 알리라 나 주 여호와의 말 이니라 내가 너희를 열국 중에서 취하여 내고 열국 중에서 모아 데리고 고토에 들어가서 맑은 물로 너희에게 뿌려서 너희로 정결케 하되 곧 너희 모든 더러운 것에서와 모든 우상을 섬김에서 너희를 정결케 할 것이며 또 새 영을 너희 속에 두고 새 마음을 너희에게 주되 너희 육신에서 굳은 마음을 제하고 부드러운 마음을 줄 것이며 또 내 신을 너희 속에 두어 너희로 내 율례를 행하게 하리니 너희가 내 규례를 지켜 행할 찌라 내가 너희 열조에게 준 땅에 너희가 거하여 내 백성이 되고 나는 너희 하나님이 되리라(겔 36:17-28).

여호와 하나님의 이름을 열방에 전할 사명을 받은 이스라엘이 오히려 열국의 우상에 부속되어 총체적으로 더러워졌다. 하나님은 그들을 심판하여 열방에 흩으셨다. 하나님은 혹 그렇게라도 보내면 이방에 거룩하신 그 이름을 증거 할까 하셨으나 이스라엘에게서 그것을 기대한다는 것은 불가능했다. 오히려 포로로 가서 그 이름을 더욱 더럽혔다. 그래도 하나님은 거룩하신 자신의 이름을 아끼셨고 그 이름을 위하여 이스라엘을 열국에서 뽑아내셔서 맑은 물로 씻어 정결케 하시고 또 새 영을 이스라엘 속에 두시고 새 마음을 주신다고 하셨다.

여호와의 영(성령)이 들어와서 그 마음을 깨끗이 씻어서 새 마음으로 만들어 주실 때 마음이 정결케 된다는 것이다. 그러니까 성령이 부어진 자의 마음이 청결하게 되어서 그들이 하나님의 백성이 되고 하나님이 그들의 하나님이 되는 것은 재창조의 비밀을 말하는 것이다.

하나님이 우리를 청결하게 만드셨다. 그리스도 되신 예수님의 피로 거룩한 성도라고 불러 주신 것이다. 성도는 하나님을 하나님 되게 하는 자이며, 그리스도를 그리스도 되게 하는 자들이다. 마음을 청결하게 해주는 주체는 하나님이신 것이다. 하나님은 더럽혀진 이스라엘에게 너희가 스스로 깨끗이 닦아야 한다고 하지 않으셨다. 하나님이 닦아주신다는 것이다. 청결하게 해 주는 이가 하나님이란 말이다. 이 마음의 청결은 구원에 대한 이야기일 뿐 아니라 구원받은 이후에도 역시 하나님의 일인 것이다.

5. 교회와 전도자의 청결함

심령이 가난하여 천국을 소유한 제자는 자신과 세상을 보면 애통이 나오고, 하나님의 은혜를 생각하면 하나님 앞에서나 다른 사람 앞에서 온유할 수밖에 없고, 하나님의 나라와 의에 갈급해 한다. 그는 죽어가는 영혼을 긍휼히 여겨 살길을 알려주는 일을 우선순위로 여긴다. 그는 전도자로서 삶의 동기를 영혼 구원에 두고, 그 상태가 지속 되는 것이 마음이 청결한 제자의 모습이다.

잠언 20장 9절에 "내가 내 마음을 정하게 하였다 내 죄를 깨끗하게 하였다 할 자가 누구뇨" 너희들 중에 너희 마음을 청결하게 만들 수 있는 자가 누구냐 고 하나님이 물으신다. 그것은 하나님이 하시는 것이라고 못을 박고 계시는 것이다. 그러니까 마음을 청결하는 건 단순히 욕심을 버리고 더러운 생각을 하지 않는 정도가 아니라 다른 것에 빼앗긴 마음을 하나님에게로만 향하는 것이고, 그 죄의 본질에서 벗어나는 걸 말하는 것이다.

예수님이 이것을 십자가위에서 다 이루신 것이다(요 19:30).

히브리서 9장 13절에 "염소와 황소의 피와 및 암송아지의 재로 부정한 자에게 뿌려 그 육체를 정결케 하여 거룩케 하거든 하물며 영원하신 성령으로 말미암아 흠 없는 자기를 하나님께 드린 그리스도의 피가 어찌 너희 양심으로(마음으로) 죽은 행실에서 깨끗하게 하고 살아계신 하나님을 섬기게 못 하겠느뇨"

마음을 정결하게 해가는 작업은 어린양의 피만 의지하며 가는 성도의 가는 길 자체를 말하는 것이다. 마음이 정결케 되는 유일한 길은 예수님의 피다. 이것을 믿는 것이 하나님의 언약을 믿는 것이다.

십자가의 피 공로 이외에 거기다가 다른 걸 혼합해 버리는 행위 모두를 다 불결한 것이라 하신다. 이런 행위자를 더러운 자, 거짓말 하는 자라고 한다.

내가 너희에게 쓰는 것은 너희가 진리를 알지 못하기 때문이 아니라 알기 때문이요 또 모든 거짓은 진리에서 나지 않기 때문이라 거짓말하는 자가 누구냐 예수께서 그리스도이심을 부인하는 자가 아니냐 아버지와 아들을 부인하는 그가 적그리스도니 아들을 부인하는 자에게는 또한 아버지가 없으되 아들을 시인하는 자에게는 아버지도 있느니라(요일 2:21-23).

바울은 고린도교회 성도들에게 마음이 깨끗함에서 떠나 부패하고 더럽게 될까 두려워한다고 했다. "내가 하나님의 열심으로 너희를 위하여 열심 내노니 내가 너희를 정결한 처녀로 한 남편인 그리스도께 드리려고 중매함이로다. 뱀이 그 간계로 하와를 미혹케 한것 같이 너희 마음이 그리스도를 향하는 진실함과 깨끗함에서 떠나 부패할까 두려워하노라 만일 누가 가서 우리의 전파하지 아니한 다른 예수를 전파하거나 혹 너희의 받지 아니한 다른 영을 받게 하거나 혹 너희의 받지 아니한 다른 복음을 받게 할 때에는 너희가 잘 용납 하는구나"(고후 11:2-4).

마음이 정결함에서 떠나 부패하게 되는 것이 무엇인가 사도바울이 전한 예수그리스도의 십자가 복음 이외에, 율법주의, 유대주의, 영지주의 등 더러운 사상이 붙어 있는 것이 불결한 것이다. 유대주의, 율법주의, 성공주의, 신비주의는 인간이 모든 일에 주인이 되는 것이다.

주의 종 전도자들은 특히 청결한 마음이 가장 중요한 요소이다. 마음의 상태는 하나님 나라에 있어서 절대적으로 좌우된다. 12사도 중에 가장 동기가 불손한 자는 [가룟 유다]였다. 성경은 그가 도둑이라 했다. 가룟 유다는 옥합을 깨뜨린 여인의 행위를 가난한 자들을 도와주지 않는 낭비라 꾸짖었는데, 성경은 그렇게 말하는 가룟유다의 더러운 동기를 밝히고 있다. 가룟 유다를 제외한 12사도들과 사도들 이후 속(續)사도들과 그들의 제자들은 모두가 복음을 증거 하고자하는 동기 외에는 아무것도 없었다.

초대교회의 모습이야말로 청결한 마음의 표본이 된다. [아나니아, 삽비라] 부부 같은 자들이 그들 속에 포함 되어있었으나 초대교회는 참 제자들로 모여졌다. 그들에게는 하나님 나라와 영혼 구원 외에는 다른 이유가 없었다. 그들은 그 일에 생명을 불태웠다. 그들은 세상에 찌꺼기 같이 취급 받았고, 아예 잡혀 죽이는 대상처럼 살았다. 세상은 당연히 그들을 싫어했고, 교권자들에게 초대교회는 죽여 없애야 할 대상이었고 그것은 이상한 일도 아니었다.

초대 교회 제자들은 늘 사람의 위험과 바다와 산과 강의 위험 속에 직면했다. 그들은 늘 경제의 부족 속에 살았으나 그리스도로 행복했다. 그들에게 이유는 단 한가지이다. 주님의 지상 명령을 이행하는 그 자체에 쓰임 받는 그것으로 감사한 사람들이다.

그들은 10명의 로마 황제들에게 줄기차게 죽어갔고, 평안한 삶을 박탈

당했다. 그들은 급기야 「카타콤」이란 무덤 속에 태어나서 죽을 때까지 나올 수도 없었다.[36]

당시에 제국에서 일어나는 재앙은 모두 그들 탓으로 여겨졌다. 심지어 로마의 대 화재 사건의 주범들로 몰아 엄청난 성도들이 무차별적으로 살해를 당했다. 온갖 모함을 뒤 집어 쓰고 세상에서 반드시 없어져야 할 무리로 취급 되었다. 그러나 그들은 승리했다. 바울이 로마에서 순교 당한이후(AD 65년 경) 250년 만에 결국 로마제국과 함께 세계는 복음 앞에 무릎을 꿇었다. [가룟 유다]와 [아나니아 부부]가 사탄에 잡혔으나 이 사탄이 초대교회 복음 앞에 무릎을 꿇었는데, 이 승리가 로마 제국을 정복하는데 까지 이어져나갔다. 이것이 전도자의 힘이다.

그런데 초대 교회가 제국을 정복하고 정치 중심에 서자마자 더러운 동기가 우후죽순처럼 솟아나 순수한 믿음을 잠식해 버렸다. 성직자들은 세상에 권력을 맛보고 침을 흘렸다. 그들은 번뜩이는 눈으로 삼킬 것을 찾아 나섰다. 그들의 동기는 철저히 더럽혀진 음흉한 마음에서 나왔다. 아침이 되면 내가 누구에게서 뇌물을 받을까 생각했다. 그들은 기도와 말씀 연구보다는 더 큰 뇌물을 얻기 위해 자신이 쓸 뇌물을 준비하는 일을 게을리 하지 않았다.

이제 그들은 성경이 중요치 않았다. 오직 그것은 저희들의 욕구를 채워 줄 무기로 쓰여 질 때만 성경의 권위를 주장했다. 그들은 성경을 이용해 사욕을 채우고, 그들의 거짓을 들어내는 자들을 마녀 재판에 붙여 불태워 죽였다. 그래도 결국 사탄은 전도자들 앞에 무릎을 꿇었다.

개혁의 바람은 더러운 동기가 폭로 되면서 일어났다. 그들로 인해 마

---

36) 카타콤 : 카타콤베(catacomb)라고도 하며, 이 용어가 처음 사용된 것은 베드로와 바울의 유해를 산세바스티아노 교회의 지하묘지에 안장하면서부터이다. 이후 모든 지하묘지를 가리키는 말이 되었었다. 로마의 기독교박해 때 성도들이 이 지하에 숨어 지냈고, 그들에게 성소가 되었고 비밀 통로가 있어서 은신처가 되었다.

음의 청결이 무엇인가 보여 졌다. 성경이 다시 해석되어지고, 사탄이 교회를 어떻게 삼켰는가가 들어났다. 거짓의 아비 사탄의 정체가 폭로된 것이다(요8:44). AD 313년 『콘스탄트 칙령』이 세상의 포악한 권력을 무너뜨린 것이라면 1517년 『95개 반박문』은 교회의 더러운 권력을 무너뜨린 사건이었다.

이제 더러움은 씻어지고 오직 성경으로 돌아갔다. 오직 믿음으로 구원의 길에 이른다는 진리가 다시회복 되었다. 개혁자들로 인해 새로운 신앙생활이 시작 된 것이다.

성경은 언제나 세상을 두 그룹으로 갈라놓는다. 빛과 어둠, 악인과 의인의 그룹으로 이원화 시킨다.[37]

초대교회가 로마제국에 승리한 이후 온 민족이 기독교국가가 되었기에 전도의 필요성을 느끼지 못했었다. 이제는 교회의 더러움이 씻어지는 때가 온 것이다. 성경이 하늘의 서재에서 땅으로 내려 왔다. 새로운 시대가 열렸다.

그러나 이때도 전도 선교에 눈을 돌릴 때는 못 되었다. 개혁을 주도한 믿음의 사람들은 그동안 왜곡 되어 온 성경과 그 속에 있는 의미『도그마』를 찾아 세상에 밝히는 것이 급했기 때문이다.[38] 중세시대의 더렵혀진 교회에 대한 반동이 클 수밖에 없는 것은 필연적이고 자연스런 것이었다.

그렇다 해도 교회가 전도, 선교를(지상명령) 중단 할 수는 없는 것 아닌가 아니 선교를 한다 해도 그것이 주(主)업무가 못되고 차선이 되면 또 다른 문제가 시작된다. 바울이 말한 "때를 얻든지 못 얻든지 복음을 전파하라"는 말에 무엇을 걸었는가 디모데후서 4장 1절-4절을 보면, "하나님 앞과 살아 있는 자와 죽은 자를 심판하실 그리스도 예수 앞에서 그가 나타나

---

37) 시편의 이원화(二元化) : 시편의 서론으로서의 1편은 거기서부터 시작한다. 여기서 의인과 악인의 구별은 행위의 구별이 아닌 소속의 구별이다. 즉 의인은 없나니 하나도 없은데, 의인으로 취급을 받는 사람은 그 머리가 여자의 후손(그리스도)이기 때문이고, 악인으로 취급받은 자는 그 머리가 뱀(사탄)의 후손이기 때문이다. 의인으로 취급받은 사람들도 지탄을 받기도 하지만 그가 의인으로 취급 되는 것은 그 머리가 그리스도이기 때문이고, 악인으로 취급받는 자들에게도 의로운 행위가 나타난다. 그러나 악인으로 취급 받는 것은 그 머리가 거짓의 아비이기 때문이다.
38) 도그마(dogma) : 교회에서 부동(不動)의 진리로 인정되는 교리(敎理)·교의(敎義)를 통틀어 이르는 말.

실 것과 그의 나라를 두고 엄히 명하노니 너는 말씀을 전파하라 때를 얻든지 못 얻든지 항상 힘쓰라 범사에 오래 참음과 가르침으로 경책하며 경계하며 권하라"고 한다. 하나님과 다시 오실 그리스도와 하나님의 나라를 두고 엄히 경고한다고 하신 말씀은 때를 얻든지 못 얻든지는 개혁의 때라도 외에가 없는 것이다.

이것이 간과되고 교회는 교리경쟁에 집중 되었는데, 이것으로 많은 그룹이 생기고 색깔 따라서 끼리끼리 모이기 시작했다. 이것은 건전한 성경적인 단체 뿐 아니라 비 성경적 교리가 등장하여 많은 신학자들이 상대의 주장의 오류를 증명하기 위해 성경을 파헤쳤고, 자기의 주장을 내 세우기 위해 성경을 파헤쳤다. 이것도 역시 불경한 동기였다.

도그마를 형성키 위해 성경을 분석하는 것은 필연적이라 할지라도, 그것이 하나님 앞에서 성경을 판단하는 불손한 대범함은 허락할 수 없는 것이었다. 그래서 성경은 하나님의 말씀이 100%일 수 없고 '성경에는 하나님 말씀도 들어 있다'는 주장이나(칼 바르트), 성경에서 모든 신화는 벗겨내야 한다는 비신화화나(불트만), 모든 성경은 내 버리고 예수님의 산상수훈만 남기자는 자들이 일어난 것은 그야말로 사탄의 전략이 신학계에 침투한 것이었다.[39)]

사탄은 끈질기게 자신의 일을 지향했지만, 하나님께서는 자신의 영광을 포기하지 않으시고 자신의 찬양을 양보하시지 않았다. "나는 여호와이니 이는 내 이름이라 나는 내 영광을 다른 자에게, 내 찬송을 우상에게 주지 아니하리라"(사 42:8). 이것은 하나님의 정체성이기 때문이다. 참 진실하심, 참 거룩하심, 참 의로우심은 하나님의 정체성의 일부이다.

---

39) 칼 바르트(Karl Barth, 1886~1968) : 스위스의 신학자. '성경 안에 하나님의 말씀도 들어있다'는 신신학자이며 신정통주의 자. /루돌프 불트만 (Rudolf (Karl) Bultmann 1884-1976): 불트만은 성경의 초자연적인 사건들을 신화로 취급하는 자유주의 신학자. 동정녀 탄생, 부활 등 그리스도의 신성을 부인. 성경의 영감을 부인하고 성경을 하나님의 말씀으로 인정하지 않았다.

사탄은 거짓이 저의 정체성이고 저의 존재 자체가 거짓의 아비이다. "너희는 너희 아비 마귀에게서 났으니 너희 아비의 욕심대로 너희도 행하고자 하느니라. 그는 처음부터 살인한 자요 진리가 그 속에 없으므로 진리에 서지 못하고 거짓을 말할 때마다 제 것으로 말하나니 이는 그가 거짓말쟁이요 거짓의 아비가 되었음이라"(요 8:44).

그가 진리를 말하고 거짓을 떠나 진리 쪽에 서는 것은 절대불가능하다. 왜냐 그의 정체성이 거짓인데 그가 진리를 말하면, 그의 정체성이 무너지기 때문이다. 이 사탄의 교묘한 거짓이 신학이란 이름으로 교회 속에 침투해 들어 간 것이다.

그러는 중에도 교회는 수많은 전도자들이 일어났다. 신앙의 색깔 이전에, 전도와 선교의 방법 이전에, 그들은 오직 복음을 위한 동기로 차 있었다. 초대교회는 순교로 점철되어 갔으나 이들은 영혼구원을 위해 명예와 안정된 미래를 배설물로 여겼다. 이들이야말로 마음의 청결한 상태였다.

마음의 청결은 더러운 동기가 없는 마음이다. 한 시대에 영국국교회의 규칙과 상관없이 복음 전파를 위해 기도모임을 가진 자들이 미국과 유럽에 지대한 영향을 끼친 전도자들이었다.[40]

요나단 에드워드, 죠지 휫필드, 웨슬레 형제 등이며 이후 그들의 길을 따라간 무디나 피니, 윌리암 뿌스 등과 또 평신도들이 얼마나 많은가 이들이 다 초대교회의 선교 열매들의 후속 열매인 복음의 사람들이다. 한국교회사에서도 괄목할 만한 전도자들이 일어났다. 목사와 평신도들의 일제강점기, 공산주의 때의 전도제자들과 또 이름 없이 복음을 들고 도시나 섬에 찾아가는 전도자들을 보라, 지금도 선교현지에 다니는 목회자나 평신

---

40) 영국국교회 : 종교개혁 뒤 생긴 성공회의 모체가 되는 교회, 종교개혁 신앙의 근본주의를 바탕으로 하면서도 중세의 영국교회의 전통을 계승했기 때문에 교회행정·전례·관습에서 중세 로마 가톨릭교회의 전통적 틀을 귀중히 여기며 보존한 국가교회 체제.

도들을 보라, 평가야 주님께 받겠지만 동기가 깨끗할수록 멋있다.

신약 히브리서 11장에 보면 구약의 신앙의 위인들이 나와 있다. 그들에게는 두 가지 특징이 있다. 하나는 하나님의 큰 능력을 증거하고 이 땅을 떠났다는 것이고 다른 하나는 아주 순수한 신앙이었다. 죽음이 오는데도 두려워하지 않고 신앙생활 한 사람들이었다. 손해가 오는데도 그냥 하나님만 믿고 신앙생활 했다. 이 사람들이 청결한 마음을 가지고 모든 사건들 속에서 하나님을 보았던 것이다.

초대교회 교인들의 특징도 그냥 순수하게 신앙생활 했다. 이들이 세계를 정복한 것이다. 교회사에도 보면 타락한 교회가 세상을 고통 속에 집어넣었다. 세상의 극한 타락은 교회의 타락이 그 원인이다. 교회가 교권에 사로잡혀서 복음운동은 하지 않고 이익만 추구하는 추한 동기로 시대의 고통을 안겨 준 것이다. 또 어느 것이 이단인지 아닌지를 자기들의 권위와 이익에 의해 단죄를 하는 짓을 서슴없이 하고 있다. 성경적 분별은 중요한 기준이 아니었다. 옛날 중세시대에 지구가 돈다는 말이나, 인쇄기를 발명한 사람을 마귀로 몰아 화형을 시킨 것 같은 행위를 생각나게 하는 일들이 나타나고 있는 것이다. 그 때는 교권에 말 한번 잘못하여 일가족이 몰살 당하는 일도 흔치 않았다. 왕의 신앙성향이 구교냐, 신교냐에 따라 수많은 사람들이 몰살을 당하는 일이 반복되었었다.

6. 하나님을 볼 것임이요

하나님은 그때마다 순수한 동기를 가진 복음의 사람들을 대안으로 세우셨다. 마음이 청결한 자는 복이 있나니 저희가 하나님을 볼 것임이요 하는 말은 그들 자신의 삶으로 사람들이 하나님을 볼 수 있게 했다.

마틴 루터는 그냥 순수했다. 당시 교회에 도전해서 뭔가 명성을 취하려는 야심에서 한 것이 아니다. 그냥 하나님의 말씀을 있는 그대로 이야기했다. 교회 앞에 도전하면 죽는 것임에도 순수한 마음으로 이것은 성경하고 맞지 않는다고 말한 것이다. 시대를 바꾼 하나님의 사람들은 모두 순수한 동기를 가진 자들 이었다. 복음을 받는다는 말은 가장 진실한 상태가 되었다는 것이다. 자신이 굉장히 추악한 죄인인 것을 사실로 보는 시간이 복음을 받은 시간이다. 자신이 너무 연약한 인간임을 알았다. 그때 낙망한 것이 아니고 복음을 받은 시간이다. 이것은 저희 서기관들과 바리새인들과는 정반대되는 말이다. 루터는 매일 매일 하나님을 보고 살았다.

오천년 동안 한국민족이 우상 숭배하다가 멸망 받았다. 민족적으로 많은 고난을 당했다. 그런데 하나님의 복음이 들어왔다. 내가 할 수 있는 일이 있고 할 수 없는 일이 있다. 내가 은혜로 하나님의 구원을 받았다. 나라도 민족을 위해 기도하고 살려야겠다는 것이 마음이 청결한 자이다.

마음이 청결한 사람은 하나님을 볼 것이다 고 했다. 예수님이 어린아이들이 내게 오는 것을 금하지 말라 천국은 이런 자들의 것이다 고도 하셨다. 어린아이들은 그냥 동기 없이 하나님 믿는다는 말씀이다.

[조지 뮬러]는 한 시대에 가장 많은 응답을 받았다. 기록할 수 있는 사건만도 5만 가지 응답을 받았다고 한다. 그는 그야말로 믿음의 사람이었다. 그의 전기(傳記)를 보면 한 가지 응답의 이야기가 있다. 전쟁이 나고 고아들을 모아다가 기르는데 아침 먹을 것도 없었다. 그는 아주 간단한 기도를 했다. "하나님, 지금 우리 아이들이 내일 아침 먹을 것이 없습니다. 내일 아침에도 하나님이 먹여주실 줄 믿습니다" 이런 간단한 기도에 하나님은 한 번도 거절하신 적이 없었다고 기록하고 있다. 아침 식사시간에 아이들이 식탁에 둘러앉을 때 빵 공장에서 트럭이 한 대왔는데 빵이 약간 태워진 것이다. 그래서 상품으로 내지 않고 그 고아원에 가져온 것이다. 그는

늘 하나님을 보면서 살았다. 이것은 거룩한 긴장이요, 하나님의 손을 보는 기쁜 기대이다.

사도 바울이 로마 선교에 뛰어들기 전에 로마에 먼저 가서 교회를 시작하던 사람들이 있었다. 그들은 세간의 관심이 온통 바울에게 쏠리자 그들은 순수하지 못하게 다툼으로 복음을 증거를 했다. 이 모습을 보고 바울은 말한다.

"그들은 나의 매임에 괴로움을 더하게 할 줄로 생각하여 순수하지 못하게 다툼으로 그리스도를 전파하느니라. 그러면 무엇이냐 겉치레로 하나 참으로 하나 무슨 방도로 하든지 전파되는 것은 그리스도니 이로써 나는 기뻐하고 또한 기뻐하리라"(빌 1:17-18) 바울의 중심은 오직 그리스도 외에는 사심이 일점도 없었다. 그의 고백을 보라

> 그러나 무엇이든지 내게 유익하던 것을 내가 그리스도를 위하여 다 해로 여길뿐더러 또한 모든 것을 해로 여김은 내 주 그리스도 예수를 아는 지식이 가장 고상하기 때문이라 내가 그를 위하여 모든 것을 잃어버리고 배설물로 여김은 그리스도를 얻고 그 안에서 발견되려 함이니 내가 가진 의는 율법에서 난 것이 아니요 오직 그리스도를 믿음으로 말미암은 것이니 곧 믿음으로 하나님께로부터 난 의라 내가 그리스도와 그 부활의 권능과 그 고난에 참여함을 알고자 하여 그의 죽으심을 본받아 어떻게 해서든지 죽은 자 가운데서 부활에 이르려 하노니 내가 이미 얻었다 함도 아니요 온전히 이루었다 함도 아니라 오직 내가 그리스도 예수께 잡힌바 된 그것을 잡으려고 달려가노라 형제들아 나는 아직 내가 잡은 줄로 여기지 아니하고 오직 한 일 즉 뒤에 있는 것은 잊어버리고 앞에 있는 것을 잡으려고 푯대를 향하여 그리스도 예수 안에서 하나님이 위에서 부르신 부름의 상을 위하여 달려가노라(빌 3:7-14).

이것이 전 세계를 복음의 역사로 몰고 다니던 전도자의 중심이었다. 바울은 세상의 모든 사람들 심지어 이시대의 주의 종들이 추구하는 그것들을 배설물로 여긴 것이다. 이것이야 말로 세계를 살릴 전도자의 정결한

마음이다.

> 십자가의 도가 멸망하는 자들에게는 미련한 것이요 구원을 받는 우리에게는 하나님의 능력이라(고전 1:18).
>
> 하나님의 지혜에 있어서는 이 세상이 자기 지혜로 하나님을 알지 못하므로 하나님께서 전도의 미련한 것으로 믿는 자들을 구원하시기를 기뻐하셨도다(고전 1:21).
>
> 형제들아 내가 너희에게 나아가 하나님의 증거를 전할 때에 말과 지혜의 아름다운 것으로 아니하였나니 내가 너희 중에서 예수 그리스도와 그가 십자가에 못 박히신 것 외에는 아무 것도 알지 아니하기로 작정하였음이라(고전 2:1-2).

당연히 바울은 큰 풍랑 속에서도 하나님을 보았다. 스데반 집사는 돌에 맞으면서도 보좌의 예수님을 보았다. 보좌에서 예수님이 그를 서서 환영하듯이 손을 벌리고 계신 모습을 보았다면 그 기쁨으로 인해 돌로 맞는 아픔을 못 느꼈을 것이다. 이것이 주님의 격려이다. 사실 우리 몸속에서 엔돌핀과 다이돌핀이 분비가 될 때는 몸에서 피가 철철 흘러도 통증이 안 느껴지는 것은 의학적 상식이다.[41]

전도자들은 그들의 현장에서 하나님을 보면서 산다. 하나님은 그들의 삶속에서 자신을 나타내 보이시고, 그들은 성령의 충만함으로 하나님의 강력한 임재 속에서 살아계신 하나님을 보며 살아간다. 이제 이후로 얼굴과 얼굴을 대면하여 볼 영광의 그날을 기다리지만, 하나님은 그들의 현장에서 그들에게 자신을 나타내시고 계신다. 사악한자들이 복음을 받아 완전히 다른 사람이 되는 것은 하나님이 자신을 보여주시는 선물이고 또 격

---

41) 엔돌핀(endorphin) : 인체에서 자체 생산하는 가장 강력한 마약성 호르몬. 뇌에서 분비되는 호르몬의 종류로 주로 인체의 통증을 경감하여 쇼크로부터 생명을 보호하도록 분비된다. 실제 효능은 대략 모르핀의 800배다. 또 연구에 의하면 다이돌핀(Didorphin)이 있는데 이 다이돌핀은 엔돌핀의 4000배의 효력으로 통증을 해소하는 호르몬이다는 것이다. 엔돌핀은 주로 즐겁고 기쁠 때 분비되는데, 다이돌핀은(Didorphin)은 큰 감동을 받을 때나 감사가 넘칠 때 생기는 호르몬이라고 한다. /위키백과

려이다. 악령에 잡혀 인간이기를 포기한 자들이 하나님의 손길로 변화되는 것이나, 중독된 자들에게 베풀어주시는 긍휼은 하나님을 보는 영광이 된다.

이 하나님의 구속적 역사는 시대와 민족과 개인에게 얼마든지 나타났고 지금도 얼마든지 볼 수 있다. 당장 귀신에 시달리는 현장에 그리스도 되신 예수님의 이름을 가지고 가보라 당장 하나님을 볼 수 있을 것이다.

[야곱]이 형 [에서]의 추격으로 공포에 질려 「얍복강」가에서 하나님의 보내신 천사와 밤새 씨름했다. 그리고 응답을 받았다. 하나님은 야곱에게 새 이름을 주셨다. 이제 네 이름을 야곱이라 하지 말고 '이스라엘'로 하라고 하셨다. 그런 후에 야곱이 에서를 만났을 때, 에서의 복수심은 사라지고 형제의 만남에 눈물을 흘리며 회포를 풀었다. 그때 야곱이 형 에서에게 하는 말이다. "내가 형님의 얼굴을 뵈온즉 하나님의 얼굴을 본 것 같사오며 형님도 나를 기뻐하심이니 이다"(창 33:10).

하나님의 얼굴은 그리스도의 언약 속에 있는 자에게 늘 보여줄 준비를 하시고 계신다.

여호와께서 모세에게 말씀하여 이르시되 아론과 그의 아들들에게 말하여 이르기를 너희는 이스라엘 자손을 위하여 이렇게 축복하여 이르되 여호와는 네게 복을 주시고 너를 지키시기를 원하며 여호와는 그의 얼굴을 네게 비추사 은혜 베푸시기를 원하며 여호와는 그 얼굴을 네게로 향하여 드사 평강 주시기를 원하노라 할지니라 하라 그들은 이같이 내 이름으로 이스라엘 자손에게 축복할지니 내가 그들에게 복을 주리라 (민 6:22-27).

예수 믿고 난 다음에도 오직 그리스도의 공로를 의지해야 되고 그 다음에도 우리의 율법을 지키는 행위로는 하나님 앞에 설 수가 없는 것이다. 내가 구원 받은 자로 내 행위로 하나님의 축복과 기도응답을 받아야 한다고 나서면, 하나님 앞에서 또 율법아래 들어가는 것이다. 그래서 갈라디아서 3:10절에 바울은 율법아래 있는 자들은 저주아래 있다고 말했던 것이다. 그러나 우리는 율법 폐기주의가 아니다. 그러면서도 율법주의도 아니다.

제9장
전도제자와 화평
(마 5:9)

> 화평케 하는 자는 복이 있나니 그들이 하나님의 아들이라 일컬음을
> 받을것이요 (마 5:9).

인간이 하나님과 불화했을 때부터 이 땅에 평화가 깨졌다. 예수님의 모든 가르치심은 하나님과 관계회복을 위한 가르침이시다. 하나님 나라에 들어가는 것, 하나님의 위로를 받는 것, 하나님나라의 지경을 넓히는 것, 하나님의 것으로 주림을 해결하는 것, 하나님의 긍휼을 누리는 것, 하나님의 임재 속에 들어가는 것, 하나님의 자녀로 행복을 누리게 하는 것 등 모두 하나님과의 관계를 회복하는 가르침이시다.

사탄에게 입 맞춘 순간 아담과 하와는 자기들과 모든 후손(인류)에게 '마귀의 자녀'라는 틀에서 생육과 번성이 일어나게 되어버렸다. 하나님과의 관계가 깨진 창세기 3장의 사건은 인간과 인간, 인간과 모든 피조물의 관계가 연속적으로 깨지고 말았다. [가인]은 [아벨]을 쳐 죽이는 살인이 시작 되었고, 이후 모든 인간의 역사는 싸우고 죽이는 정복의 역사로 점철 되었다. 이런 인류의 번성은 하나같이 악의로 가득차서 노아시대에는 사탄의 영을 받은 『네피림』[42](창 6:3)이 일어나 독재자들이 되었다.

하나님을 떠난 인간은 시간이 갈수록 큰 무리를 이루고 인류는 그 역량을 하나님을 대적하는데 발휘했다. 온 인류가 한 곳에 모여 바벨탑을 쌓았다. 그것은 하나님의 자리를 도전하는 것이었고, 대홍수 같은 심판에 굴복하지 않겠다는 것이었다. 하늘꼭대기에 까지 탑을 쌓고 지극히 높은 자

를 정복하겠다는 도전이었다. 이것은 하나님을 재끼고 스스로 성공하겠다는 교만의 극치였다.

이교만은 처음부터 에덴에서 펼친 사탄의 전략이었다. "네가 이것을 먹는 날에는 네가 하나님 같이 될 것이다"는 것이 사탄의 술책이다. 인류는 번성하면서 사탄의 입맛대로 캐릭터 화 되어갔다. 하나님은 인류의 거주지를 흩으셨다. 언어를 혼잡하게 하여 흩어지게 하셨다.

흩어진 인류는 다시 부족을 이루고 국가를 이루면서 사탄의 영을 받은 난폭한 사냥꾼들이 일어나 지배하기 시작했다. 모든 지배자들은 우상 신전을 세우고 거기서 새로운 이름의 종교를 만들어 자신들을 신격화 했다. 세상에 일어난 모든 제국들의 통치자들은 하나같이 백성들의 복종을 위해 자신을 신, 아니면 신의 대리자로 자처했다. 이 일에 대한 대표자가 [라멕]이었다.

> 라멕이 아내들에게 이르되 아다와 씰라여 내 목소리를 들으라 라멕의 아내들이여 내 말을 들으라 나의 상처로 말미암아 내가 사람을 죽였고 나의 상함으로 말미암아 소년을 죽였도다. 가인을 위하여는 벌이 칠 배일진대 라멕을 위하여는 벌이 칠십칠 배이리로다 하였더라(창 4:23-24).

---

42) 네피림 : '침략자, 약탈자, 난폭한 자, 타락한 자' 등을 의미한다. 사탄은 타락하여 하나님으로부터 쫓겨난 자이다. 천상에서 부터 떨어진 사탄이 공중의 권세를 잡고(엡 2:2) 세상을 지배하기 위해 대리자를 세우는데, 이 사탄의 대리자들이 '네피림' 이라 볼 수 있다. 그들은 사탄의 영을 받아 흑암의 권세를 사용한 자들이며, 난폭한 사냥꾼(전사)들이었다. 지금도 전 세계 인간이 모여 있는 곳이면 어김없이, 자신을 신의 대리자로 자처하여 우상으로 숭배하게 한다. 이것은 권력을 유지하기에 가장 효력 있는 수단이 된다. 궁극적으로 이것은 정사와 권세의 배후 존재가 사탄임이 명백하다. 참고로 민수기 13장 33절에는 '네피림의 후손' 이란 말이 나오는데, 이것이 노아시대의 '네피림' 들이 살아 이어왔느냐? 하는 것이다. 여기에서 네피림이란 말이 사용된 것은, 가나안 정탐꾼들이 보고하기를 '그 땅 족속들이 마치 노아시대의 네피림 같이 장대하다' 는 사실을 비유적으로 표현한 것으로 보면 자연스럽다. 「아낙」 자손들이 기골이 장대했을지라도 창 3:4의 네피림 혈통이다 고는 할 수 없다. 또한 히브리 원어 성경에는 '네피림 후손 아낙 자손'은 '아낙자손 대장부(네피림)'로 '네피림 후손' 이라는 단어가 없다. 창 6:4의 네피림은 영적 이슈와 관련되고 민 13:33의 네피림은 신체적인 표현이다./ 『옥스포드 원어성경대전』(민수기 13장-25장), 바이블네트
칼빈은 '네피림' 이란 명사를 '나팔' 이라는 동사가 어원이며 하나님의 아들들이 사람의 딸들과 혼합 되었을 때 후손들이 멀리 퍼져 나갔고 포악한 자들이 세상의 권세를 행사 하면서 땅위에 확산 되었고 그들은 교만히 자기 힘을 과시하며 하나님의 명예를 평겨 쳤다고 했다. 그들은 더 나아가 사람들로 하나님을 멸시하게 하였고, 사탄의 기만에 이용된 자들로 하나님의 진리를 망치려는 자들이라고 주석했다/『칼빈주석-창세기』. pp217-220

극악한 인간의 사악함은 대홍수심판을 받았다. 대홍수이후에 한 인물이 나타났는데 그 이름이 [니므롯](Nebrodes)이다. 그는 [함]의 손자요 [구스]의 아들이다. [니므롯]은 굉장한 사냥꾼으로 백성의 지배자가 되었고 큰 도시를 건설한 자이다.[43]

> 이들로부터 여러 나라 백성으로 나뉘어서 각기 언어와 종족과 나라대로 바닷가의 땅에 머물렀더라. 함의 아들은 구스와 미스라임과 붓과 가나안이요 구스의 아들은 스바와 하윌라와 삽다와 라아마와 삽드가요 라아마의 아들은 스바와 드단이며 구스가 또 니므롯을 낳았으니 그는 세상에 첫 용사라 그가 여호와 앞에서 용감한 사냥꾼이 되었으므로 속담에 이르기를 아무는 여호와 앞에 니므롯 같이 용감한 사냥꾼이로다 하더라 그의 나라는 시날 땅의 바벨과 에렉과 악갓과 갈레에서 시작되었으며 그가 그 땅에서 앗수르로 나아가 니느웨와 르호보딜과 갈라와 및 니느웨와 갈라 사이의 레센을 건설하였으니 이는 큰 성읍이라(창 10:5-12).

니므롯은 인류 역사의 첫 영걸로서 첫 제국을 건설한 첫 왕이기도 하다. 그가 건설한 첫 나라는 바벨론과 앗수르를 합친 큰 제국이었다(창10:10-12). 또 그는 「니느웨」의 큰 성을 건축했다(창10:11). 그 뿐만 아니라 바벨탑도 그가 중심이 되어 그의 명령과 지휘로 건설된 것임이 분명하다(창10:10과 11:1-6참조). 창세기 10장 9절에 보면 "그가 여호와 앞에서 특이한 사냥꾼이 되었으므로"라고 했는데 여기서 특이한 사냥꾼이란 과거에 없었던 특별한 사냥꾼 이란 말이다.

그는 사람들을 조직하고 나라를 세워 백성을 다스리는 힘 있는 자로서 왕이 되는 것은 자연적일 수밖에 없다. 그는 큰 성 「니느웨」성을 건축했는데 '니느웨'란 그 말은 [니너스(Ninus)의 성]이란 뜻이다. 고대 앗수르의 신화에 의하면 '니너스'는 [니므롯의 아들]이라고 한다. 그러므로 성경학자

---

43) 니므롯 : B.C. 3800-3500년경 바벨론의 시조이자 위대한 지도자로 추정된다. 니므롯은 영걸로 불렸는데, 고대에서'영걸'이란 통상'폭력으로 통치하는 자'를 가리키는 말로서(삼상14:52, 삼하23:8), 그의 행위가 속담이 될 만큼 전쟁과 폭력적 통치에 뛰어났다. 분명 니므롯은 고대의 전형적인 전제군주로서 자고하고 교만하며, 백성들의 권리와 자유를 억압하고, 재물을 약탈한 강포한 지배자로 군림했을 것이다./이상근 구약주해(창세기), 성등사

들은 말하기를 [니느웨]란 그 도성은 니므롯이 그것을 건설한 후에 자기의 아들의 이름을 따라 그 성의 이름을 부르게 한 것이라고 한다. 뿐만 아니다. 니므롯은 자기와 자기 아들들을 신의 화신(化神)이라고 하여 백성들로 하여금 숭배케 했다. 앗수르의 신화에 의하면 자기는 하늘의 월신(月神)의 화신이며 자기의 아들들은 별신들의 화신이라고 했다.

사탄의 영을 받은 네피림의 정복욕은 인류의 역사를 전쟁의 역사로 꾸며나갔다. [요세푸스]에 의하면 '[니므롯]은 무리들을 선동해 하나님을 모욕하고 무시한 자였다. 니므롯은 무리들로 하여금 자신들의 번영은 하나님 때문이 아니라 자기의 용기 때문이라고 믿게 했다. 그는 무리들이 하나님을 경외하는데서 돌아서게 하고 자신의 능력을 의지하게해서 전제정치로 바꾸었다. 그는 대홍수심판 같은 일이 벌어진다면, 물에 잠기지 않도록 탑을 쌓아서 선조들을 멸망시킨 하나님께 복수하겠다고 했다. 이 말에 군중들은 하나님께 순종하는 것은 비겁한 짓으로 생각하고 니므롯의 결정을 따르기로 했다'고 기록하고 있다.[44]

왜 이 땅에 테러와 전쟁이 끊이지 않고 국제적 긴장이 왜 계속되는가? 이 불행과 불화는 어디에서 오는가에 대답은 단 하나, 창세기 3장에서 온 것이다. 어두움의 주관자는 사탄이다. 사탄(마귀, 귄신들)은 실제요 실체이다. 사탄의 배후와 원죄와 거기서 파생된 모든 죄의 소원 때문에 이 땅이 불행하다. 이 땅의 근본적인 문제는 하나님을 떠난 불신앙이 원인이다.

이 본질적 문제 안에서 인간의 실존은 자기중심적이고, 이기주의적이고 탐욕적이다. 개인과 개인사이, 남과 북, 동과 서, 국가대 국가 간의 모든 문제꺼리와 불화의 원인은 바로 하나님과의 관계가 깨진 사실에서 연유된 것이다. 그러므로 성경이 정의하고 있는 인간에 대한 선포를 그대로 받

---

44) 『요세푸스, 유대고대사 I (하바드판)』, 도서출판일호, pp62-63

아들이지 않으면 지금 벌어지고 있는 세계의 문제를 이해할 수가 없다.

하나님은 인간을 자신의 형상대로 지으시고 만물을 다스리고 생육하며 정복하라고 하셨다(창 1:27-28). 인간은 하나님의 생기(생명)를 받은 최고의 피조물이다. 인간이 아니면 하나님이 직접 해야 할 일을 인간에게 일임하신 것이다. 그것은 하나님이 인간을 동역자로 세우셨다는 말이 된다. 그런데 '네가 이 실과를 먹는 다면 너는 하나님과 같이 될 것이다'라는 사탄의 유혹에 하나님을 배신하고 말았다.

이 일로 인간의 모든 능력과 재능이 사탄의 사악함으로 쓰여 지게 되었다. 전에는 인간이 하는 모든 생각과 선택은 하나님의 뜻을 이루었지만, 이제는 지혜와 조직력과 기술력이 사람을 죽이고 야욕을 이루는 도구가 되어버렸다. 인간은 그 기술력으로 땅의 모든 자원을 개발했는데 이것으로 서로 싸우며 죽이는 집단 이기주의에 빠졌다.

앞의 온유한 자에서 언급한대로 인간은 과학적 능력으로 우라늄을 발견하여 꿈의 에너지를 만들어 냈으나, 삐뚤어진 정복욕으로 인간의 과학적 역량은 가공할 살인무기 원자폭탄을 만들어 낸 것이다. 편리한 생활을 위해 자동차등 많은 생활의 이기들을 만들어 냈으나 거기서 나오는 찌끼들은 오존층을 파괴하는 등 자연환경에 치명적인 재앙을 만들어 냈다. 그래서 천로역정의 [존 번연]은 이 세상을 장래에 망할 성으로 표현해『장망성』이라 했다. 성경은 자연환경도 신음을 하면서 하나님의 아들들이 나타나서 참 정복과 참 다스림과 제대로 된 생육의 때를 기다린다고 한다.

피조물이 고대하는 바는 하나님의 아들들이 나타나는 것이니 피조물이 허무한 데 굴복하는 것은 자기 뜻이 아니요 오직 굴복하게 하시는 이로 말미암음이라 그 바라는 것은 피조물도 썩어짐의 종노릇 한 데서 해방되어 하나님의 자녀들의 영광의 자유에 이르는 것이니라. 피조물이 다 이제까지 함께 탄식하며 함께 고통을 겪고 있는 것을 우리가 아느니라. 그뿐 아니라 또한 우리 곧 성령의 처음 익은 열매를 받은 우리까지도 속으로 탄식하여 양자 될 것 곧 우리 몸의 속량을 기다리느니라(롬 8:19-23).

그 많은 국제회의는 왜 실패하는가 국제회담의 결론이다. 유화책으로 시한폭탄과 같은 적대적 상태를 잠시 지연을 시켰다 해도 완전한 성과는 없다는 것이 국제회의의 들어난 결과이다. 그 회의라는 것도 몇몇 나라의 이기주의적 전유물이 되어있을 뿐이다. 그 외의 모든 나라들은 눈치를 봐야하는 형편에 놓여있다. 환경을 위하여 자동차 배기량을 줄이자는 유엔 환경운동이 1992년 브라질에서 시작 되어 1997년「교토의정서」로 체결되었다.[45]

교토의정서에서 온실가스 감축목표가 구체적으로 정해짐에 따라 온실가스를 효율적으로 감축하기 위해 배출권거래제도와 공동이행제도, 청정개발제도를 도입했다. 그러나 후진국은 생활고로 남의 이야기가 되고, 강대국들은 자기의 불이익에 지금까지 비협조적이다. 미국과 중국이 가장 비협조적인 것은 환경 분야만 아니라 핵무기나 군비문제, 정치와 경제적 문제 등 다른 모든 분야에서 이기주의가 절대적 가치가 되어버렸기 때문이다. 세상이 총체적으로 흑암세력에 잡혀있다는 증거이다.

유엔의 각종 회의 특히 평화에 관한 회의가 실패하는 이유가 무엇인가 이 문제의 적절한 대답은 오직 한 가지뿐이다. 그것은 정치적인 것도, 경제적인 것도, 사회적인 것도 아닌 근본적인 것 즉 하나님과 인류의 관계이다. 그토록 사람들이 시간을 낭비하고 있는 것은 성경을 인정하지 않고 있

---

45) 교토의정서(Kyoto protocol(京都議定書)): 유엔기후변화협약을 이행하기 위해 만들어진 국가 간 이행 협약으로, 교토기후협약이라고도 한다. 1997년 12월 일본 교토에서 개최된 유엔기후변화협약 제3차 당사국 총회에서 채택되었으며, 미국과 오스트레일리아가 비준하지 않은 상태로 2005년 2월 16일 공식 발효되었다. /다음백과

는 어리석음 때문이다. 문제는 사람의 마음상태(영적상태)에 있으며, 마음을 변화하는 작업은 표면적 변화가 아닌 본질적 영적문제를 해결해야 된다는 것이 성경의 진단이다. 성경에서 답을 내지 않으면 무엇하나도 해결될 수가 없다는 것 또한 성경의 진단이다.

인간은 못된 쪽으로 하나가되어 하나님이 이 땅의 문제원인과 그에 대한 해결방법으로 주신 성경을 거부하고 있다. 감히 하나님을 제거하고 스스로 이 땅의 문제를 해결 할 수 있다고 주장한다. 언제나 음흉한 이기주의가 배후에 도사려있다. 어떤 누구도 [마키아 벨리][46]의 방법을 벗어 날수 없는 자가 된다. '모든 사람은 자기이익을 위하여 행동한다' 이것이 세상의 통치자들의 철학을 대변하는 것이다. 심지어는 마피아의 교과서라고 까지 이름이 붙여진 것을 근대 정치학의 초석으로 평가하고 있는 것으로 볼 때, 세상의 평화는 기대하기 어렵다. [마키아 벨리]가 '인간의 본성은 변하지 않는다'는 원칙으로부터 역사순환론을 이끌어낸 것은 창세기 3장 사건에 비추어 볼 때 말은 맞았다. 그러나 이것을 독재군주의 통치이념으로 세운 것은 '네피림'의 정체성을 확실히 하도록 도와주는 것과 같다.

1. 저희 서기관들의 가르침

서기관과 바리새인들은 율법을 저들의 입맛에 따라 함부로 변경했다. 율법은 남편이 그의 아내에게서 부정을 발견했을 때 이혼을 허락했다. "사람이 아내를 맞이하여 데려온 후에 그에게 수치 되는 일이 있음을 발

---

46) 마키아벨리(Niccolò Machiavelli,1469~1527): 그의 저서『군주론』(1532)은 목적을 위해 수단을 가리지 않는 권모술수주의의 원전이다. 옛 독일의 [프로이센의 프리드리히]국왕은 이 책을 악마의 책으로 비판하면서도 군주로서는 마키아벨리적 정책을 채택하지 않을 수 없었다. 대왕 프리드리히 2세(Friedrich II, 1712-1786)는 독일 프로이센 왕국의 제3대 국왕으로 그는 정치에서 스스로를 국가의 첫 번째 종이라고 자처하면서도, 전제정치에 인간적 자비를 접목시키려 했지만 독재자라는 평가는 면하지 못했다./위키백과

견하고 그를 기뻐하지 아니하면 이혼 증서를 써서 그의 손에 주고 그를 자기 집에서 내보낼 것이요"(신 24:1). 그러나 저들의 유전은 이 허락을 남편의 독단적인 권리로 만들었다. 그들은 갑자기 부인이 싫증나거나 혹 미워지거나 그 외의 이유로도 이혼을 허용하는 것으로 범위를 확대했다.[47]

저들의 못된 질문에 예수님은 창세기에서 제정하신 결혼에 대하여 물으시고 하신 말씀은 이혼을 성적부정에만, 그것도 부득이 허용하신 듯이 말씀하신다. 그들은 이혼 증서를 통한 법정적인 판결을 개인적인 관계까지 확대시켰고 저들이 스스로 재판장의 자리에 앉았기 때문에 정당한 사유가 안 되지만, 이혼증서를 통과 시키는 것은 손쉬운 것이었다.

그들에 의해 가정의 화평이 깨진 것은 아내 쪽만 당하는 서러움이 되었다. 하나님의 율법은 '너희는 너희 이웃을 사랑하라'고 말했다. 그러나 저들의 유전은 '이웃'이란 말을 협소하게 해석했으며 오직 동포 이스라엘 사람, 그것도 친구에게만 '이웃'이란 말을 적용했다. 서기관들은 율법의 명령을 외곡 시켜 '너희는 너희 이웃을 사랑하라'를 '너희는 너희 이웃을 사랑하라. 그리고 너희 원수를 미워하라'(이것은 율법에서 전혀 말한바 없다)로 확대했다. 저희 서기관 바리새인들은 이방을 원수로 대하라고 가르쳤다. 그러나 예수님은 너희의 이웃이란 원수들도 포함된다고 가르치셨다(마 5:43-48). 서기관들은 율법의 명령에 하나님이 다른 것을 허락한 것처럼 자기들의 유리한 것들을 집어넣었고 또 원수를 사랑하라는 것들은 미워하라는 식으로 바꿔치기했다. 예수님은 그들의 소행을 보시고 "오직 너희 말은 '옳다' 아니면 '아니다' 하라 이에서 지나는 것은 악에서 아느니라"라고 하셨다(마 5:33-37). 예수님이 언급하신 살인과 간음과 관련된 두 명령

---

47) 마 19:3의 한글역본비교: "바리새인들이 예수께 나아와 그를 시험하여 이르되 사람이 어떤 이유가 있으면 그 아내를 버리는 것이 옳으니이까."(개역개정) "바리새인들이 예수께 나아와 그를 시험하여 가로되 사람이 아무 연고를 물론하고 그 아내를 내어버리는 것이 옳으니이까"(개역성경) "바리새파 사람들이 와서 예수의 속을 떠보려고 "무엇이든지 이유가 닿기만 하면 남편이 아내를 버려도 좋습니까?" 하고 물었다."(공동번역) "바리새파 사람들이 예수께 다가와서, 그를 시험하려고 물었다. "무엇이든지 이유만 있으면, 남편이 아내를 버려도 됩니까?"(표준 새번역)

도 원리에 있어서는 같다. 그들의 체질에 맞는 율법은 주로 '눈은 눈으로, 이는 이로 보복하라'는 부류의 율법이다. 그런 저들에게 화평이 나올 수는 없는 것이다.

2. 유대인의 야심

미국 공산주의자이자 소련의 트로츠키 측근인 [크라레 세리덴](Clare Sheridan)은 이렇게 말했다. '공산주의자들은 유대인이며 러시아는 지금 그들이 통치하고 있다. 행정, 사법, 입법, 언론 등 모든 정부기관의 요직에 앉아있는 그들은 모든 곳에서 진짜 러시아인들을 몰아내고 있다. 지금 러시아에서 급증하고 있는 반유대주의는 그들의 책임이다'(New York World, 1923.12.15).

'헝가리의 공산화를 위해 순탄대로를 닦고자 했던 인물은 유대인 측근들에게 둘러 쌓여있었던 프리메이슨 [카룔리](Karolyi)였고 그 뒤를 이은자는 [벨라 쿤](Bela Kun)이었다. 그는 레닌처럼 절대 권력을 휘두르는 정치위원들로 둘러싸여 있었다. 32인의 주요위원들 가운데 25명이 유대인이었으며 이 비율은 러시아의 그것과 비슷했다'(헝가리, 벨라 쿤, 아론 코헨(Bela Kun – Aaron Cohen) 유태인 공산독재자).

유대 민족이야말로 이 세상의 모든 민족들 중에서도 가장 국수적이며 민족주의적이다. 유대 민족은 가장 오래된 민족이자 가장 강하게 결속되어 있으며 또한 가장 배타적인 민족이기도하다. 유대인이 그 오랜 세월의 끔찍한 박해와 고난에서 살아남을 수 있었던 이유도 유대인의 독특한 민족주의 때문이었다. 그들은 자기들이 가장 순수한 민족주의라고 주장한다. 그들의 민족주의는 가장 영적인 것이기에 수 백 년 동안의 모멸과 수난을 견뎌낼 수 있었다.

독일 국가사회주의 이론가요 유대인인 [알프레드 로젠버그](Alfred Rosenberg)는 '바로 이런 이유 때문에 이스라엘 민족이 이 세상의 소금인 것입니다... 당신들은 맑시즘이 자본주의의 안티테제(反定立)라고 말하지만 우리에게 공산주의와 자본주의는 모두 거룩한 것입니다. 바로 이러한 이유 때문에 우리는 양극단에 위치하고 있는 것이며 그로인해 우리는 양극을 잇는 이 세상의 축이 될 수 있는 것입니다. 우리의 사명은 이 세상에 새로운 율법을 반포하고 새로운 神을 창조하는데 있습니다. 아니 그 신의 개념이란 것을 정화하여 그 실체를 드러내는 것입니다.

우리는 그 신을 스스로 메시아가 된 이스라엘 민족과 동일시함으로서 그 신의 개념을 정화시킬 것입니다. 새로운 신의 선포는 이스라엘의 최종 승리로 실현될 것입니다. 이러한 구상이야말로 우리들의 신약성경이 될 것이며 이를 통해 우리는 우리의 왕과 선지자들에게 합당한 의미를 부여할 것입니다' 이어서 그는 '가장 중요한 것을 말 하건데, 혁명은 富와 특권의 주인이 바뀐다는 것 외에는 아무런 의미도 없다는 것을 당신들은 알아야 할 것입니다. 진정 황금송아지를 살찌우는 것은 자본의 창출도 아니요 자본을 이용한 착취도 아닙니다. 그 무엇보다 황금송아지를 살찌우는 것은 자본의 유통과 흐름이요 이와 결부된 투기의 영역입니다. 자본의 주인이 바뀌면 바뀔수록 그 자본은 우리의 수중에 머물게 됩니다. 우리는 이 세상에서 일어나는 모든 거래에 대해 수수료를 받습니다. 우리는 자본의 흐름을 통제합니다. 우리는 말하자면 세계의 수많은 교차로들에서 전 방향으로 이동하는, 마치 이름 없는 방랑자와 같은 자본에 대한 세금징수인과도 같습니다. 그 자본의 이동이 국가들 사이에서 일어나건, 생산자와 소비자 사이에서 일어나건 상관없이 말입니다. 우리의 본질적인 역동성은 파괴의 힘과 창조의 힘에 있습니다. 우리는 창조하기 위해 파괴합니다.

우리가 조직한 볼셰비키 혁명은 그 파괴력의 증거요, 또한 우리가 만든 국제연맹은 우리가 지닌 창조력의 증거입니다. 우리가 제공할 동력에 대해 볼셰비즘은 가속페달, 그리고 국제연맹은 브레이크의 역할을 하게 될 것입니다. 우리가 가야할 길은 이미 오래전에 정해진 것입니다. 만국에 흩어져 있지만 가슴속에 타오르고 있는 민족의 신앙으로 이어진 유대인은 이 사명의 주체입니다. 우리는 모든 국가의 요소를 담고 있는 세계정부요, 이스라엘은 미래 제국의 씨앗입니다'라고 했다.[48]

이들은 사상은 탈무드에 뿌리 내려 있다. 그들은 613가지의 '하라' '하지 말라'는 조목을 어릴 때부터 배워 왔다. 그들이 구약의 율법보다 탈무드가 적대민족 속에서 생존하기 위한 전략이고, 처세술이고, 모든 나라를 전복시키는 그들의 야심을 도덕적 모습으로 숨기고 있는 것이다.

이 속에는 예수님의 말씀하신 화평이란 털끝만큼도 찾아 볼 수 없다. 복음이 아니고는 화평은 사실 불가능하다. 그들은 오직 '모세' '모세' 하면서도 모세의 온유는 휴지통에 던져버리고 있었던 것이다(민12:3).

그들은 '탈출하지 못하는 상황을 요령 있게 탈출한 사람이 똑똑한 사람이다'(탈무드) '잘 살아라 그것이 최고의 복수다'(탈무드) '한 번 속았다면 그 사람을 저주하고 두 번 속았다면 자신을 저주하라'(탈무드) '인간에게는 자신이 지배할 수 없는 눈, 코, 귀가 있고, 지배할 수 있는 입, 손, 발이 있다. 그것을 지배하라'(탈무드) 라고 거침없이 가르친다. 또한 탈무드의 인맥관리에는 '조의금을 많이 내라, 기부금을 많이 내라'는 말이 있다. 그것은 수전노라고 질타 받는 유대인들이 저들을 보는 세계인들의 감정을 완화시키기 위한 가면임이 분명하다.

오늘날 그들의 야심은 대단히 폭넓게 진보하여 전 세계에 공개적 혹은 비밀리에 모사가 꾸며지고 있다. 그들은 세계적 비밀조직들 프리메이슨(freemason)[49]이나 오컬트(Occult),[50] 또한 카톨릭의 제수잇(Jesuit)[51]등에 뿌리를 내리고 은밀히 세계정복의 야심을 실행하고 있다.

---

48) 유대인의 야심 내용에 대한 출처 : http://blog.daum.net/midshipsnake/3

유대인은 직 간접적으로 그들이 흩어져 얹혀사는 나라에 불안과 소요와 혁명을 불러왔다. 그들은 가장 사악하고 교활한 술수로 그들을 받아준 여러 민족들에게 파멸과 고통을 안겨주었다. 유대인에 대한 원망과 증오의 원인은 인간의 도덕적 행실이라는 토대 위에 세워져야 할 세계관과 인간관을 간과하는 유대적 성격에서 찾아 볼 수 있다.

유대인이 주도하는 세계혁명의 궁극적인 목표는 자본주의 세상도, 공산주의 세상도 아니며 현재의 경제체제를 변혁시키는 것도 아니며 세상의 물질적인 멸망도 아니다. 이들이 원하는 것은 영적인혁명이다. 그들은 그들이 조성하는 가치관의 무정부주의적 혼란 상태를 통해 1900년 동안 이 세계를 지탱해온 토대를 전복하고 그 모든 전통을 짓밟으며, 그리고 그 무엇보다도 기독교적인 현 상황을 말살하려고 하는 것이다. 오컬트, 제수 잇을 앞세운 종교통합이나 세계 단일 정부 같은 짓을 말한다.

---

49) freemason(숙련된 석공) : 길드에서 시작되어 18세기 초 영국에서 세계 시민주의적, 인도주의적 우애(友愛)를 겉으로 내세우고 조직, 발전된 비밀결사 단체이다. 하나의 프리메이슨 집단은 지부(lodge)라고 불리며, 다수의 지부가 모여 대지부(grand lodge)를 형성한다. 지부의 우두머리는 가경자(可敬者, venerable)이고, 대지부의 우두머리는 대지부장(grand master)이다. 대 지부는 각 나라마다 하나씩 존재하며, 프리메이슨 최고의 우두머리는 존재하지 않는다. 그 자리가 「적그리스도」의 자리이고 그를 위해 비워둔 자리이다. 그러나 적그리스도는 처음부터 지금까지 거기 앉아있는 것이 분명하다. 그래서 비밀조직이 되는 것이 절대조건이다. 그렇지 않으면 그들은 무너지기 때문이다. 프리메이슨의 회원들 〈정치인〉조지 워싱턴, 시어도어 루스벨트, 벤저민 프랭클린, 프랭크 빌링스 켈로그, 더글러스 맥아더, 윈스턴 처칠, 구스타프 슈트레제만, 미하일 바쿠닌, 라파예트 후작 질베르 뒤 모티에, 아리스티드 브리앙, 주세페 가리발디, 에드바르트 베네시, 리하르트 니콜라우스 폰 코우덴호페칼레르기('유럽 연합의 아버지' 중 한 명), 하토야마 이치로, 나폴레옹 보나파르트 등 다수. 〈사상가〉몽테스키외, 볼테르, 〈비즈니스〉헨리 포드, 월터 크라이슬러, 커널 샌더스, 토머스 립톤, 앙리 뒤낭, 귀스타브 에펠 〈음악〉요한 크리스티안 바흐, 요제프 하이든, 볼프강 아마데우스 모차르트, 프란츠 리스트, 장 시벨리우스, 클로드 조제프 루제 드 릴, 프랜시스 스콧 키 〈문학가〉스탕달, 요한 볼프강 폰 괴테, 알렉산드르 푸시킨, 조너선 스위프트, 오스카 와일드, 아서 코난 도일, 러디어드 키플링, 월터 스콧, 로 콜로디 〈미술가〉알퐁스 무하, 마르크 샤갈 〈과학자〉이래즈머스 다윈, 알렉산더 플레밍, 엔리코 페르미, 제임스 와트 〈스포츠인〉타이 콥, 제임스 네이스미스), /위키백과

50) 오컬트(Occult) : 오컬트, 또는 오컬티즘(Occultism)은 라틴어 '오쿨투스(Occultus: 숨겨진 것, 비밀)'에서 유래하여 비학(祕學)이라고도 하는데, 비학은 물질과학으로 설명할 수 없는 신비적 초자연적 현상의 지식을 뜻한다. 오컬티즘은 과학적이고 이성적인 관점으로, 물리적 영역 이외의 영역에 대한 탐구를 하는 형이상학적인 과학이라 할 수 있으며, 영성주의 또는 영성과 관련이 더 깊다. 동양의 오컬티즘은 중국의 역학체계, 도교체계, 인도의 아유르베다와 요가체계 그리고 티베트의 탄트리즘 체계 등에서 발견할 수 있으며, 서양의 오컬티즘은 유대교의 카발라, 초기 기독교의 영지주의 등에서 배경을 찾을 수 있고, 신지학회, 프리메이슨, 장미십자회 등의 단체에서 오컬티즘의 원리를 발견할 수 있다./위키백과

51)제수잇(Jesuit) : 16세기 중엽, [이그나티우스 로욜라가 신교에 대항해 가톨릭교의 발전을 위해 조직한 수도회. 칼 막스가 유대인 프리메이슨으로서 공산주의를 창시한 사람이듯이 제수 안에 프리메이션들이 대다수이고, 프리메이슨 안에는 유대인들이 대다수이다. 제수 은 프리메이슨을 앞세운 종교통합이나 세계 단일정부 같은 목적을 실행하려는 조직체이다./위키백과

3. 비폭력 무저항주의로 화평을 이룰 수 없다

예수님은 분명하게 화평케 하는 자들이 복이 있다고 하신다. 화평케 한다는 것은 나로 인하여 개인과 개인, 그룹과 그룹이 반목이 없어지고 평화롭게 될 때 화평케 하는 자라고 한다. 그래서 산상수훈의 말씀을 이루는 자로 세상의 피스메이커로써 자기의 존재가치를 찾는 사람들이 있다. 여기에 대표적인사람이 [마하트마 간디]이다.[52] [간디]는 이 산상수훈을 보고 비폭력 무저항의 평화 전도사가 되었다. 간디는 죽는 날까지 아침에 일어나면 가장 먼저 이 산상수훈을 읽었다고 한다. 그렇다면 간디가 예수님이 말씀하신 화평케 하는 자인가 아니다. 세상의 가치관으로 볼 때 그 사람이 화평케 하는 자가 맞다. 그러나 주님은 하나님의 아들이라 인정되는 조건을 붙이셨다.

산상수훈은 처음부터 끝까지 하나님의 은혜에 의하여 구원받은 자에게서 나오는 구원의 열매들이다. 저들은 성령의 내주(內住)를 인지하고 성령 하나님을 의지하여 사는 사람들이다. 간디는 철저히 『힌두교』인으로 살았다. 힌두교의 교리를 충실히 지키며 성욕을 자제하기도 했다. 그는 정액은 생명력의 근원이고 정액의 배출은 몸과 머리를 약하게 만든다고 믿었다. 환갑이 넘어도 끊이지 않는 몽정을 속죄하기 위해 발가벗은 수 명의 아가씨들과 함께 동침하는 의식을 하다가 세찬 항의를 받기도 하였다.

일반인들과 소위 신학자들마저도 성경의 복음에는 전혀 관심을 두지 않으면서 산상수훈에는 대단히 관심을 가지는 자들이 있다. 그들은 이것이 바로 세상에 절대 필요한 것으로, 자기들이 해야 할 일은 이것을 사람

---

52) 마하트마 간디(Mahatma Gandhi, 1869-1948) : 본명은 '모한다스 카람찬드 간디' 로 '마하트마' 는 위대한 영혼이라는 뜻으로 인도의 시인인 [타고르]가 지어준 이름이다. 영국의 제국주의에 맞서 무저항 비폭력 운동을 전개해 나갔다. /위키백과

들이 실천하도록 설득하는 것이라고 한다. 그들은 산상설교에는 신학의 논의가 없고 구원의 교리나 기타 듣기 싫은 선택이나, 은혜, 전도에 대한 것이 없다고 좋아한다. 그래서 이 산상수훈은 인간이 행동하는 가장 이상적 지침이 된다고 찬탄한다.

이것이 정말 어리석은 견해임은 말할 필요가 없다. 예수님 빠진 화평이란 있을 수 없는 것이다. 그래서 [간디]가 아무리 착한 일을 많이 하고 세상 사람들의 평화에 기여를 했다고 할지라도 그건 성경이 말하는 그 화평이 아니다. 예수님은 그런 것을 말씀하시는 것이 아니다. 어찌 [벨리알][53]에 속한 자가 하나님의 아들 되겠는가

화평케 하는 사람은 왜 복된 것인가 이는 세상의 그 사람들과 전혀 다른 부류의 사람들이기 때문이다. 그들은 하나님의 자녀들이기 때문에 그렇다. 지금 예수님께서 말씀하시는 화평케 한다는 것은 [간디]가 행한 그런 종류의 것은 아니라는 게 자명해진다.

4. 하나님과 소통 없이는 평화불가능

유대종교의 핵심은 구약성경보다는 탈무드이다. 그들이 예수님이 메시아요, 그리스도인 것을 인정하는 그 이전에는 절대 그들은 인류 사회에 딴 짓을 일삼을 것이 뻔하다. 유대교 혈통은 수세기 동안 내려온 그때의 바리새인으로부터 기원한다. 급기야는 탈무드를 율법보다 우위에 놓고 가르쳤다. 결국 바리새주의는 탈무드주의가 되었다.

---

53) Belival(벨리알) : 베리알은 히브리어 벨리알(무가치, 사악)의 음역이며, 사탄의 이름이다. 베리알은 신약성경에서 고후 6:15에 한번 나온다. "그리스도와 벨리알이 어찌 조화되며 믿는 자와 믿지 않는 자가 어찌 상관하며". 바울이 이 용어를 사용한 것은 적그리스도를 염두에 두고 사용했다고 본다./Walter Bauer; J. H. Thayer; W. Foerster.

오늘날 유대교는 여호와를 섬기는 신앙의 범주를 넘어서 버렸다. 유대교는 크게 두 가지로 나눌 수 있는데, 하나는 BC 2000년부터의 역사를 담고 있는 구약의 이스라엘이다. 다른 하나는 랍비적 종교로 예루살렘이 로마에 멸망당하고 예루살렘 성전 중심의 전통과 가르침이 무너진 후 회당에서 랍비를 중심으로 전개된 탈무드의 가르침이다.

성경을 떠난 그들의 궁극적 목표는 물질주의, 무신론 이성 주의적 사회건설이 되어버렸다. 공산주의와 손잡은 「시온주의」는 시간이 흐를수록 강력한 모습으로 『에레츠 이스라엘』[54] 계획의 실현을 향해 전진하고 있다. 그들 스스로 하나님을 버렸으면서도 '하나님께 택함 받은 민족'이라고 자부하는 유대인들은 전 세계의 비유대인을 지배한다는 것에 집착하고 있다. 이것은 구약의 토라(Torah)와 탈무드에 나오는 얘기들이다. "내가 모세에게 말한 바와 같이 너희 발바닥으로 밟는 곳은 모두 내가 너희에게 주었노니 곧 광야와 이 레바논에서부터 큰 강 곧 유브라데 강까지 헷 족속의 온 땅과 또 해 지는 쪽 대해까지 너희의 영토가 되리라"(여호수아 1: 3, 4) 시온주의 지도자들은 이러한 예언을 100프로 믿고 있다.

『에레츠 이스라엘』계획은 구약에서 언급된 이집트 「나일강」에서 이라크 「유프라테스강」 사이의 대이스라엘 영토실현을 위한 실천이었다. 이들은 평화를 전쟁의 수단으로, 혹은 경제적 수단으로, 혹은 정치적 수단으로 정복하여 얻는 것으로 인식하고 있다. 그래서 저희 서기관들의 가르침은 화평케 하는 자가 되는 일은 불가능하게 되어버린 셈이다. 그들이 세계평화에 기여하는 일이 혹 있다 하드라도 예수님이 말씀하신 화평에는 처음부터 틀어져 있는 상태이다.

성경에 그 화평을 이루시는 주체는 평강의 왕이신 하나님이시다. 『에이레네』(Εἰρήνη)는 '평강', '화평', '화목' 다 같은 뜻이 들어있는 단어이다.

---

54) Eretz-Israel : 「이스라엘의 땅」이라는 뜻으로 본래 이스라엘 사람들이 살던 땅으로 일컬어지는 곳이다.

그 평강의 왕이 등장하는데 그 분이 바로 그리스도 되시는 예수님이시다.

> 이는 한 아기가 우리에게 났고 한 아들을 우리에게 주신바 되었는데 그 어깨에는 정사를 메었고 그 이름은 기묘자라, 모사라, 전능하신 하나님이라, 영존하시는 아버지라, 평강의 왕이라 할 것임이라. 그 정사와 평강의 더함이 무궁하며 또 다윗의 위에 앉아서 그 나라를 굳게 세우고 지금 이후 영원토록 공평과 정의로 그것을 보존하실 것이라 만군의 여호와의 열심이 이를 이루시리라(사 9:6-7).

선지자 이사야는 '평강', '평화'를 여호와의 열심이 그걸 이룬다고 한다. 평강의 왕이라는 말 자체가 '평강', '화평'의 주인이라는 뜻이다. 화평은 평강의 왕, 그분의 허락 없이는 이루어 질 수 없는 것이다. 예수님이 이 땅에 오실 때에 하늘의 천사들이 모두 나팔을 불며 찬양하는 내용을 보라. 그 장엄한 실제를 어떤 이는 무지로 인한 고통으로, 어떤 이는 감사가 넘치는 환희로 숨이 막힐 지경이 된 것이다. 앞으로 모든 것을 아는 척 하여 하나님의 거룩하심을 못마땅해 했던 자들이 가슴을 치며 통곡 할 때가 올 것이다. "지극히 높은 곳에서는 하나님께 영광이요 땅에서는 하나님이 기뻐하신 사람들 중에 평화로다 하니라"(눅 2:14).

바울은 에베소 교회에 보낸 편지에서 분명히 화평이 어떻게 이루어 질 수 있는가에 대해서 밝히고 있다. 이제 십자가를 역사적사실로 믿었을 진데, 그 목적도 사실로 믿었어야 하는 것이다. 십자가로 하나님과 원수 되었던 관계를 소멸하시고 평강의 왕께서 하나님과 인간 사이에 가로막힌 장애물을 제거하여 (먼데 있는 자, 가까이 있는 자의 뜻은 모든 사람에게 십자가의 복음이 전달되었다는 의미로 모두가 핑계할 수 없다는 의미) 화평의 길을 열어 주신 분은 그리스도였다는 것이다.

"그러므로 우리가 믿음으로 의롭다 하심을 받았으니 우리 주 예수 그리스도로 말미암아 하나님과 화평을 누리자"(롬 5:1).

이것이 어찌 비폭력 주의자들과 같다는 말인가 여기에 하나님의 은혜로 칭의(稱義)를 받은 사람은 세상의 그 사람들과 전혀 다른 부류의 사람들이다. 그러므로 하나님의 아들이 아닌 자들은 주님이 말씀하신 그 화평케 하는 것은 불가능하다.

인간이 선악과를 따먹을 때 인간이 있는 공간이 어두운 세계로 변하고 이제는 자신의 선악구조에 의해서 선악을 판단하며 자율성을 발휘하는 것을 하나님 떠난 삶이라 한다. 이 타락 안에는 평화가 있을 수 없다. 모든 존재는 하나님 절대 의존적 존재로 지어졌다. 하나님의 은혜와 능력이 개입하지 않았을 때에 황폐와 공허와 불안만이 친구처럼 다가와 있는 현실이 사탄의 올무인 것을 알고 자기존재를 한탄할 때 새로운 길을 찾을 가능성 열린다.

하나님 절대 의존적 존재가 하나님을 대적한자와 입 맞추고 자율성을 발휘해서 하나님 앞에서 자존적 존재의 흉내를 내는 것이 창조주를 모독하는 것이다. 거기에 하나님의 진노가 부어지는 것이다. 예수님은 이 속에 있는 인간의 실존을 어떻게 정의 하시는가 "너희는 너희 아비 마귀에게서 났으니 너희 아비의 욕심대로 너희도 행하고자 하느니라 그는 처음부터 살인한 자요 진리가 그 속에 없으므로 진리에 서지 못하고 거짓을 말할 때마다 제 것으로 말하나니 이는 그가 거짓말쟁이요 거짓의 아비가 되었음이라"(요 8:44).

하나님을 떠난 인간은 거짓의 아비에게 잡혀 하나님과는 상극(相剋)의 관계가 되었다. 이 사실을 단적으로 표현한 말씀이 "우리가 곧 원수 되었을 때에"(롬5:10)이다. 창조주 하나님과 피조물인 우리가 원수지간이 되었는데 평안이 있을 수가 있겠는가 만일 우리가 창세기 3장의 상태로 남아 있다면, 하나님과 우리는 가까이 할 수 없는 적대관계가 계속될 것이다. 이 적대관계가 어떻게 청산 될 수 있는가 이것이 하나님이 우리에게 성경을 주신 이유이다.

"우리가 아직 죄인 되었을 때에 그리스도께서 우리를 위하여 죽으심으로 하나님께서 우리에 대한 자기의 사랑을 확증하셨느니라"(롬 5:8). 이 얼마나 놀라운 소식이란 말인가 "우리가 아직 죄인 되었을 때" 인간의 무지를 이해하시고 인간이 깨닫지도 못하고 있을 때에, 평강의 왕이신 그리스도께서 십자가를 지심으로 우리에 대한 하나님의 사랑을 확실히 증명하셨다는 것이다. 십자가의 보혈로 의롭다고 여김을 받았으니 하나님의 진노하심에서 사면을 받게 되었다는 것이다.

> 그러면 이제 우리가 그의 피로 말미암아 의롭다 하심을 받았으니 더욱 그로 말미암아 진노하심에서 구원을 받을 것이니 곧 우리가 원수 되었을 때에 그의 아들의 죽으심으로 말미암아 하나님과 화목하게 되었은즉 화목하게 된 자로서는 더욱 그의 살아나심으로 말미암아 구원을 받을 것이니라. 그뿐 아니라 이제 우리로 화목하게 하신 우리 주 예수 그리스도로 말미암아 하나님 안에서 또한 즐거워하느니라(롬 5:9-11).

"그러므로 우리가 믿음으로 의롭다 하심을 받았으니 우리 주 예수 그리스도로 말미암아 하나님과 화평을 누리자 또한 그로 말미암아 우리가 믿음으로 서 있는 이 은혜에 들어감을 얻었으며 하나님의 영광을 바라고 즐거워하느니라"(롬 5:1-2). 하나님과 원수 된 인간이 하나님의 긍휼로 의롭다함을 받은 즉시 날마다 즐길 수 있는 하나님의 은혜가 무엇인지 알게 된다. 이 은혜는 믿음으로 서있는 은혜 속에 들어가는 은혜로 하나님의 은혜가 구속의 은혜로부터 시작하여 줄줄이 이어지고 쏟아지는 은혜이다. 이것은 하나님과 더불어 화평을 누리는 은혜이다. 이것은 이 땅에서 실제적으로 일어나는 은혜이다.

> 참 빛 곧 세상에 와서 각 사람에게 비추는 빛이 있었나니 그가 세상에 계셨으며 세상은 그로 말미암아 지은 바 되었으되 세상이 그를 알지 못하였고 자기 땅에 오매 자

기 백성이 영접하지 아니하였으나 영접하는 자 곧 그 이름을 믿는 자들에게는 하나
님의 자녀가 되는 권세를 주셨으니 이는 혈통으로나 육정으로나 사람의 뜻으로 나지
아니하고 오직 하나님께로부터 난 자들이니라(요 1:9-13).

세상은 자기를 지으신 창조주를 알지 못하였다는 것이다. 도리어 세상
은 창조주를 일부러 알지 않기로 작정하였을 뿐 아니라 하나님의 섭리를
불인정하고 역겨워 했다. 그런데 하나님의 백성이라는 이스라엘 땅에 왔
으나 그들마저도 환영하기는커녕 매우 싫어했다. 그분은 만물이 지은 바
되게 하신 주(主)이시고 지어진 모든 것들이 그분이 없이 하나도 존재될 수
없는 원인자이시다. 그래서 누구든지 주의 이름을 부르는 자는 값없이 구
원을 얻는 것이다.(롬 10:13) 예수님이 그리스도라는 사실을 믿고, 그 그리
스도 되신 예수님을 중심에 영접하면, 마귀의 자녀가 하나님의 자녀로 바
뀐다. 이것은 신분의 완전한 변화이다. 이것을 중생(거듭남)이라고 한다. 하
나님과 관계가 회복되는 것이다. 이것은 또한 성령으로써 되는 일이다.

예수께서 대답하여 이르시되 진실로진실로 네게 이르노니 사람이 거듭나지 아니하
면 하나님의 나라를 볼 수 없느니라(요 3:3).
 육으로 난 것은 육이요 영으로 난 것은 영이니 7) 내가 네게 거듭나야 하겠다 하는
말을 놀랍게 여기지 말라 8] 바람이 임의로 불매 네가 그 소리는 들어도 어디서 와서
어디로 가는지 알지 못하나니 성령으로 난 사람도 다 그러하니라(요 3:6-8).

성령으로 난 사람은 보이는 표시가 없으나 보이지 않는 바람이 실체인
것처럼 실제적이다. 성령으로 새로 태어난 사람은 보이는 모습은 변함이
없는 것 같지만 이것은 총체적 변화요 가히 혁명적 변화이다. 육신의 모양
은 그대로이나 그 영혼, 마음, 정신, 의식, 의지, 감정등 사람 속에 들어있
는 모든 내용이 싹 바뀌는 것이다. 이것은 육신의 부모로부터 탄생이 아닌

새로운 탄생이다. 이 탄생은 이미 하나님과 화평이 이루어 진 상태를 인지한다. 그래서 바로 하나님을 '아버지!'라 부르게 되는 것이 어색하지가 않고 자연스럽다. 이것이 화평케 된 자이다. 이 사건은 완전한 사건으로 사망에서 생명으로 옮겨버린 상태이다.

> 내가 진실로진실로 너희에게 이르노니 내 말을 듣고 또 나 보내신 이를 믿는 자는 영생을 얻었고 심판에 이르지 아니하나니 사망에서 생명으로 옮겼느니라(요 5:24).

과연 이것은 구원의 완벽함이고 화평의 영원함이다. 그래서 예수님은 하나님과 우리가 화평케 되는 유일한 길이요, 완전한 길이고, 영원한 길이다. "예수께서 이르시되 내가 곧 길이요 진리요 생명이니 나로 말미암지 않고는 아버지께로 올 자가 없느니라"(요 14:6). 예수님은 하나님을 만나는 길이요, 사탄의 올무에서 해방되는 진리요, 원죄와 모든 자(自)범죄의 형벌에서 해방되는 생명이다. 이것이 하나님과 화평케 된 자의 축복이다. 그러므로 참된 화평은 오직 하나님께로 서만 오는 은혜이다.

『에이레네』(Εἰρήνη)라는 한 단어에 여러 뜻이 있지만 평안이라고 할 때는 개인이나 가정에 쓰이고, 평화라고 할 때에는 국가 간의 관계에서 주로 쓰인다. 평화 사절단을 파견한다고 다 평화가 이루어지는 것은 아니지만 말이다. 그러나 하나님과 관계해서 화평케 한다고 했을 때에는 범위에서는 우주적이고, 시간상으로는 영원하며, 대상으로는 만물이다. 개인과 가정과 국가뿐 아니라 동물과 식물 등 모든 자연까지 하나도 빠짐이 없다. 이는 화평케 하시는 분이 만물의 주인이 되시기 때문이다.

> 이는 만물이 주에게서 나오고 주로 말미암고 주에게로 돌아감이라 그에게 영광이 세세에 있을지어다 아멘(롬 11:36).
>
> 보좌에 앉으신 이가 이르시되 보라 내가 만물을 새롭게 하노라 하시고 또 이르시되 이 말은 신실하고 참되니 기록하라 하시고(계 21:5).

만물이 그에게서 창조되되 하늘과 땅에서 보이는 것들과 보이지 않는 것들과 혹은 왕권
들이나 주권들이나 통치자들이나 권세들이나 만물이 다 그로 말미암고 그를 위하여 창
조되었고 또한 그가 만물보다 먼저 계시고 만물이 그 안에 함께 섰느니라(골 1:16-17).

하나님으로 화평케 된 자를 하나님은 '의롭다'고 인정하신다. 이것은
믿음으로 받는 은혜이다. 반면에 하나님으로 더불어 화평을 누리는 은혜
는 이 '칭의'(稱義)의 결과로 오는 따라오는 은혜이다. 이것은 놀라운 변화
가 아닐 수 없다. 흑암에 갇힌 죄인임에도 불구하고 의인으로 대우받는다
는 사실이 워낙 엄청난 사건이기 때문에 우리 안에서 의식의 대변혁이 일
어나게 된다. 화평의 상태는 최상의 영적상태를 누리게 한다. 이 놀라운
화평을 누리는 것이 신앙생활이다.

이 놀라운 하나님의 화평을 단지 죄 문제만 해결되는 것으로 -그것도 자
(自) 범죄만 문제로 삼는 듯한- 취급하는 우(愚)를 범하지 말자. 왜냐하면 「그리
스도」란 단어의 뜻은 '기름부음을 받았다'는 뜻으로 세 가지 직분을 뜻하
기 때문이다. 그것은 왕, 제사장, 선지자의 일을 이행하는 사역(使役)적 명
칭이다. 이 사역이 꼭 필요한 이유는 이 땅의 모든 문제의 원인인 창세기 3
장사건 때문이다. 이 사건은 세 가지 각각 풀어야할 문제가 대두 된다. 사
탄과 죄(원죄)와 하나님과 깨진 관계이다. 이것은 한 문제이면서도 각각 풀
어야 할 문제이다. 그렇다면 필연적으로 그리스도의 일도 세 가지로 나와
야 된다.

그리스도는 참 왕으로 세상의 왕 노릇하는 사탄을 이겨야하고, 참 제
사장으로 원죄와 모든 자(自)범죄를 해결해야하며, 참선지자로 하나님을
만나는 길을 열어 놔야한다. 이일을 완벽하게 이룰 자가 나타나면 이 땅의
모든 문제는 해결될 수 있다. 하나님이 그리스도(메시아)를 보내겠다는 약
속이 구약(舊約)이고 약속대로 보냈다는 것이 신약(新約)이다.

이제 누가 그리스도냐 의 문제가 남는다. 여기에 대한 대답은 명료하다. 성경대로 오시고 사시고 죽으신 분이 바로 그리스도이다. 예수님이 바로 성경대로 오시고 죽으시고 부활하셨다. 그래서 예수님이 그리스도이심이 명백하다. 예수님이 윤리적이고 도덕적인 죄 문제만을 해결하기 위해 오신 것처럼 생각하는 것과, 이 땅의 문제의 원인을 그런 윤리적 죄로 가르치는 자들의 어리석음은, 세상과 흑암의 세력을 이기는 것을 기대하기 힘들다. 물론 구원은 받았을지라도 말이다.

"형제들아 내가 너희에게 전한 복음을 너희에게 알게 하노니 이는 너희가 받은 것이요 또 그 가운데 선 것이라 너희가 만일 내가 전한 그 말을 굳게 지키고 헛되이 믿지 아니하였으면 그로 말미암아 구원을 받으리라 내가 받은 것을 먼저 너희에게 전하였노니 이는 성경대로 그리스도께서 우리 죄를 위하여 죽으시고 장사 지낸 바 되셨다가 성경대로 사흘 만에 다시 살아 나사"(고전 15:1-4) 그래서 예수님이 바로 그리스도인 것이다.

언약을 파기하고 하나님과 적대관계에 빠진 우리를 자신과 화평토록 하기 위해서 성삼위 하나님이 모든 것을 투자하셨다. 성삼위 하나님은 스스로 합의서를 만들고 스스로 조인(調印) 하셨다. 성자예수님은 내가 인간이 되어 저들의 모든 허물과 죄를 대신 담당하실 것이라 하셨고, 성부하나님께서는 독생자를 내어 주시고, 아들에게 오는 자를 모두 자녀로 받아주겠다고 하셨고, 성령하나님은 아들을 믿는 자들 속에 들어가서 끝까지 지켜주시겠다고 조인하신 것이다.

이렇게 해서 화평이 이루어 진 것이다. 이 엄청난 하나님의 자기희생으로만 이루어 질 수 있는 화평을 심히 부정되고 심히 모자라는 인간이 만든 조잡한 평화와 비교할 수 있는 말인가 하나님이 이루신 화평의 은혜를 받은 자들의 영혼 속에 파도처럼 밀려오고 또 밀려오는 평안의 은혜여!

하나님의 화평은 인간의 용서행위로 오는 것과는 본질적으로 다르다. "또 범죄와 육체의 무할례로 죽었던 너희를 하나님이 그와 함께 살리시고 우리의 모든 죄를 사하시고"(골 2:13)에서 '우리의 모든 죄를 사하셨다'는 하나님의 '모든'의 의미는 인간의 개인 관계에서, 혹 그룹 내에서 있는 불화를 해결하고자 하는 용서 화해가 아니다. 잘못을 범한 자가 또다시 같은 실수가 오면 이야기가 달라진다. 인간의 용서와 화목은 한정된 것이다.

그래서 '모든'(total: 빠짐이나 남김없이 전부의. 여럿을 다 합친)이라는 말은 하나님께만 해당 되는 말이다. 하나님이 우리의 모든 죄를 사하셨다는 것은 과거 현재 미래에 걸쳐 시간을 초월해서 해결해 주셨다는 뜻이고, 크고 작거나, 무겁거나 가볍거나 종류 상으로도 모든 죄와 허물을 용서하셨다는 의미이다.

하나님의 시간은 항상 현재이다. 시간의 제도를 창조하신 하나님께는 과거나 미래가 없으시다. 또 우주의모든 공간을 창조하신 분도 하나님이시다. 하나님을 피할 곳은 없다. 창조주 하나님의 지식과 지혜는 피조물의 역량으로는 측량할 수가 없다. 그래서 하나님은 자신을 설명하실 때 '나는 나다'라고 말하실 수밖에 없으신 것이다. 하나님께서 한 번 베푸신 용서는 영원토록 현재선상에 놓인다. 그리스도의 십자가 보혈은 지금도 흐르고 있는 것이다. 예수그리스도는 어제나 오늘이나 영원토록 동일하시기에 하나님과 우리사이의 화평도 영원히 동일하다.

우리는 죄를 어떻게 배웠는가 교회가 지나치게 성결을 강조하다 오히려 완벽주의와 죄책(罪責)에 빠뜨려 고생시킨 것은 작은 잘못이 아니다. 주로 '예수 믿은 다음에 짓는 죄는 훨씬 크고 악한 것이다.' '용서를 받는 것과 벌 받는 것은 별개의 문제다.' '알고 짓는 죄는 사할 곳이 없다'는 등 의 가르침이다.

모태신앙으로서 50년이 넘도록 지은 죄는 전부다 예수 믿고 나서 지은 죄가 된다. 이 사람은 예수 믿기 전에 지은 죄는 하나도 없다는 말이 된다. 결국 이 사람의 죄는 더 크고 더 악한죄인이 된 셈이다. 이런 처지에 있는 자가 어찌 평안이 있겠는가 우리의 소행으로 평안을 이룬다면 늘 죄책에 고민하고 보응을 두려워하는 것이 맞는 이야기이지만, 하나님이 만들어 주신 화평은 감사와 찬양 속에서 누리는 것이다.

"우리 주 예수 그리스도로 말미암아 하나님과 화평을 누리자" 화평케된 자는 작은 죄만 짓고 큰 죄는 안 지었기 때문에 화평을 누리는 것이 아니다. 또 그의 죄가 전부 모르고 지은 죄이기 때문에 화평을 누리는 것도 아니다. 더 나아가 그가 하나님 앞에 철저히 회개했기 때문에 화평을 누리는 것도 아니다. 하나님과 화평을 누리는 것은 너무 간단하고 단순하게도 그리스도 되신 예수님 때문이다. "우리가 아직 연약할 때에 기약대로 그리스도께서 경건하지 않은 자를 위하여 죽으셨도다"(롬 5:6). 예수님은 우리가 경건치 못할 때 우리를 위해 십자가 대속의 제물이 되셨다. "우리가 아직 죄인 되었을 때에 그리스도께서 우리를 위하여 죽으심으로 하나님께서 우리에 대한 자기의 사랑을 확증하셨느니라"(롬 5:8).

"우리가 아직 죄인 되었을 때에" 이 얼마나 완벽한 은혜인가 죄와 허물로 죽어버린 우리는 아무것도 알지 못한 상태로 태어났다. 아담 안에서 이미 죽었기 때문이다. 우리가 그 상태에 있을 때는 누구와 무엇을 의논하고 무엇을 선택할 수 있겠는가 아무것도 할 수 없고 처분만 기다리는, 본질상 진노 받을 운명 지어진 우리를 하나님이 돌아보신 것이다. 내가 없어도, 영원한 형벌에 그냥 던지셔도 하나님의 영광에는 아무런 지장도 없는데 나를 기억하신 것이다. 이 얼마나 놀라운 기적이란 말이냐 그래서 우리의 할 수 있는 일이라면 성삼위 하나님을 자랑하는 일 뿐이다.

그 크신 하나님의 사랑 말로다 형용 못 하네

저 높고 높은 별을 넘어 이 낮고 낮은 땅위에

죄 범한 영혼 구하려 그 아들 보내사

화목제물 삼으시고 죄용서 하셨네

하나님 크신 사랑은 측량 다 못하네

영원히 변치 않는 사랑 성도여 찬양하세 ~

5. 전도제자의 화평

모든 것이 하나님께 로서 났으며 그가 그리스도로 말미암아 우리를 자기와 화목하게 하시고 또 우리에게 화목하게 하는 직분을 주셨으니 곧 하나님께서 그리스도 안에 계시사 세상을 자기와 화목하게 하시며 그들의 죄를 그들에게 돌리지 아니하시고 화목하게 하는 말씀을 우리에게 부탁하셨느니라(고후 5:18-19).

전도는 하나님과 화평을 누리는 것으로 시작된다. 성삼위 하나님의 『구속언약』의 당사자는 삼위 하나님이시다. 예수님의 성육신과 대속, 예수님을 받아들이는 자를 하나님이 자녀로 받아주심, 성령께서 그 자녀들 속에 계시고 끝까지 돌보심이다.

이 언약은 인간의 역할이 필요치 않다. 인간이 그저 처분만 기다리는 심판대에 섰을 때 구속의 계획이 세워진 것이다. 이것이 '우리가 아직 죄인 되었을 때'인 것이다.

성삼위 하나님께서 스스로 체결한 구속의 언약이 실행이 된 것을 『은혜언약』이라고 한다. 은혜언약의 당사자는 성삼위 하나님과 하나님의 은혜로운 선택을 받은 사람들이다. 이대상은 하나님의 구원의 결과를 통해서 드러난다.

이 언약의 조건은 하나님 편에서는 구원에 필요한 모든 조치를 다 이루시는 것이고, 여기 당사자가 되는 피택(被擇)자들이 이행할 조건은 없다. 혹 믿음이 조건이 될 수도 있는 듯하나, 이 믿음도 하나님이 주셔야 한다. 조건이라면 은혜의 선물을 감사하며 수납하는 일 일뿐이다.

이때가 우리의 눈으로 하나님을 볼 수 있는 성육신의 때이다. 이 은혜는 구약시대에도 이미 실행을 하셨으나 그 때는 상징적이고 그림자 적이고 예언적이었다. 이제 눈으로 보고 만진바 되었다.

> 태초부터 있는 생명의 말씀에 관하여는 우리가 들은 바요 눈으로 본 바요 자세히 보고 우리의 손으로 만진 바라 이 생명이 나타내신바 된지라 이 영원한 생명을 우리가 보았고 증언하여 너희에게 전하노니 이는 아버지와 함께 계시다가 우리에게 나타내신바 된 이시니라 (요일 1:1-2).

구원에 필요한 모든 조건은 그리스도로 오신 예수님이 완벽히 다 이행하셨다. 당시 제자들에게는 십자가의 일과 부활, 승천이 남아있었으나 그들의 모든 궁금 점을 풀어주실 것이었다. 주님의 뜻은 구속을 위해 세상에서 한 민족을 세우시고 그 결코 멸망하지 않을 성령으로 되는 교회를 세우시는 것이었다. 주님의 구원은 결과론적으로 교회의 일원에 한하였지만, 그 은혜로운 목적에서 제외 된 사람은 없었다. 주님은 택한 자들만의 구주가 아닌 '온 세상의 구주'가 되시기 때문이다.

"하나님은 모든 사람이 구원을 받으며 진리를 아는 데에 이르기를 원하시느니라"(딤전 2:4). 누구를 구원할 것인가는 하나님의 소관이지만, 이 땅에 사는 사람은 그 누구라도 구원의 소망을 기대할 수 있다.

그리스도의 십자가는 모든 인간 뿐 아니라 모든 자연 피조물들까지 구원하고 남을 효력을 가지고 있는 것이다. 우리는 늘 전도와 선교에 대해 구별하지만, 주님은 국내와 해외 선교에 대한 구별이 없이 그 모두가 세계 전도였다. 예수님은 이 구원을 진행하기 위해 먼저 그 일을 감당할 제자를 부르시는 일부터 시작하셨다.

> 또 산에 오르사 자기가 원하는 자들을 부르시니 나아온지라 이에 열둘을 세우셨으니 이는 자기와 함께 있게 하시고 또 보내사 전도도 하며 귀신을 내쫓는 권능도 가지게 하려 하심 이러라(막 3:13-15).

예수님의 열두제자들은 예수님이 원하는 사람들이었다. 그들은 세상을 살릴 가장 합당한 사람들이었다. 그들은 예수님의 방법을 배우기에 합당한 자들이었다. 예수님의 방법은 그들을 자기와 함께 있게 하시는 것이었다. 이것은 아주 단순한 방법이지만 예수님이 육신을 입으신 하나님이시니, 하나님의 방법은 가장 탁월한 방법이 아닐 수 없다. 마태는 제자를 부르시는 예수님을 소개할 때 "나를 따라 오너라 내가 너희로 사람을 낚는 어부가 되게 하리라"(마 4:19)고 한다.

예수님과 '함께' 지내는 것, 예수님을 '따르는 것'이 주님과 관계를 누리는 것이다. 이것이 하나님과 화평을 누리는 것이다. 그래서 "우리 주 예수 그리스도로 말미암아 하나님과 화평을 누리자"(롬 5:1)라고 하신 것이다. 평강의 왕과 함께 있는 것, 자체만으로 전도도 되고 귀신을 내 쫓는 권능도 가지게 된다는 것이다. 평강의 왕을 따라다니면 화평케 하는 자가 된다는 말이다.

고린도후서 5장 18절에 "모든 것이 하나님께 로서 났으며 그가 그리스도로 말미암아 우리를 자기와 화목하게 하시고 또 우리에게 화목하게 하는 직분을 주셨으니" 하나님은 그리스도 안에서 우리를 자신과 화목하게 하셨다. 그리스도 안에서 하나님과 화평을 누리게 된 것이다. 그리고 화평을 누리는 자에게 화목의 직분을 주셨다. 이것도 역시 그리스도 안에서 다른 사람을 하나님과 화목 되게 하는 것이다.

주님의 화평케 하는 자란 주님 안에서 하나님과 화평을 누리는 자이다. 저 사람과 나의 불화를 해결하기 위해서 평화의 제스처를 쓰는 것이 아니다. 넓은 마음으로 아량을 베푼다고 적개심이 항존적(恒存的)으로 없어지는 것이 아니다. 언제든 상황이 번지면 다시 불화는 일어난다. 상대가 그리스도를 통해 하나님과 화목이 될 때 가능하다. 이것은 가정의 구성원들이나 가정끼리의 사이에서도, 지역과 국가사이에서도 그적용에 있어서 동일하다.

하나님과 화평이 없이 동서와 남북, 흑과 백, 노와 사가 평화로운 상태가 될 수 있겠는가? 성경은 인간의 노력을 부정한다. 모든 개인과 지역과 나라의 환경이 좋아졌다고 사람이 바뀌는 것이 아니다.

세상의 불화의 원인은 모든 개인의 내면의 상태에서 나오는 것이다. 더 자세히 말하면 영적상태에 있다. 영혼이 어두운 세력에 잡혀있는 상태에서는 아무것도 온전히 이룰 수 없다는 것이 성경의 가르침이다. 인간끼리 약조를 하고, UN에서 평화 조약을 체결해서 되어 진 일이 있는가 모든 인간의 결정은 일회용에 지나지 않는다는 것이 인류의 역사 속에서 드러났다.

성경은 이 원인을 밝히는데 그것은 인간이 하나님을 떠난데 있다고 한다. 사탄(마귀)의 유혹을 받아 하나님과 화평이 깨지고 마귀에게 잡혀있기 때문이라는 것이다. 예수님이 직접 말씀하기를 '너희아비 마귀'라 하셨다 (요 8:44). 그리고 마귀를 '이 세상의 임금'(요 16:11)이라 하셨다. 마귀의 함정과 올무에 걸린 세상은 자신의 힘으로는 거짓의 아비에게서 벗어날 수 없다. 세상에 거짓이 가득 차있는 것도 그 거짓의 아비 마귀와 거짓의 영, 즉 귀신들 때문이다. 그래서 아귀다툼이 사람들 사이에 상존해 있는 것이다.

너희는 너희 아비 마귀에게서 났으니 너희 아비의 욕심대로 너희도 행하고자 하느니라 그는 처음부터 살인한 자요 진리가 그 속에 없으므로 진리에 서지 못하고 거짓을 말할 때마다 제 것으로 말하나니 이는 그가 거짓말쟁이요 거짓의 아비가 되었음이라 (요 8:44).

마귀의 정체성이 '거짓말쟁이'이다. 만약 마귀가 진리를 말한다면 자신의 정체성을 부정한 것이기 때문에 극심한 고통에 빠져든다. 하나님은 마귀에게 '너는 거짓의 아비요 거짓말쟁이라'고 선고 하셨으니 그의 정체성은 결정이 났고 변하고 싶어도 변할 수가 없는 것이다.

그렇다면 이 가공할 거짓의 아비에게서 어떻게 빠져나올 수 있는가 여기서 빠져나올 수 있다면 평화의 가능성이 있다. 이일을 평강의 왕 예수님이 하셨다.

"죄를 짓는 자는 마귀에게 속하나니 마귀는 처음부터 범죄 함이라. 하나님의 아들이 나타나신 것은 마귀의 일을 멸하려 하심이라"(요일 3:8) 예수님은 죄의 속박에서 인생을 건져주시기 위해 마귀가 하는 일을 무너뜨리신 것이다. 십자가로 이 땅의 모든 문제를 다 해결하시고(요 19:30) 부활하사 사망의 권세를 꺾으셨다. 그러므로 예수님이 계시는 곳에 화평이 이루어진다.

화평케 하는 전도자들은 사람들을 마귀의 자녀에서 하나님의 자녀로 끌어들이는 자들이다. "그러나 내가 하나님의 성령을 힘입어 귀신을 쫓아내는 것이면 하나님의 나라가 이미 너희에게 임하였느니라. 사람이 먼저 강한 자를 결박하지 않고서야 어떻게 그 강한 자의 집에 들어가 그 세간을 강탈하겠느냐 결박한 후에야 그 집을 강탈하리라"(마 12:28-29) 성령의 권능으로 흑암에 갇힌 인생에서 귀신이 쫓겨나가면 하나님나라가 임한다. 하나님나라는 화평의 나라이다. 이 하나님의 나라를 누리는 자들이 성령의 권능을 받아 흑암에 잡혀있는 영혼을 꺼내 하나님의 가족으로 들어가게 하는 것이다.

예수님은 십자가로 승리하셨다. 이제 세상의 임금 사탄과 귀신들의 권세는 꺾였다. 예수님은 마귀를 죽여 없애버리신 것이 아니다. 그것은 재림하실 때 끝장이 날 일이다. 마귀의 무리들은 지금도 세상에서 활동하고 있다. 이 흑암의 세력은 정치, 경제, 사회, 문화 어디든지 역사하고 있다.

저들의 소원은 어찌하든지 인간이 하나님을 만나지 못하게 하는 것이다. 이것에 전략을 총 동원하고 있다. 종교를 만들어 인간다운 삶에 있어서는 굳이 하나님이 필요한 것이 아니라는 사실을 보이고, 무속과 점술로 급한 문제를 해결하도록 하여 귀신에 지배를 받게 하는 일과, 인본주의와 과학주의로 무신론을 퍼뜨리고, 세계교회연합이라는 거대한 조직으로 십자가의 도를 외치는 교회를 농락하고 있다. 뉴에이지 운동의 광범위함을 알게 된다면 수많은 계통의 사람들이 왜 악령의 문화를 만들어내는 지를 알 수 있다. 그래서 그리스도 안에 있는 자들이 영적 싸움을 위하여 하나님의 전신갑주를 취하는 것이 절대적인 것임을 알게 된다.

각종 종교단체와 비밀단체들은 한가지로 참 기독교 교회를 제1의 타도대상으로 삼고 있다. 그들이 말하는 공격대상은 구제행위를 교회의 존재가치를 삼거나, 도덕적 삶으로 교회의 정체성을 삼는 교회는 타도대상으로 여기지 않는다. 인본주의적 이념이나 세속적 방법을 도입해서 교회를 부흥시키려는 교회는 절대 두려워하지 않는다.

그들이 두려워하는 교회는 '오직 그리스도, 오직 하나님 나라, 오직 성령'이라는 복음적 교회를 두려워한다. 그 속에서 일어나는 제자들이야 말로 저들에게는 치명타가 되기 때문이다. 성경이 분명히 밝히기를 인간의 모든 문제는 사탄(마귀)의 거대한 세력에 잠식된 상태에서 나오는 것이라고 한다. 이 세력에서 빠져나오는 길은 오직 한길 밖에 없음을 성경이 또분명히 밝혔다. 그 길이 그리스도 이다.

> 예수께서 이르시되 내가 곧 길이요 진리요 생명이니 나로 말미암지 않고는 아버지께로 올 자가 없느니라(요 14:6).
>
> 다른 이로써는 구원을 받을 수 없나니 천하사람 중에 구원을 받을 만한 다른 이름을 우리에게 주신 일이 없음이라 하였더라(행 4:12).

사람이 아무리 도덕적이고 윤리적이라 해도 그것으로는 마귀를 이길수 없다. 그런 류의 인간적 행위는 사탄자신이 만든 소품이기 때문이다. 인간이 하나님의 구원에 이르는 것은 행위로는 절대 되지 않는다는 사실을 마귀는 잘 알고 있다. 그래서 어떤 교회라도 복음적 신앙이 아닌, 종교 생활적 신앙을 중심으로 흐르는 교회는 약점이 사탄에게 노출 될 수밖에없다. 이것은 사실 거짓말하는 셈이 되어버린다.

> 너희는 거룩하신 자에게서 기름 부음을 받고 모든 것을 아느니라. 내가 너희에게 쓰는 것은 너희가 진리를 알지 못하기 때문이 아니라 알기 때문이요 또 모든 거짓은 진리에서 나지 않기 때문이라 거짓말하는 자가 누구냐 예수께서 그리스도이심을 부인하는 자가 아니냐 아버지와 아들을 부인하는 그가 적그리스도니 아들을 부인하는 자에게는 또한 아버지가 없으되 아들을 시인하는 자에게는 아버지도 있느니라(요일 3:20-23).

사도 요한은 예수님이 그리스도 되심을 부인한 자가 적그리스도라 한다. 그런데 '예수님이 그리스도'라는 사실을 부인은 하지 않지만, 오직 교회에서만 할 수 있고, 해야만 하는 '예수님이 그리스도이시다'는 메시지가나오지 않고 윤리 도덕을 주로 말하는 강단을 어떻게 말해야 좋을지 모르겠다.

사람들이 평화를 지키기 위한 수단으로 만들어낸, 핵폭탄을 다 터뜨려도 귀신 한 마리도 죽일수 없다는 것은 영적 사실이다. 그러나 그리스도 되신 예수 이름 앞에서는 군대귀신도 한 순간에 쫓겨 도망간다.

그러면 윤리와 도덕적 삶은 신자에게 의미가 없는 것이란 말인가 절대 아니다. 진정한 윤리와 도덕적 삶은 복음 속에서 나오는 것이 진짜이다. 가장 수준 높은 윤리와 도덕은 성령의 열매이다. 성령의 열매는 내가 맺는 것이 아니다. 내가 추구할 것은 성령의 충만함이다. 주님이 주신 최고 약속은 성령의 충만함이다.

주님은 도덕을 요구하신 것이 아니다. 제자들이 성령으로 충만하게 되면 성령의 열매는 나와 지는 것이기 때문이다. 성령의 지배를 받는 삶은 세상이 요구하지 않더라도 가장 수준 높은 윤리를 요구하게 된다. 이것이 윤리와 도덕을 목표로 신앙생활을 하지말라는 이유이다. 자칫 인간적 윤리와 도덕을 성경적인 것으로 치부하려 할 것이기 때문이다.

지금은 타계한 무소유(無所有)의 대명사인 한 스님의 삶은 그야말로 세상의 사람들에게 큰 존경을 받았다. 그렇다면 그가 그입으로 예수님이 세상에오신 구세주라고 말할 수 있는가 절대 말할 수 없다 사람이 나쁜 것이 아니고 소속이 다르기 때문이다. 아무리 훌륭하다 해도 그는 예수님이 말씀하신 하나님과 화평케 된 자는 아니다.

성령 충만은 '그리스도 충만' 이다. 성령 충만이 어떤 것인가에 궁금하다면, 오리지널 성령 충만한 자들의 모습을 살펴보면 쉽게 알 수 있다. 초대교회 마가다락방에서 성령으로 충만함을 받은 성도들은 '오직 예수님이 그리스도'라는 사실을 증거 하는데 온 관심을 쏟았다. 그들은 그리스도의 십자가, 부활을 증거 하는 일에 생명을 바쳤다. 그들은 그리스도께서 성령으로 그들과 함께 계신 것으로 방법을 삼았고 그리스도께서 다시 오실 것으로 소망을 삼았다.

그들은 어디서나 어떤 일에서나 하나님과 화평을 누렸고, 세상이 하나님과 화평케 되는 일에 생명을 다했다. 그들의 남은 삶의 의미는 한 사람이라도 더 구원에 이르게 하는데 있었다.

"좋은 소식을 전하며 평화를 공포하며 복된 좋은 소식을 가져오며 구원을 공포하며 시온을 향하여 이르기를 네 하나님이 통치하신다 하는 자의 산을 넘는 발이 어찌 그리 아름다운가"(사 52:7) 이 평화를 공포하며, 좋은 소식을 가져오며, 구원을 공포하는 자의 발이 얼마나 아름다운가 이게 화평케 하는 자의 현장이요, 전도자의 아름다움이다. 화평의 전도자 바울은 이를 구체적으로 인용했다.

> 누구든지 주의 이름을 부르는 자는 구원을 받으리라 그런즉 그들이 믿지 아니하는 이를 어찌 부르리요, 듣지도 못한 이를 어찌 믿으리요, 전파하는 자가 없이 어찌 들으리요, 보내심을 받지 아니하였으면 어찌 전파하리요, 기록된바 아름답도다. 좋은 소식을 전하는 자들의 발이여 함과 같으니라(롬 10:13-15).

화평의 전파자들은 세상으로 오직 예수님만이 저들에게 필요함을 고백하게 해야 한다. 오직 예수님만이 이 땅의 모든 고통을 해결하는 유일한 해답인 것을 믿게 해야 한다. 이 화평의 전도자들은 세상의 모든 족속으로 가서 전해야 한다. 이들이 나가지 않으면 세상은 그대로 흑암의 세력에 유린당할 수밖에 없다. 이들은 주님이 이일을 위해서 세움을 받았다는 것으로 자부심과 자존심, 긍지로 존재의 이유를 찾는 자들이다. 이것은 주님이 제자들을 부르시고 훈련하신 목적이었다. 주님은 그들의 인생이 아름답다고 하신다. 주님은 이들을 격려하시고 계신다.

이것을 너희에게 이르는 것은 너희로 내 안에서 평안을 누리게 하려 함이라 세상에서
는 너희가 환난을 당하나 담대하라 내가 세상을 이기었노라(요 16:33).

세상을 이기신 예수님은 전도자에게 하늘의 권세와 땅의 권세를 가지
고 전도자들과 세상 끝 날까지 항상 함께 있겠다고 하셨다. 하늘의 권세는
하늘보좌에서 내려오는 능력들이고, 땅의 권세는 세상을 유린하는 어두움
의 세력을 이기는 능력이며 육신적인 모든 어려움을 이기는 능력이다.

"주 예수께서 말씀을 마치신 후에 하늘로 올려 지사 하나님 우편에 앉
으시니라 제자들이 나가 두루 전파할 새 주께서 함께 역사하사 그 따르는
표적으로 말씀을 확실히 증언하시니라"(막 16:19-20). 전도자들이 현장에
가서 할 일은 그리스도 복음을 전하는 일이고 예수님은 보좌에서 제자들
이 전파하는 메시지 내용이 맞다는 증거로 표적을 보이시는 것이다. 그렇
다면 제자들과 예수님이 함께 증거 하는 것이다. 이것이 성령의 역사이기
도 하다.

성령은 예수님이 그리스도라는 사실을 증거 하시기위해서 오셨고, 전
도자들도 복음을 증거 하는데, 전도자들의 증언을 듣는 자들 속에서 그분
의 방법으로 그리스도를 증거 하신다. 예수님은 그의 제자들에게 권능을
주시고 자신의 증인이 되게 하셨다.

마태복음 16장 16절의 '예수님이 그리스도'라는 고백은 복음서 전체
의 요약이다. 요한복음 3장 16절 세상구원이 하나님의 목적이라면, '예수
님이 그리스도이시다'는 고백은 누구를 통해서 세상을 구원하시냐의 대
한 대답이다. 이 하나님의 구속사는 하나님의 온 인류에 대한 긍휼이고 화
평을 위한 자비로운 기다림이시다.

제10장

전도제자와 핍박
(마 5:10-12)

> 의를 위하여 박해를 받은 자는 복이 있나니 천국이 그들의 것임이라
> 나로 말미암아 너희를 욕하고 박해하고 거짓으로 너희를 거슬러
> 모든 악한 말을 할 때에는 너희에게 복이 있나니 기뻐하고 즐거워하라
> 하늘에서 너희의 상이 큼이라 너희 전에 있던 선지자들도
> 이같이 박해하였느니라(마 5:10-12).

첫째 복에서 심령이 가난한 자의 복은 천국이 저들의 것이라고 하셨고, 마지막의 천국이 그들의 것이라고 하셨다. 이것은 처음은 구원에 관한 말씀이고 나중의 것은 구원에 대한 확인인 샘이다. 그리고 주님이 말씀하신 '의를 위함'은 첫 번째 이후로 열거한 애통하는 마음, 온유한 마음, 의를 목말라 하는 마음, 긍휼히 여기는 마음, 청결한 마음 그리고 화평케 하는 마음, 즉 전도자의 삶 전체가 의를 위함이라고 할 수 있다. 이 마음들은 각각 독립된 영성이 아니고 모두가 본질적인 면에서 성령이 지배하는 것으로서 때에 따라 적절히 나타나는 성령의 열매들, 즉 전도제자의 열매들이다.

하나님을 싫어하는 세상은 성령의 일들을 지독히 짜증낸다. 세상은 시대를 불문하고 복음에 관련된 것들을 미움과 질시의 대상으로 여겼다. 어찌하든지 교회에서 흠과 티를 찾아내려고 혈안이 되어 있다. 복음이 없이 그냥 종교인으로 사는 사람에 대해서는 그래도 관대하지만, 오직 예수라는 사람들에게는 신경질적인 반응을 보인다. 여기서 박해(迫害)가 나온다. 그들은 인정사정없이 무차별적으로 돌을 던지고 할 수만 있다면 전도자

들을 죽이는데 까지 나아간다. 이것이 성경의 이야기요 교회역사이다.

바울은 디모데에게 보낸 두 번째 서신 마지막 부분에서 준엄히 명령하고 있다. "하나님 앞과 살아 있는 자와 죽은 자를 심판하실 그리스도 예수 앞에서 그가 나타나실 것과 그의 나라를 두고 엄히 명하노니 너는 말씀을 전파하라 때를 얻든지 못 얻든지 항상 힘쓰라 범사에 오래 참음과 가르침으로 경책하며 경계하며 권하라 때가 이르리니 사람이 바른 교훈을 받지 아니하며 귀가 가려워서 자기의 사욕을 따를 스승을 많이 두고 또 그 귀를 진리에서 돌이켜 허탄한 이야기를 따르리라 그러나 너는 모든 일에 신중하여 고난을 받으며 전도자의 일을 하며 네 직무를 다하라"(딤후 4:1-5).

바울이 디모데에게 엄히 명령할 때 하나님 앞에 서게 될 것과 심판자 그리스도 예수님의 나타나심과 그의 나라를 두고 명하고 있다. 이것은 천국의 모든 축복의 보장인 것이다. 그리고 조건은 무엇인가 전도(선교)이다. 이일은 좋은 때이든 나쁜 때이든 가리지 말고 해야 할 일이고, 세상은 진리를 거부하고 허탄한 주장을 따르는데, 이속에서 전도자들은 핍박을 받는 다는 것이다.

예수님이 말씀하신 이 복은 의를 위하여 받는 핍박이다. 의를 위하여의 '의'는 그 뒤의 '나로 말미암아'에 연결되어 예수님 때문에, 예수님을 인하여, 예수님을 증거 함으로라는 의미이다. 그렇다면 첫 번째의 축복은 천국 시민이 되는 입문이요 그 다음의 모든 복들은 전도자의 삶을 묘사한다.

박해를 받는 사람은 인격과 품성이 박해자들과는 차별점이 나타난다. 진정 하나님을 기리는 사람들은 마음속으로 복음의 사람들을 진심으로 존경한다. 이런 관계로 사람들의 시선이 복음의 사람들에게 쏟아지면, 핍박 자들은 마음속에 분노를 일으킨다. 자신들과 차별된 전도자들의 고고

한 삶에 시기와 미움으로 분노한다. 거기다 자신들의 무지와 부정함이 들어나 더욱 이를 가는 지경에 이른다. 결국 그들은 사탄의 앞잡이라는 정체를 숨길 수 없게 되어버린다.

또한 그들은 전도자들이 영혼구원을 위하여, 사랑하며 양보하고 수용하는 것을 약자의 행위로 인식해서 그들 스스로가 '갑'의 자리에 앉아서 전도자들을 상대로 '갑'질을 자행한다. 전도자들의 모습을 보고 자신들을 돌아보기는커녕 도리어 박해의 기회로 삼는 것이다.

서기관들과 바리새인들이 그랬다. 예수님을 바라보는 사람들 앞에서 자신들의 약점과 부정이 드러나게 되니 반사적으로 예수님의 약점을 찾으려고 혈안이 되었다. 그리고 예수님을 십자가의 죽음으로 몰아넣고 기어코 만세를 부른다. 이러한 모습들이 세상 거의 모든 나라에서 일어나고 있는 것은 당연하다고 하겠다. 왜냐하면 그들의 머리가 사탄이기 때문이다.

그런데 더 추악한 것은 이런 '갑'질이 교회 안에서 자행되고 있다는 것이다. 이것이 교회사의 사탄역사이다. 지금도 흑암에 잡힌 교회의 교권자들이 자기 뜻을 관철하기 위해 동조자들을 모아 세력을 형성하고 음모를 꾸며 전도자들을 이단으로 몰아 박해를 가하여 쫓아내고 있다.[55]

그러나 예수님을 십자가에 까지 몰고 간 그들이 오히려 치명타를 입은 것과, 그 십자가로 모든 인류가 사탄의 올무에서 빠져 나오게 되는 것이, 우리 하나님의 수준인 걸 어찌 알겠는가? 핍박 자들이 복음을 이긴 듯 보이지만, 싸우지도 않으면서 대적 자들을 이기는 하나님의 방법이 복음이다.

누가 핍박하는 자들 속에 들어 갈 수 있으며 누가 환란의 두려움 속에

---

55) 여기에는 이단에 대한 기준과 검증이 시간을 두고 살피는 것이 가장 중요한 일이지만, 그런 과정을 약식으로나 남의 이야기를 듣고 판단하는 큰 실수를 범할 수 있다. 조사 결과 정말 정죄를 받을 만하다면 단호히 정죄를 해야 한다. 이런 자세한 검증과정이 없기에 진짜 이단들이 속으로 쾌재를 부르며 이단으로 오해받은 척하고 활개를 친다. 결국은 진짜 이단을 도와주는 꼴이 되어버린다. /필자 주

서 복음을 전할 수 있겠는가? 복음을 알고 복음을 누리는 복음의 사람들이다. 신자들 중에 어떤 사람은 순교를 열망하는 사람이 있다. 이 사람들은 순교를 당하고 싶어 애를 쓴다. 이것은 자신의 영적문제에서 오는 것일 수도 있다. 주님의 말씀하신 뜻과 다르다. 참 전도자들은 소매를 걷어 올리고 가자 해서 환란 속에 뛰어든 자들이 아니다. 이들은 비둘기 같이 순결하지만 또 뱀같이 지혜롭다. 그들의 삶은 억지가 아니고 자연스러운 그것이다.

예수님께서 의를 위해 핍박을 받는 자들이라고 하셨을 때 누구를 말씀하시고 계시는가? 세계 각처에서 자행 되는 모든 종교적인 박해와 인종차별적인 박해와 정치적인 박해 등 때와 장소를 불문하고 일어나는 모든 불의에 관계해서 하신 말씀인가?

먼저 '의를 위하여'라는 어구를 기억해야한다. 성경은 구약시대 초기에서부터 박해가 자행 된 것을 기록하고 있다. 아담의 타락 후 에덴에서 추방되어 살면서 아들을 낳았는데 형 [가인]이 동생 [아벨]을 돌로 쳐 죽였다. 아벨은 의로운 제사를 드림으로 가인에게 죽임을 당했다. 그는 그리스도의 '피' 언약을 잡았기 때문에 핍박을 받은 것이다. 그래서 히브리서 기자는 "믿음으로 아벨은 가인보다 더 나은 제사를 하나님께 드림으로 의로운 자라 하시는 증거를 얻었으니 하나님이 그 예물에 대하여 증언하심이라 그가 죽었으나 그 믿음으로써 지금도 말하느니라"(히 11:4)고 증언한다.

예수님이 저희 서기관 바리새인들이 가인의 후예로서 심판을 피할 수 없음을 분명히 하셨다. "뱀들아 독사의 새끼들아 너희가 어떻게 지옥의 판결을 피하겠느냐 그러므로 내가 너희에게 선지자들과 지혜 있는 자들과 서기관들을 보내매 너희가 그 중에서 더러는 죽이거나 십자가에 못 박고 그 중에서 더러는 너희 회당에서 채찍질하고 이 동네에서 저 동네로 따라다니며 박해하리라 그러므로 의인 아벨의 피로부터 성전과 제단 사이에서 너희가 죽인 바라갸의 아들 사가랴의 피까지 땅 위에서 흘린 의로운 피가 다 너희에게 돌아가리라"(마 23:33-35).

1. 성경의 박해

인류의 역사는 [가인]의 후손들이 [아벨](셋)의 후손을 핍박하는 역사로 전개 된다. 노아시대 이후로도 언약의 백성들은 언약 밖에 있는 자들로부터 미움과 질시를 받는 역사가 펼쳐진다. 노아는 구원의 방주를 짓는다는 자체로 세상으로부터 비웃음과 조롱으로 미친 사람 취급을 받았다. 노아는 오직 의를 전파함으로 핍박을 받은 것이다.

> 옛 세상을 용서하지 아니하시고 오직 의를 전파하는 노아와 그 일곱 식구를 보존하시고 경건하지 아니한 자들의 세상에 홍수를 내리셨으며(벧후 2:5).

요셉은 언약 적 꿈을 잡았다는 사실 때문에 배다른 형들에게 미움을 받아 노예로 팔려갔으며, 노예로 있을 때는 보디발의 부인의 모함으로 강간범이 되어 감옥소에 들어갔다. 그는 의를 위해 핍박을 받은 것이다. "요셉이 꿈을 꾸고 자기 형들에게 말하매 그들이 그를 더욱 미워하였더라"(창 37:5). 시편의 기자는 요셉의 환란을 하나님의 언약에서 왔다는 사실과 그 언약이 이루어 질 때까지 그 언약의 말씀이 그를 단련시켰다고 한다.

> 그가 한 사람을 앞서 보내셨음이여 요셉이 종으로 팔렸도다. 그의 발은 차꼬를 차고 그의 몸은 쇠사슬에 매였으니 곧 여호와의 말씀이 응할 때까지라 그의 말씀이 그를 단련하였도다(시 105:17-19).

모세의 수모도 그리스도를 위하여 받은 것이다. "믿음으로 모세는 장성하여 바로의 공주의 아들이라 칭함 받기를 거절하고 도리어 하나님의 백성과 함께 고난 받기를 잠시 죄악의 낙을 누리는 것보다 더 좋아하고 그리스도를 위하여 받는 수모를 애굽의 모든 보화보다 더 큰 재물로 여겼으니 이는 상 주심을 바라봄이라"(히 11:24-26).

[다윗]은 사무엘을 통해 하나님의 기름 부음을 받은 이후부터 핍박을 받기 시작한다. 다윗이 기름 부음을 받을 때 하나님의 신에 크게 감동하고 반면에 사울은 악신에 잡힌다. 이때로부터 사울 왕은 병적으로 다윗을 괴롭히고 미워한다.

[사울]왕은 다윗을 죽이려하지만 실상은 그가 다윗을 크게 두려워한 까닭이었다. 다윗이 [사무엘]로 부터 왕으로서의 기름부음을 받을 때, 하나님의 임명과 이스라엘 제도의 임명을 함께 받은 것이다. 그러므로 다윗은 그 때로부터 개인에서 하나님이 기름 부어 세운 공인(公人)으로 존재가 바뀌어 졌다. 그래서 다윗의 삶은 개인의 삶이 아닌 하나님께 속한 삶이 된 것이다. 다윗이 기름부음을 받지 않았다면 핍박도 없었을 것이다. 기름부음을 받았기 때문에 본격적인 핍박이 시작 된 것이다. 그러나 이제 다윗은 하나님의 대리자가 되었고 사무엘을 통해 이스라엘의 공인이 되었기 때문에 다윗의 삶은 개인의 평범한 삶이 아니다.

아울러 다윗의 전쟁은 하나님의 전쟁이 되었고 다윗을 핍박하는 것은 하나님을 핍박하는 것이 되어버린다. 사울왕은 평생 동안 다윗의 대적이 되었는데, 그가 다윗을 대적하는 것은 하나님을 대적하는 것이 되었고 다윗을 미워하는 것은 그것이 하나님을 미워한 것이 되었다. 그러나 사울은 이 사실을 깨닫지 못했다. 깨닫지 못한 것이 아니고 깨달을 수가 없었다. 그가 악신에 잡혀있었기 때문이었다.

다윗은 소년이었고 사울은 왕이었다. 사울은 군대를 동원하여 다윗을 평생에 죽이려고 쫓아 다녔는데 그러면 그럴수록 그의 번뇌는 더 심해지고 그것으로 자신의 존재가치를 더욱 더 소인배로 떨어뜨리는 행위가 되었다. 이것이 모든 시대의 의인을 핍박하는 자들의 전형이다.

사무엘이 기름 뿔 병을 가져다가 그의 형제 중에서 그에게 부었더니 이 날 이후로 다윗이 여호와의 영에게 크게 감동 되니라. 사무엘이 떠나서 라마로 가니라 여호와의 영이 사울에게서 떠나고 여호와께서 부리시는 악령이 그를 번뇌하게 한지라(삼상 16:13-14).

그 이튿날 하나님께서 부리시는 악령이 사울에게 힘 있게 내리매 그가 집 안에서 정신 없이 떠들어대므로 다윗이 평일과 같이 손으로 수금을 타는데 그 때에 사울의 손에 창이 있는지라 그가 스스로 이르기를 내가 다윗을 벽에 박으리라 하고 사울이 그 창을 던졌으나 다윗이 그의 앞에서 두 번 피하였더라. 여호와께서 사울을 떠나 다윗과 함께 계시므로 사울이 그를 두려워한지라(삼상 18:10-12).

사울이 다윗을 더욱더욱 두려워하여 평생에 다윗의 대적이 되니라(삼상 18:29).

[예레미야]는 자신의 동족들로부터 멸시와 박해를 받으면서 하나님의 말씀을 선포했다. 예레미야 당시 제사장들, 거짓 선지자들은 예루살렘 성전을 불멸의 것으로 여기고 자신들의 멸망을 불가능한 일로 여겼다. 예레미야는 배짱 좋게 하나님 말씀을 어기던 왕과 거짓 선지자들을 향하여 질타했다. 그것으로 예레미야는 심한박해를 당해야만 했다. 그야말로 그는 의를 위해서 핍박을 받는 전형이라고 할 수 있다.

거짓말로 안녕을 전했던 자들은 하나님이 다윗 왕조와 맺으셨다는 언약에 근거해서 성전은 무너지지 않는다고 외쳤다. 이에 대해 예레미야는 너희가 '하나님의 말씀'을 무시하면서 언약을 내버리고 우상을 섬기는 한 심판을 면할 수 없다고 선포했다.

예레미야는 하나님의 말씀을 주신 그대로 전한 것 때문에 거의 40년을 고난을 받은 것이다. 예레미야는 시위대 뜰에 파진우물 감옥소에 던져졌다. 진흙 창에서 벌거벗은 체 굶주려 거의 죽는 상태까지 이르도록 심한 박해를 받았다.

왕은 예레미야가 보는 앞에서 두루마리 성경을 찢어내서 한 장, 한 장씩 불태웠다. 하나님은 [예레미야]와 [바룩]을 숨기시고 다시 두루마리를 기록하게 하셨다. 이런 핍박 속에서 하나님의 사람은 하나님께 탄원하고, 하나님께서는 그에게 끊임없이 말씀을 주심으로 감당케 하셨다.

내가 말할 때마다 외치며 파멸과 멸망을 선포하므로 여호와의 말씀으로 말미암아 내가 종일토록 치욕과 모욕 거리가 됨이니이다. 내가 다시는 여호와를 선포하지 아니하며 그의 이름으로 말하지 아니하리라 하면 나의 마음이 불붙는 것 같아서 골수에 사무치니 답답하여 견딜 수 없나이다(렘 20:8-9).

왕이 여후디를 보내어 두루마리를 가져오게 하매 여후디가 서기관 엘리사마의 방에서 가져다가 왕과 왕의 곁에 선 모든 고관의 귀에 낭독하니 그 때는 아홉째 달이라 왕이 겨울 궁전에 앉았고 그 앞에는 불 피운 화로가 있더라. 여후디가 서너 쪽을 낭독하면 왕이 면도칼로 그것을 연하여 베어 화로 불에 던져서 두루마리를 모두 태웠더라 (렘 36:21-23).

그들이 예레미야를 끌어다가 감옥 뜰에 있는 왕의 아들 말기야의 구덩이에 던져 넣을 때에 예레미야를 줄로 달아 내렸는데 그 구덩이에는 물이 없고 진창뿐이므로 예레미야가 진창 속에 빠졌더라(렘 38:6).

[다니엘]과 세 친구의 이야기가 있다. 다니엘은 당시의 역사적인 상황과 먼 미래에 일어날 일들에 대한 묵시언약을 선포한 선지자이다. 언약백성이 언약 적 신분을 내버리고 우상을 섬긴 영적음행으로 전쟁으로 징계를 받았다. 그들은 포로가 되어 바벨론으로 끌려갔는데 소수의 소년들이 왕궁에서 왕을 섬기는 훈련생으로 구별 되었다. 유다인들 중에 [다니엘]과 세 친구들 즉, [사드락], [메삭], [아벳느고] - 다니엘과 세 사람 모두 바벨론식 이름 - 가 교육을 받았다. 그들이 자라자 하나님의 섭리로 그들이 어느 소년들보다 특출해서 바벨론의 요직을 맡게 되었다.

다니엘은 살아계신 하나님께서 절대적인 주권자로 구속의 역사를 이루시는 과정을 선포했다. 하나님은 이스라엘만의 하나님이 아니시고, 전 세계에 나라와 왕들을 폐하시고 세우시는 하나님이신 것을 선포했다. 이 과정 속에서 다니엘과 그 친구들은 반대자들의 시기와 질투로 인해서 모함과 핍박을 받게 된다. 이들은 제국 안에서 우상종교를 단호히 거부하여 표면상으로는 목숨을 잃을 듯이 보였다. 그러나 하나님의 진리를 고수한 소수의 무리들로 인하여 하나님의 유일하심과 그 존귀하신 이름을 증거 하셨다. 이 소수의 전도자들로 말미암아 이미 세우신 하나님의 절대계획이 이루어졌다.

이 소년들이 하나님의 이름을 위해 핍박을 받은 것은 하나님의 은혜이다. 의를 위해 핍박을 받게 만드신 것이 다 하나님이 하신 일이기 때문이다. 하나님이 그들을 선택하셨고, 하나님이 환관장의 마음을 움직이시고, 하나님이 반대자들을 일으켜 세우시고, 하나님이 사자들의 입을 막으시고, 하나님이 풀무 불에서 건져내시고, 하나님이 다니엘과 세 친구들에게 참 믿음을 주시고, 왕의 마음이 감동되고 하는 이 모든 것들이 하나님이 하신 것들이다.

하나님은 자신의 일을 하셨다. 하나님은 자신이 살아계심을 만방에 증거 하시고, 유일하신 참 하나님이신 것을 모든 민족들에게 알리시고, 이 땅을 구원하시는 절대계획을 이루어 가시고, 하나님이 친히 구속사의 진행을 이루고 계시는 사실을 세상으로 분명히 알게 하시려는 의도적 사건들이다.

환관장이 그들의 이름을 고쳐 다니엘은 벨드사살이라 하고 하나냐는 사드락이라 하고 미사엘은 메삭이라 하고 아사랴는 아벳느고라 하였더라. 다니엘은 뜻을 정하여 왕의 음식과 그가 마시는 포도주로 자기를 더럽히지 아니하리라 하고 자기를 더럽히지 아니하도록 환관장에게 구하니 하나님이 다니엘로 하여금 환관장에게 은혜와 긍휼을 얻게 하신지라(단 1:7-8).

이제라도.. 모든 악기 소리를 들을 때 내가 만든 신상 앞에 엎드려 절하면 좋거니와 너희가 만일 절하지 아니하면 즉시 너희를 맹렬히 타는 풀무불 가운데에 던져 넣을 것이니 능히 너희를 내 손에서 건져낼 신이 누구이겠느냐 하니 사드락과 메삭과 아벳느고가 왕에게 대답하여 이르되 느부갓네살이여 우리가 이 일에 대하여 왕에게 대답할 필요가 없나이다. 왕이여 우리가 섬기는 하나님이 계시다면 우리를 맹렬히 타는 풀무불 가운데에서 능히 건져내시겠고 왕의 손에서도 건져내 시리이다. 그렇게 하지 아니하실지라도 왕이여 우리가 왕의 신들을 섬기지도 아니하고 왕이 세우신 금 신상에게 절하지도 아니할 줄을 아옵소서(단 3:15-18).

다니엘과 친구들은 평신도들로서 그들이 당하는 사건으로 예수 그리스도(인자)의 나타나심을 예언하기도 한다. 그들은 의를 위해 핍박을 받는 모델이다. 다니엘은 또 핍박 자가 어떻게 일어날 것인가를 예언하기도 했는데 이것은 모든 시대의 하나님을 대적하는 자들의 표상이다.

"군대는 그의 편에 서서 성소 곧 견고한 곳을 더럽히며 매일 드리는 제사를 폐하며 멸망하게 하는 가증한 것을 세울 것이며 그가 또 언약을 배반하고 악행 하는 자를 속임수로 타락시킬 것이나 오직 자기의 하나님을 아는 백성은 강하여 용맹을 떨치리라"(단 11:31-32) 이것을 예수님이 신약에서 인용하셨다. "그러므로 너희가 선지자 다니엘이 말한바 멸망의 가증한 것이 거룩한 곳에 선 것을 보거든 (읽는 자는 깨달을지저) 그 때에 유대에 있는 자들은 산으로 도망할지어다"(마 24:15).

신약 시대의 사도들과 모든 초대교회 성도들은 거의 다 복음을 위하여 박해를 받았다. 베드로를 비롯하여 바울까지 모든 사도들은 예수님을 위하여 순교를 당했다. 집사 스데반을 비롯한 모든 평신도들도 의를 위하여 핍박을 받았다. 마가다락방에서 탄생한 초대교회는 박해를 받아 흩어짐으로 복음이 확산이 되었다.

[스데반]은 전도제자였다. 그가 처음 초대교회의 집사로 안수를 받고 복음을 전파하는 현장으로 달려갔다. 함께 안수 받은 [빌립]집사는 사마리아 현장에 스데반은 유대인의 소굴로 들어간 것이다. 스데반이 제사장들과 서기관들로 구성 된 「산해드린」 공회원들의 재판을 받는 자리에서 전하는 복음은 핍박 자들을 격분케 했다.

스데반은 저들이 조상으로 말하고 있는 아브라함과 요셉으로부터 모세와 다윗, 또 하나님이 선지자들을 보내신 사실을 역사적 흐름으로 증언했다. 또한 모세의 그리스도 오심을 -여기서 스데반이 말한 의인은 그리스도를 의미하고, 모세가 한말을 인용하는데 '나와 같은 선지자 하나' 는 메시아 예언이다.-

예언한 것을 지적하면서 그들의 조상들이 언제나 선지자들을 박해했고 의인으로 오신 예수님을 죽였다고 거침없이 증언했다.

목이 곧고 마음과 귀에 할례를 받지 못한 사람들아 너희도 너희 조상과 같이 항상 성령을 거스르는 도다. 너희 조상들이 선지자들 중의 누구를 박해하지 아니하였느냐 의인이 오시리라 예고한 자들을 그들이 죽였고 이제 너희는 그 의인을 잡아 준 자요 살인한 자가 되나니 너희는 천사가 전한 율법을 받고도 지키지 아니하였도다 하니라 (행 7:51-53).

이때 핍박 자들의 반응은 이를 갈면서 스데반을 돌로 쳐서 죽여 버린다. 핍박 자들은 진리의 복음 때문에 분노에 떨고 이를 갈고 있었다. 공회원들은 왜 예수님을 거절하였는가 왜 이 땅의 복음전하는 교회를 그렇게 싫어할까 교회 안에서도 오직복음을 위한 전도자들의 삶을 꼴 보기 싫어할까 스데반과 초대교회를 공격한 자들은 학식이 있는 거물들이었고, 정치인들로 이스라엘의 지도자들이었다. 그들은 일찍이 율법교육과 제사장 교육도 받았으며 율법을 수호하고 책임 있는 자리를 맡기도 했다. 그런데 그들의 내면의 치졸함이나 더러운 동기에서 나오는 지도자의 가면이 벗겨졌기에 발악적 박해를 그치지 않았다.

평소에는 조용한 사람이 그리스도와 복음에 대해서는 폭력적으로 발악을 하는 모습을 보이는 경우가 있다. 그들은 타락된 상태 그대로 있기 때문이다. 창세기 3장 사건으로 인간에게 하나님에 대한 불신앙이 뿌리를 내렸다. 하나님을 떠난 인간은 마귀의 손아래 떨어진 것이다. 인간은 완전히 다른 존재가 되어버렸다. 핍박 자들이 이를 갈고 발악을 하는 이유가 분명해진다. 그들은 마귀의 노예로 마귀가 싫어하는 전도자를 싫어하는 것이 자연스러운 것이다.

> 너희는 너희 아비 마귀에게서 났으니 너희 아비의 욕심대로 너희도 행하고자 하느니라 그는 처음부터 살인한 자요 진리가 그 속에 없으므로 진리에 서지 못하고 거짓을 말할 때마다 제 것으로 말하나니 이는 그가 거짓말쟁이요 거짓의 아비가 되었음이라(요 8:44).

저희는 스데반의 증거처럼 목이 곧고 마음과 귀에 할례를 받지 못해 저희 조상들처럼 항상 성령을 거슬리는 자들이었다(행 7:51). 스데반은 서기관 바리새인들, 즉 성전과 모세와 율법과 하나님께 드리는 예배에 정성을 쏟는 자들에게 외치고 있는 것이다. '너희는 유대인이라 자랑하지만 마음에도 귀에도 할례가 없는 자들이다' 이 말은 너희는 하나님의 백성이라 자랑하지만 실상은 아니다 라는 것이다.

마음에 할례가 없는 자들은 그리스도 복음을 거절할 수밖에 없다. 그들이 할례, 할례하면서 자랑하지만 참 할례를 받지 못한 자들이었다. 그들은 하나님의 성령의 일들을 안 받는다. 그러한 일은 영적으로 분별되기 때문이다(고전 2:14). 바울은 "만일 우리의 복음이 가리웠으면 망하는 자들에게 가리어진 것이라 그 중에 이 세상의 신이 믿지 아니하는 자들의 마음을 혼미하게 하여 그리스도의 영광의 복음의 광채가 비치지 못하게 함이니 그리스도는 하나님의 형상이니라"고 했다(고후 4:3-4).

그들이 구약의 모든 예언을 누구보다 잘 아는 자들인데 어떻게 그렇게 악독이 가득했는가? 답은 하나뿐이다. 그들이 마귀에 잡혀있었기 때문이다. 그들은 이 세상 신 때문에 귀와 눈이 멀어있는 것이다. 바울은 그들이 하나님의 원수로 하나님의 법에 굴복을 할 수 없는 자들이기 때문이라는 것이다. "육신을 따르는 자는 육신의 일을, 영을 따르는 자는 영의 일을 생각하나니 육신의 생각은 사망이요 영의 생각은 생명과 평안이니라. 육신의 생각은 하나님과 원수가 되나니 이는 하나님의 법에 굴복하지 아니할 뿐 아니라 할 수도 없음이라"(롬 8:5-7).

그들과 스데반의 절대적 차이점이 있다. 그들은 '너희가 항상 성령을 거슬려..'(행 7:51)이고 스데반은 '스데반이 성령이 충만하여..'(행 7:55)이다. 그들은 스데반이 지혜와 성령으로 말함을 감당 할 수가 없었다. 한 마디 반박도 못했다. 그래서 그들 속에 움츠려있던 악귀가 발동했다. 그들은 이제 눈이 뒤집혀 사리 분별도, 체면도 사라졌다. [바나바]를 풀어주고 예수를 죽여라고 외치던 무리들의 상태가 재연된 것이다.

> 그들이 큰 소리를 지르며 귀를 막고 일제히 그에게 달려들어 성 밖으로 내치고 돌로 칠 새 증인들이 옷을 벗어 사울이라 하는 청년의 발 앞에 두니라 그들이 돌로 스데반을 치니 스데반이 부르짖어 이르되 주 예수여 내 영혼을 받으시옵소서 하고 무릎을 꿇고 크게 불러 이르되 주여 이 죄를 그들에게 돌리지 마옵소서. 이 말을 하고 자니라 (행 7:57-60).

언제나 더러운 영에 잡힌 자들은 복음의 사람들에게서 복음을 접하면 짜증을 내면서 불쾌감을 가진다. 그리고 비꼬고 코웃음 치다가 위선이 들어나면 증오가 증가하여 폭력을 자행하는데, 한번 폭력이 나오면 다음부터는 아예 핏발선 눈으로, 죽창을 들고 삼킬 자들을 찾고 다니게 된다. 바리새인과 서기관들이 기회만 있으면 예수님을 잡으려고 노렸고, 머리를 다 짜내어 혐의를 씌우고 결국 십자가에 죽였다. 여기 스데반에게도 똑같은 짓을 하고 있는 것이다.

이것은 기독교교회사에서 반복되어왔던 마귀의 짓이다. 종교개혁시대
에 수없이 박해를 받고 죽어간 사람들, 화형에 처해진 믿음의 사람들이 다
증오의 대상이 되었다. 이유는 단 한가지이다. 그들은 그리스도 안에 있었
기 때문이다. 그들은 복음으로만 세상을 구할 수 있다는 유일한 답을 분명
히 가진 복음전도제자들이었기 때문이다. 그들이 성령의 지배를 받고 있
는 것 자체가 핍박 자들에게는 견딜 수 없는 고통을 주기 때문이다.

스데반은 다른 이유가 아닌 그리스도를 증거 한다는 이유로 돌에 맞아
죽었다. 그는 어느 누구에게도 해를 끼친 적이 없었다. 그러나 핍박 자들
은 예수님을 증거 한다는 이유로 이를 갈며 서슴없이 돌로 쳐 죽였다. 그
래도 스데반은 무릎을 꿇고 그들을 위해 큰 소리로 기도했다(행 7:60). 이것
이 예수님과 복음을 위해 핍박을 받는 자이다.

스데반 집사의 죽음은 하나님의 구원의 역사에 새로운 시작이었다.
"그 때에 스데반의 일로 일어난 환난으로 말미암아 흩어진 자들이 베니게
와 구브로와 안디옥까지 이르러 유대인에게만 말씀을 전하는데 그 중에
구브로와 구레네 몇 사람이 안디옥에 이르러 헬라인에게도 말하여 주 예
수를 전파하니 주의 손이 그들과 함께 하시매 수많은 사람들이 믿고 주께
돌아오더라"(행 11:19-21).

초대교회와 속 사도들의 시대 300년 동안 성도들의 박해는 오직복음
을 위한 박해였다. 그들에게 박해를 가한 주체들은 유대교 교권과 로마의
황제들이었다. 그야말로 극한 핍박이었다. 이후 교회사의 장구한 박해의
역사는 로마 카톨릭의 교회로 펼쳐졌다. 십자군 전쟁은 교회의 무지와 잔
악함의 표상이 되었다. 당시 십자군 출정의 당위성을 역설했던 교황을 비
롯한 교회 지도자들은 '그리스도의 전투사로서 이교도들과 싸우는 것은

주님을 위해서 싸우는 것이다. 악인을 처형하는 것은 살인이 아니다. 그것은 주님의 명령을 따르는 것이라'고 설득했다. 십자군이 지나간 예루살렘의 길거리에는 시체가 산더미처럼 쌓여 있었다. 십자군은 이런 피의 거리를 개의치 않고 짓밟아 나갔다. 교회가 세상의 권력을 손에 쥐니 세상의 왕들과 합세하여 잔악함이 극치를 이루었다. 정치적 탄압과 종교적 탄압이 함께 자행 되었다.

2. 종교개혁 때의 박해

종교개혁의 때에는 루터를 비롯한 개혁가들은 칼날 위를 걸어가는 위태함 속에서 하루하루를 보냈다. 신교와 구교의 양 존립은 당시 제왕들의 정치적 유 불리를 따라 종잡을 수 없이 변동이 일어났다. 스코틀랜드와 잉글랜드의 [메리] 여왕과 [엘리자베스] 여왕의 때를 예로 들 수 있다.[56]

[메리]는 왕위에 오르자 아버지 헨리 8세가 로마 교황에 반대하여 제정한 법령을 폐지했다. 그녀는 탄원서를 제출하여 로마 교황으로부터 죄의 사면을 받았다. 메리부부는 의원들과 함께 교황을 향해 무릎을 꿇고 로마 교회로의 복귀를 선언했다. 그리고 개신교를 박해하기 시작했다. 메리는 적어도 1,200명의 성직자들을 파면시켰다. 그녀의 짧은 통치기간 동

---

56) '메리' 라는 여왕은 두 사람으로 이름도 성도 똑같다.① Mary Tudor(블러드 메리, 혹 메리 1세) : 스페인 출신의 캐서린 공주와 헨리8세 사이에서 태어난 딸이다. 헨리 8세는 자기와 캐서린의 결혼은 성경에 위배되니 무효라고 주장하고 교황에게 혼인무효 소송을 제기했다. 그러나 당시 교황은 그 결혼은 유효하며 캐서린과 이혼할 수 없다고 판결을 내리고 만일 이 결정에 따르지 않으면 파문당할 것이라고 위협했다. 그러자 헨리 8세는 자신의 종교를 가톨릭에서 개신교(성공회)로 돌리고 앤 볼린과 결혼을 감행했다. 메리 1세는 어머니 캐서린을 따라 광적으로 가톨릭을 신봉했다. 어머니를 내쫓은 아버지 헨리 8세에 대한 증오심 때문에 더했다. 블러디 메리가 죽위한 후 다시 가톨릭교로 바뀌게 된다. ② Mary Tudor(스코틀랜드의 메리, 혹 메리 2세, 불운의 여왕 메리로 알려짐): 스코틀랜드의 왕 제임스 5세와 프랑스 출신 왕비 '기즈의 메리' 사이의 외동딸로 5세에 프랑스로 가서 자랐다. 거기서 왕비가 되었으나 왕이 일찍 죽어 18세에 과부가 되고 스코틀랜드에 여왕으로 귀환했으나 많은 남자들과의 스캔들 때문에 국민의 지지를 잃었다. 그녀의 지배시절 개혁교회[존 낙스]를 스코틀랜드의 메리와 잉글랜드의 메리가 함께 성토했다. 그녀는 카톨릭 교회의 지지를 받았으나 잉글랜드 여왕 엘리자베스 1세의 암살음모로 처형되었다. /위키백과

안 감옥소 안에서 아사(餓死)한 자 말고도 286명이 넘는 프로테스탄트가 화형에 처해졌다.[57] 그리고 수많은 개신교 사람들이 구금과 재산 강탈의 고통을 당했다. 백성들이 메리를 '피의 메리'라고 불렀던 것은 놀라운 일이 아니다. 그러면서도 그녀는 사탄이 그리스도 앞에서 떨 듯이 신교의 목사 [존 낙스]를 심히 두려워했다.

메리가 죽고 [엘리자베스]는 영국 정치사상 가장 위대한 여왕으로 추앙받았다. 엘리자베스는 자신의 출생과 자기 어머니의 결혼을 인정하지 않았던 카톨릭에 대한 반감을 가지고 있었다. 그런 분위기 속에서 1572년에 프랑스에서 프로테스탄트 대학살 사건이 구교들로 인하여 일어났다.[58]

1570년에 로마 교황 피우스 5세는 엘리자베스를 파문하고 백성은 여왕에 대한 충성서약을 지킬 필요가 없다고 선언했다. 이때 프랑스와 스페인등지에서 훈련받고 다시 잠입한 잉글랜드 예수회의 대담하고 은밀한 활동은 선교가 아닌 거의 전쟁을 방불케 했다. 신교와 구교 양진영 간에 긴장은 더욱 고조됐다. 신교에 해당되는 사람들은 청교도들이었다. 엘리자베스 여왕 말년에 이르러 청교도세력은 프로테스탄트의 4분의 3을 차지하게 되었다. 이 두 여왕의 기간에만 수많은 사람들이 죽임을 당했다.

여기서 자행 되는 박해는 의를 위해 핍박을 받는 순수한 성도들은 소수이고, 나머지는 다 권력을 위한 세력싸움이었다.

3. 영국에서 순교한 몇 명의 성경번역자들

계속해서 교회는 주님의 사람들을 핍박했다. 특히 성경 번역자들을 극

---

57) 『위대한 이단자들』, 최덕성 저, 본문과 현장사이, p362
58) 위그노 사건(1562~1598)은 프랑스에서 있었던 종교 전쟁이다. 16세기 프랑스에서 가톨릭교도와 개신교도 사이에 일어난 종교전쟁으로, 프랑스의 개신교 신자들을 위그노라 한다. 가톨릭교도의 「성 바돌로메오 축일」의 위그노들에 대한 학살이 이 전쟁을 상징한다. /다음백과

형 처벌을 했다. [윌리엄 틴데일](William Tyndale) 같은 사람은 감옥의 심한 추위와 싸우면서도 더 나은 성경번역을 염원하고 있었다. 틴데일은 청교도주의 정신을 가진 순교자였다. [위클리프]와 [틴데일]의 정신은 오늘날에도 신앙에 대한 자유가 없는 나라에서 성경을 번역하고 복음을 전하는 자들에 의해 지속되고 있다. 루터의 글이 한 편에서는 널리 읽혀졌고 다른 한 편에서는 금서로 지정되었다. 수많은 복음의 사람들이 주님의 명령을 수행하다가 체포되어 화형에 처해졌다.[59)]

토머스 크랜머(Thomas Cranmer, 1489년-1556년)

[토머스 크랜머]는 캔터베리 대주교이자 종교 개혁 시기의 기독교 신학자이며 종교 개혁가이다. 영국교회의 기틀을 놓는데 결정적인 역할을 한 [크랜머]는 이단자로 정죄되어 화형을 당했다. 그는 권력에 따라 모든 생애에서 구교와 신교에 옮겨 다녔다. 그러나 종국에서는 확고하게 개신교 신앙을 고백하고 최후를 맞았다. 로마 가톨릭 신자인 메리여왕의 개신교탄압으로 화형에 처해 졌다. 크랜머는 회유공작을 받아 견딜 수 없는 정신적 압박에 시달린 끝에 개신교 믿음을 버린다는 믿음 철회서에 서명을 하였다. 하지만 마지막 순간 개신교 신앙을 버리지 않겠다고 입장을 바꾸고 순교하였는데, 순교직전 믿음 철회서에 서명한 오른손을 스스로 불에 집어넣었다 그는 회유공작으로 개신교 신앙을 저버린 것을 후회하며 믿음 철회서에 서명한 오른 손이 가장 먼저 불에 타야한다며, 교황이야말로 적그리스도라 말하고 화형대에서 최후를 맞았다. 그가 화형 당하기 전의 고백은 '내 마음으로 생각했던 진리에 모순되게 내 손으로 썼던 모든 것을 포기하고 거부합니다. 사실상 내 생명을 보존하기 위해 겁쟁이처럼 서명한 것이 있습니다. 내가 쇠퇴해지면서 내가 직접 썼거나 서명했던 목록들

---

59) 이 두 페이지의 역사적 기록 내용들은 각주를 빼고 대부분 [최덕성]의 『위대한 이단자들』 부제 : 「종교개혁 500주년에 만나다」를 참고 했다. /필자

이 있습니다. 그 내용들은 모두 진실하지 않는 것들이었습니다. 내 마음과 모순되게 서명하였기 때문에, 내 손이 제일 먼저 벌을 받아야할 것입니다. 나는 로마교황을 거부합니다. 그는 적그리스도이며 거짓 교리를 가르치는 자입니다.'라고 하였다.[60]

윌리엄 틴데일(William Tyndale. c, 1494-1536)

[윌리엄 틴데일]은 영국 종교개혁의 선구자 [존 위클리프] 사후 약 150년경에 등장한 사람이다. 위클리프의 정신을 따라 성경을 영어로 번역하고 출판한 일로 화형을 당한 영어성경의 아버지로 불린다. 틴데일은 감독의 승인이나 재가를 받지 않고 성경을 번역하여 출판했다는 것으로 '이단'이 되었다. 그는 교회가 금지하는 일을 독일과 네덜란드에서 수행했다. 거기서 성경 번역을 하고 인쇄된 성경을 영국으로 밀반입했다.[61]

존 위클리프(John Wycliffe)와 잔 후스(Jan Hus)

[위클리프]에게 영향을 받은 또 한사람 [잔 후스](Jan Hus)도 이단으로 화형 당했다. 잔 후스(Jan Hus, 1372-1415)는 체코의 기독교 신학자이며 종교 개혁가이다. 그는 존 위클리프의 영향으로 성경을 믿음의 유일한 권위로 강조하는 복음주의 자였으며 로마 가톨릭교회 지도자들의 부패를 비판하다가 교황 요한 23세에 의해 파문당하고 4년 후 콘스탄트 공의회의 결정에 따라 화형에 처해졌다.

---

60) 『위대한 이단자들』, 최덕성 저, 본문과 현장사이,pp357-358
61)윌리엄 틴데일(William Tyndale, 1494-1536) : 영국 웨일스 슬림브리지 출신, 존 위클리프에게 영향을 받아 영어로 성경을 번역한 사람이다. 그는 영어 번역을 위해 독일로 건너가 비밀리에 번역작업을 했으며 기존에는 없던 새로운 단어를 만들기도 했다. 성경을 번역한 죄로 체포되어 1536년 10월6일 화형 당했다. 『킹 제임스 성경』 영어판의 70%가 틴데일의 성경에 근거한다. 영국 캠브리지에는 그의 이름 가진 「틴델하우스」가 있는데 많은 전문 학자들이 연구하고 발표하는 연구소로 유명한 곳이다. /위키백과

그에게 영향을 준 [위클리프]도 후스와 함께 정죄 받고 부관참시한 후 그의 저작들과 함께 태워졌다. [존 위클리프](John Wycliffe, 1320-1384)는 영국의 기독교 신학자이며 종교 개혁가이다. 옥스퍼드 대학을 졸업하였으며, 1374년 교황이 납세 문제로 영국 [에드워드 3세]를 불러들였을 때 위클리프도 사절단으로 따라갔다. 그 후 교구장이 되어 로마 교황청의 부패를 탄핵하기 시작하였다. 교황 [그레고리우스 11세]로부터 이단이라는 비난을 받았으나 계속해서 교황의 권력과 로마 가톨릭교회의 교리에 공격을 가하였다. 후에 종교개혁운동의 여러 원리는 모두 그의 설교가운데서 싹텄다고 여겨지기도 하며, 위클리프의 메시지는 그를 따르는 사람들에 의해 각지에 퍼졌다. 평민들에게 복음의 진리를 전하기 위해 라틴어로 된 성경을 영어로 번역하여 마침내 1382년에 완성하였다. 순교자 [윌리암 틴데일]에게 성경번역사역에 큰 영향을 주었다. 그는 화체설을 반대하고 수도원제도를 비판하며 교황의 권위를 반대하였다. 잔 후스에게도 큰 영향을 주었다.

위크리프는 그가 죽은 후 31년이 지난 1415년, 독일의 보덴호수에서 개최된 『콘스탄트 공회』에서 이단으로 판결했다. 이 핍박 자들은 이단은 거룩한 땅에 묻혀선 안 된다는 이유로 부관참시(剖棺斬屍)를 집행한 것이다. 그의 저작을 불태우고 그의 무덤을 파헤칠 것을 결정했다. 그들의 죄는 라틴어 성경을 영어로 번역한 것이었다. 이단으로 판결 받은 콘스탄트공회에서 만장일치로 선출된 교황 마르티누스 5세는 위클리프가 죽은 지 44년이 지난 1428년 그에 대한 형을 집행하도록 명령했다. 새로운 교황의 명에 따라 부관참시와 함께 그의 뼈를 태운 후 남은 재를 강에 버렸다.

이후 그의 사상을 이어받은 사람들이 「보헤미안 공동체」라는 공동체를 만들었다. 위크리프의 주장은 [마르틴 루터] 등 종교 개혁가들에게 큰 영향을 끼치게 된다. 18세기 이후에 설립된 [모라비아 교회] 혹은 체코 개신교라는 이름으로 그의 정신이 이어져 오고 있다. 현재도 존 위클리프 이름을 딴 「옥스퍼드 대학」교의 연구소인 「위클리프 홀」과 「세계 성경번역 선교회」가 있다.

미국의 그레샴 메이첸 (J. Gresham Machen)

미국장로교 쪽에서 핍박은 주로 자유주의 좌경신학자들과 목사들을 통하여 일어났다. 미국은 민주주의 국가로 자리 잡은 시점이라 비록 잡아서 죽이는 경우는 없었지만 진보와 보수의 싸움은 여느 곳과 마찬가지였다. 미국 장로교회가 좌경화가 되어 짐에 따라 보수주의 신학자들과 목사들은 교단과 교회에서 쫓겨나는 일이 잦았다. 미국장로교단은 1920년대에 개혁신앙인이며 정통신학자인 [메이첸] 교수를 이단자 취급하여 목사직을 정직시켰고 자유주의 신학을 받아들였다. 메이첸은 교회가 칼빈주의적 교리들을 포기하면 기독교가 소멸된다고 생각하여 성경에 입각한 새로운 종교개혁이 필요하다고 여겼다.[62]

자유주의 신학은 기독교 신조 대부분을 부정하고 신조를 일부기독교인들의 경험의 산물로 여긴다. 자유주의 신학은 죄를 인본주의 시각으로 이해해서 그리스도의 대속 죽음이 필요하지 않다는 결론에 이른다. 그리스도의 동정녀 탄생, 속죄사역, 부활, 기적을 부정한다, 그들은 예수를 모범적인 도덕교사로 여긴다.

[메이첸]은 자유주의 신학자들을 배교자들로 보았다. 그들이 배교사실을 인정하고 스스로 교회와 신학교에서 물러나야 한다고 주장했다. 물러나지 않으면 진실한 기독교인들은 그러한 사람들이 주도하는 교회에서 분리할 수밖에 없다고 했다. 그들을 받아들이는 포용주의와 화평주의는 이단보다 더 위험하다고 했다. 메이첸은 자유주의 신학의 성경 관에 대항하여 성경 무오성(無誤性)을 변증했다.

---

62) 그레샴 메이첸(J. Gresham Machen) : 미국 웨스트민스터 신학교(WTS)를 설립. 100여년의 보수적인 신앙의 전통을 유지하고 있었던 프린스턴신학교(Princeton Seminary)가 현대 문화의 영향을 받아 자유주의로의 변모를 선언하였던 이사회의 결정에 불복하면서 웨스트민스터신학교(Westminster Seminary in Philadephia1929)를 설립하였다. 1936에는 교단의 자유주의 화에 반대로 미국정통장로교회(Orthodox Presbyterian Church)를 출범시켰지만, 출범과 더불어 건강이 악화 되어 이듬해에 55세 라는 나이에 생을 마감했다.

자유주의 신학의 움직임에 동조하는 목사들은 뉴욕 주「오번」시(市)에 있는 오번신학교에 회집하여 『오번선언서』[63](Auburn Affirmation, 1924)를 발표했다.

배교의 상징인 이 선언문은 기독교 5대 근본 교리들을 사실상 부정했다. 성경의 무오류성, 그리스도의 동정녀탄생, 속죄사역, 육체부활, 초자연적 기적에 대한 교리는'신학이론'에 지나지 않는 다고 주장했다. 그리고 총회가 이 교리들에 대한 교인들의 충성을 강요함은 잘못이라고 선언한다. 이 교리들을 고백하지 않아도 교회의 유급직원(목회자, 신학교수)으로 재직할 수 있고 성도의 교제에 동참할 수 있다고 천명했다.

자유주의 추종자들은 『오번선언서』 서명운동을 펼쳐 1,274명의 서명자를 확보하는 쾌거를 올렸다.[64]

정통신학의 별 [메이첸]은 자유주의 신학이 지배하는「미국 북 장로교회」의 이단자로 낙인찍혔다. 그는 교단의 부당한 처벌을 받고 그 교회를 떠났다. 장로교회의 교리와 신학을 부정하는 자유주의 신학자들은 막강한 영향을 미쳤다. 그 당시 그 교단 안에는 정통신앙을 가진 신자가 압도적으로 많았지만 그들은 메이첸을 따르지 않았다.

메이첸이 대항하여 싸운 상대는 당시 장로교회 구성원 전체가 아니라 개혁신앙, 정통신학 전통의 교리적 충실성을 부인하는 교회의 지도자들과

---

63) 『오번선언서』: 뉴욕「오번」에 본부를 두었기 때문에 '오번 선언서'라고 부르게 되었다. 미국 장로교회 내 자유주의자들은 1924년 1월 9일 소위 오번 선언서(the Auburn Affirmation; 미국 장로교회의 일치와 자유를 보존하기 위해 의도된 선언서)를 발간하고 교회의 결정에 반기를 들었다. 그들은 그리스도의 동정녀 탄생, 대속, 육체 불활, 이적 등의 교리들은 '신화'에 속하며, 총회가 이 교리들을 강도사 인허, 임직 등에 대한 필수교리로 선포하는 것을 위헌이라고 주장했다. 이 선언서가 처음 발간할 때는 141명의 장로교 목사들이 서명하였으나, 동년 5월 2차 발간 때는 거의 1300명의 장로교 목사들이 서명했다. /출처: http://reformed.tistory.com/35 [칼빈장로교회](Calvin Reformed Presbyterian Church)

64) 『위대한 이단자들』, 최덕성 저, 본문과 현장사이, p402

신학자들이었다.

「프린스톤」신학자 메이첸의 신학논쟁의 핵심은 당시 교회의 지도자들이 지향하는 포용주의, 다원주의, 신앙무차별주의를 방지하는데 있었다. 중도파 신학자들과 목사들이 취한 태도는 교회가 정통신학 정체성을 포기하도록 부추긴 샘이 되었다. 보수파의 어정쩡한 자세와 중도파 인사들의 자유주의 신학자들과의 결탁은 교회의 생명력 상실을 가져왔다. 「미국 북 장로교회」가 메이첸을 잃은 것은 교단의 큰 손실이었다.

당대 최고의 정통신학자를 이단으로 몰아도 그것을 지탄하고 나서는 사람이 없는 것은, 당시 서구사회가 인본주의 사상이 무르익는 시기였기 때문이었다.

하나님의 존재와 구속의 은총을 수준 낮은 신앙으로 생각하는 풍토 때문에 자유주의 신학이 자기의 때를 만난 것이고, 이는 사탄의 승리가 되었다. 이영향이 굳어져서 지금 미국에 독립정신과 함께 인본주의 신앙색깔이 되었고, 이 영향은 율법주의 체질이 되었다. 교회들마저도 지금은 뉴에이지운동과 프리메이슨, 동양(특히 인도)종교에서 정신운동에 매력을 느끼고 있다. 정통신학의 보류가 무너짐으로 미국의 교인 수가 추풍낙엽처럼 떨어지고 교회는 생명력을 잃고 사양길에 들어섰다. 2019년 1월 현재 미국에서 교회당을 매도하려고 내놓은 교회가 1,232개나 된다고 한다.

자유주의 신학을 반대하는 정통신학 그룹의 핵심 인물들이 몇 명 있었으나, 그들의 투쟁은 서구사회의 인본주의 시류 안에서 개혁은 역부족이었다. 어떤 노회에서는 오번선언서의 교리들을 부정하는 사람이 교회의 급료를 받는 사역자(목사, 신학교수)로 봉사할 수 없도록 하고 교회, 교단의 임원, 위원이 될 수 없게 하는 안을 총회에 상정하기도 했다. 교회의 생명을 좌우하는 신학노선 결정은 대체로 교회 정치꾼들의 손에 달려있다. 이게 사탄의 공격 전략이다. 이렇게 미국교회가 오늘의 이름뿐인 기독교국가가 되어버렸다.

　미국 교회는 주님의 "이 반석위에 내 교회를 세우리니.."의 조건에서 멀어지고 말았다. 하나님의 새로운 복음의 순환기를 허락 받지 않는 한, 참 전도자와 그리스도의 오직이 된 후대(Remnant)가 준비되지 않는 한, 미국은 패권국가의 그릇을 감당할 수 없게 될 것이다. 교회의 생명상실은 뱀의 냄새만 풍긴다. 한국교회가 참 전도자들이 사라진다면 사망으로 좇아 사망의 냄새만 풍기게 될 것이다.

　지금이야 말로 주님의 팔복이 실현 되는 그 속에 달려가는 전도자가 필요한 때인데, 한국교회에 오직 복음만 전하고 오직전도와 선교만 하겠다고 나선 목사들 500명이 각 교단에서 목사면직 당한 것은 얼마나 다행한 일인가? 이로서 한국교회에서 주의 손이 함께 하심을 볼 수 있게 되었다. 놀라운 하나님의 긍휼과 측량할 수 없는 하나님의 사랑에 감사 찬양만 있을 뿐이다.

　[마이어](A Mieir)가 작사 작곡한 「놀라운 그 이름을 임마누엘이라 하리라」 찬양을 영원히 올리고 싶다.

　　　　놀라운 그 이름 놀라운 그 이름
　　　　놀라운 그 이름 예수 내주
　　　　전능의 왕이요 만물의 주시니
　　　　놀라운 그 이름 예수 내주
　　　　선하신 목자 또 영원한 반석 전능의 하나님
　　　　경배 드리며 찬양 드리세 놀라운 그 이름
　　　　예수 내주

　교회사의 장구한 박해의 기간에 일어난 일들을 다 열거할 수는 없다. 오늘의 박해가 세계 전역에 적극적으로, 소극적으로 또 지엽적으로, 전체적으로 또 개인적으로, 집단적으로 핍박이 자행 되고 있다. 안전하고 편안한 가운데도 불같은 시험과 환란이 올 가능성은 언제나 상존하고 있다. 그러나 우리의 승리는 확고하다. 왜냐하면 우리가 악한 자를 이기었기 때문이다.

사도요한은 "자녀들아 내가 너희에게 쓰는 것은 너희 죄가 그의 이름으로 말미암아 사함을 받았음이요 아비들아 내가 너희에게 쓰는 것은 너희가 태초부터 계신 이를 알았음이요 청년들아 내가 너희에게 쓰는 것은 너희가 악한 자를 이기었음이라 아이들아 내가 너희에게 쓴 것은 너희가 아버지를 알았음이요 아비들아 내가 너희에게 쓴 것은 너희가 태초부터 계신 이를 알았음이요 청년들아 내가 너희에게 쓴 것은 너희가 강하고 하나님의 말씀이 너희 안에 거하시며 너희가 흉악한 자를 이기었음이라"(요일 2:12-14)라고 한다.

사도요한은 청년들에게 '악한 자들을 이기었음'이라고 한다. 예수님은 자신과 우리를 대비시켜 말씀하신다. "이기는 그에게는 내가 내 보좌에 함께 앉게 하여 주기를 내가 이기고 아버지 보좌에 함께 앉은 것과 같이 하리라"(계 3:21) 우리가 스스로 마귀의 세력과 싸워서 마귀를 패배시킨다는 것은 불가능한 일이다. 우리는 그런 힘과 능력을 갖고 있지 않다. 또한 그 시도를 한다는 것 자체도 불필요한 일이다. 왜냐하면 예수님이 그리스도 일을 완전히 수행하셨기 때문이다. 그러므로 우리의 승리는 우리 왕의 승리에 동참하고 그 승리를 향유하는 것이다.

우리는 우리 주 예수 그리스도로 말미암아 우리에게 이김을 주시는 하나님께 감사할 것뿐이다(롬 8:35-37). 우리는 이미 그리스도 안에서 하늘의 보좌에 앉혀졌다(엡 2:6). 이 땅의 어떤 박해나 환란도 우리에게는 공로만 더 해질 뿐이다. 그러므로 전도제자들은 핍박하는 자들을 오히려 고맙게 여길 수 있는 것이다. 이것이 의를 위하여 핍박을 받는 자들이 복이 있다는 의미이다. 예수님이 원수들을 위해서 기도하셨고, 스데반 집사도 자신의 얼굴과 머리를 돌로 내치는 자들을 위해 기도했다. 사도바울은 '내가 그리스도를 위하여 받는 능욕을 기뻐한다.'고 했다. 그러나 의를 위하여 받는 핍박이 아닌데 의를 위한 것처럼 보이는 경우가 있다.

4. 의를 위해 받는 박해가 아닌 것

자신의 어리석음 때문에 핍박을 받는 기독교인들이 있다. 이들은 상식을 벗어난 행동을 보인다. 그들에게는 객관성이 결여 되어있고 합리적인 사고와는 거리가 먼 자들이다. 그들이 무지해서 그런다고 이해를 하려하지만 사실은 복음에서 나오는 삶이 아니기 때문에 그렇다는 말이 맞다. 왜냐하면 성령은 얼마든지 인간의 하찮은 지혜나 지식, 상식적 수준을 훨씬 뛰어 넘어 모든 것을 알게 하고 처신에 있어서 가장 고상한 수준으로 만들 수 있기 때문이다. 바울의 고린도교회 성도들에게 보낸 편지를 보면 알만하다. "오직 하나님이 성령으로 이것을 우리에게 보이셨으니 성령은 모든 것 곧 하나님의 깊은 것까지도 통달하시느니라"(고전 2:10). 지혜가 없고 능력이 없는 사람이라도 성령이 역사하시면 깊은 지혜가 있게 된다. 그런데 이것은 불신자들이 공감하는 객관성과 영적인 주관성을 함께 가진다.

핍박을 까닭 없이 받는다고 하는 어리석은 자들 중에는 저들이 가지고 있는 영적문제, 즉 고집 때문인 사람도 있다. 저들은 저들의 성격과 치료되지 못한 기질 때문에 욕을 자초하고도 주님위해 받는 핍박으로 착각한다. 당연히 예수님의 말씀과 상관없는 사람들이다.

비슷하지만 너무 광신적인 기독교인들도 있다. 이들도 의를 위한 핍박이 아닐 경우가 많다. 사람들이 모여 있는 역전이나 시장어귀에서 스스로 인간간판이 되어 확성기로 예수천당을 외치고 회개하라고 외쳐대는 사람들 중에도, 뭔가 자신을 위한 동기도 보여 지는 경우가 있다. 자신의 담대함을 스스로 시험하기 원하며 스스로 자신의 믿음에 만족을 찾기도 한다.

그들은 자신들에게 쏟아지는 따가운 눈초리를 주를 위해 핍박을 받는 것으로 생각하여 더욱 담대해 진다. 이 담대함은 한번 두 번 할수록 더욱 대담해지고 사람들의 핀잔을 기쁨의 근거로 삼는다. 그들을 보고 한 번도 전도를 해 본적이 없는 착한 그리스도인들에게는 도전이 되기도 하고 마음으로 칭찬을 하는 사람들도 간혹 있으리라. 여하튼 그들의 판단은 주님이 하실 것이다.

그뿐만 아니라 전도에 너무 열심이어서 가정을 돌보는 일을 제쳐두고 거리로 뛰어 나가는 사람들이나, 자기의 소행으로 가족들에게 당연히 희생을 요구하는 사람들이 있다. 그들은 예수님의 바리새인들에게 하신 질타를 받아야할 것이다.

> 모세는 네 부모를 공경하라 하고 또 아버지나 어머니를 모욕하는 자는 죽임을 당하리라 하였거늘 너희는 이르되 사람이 아버지에게나 어머니에게나 말하기를 내가 드려 유익하게 할 것이 고르반 곧 하나님께 드림이 되었다고 하기만 하면 그만이라 하고 자기 아버지나 어머니에게 다시 아무 것도 하여 드리기를 허락하지 아니하여(막 7:10-12).

그들은 하나님의 일이라는 핑계를 대고 불평하는 가족들에게 '고르반' 하면 끝나버린다. 더 이상 부모라도 시비하지마라는 것이다. 왜냐 내가 하나님을 위해서 했기 때문이라는 것이다. 이것같이 핑계대기 좋은 일이 없고 이것같이 무례한 일은 없다. 오히려 부모들이 사과해야 하고 모든 가족들은 자기하는 대로 따라와야 된다. 안 그러면 가족들이 하나님을 우습게 여기는 죄가 되기 때문이다.

그들은 바리새인들과 서기관들의 위선적 삶을 도입하고 있는 자들이다. 이것은 분명 복음의 역사가 아닌 영적문제요 정신적문제이다. 자신이 뭔가에 잡혀 뛰쳐나가야만 직성이 풀린다. 그것은 자신의 정신적 문제에 대한 나름의 해결책을 찾는 와중에 나타날 수 있는 모습이다. 먼저 복음으로 치유를 받아야한다.

또한 어떤 대의명분을 위하여 핍박을 받는 것도 주님을 위한 핍박이 아니다. 기독교인으로서 사회의 불의를 보고 약자 편에 서서 고난을 불사하는 사람들이 있다. 그들은 기독교인이 아닌 사람들과 함께한다. 대의명분이 통하기 때문이다. 그들은 '갑질'들의 공격으로 희생을 감수하고 심지어는 투옥을 당한다. 그들의 희생정신으로 사회의 불의의 체제가 바뀌기도 했는데 그들 중에 유명정치인들이 많다. 그들은 어떤 면에서는 그런 고생을 경력을 쌓는 것으로 여겨, 기회 있을 때마다 나서는 것을 즐겁게 생각한다. 정치적인 이유로 박해를 받는 것은 의를 위해 받는 핍박이 아니다. 정치상황이 바뀌면 거의 모두 한 자리씩 꿰차는 것이 기정사실로 되어 있다는 말은 지나친 말이 아닐 것이다.

한국에서 이들은 민주화 투쟁을 하며 독재에 항거하는 용기 있는 사람들이었다. 그들의 피난처는 명동성당이었다. 아니면 교회의 보호를 받는 것이었다. 거기서 받는 고난을 주님이 말씀하신 의를 위해 받는 고난으로 생각한다면 오해이다. 교회가 세상에서 사회주의나 공산주의 온상이라면 그것이 사탄의 전략에 넘어간 것이다.

그들 속에 있는 기독교인들은 치유의 대상이요, 불신자들은 전도의 대상이다. 순수한 복음은 반공산주의도, 반민주주의도 아니다. 오직 세상을 구원할 복음주의이다. 그래서 전도제자가 있는 곳은 [스란시스 A 쉐퍼]의 말대로 '바로 오늘 내가 만주의 주요 왕 중의 왕이 원하시는 곳에 있는' 그 자리가 전도자의 자리이다.[65]

세상은 대체로 선하고 착한 사람을 칭찬한다. 그들 중에 큰 희생을 감수하고 부귀를 포기하고 무소유를 평생 실천하면서 살아간 사람들도 있

---

65) 『쉐퍼의 편지』, 프란시스 쉐퍼, 양해원 역, 홍성사. p32

다. 세상은 무소유주의자들을 박해하는 법이 없다. 한 사람이라도 소유를 포기하면 자기의 몫이 많아지는 원리에 물들어있는 것이 인간이기 때문이다. [마키아 벨리]는 『군주론』에서 모든 사람의 행동의 동기는 자기유익이라 했는데, 참 그리스도의 제자가 아니면 무소유자도 '동기'라는 말에서 벗어 날 수가 없다. 사람들의 칭찬과 존경이 바로 소유가 되기 때문이다. 물질이 비물질로, 한 차원 높이 대체가 된 것 뿐이다.

5. 전도제자와 박해

세상은 복음 전도자를 싫어한다. 세상은 그리스도 이름을 위해 사는 의인들을 비웃고 핍박한다. 주님을 위해 박해를 받는 자들은 그리스도를 가장 우선순위로 두는 사람들이요 복음을 전하는 전도제자들이다. 참전도제자들은 주 예수그리스도를 높이고 그분밖에는 세상을 구원할 길이 없기 때문에, 그리스도의 이름을 가장 존귀하게 여긴다. 그들은 무소유를 주장하는 것이 아니고 가진 것으로 하나님의 나라를 세우는데 사용하기를 기뻐한다. 그래서 자신의 기능을 전문화시켜 경제력을 키운다. 이 사실은 모든 불신자들도 성공을 위해 뛰어다니지만 전도제자와는 목적도, 가치도 다르다.

참 복음의 사람들은 교회 부흥을 위한다거나, 전도하면 축복을 받는다는 그런 마음의 동기가 없다. 받은 은혜가 너무 커서 그냥 복음을 전하는 일을 우선순위로 삼는다. 그들이 가진 직업이나 가정이나 직장과 자기들의 기능을 온전히 전도와 선교를 위해 사용하려는 진실한 동기를 가지고 있다. 전도자들은 세상이 예수님을 미워했다면 그들도 세상에서 환영을 받지 못한다는 사실을 알고 있다.

의에 주리고 목마름의 부분에서 소개한 이 부분은 얼마든지 언급해도 부족할 정도이다.

바울은 디모데에게 전도자는 핍박을 받을 것이라고 주지시킨다. "나의 교훈과 행실과 의향과 믿음과 오래 참음과 사랑과 인내와 박해를 받음과 고난과 또한 안디옥과 이고니온과 루스드라에서 당한 일과 어떠한 박해를 받은 것을 네가 과연 보고 알았거니와 주께서 이 모든 것 가운데서 나를 건지셨느니라. 무릇 그리스도 예수 안에서 경건하게 살고자 하는 자는 박해를 받으리라"(딤후 3:10-12) 디모데는 바울이 돌에 맞아 피투성이가 된 사실을 현장에서 본 제자이다. 바울은 그 때를 상기시키면서 디모데에게 전도자는 박해를 받지만 주님이 건지신다고 한다.

"유대인들이 안디옥과 이고니온에서 와서 무리를 충동하니 그들이 돌로 바울을 쳐서 죽은 줄로 알고 시외로 끌어 내치니라"(행 14:19). 전도자의 환란 받은 현장에는 항상 주님이 지켜보신다(행 7:54-60). 디모데는 처음부터 전도자의 핍박받는 것은 당연시 여기는 훈련이 된 것이다.

제자들이 둘러섰을 때에 바울이 일어나 그 성에 들어갔다가 이튿날 바나바와 함께 더베로 가서 복음을 그 성에서 전하여 많은 사람을 제자로 삼고 루스드라와 이고니온과 안디옥으로 돌아가서 제자들의 마음을 굳게 하여 이 믿음에 머물러 있으라 권하고 또 우리가 하나님의 나라에 들어가려면 많은 환난을 겪어야 할 것이라 하고 (행 14:20-22).

바울은 피투성이의 몸으로 그들 핍박한 자들이 아직 거기에 있을 것이 분명하지만 날이 새자마자 바나바와 함께 그 도시들로 다시 들어간다. 이유는 하나이다. 거기에 디모데를 비롯한 제자들이 있기 때문이었다.

"바울이 더베와 루스드라에도 이르매 거기 디모데라 하는 제자가 있으니 그 어머니는 믿는 유대 여자요 아버지는 헬라인이라 디모데는 루스드라와 이고니온에 있는 형제들에게 칭찬 받는 자니"(행 16:1-2) 그 현장에서 세워진 제자가 디모데이다.

사도 요한은 전도자들은 그리스도께 속해있다는 사실 때문에 세상이 미워한다고 했다. 그리고 미움 받는 것을 이상히 여기지 말라고 한다. 세상이 예수님의 제자를 미워하는 것은 자신들의 행위가 악한 것이 들어났기 때문이라고 한다.

> 가인 같이 하지 말라 그는 악한 자에게 속하여 그 아우를 죽였으니 어떤 이유로 죽였느냐 자기의 행위는 악하고 그의 아우의 행위는 의로움이라 형제들아 세상이 너희를 미워하여도 이상히 여기지 말라(요일 3:12-13).

예수님은 눈에 보이는 것을 쫓아오는 많은 무리들과 구별하여 제자들에게는 다른 깊은 이야기를 하셨다. 그들을 세상이 싫어한다는 것과, 핍박이 자행 된다는 것과, 몸을 죽이는 자들을 두려워 말 것을 누차 말씀하셨다. "세상이 너희를 미워하면 너희보다 먼저 나를 미워한 줄을 알라 너희가 세상에 속하였으면 세상이 자기의 것을 사랑할 것이나 너희는 세상에 속한 자가 아니요 도리어 내가 너희를 세상에서 택하였기 때문에 세상이 너희를 미워하느니라"(요 15:18-19).

6. 한국 교회사에 하나님이 베푸신 은혜

일제식민시대에 어떤 기독교인들이 목숨을 부지하기 위해서 '신사참배는 우상숭배가 아니다'라고 신사참배를 옹호했지만 소수의 복음의 사람들은 신사참배를 반대자로 끌려가 심한 고문을 당하고 그 고문 가운데 죽어갔다.

예수님의 의를 위하여 핍박을 받는 자는 이 사람들이다. 일제 강점기에 수많은 믿음의 사람들이 주님에 대한 믿음을 지키다가 온갖 핍박을 받았다. 실로 한국교회의 핍박의 역사는 순수한 믿음의 역사이다. 이것은 믿음의 선조를 둔 한국교회사의 진귀한 유산이 아닐 수 없다. 그중에 최봉석, 최상림, 김윤섭, 박의흠, 안영애, 조용학, 주기철 등이 있다. 손양원 목사를 비롯한 장로들과 전도인들, 평신도들은 공산치하에서 당한 순교의 열전을 이어갔다. 많은 기독교인들이 항일운동과 우상을 거부하는 정치적 색깔도 함께 가지고 있었으나 그중에 주기철, 주남선, 한상동, 손양원, 문준경 등과 같은 복음의 사람들은 오로지 복음과 하나님의 계명을 지키기 위해서 핍박을 당했다. 이 분들의 신앙사상을 살펴보면 예수님을 위하여 받는 박해가 무엇인지 분명히 구별할 수 있다.

주기철 목사

[주기철] 목사는 1920년 5월에 마산 「문창교회」에서 열린 부흥사 [이기선]목사의 부흥사경회에 참석하여 죄를 통회하고 성령의 강력한 임재를 경험했다. 당시 경남지역에서 기독교인들이 독립운동을 하다가 감옥소에 잡혀 들어가고 총살당해 죽었다. 주기철 목사는 마산에서 목회하다가 1936년 여름 나이 40때에 평양 「산정현교회」로 임지를 옮겼다. 평양신학교를 졸업한지 10년 만에 평양에 다시 온 것이다. 그때 교회는 많은 상처를 안고 있었다.

전임자 [송창근] 목사는 자유주의 신학계열의 목사였다. 산정현교회는 자유주의 진보신학과 정통신학의 충돌로 상처가 심했다. 주기철 목사는 다짐했다. 처음부터 자신의 신앙관을 분명히 보여주지 않으면 성도들은 계속 지금처럼 갈팡질팡할 것이 뻔했기 때문이다. 그는 신앙생활이란 어디까지나 확실한 구원관을 목표로 해야 한다고 강조했고 신앙생활이 민족운동이나 도덕운동 수준에 머물러서는 안 된다고 지속적으로 강조했다. 그리고 성경을 사람의 머리에 뜯어 맞춰서도 안 된다고 강조했다.

이미 주기철 목사가 오기 전에 평양의 교회들은 1년 전부터 신사참배를 강요받고 있었다. 또 이 무렵에 로마교황청 사절단이 평양을 방문해서 한국 천주교는 신사참배를 찬성한다는 결의를 공포했다.

이때 일본과 캐나다와 미국에서 자유주의 신학교육을 받은 목회자들이 일본의 식민정책에 협조를 자처했다. 이들은 한국교회의 정통신학을 '친 서구'라고 비난하면서 '조선적 기독교'를 명분으로 세워 신사참배운동을 주도했다. 이미 천주교회는 오래 전부터 일제의 정책을 '순리'로 받아들이고 신사참배를 시행해 왔다. 개신교의 교단들도 하나씩 신사참배를 가결했고 결국 한국장로교회도 신사참배를 가결했다. 당시 장로교총회장은 [홍택기] 목사였다. 그는 천추(千秋)에 한(恨)이 될 빌라도의 길을 가고 있었다. 일제의 각본대로 일본헌병들의 감시아래 신사참배가결은 이루어졌다. 총회장 [홍택기]목사는 전국교회에 서한을 보내 신사참배를 반대하는 것은 총회결의와 주님의 뜻에 위배된다고 하고 이 결정에 따르지 않는 자는 처벌하겠다고 경고했다. 장로교총회 산하 노회들은 신사참배에 순응하지 않는 선교사들을 제명, 면직시켰다.

이들은 주기철 목사를 가장 골치 아픈 극단주의자로 생각했다. 주기철 목사가 속한 평양노회는 신사참배를 거부하는 목회자를 강단에 세우지 말라고 지시했다. 평양노회는 주기철 목사를 산정현교회 담임목사직에서 파면시켰다. 결국 주기철 목사는 감옥소에서 순교했다. 교회가 우상숭배 시행을 결의한 것과 마찬가지로, 우상숭배를 거부하는 목사의 목사직을 파면한 것 또한 한국기독교 역사에서 전무후무한 사건이다.

한국교회가 저지른 배교행위를 [최덕성]은 '종교개혁 500주년에 만나다.' 라는 부제를 단 『위대한 이단자들』이란 저서에서 한국교회의 실태를 대략 10가지로 이야기한다. 한국교회는 ① 우상숭배를 솔선수범했다. ② 조선예수교장로회 총회와 지역 노회가 우상숭배 권유운동을 펼쳤다. ③ 신사참배를 거부하는 자들과 우상숭배를 하지 않으려고 교회를 기피하는 자들을 제적했고 왜경에게 고발했다. ④ 우상숭배를 하지 않는다는 이유로 목사직을 면직시켰다. ⑤ 일제에 국방헌금, 전쟁용 비행기, 위문품을 바쳤다. ⑥ 주일예배 때 여호와 하나님만 아니라 천조대신에게도 예배하고 황거요배(皇居遙拜)-동방요배(東方遙拜)를 했다. ⑦ 신학을 신도(臣道)기독교에 부합하도록 개조했다. ⑧ 교회 대표자가 여호와 하나님보다 천조대신이 더 높다는 각서에 서명하여 관리에게 바쳤다. ⑨ 찬송가 중에서 그리스도가 왕이라는 내용의 곡을 모조리 삭제하고, 성경에서 유대교 요소를 담은 내용을 찢어버리게 했다. ⑩ 광복 즉시 과거사에 대한 진정한 참회를 하지 않았다.[66]

문준경 전도사

순교자 [문준경](1891-1950)은 일제식민지 때 전남 신안의 암태도 섬 태생이다. 그녀는 17세에 신안의 섬마을 「증도」로 시집갔다. 일본을 왕래하며 신문물을 접했던 남편에게 문준경은 구시대의 무식한 여성일 뿐이었다. 그녀는 홀로 시집살이를 하며 견디고 또 견뎠다. 시아버지는 문준경의 총명함을 알고 글을 가르쳤다. 문준경 에게는 시아버지가 베푼 공책과 연필이 유일한 기쁨이고 희망이었다. 남편은 여전히 외지를 나돌았다. 스물일곱 살이 됐을 때 가장 의지했던 시아버지가 죽었다. 10년 후에 시어머니마저 죽자 버림받은 그녀는 「목포」로 나왔다.

단칸 셋방에서 삯바느질로 살고 있을 때 어느 부인으로부터 예수 믿을 것을 권유받고 교회에 출석을 시작했다. 문준경은 이듬해 세례도 받았다. 그녀는 목포교회 전도 왕으로 불렸다. 그리고 「지도」와 「압해」도등 섬을 돌면서 복음을 전했다. 그래도 영적으로 기갈을 느끼고 1931년 서울 아현동 경성성서학원(서울신대 전신)에 입학했다. 거기서 영적 스승 [이성봉](李

66) 『위대한 이단자들』, 최덕성, p450

聖鳳, 1900-1965, 부흥사, 임마누엘전도대장) 목사를 만났다.

신학교 재학시절 방학 중에 문준경은 신안의 섬마을을 돌며 전도했다. 그러는 중에 신안 「임자도」라는 섬에 「진리교회」를 설립했다. 임자도에는 자기남편이 다른 여자를 데리고 살고 있어 박해가 심했다. 그러나 그녀는 그들마저 안고 구원의 길로 같이 가고자 했다. 「진리교회」는 1950년 10월에 가족 11명, 교인 35명과 장로 한명과 집사 한명과 함께 순교한 교회이다. 문준경 전도사는 이에 굴하지 않고 일제가 식민통치를 강화하던 1935년 2월에 「중동리교회」를 세웠다. 3월에는 「대초리교회」 이듬해 「재원리교회」「방축리교회」「우전리교회」를 차례로 세웠다. 그러나 43년 말 일제는 모든 교회를 강제해산시켰다. 일제는 교회들을 해산시키고 『경방단』 사무실로 썼다.[67]

일제식민시대가 지나고 6·25 공산치하 때는 전남해안의 섬들이 빨갱이들의 활동 무대가 되었다. 1950년 10월 5일 새벽. 「중동리교회」에서 800m 떨어진 바닷가에 죽창과 총으로 무장한 내무서원들이 끌고 온 문전도사를 내팽개쳤다. 그가 딸처럼 사랑한 30대 초반의 백정희 전도사와 함께였다. 내무서원들은 다름 아닌 인민군, 빨치산, 자생 공산당원들이었다. 유산계급과 미 제국주의자 타도를 외치던 자생 공산당원들 대부분은 전쟁 전까지만 해도 한 마을에서 함께 살아가던 이웃이었다. 사탄의 이념 주입은 빠르게 마을공동체를 파괴했다.

그들에게 문준경은 미 제국주의자의 앞잡이요, 종교라는 아편을 퍼뜨리는 인민의 적이었다. 문준경은 증도를 중심으로 서남해안 인민에게 아편을 퍼뜨리는 수괴였고, 새끼를 제일 많이 깐 '씨암탉'이었다.

새벽 바닷가 백사장에 끌고 나온 그들은 죽창으로 그녀의 옆구리를 찔렀다. 그 고통의 와중에도 문준경은 제발 저 젊은 백 전도사만은 살려달라

---

67) 경방단 : 일제가 방공(防空)을 이유로 세운 전국적 친일 민간조직. /다음백과

고 애원했다. 그리고 숨을 거두기 전 '하나님 아버지, 내 영혼을 받아 주시옵소서!'라고 속삭이듯이 말했다. 이렇게 죽어가는 그녀에게 총대와 칼이 날아들었다. 처참했다. 확인 사살이 이어졌다. 단지 예수를 믿는다는 이유였다.

그녀의 시신은 순교 직후「중동리교회」뒷산에 매장됐고 2005년 증도의 기념관으로 이장됐다. 1964년 그의 신앙의 제자들은 '여기 도서(島嶼)의 영혼을 사랑하시던 문준경 전도사님이 누워 계시다'는 추모석을 세웠다.[68]

문준경 전도사의 신앙의 제자들은 [김준곤](1925-2009,한국대학생선교회 설립자)목사를 비롯하여 [이만신](1929-2015,부흥사), [정태기](크리스찬 치유상담대학원대학교 총장)목사 등이 있고 [홍정길], [하용조]등이 후기의 제자들이라 할 수 있다.

만약 한국국민이 비행기 트랙에서 부터 열광했던 [테레사] 수녀가 핍박 자들 앞에 나타났다면 핍박은 자취도 없이 사라질 것이다. 테레사 수녀가 하던 일은 참으로 착하고 고귀한 일이지만, 그 일이 하나님 앞에서 구원받는 조건은 절대로 아니다. 착한 일로 하나님 앞에서 인간의 가치를 높여줄 수 있는 것은 절대로 없다. 인간의 가치, 인간의 인간됨, 인간의 하나님나라 백성 됨은 '예수님이 그리스도시다'는 말씀 전파와 하나님의 주신 은혜로만 되는 것이기에 그렇다.

혹 이 세상에서 테레사 보다 천배나 더 착하고 헌신적인 삶을 산 사람이 있다 하더라도 그 사람의 행위는 구원에 단 1%도 기여가 될 수 없다는 것이 성경이다. 인간은 오직 예수님의 공로만 의지할 때 가치 있는 존재가

---

68) 추모석 뒷면에 새긴 글 : '…빈한 자의 위로되고 병든 자의 의사, 아이 낳은 집의 산파, 문맹퇴치 미신타파의 선봉자, 압해, 지도, 임자, 자은, 암태, 안좌, 등지에 복음 전하며 진리, 증동리, 대초리, 방축리에 교회 설립하고, 모든 것을 섬사람을 위하였고 자기를 위하 여는 아무 것도 취한 것이 없었다. 그대의 이름에 하나님의 은총이 영원히 깃들기를. 우리들의 어머니!..'

될 수 있는 것이다. 하나님을 만나는 길은 예수님을 믿는 길 밖에 없다는 사실을 전하는 것을 지독히도 싫어하는 자가 핍박 자들의 배후에 있는 대적 자 마귀이다.

착한 일로 세상 사람들의 칭찬을 받은 [테레사] 수녀와, 오직 예수구원의 길만을 전한 전도자 문준경 전도사를 함께 두면 사람들은 누구를 선택할까 전도자들은 단연코 문준경 전도사의 삶을 따를 것이다. 하나님을 사랑하여 고무신이 닳아 떨어져서 여분의 신발을 봇짐에 싸들고, 시골 섬들을 돌며 영혼구원에 생명을 바쳤던 여종과 세계 사람들로 존경과 칭찬을 받은 테레사의 인간가치는 극명히 차이가 난다. 핍박을 가하는 사람들이 이빨을 갈아대는 때는 오직 예수님의 피의 복음을 전하는 전도자를 볼 때이다.

많은 사람들이 자신의 이익과 육신의 안위를 위해서 믿음이나 하나님의 영광을 쉽게 포기한다. 포기까지는 않더라도 잠시 보류하면서 어쩔 수 없는 환경 때문이라고 자위를 한다.

예수께서 이르시되 내가 진실로 너희에게 이르노니 나와 복음을 위하여 집이나 형제나 자매나 어머니나 아버지나 자식이나 전토를 버린 자는 현세에 있어 집과 형제와 자매와 어머니와 자식과 전토를 백배나 받되 박해를 겸하여 받고 내세에 영생을 받지 못할 자가 없느니라(막 10:29-30).

그러나 주님은 우리에게 핍박도 받으리라고 하신다. 그럴 때 비로소 천국이 무엇인지 우리는 그 복의 의미를 깨닫고 마침내 소유하게 된다고 말씀하신다.

우리는 단지 이단누명을 쓰는 사실은 있지만, 실제로 지금 복음 때문에 체포당하는 나라에 살고 있지는 않다. 오직 복음만 전하는 것으로 이단의 누명을 썼다면 너무나 감사할 일이다. 그러므로 저 모슬렘이나 제3세계에서 생명의 위협을 받고, 믿음을 지키는 제자들을 나의 일처럼 하나님께 탄원하는 것 또한 전도자가 받은 은혜이다.

전도자가 주님 때문에 욕을 먹고 모함을 받으며 핍박을 받을 수 있다면 그것은 큰 영광이며 복이다. 주님은 '기뻐하고 즐거워하라'고 하셨다. 핍박을 받으면서 기뻐하고 즐거워할 수 있겠는가 하지만 진정한 그리스도인이라면 예수님을 위해서 핍박을 받으면 기쁘고 즐거운 것이다. 성경의 믿음의 사람들과 교회사의 복음의 사람들이 그랬다. 하나님께 기도했다는 이유로 사자 굴에 던져지면서도 그 고난을 즐겁게 기꺼이 받아들였다. 풀무불 속에 던져졌지만 풀무 불 그 속에 주님이 함께 계셨는데 얼마나 기뻤겠는가 믿음의 사람들은 거기서 나오고 싶은 마음이 없었을 것이다.

복음의 사람들이 당하는 박해는 이단누명과 감옥소나 집단 수용소, 혹은 참수(斬首)나, 총살, 직장상실, 조롱과 경멸 등 방법은 수도 없이 많다. 여기서 참전도자들의 대처는 무엇인가 성경의 언약을 붙잡은 사람들, 즉 전도자들은 한 번도 격한 반발이나 분개를 보이지 않았다. 사도바울은 자기 속에 기생하는 사탄의 '가시'마저도 비판하지 않는다고 했다. 모든 상황을 하나님께 일임한다는 것이다. 그게 훨씬 편하고 쉽다. 주님은 기뻐하고 즐거워하라고 하셨다. 박해를 가하고 있는 자들은 저들의 행위로 자기의 소속을 들어내고 있는 것이다. 그들은 스스로 심판받을 자로 자처하고 있는 것이다. 전도자들은 거기서 후련함을 얻는 것이 아니다. 복음의 사람들은 박해하는 자들의 영혼을 생각하며 가슴이 터지는 듯 하는 긍휼의 감정을 느끼는 것이다.

7. 박해로 인한 전도제자의 기쁨

박해를 당할 때 바로 자신이 그리스도께 속한자요 복음을 위한자요, 믿음의 사람이요, 하나님의 사람이요, 전도자의 반열에 있는 자요, 하나님의 남은자요, 하나님께 남을 자요, 하나님이 남길 자요, 하나님께 숨겨둔 자임을 확인하기 때문이다. 얼마나 영광스런 이름들인가?

전도제자는 마귀역사마저도 축복의 원인으로 만든다. 마귀는 온갖 모함과 박해로 고통을 주는 것 같으나 전도자에게는 자신이 하나님의 원하시는 자라는 사실만 더 확인 될 뿐인 것이다.

> 저희가 옳게 여겨 사도들을 불러들여 채찍질하며 예수의 이름으로 말하는 것을 금하고 놓으니 사도들은 그 이름을 위하여 능욕 받는 일에 합당한 자로 여기심을 기뻐하면서 공회 앞을 떠나 니라(행 5:40-41).
>
> 사랑하는 자들아 너희를 시련하려고 오는 불 시험을 이상한 일 당하는 것 같이 이상히 여기지 말고 오히려 너희가 그리스도의 고난에 참예하는 것으로 즐거워하라 이는 그의 영광을 나타내실 때에 너희로 즐거워하고 기뻐하게 하려 함이라 너희가 그리스도의 이름으로 욕을 받으면 복 있는 자로다 영광의 영 곧 하나님의영이 너희 위에 계심이라(벧전 4:12-14).

하나님의 통치가 완전하게 실현이 되는 곳이 바로 전도자 안(內)이다. 그래서 복 받은 자라는 것이다. 예수님을 증거 한다고 면박당해도 괜찮다. 자신의 힘을 자랑하는 세상 앞에서 좀 힘이 없게 보여도 괜찮다. 제자들이 예수님의 구원만 전하다가 감옥소에 갇혀서 실컷 두들겨 맞고 나오면서 그 핍박을 기쁘고 즐거워했다. 바울은 채찍에 맞고 쇠사슬에 메여 감옥소에 던져졌으나 정말 기뻐서 찬양했다. 왜 그렇게 좋아했을까 감옥소 안에 주님이 임재하심이 실제였기 때문이었다. 기쁘지 않겠는가.

시편 1편에서 시인은 세상을 두 진영으로 나누고 있다. 어두움이냐 빛이냐, 하나님께 속한자인가, 마귀에게 속한자인가 이다. 그 중간은 없다. 이 두 진영은 시간과 공간을 떠나서 대치 국면을 이루고 있다. 그런데 구원받은 자 속에 속해 있으면서도 자신의 받은 구원을 액면대로 믿지 않고 누림이 없는 신자들이 대부분이다. 그래서 미국교회가 무너지고, 유럽교회 예배당은 이미 술집과 모슬렘에 넘어가버린 상태가 되었다. 이것은 교회 안에 들어온 사탄의 내부공격의 결과이다. 그래서 오직 복음이다. 그래서 오직 세계복음화이다. 그래서 오직 성령의 능력이다. 그래서 오직 후대 렘넌트 운동이다.

참으로 이 시대에 깨어있는 자가 누군가 자기 교회중심이 아니고 모든 동기가 그리스도(행 1:1 갈보리 산), 하나님나라(행 1:3 감람산), 오직성령(행 1:8 마가다락방)의 언약 속에서 오직 그리스도 천명을 듣고, 하나님나라의 미션을 받으며, 약속하신 성령의 권능으로 이 세계복음화의 사명을 감당하는 그 속에 있는 자들이다.

전도제자들은 이속에서 계획하고 진행하며 목적과 이유를 찾는 사람이다. 정말로 하나님이 500년 동안 기다려온 자들이 아닌가 이것을 사탄이 가만히 놔 둘리 없는 것은 자명하다. 그렇다면 누명과 핍박이 오는 것은 기쁜 일이다. 그래 그 핍박으로 주님의 가장 소중한 자들로 각인(刻印)이 된 것이니 기쁘지 않을 수 있는가 그래야 세상이 구제불능인 곳으로 드러나게 되는 것이다. 세상이 구세주 예수님을 죽임으로 세상이 죄로 정죄된 것이다. 전도자의 당한 박해도 그렇게 들어낸다.

우리는 그리스도를 믿는 특권 뿐 아니라 그리스도를 증거 하는 특권도 받았다. 거기다 그리스도를 위해 고난을 당하는 특권도 받았다. 내가 오직 복음을 전한다는 이유로 누명을 씌우고 핍박을 가한다면 그대로 두자, 교권자들을 인해 주님께 감사하자, 또한 교권자들을 고맙게 생각하자, 그들을 위해 기도하자, 그들도 한국이라는 교회의 일원이 아닌가 배후에 꽈리를 틀고 있는 사단 마귀가 죽일 놈이다. 그래서 우리의 싸움은 사람이 아니고 정사와 권세와 어두움의 세상 주관자들과 공중에 있는 악의 영들에 대항하는 싸움이다. 바울은 박해 받는 것으로 기뻐했다.

> 형제들아 내가 당한 일이 도리어 복음 전파에 진전이 된 줄을 너희가 알기를 원하노라 이러므로 나의 매임이 그리스도 안에서 모든 시위대 안과 그 밖의 모든 사람에게 나타났으니(빌 1:12-13).
>
> 그러면 무엇이냐 겉치레로 하나 참으로 하나 무슨 방도로 하든지 전파되는 것은 그리스도니 이로써 나는 기뻐하고 또한 기뻐하리라(빌 1:18).

'바울이 감옥소에 잡힌 것이 아니고 감옥소가 바울에게 잡혔다'는 한 주석가의 말은 멋진 표현이다.

나 비록 연약하지만 하나님 완전하시고
우리 때때로 넘어져도 주님 일으키시네.
주께서 함께 하시네 우리는 언약의 백성
성령으로 역사 하시네 우리의 걸음 속에

생명의 복음을 막을 자 없고
주님의 말씀을 폐할 자 없네.
주님의 말씀은 이루어지리라
그리스도의 이름으로
복음은 증거 되리 우리는 언약의 백성
땅 끝까지 증거 되리라 우리의 걸음 속에

- 이 장희 -

2부

율법과 복음

이와 같이 우리도 어렸을 때에 이 세상의 초등학문에 있어서
종노릇 하였더니 때가 차매 하나님이 그 아들을 보내사 여자에게서
낳게 하시고 율법아래 낳게 하신 것은 율법 아래 있는 자들을
속량하시고 우리로 아들의 명분을 얻게 하려
하심이라(갈4:3-5).

제11장

전도제자와 소금과 빛

(마 5:13-16)

너희는 세상의 소금이니 소금이 만일 그 맛을 잃으면 무엇으로 짜게 하리요
후에는 아무 쓸 데 없어 다만 밖에 버려져 사람에게 밟힐 뿐이니라.
너희는 세상의 빛이라 산 위에 있는 동네가 숨기지 못할 것이요
사람이 등불을 켜서 말 아래에 두지 아니하고 등경 위에 두나니
이러므로 집 안 모든 사람에게 비치느니라.
이같이 너희 빛이 사람 앞에 비치게 하여 그들로 너희 착한 행실을 보고
하늘에 계신 너희 아버지께 영광을 돌리게 하라(마 5:13-16).

    '너희는 세상의 소금이다' 또 '너희는 세상의 빛이다'고 할 때 이 '세상'은 모든 국가와 사람들을 의미한다. 여기의 세상은 인간을 그 중심점에 두고 하는 말이다.

    인간은 하나님의 형상대로 지음을 받았다. 세상은 하나님의 형상을 받은 인간으로 관리하도록 맡겨졌다. 창세기 3장 사건은 하나님이 맡겨주신 세상을 와해시켜 버렸다. 이 사건은 하나님과의 관계성이 파괴된 사건이다. 사탄의 유혹으로 범죄한 사건으로 하나님과 임마누엘이 무너졌고, 그로 인한 수치와 두려움이 가득하게 되었다. 이것은 하나님의 문책과 심판을 야기하게 되었다. 아담의 후손들은 하나님의 형상이 상실되고 마귀의 형상을 입었다. 치명적인 저주와 타락의 나락에 떨어지고, 그 안에서 태어나 다시 고통의 나락으로 떨어지는, 본질상 진노의 스케줄에 돌려진 것이다. 원죄로부터 흘러온 죄의 고통은 인류의 가고 오는 모든 세대에 흘러들어갔다. 전 인류에게서 죄의 꽃이 피고 죄악의 열매들이 가득 찼다.

이는 바울이 한 말대로 "육신의 생각은 하나님과 원수가 되나니 - 원죄로 물든 이후의 생각 - 이는 하나님의 법에 굴복치 아니할 뿐 아니라 할 수도 없음이라"(롬 8:7). 원죄 아래 있는 인간은 내적인 자기모순으로 항상 하나님의 법을 어기며 산다. 그러므로 예수님의 말씀하신 세상의 빛이라 할 때 세상은 하나님과 원수 된 사악한 인생들을 표현하는 말이 된다.

사도 요한은 이러한 의미에서 세상은 세 종류의 악한 세력, 즉 '육신의 정욕과, 안목의 정욕과, 이생의 자랑'에 지배를 받는다고 한다. 이것들은 너무나 보기에 멋지고, 너무 쉽고 매혹적이다. 야고보서에는 "간음하는 여자들이여 세상과 벗된 것이 하나님과 원수임을 알지 못 하느뇨 그런즉 누구든지 세상과 벗이 되고자 하는 자는 스스로 하나님과 원수 되게 하는 것이니라"(약 4:4)라고 했다. 여기 간음한 여자들이란 말은 하나님을 떠난 전체 인간, 즉 그리스도를 믿지 않는 인간을 말함이다. 세상은 언제나 하나님을 철저히 불신한다.

하나님과 관계가 깨진 인간은, 인간과 인간의 관계나 인간과 모든 피조물들과의 관계가 모두 깨지고 말았다. 가인이 아벨을 죽이고 라멕은 많은 사람을 죽인 살인마임을 스스로 자랑한다(창 4:23). 인간은 서로 속이며 잔인하고 난폭하여 피의 쾌락을 즐긴다. 인간이 연구하고 개발한 과학은 이기적인 욕망을 성취하기 위한 도구가 되었다.

또한 그들이 마음에 하나님 두기를 싫어하매 하나님께서 그들을 그 상실한 마음대로 내버려 두사 합당하지 못한 일을 하게 하셨으니 곧 모든 불의, 추악, 탐욕, 악의가 가득한 자요 시기, 살인, 분쟁, 사기, 악독이 가득한 자요 수군수군하는 자요 비방하는 자요 하나님께서 미워하시는 자요 능욕하는 자요 교만한 자요 자랑하는 자요 악을 도모하는 자요 부모를 거역하는 자요 우매한 자요 배약하는 자요 무정한 자요 무자비한 자라 그들이 이 같은 일을 행하는 자는 사형에 해당한다고 하나님께서 정하심을 알고도 자기들만 행할 뿐 아니라 또한 그런 일을 행하는 자들을 옳다 하느니라(롬 1:28-32).

그러면 어떠하냐 우리는 나으냐 결코 아니라 유대인이나 헬라인이나 다 죄 아래에 있다고 우리가 이미 선언하였느니라. 기록된바 의인은 없나니 하나도 없으며 깨닫는 자도 없고 하나님을 찾는 자도 없고 다 치우쳐 함께 무익하게 되고 선을 행하는 자는 없나니 하나도 없도다. 그들의 목구멍은 열린 무덤이요 그 혀로는 속임을 일삼으며 그 입술에는 독사의 독이 있고 그 입에는 저주와 악독이 가득하고 그 발은 피 흘리는 데 빠른지라 파멸과 고생이 그 길에 있어 평강의 길을 알지 못하였고 그들의 눈앞에 하나님을 두려워함이 없느니라 함과 같으니라(롬 3:9-18).

이것은 원죄로 인한 자범죄, 모든 죄의 이야기이다. 이런 인간의 보편적 죄의 원천이 무엇이며 창세기 3장 사건이후로 어떤 것이 원죄의 대표적인 열매라 할 수 있는가? 이것은 하님을 배격하려는 인본주의이다. 인간들은 인본주의라는 말을 멋진 말로 사용하지만, 그 이면에는 하나님에 대한 적대감이 가득 차있다.[69] 인본주의는 하나님에 대한 적대감을 실행할 독사의 새끼들을 세상에 내보냈다. 그것이 「무신론」 -그들은 무신론이란 말을 사용할 때는 기독교의 하나님만을 상대로 한다- 「진화론」, 「상황론」이다. 인본주의자들은 통합정부, 통합경제, 사회주의적 단일문화를 목표로 삼는다. 그 이면에는 뉴에이지와 유대인, 프리메이슨운동의 거대 반(反)기독교 세력이 있다.

예수님의 산상수훈에서 "너희는 세상의 소금이요, 세상의 빛이라"하실 때는 이 세상 속으로 들어가라는 말씀이다. 소금은 소극적인 면에서 세상 속에 뿌려지며, 빛은 적극적인 면에서 복음을 전하는 전도자의 삶이다.

---

69 인본주의(humanism) : 인문주의, 서양 중세 르네상스기(期)에 이탈리아에서 일어나 유럽으로 확대된 정신 운동으로 인간의 존엄성 회복과 문화적 교양의 발전에 노력한다는 사상.

1. 인본주의 (humanism, 人本(人文)主義)

헬레니즘의 인본주의적 사고방식은 로마제국이 일어남으로 단절 되었다. 그러나 로마인들에게는 원천적 철학이 없었기에 헬라의 철학과 예술, 문화를 승화시켜 새로운 로마문화를 창출했다. 기독교가 로마를 정복한 후 기독교문화가 로마와 서구사회를 지배했다. 이때 공식화 된 인본주의 사상은 나타나지 않았다. 당시 대개의 대학은 성경이 교과서였다. 교육의 텍스트는 성경이었다는 말이다.

현대 기독교 인본주의 창시자는 가톨릭에서 성자로 추대된 [토마스 아퀴나스](1225-1274)였다. 그는 인간의 타락이 '전적타락'이 아니고 부분적 타락이라고 했다. 인간의 의지는 부패되었으나 인간의 이성은 그대로 남아있다고 했다. 그는 [아리스토텔레스]의 영향을 받고 있었다. 아퀴나스로 인하여 중세철학이 교회로 도입된 셈이다. 교회 안에서 사장된 철학이 교회안의 성직자로 인해서 되살아난 것이다. 그로인하여 인간의 이성을 성경보다 더 위에 둠으로, 인간의 이성이 하나님의 영역을 잠식했다. 하나님의 지혜는 오류로 판정이 되어버렸다. 인본주의란 세상의 가장 큰 악이요 가장 큰 속임수이며 한 종교이다.

2. 무신론 (無神論)

무신론은 인본주의 사상의 기초석이다. 그리고 무신론은 다른 종교군(群)들을 상관하지 않고, 오직 그리스도의 하나님을 부인하는 무신론이다. 유독 그들은 그리스도 되신 예수님을 싫어한다. 그래서 배후는 분명하다.

차라리 새끼 빼앗긴 암곰을 만날지언정 미련한 일을 행하는 미련한 자를 만나지 말 것이 니라고 했는데 교회가 핏발선 눈으로 싸움질 하다가 미련한 무신론을 만나버린 것이다.

‘나는 생각 한다 고로 나는 존재 한다’는 [데카르트][70]의 말은 명언이 아니요 가장 수준 높은 하나님에 대한 부정이다.

여기에서는 하나님의 진노를 피할 길이 없다. 이것은 인간 이성을 신격화 했기 때문이다. 이것이 [볼테르]와 [룻소]등 『회의학파』[71]의 찬사를 받았다.

이것은 독일의 이성주의자인 [헤겔](Georg Wilhelm Friedrich Hegel, 1770-1831)에게 도입되고 [니체](Friedrich Wilhelm Nietzsche, 1884-1900)에 의해 끝내 ‘하나님은 죽었다’는 결론을 내놓았다.

인본주의자들은 자연 그자체가 실체의 전부이고, 에너지 자체가 우주의 기반이라 하여 초자연적인 존재를 인정치 않는다. 또 인간에게는 초자연에 속하는 불멸의 영혼이 없다고 한다. 인류의 교육수준이 높아 갈수록 인류는 더욱 무신론자들이 되어가고 있다. 예수님은 이렇게 썩은 세상에 들어가는 소금이라 하시고 빛이라고 하신 것이다.

3. 진화론 (進化論)

무신론 인본주의는 하나님의 존재를 부인하는 까닭에 성경의 창조를 허구로 돌릴 논리를 찾고 있었다. 이때 나온 것이 [찰스 다윈](Charles Robert Darwin, 1809년 2월 12일 – 1882년 4월 19일)의 「진화론」이다. 다윈의 논문 『종의 기원』(the Origin of Species-1859년)은 인본주의자들을 기뻐 뛰게

---

70) 데카르트(René Descartes, 1596-1650) : 스콜라 학파의 아리스토텔레스주의에 처음 반대한 사람으로 근대철학의 아버지로 알려져 있다. 모든 형태의 지식을 방법적으로 의심하고 나서 ‘나는 생각한다. 그러므로 나는 존재한다.’ 라는 직관이 확실한 지식이라 했다. 데카르트의 목표는 자연에 정통하는 것이었다. 역학은 의학이나 생리학의 기초이고, 의학 또는 생리학은 도덕 심리학의 기초이다. 데카르트는 인간의 육체를 포함한 모든 물체가 역학 원리에 따라 작동하는 기계라고 믿었다(기계론). /다음백과

71) 회의학파(懷疑學派) : 인간의 의식은 모두 주관적이고 상대적이라고 보아 절대적 진리를 인식한다는 것에 대해 부인하고, 어떤 주장에도 반드시 반대 주장이 성립된다고 보아 궁극적인 판단을 내리지 않는 사상적 태도를 취하는 학파. /다음사전

했다. 그들에게 다윈의 논문은 빛의 서광이었다.

이 진화론은 삽시간에 모든 교육의 기본교과서가 되었다. 이것은 미술, 음악, 문학에 절대적 영향을 끼쳤다. 다윈의 학설이 160년이 지난 오늘까지 한 가지도 입증된 것이 없으나, 전세계교육의 기초 공식이 되고 있다는 것은 참으로 아이러니가 아닐 수 없다. 가장 과학적이라고 자처하는 자들이 가장 비과학적인 딜레마에 빠진 것이다. 저들은 그래도 과학이라는 착각 속에 있지만 말이다. 그래서 성경은 잠언 1:22에 "너희 어리석은 자들은 어리석음을 좋아하며 거만한 자들은 거만을 기뻐하며 미련한 자들은 지식을 미워하니 어느 때까지 하겠느냐"고 한다.

다윈의 진화론은 생물학의 각 분야에 영향을 주었을 뿐만 아니라 사회사상에도 지대한 영향을 주었다. 이를테면 [H.스펜서](Herbert Spencer, 1820-1903)가 제창한 사회다윈주의는 「생존경쟁 설」(生存競爭 說)에 따라 인종차별이나 약육강식을 합리화하였다. 그리고 이것은 강대국들의 「식민정책」을 합리화하는데 이용되었다. 이들은 개인과 개인뿐 아니라 인종과 국가 그리고 문화에서 『적자생존』을 정당화하였다.

공산주의의 창시자인 [마르크스](Marx,1818-1883)는 다윈의 '생존경쟁'이라는 용어에서 자신의 '계급투쟁' 이론을 짜 맞추었다. 이들로 인하여 지구촌은 지옥의 고통으로 아우성 쳐야했다. 전쟁터의 피바람이나 각처에서 증거 된 '홀로코스트'들은 그야말로 지옥의 피사체(被寫體)였다.[72]

독일의 힛틀러, 소련의 레닌과 스탈린, 이태리의 뭇솔리니, 일본의 도

---

72) 홀로코스트 : 나치가 12년(1933-1945) 동안 자행한 대학살. 주요 대상은 유대인이었다. 제2차 세계대전 전후로 독일의 나치 정권과 협력자들에 의하여 유대인과 슬라브족, 집시 등을 대상으로 자행된 국가 차원의 체계적이고 관료적인 탄압과 대량 학살. '홀로코스트'는 '불에 의하여 희생된 제물(번제)' 이라는 의미의 그리스어 'holókauston'에서 유래된 용어이다. 유대인들은 유대인에 대한 박해라는 뜻에서 히브리어로 재앙을 뜻하는 '쇼아(Shoah)' 라는 표현을 사용한다. 홀로코스트의 결과 사망한 유대인은 575만여 명으로 확인되고 있다./위키백과

요토미 히데요시 등이 그 대표적 인물들이다. '자연선택설'을 '적자생존'으로, '적자생존'을 '약육강식'으로 표현을 바꾸면서 전쟁을 정당화했다. 찰스 다윈도 한때는 [스펜서](H.Spencer)가 표현한 '적자생존'이라는 표현이 '자연선택'이라는 표현보다 더욱 정확하고 때로는 편리하다'고 하였다.

[아돌프 히틀러]의 유대인 박해는 철저히 진화론을 신봉함으로 나타난 결과이다. 그가 1933년 독일의 총리가 된 1개월 만에 시작되었다. 당시 유럽일대에 살고 있던 유대인은 약 9백만 명이었는데, 히틀러는 독일내부의 정치적 통합과 인종적 순수성을 지키기 위한 방법으로 유대인 및 집시와 슬라브인 등을 인종적으로 열등한 민족으로 간주하고, 이들을 독일의 인종적 통합을 방해하는 요인으로 규정하여 탄압을 시작했다. 이 탄압 정책은 특히 유대인을 중심으로 진행되었으며, 반 유대정서를 공유했던 인접 국가들에서 유대인탄압정책을 택하는 동기가 되었다.

적자생존을 약육강식(弱肉强食)으로 바꾸어 사용하는 와중에 전쟁의 주범들은 피정복국민들을 대상으로 끔찍한 인체실험들을 자행했다. 히틀러는 유대인들을 600만 명을 가스실에 넣어 죽이고, 일본 제국주의는 동남아 여러 민족을 대상으로 인체실험을 강행했고, 레닌과 스탈린도 수천만 인명을 살상했다.

인류사가 전쟁의 역사이지만 그들은 그들의 때에 자신들의 행위를 정당화 시키는 것으로 [진화론]을 이용했다. 그들은 끔찍한 짓을 자행하면서도 눈 한번 깜짝 안했다. 그들에게는 약한 자는 도태되는 원리가 진리였기 때문이다. 인간은 그저 동물일 뿐이고 환경에 적응한 자는 강한자이고, 약한 자는 환경에 적응을 못한 자이기에 약한 민족은 강한 종(種)에 의하여 도태 되는 것이 진리였다. 이것이 진화론이고 이것이 썩은 인본주의의 결과이다. 예수님이 "너희는 세상의 소금이고 세상의 빛이다"고 하신 것은 이 짐승같이 부패된 세상에 들어가라는 말씀이다.

4. 뉴에이지의 기본 교리

1875년 러시아 출신의 여자 무속인 [헬레나 페트로브나 블라바츠키][73] 에 의해 창설된 「신지학협회」[74]가 뉴에이지 운동의 사상적 근간을 이루었다. 3대 회장 영국 출신의 [엘리스 베일리]에 의해 뉴에이지 운동의 실질적인 기초가 닦여졌다. 1973년 미국의 [마릴린 퍼커슨]에 의해 널리 알려지고 각 지역에 신지학협회 지부가 생겼다.

뉴에이지는 단순한 사회풍조가 아니라 이단종교현상이다. 뉴에이지 운동자들은 신을 우주적 에너지로 규정하며 인간은 신성을 가지고 있고, 인간의 목표는 영적각성을 통하여 신성에 도달하는 것이라 주장한다. 사탄의 방법론은 변했지만, 그 메시지의 본질적 요소는 시대가 변하여도 여전히 불변하다.

사탄은 아담과 이브에게 불복종의 달콤함으로 유혹하여, 복종 외의 다른 선택이 있음을 알려주었다. 뉴에이지의 공격대상은 기독교요, 기독교의 근간인 성경이다. 사탄은 어찌하든지 성경을 거짓으로 선전한다. 그들의 핵심교리도 성경의 가장중요한 창세기를 공격하는 것이다.

> 그런데 뱀은 여호와 하나님이 지으신 들짐승 중에 가장 간교하니라 뱀이 여자에게 물어 이르되 하나님이 참으로 너희에게 동산 모든 나무의 열매를 먹지 말라 하시더냐. 여자가 뱀에게 말하되 동산 나무의 열매를 우리가 먹을 수 있으나 동산 중앙에 있는 나무의 열매는 하나님의 말씀에 너희는 먹지도 말고 만지지도 말라 너희가 죽을까 하노라 하셨느니라. 뱀이 여자에게 이르되 너희가 결코 죽지 아니하리라 너희가 그것을 먹는 날에는 너희 눈이 밝아져 하나님과 같이 되어 선악을 알 줄 하나님이 아심이니라 여자가 그 나무를 본즉 먹음직도 하고 보암직도 하고 지혜롭게 할 만큼 탐스럽기도 한 나무인지라 여자가 그 열매를 따먹고 자기와 함께 있는 남편에게도 주매 그도 먹은지라(창 3:1-6)

뉴에이지 운동을 저지하려고 노력하는 많은 교회와 기독교 단체들이 정리한 뉴에이지 핵심 교리가 다음 네가지이다. 인터넷카페 <창골산 봉서방>에서 정리한 내용을 참고한 자료이다.

첫째교리 '너희가 하나님과 같이 되리라'

사탄이 의도했던 것은 하나님과 동등한 인간이 아니라 하나님을 제거하고 인간 자신이 그 자리를 메꾸도록 하는 것이었다. 뉴에이지 운동의 핵심이 되고 있는 범신론은 고대 힌두교의 사상이다. 즉 현존하는 모든 것이 신이기 때문에 우주는 완전한 영적인 실체라는 것이다. 또한 물질은 하나의 환상에 불과하므로 명상을 통하여 물질세계의 영향에서 벗어나 신과 하나가 됨으로써 인간이 신이 된다고 주장한다. 인간이 정신이 준비만 되어 있다면, 인간은 신과 동일한 능력을 소유할 수 있고, 그 과정에서 우주와의 합일(合一)에 도달할 수 있고, 인간 자신의 신성(神性)을 수용할 수 있는 상태가 된다고 한다.

둘째 교리 '너희가 정녕 죽지 아니하리라'

죽음이란 모든 인간이 가장 두려워하는 사건이다. 무신론자들조차도 죽음이라는 미지의 세계로의 전이를 두려워한다. 죽음에는 예외가 없기 때문이다. 그러므로 사탄은 자신의 두 번째 거짓말을 정당화시킬 구실을 찾아야 했고, 그것은 바로 불교의 『윤회론』(輪廻論)이었다. 윤회론은 '당신의 육체는 죽는다. 그러나 당신은 또 다른 육체 안에서 삶을 계속한다. 당신이 원하는 만큼 얼마든지 윤회를 거듭하는 것이다. 죽음은 자아의 본질

---

73) 헬레나 페트로브나 블라바츠키(Helena Petrovna Blavatsky,1831-1891) : 러시아의 심령술사이자 작가,1873년 뉴욕 시로 가서 H. S. 올컷을 위시해서 여러 신접한 여인들과 함께 1875년에 '신지학협회'를 설립했다. 비범한 영적 힘을 갖고 있노라고 주장한 헬레나 블라바츠키는 1884년말 파리와 런던을 여행하는 동안 인도 언론으로부터 영적 현상을 조작한다는 비난을 받았다. 자신의 결백을 주장하기 위해 1884년 인도로 돌아온 블라바츠키는 열광적인 환영을 받았다. 그러나 1885년 영국 심령학회는 조사결과 블라바츠키가 사기꾼이라고 발표했다. /다음백과
74) theosophy(神智學): 신지학적 견해의 가장 풍부하고 심오한 근원은 인도사상이다. 이것은 신비적 체험을 강조하기에 '신비술'이라 한다. 밀교주의로 직관, 명상, 계시 또는 인간의 정상적인 의식을 초월하는 상태를 통해 영적세계에 대한 직접접촉을 추구한다. /다음백과

자체는 변함없이, 껍데기에 불과한 육신을 바꾸는 것인데 그것을 왜 두려워하는가 이생에서 축적한 당신의 지혜는 다음 생에서도 사용할 수 있는 것이다. 이것은 자연의 순환과 동일하다. 당신을 심판할 하나님은 존재하지 않는다.'라는 것이 핵심내용이다.

이러한 내용이 불교에 들어가 카르마(Karma)[75] 즉 '업'으로 발전했다. 그리하여 죽음의 공포는 인간의 뇌리 속에서 확실히 제거되며, 오히려 환영받기까지 한다.

셋째 교리 '너희가 선악을 알리라'

사탄은 아담과 하와가 그 열매를 먹는다면 선악을 결정할 수 있다고 유혹했다. 그 어떤 것도 절대적으로 옳고 그른 것은 없으며 상황이 윤리를 결정한다는 것이다. 이것이 사탄의 상대론, 즉『상황윤리』인 것이다. 상황이 도덕을 결정하므로 선악을 분별하기 위해 하나님께 자문을 구할 필요가 없는 것이다. 상황에 따라서 '선'이라고 여겨지는 것을 맘대로 하면 되는 것이다.

뉴에이지는 선악에 관하여 터무니없는 논리를 펴고 있다. '결국 모든 것이 신이고, 신이 모든 것이다. 그러므로 악 자체도 역시 신이 되어야만 한다.' 불교 조계종의 이성철 종정의 불기2531년 석탄절 법어에 서두에 '사탄이여! 어서 오십시오, 나는 당신을 존경하며 예배합니다, 당신은 본래로 거룩한 부처님입니다. 사탄과 부처란 허망한 거짓 이름일 뿐 본 모습은 추호도 다름이 없습니다' 라고 했다.

사탄의 전략은 인간 자신이 선악을 결정하도록 만드는 것이다. 하나님이 만들어 놓으신 기준을 파괴하려는 것이다. 사탄주의에 물든 한 십대 소년이 십계명을 깨트리기 위해 그의 어머니와 두 동생을 살해하였다. 그는 '사탄주의는 나를 더 나은 인간으로 만들었다'고 진술했다. 인류는 에덴동

---

75) Karma : 윤회와 더불어 인도에 존재하는 모든 사상과 종교의 공통적인 근간을 이루는 사상이다. 목적과 관계없는 행위나 수행을 뜻하며, 업(業)으로 번역한다. 업보, 인과응보 사상. /다음백과

산의 거짓말을 믿었던 것으로 인해 너무나 엄청난 대가를 지금까지 치르고 있는 것이다. 그래서 자살이나 동성애, 낙태나 마약도 내 생각에 좋으면 그것이 옳은 것이 되고 거리낌이 없이 자행할 수 있는 것이다. 그들에게 마약은 정신계의 체험에 도움을 주는 것으로 권장이 된다.

넷째 교리 '너희의 눈이 밝아지리라'

에덴동산에서 하와와 사탄의 대화는 사탄이 하와의 의심을 자극하는 데서부터 시작되었다. 하나님께 대한 하와의 배반에 의해 하나님이 차지하던 공간은 무엇으로 대체되었는가? 그것은 바로 물질적인 욕망이었다.

하와가 그 나무를 보았을 때 그것은 그녀의 눈에 좋아보였고, 그녀는 하나님의 명령을 어기고 그 열매를 먹었다. 사탄은 그녀의 눈이 열릴 것이라고 약속했다, 그녀의 불복종은 문명을 경험케 했던 것이다, 그 불복종의 모토(Motto)는 '욕망대로 행하라'는 것이었다.

고대 밀교의 교리는 뉴에이지 운동의 필수사항이다. 밀교에서는 '인간 의식의 전환'을 매우 강조했다. 밀교주의자들은 일반인들에게는 비밀로 되어있는 특별한 지식을 자신들만이 알고 있다고 믿었고, 그들의 지식의 확대와 문명을 발전시키는 것이 그들의 목표였다. 뉴에이지는 보편적 신학은 있을 수 없다고 믿는다. 그러므로 그들에게는 교리란 중요하지 않다. 중요한 것은 종교적경험이며 신이라고 불리는 어떤 강력한 힘과의 합일을 체험하는 것이다. 이성도 필요치 않다. 궁극적인 실체와의 접촉을 통해 이성은 사라지고 무분별이 인간을 지배하여 '생각하지 말고 느낀 대로 하라'고 명령한다.

지금까지의 4가지 거짓말을 나열해 보면

첫째, 너희가 하나님과 같이 되리라 (범신론)

둘째, 너희가 정녕 죽지 아니 하리라 (윤회론)

셋째, 너희가 선악을 알리라 (상대론)

넷째, 너희의 눈이 밝아지리라 (밀교주의) 로 정리할 수 있다. 모든 것을 종합해 볼 때 이 4 가지의 기만(欺瞞)은 이 땅에서는 사람들을 미혹하고 죽음이후 영원한 저주로 몰아넣는 것이다. 이 기만(欺瞞)의 밑바닥에는 무엇이 있는가? 그것은 인간의 자만이다. 인간의 심층 속을 헤쳐 보면, 인간 자신이 하나님이라는 것을 발견하게 된다는 것이다. 교령술(交靈述)을 통하여 앞서 간 영들을 접촉할 수 있고, 자신이 도덕의 기준이 될 수 있으며, 영력을 계발하여 신이 될 수도 있다는 것이다. 인간의 힘으로 원하는 것은 무엇이든지 할 수 있는 것이다. 뉴에이지는 인간의 문제는 죄가 아니라 무지라고 강조한다. 그러므로 계몽을 통하여 인간은 무엇이든지 해결할 수 있으며, 인간의 창조력과 힘만이 그 원동력이 될 수 있다는 것이다.[76]

5. 소금과 빛 - 전도제자

예수님이 말씀하신 "너희는 세상의 소금이요 빛이다"고하심을 모든 주석가들과 설교자들은 하나같이 '세상은 더럽혀져 있다. 도덕과 윤리는 땅에 떨어졌다. 인간의 악함은 이기주의와 쾌락, 성적인 타락과 온갖 범죄, 교만과 거짓, 마약과 술과 방종, 속임과 다툼, 도박과 밤 거리등을 세상의 썩음이라고 한다. 그 속에서 경건하고 정직하고 의롭게 사는 것이 소금의 역할이요 빛의 역할이다'라고 한다. 그 말은 맞다. 그러나 그것은 상식이다.

그리스도인 안에는 거룩하신 성령이 내주하신다. 거룩하신 영이 계신다면 거룩한 삶은 상식이다. 그 삶을 지속하지 못해 갈등을 하고 있지만 여하튼 기독교인들의 상식인 것이다. 예수님이 '세상'을 말씀하실 때 세상은 그런 것 보다 훨씬 더 심각하다. 세상은 보이지 않는 사탄마귀와 더러운 귀신들과 그들에 잡혀있는 정사와 권세와 그들의 앞잡이인 세상 주관

---

76) 뉴에이 기본교리의 출처(각주를 제외한 기본교리에 대한 출처) : http://cafe.daumm.net 창골산 봉서방

자들의 거대한 무리이며 그들에 속한 영역이다. 그들은 정치, 경제, 사회, 문화, 어디에서든지 세상을 요리한다. 심지어 신학에나 교회 안에서 활발히 활동하고 있다. 그것은 하나님을 대적하는 거대한 불신앙의 세력이다. 자기의 포로 된 인간들을 뺏기지 않으려는 마귀의 안간힘이다. 전도제자들은 이속에 들어가서 복음의 역사를 일으키는 자들이다. 그래서 바울은 에베소서를 통해 그리스도의 사람들이 상시적으로 영적싸움에 임할 것을 명령한다(엡 6:1-20).

전도제자들은 불신자들의 종교가 되어버린 인본주의와, 거대한 진화론 사상과, 무신론 종교와 뉴에이지 등 하나님을 대적하는 세력들을 상대로 단호한 전투를 벌이는 자들이다. 세상 속에서 〈예수님이 그리스도이시다〉라는 구원의 길을 설파하는 전도제자들의 대장은 승리하신 예수님이며, 그리스도로 오신 예수님은 이 세상에 왕 노릇하는 마귀를 꺾으신 만왕의 왕이요 만주의 주이시다. 그리스도 되신 예수님은 원죄와 자 범죄, 모든 죄를 도말하신 영원한 참 제사장이시다. 그리스도 되신 예수님은 방황하는 인생, 하나님과 인간을 알지 못하는 무지한 인간에게 하나님을 만나게 하는 영원한 참 선지자이시다.

그러므로 하나님의 백성들은 영적 싸움에 있어서도 오직 그리스도로 무장하는 길 밖에는 방법이 없다. 그들은 흑암과 공허와 사탄의 함정에 빠진 세상을 알고, 그 공간 안에 살기 때문에 거기서의 유일한 승리의 길 되시는 그리스도를 알고(구원의 투구), 그리스도를 통해 사탄과 재앙과 지옥의 저주에서 해방 된 감격과 하나님에 대한 감사가 가슴에 넘치며(의의 흉배), 이제는 그들의 삶이 그리스도의 복음이 절대 필요한 세상현장을 누비는 발걸음이 되는 것이다.(평안의 예비한 복음의 신발) 전도자의 최고의 힘은 진리의 성경이며(진리의 띠), 최고의 무기는 그때그때 주시는 강단의 말씀이며 (말씀, 곧 성령의 검), 최고의 방패는 그리스도를 보내주신 아버지와 그리스도로 오신 예수님과 그리스도를 증거 하신 성삼위 하나님을 믿는 믿음이다(믿음의 방패).

이 무장은 24시 하나님을 바라볼 때 지속이 가능하며(무시로 성령 안에서 기도), 이 기도가 너무 중요하기 때문에 무시로 기도하는 그 기도를 위해 간구의 영을 구하며(이를 위해 깨어 구하기를 힘쓰며), 이 땅의 주의 백성들의 승리를 구하며(여러 성도를 위해 구하라), 복음과 복음전하는 것을 지독히도 싫어하는 모든 현장에서 복음의 비밀을 담대히 알리는 전도자들을 위해 기도할 것을 명한다(내게 말씀을 주사 복음의 비밀을 담대히 알리게 하옵소서 할 것이니). 이렇게 해서 사탄의 소굴에서도 당연히 할 말을 담대히 할 수 있게 되는 것이라고 한다.

"너희의 착한 행실을 보게 하라"는 말씀도 전도자의 일이다. 빌립보서 1장 6절에서 사도바울은 "너희 안에 착한 일을 시작하신 이는 하나님이시니.."라고 했다. 신자들의 착한 일들이 아무리 착한들 하나님의 구원의 일보다는 더 클 수 없다. 하나님의 구속은 무한한 긍휼과 영원한 하나님의 인자하심에서 나온 것이다. 하나님의 그 착한일은 그리스도를 통하여 이루신 구원의 은총이다. 그래서 참 전도자의 일은 복음을 모르고는 감당할 수 없다. 성경의 하나님께 쓰임 받은 복음의 사람들과 그들과 함께하신 하나님의 일하심을 볼 때에 단지 사람을 모아서 교회당을 채우는 그런 의미를 전도자의 일이라고 하는 것이 아니다. 정말 복음을 누리고 그리스도로 충분하여 더 이상 이런저런 동기와 갈등이 사라지는 사람을 말한다.

산상설교 주석가들과 거의 모든 설교자들이 산상수훈을 도덕적 명령으로만 해석하고 인용하고 있는 것은 안타까운 일이다. 그것은 천국에 관한 교훈의 알맹이를 빼버리는 것이다. 천국은 단순히 새로운 도덕적종교로 구성되어진 것이 아니다. 천국은 하나님의 구속과 심판을 결정하시는 하나님영역이다. 천국은 그리스도께 속한 왕국이요, 이 땅의 어두움을 물리치는 실제적인 영적세계의 힘이요, 세상의 구원이 진행 되는 힘 있는 왕의 통치영역이다.

> 그러나 내가 하나님의 성령을 힘입어 귀신을 쫓아내는 것이면 하나님의 나라가 이미 너희에게 임하였느니라 사람이 먼저 강한 자를 결박하지 않고서야 어떻게 그 강한 자의 집에 들어가 그 세간을 강탈하겠느냐 결박한 후에야 그 집을 강탈하리라 (마 12:28-29).

예수님의 위대한 선포는 그리스도께서 세우신 천국에 참여하는 자가 받을 축복과 그들이 이 땅에 머무는 동안 당연히 수행해야하는 천국복음 전파에 대한 격려이다.

"심령이 가난한 자는 복이 있나니 천국이 저희 것임이요" 자신의 의를 철저히 부정하고 하나님의 은혜만이 구원의 축복에 이를 수 있다는 사람에게 하나님의 은혜가 주어졌다. 그는 이제 하나님의 가족이 되었다. 이제 그는 하나님의 이 구원의 비밀을 세상에 증거 하는 전도자의 삶을 살게 되었다. 왜냐 세상의 모든 사람은 두부류로 나뉘어져 있기 때문이다. 그것은 구원받은 사람은 전도자의 위치에 있는 것이요, 구원을 받지 못한 사람은 전도의 대상이기 때문이다.

하나님의 자녀는 구원 받은 이후에도 자신의 죄의 성향을 애통할 뿐만 아니라, 세상에 죽어가는 영혼들을 보며 애통해한다. 자신이 구원이후에도 사죄의 은혜가 필요하고 불신자들이 살길은 오직 복음이기 때문에 그리스도 되신 예수님을 자신이 더 알고 저들에게 알리는 일을 삶의 이유로 찾았다. 그래서 그들은 주님의 말씀과 주님의 성령에 길들여져 주님을 의지한다. 주님께 길들여진 전도자는 온유하게 된다. 그들은 그리스도의 의에 굶주려있다. 그들은 전도의 현장 속에서 구원받을 자들을 구하고, 찾고, 전도의 문을 두드림으로 갈급함을 채우고자 한다.

그들에게는 하나님의 심령으로 사탄과 흑암에 잡힌 세상의 영혼들을 긍휼히 여기며 세상이 하나님과 화목 되기를 소원하며 할 수 있는 모든 힘을 다 쏟는다. 그들의 삶은 옛날의 동기가 점점 없어지고 치유되어있어서 마음이 청결하다. 그들은 동기가 바꿔졌다. 하나님의 나라와 하나님의 의를 이룸을 최고의 가치로 두었기 때문이다. 그들은 이 복음 전하는 일에 어려움을 오히려 감사하며 산다. 사람을 살리는 일에 쓰임 받는 것에 대한 축복을 알기 때문이다. 그들은 비난을 받으나 격분하지 않고 박해를 받고 억압을 받으나 반항하지 않는다. 그리스도의 사랑의 강권함 속에 그들이 머물기 때문이다. 예수님이 말씀하신바 "나로 말미암아 너희를 욕하고 박해하고 거짓으로 너희를 거슬러 모든 악한 말을 할 때에는 너희에게 복이 있나니 기뻐하고 즐거워하라 하늘에서 너희의 상이 큼이라 너희 전에 있던 선지자들도 이같이 박해하였느니라"(마 5:11-12). 그들은 세상에서 이상한 사람들이 되었다. 그들은 세상 끝에 버려진 자같이 되었고, 천사와 사람에게 구경거리가 되었고, 모욕당한즉 축복하고 박해를 당할 때 참고 세상에서 찌꺼기같이 되었는데 그것을 기뻐하기 때문에 세상에 구경거리가 된 것이다.

> 내가 생각하건대 하나님이 사도인 우리를 죽이기로 작정된 자 같이 끄트머리에 두셨으매 우리는 세계 곧 천사와 사람에게 구경거리가 되었노라 우리는 그리스도 때문에 어리석으나 너희는 그리스도 안에서 지혜롭고 우리는 약하나 너희는 강하고 너희는 존귀하나 우리는 비천하여 바로 이 시각까지 우리가 주리고 목마르며 헐벗고 매 맞으며 정처가 없고 또 수고하여 친히 손으로 일을 하며 모욕을 당한즉 축복하고 박해를 받은즉 참고 비방을 받은즉 권면하니 우리가 지금까지 세상의 더러운 것과 만물의 찌꺼기 같이 되었도다(고전 4:9-13).

예수님은 이들을 행복한 자라고 하셨는데 그들이 천국을 소유했을 뿐 아니라 천국을 전파하는 자들이기 때문이었다. 그들은 혼자 있는 것이 아니었다. 천국의 왕이신 예수님이 함께 계셨다. 그들이 가는 어떤 현장에서든 그리스도 되시는 예수님이 그들 안에 그들과 함께 계셨다. 그들의 미래는 그리스도 안에서 항상 현재로 진행 되었다. 그분의 능력이 그들 편에 항상 보증이 되어있었다. 그러므로 그들은 박해를 두려워하지 않고 오히려 기뻐하고 즐거워 할 수 있었는데, 그 이유는 그들의 왕이신 그리스도께서 그들 앞에 나아가시고 그들은 왕의 뒤를 따르는 것 외에는 아무것도 할 것이 없었기 때문이었다.

그들은 세상의 소금이요, 또한 빛이다. 예수님이 그들을 칭찬하신 것은 그들의 미덕이나 업적 때문이 아니다. 그것은 주님의 은혜로운 구속적 사역에 동참한 것 때문이다. 그들은 왕의 주권을 알고 그에 의존하며 항상 왕의 영광스런 이름을 높인 자들이었다. 왕은 세상의 빛으로서 그를 따르는 전도자들에게 자신의 빛을 주어서 세상의 빛이 되도록 전도자의 자격을 주신 것이다.

6. 세상의 빛이 된 사람들

구약이나 신약이나 지금까지 소금으로 세상에 들어가고, 빛으로 세상을 비친 사람들이 수없이 많다. 히브리서 저자는 이들을 믿음의 영웅들, 즉 세상이 감당하지 못한 사람들이라 한다. 하나님의 섭리 속에 한 민족을 이루는 과정에서 쓰임 받은 창세기의 요셉이 우상에 가득찬 애굽에 노예로 팔려갔다. 그는 하나님의 말씀을 가진 소금이었다. 그는 또한 빛이었다. 망할 수밖에 없는 제국의 위기를 해결하여 여호와의 이름을 증거 한 전도자였다.(창 37장~50) 모세역시 소금이었고, 애굽과 전 세계에 여호와의 복음을 증거 한 빛이었다. - 출 3:18, 출 12:23을 비롯해 전 사건이 그리스도 복음을 증거 한 것이다 - 사무엘과 다윗과 엘리야와 엘리사, 다니엘과 그의 세친구등 모든 선지자들과 몇몇 왕들과 믿음의 사람들이 있다. 신약시대에 와서 예수님을 따르던 사도들과 남녀 제자들과 중직자 제자들과 산업인 제자들이 있다. 이들의 바통을 받은 제자들로 인하여 급기야는 로마제국이 복음에 무너졌다. 이들은 모두다 예수님이 말씀하신 세상의 소금으로 뿌려졌고, 세상의 빛으로 흑암의 세력을 물리치고 참된 길을 들어냈다.

근세에 와서 각 분야에서 맛을 잃지 않는 소금이 되고, 말통 아래 덮여지지 않은 빛이 된 사람들이 있다.

종교 개혁자들 [루터](Martin Luther,1483-1546)와 [칼빈](Jean Calvin, 1509-1564)과 [존 낙스](John Knox, 1514-1572)등은 정치인들이자 성직자들이었다. 성경을 번역하다 화형당한 [존 위클리프](John Wycliffe, 1320년 경-1384)나 [윌리엄 틴데일](William Tyndale, 1494년-1536)등은 참으로 빛이었다.

19세기 초 신앙부흥운동을 이끌고 최초의 전문부흥사로 불린 [찰스 피니](Charles Grandison Finney, 1792-1875), 버림받은 자들 속에 들어간 [윌리엄 부스](William Booth, 1829-1912), [무디](Dwight L Moody, 1837~1899), [찰스 스펄전](Charles Haddon Spurgeon, 1834~1892)은 복음 전도자들로 정치와 교권에 물들지 않은 빛을 비추인 자들이다. 땜장이 아들로 평신도이자, 작가인 [존 번연](John Bunyan, 1628-1688)은 설교할 자격이 없는데 설교한 죄로 12년 동안 감옥소생활을 하고 감옥에서 『천로역전』이란 책을 펴낸 그는 진정 순수한 세상의 소금이고 등경위에 있는 빛으로 전도자의 삶을 살았다.

대 공황의 암흑기에 미국과 유럽을 밝힌 전도자들이 있다. 학자요 목회자자인 [요나단 에드워즈](Jonathan Edwards,1703-1758)나 [요한 웨슬레](John Wesley,1703-1791), [죠지 횟필드](George Whitefield, 1714-1770), (웨슬레 형제들과 함께 횟필드는 옥스퍼드 동문들로 민족과 세계를 위한 기도 동아리였다)

고아의 아버지 [조지 뮬러](George,1805-1898)나 중국의 내지 선교회를 창설한 선교사 [허드슨 테일러](James Hudson Taylor,1832-1905)는 하나같이 교회나 단체의 지원을 바라거나 사람을 의지하지 않았다. 그들은 오직 하나님께만 간구하여 채움을 받았다.

[리빙스턴] (David Livingstone,1813-1873)

[리빙스턴]은 소년 때 중국 의료선교사를 꿈꾸고 방적공장에서 일하면서 독학하여 글래스고의 「앤더슨 대학교」에 들어갔다. 거기서 신학과 의학을 공부하면서 중국 선교를 준비했으나 중국의 아편전쟁 때문에 중국에 선교사로 갈 수 없게 되었다. 아프리카 선교사인 [로버트 모팻]의 영향으로 1840년 런던 전도협회의 의료 전도사로서 아프리카로 떠났다.

1841년 남아프리카 보츠와나에 도착하여 니그로 부락에 머무르면서 복음 전도를 하면서 원주민 문화에 대한 연구를 시작했으며, 1849-1856년, 제1회 탐험을 시작하여 「칼라하리 사막」횡단, 1849년 「느가미 호」의 발견, 1851년 「잠베지 강」발견, 1855년 「빅토리아 폭포」발견 및 아프리카 횡단에 성공했다.

그의 마지막 생애는 괴로움과 고통의 연속이었다. 그의 대원들이 다 떠나가고 의료품과 보급품은 대부분 도난당했다. 나이든 그의 몸은 질병을 떨쳐버릴 힘이 없었다. 그러나 아프리카 인들이 비참하게 팔려가고 죽어가는 상황에서 탐험을 중단할 수가 없었다.

그때 헨리 스텐리(Henry Stanley)라는 기자가 마침내 그를 찾아냈다. 그의 모습은 살아있는 해골의 모습이었다. 그의 입안에는 남아 있는 치아는 없었고 눈마저 감염되어 있었다. 신발은 다 낡아 찢겨져있었고 발은 온통 벗겨진 피투성이가 되었다. 스텐리는 4개월을 돌보며 함께 했고 떠날 때 함께 갈 것을 간절히 권유했지만 데이비드는 일을 마치기 전에는 떠날 수 없다고 했다. 마지막 때는 들것에 실려 옮겨 다녔고 그러면서도 지도그리기와 신앙적 메모하는 일은 계속했다.

그는 아프리카에서 32년 동안 64만 km이상을 여행 하였다. 그가 죽은 직후 아프리카 선교사 파송하는 일이 본격적으로 시작 되었고, 아프리카의 광대한 지역 곳곳에서 그가 만든 지도에 의해서 교회들이 활발하게 세워졌다. 그가 준비한 지도들과 그의 신앙적 기록들과 부족들에 대한 정보들은 지도와 정보는 후에 많은 선교사역을 대단히 편하게 해 주었다. 오늘날 아프리카인 2억 7천 5백만이 그리스도인이라는 이름을 가지고 신앙생활을 하고 있다고 한다.[77]

그는 탐험가로서 삶이 목적이 아니었다. 탐험을 하면서 그 목적도 그 길을 따라 선교사들이 쉽게 들어오도록 한 것이었다. 그 스스로는 어디까지나 자신의 제일 순위는 아프리카 선교였으며 탐험은 그의 거점을 탐색하기 위한 수단이라고 말했다. 그의 저서를 보고 많은 젊은 선교사 지망생들이 또 일어났다.

[데이비드 브레너드] (David Brainerd,1718-1747)

[데이비드 브레너드]는 미국 인디언 전도에 평생을 바친 청년 선교사이다. 그는 인디언과 함께 살면서 갖은 고생을 겪다가 병에 걸려 27세에 죽었다.

그는 청년 전도자로 그의 마지막 일기에 "주님 없는 고생은 지옥이다. 주님 곁에서의 고생은 천국이다. 주님이 내 곁에 계시지 않았다면 나의 생활은 짐승과 차이가 없을 것이다. 내가 사람답게, 그리고 조금이라도 보람 있게 살았다면, 그 모든 원인은 내가 주님 곁에 있었기 때문이다." 그야말로 오직 그리스도만을 바라보고, 증거 한 전도자이다.

그는 인디언 마을들을 돌면서 복음을 전하느라 생명의 위험을 감수하며 강행군을 하였다. 그에게서 복음을 받은 인디언 여인들은 은혜로운 말

---

77) 참고 : 「세계를 변화 시킨 믿음의 거인들」, 조이스 브라운 저, 김주성 역, 베다니출판사.

씀을 함께 들으려고 친구들을 데리고 몰려왔다. 데이비드는 1745년 영혼의 깊은 밤을 경험하게 되었다. 몸이 심히 쇠약해졌다. 고통으로 인하여 설교도 기도도 할 수 없었다. 이러한 절망적 상황은 하나님과 끊어진 듯한 영혼의 깊은 밤이었다. 그러나 그 밤은 하나님의 놀라운 은혜의 사역으로 이어졌다. 여기서 시작된 신앙 부흥은 계속되었다.

그의 설교를 통해 은혜의 소나기가 홍수처럼 부어져서 살인과 싸움과 도적질을 밥 먹듯이 하는 인디언들의 가슴을 녹였다. 말씀을 듣는 자들은 '주여 저를 불쌍히 여기소서!' 하면서 울부짖었다.

그의 이러한 선교를 위한 생애는 후세에 수많은 하나님의 사람들의 가슴과 생애를 뒤흔들어 놓았다. 그는 1740년대 미국을 휩쓴 대각성운동의 주도자 [요나단 에드워드]에게 깊은 감동을 끼쳤고,[78] [존 웨슬리]의 마음에 큰 전환점을 마련해 주었다. [윌리엄 케리]와 [헨리 마틴], [짐 엘리오트] 선교사들도 그의 일기를 통해 감동을 받아 참 선교사역에 종사하게 되었다. 그는 짧은 생애를 살다가 주님 품에 안식하였지만 하나님은 그이후의 열매들은 헤아릴 수가 없게 하셨다. 다음은 [데이비드 브레이너드]의 1744년 7월 1일자 일기이다.

〈1744년 7월 1일, 주일〉

그들에게 온 이후 마음이 착잡해 있었다. 언제 내가 하나님을 믿고 위로를 받았던가 싶을 정도로 믿음이 침체 되었다. 이런 심리상태로 줄곧 오전을 허비했다. 주일날 인디언들에게 덤덤한 설교를 하고 말았다. 오후에 들면서 설교를 시작할 때만해도 30분가량이 지나도록 여전히 허전했다. 나 자신이 너무나 무지하게 느껴져서 인디언들에게 아무것도 할 말이 없었다. 그러나 곤혹스러운 시간이 어느 정도 지나면서 나의 내부에서 인디언들에게 설교할 만한 사랑과 온정과 힘

---

78) 요나단 에드워드는 데이비드의 일기를 수집해서 『데이비드 브레이너드의 일기』라는 책을 펴냈고 그 책은 기독교 고전이 되었다.

이 솟아나기 시작했다. 이방의 모든 헛된 것들에서 돌이켜 하나님께 돌아오기를 간구하는 중보기도를 하나님께서 도와 주셨다. 주님께서 그들의 마음을 어루만져 주시기만 간구했다. 나는 저들의 내면에 일어나는 어떤 낌새도 알아챌 수 없었기 때문이다.

그들을 떠나 나의 거처로 향했다. 3마일 가량 말을 타고 오면서 찬송도 하며 기도도하는 시간을 가졌다. 말을 타고 2마일가량 왔을 때 하나님께 나 자신을 더욱 완전히 드려야겠다는 마음이 다시 일어났다. 말할 수 없는 만족과 성스러움이 밀려들었다. 주님 안에서 나 자신을 부인하고 새로운 마음으로 사역에 온전히 헌신하고 싶었다. 이는 오직 하나님의 은혜로 이루어진다고 믿는다. 크고 복된 이 사역을 수행하자면 어려운 일도 많이 일어 날 것이다. 그러나 어떠한 악조건이 밀려와도 한 걸음도 후퇴하지 않으리라. 새로운 결의를 하고나니 몹시 자유롭고 가뿐해 졌다. 내 마음속에 주님을 위해 헌신하고자하는 의욕이 넘쳤다. 나는 전심으로 부르짖고 있었다. "주님, 주님께 저를 드립니다! 받아 주소서! 그리하여 영원히 나를 주님의 것으로 삼으소서 이밖에 더 무엇을 바라리이까 아, 오소서 벌레같이 불쌍한 존재를 받으소서" 선교사로 일하는 특별한 사역이 내 마음을 더 즐겁게 했다. 다방면에서 자신을 부인하고 하나님께 자신을 계속 포기하며, 하나님의 긍휼을 구하고 매순간 열정으로 쉬지 않고 기도하는 것이 참 즐거웠다.

최근 나의 몸은 매우 약해져서 기진맥진 하였지만, 이렇게 저렇게 버티고 있었다. 손가락이 매우 약해져 똑바로 펴기 어려울 만큼 약간 마비되었다. 말에서 내려서면 거의 걸을 수도 없었다. 관절 마디마디가 온통 풀려버린 것 같았다. 그러나 나의 속사람은 풍성한 은혜로 새로워졌다. 모여 있는 백인들에게도 말씀을 전했다. 하나님께서 많이 도와 주셨다. 특히 기도할 때 그랬다. 불쌍한 인디언들도 여럿이 집회에 참석할 만큼 마음이 움직이게 되었다. 어떤 이는 깊은 관심을 표시하기도 하였다.

〈1744년 7월 3일, 화요일〉

아직도 매우 허약하다. 오늘 아침에는 하나님의 도우심을 간구하는 마음으로 기도할 수 있었다. 어느 정도 믿음을 가지고 예배를 드린 것으로 생각된다. 오랜 시간동안을 함께하시며 간구할 수 있게 하신 하나님께 감사한다. 하나님은 참으로 내게 선하신 분이시다. 하지만 나 자신이 죄 많고 메말라 있음을 생각할 때 서글퍼졌다. 하나님을 위해 더 열심히 일해야겠다는 마음이 일어났다. 9시경 다시 기도하는 시간을 가졌다. 선하신 하나님께서 기도의 영을 넘치게 부어주셨다. 내 직분에 영혼깊이 애착이 갔다. 하나님께서 허락하신 이 사명을 감당할 수 있었으면 좋겠다. 주님의 사람이 되어 주님께 지혜롭게 헌신하는 일은 아, 얼마나 즐거운 일인가! 하나님은 얼마나 복된 기업인가! 그 분 안에 거하는 것은 얼마나 영광스러우며 아름다운 일인가! 내 영혼은 하나님 한 분만을 위해 온전히 시간을 갖고 싶었다. 인디언 언어로 기도하면서 하루를 거의 보냈다. 저녁에는 다시 하나님께 매달려 마음을 쏟아 기도했다. 조심스럽고 신중한 마음으로 줄곧 기도할 수 있는 힘을 얻었다. 내 자신에 빠져 신중함을 잃지 않으려고 신경을 썼다.

주의 종들이 심령으로 하나님의 은혜로운 능력을 접하게 될 때, 성도들의 내면에 놀라운 은혜의 손길이 임하게 마련이다. 하나님께서 친히 그분의 손길로 조종하시는 것을 누리게 되는 것이다. 이것이 사도행전 11장의 안디옥 교회에 나타난 주의 은혜이다.

"주의 손이 그들과 함께 하시매 수많은 사람들이 믿고 주께 돌아오더라"(행 11:21). 우리가 갖은 웅변과 논리로 무언가를 하려든다면, 우리는 은혜로운 능력에 접하지 못하고 있기 때문일 것이다. 그 일기는 1747년 10월 2일(금요일)에 끝난다. 그리고 그는 일주일을 더 머물고 다음 10월 9일(금요일)에 그리던 주님 곁으로 떠난다. 마지막 내용이다.

〈1747년 10월 2일, 금요일〉
하루 종일 내 심령은 하나님께 붙어 있었다. 나는 하나님과 함께 있기를 갈망했다. 주의 영광을 바라보고 싶었다. 나는 모든 것을 기꺼이 하나님께 맡기고 싶은 마음이 들었다. 내가 그렇게도 사랑하는 친구와 -여기 친구는 [요나단 웨드워즈]를 말하는 것 같다.- 양떼들과 동생, 그리고 영원을 향한 내 관심까지도 하나님께 맡기고 싶었다. 오, 주의 나라가 이 세상에 임하셨으면 좋을 텐데, 사람들이 스스로 계시는 하나님을 사랑하고 영화롭게 한다면 얼마나 좋을까 복되신 구세주께서는 영혼의 수고하심을 보고 만족하실 거야. 아, 주님 오소서 어서 오시옵소서 아멘.'

교회에서나, 그 시대에서 줄 수 있는 가장 고귀한 선물은, 하나님의 뜻을 몸소 체험시키는 삶을 살며, 그의 믿음으로 주위의 사람들에게 영감을 주는 사람이다. 우리는 19세기를 선교사 부흥의 세기라고 말한다. 이 세대에 하나님이 자신의 교회에 어떻게 이런 복음의 사람들을 주셨는지 놀라운 일이다. 그들은 생애를 선교 사업에 산제사로 바쳤을 뿐 아니라, 특별히 그들을 따르는 사람들이 하나님의 나라를 섬기는데 있어서 필수적인 요소가 기도의 능력이라는 것을 믿도록 도와주었다.

[데이비드 브레이너드]와 [헨리 마틴] 두 사람은 기도가 하나님의 나라를 앞당긴다는 믿음과 확신에 찬 전도자들이었다. 그들은 교권이나 세속에 전혀 물들지 않는 하나님 편에 머물렀던 하나님의 사람들이었다.

그들을 뒤이은 수많은 선교사들이 그들의 본을 따라 기도에 대한 믿음을 더욱 깊이 하게 되었다. 『데이비드 브레이너드의 일기』는 모든 그리스도인들에게 그의 열정적이고 능력 있는 기도생활을 보여주기 위하여 나온 것이다. [윌리엄 케리]는 "모든 주님의 사역자들은 이 책을 일 년에 세 번은 읽어야 한다"고 했다.

[헨리 마틴] (Henry Martyn,1781-1812)

[헨리 마틴]은 [데이비드 브레이너드]의 일기를 읽고 브레이너드의 희생적인 선교사역에 큰 감동을 받아 그는 [윌리엄 케리][79]의 인도사역자 모집에 응하게 되었다. 그는 평생 선교를 인생의 유일한 목표로 삼게 되었다.

[헨리 마틴]은 '끊임없는 설교 준비로 인해 개인적인 경건을 위한 독서도 별로 하지 못하고 기도도 짧아지다보니 하나님과 나의 사이가 대단히 서먹서먹해졌다'고 탄식했다. 그는 31세에 「힌두스탄 어」, 「페르시아 어」, 「아랍 어」로 번역된 신약성경을 남겼다. 31세에 죽은 한 사람이 신약을 3개 언어로 번역했다는 것은 놀라운 일이다. 그는 페르시아 국왕의 재가를 받기 전에는 성경을 인쇄하거나 배포할 수 없다는 사실로 인하여 인도에서 테헤란까지 960Km를 여행했다. 그러나 거기서 왕을 만날 수 있도록 허락받지 못했다. 그는 발길을 돌려 영국 대사를 찾기 위해 다시 640Km를 여행했다. 대사는 그에게 소개장을 주며 다시 그를 640Km 떨어진 테헤란으로 돌려보냈다. 마틴은 이 긴 여정 내내 노새를 타고 다녔다. 밤에는 길을 떠나고 낮에는 겨우 삼베 한 조각으로 사막의 태양빛을 피하며 휴식했다. 마침내 테헤란으로 다시 돌아와 왕을 알현했고, 페르시아에서 성경을 인쇄하고 배포할 수 있도록 왕의 승인을 받았다. 그리고 열흘 뒤 숨을 거두었다.

그가 하나님께 가기 직전에 그는 일기에 이런 말을 남겼다. '과수원에 앉아 감미로운 위로와 평안을 누리며 나의 하나님에 대해 생각했다. 고독 속에서 나의 벗, 나의 친구, 나의 위로 자이신 그분을 생각했다.'

지금도 각 선교현지에서 성경을 번역하여 보급하는 전도자들은 주님이 말씀하시는 빛을 비추고 있다.

[짐 엘리엇](Jim Elliot,1927-1956)과 [엘리자벳 엘리엇](Elisabeth Elliot)

[짐 엘리엇]은 명문 「휘튼대학」을 수석으로 졸업했다. 오랫동안 혼자 기도한 뒤 그는 이국땅, 남아메리카를 향한 하나님의 부르심을 느꼈다. 그

---

79) 윌리엄 캐리(William Carey,1761-1834) : 영국 선교협회 창설자, 인도선교사, 교육자, 번역가, 사회개혁가, 문화 인류학자이다. 현대선교의 아버지로 불린다./위키백과

는 에콰도르에서 사역했던 선교사와 교제하며 「아우카 부족」에 -그리스도의 구원의 소식이 한 번도 전해지지 않았던 사람들, 즉 미전도 종족- 대해 들으며 그의 갈 길을 정했다.

마침내 짐 엘리엇을 비롯한 5명의 젊은 선교사들이 간단한 짐만을 챙긴 채 에콰도르의 원주민 「아우카」족을 향해 밀림 속으로 들어갔다. 소형비행기를 타고 해변에 내린 이들이 해변에 텐트를 치고 「아우카」족에게 복음을 전하기 위해 준비를 시작한지 닷새 째 될 즈음, 선교 본부에서는 이들에게서 소식이 없자 혹시 하는 생각에 비행기를 보냈다. 그런데 바로 그곳 해변에서 다섯 명의 젊은 선교사들이 무참하게 살해된 것을 발견했다. 1956년 1월 8일 다섯 명 모두 아우카족 전사들에게 창과 도끼로 죽임을 당했다. 해변에 그들의 시체가 피를 흘리며 널브러져 있었다. 그런데 한 가지 이상한 점이 있었다. 그들의 주머니에는 권총이 들어 있었던 것이다. 이들은 자신의 신변보호를 할 수 있었음에도 불구하고 총을 뽑지 않고 그대로 죽었다는 것이다.

미국 언론 「라이프지」와 「타임지」는 이 사실을 보도하면서 크게 분노했다. 당시 라이프 지에서는 이 사건을 1면 기사로 다루면서 '이 얼마나 불필요한 낭비인가!' 라고 대서특필했다. 이 장래가 촉망되는 젊은이들이 도대체 무엇 때문에 멀리 남미까지 가서 개죽음을 당해야 하는가 라는 것이었다.

한 기자는 짐 엘리엇의 아내인 [엘리자벳 엘리엇]에게 찾아가 인터뷰를 하면서 또 다시 이런 말을 했다. '왜 헛일을 하는가' '왜 낭비를 하는가' 그러자 그 당시 20대 초반밖에 안 되던 그의 아내가 오히려 그 기자를 똑바로 쳐다보면서 항의했다.

'낭비라니요 왜 그런 말씀을 하세요 나의 남편은 어렸을 때부터 이 순간을 위해 준비했던 사람입니다. 나의 남편은 이제야 그 꿈을 이룬 것뿐입니다. 이후로 다시는 내 남편의 죽음을 낭비라고 말하지 마세요'

나중에 엘리엇이 시카고에 있는 휘튼대학교 기숙사에 있을 시절부터 적었던 글과 일기들이 공개되었다. 그의 아내가 그것들을 모아서 출간했다. 그 속에는 깜짝 놀랄만한 말들이 두 가지 적혀 있었다. 이 글을 쓸 때 엘리엇은 겨우 19살이었다. 순교할 당시 그의 나이가 29세였는데, 10년 전에 쓴 글이었다.

'하나님, 제가 감히 하나님께 기도합니다. 이 부족한 나무토막 같은 내 인생에 주여 불을 붙여 주소서. 제가 주를 위해 탈 수 있도록. 나의 삶을 주 께서 소멸시키십시오. 이 몸은 주의 것입니다. 나는 오래 사는 것을 원치 않습니다. 완전하고 풍성한 삶을 원합니다. 바로 예수님과 같이요' 그는 또 '주님 성공하게 하소서..높은 자리에 오른다는 것이 아니라 제 삶이 하 나님의 가치를 드러내는 전시품이 되게 하소서' 라고 일기를 썼고 또 '영 원한 것을 얻기 위해 영원하지 않는 것을 버리는 자는 결코 어리석은 자가 아니다' 라고 기록했다.

이후 짐 엘리엇의 아내 [엘리자벳 엘리엇]은 일 년간 간호사 훈련을 받 고 아우카 족에게로 갔는데 아우카 족은 여자를 해치는 것은 전사가 할 일 이 아니다 면서 엘리자벳은 해치지 않았다. 부인은 그런 사실도 모르고 목 숨을 걸고 그곳에 갔던 것이다. 그녀는 그곳에서 아우카족을 위해 여러 해 동안 헌신하였다. 아우카족의 추장이 어느 날 부인에게 물었다. '당신은 누구이고 우리를 위해 이렇게 애써서 수고하는 이유가 무엇입니까' 엘리 자벳은 이렇게 대답했다. '나는 5년 전에 당신들이 죽인 그 남자의 아내입 니다. 그러나 하나님은 당신들을 구원하도록 여기에 보내셨습니다. 그것 이 남편의 죽음을 위한 일임을 알기 때문에 왔습니다.' 부인의 말을 들은 아우카족장은 감동을 받고 모두 예수 그리스도를 영접하게 되었다.
나중에 추장이 [빌리 그레함]의 전도 집회에 참여해서 간증했다. '우리 들은 그분들에게서 복음을 받고 하나님을 믿게 되었습니다. 그 젊은이들 의 희생이 아니었다면 우리는 아직도 그렇게 살고 있었을 것입니다. 그분들의 죽음으로 인해 우리들은 빛을 보게 되었습니다. 우리도 오래 살기를 원치 않습니다. 그분들처럼 살기를 원합니다.'

[짐 엘리엇]과 부인 [엘리자베스 엘리엇]은 항상 하나님의 뜻을 구하였다. 그의 선교사역은 결국 죽음으로 금방 끝났지만 복음의 빛을 비추는 등경위의 불이 되었다.

다섯 명의 선교사가 피살된 지 36년이 지난 1992년 6월 11일, 와오라니 우림지역에 외딴 마을 「티네노」에서는 감격적인 신약성경 봉헌예배가 드려졌다. 75명의 와오라니 인디안 기독교인과 수명의 성경번역선교사들과 손님들은 예배에서 「와오라니어」로 번역된 신약성경을 「와오라니 교회」 원주민 지도자가 읽어 내려갔다. 예배에 참석한 와오라니 원주민 가운데 3명은, 5명의 선교사 살해에 가담한 사람들로, 이들은 현재 「와오라니 교회」의 담임목사와 중직자로 활동하고 있다.

짐 엘리엇과 동료들이 살해당한 지 수십 년이 지난 후 그들이 죽은 마을에서 수백 개의 교회가 생겨났으며, 엘리엇이 죽고 나서 태어난 엘리엇의 아들이 그 교회 목사가 되었다. 그리고 그가 남미의 열대우림 속에서 죽은 지 40년 후인 1995년, 엘리엇이 졸업한 「휘튼대학」에서는 강력한 부흥이 일어났다. 지금도 엘리엇으로 인한 부흥과 선교의 역사는 계속 이어지고 있다.

[짐 엘리엇] 선교사도 세상에 빛이었지만, 그가 죽고 5년 뒤 그의 부인인 [엘리자벳]이 다시 그 땅을 찾아가서 복음의 능력으로 그들을 굴복시킨 사역은 예수님의 너희는 세상에 소금이요 세상에 빛이라는 말씀이 그대로 나타나는 삶이었다.

"우리 주 예수 그리스도로 말미암아 우리에게 승리를 주시는 하나님께 감사하노니"(고전15:57). 기독교 역사에서 가장 확실한 승리의 삶을 살았던 사도 바울은 고백한다. "그러나 내가 나 된 것은 하나님의 은혜로 된 것이니 내게 주신 그의 은혜가 헛되지 아니하여 내가 모든 사도보다 더 많이 수고하였으나 내가 한 것이 아니요 오직 나와 함께 하신 하나님의 은혜로다"(고전15:10).

신학자요 설교가들 중에 참으로 세상에 빛을 밝힌 하나님의 사람들이 많다. 제임스 패커나 존 스토트, 마틴 로이드 존스, 빌 브라이트 와 한국의 한경직, 김준곤 목사 등은 예수님의 세상의 소금이라는 말씀과 너희는 세상의 빛이라는 말씀으로 자신의 정체성을 이룬 복음의 사람들이다.

[빌 브라이트] (William R. Bill Bright 1921-2003)

[빌 브라이트]는 대학생선교회(C.C.C.)의 창시자이다. [빌리 그래함]은 빌 브라이트에 대해 말하기를 '빌 브라이트 박사는 내가 보아온 사람들 가운데 몇 안 되는 가슴에 큰 사명을 가진 사람이었습니다. 그 사명은 바로 전 세계를 복음화 하는 것이었습니다. 그는 우리 주님께 신실하고 온전하였으며 헌신된 사람이었습니다. 브라이트 박사의 삶과 사역은 저에게 큰 영감을 주었고 우리들에게 큰 축복이라고 생각합니다'라고 했다.

세계복음화의 비전에 사로잡힌 빌 브라이트 박사는 전 생애를 통해 그리스도를 전하고자 하였다. 그가 살아있는 동안 세계복음화가 이루어짐으로 그리스도의 다시 오심을 보기 원했으며 성령님과 동행하는 삶을 통해, 모든 그리스도인들이 능력 있는 삶을 살아가는 것을 꿈꾸었다.

그는 「프린스턴」과 「풀러 신학대학원」에서 공부를 하였다. 1951년 풀러 신학교에서 공부하던 중에 "가서 모든 민족으로 제자를 삼으라"(마:28:19)는 말씀을 천명으로 받았다. 세계를 복음화 하는데 있어 가장 전략적인 방법이 무엇일까 고민하였고 미래의 지도자인 대학생과 청년들에게 복음을 전해야 한다는 강한 사명감에 사로잡혔다.

담당교수와 상담하는 중에 그것이 하나님의 뜻이라는 확신을 얻은 브라이트는 담당교수가 지어준 C.C.C.(campus crusade for christ)라는 이름으로 선교단체를 창설 하였다. 학기 중 이었지만 사명의 시급함을 느껴 공부를 일단 중단하고 대학생들을 제자 화하는 사역에 바로 뛰어들게 되었다. 빌 브라이트는 소유는 물론이고 삶 전체를 그리스도께 양도한다는 계약서를 아내인 [보넷 브라이트]와 작성하고 UCLA에서 CCC 활동을 시작하였다.

빌 브라이트 박사는 세계복음화를 자신이 죽기 전에 이루기를 열망하였다. 〈오늘의 학원 복음화는 내일의 세계 복음화〉, 〈우리세대에 지상명령을 성취하자〉 이러한 구호를 외치며 제자 화 사역에 열정을 바쳐 사역하였다. 복음의 빠른 확산을 위해 4영리를 만들어 암송하여 전하거나 책자로 제작해 쉽게 읽어주게 하였다. -4영리는 2000년을 기준으로 25억권이 배포되어 읽혀졌다.- C.C.C. 사역은 활동을 뛰어넘어 운동이 되어갔다. 1951년 UCLA를 시작으로 1952년에는 3개주 4개 대학에서 헌신된 동역 자들(간사로 임명)이 함께 했고 1956년에는 62명의 간사들이 10개주 23개 대학에서 사역하였다. C.C.C. 운동은 미국을 넘어 세계로 확산되었다.[80]

브라이트는 전 생애를 지상명령 성취를 위해 바쳤으며 성령 안에 살아가고자 늘 호흡처럼 기도하였다 빌 브라이트 박사는 대학생선교회의 간사들과 함께 지상명령 성취를 이룩하기 위하여 세계 150여 개 이상의 국가에서 헌신적으로 사역해 오다가 2003년 향년 82세로 하나님 품에 안겼다. 저서로는『4영리』,『10단계 성경 교재』,『그리스도의 계절이 오게 하자』,『첫사랑』외 다수가 있다.

---

80) 1958년 김준곤 목사에 의해 한국 C.C.C.가 시작되었고, 1959년에는 파키스탄과 중동에서 C.C.C. 사역이 시작되었다. 지금은 192개 나라에서 C.C.C. 운동이 이루어지고 있다. 빌 브라이트 박사는 C.C.C.를 통해 다양한 방법으로 지상명령을 성취하는데 힘썼다. 출판, 오디오, 비디오 등 모든 미디어 매체를 통해 복음을 전하였는데 그 중 예수영화는 2000년을 기준으로 45억명이 관람하였고 수많은 사람들이 예수영화를 통해 예수님을 만나는 경험을 하게 되었다. 1996년에 브라이트는 종교계의 노벨상으로 불리는 템플턴상을 수여받았다. /위키백과

기독교 세계관의 관점에서 볼 때, 대한민국의 근, 현대사에서 가장 중요한 두 개의 운동은 민주화운동과 복음화운동이었다. 민주화운동은 결국 하나님의 형상대로 창조된 인간을 인간되게 하는 운동이었고, 그래서 억압당한 인권을 구조 악으로부터 회복하는 정치적 해방이 그 중요한 초점이었다.

반면에 복음화운동은 구원자 예수그리스도를 불신의 이웃들에게 증거함으로써 인간을 죄로부터 해방시키는 영적해방이 그 초점이었다. 민주화운동이 우리 민족사의 한 복판에서 신앙의 영역을 뛰어 넘어, 우리 사회 모든 계층에서 주목을 받았음에 반하여, 복음화운동은 기독교 특히 복음주의적 개신교의 영역 안에서만 일어난 운동이었다.

그러나 적어도 복음화운동은 성경의 관점에서 보면 민주화운동 이상으로 중요한 의미를 지니고 있었다. 복음화운동 없이 오늘의 한국교회는 존재할 수 없었고 한국교회를 통한 세계선교의 생동하는 에너지도 찾아볼 수 없었을 것이다. 이런 복음화운동의 한 복판에 김준곤 목사가 있다.

[김준곤 목사]는 출생지는 전라남도 신안군 지도읍이다. 복음전도자인 김준곤 목사의 생애에 결정적인 역할을 한 사람은 어린 시절에 신앙의 씨앗을 뿌려준 순교자 [문준경] 전도사(1891-1950)이다. 그리고 한국복음주의 운동의 지도자 [한경직] 목사, 세계 대학생 선교사역(C.C.C.)의 대부인 [빌 브라이트] 박사 등이 동역자들이다. 김준곤은 어린 시절 문준경 전도사에 의해 예수님을 처음 만나게 되었고. 그녀가 자기 집에 오면 말로 표현할 수 없는 행복감을 느끼면서 예수에 대한 믿음이 서서히 정착했다고 한다. 그녀는 신앙의 어머니 같은 분이었기에 김준곤 자신이 그녀를 통해서 예수를 믿게 된 일은 '내 생애에 일어난 최대의 사건은 그리스도 사건이다. 그리스도는 나의 생명이요, 소망이요, 나의 평안이요, 지혜요, 힘이

요, 모든 것의 모든 것이다. 그리스도의 절대가 다른 모든 것을 상대화 시켰다'고 하면서 그녀와의 만남을 통하여 생애 최초의, 최대의 영향을 받았다고 회고하였다. 문준경 전도사는 김준곤의 외갓집 친척 아주버니였고, 김준곤이 신학교에 간 것을 누구보다 기뻐했다.

그는 1948년 서울 남산의 「장로회신학교」를 제1회로 졸업하고 미국 「풀러신학교」에서 공부했다. 김 목사는 「풀러신학교」 유학시절 CCC 설립자 [빌 브라이트 박사]를 만나 한국에서도 대학생선교회를 시작하라는 권면을 받고 귀국, 한국 CCC를 창설하고 서울대학교, 고려대학교, 이화여자대학교 등을 직접 다니며 전도에 나섰다.

김 목사는 대학동아리형식으로 모여 선교와 봉사활동을 하는 한국대학생선교회를 1958년 서울 정동제일교회에서 창설해 오늘 날 330개 대학에 1만6천500명의 회원을 가진 단체로 길러냈다.

김준곤 목사는 또 '민족'과 '봉사'의 개념을 선교에 도입해 민족복음화운동에 앞장섰으며, 미국 유학시절 접한 조찬기도회를 보고 1965년 국회조찬기도회, 1966년 국가조찬기도회를 창설했다. 국가조찬기도회가 오늘날에 와서는 정치적 색체를 가진 사람으로 모임이 되었으나, 김준곤 목사는 오직 민족복음화라는 동기 외에는 다른 색깔이 없었다.

김 목사는 1968년에는 민족복음화를 위한 「나사렛형제들」을 창단했고, 지역단위 전도를 위한 「사랑방운동」을 펼치기도 했다. 아울러 1998년부터 2006년까지는 「우리민족서로돕기운동」 상임공동대표를 맡아 북한주민 돕기에도 나섰다. 2002년에는 한국종교 지도자들과 함께 직접 북한을 방문했다. 김 목사는 1974년 30만 여명이 5박6일간 여의도 광장에서 집회를 하고 철야기도를 한 「엑스폴로 74」 대회를 통해 CCC에 대한 인지도를 세계에 높였다.

그는 무슨 문제를 제기해도 '백문 일 답'이었다. 언제나 그의 대답은 '그리스도'라는 명제, 곧 그리스도가 구원이고 그리스도가 소망이라는 외침이었다. 그리고 무엇보다 그의 가슴에는 민족사랑, 민족복음화의 불이 타고 있었다. 정치, 경제, 교육, 과학, 예술 모든 삶의 영역에 그리스도를 심어 이 민족을 그리스도의 민족으로 삼아야 한다는 열망이 전 삶을 지배했다.

김 목사가 2003년 2월 CCC 국가대표직에서 물러날 때까지 CCC를 거쳐 간 대학생은 약 30만 명에 이른다. 남서울은혜교회 홍정길 목사는 CCC 총무 출신, 온누리 교회 하용조 목사도 CCC간사 출신이고, 정운찬 전 총리, 이광자 전 서울여대 총장 등이 대표적인 CCC 출신인사들이다. 저서로는 『예수칼럼』, 『김준곤 문설집』, 『김준곤 명상』, 『김준곤 예화』, 『김준곤 설교 I · II』, 『영원한 첫사랑과 생명언어』, 『리바이벌』 등이 있다.

앞의 믿음의 사람들을 소개했는데 영국이나, 미국의 한 두 사람만 소개했다. 세상의 어두운 역사 속에서 하나님 나라를 위하여 소금이 되어 녹아들고, 빛이 되어 어둠을 밝힌 믿음의 사람들이 수도 없이 많이 있다. 우리의 참 믿음과 소명은 그들로 인해 구체화 되었다.

한국교회사 안에도 역시 같은 말을 하고 싶다. 주로 그들은 일제 강점기와 6·25한국전쟁 때 주로 일어났다. 가장 어려울 때 하나님은 이 민족구원의 역사 중 가장 큰 축복을 부어 주셨다. 지금도 선교현장에서 이름 없이 빛을 비추는 사람들이 다수 있다.

이들은 생명 건 전도자들이며 세상에 소금이 되어 녹아들었고 빛이 되어 어두움을 밝혔다. 이런 속에 『오직 복음』과 『오직 세계복음화』와 이것이 지속되기 위해 『오직후대(remnant)』들을 섬기는 단체가 있다는 것이 크나큰 축복이 아닐 수 없다. 정말로 오직 복음 -이것이 세상의 소금이기 때문에- 오직 하나님 나라 -이것이 세상의 빛이기 때문에- 오직 성령 -이것이 증인이기 때문에- 의 언약을 붙잡고 한국과 세계교회에 새로운 도전을 주고 증거를 보이는 후대 전도자들이 나타나야 한다. 그 후대들로 인하여 '오직'이 전제된 이 운동이 지속 되어야 한다. '오직'이란 말은 복음에 다른 것이 섞임이 없이, 변질이 없이, 지속되기를 원하는 주님의 마음이다. 어떻게 준비되고 어떻게 일어나야할 지를 하나님은 아신다. 이일을 위해서 자라고, 이일을 위해서 인생을 살고, 이일을 위해 또 후대를 준비하는 후대지기가 되는 것이 소금이요, 빛이다.

그야말로 후대지기 전도자는 [월리엄 틴테일], [요나단 웨드워즈], [월리엄 보든] [짐 엘리엇] 처럼 불태운 전도자들이다. 짧은 인생이지만 그가 죽은 이후로 시대를 불태운 [월리엄 보든]이 자기성경책에 남긴
- 결코 남김 없이(No Reserves!)
- 결코 후퇴 없이(No Retreats!)
- 결코 후회 없이(No Regrets!)
이것이 전도제자들의 도전이다.

'주여 보내주소서 주님 다시 오실 때까지 오직 그리스도와 세계복음화에 변함없이 달려갈 바통 받을 자들을 허락하소서'

제12장

전도제자와 율법
(마5:17-20)

내가 율법이나 선지자를 폐하러 온 줄로 생각하지 말라 폐하러 온 것이 아니요
완전하게 하려 함이라 진실로 너희에게 이르노니 천지가 없어지기 전에는
율법의 일점일획도 결코 없어지지 아니하고 다 이루리라 그러므로 누구든지
이 계명 중의 지극히 작은 것 하나라도 버리고 또 그같이 사람을 가르치는 자는
천국에서 지극히 작다 일컬음을 받을 것이요 누구든지 이를 행하며 가르치는 자는
천국에서 크다 일컬음을 받으리라 내가 너희에게 이르노니 너희 의가
서기관과 바리새인보다 더 낫지 못하면 결코 천국에 들어가지 못하리라
(마 5:17-20).

1. 예수님과 구약성경

예수님의 자기의 빛을 세상에 비춰게 하여 하늘에 계신 아버지께 영광
을 돌리라는 말씀은 하나님의 말씀인 구약과 일치된 말씀이다.[81]

구약성경에도 하나님은 이스라엘 민족의 아버지로서만 아니라 개개인
의 신자의 아버지로서 저들을 돌보시는 분으로 언급이 된다. "그의 거룩
한 처소에 계신 하나님은 고아의 아버지이시며 과부의 재판장이시라"(시
68:5). 또 다윗은 "그가 내게 부르기를 주는 나의 아버지시요 나의 하나님

---

81) 구약에도 하나님이 아버지로 언급되기는 하지만 당시에는 하나님이 개인적 관계를 표시하는 것이 아니라 하나님과
언약 백성들의 관계를 표시하는 것이라 한다. 이상근 주석도 구약의 여호와 하나님은 이스라엘의 민족 신이었으므로 이
스라엘 민족 전체를 상대하는 것이었다고 한다. 이런 민족적 단체적 신관이 벗어난 것은 포로기 때였다고 한다. 솔로
몬 성전 파괴 된 이후 회당 예배가 시작 되었을 때 그들에게 여호와를 개인의 하나님으로 찾는 새로운 관념이 시작 되었
다는 것이다. /『이 상근 마태복음 주해』, 성등사, 특주 '하나님의 부성론' p108

이시요 나의 구원의 바위시라 하리로다"(시 89:26).라고 했다. 시편 103:13
에는 인생 전체를 두고 하신 말씀이 되지만 그 말씀 속에 개인의 아버지
되심이 암시 되어있다. 다윗은 또 "아버지가 자식을 긍휼히 여김 같이 여
호와께서는 자기를 경외하는 자를 긍휼히 여기시나니"라고 하여 개인적
인 관계에 대한 의미를 말했다. 또 다윗은 "내 부모는 나를 버렸으나 여호
와는 나를 영접하시리이다"(27:10).라고도 했다. 사무엘하 7장 14-15절에
는 하나님이 솔로몬을 향해 하신 말씀에 "나는 그에게 아버지가 되고 그
는 내게 아들이 되리니 그가 만일 죄를 범하면 내가 사람의 매와 인생의
채찍으로 징계하려니와 내가 네 앞에서 물러나게 한 사울에게서 내 은총
을 빼앗은 것처럼 그에게서 빼앗지는 아니하리라"하셨다. 이 말씀이 역대
상 28장 6절에도 다시 나온다. "내게 이르시기를 네 아들 솔로몬 그가 내
성전을 건축하고 내 여러 뜰을 만들리니 이는 내가 그를 택하여 내 아들로
삼고 나는 그의 아버지가 될 것임이라"

구약성경의 영감을 불어넣어 주신 분이 바로 예수님의 성령이시다. 구
약의 배경아래 하나님이 구원받은 백성들의 아버지이신 것을 결정적으로
가르쳐 주신 분이 바로 예수님이시다. 예수님은 제자들을 향해서 -그들로
인하여 주님께 돌아온 모든 믿는 사람 포함하여- "내 아버지 곧 너희 아버지"라고
까지 하셨다(요 20:17).
구약의 아버지는 민족적이고 어느 단체의 아버지만 아니고 개인의 아버
지도 되시며, 예수님 때에 와서 아버지라는 단어가 쏟아진 것은 사실이지만,
이미 구약에서도 여호와 하나님은 개인의 아버지로도 나타나신다. 그러므
로 이 명칭 한 가지 경우만 봐도 예수님은 구약에 반한 새로운 말씀을 가르
치신 것이 아니라 구약과 완전히 일치 되는 말씀을 가르치신 것이다.

서기관들과 바리새인들은 자칭 자신들이 율법의 수호자들이라 했으나
예수님은 그들이 외식하는 자들임을 드러내셨다.

예수님은 제자들의 의가 서기관과 바리새인들보다 나아야 된다고 하시며, 너희는 사람들에게 보이려는 저들과 같이 하지 마라. 외식하는 그들은 사람에게 존경을 받으려고 회당과 거리에서 나팔을 부는 자들이라고 하셨다(마 6:1-2). 또 기도할 때도 저들은 사람들에게 보이려고 시장 거리에 서서 기도하며 금식할 때도 사람에게 보이려고 얼굴을 흉하게 한다고 하셨다(마 6:5,16). 서기관들과 바리새인들이 먹을 때에 손을 씻지 않는 일로 장로들의 전통을 버린다고 시비할 때, 저들은 스스로 만들어 짜 맞춘 전통으로 하나님의 계명을 범하고 있다 하셨다(마 15:1-9).

　　저들이 호감이 있는 척하고 예수님을 시험하기를, 하늘로서 오는 표적을 보여주라 할 때에, 예수님은 악하고 음란한 세대가 표적을 구하는데 내가 보여줄 표적은 요나의 표적 밖에는 보여 줄 것이 없다고 하셨다(마 16:1-4). 그들이 세금을 가지고 시험하실 때도 외식하는 악한 자들이라 하셨고(마 22:18) 마태복음 23장에는 그들에게 일곱 번이나 "화있을 진저"하시면서 그 자리에 있었던 저들이 지옥의 판결을 피하지 못할 것이라고 하셨다.

　　예수님은 구약의 율법과 선지자들의 권위를 떨어뜨리신 것이 아니다. 하나님의 온전하신 말씀을 왜곡 시켜버린 서기관들과, 왜곡된 것을 가지고 생활하면서 폼을 잡는 바리새인들을 질책하시는 것이다. 예수님은 성경에 없는 것을 새로 내놓은 것이 아니고 성경과 일치하며, 예수님 자신이 아니면 구약 성경이 불완전하다는 것과 성경이 완성 될 수 없다는 사실을 보여 주시는 것이다.

　　예수님이 '율법이나 선지자'의 글을 하나님의 말씀으로 높이신 것은 서기관들이나 바리새인들보다 훨씬 더했다.[82] 저들은 하나님의 말씀을 인

---

82) 여기의 '율법과 선지자들'은 구약성경 전체를 통칭하는 전통적인 유대적인 표현이다. 신약에서 구약성경을 가리키는 용어들은 '모세의 율법과 선지자의 글과 시편'(눅 24:44), '모세와 선지자들'(눅 16:29등)이 있고 또는 '율법'(마 5:18)이란 용어가 있고 롬 3:19의 언급은 시편과 선지서들을 인용한 구절들 전체를 가리킨다. 이런 사실은 '율법'이라는 용어가 보통 '구약성경'이라고 하는 의미로 쓰이고 있다. /필자 주

간이 만든 유전에 집어넣어 버리고, 유전을 행하는 것을 구원을 얻는 길로 가르쳤다. 그들은 사실 구약성경을 버린 자들이 되었다.

예수님이 구약성경을 주신 분이라는 것을 서기관, 바리새인들이 알 수 없는 것은 당연하다. 그들에게 예수님은 출처를 알 수 없는 이단성이 있는 자였다. 그들은 예수님을 지켜보면서 이렇게 생각했다.

'이자가 누구이기에 독단적으로 가르치는가? 누구이기에 홀연히 나타나 성경을 마음대로 해석하고 단정하는가? 이는 바리새인도 아니고 바리새교육도 받지 않았다. 또 학교에 다니지도 않았다. 정식 과정을 통해 선생의 지위를 공인받지도 않았다. 갑자기 나타난 그가 어떻게 수백 년 전통을 이어온 자신들의 정통적 가르침을 가차 없이 비판한단 말인가? 지금까지 그랬고 또 앞으로도 백성들은 공인된 우리의 가르침대로 살아야 한다는 것이 기정사실인데 저가 누구기에 우리의 권위를 탄핵한단 말이냐?'

서기관, 바리새인들은 황당했다. 그들은 예수님이 아무것도 알지 못한 자라고 생각했다. 성경을 믿지 않는다고 단정했다. 구약성경을 없애려고 나타난 이단으로 생각했다. 예수님은 율법과 선지자들을 제거하고 하나님께로 가는 새 길이 있고, 하나님을 기쁘시게 하는 새 방법이 있다고 주장하는 것으로 판단했다. 그들은 예수님이 과거의 율법과 전통에 완전히 등을 돌리고 있다는 결론에 이르게 되었다.

1900년도에 와서도 성경과 산상수훈에 대한 두 가지 이단적인 판단이 있어왔다. 하나는 복음서와 신약의 서신들 사이에 큰 차이가 있다고 한 사람들이다. 복음서들은 고대 율법에 대한 훌륭한 해석에 불과하다고 전제하여, 예수님은 율법교사에 지나지 않는다고 했다. 복음서들은 율법, 곧 윤리적 가르침과 도덕적 교훈 외는 아무것도 아니며, 복음서에는 교리들이 하나도 없다고 주장하는 자들이다.[83]

---

83) 극단적 율법주의, 극단적 도덕주의

반면에 다른 한 부류는 전자들과 반대 되는 자들로 그리스도가 율법을 완전히 폐하셨으며 대신 은혜를 도입하셨다는 것이다. 요한복음 1장 17절을 인용해서 '율법은 모세로 말미암아 주신 것이요 은혜와 진리는 예수 그리스도로 말미암아 온 것이라'고 하여 율법폐기론(律法廢棄論)을 주장하는 자들로 분류 되었다.[84]

그러나 그리스도 되신 예수님은 '그리스도'(기름부음을 받은 자)그 단어의 뜻과 같이 구약의 모든 예언의 성취자로서 모세가 예언한 대로「참 선지자」로 가르치셨으며(신 18:15, 18) 대속의 십자가의 죽으심으로 모든 율법의 요구를 만족 시키신「참 제사장」이셨고(시 40:6-7) 대 적자 원수의 권세에서 해방시키신 영원한 왕으로써 그 백성들을 다스리므로(시 2:6-7) 율법의 모든 요구를 다 채우셨다.

예수님의 너희 착한 행실로 하늘의 아버지께 영광을 돌리라(마 5:16)는 말씀은 복이 있다고 선언 받은 자들에게 하신 말씀이다. 이들은 심령이 가난한 상태에서 하나님으로부터 전가(傳家)된 의(義)를 받은 자들이다.[85]

그래서 착한 행실은, 받은 구원에 대한 감사에서 나온 행실이다. 이렇게 해서 율법은 원칙적으로 완전하게 된 것이다. 예수님은 예수님을 믿고

---

84) 율법폐기론(律法廢棄論,antinomianism) : 반율법주의(反律法主義)라고도 하며 믿음으로 의롭다함을 받은 성도에게는 어떤 종류의 율법이든지 더 이상 필요하지 않으며, 또한 율법자체가 예수님의 복음과 상반되는 악한 것이므로 성도는 어떠한 율법이든지 지킬 필요가 없고, 성령의 인도하심을 따라서 살면 된다는 주장. 이러한 주장은 육체 안에 속한 인간의 삶을 경시하고 지식에 근거한 영적인 삶만을 우월시(優越視) 하는 영지주의(Gnosticism)의 영향을 받아 초대 교회 당시에도 널리 퍼져있었으며, 오늘날에도 소수의 사람들이 이 주장을 따르고 있다. 이중에 극단적인 재세례파를 반 율법주의 본다.

85) 아더핑크의 전가(傳家)된 의(義) : 아더 핑크는 단지 '전가된 의'만을 말하는 것은 잘못된 견해라고 주장한다. 그는 '의'의 본질을 세 가지로 말하여 먼저는 아담이 타락하기 전에 가지고 있었던 의이다.(전 7:29 "내가 깨달은 것은 오직 이것이라 곧 하나님은 사람을 정직하게 지으셨으나 사람이 많은 꾀들을 낸 것이니라."). 둘째로, 전가된 의(롬 4:6 "일한 것이 없이 하나님께 의로 여기심을 받는 사람의 복에 대하여 다윗이 말한 바..")인데, 그것은 하나님 앞에서 우리가 얻은 '칭의' 전체를 가리킨다. 셋째로, 성령하나님께서 우리를 새로운 피조물로 만드실 때 우리에게 부여해 주신 의라고 했다. 그는 말하기를 주석가들 대부분이 마 5:20의 "내가 너희에게 이르노니 너희 의가 서기관과 바리새인보다 더 낫지 못하면 결코 천국에 들어가지 못하리라"를 두 번째 의를 가리킨다고 결론지었으나 그것은 잘 못된 견해라고 하면서, 사람들을 천국으로 이끌어 줄 그 의는 단순히 전가된 의가 아니라 부여된 의를 수반하는 전가된 의라고 했다./ 아더 핑크 『산상수훈 강해』, 지상우 역, 크리스천 다이제스트, pp81-82

따르는 성도들의 삶 가운데서 구약성경의 영적요구가 이루어지게 하는 것이 목적이셨다.

예수님은 맡으신 직분과 행하실 모든 일로 구약성경을 폐하러 오신 것이 아니고, 그것을 성취하며 완전케 하기 위해 오셨다. 예수님은 "이르시되 우리가 다른 가까운 마을들로 가자 거기서도 전도하리니 내가 이를 위하여 왔노라 하시고"(막 1:38)라고 말씀하신 여기의 '내가 왔노라'는 말씀은 주님의 선재사실(先在事實)을 시사한다. 그렇다면 주님은 자신이 율법을 제정하신 분이시며, 그 율법을 성취하실 유일한 분임을 시사한다.

우리 주님은 구원의 하나님으로써 자신의 메시아적 사역을 이미 계획하고 계셨다. 그러므로 주님만이 하실 수 있는 말씀을 하신 것이다. "진실로 너희에게 이르노니 천지가 없어지기 전에는 율법의 일점일획도 결코 없어지지 아니하고 다 이루리라"(마 5:18) 하나님 외에 그 어떤 인간이 성경을 놓고 이렇게 말할 수 있겠는가

> 내가 율법이나 선지자나 폐하러 온 줄로 생각지 말라 폐하러 온 것이 아니요 완전케 하려 함이로라(마 5:17).

이 말씀은 예수님과 율법의 관계가 어떠하며, 그러한 관계는 율법과 제자들 사이에 어떤 영향을 미치는지를 설명해 주고 있다. 이것은 성경 -당시는 신약이 기록되지 않았을 때이다.- 에 관한 예수님의 관점과 해석이기도 하다. 마 5:17의 말씀은 '율법 폐기론'과 '율법주의'에 대해서 원론적인 관계를 분명히 밝히고 있다. 주님은 이 말씀들을 통해서 제자들과 이후의 모든 구원받은 백성들이 예수님과 율법의 관계를 바로 이해하고 주님께서 말씀하신 서기관과 바리새인들 보다 '더 나은 의(義)'의 사람으로 살기를 원하신다.

2. 율법폐기주의를 거부하신 예수님

하나님의 백성들이 예수님을 따르면서 쉽게 정리가 안 되는 것이 하나 있다. 그것은 〈믿음이냐 행함이냐〉이다. 교회 안에서도 '바울파'와 '야고보파'를 나누어서 열띤 토론을 벌이기도 한다. 그것은 구약에 대해서 어떤 태도를 가져야 하는가에서 기인된 문제이다. 제자의 삶에 구약(율법)이 차지하는 의미는 무엇인가 구약(율법)을 어떻게 이해하고 받아들여야 하는가 이 문제를 생각할 때 두 가지양상이 나타난다. 하나는 율법주의이고, 다른 하나는 반(反)율법주의이다.

율법주의는 율법 조항 하나하나를 지키는 것이 '의'라고 생각한다. 곧 그리스도의 의가 율법을 지키는 자의 것으로 생각한다. 이에 반해 율법 폐기론(혹 율법경시론)은 율법은 필요하지 않다는 주장이다. 이 두 가지는 다 위험한 생각이다.

예수님은 이런 위험에 대해서 분명히 대답해 주신다. 마태복음 5장 17절을 보면 "내가 율법이나 선지자들을 폐하러 온 줄로 생각하지 말라. 내가 폐하러 온 것이 아니요 완전케 하려 함이로라"고 했다. 예수님은 구약을 폐하러 온 것이 아니라 성취하러 왔다고 선언하신다. 여기서 '성취'라는 뜻은 '가득히 채우다' '궁극적인 목표를 다 이루다'는 뜻이다.

예수님께서 구약을 성취하셨다는 것은 구약이 목표했던 그 목표를 이루셨다는 것이다. 곧 예수님은 율법과 선지자가 전체적으로 지향하고 의도한 그 궁극적 목표를 성취하신 것이다. 구약이 바라본 것은 하나님 나라의 도래(到來)이다. 예수님은 바로 이 구약이 바라본 당사자이며 또한 구약이 바라본 이상을 성취하셨다.

그래서 예수님은 18절에서 분명히 선포하신다. "진실로 너희에게 이르노니 천지가 없어지기 전에는 율법의 일점일획이라도 반드시 없어지지 아니하고 다 이루리라." '율법의 일점일획도 반드시 없어지지 않을 것이다'는 선언으로 율법의 완전성을 강력하게 확증해 주고 있다.

그런데 이 확증은 '율법의 일점일획도 반드시 없어지지 아니할 것이다'는 말씀이 앞뒤로 배치된 말씀, 곧 '천지가 없어지기 전에는'이란 말씀과 '모든 것이 다 이루어지기 까지는'으로 보강되고 있다. 히브리어의 구약성경은 점(点)과 획(劃)이 있는 것과 없는 것에 따라서 그 의미가 완전히 달라진다. 이처럼 율법은 모든 것이 이루어지기까지 그 가장 작은 세부사항까지도 결코 없어지지 않을 것이라는 말씀이다.

뒤의 구절인 '모든 것이 이루어지기까지'에서 '모든 것'은 율법 또는 구약성경이 예언한 메시아적 사건들을 의미한다. '메시아적 사건들'이란 메시아이신 예수님의 전 생애, 곧 예수님의 탄생과 예수님의 인격과 지상 사역들 그리고 재림까지 전체를 의미한다. 그래서 '모든 것이 이루어지기까지는 결단코 율법의 일점일획도 없어지지 아니한다'라고하신 것이다.

예수님의 생애 전체가 구약의 성취이다. 구약은 예수님이 오심으로 '이미' 성취되었지만, '아직' 천지가 없어지기까지에 이르지는 않았다. 이 일은 예수님의 재림 시에 완성될 것이다. 그러므로 구약이 하나님의 말씀으로서의 권위를 그대로 가지고 있는 것이다.

예수님 오신 이후에도 구약은 신약과 동등한 하나님의 말씀이다. 구약은 신약에 비해 결코 덜 중요한 것이 아니다. 그림자와 모형인 율법(구약)은 실체요 원형인 예수님의 등장과 함께 이미 그 소임을 다했기 때문에 그 기능에 있어서 변화가 생겼을 뿐이다.

예를 들어, 예수님은 십자가의 죽음을 통해서 완전한 대속물이요 희생제물이 되셨기 때문에 더 이상 제사제도가 필요하지 않다. 그래서 하나님께서는 예수님의 죽으심과 동시에 성소의 휘장을 찢으셨고, 후에는 성전도 아예 없애버리셨다. 이제 제사제도와 성전과 관계된 세부적인 율법조항들의 모든 의미를 예수님 안에서 더욱 온전하고 분명하게 바라볼 수 있기 때문이다.

안식일과 희년과 같은 절기 역시 참 안식이신 예수님을 통해 온전히 성취되었다. 그래서 이제는 안식일과 같은 '특정한 날' 자체가 안식을 주는 것이 아니라 예수님이 안식을 주시는 것이다. 우리는 예수님을 통해서 참된 안식을 누릴 수 있다.

유월절도 예수님 안에서 새로운 의미를 가지게 되었다. 이처럼 이제 구약의 모든 율법은 우리에게 직접 문자적으로 적용되는 것이 아니라, 성취자이신 예수님을 통해서 그 의미가 분명하게 되어 다 이루어 진 결과로서 우리에게 적용된다(요 19:30).

제자들과 이후의 하나님의 백성들은 구약의 계명을 어떻게 이해할 것인가를 마태복음 5장 19절에서 예수님은 분명히 말씀하신다. "그러므로 누구든지 이 계명 중에 지극히 작은 것 하나라도 버리고 또 그같이 사람을 가르치는 자는 천국에서 지극히 작다 일컬음을 받을 것이요, 누구든지 이를 행하며 가르치는 자는 천국에서 크다 일컬음을 받으리라." 여기서 '이 계명들'은 18절의 '율법'을 지칭하는데, 구약의 옛 율법이 아니라 예수님에 의해 성취된 율법을 지칭한다. 이 '성취된 율법'이란 '옛 율법'이 지향하고 목표하였던 새 율법이고, 예수님의 종말론적 사역에 의해 이미 성취된, 그리고 그의 재림에 의해 완성될 때까지 예수님의 제자들이 아직 지켜야 할 메시아적 율법을 말한 것이다.

그러므로 주의 백성들은 예수님에 의해 성취된 율법을 지켜야 한다. 더 이상 구약을 문자적으로 적용해서 유월절이나 안식일을 지키는 것이 아니다. 유월절은 구속의 은혜를 기념하며 전하는 것이고, 안식일은 주의 날이며 한 걸음 더 나아가 매일이 주님을 영화롭게 하는 날이다. 제자들은 예수님의 지상 사역에 의해 성취된 율법을 그분의 재림을 내다보며 완벽하게 이루어 나가야 한다. 성취된 율법은 그 범위나 정도에 있어서 구약의 율법보다 훨씬 더 깊고 광범위하다. 예수님은 절대로 율법을 폐기하신 것이 아니다.

3. 율법주의를 거부하신 예수님

마태복음 5장 20절에 보면 이제 예수님은 율법주의에 반대하시는 것을 볼 수 있다. "내가 너희에게 이르노니 너희 의가 서기관과 바리새인보다 더 낫지 못하면 결단코 천국에 들어가지 못하리라."

우리의 '의'가 어떻게 서기관들과 바리새인들의 '의'보다 더 나을 수 있는가? 우리의 노력과 행위로는 불가능하다. 당시 서기관들과 바리새인들은 유대인들로부터 가장 존경을 받는 자들이었다. 그들은 대중들로부터 가장 의로운 삶을 사는 자들로 인정을 받았다. 그들은 율법을 지키기 위해 상상을 초월할 정도로 노력하였다. 그들은 안식일을 철저히 지켰다. 또한 그들은 십일조를 철저히 드렸다. 구약 성경에서는 일 년에 한 번씩 금식하라고 했는데 그들은 일주일에 두 번씩 금식했다. 우리가 어떻게 이들의 행위를 따라 갈 수 있겠는가?

여기서 예수님은 제자들의 의와 서기관과 바리새인의 의를 대조시키고 있다. 예수님은 서기관과 바리새인의 '의'보다 더 낫지 아니하면 결단코 천국에 들어가지 못한다고 하신다. 예수님은 하나님 나라에 들어가는 조건을 '서기관들과 바리새인들의 의'보다 '더 나은 의'를 제시하고 있다.

그러면 20절에서 제자들의 '의'와 서기관들과 바리새인들의 '의'사이의 대조는 질적인 것인가? 아니면 양적인 것인가? 마 5장 21-47절의 대조하신 말씀들을 비추어 볼 때, 천국에 들어갈 자들의 '의'가 서기관들과 바리새인들의 '의'의 양적인 면을 포함하고 있지만, 서기관들과 바리새인들의 의와 질적 차이에서는 본질적으로 다르다. 제자들에게 요구되는 '더 나은 의'는, 하나님의 통치에 근거한 의이고, 하나님의 통치에 의해 가능케 된 행동이다. 또한 이 통치적 관계는 예수님에 의해 가능하게 되는 것이다.

하지만 서기관들과 바리새인들은 예수님을 메시아로 인정하기를 거부하였다. 그들은 예수님의 통치를 거부한 것이다. 그들은 구약을 연구하고 지킨다고 하였으나, 그들은 사실상 구약을 내버린 것이다. 그들의 의는 예수님과 관계가 없는 자기 행위를 강조하는 율법주의적인 자기 의였다. 그 결과 그들의 의는 메시아께서 도래케 하신 하나님 나라에 들어가는 기준에 미치지 못한 것이다.

이에 반해 제자들의 의는 예수님과의 관계에 의한 '의'이다. 곧 제자들의 의는 하나님의 통치의 결과로 인해 이루어지는 의였다. 이 '의'는 서기관들과 바리새인들의 행위에 기초한 의와는 비교될 수 없는 완전한 '의'인 것이다.

제자들의 '더 나은 의'는 하나님 나라에 그 시발점을 두며, 하나님 나라를 그 목표점으로 삼는 의이다. 또한 제자들에게 기대되는 '더 나은 의'는 하나님의 통치의 결과인 동시에 하나님 나라에 들어가는 조건이 되는 것이다. 하나님 나라에 들어가는데 필요한 의는 구약의 계율들이나, 더 나아가서 예수님에 의해 계시된 윤리적 교훈들을 단순히 문자적으로 지켜 행하는 것만으로는 충분하지 못하다. 여기서 요구되는 '더 나은 의'는 윤리적인 규범들에 대한 문자적 준수 이상의 것으로서, 하나님 통치에 기초한 의이며, 그 통치의 결과 하나님의 뜻을 행하는 행동을 수반하는 의인 것이다.

> 내가 그리스도와 함께 십자가에 못 박혔나니 그런즉 이제는 내가 사는 것이 아니요 오직 내 안에 그리스도께서 사시는 것이라 이제 내가 육체 가운데 사는 것은 나를 사랑하사 나를 위하여 자기 자신을 버리신 하나님의 아들을 믿는 믿음 안에서 사는 것이라 (갈 2:20).

예수님을 통해 하나님과 바른 관계성을 맺고 하나님의 통치를 받을 때 자연스럽게 하나님의 뜻을 행하는 행위가 나타나게 된다. 하나님과 바른 관계성을 회복하고 하나님의 통치의 결과로 이루어지는 더 나은 의를 입을 때, 전도자는 구약과 신약의 모든 성경을 하나님이 주신 계명 즉 살아

있는 말씀으로 확고이 한다.

> 그러나 너는 배우고 확신한 일에 거하라 너는 네가 누구에게서 배운 것을 알며 또 어려서부터 성경을 알았나니 성경은 능히 너로 하여금 그리스도 예수 안에 있는 믿음으로 말미암아 구원에 이르는 지혜가 있게 하느니라. 모든 성경은 하나님의 감동으로 된 것으로 교훈과 책망과 바르게 함과 의로 교육하기에 유익하니 이는 하나님의 사람으로 온전하게 하며 모든 선한 일을 행할 능력을 갖추게 하려 함이라(딤후 3:14-17).

바울은 디모데에게 성경을 확실히 배워라 하면서 제대로 배우면 너의 구원이 그리스도 예수 안에 있다는 것을 알게 한다고 했다. 이것은 율법의 완성이라 할 수 있다. 또 성경은 네가 살아가는데 교훈과 책망과 바르게 함과 의로 교육하기에 유익하다는 부분은 율법의 기능이라 할 수 있다. 율법이 하나님의 표준이기 때문이다.

4. 한 교회 안의 율법주의(律法主義)와 율법폐기론(律法廢棄論)의 이야기

우리 속에는 반(反)율법주의(율법경시론)와 율법주의라는 것이 공존한다. 이것에 대한 설명은 「메로우 논쟁」(Marrow Controversy)이 뜨거울 때, 논쟁을 정리했던 또 하나의 등장한 책으로 설명되어진다. 그것은 [싱클레어 퍼거슨]의 『온전한 그리스도』(sinclair B.Ferguson, 정성묵, 도서출판 디모데.)라는 책이다.[86]

---

86) 메로우 논쟁(Marrow Controversy) : 1717년 스코틀란드 교회에서 일어난 논쟁으로 『현대신학의 메로우』라는 책이 논쟁의 발단이 되었다. 이 책의 중요쟁점은 구원 받기위한 사람의 행위(율법주의)가 우선인가? 그리스도로 말미암은 하나님의 의가 우선인가? 하는 것이었다. 이 책을 옹호하는 이들은 '매로우 맨'이라 불리며 율법폐기주의자라는 오해를 받았고 반대자들은 '율법주의자'라고 여겨졌다./ 『현대신학의 메로우』: 1645년에 에드워즈 피셔 (Edwards Fisher)가 쓴 이 책은 4명의 인물 (전도자, 율법주의자, 율법폐기론 자, 그리고 어린 기독교인(young Christian)이 특정한 신학적 주제에 대해서 대화를 나누는 것을 기록한 것이다. /출처: https://lewisnoh.tistory.com/1495 [Post Tenebras Lux]

[팀 켈러](Timothy J. Keller)는 [싱클레어 퍼거슨]의 『온전한 그리스도』[87] 를 추천했고 서평도 했다. [팀 켈러]는 말하기를 '오랜 동안 교회를 괴롭히 던 문제를 이만큼 명쾌하고도 흥미롭게 풀어낸 책은 본적이 없다'고 극찬 하면서 서평 한다. 그의 『온전한 그리스도』에 대한 서평을 옮겨 본다.

'매로우 논쟁의 가장 두드러진 특징 가운데 하나는 「현대 신학의 매로 우」의 옹호자들이 '율법폐기주의자'로 오해받고, 반대로 비판자 중 최소 한 일부는 '율법주의자'로 오해를 받았다는 것이다. 양쪽 모두 '칭의'와 '행 위'에 관한 웨스트민스터 신앙 고백의 가르침을 받아들이고 있었는데도 말이다. 이 교리에 관한 웨스트민스터 신앙 고백의 표현은 놀랍도록 정확 하고도 분명하다. 웨스트민스터 신앙 고백은 그리스도를 믿으면, 우리의 성과에 따라서가 아니라, 그리스도의 '순종과 만족'이 우리에게 전가됨으 로써 의롭다 칭함을 얻게 된다고 가르친다. 물론 선행이 '칭의'의 이유가 되지 못하더라도, 우리가 믿음으로 의로워졌다는 확실한 증거는 된다. 하 지만 은혜로운 구원에 대한 '감사와 확신'에서 비롯된 '순종', 곧 선행이 우 리를 하나님 앞에서 의롭게 만들어주지는 않는다. 웨스트민스터 신앙고백 은 오직 믿음으로 오직 그리스도를 통해 의롭다 함을 얻는다는 개신교의 교리를 놀랍도록 자세히 강해한 것이다.
　매로우 논쟁에 참여했던 모든 사람이 정확한 웨스트민스터의 내용에 전적으로 동의했다. 그런데 어떻게 교회 안에서 편이 갈라져 상대를 율법 폐기주의와 율법주의로 매도하고, 결국 한 교단이 완전히 분열되는 사태 가 벌어질 수 있단 말인가.' 라고 했다.

---

87) 팀 켈러 Timothy J. Keller(1950년-): 미국의 목사, 신학자 및 기독교 변증가이다. 웨스트민스터 신학교에서 목회 학 박사를 받았다. 그는 여러 도시에 교회들을 개척하고, 도시문화 속에서 신앙생활을 하는데 도움이 되는 책이나 자료 들을 출판하는 「Redeemer City to City」의 이사장이다. 10년이 넘는 기간 동안 48개 도시에서 250개 교회를 개척했 다. 실천적 변증론의 관점에서 목회 철학을 세워가고 있는 그는 현재 가장 영향력 있는 목회자중 한명으로 인정받고 있 다. /위키백과.

[팀 켈러]는 싱클레어 퍼거슨의 『온전한 그리스도』의 결론 부분에서 자신에게 깨달음을 주었던 몇 가지를 소개하였다.

'첫 번째 결론이자 누구도 반박할 수 없는 결론은, 율법주의와 율법폐기주의가 단순히 교리적 입장만 아니고 그 이상이라는 것이다. 매로우 논쟁의 양측 모두 행위로 구원을 받는다거나, 구원을 받은 뒤에는 하나님의 법에 순종할 필요가 없다는 식으로 말하지 않았다.

둘 다 율법주의나 율법폐기주의를 대놓고 주장하지는 않았다. 하지만 목회현장에서는 율법주의와 율법폐기주의의 냄새를 강하게 풍겼다. 율법주의와 율법폐기주의는 둘 다 마음의 태도, 행동, 인격, 성경을 읽는 방식이 종합된 결과물이다. 심지어 싱클레어는 하나님에 대한 '느낌'도 율법주의를 형성하는 한 요소라고 말한다. 맞는 말이다. 율법주의적인 정신의 특징으로는 질투, 사소한 문제에 대한 과민성, 실수를 절대 용납하지 않는 태도, 편협한 의사 결정 등을 들 수 있다. 『현대 신학의 매로우』의 저자와 매로우 맨들의 수장 격인 [토머스 보스턴]은 '칭의'에 관한 정확한 교리가 있음에도, 실제로는 여전히 율법이 '삶의 규칙'이 아닌 '행위의 언약'인 것처럼 목회했던 시절을 솔직히 고백한바가 있다고 했다. 반대로 율법폐기주의의 교리를 거부하면서도, 실제 삶과 목회현장 속에서는 율법폐기주의로 나타날 수 있다. 이런 실제적 율법폐기주의는 기독교로 가장한, 자기 수용의 세속적 복음의 형태로 나타난다. 더 자주 나타나는 형태는 목사의 설교와 목회에서, 의무와 기쁨이 미묘하게 분리될 때 율법폐기주의형태가 나타난다. 목사가 하나님에 대한 순종을 기쁜 일(하나님을 닮고 알며 기쁘게 해드리는 일)로 제시하지 않으면 율법폐기주의의 정신은 퍼질 수밖에 없다' 고 하면서 팀 켈러는 이어간다.

'내가 배운 두 번째 사실은 율법주의와 율법폐기주의의 뿌리가 같다는 사실이다. 이 두 가지 입장 모두 하나님의 사랑과 은혜를 믿지 않는다. 그래서 하나님의 명령들을 우리에게 복을 주기 싫다는 뜻으로 해석한다. 또 둘 다 순종을 하나님을 기쁘게 해드리는 방법이나 우리가 창조된 본모습을 되찾기 위한 방법으로 보지 않는다. 순종의 기쁨을 누리지 못하는 것이다. 둘 다 순종을 하나님이 우리에게 지운 짐으로 여기고, 우리가 지독히 노력하지 않으면 절대 복을 주시지 않는 분으로 본다.

둘의 유일한 차이점은, 율법주의는 마지못해 그 짐을 지는 반면, 율법폐기주의는 하나님이 진정한 사랑이시라면 그런 짐을 요구하실 리가 없다며 그 짐을 완전히 거부하는 것이다. 율법폐기주의자들은 은혜로운 하나님의 개념을 유지하기 위해 그분이 순종을 요구하시지 않는다는 주장을 펼친다. 따라서 세 번째 사실은 둘 중 한쪽으로 치우치게 되면 엉뚱한 해법을 내놓게 된다는 점이다. 즉, 문제를 해결한답시고 다른 오류 쪽으로 한 발을 내딛게 된다.' 고 했다 면서 싱클레어 주장을 소개했다.

팀 켈러는 이어서 '싱클레어는 율법주의와 율법폐기주의 모두 하나님의 선하고도 은혜로운 성품을 보지 못하고 있으며, 이 점을 이해하지 못하면 각 오류에 대한 해법이 기껏해야 다른 오류를 약간 더하는 것이라고 착각하게 된다는 것이다. 다시 말해 율법주의에 대한 해법으로 율법과 순종을 덜 강조하게 되고, 율법폐기주의에 대한 해법으로 율법과 순종을 더 강조하게 되는 것이다. 이것은 위험한 발상이라고 한다. 율법주의로 기운 사람에게 순종과 율법을 너무 따지지 말라고 하면, 그것은 율법을 하나님의 놀라운 선물로 보지 못하는 율법폐기주의 쪽으로 그들을 몰아가는 것이 되고, 반대로 율법폐기주의에 물든 사람에게 하나님의 징벌과 불순종의 위험을 지나치게 강조하면, 그것은 은혜로 구원해주신 분을 높이고 찬양하기 위한 수단이 아닌 행위의 언약 쪽으로 그들을 몰아간다는 것이다' 는 싱클레어 말을 소개했다.

팀 켈러는 말하기를 마지막으로 이 책은 율법주의와 율법폐기주의 모두의 해법이 복음이라는 사실을 보여 준다고 한다. '둘 모두에 대한 해법은 하나님의 은혜와 성품을 더 온전히, 더 성경에 맞게, 더 깊이 이해하는 것이다. 아마도 독자 대부분이 이것을 가장 유익한 통찰로 꼽게 될 것이다. 이 통찰은 그야말로 패러다임의 전환을 촉발할 수 있는 통찰이다. 목회자들이 율법주의와 율법폐기주의를 상극으로 여기는 것은 치명적인 실수'라고 말한다.

팀 켈러는 이어서 싱클레어의 말을 인용하는데 '복음이 필요없는 율법과 율법이 무시된 복음은 둘이 같은 자궁에서 나온 이란성 쌍둥이'라고 말한다. 그는 둘 모두의 근원이 에덴동산에서 사탄이 한 거짓말이다. 사탄은 하나님의 선하심을 믿지 말라고 속삭인다. 그는 하나님이 우리의 행복과 안녕에 전혀 관심이 없기 때문에 그분께 전적으로 순종하면 많은 것을 놓쳐 불행하게 살 수밖에 없다고 꼬드긴다. 우리는 이런 이중적인 위험을 알고 있어야 한다. 우리가 예수님과 바른 관계성을 맺고 하나님의 통치를 받음으로 하나님의 말씀을 따르는 삶을 살 수 있다' 이상은 [팀 켈러]가 『현대 신학의 매로우』에 추천서를 쓰면서 말한 내용이다.

5. 그리스도이신 예수님과 율법

예수님은 율법과 선지자를 대체(代替)하러 오신 것이 아니다. 또 모자라는 율법을 채우려고 오신 것도 아니다. 예수님은 율법을 실현하고 성취해서 온전케, 완전케, 완벽하게 하려고 오신 것이다. 이것이 당연한 것은 그분이 율법을 제정하시고 세상의 구속을 위한 방법으로 율법을 세상에 주신 당사자 이시기 때문이다.

주님의 율법의 성취는 자신이 율법아래 들어가심으로 이루어 졌다. 갈 4장 4~5절에 "때가 차매 하나님이 그 아들을 보내사 여자에게서 나게 하시고 율법 아래에 나게 하신 것은 율법 아래에 있는 자들을 속량하시고 우리로 아들의 명분을 얻게 하려 하심이라."

주님은 율법을 주신분이시지만, 친히 율법을 지켜야할 인간으로 오셨고 자신이 세우신 율법을 친히 지키셨다. 이것으로 하나님은 율법은 절대 폐할 수 없는 절대성을 증언하는 샘이다. 그리고 예수님은 자신이 요구한 모든 명령하신 바를 자신이 조목조목 다 지키셨다. 예수님의 모든 삶의 과정이 성경을 응하게 하신 것이었다(마 12:8).

만약 율법의 요구를 이해하지 못하면 십자가의 의미를 결코 이해할 수 없게 된다. 십자가는 우리의 연민을 일으키려는 것이 아니다. 하나님의 사랑을 일반적으로 나타내서 교훈을 주려는 것도 아니다. 십자가는 율법의 관점에서만 이해가 된다. 십자가위에서 처절한 고통은, 율법을 어긴 인간의 형벌을 하나님 자신이 거룩한 몸으로 대신 받고 있는 현장이다. 자신이 정한 율법에 매겨진 형벌을 자신이 받는 현장이라는 말이다. 율법은 죄를 정죄하며, 이율법이 선언하는 정죄는 끔찍한 저주요 죽음뿐이다.

모든 인류는 아담의 후손이며 사탄과, 죄(원죄와 자범죄)와 지옥의 저주는 율법을 어긴 아담으로부터 흘러온 저주로서 아무도 피할 수 없는 굴레이다. 예수님이 율법을 완전케 하시는 방법은 창 3장 사건의 형벌을 수행하는 것이었다. 이형벌이 죽음이고 예수님의 십자가의 이유도 이 때문이다.

우리가 용서받을 수 있는 것은 우리의 형벌이 십자가의 저주로 사망이 실행되었기 때문인 것이다. 예수님은 십자가위에서 율법을 성취하시고 계셨다. 구약의 번제물과 희생 제물들에 대한 말씀이 바로 이 이야기 이다. 성전의 의식과 제단의 정결이 모두 이 이야기이다. 그 모든 의식들은 궁극적으로 이루어져야 했던 것의 그림자, 모형, 예언들일 뿐이었다.

주님은 성령을 통해서 율법을 성취하신다. 그리고 성령을 받은 그 백성들을 통해서도 율법을 성취하신다.

그러므로 이제 그리스도 예수 안에 있는 자에게는 결코 정죄함이 없나니 이는 그리스도 예수 안에 있는 생명의 성령의 법이 죄와 사망의 법에서 너를 해방하였음이라 율법이 육신으로 말미암아 연약하여 할 수 없는 그것을 하나님은 하시나니 곧 죄로 말미암아 자기 아들을 죄 있는 육신의 모양으로 보내어 육신에 죄를 정하사 육신을 따르지 않고 그 영을 따라 행하는 우리에게 율법의 요구가 이루어지게 하려 하심이라 (롬 8:1-4).

육신을 따라 살지 않고 예수님의 영을 따라 사는 그 백성을 통해 율법을 성취 하신다. 예수님은 약속대로 성령을 주심으로 우리 속에서 자신의 율법을 성취하신다. 성령께서는 우리에게 율법이 완전한 하나님의 표준이라는 것을 선포하시며 이 율법에 굴복하게 하신다. 하나님의 백성들은 스스로 이렇게 되기를 원하며 이렇게 될 수 있는 능력을 받은 것이다. 이 것은 '육신을 좇지 않고 그 영을 좇아 행하는 하나님의 백성들에게 율법의 요구를 이루어지도록 하신 것'이고, 이것은 선지자 예레미야에게 주신 언약의 성취이다.

여호와의 말씀이니라. 보라 날이 이르리니 내가 이스라엘 집과 유다 집에 새 언약을 맺으리라 이 언약은 내가 그들의 조상들의 손을 잡고 애굽 땅에서 인도하여 내던 날에 맺은 것과 같지 아니할 것은 내가 그들의 남편이 되었어도 그들이 내 언약을 깨뜨렸음이라 여호와의 말씀이니라. 그러나 그 날 후에 내가 이스라엘 집과 맺을 언약은 이러하니 곧 내가 나의 법을 그들의 속에 두며 그들의 마음에 기록하여 나는 그들의 하나님이 되고 그들은 내 백성이 될 것이라 여호와의 말씀이니라(렘 31:31-33).

새 언약 안에서는 율법이 우리 밖에 있지 않고 우리 안에 있게 되었다. 구약의 율법은 세 부분으로 나누어져있다. 의식법(儀式法)과 민법(民法), 그리고 도덕법(道德法)이다.

의식법(儀式法)은 예수님의 죽으심과 부활하심으로 이미 완전히 성취되었다. 성전의 휘장이 예수님이 죽으실 때 둘로 찢겨졌고 마침내 옛 성전과 그 성전에 속한 것들이 새롭게 됨으로 확정이 되었다. 예수님이 참 제사장이시고 우리의 번제물이시고, 희생 제물이시다. 그래서 우리의 모든 것이 예수님의 것으로 바뀌지 않으면 이 의식 법은 살아있는 샘이며, 우리는 이법을 이행하지 않을 때는 책임을 져야 한다. 그러므로 우리는 예수님을 믿음으로 우리가 이 모든 것을 성취했다고 여기는 것이다.

민법(民法)은 신정국가 이스라엘에게 주어진 것이다. 그러나 이스라엘은 더 이상 신정국가가 아니다. 마태복음 21장 43절 말씀대로 "그러므로 내가 너희에게 이르노니 하나님의 나라를 너희는 빼앗기고 그 나라의 열매 맺는 백성이 받으리라"고 하신 것은 주님의 새 나라는 교회라는 공동체임을 말씀하시는 것이다. 이것은 사도 베드로를 통해서도 확인 되었다. "그러나 너희는 택하신 족속이요 왕 같은 제사장들이요 거룩한 나라요 그의 소유가 된 백성이니 이는 너희를 어두운 데서 불러내어 그의 기이한 빛에 들어가게 하신 이의 아름다운 덕을 선포하게 하려 하심이라 너희가 전에는 백성이 아니더니 이제는 하나님의 백성이요 전에는 긍휼을 얻지 못하였더니 이제는 긍휼을 얻은 자니라(벧전 2:9-10). 이제 신정 국가는 영적 이스라엘로 승화 되었으며 따라서 민법도 역시 성취 된 것이다.

도덕법(道德法)은 어떤가 도덕법은 하나님과 사람사이에 항상 있어야할 영구적인 법이다. 이것은 영원하고 영구적인 관계를 증표 하는 법으로 영원히 존재케 되며, 천지가 없어질 때 까지도 존재하는 법이다. 이것은 우리와 하나님의 관계에 대한 것으로, 한 율법사가 예수님께 나와서 율법 중에 어느 것이 크냐고 물었을 때 예수님이 하신 말씀으로 알 수 있다. "예수께서 이르시되 네 마음을 다하고 목숨을 다하고 뜻을 다하여 주 너의 하나님을 사랑하라 하셨으니 이것이 크고 첫째 되는 계명이요 둘째도 그와 같으니 네 이웃을 네 자신 같이 사랑하라 하셨으니 이 두 계명이 온 율법과 선지자의 강령이니라"(마22:37-40). 이법은 구약의 이스라엘만을 위한 것이 아니라 온 인류를 위한 계명이라는 의미이다. 이계명은 하나님에 대한 영원한 순종의 상태요, 주의 백성들 사이에 영원한 관계 속에서 있어야 할 법이다. 구원 받은 이후에도 죄는 여전히 살아있기 때문에 이 계명은 진행되고 그리스도의 재림 하시는 날에 마침내 완성 될 것이다.

6. 모든 성경예언의 주인공 그리스도

하나님은 사탄의 유혹을 받아 아담이 범죄 하였을 때, 조치의 순서를 보면, 그 사건의 원흉인 '사탄'부터 정죄하여 '하와' 그리고 '아담' 그리고 모든 '자연과 환경' 순서로 심판을 진행하셨다. 자연 만물은 그들을 다스릴 인간의 창조주에 대한 배신의 결과로 가시와 엉겅퀴, 해로움과 온 부패와 치명적인 바이러스들이 자생하게 되었다.

> 아담에게 이르시되 네가 네 아내의 말을 듣고 내가 네게 먹지 말라 한 나무의 열매를 먹었은즉 땅은 너로 말미암아 저주를 받고 너는 네 평생에 수고하여야 그 소산을 먹으리라 땅이 네게 가시덤불과 엉겅퀴를 낼 것이라 네가 먹을 것은 밭의 채소인즉(창 3:17-18).

> 그 바라는 것은 피조물도 썩어짐의 종노릇 한 데서 해방되어 하나님의 자녀들의 영광의 자유에 이르는 것이니라. 피조물이 다 이제까지 함께 탄식하며 함께 고통을 겪고 있는 것을 우리가 아느니라(롬 8:21-22).

하와에게는 임신의 고통과 수고를 주셨고 아담에게는 평생에 수고 하여 먹고 살 수 밖에 없는 인생의 고달픔을 주셨다.

> 또 여자에게 이르시되 내가 네게 임신하는 고통을 크게 더하리니 네가 수고하고 자식을 낳을 것이며 너는 남편을 원하고 남편은 너를 다스릴 것이니라 하시고 아담에게 이르시되 네가 네 아내의 말을 듣고 내가 네게 먹지 말라 한 나무의 열매를 먹었은즉 땅은 너로 말미암아 저주를 받고 너는 네 평생에 수고하여야 그 소산을 먹으리라(창 3:16-17).

하나님은 사탄을 제일 먼저 심판하셨다. 에덴이 창설 되고 사람이 창조되기 전에 하나님을 배신한 사탄은 여기서 완전하고 돌이킬 수 없는 심판을 선고 받았다. 하와와 아담에게는 순서대로 추적하여 심문을 하고 이유를 댈 시간을 허락하셨으나 뱀에게는 심문 없이 바로 선고를 하신 것은 사탄은 이미 정죄를 받았기 때문이며 하나님을 반역한 그 죄에 에덴을 훼방한 역모가 더해지므로 바로 선고가 이루어진 것이다.

> 큰 용이 내쫓기니 옛 뱀 곧 마귀라고도 하고 사탄이라고도 하며 온 천하를 꾀는 자라 그가 땅으로 내쫓기니 그의 사자들도 그와 함께 내쫓기니라(계 12:9).

그러나 하나님은 사탄을 심판하심과 동시에 인간에게는 복음을 주셨다(여자의 후손). 복음은 율법이전에 주신 것이다. 선악을 알게 하는 나무의 실과를 먹지 말라는 것은 행위에 대한 율법으로만 볼 수 없다. 왜냐하면 그 실과를 금하신 것 자체가 영원한 행복을 위한 약속이 되기 때문이다.

예수님 당시 성경은 구약이었고 사도들이 활동하던 초창기에도 아직 신약은 완성된 상태가 아니었다. 모세의 글이나 선지자들의 글과 시편이나 지혜서들이 모두 예수님에 대한 예언을 기록하고 있다. 이것이 하나님이 성경을 주신이유이며 율법의 목적인 것이다.

예수님은 요한복음 5장 39절에 "너희가 성경에서 영생을 얻는 줄 생각하고 성경을 연구하거니와 이 성경이 곧 내게 대하여 증언하는 것이니라" 하셨을 때 바리새인들과 서기관들은 '무슨 말이냐 우리에게는 모세가 있다'라고 즉각 반발을 한 것은 당시 그들의 가르침으로 볼 때 당연한 것일 수밖에 없다.

예수님은 요한복음 5장 45-47에 말씀으로 그들의 생각에 대한 답을 주신다. "내가 너희를 아버지께 고발할까 생각하지 말라 너희를 고발하는 이가 있으니 곧 너희가 바라는 자 모세니라 모세를 믿었더라면 또 나를 믿었으리니 이는 그가 내게 대하여 기록하였음이라 그러나 그의 글도 믿지 아니하거든 어찌 내 말을 믿겠느냐 하시니라"

그들은 모세의 글을 하나님의 말씀으로 철저히 믿는다고 하였고 백성들을 가르쳤지만 사실 그들은 모세의 율법을 믿지 않았다.

모세가 구약의 5경을 기록했다. 모세는 예수님을 중심으로 기록했다. 주석가들과 성경의 학자들은 신명기 18장 15절과 18절의 '선지자 하나'를 메시아(그리스도)의 언약이라는 사실에 모두가 동의한다. "네 하나님 여호와께서 너희 가운데 네 형제 중에서 너를 위하여 나와 같은 선지자 하나를 일으키시리니 너희는 그의 말을 들을지니라. 내가 그들의 형제 중에서 너와 같은 선지자 하나를 그들을 위하여 일으키고 내 말을 그 입에 두리니 내가 그에게 명령하는 것을 그가 무리에게 다 말하리라"(신 18:15, 18).

이 예언이 예수님의 변화 산에서 있었던 사건으로 이루어졌는데 모세와 엘리야가 약 1500년 후에 예수님께 나타난 것이다. 이 장면은 하늘 보좌의 주인 되시는 예수님의 신성을 보게 하는 장면이다. 또 이들의 모습은 보좌에 앉아있었던 주님을 수행하는 모습이다.[88]

옛 선지자들이 그리스도의 죽으심을 예고할 당시 예수님은 영광의 보좌에 앉아 계셨다. 모세와 엘리야, 이 두 사람은 일반적 죽음과는 다른 신비한 요소를 가진 자들의 이생의 마지막 모습이다. 모세는 죽었다고 했으나 그의 시체는 하나님에 의해서 감추어졌고, 엘리야는 불 병거를 타고 하

---

88) 변화산 사건의 해석 : [칼빈]은 변화산의 주님은 제자들이 감당할 수 있도록 영광의 일부만 보여주셨고, 모세와 엘리야가 실제로 왔으며, 모세와 엘리야는 자신들 스스로를 위한 것이 아니고, 그리스도의 곁으로 오기 위한 것이었다고 했다. 제자들은 한 번도 본적이 없는 조상들을 어떻게 알아 볼 수 있었는가?에 대해서는 주님의 특별한 계시의 방법에 의한 것이었고, 그들이 나타난 이유는 율법과 선지자가 지향하는 분이 그리스도였다는 사실을 깨달을 수 있게 하는 것이라고 했다. 누가는 여기서 담화내용을 예수님이 예루살렘에서 죽으실 일에 대한 것으로 기록했다.(『존 칼빈 신약성서주석(공관복음)』, 성서교재간행사, pp.115-116)./ [윌리엄 헤드릭슨]은 K. Schilder의 해석을 각주에 인용하면서 스킬더는 변화 산의 예수는 사탄으로 자신을 따라 산에 올라오도록 했으며, 거기 사건은 중보자에 대한 시험이었다 하고 예수는 모세와 엘리야의 마력적인 후광에 쌓여, 그들에게서 반사된 빛으로 빛나게 되었다고 주장한 것을 강하게 부정했다. 헨드릭슨은 '예수님에게 내려온 모세와 엘리야는 실제적이고 외적인 출현이다. 그리고 모세와 엘리야는 율법과 선자의 대표로 왔다'고 했다.(『헤드릭슨 성경주석(마태복음-중)』, 이정웅 역, 아가페 출판사,pp.481-484)

늘로 바로 올라갔다. 이들은 다 같이 시내산(호렙 산)에서 받은 계시로 유명하다.

　누가는 예수님이 그들과 더불어 십자가를 말씀하셨다고 했다. 그들은 자신들이 이미 메시아를 예언했고 예수님이 그리스도의 사역으로 십자가를 지셔야 된다는 사실을 너무도 환하게 알고 있기에 예수님은 그들을 부르신 것이다. 여기서 예수님이 십자가의 일을 자세히 몰라서 그들에게 질문하신 것은 아니다. 예수님은 이미 자신이 지실 십자가를 제자들에게 말씀하셨다.

　천성에 있는 자들과 지상에 육신을 입고 있는 자들의 차원은 이루 말할 수없이 큰 간격이 있다. 예수님은 얼마나 답답하셨을까 예수님이 성경을 유대인들에게 먼저 주셨고 그것을 만민에게 알리도록 사명을 받은 유대인들이 예수님의 말씀을 한 마디도 알아듣지 못했다. 바리새인과 서기관들은 깨닫지 못했고 제자들도 예수님이 십자가를 지시고 부활하신 예수님과 함께 있었으나 오순절 성령의 강림이후에 와서야 이해한 것이다. 그런데 우리가 이 사실을 이해하고 하나님의 구속사에 쓰임 받고 있다는 사실이 얼마나 놀라운 것인가 이것이 하늘의 지혜이다.

> 이 비밀은 만세와 만대로부터 감추어졌던 것인데 이제는 그의 성도들에게 나타났고 하나님이 그들로 하여금 이 비밀의 영광이 이방인 가운데 얼마나 풍성한지를 알게 하려 하심이라 이 비밀은 너희 안에 계신 그리스도시니 곧 영광의 소망이니라(골 1:26-27). 이는 그들로 마음에 위안을 받고 사랑 안에서 연합하여 확실한 이해의 모든 풍성함과 하나님의 비밀인 그리스도를 깨닫게 하려 함이니 그 안에는 지혜와 지식의 모든 보화가 감추어져 있느니라(골 2:2-3).

　그러면 모세가 예수님에 대하여 증거 하였다는 예수님의 말씀으로 돌아가 보자. 모세의 글 창세기에 예수님의 이야기로 가득하다. 에덴의 사건이 터졌을 때 '여자의 후손'(창 3:15)과 가죽옷을 지어 입힌 것은 생명을 희생해야 죄악의 수치를 가릴 수 있다는 언약이다. 여기서 여자의 후손이란 무슨 말인가 여자의 후손은 남자의 후손이 아니라는 말이다. 남자의 후손이 아니라는 말은 아담의 후손이 아니라는 말이다. 이것을 이사야 선지자가 해석을 했다. "그러므로 주께서 친히 징조를 너희에게 주실 것이라 보라 처녀가 잉태하여 아들을 낳을 것이요 그의 이름을 임마누엘이라 하리라" 임마누엘은 하나님이 우리와 함께하신다는 뜻이다.(사 7:14) 이 의미를 약 700년 후에 천사가 다시 알려 주었다. 천사가 마리아의 남편 요셉에게 나타나 예수님은 성령으로 잉태된 사실과 이사야 선지자의 예언이 성취되었음을 증언했다.

> 이 일을 생각할 때에 주의 사자가 현몽하여 이르되 다윗의 자손 요셉아 네 아내 마리아 데려오기를 무서워하지 말라 그에게 잉태된 자는 성령으로 된 것이라 아들을 낳으리니 이름을 예수라 하라 이는 그가 자기 백성을 그들의 죄에서 구원할 자이심이라 하니라 이 모든 일이 된 것은 주께서 선지자로 하신 말씀을 이루려 하심이니 이르시되 보라 처녀가 잉태하여 아들을 낳을 것이요 그의 이름은 임마누엘이라 하리라 하셨으니 이를 번역한즉 하나님이 우리와 함께 계시다 함이라(마 1:20-23).

이 사실을 바울도 증언했는데 갈라디아 4장 4절에 "때가 차매 하나님이 그 아들을 보내사 여자에게서 나게 하시고 율법 아래에 나게 하신 것은 율법 아래에 있는 자들을 속량하시고 우리로 아들의 명분을 얻게 하려 하심이라" 그러므로 여자의 후손은 메시아(그리스도)를 말씀하신 것이다.

그렇다면 누가 그리스도인가 그리스도를 찾아내야할 일이 남는다. 어떻게 찾는가? 그것이 고린도전서 15장에 말씀하신대로 성경의 예언대로 오신 분이 그리스도이신 것이다. "형제들아 내가 너희에게 전한 복음을 너희에게 알게 하노니 이는 너희가 받은 것이요 또 그 가운데 선 것이라 너희가 만일 내가 전한 그 말을 굳게 지키고 헛되이 믿지 아니하였으면 그로 말미암아 구원을 받으리라 내가 받은 것을 먼저 너희에게 전하였노니 이는 성경대로 그리스도께서 우리 죄를 위하여 죽으시고 장사 지낸 바 되셨다가 성경대로 사흘 만에 다시 살아 나사"(고전 15:1-4).

천하에 어떤 기적을 안고 세상에 나타낸 자가 있다 해도, 혹 하늘에서 바로 내려왔거나 땅에서 솟아 올라왔다고 해도 성경의 예언대로가 아니면 그리스도는 아니다.

그렇다면 성경대로 탄생하시고, 성경대로 사시고, 성경대로 죽으시고, 성경대로 부활하사 승천하신 분이라면 그가 바로 그리스도요 성경대로 다시 오신 분이다. 그분이 누구인가 아무리 위대해도 석가는 아니고 공자도 아니며 그 누구도 아니다.

그분이 예수님이시다. 그래서 제일 가까이서 예수님과 동거 동락했던 육신의 부모 요셉과 마리아도, 제자들도 예수님이 그리스도라고 고백할 수밖에 없었던 것이다(마 16:16). 창 6:14의 '방주'는 예수님의 예언이며 그분의 몸 된 교회의 이야기이다. 방주 안에 들어가야 살 수 있다는 언약은 그야말로 구원의 유일성을 말씀하시는 것이다. 정결한 짐승이나 부정한 짐승을 막론하고 유일한 살길은 오직 방주 안에 들어가는 것이다(창 7:8). 그리스도에 대한 예언은 창12장에 '가나안 땅'을 지칭하여 또 분명히 예언되었다.

씨족사회가 민족사회로 바뀌면서 하나님은 한 민족을 세워서 구원 사를 진행하시기로 하셨다. 여기에 선택받은 사람이 이스라엘의 조상 아브라함이다. 하나님은 바벨탑의 도시에서 우상을 섬기던 「갈대아 우르」의 집안에서 아브라함을 불러내신 것이다(수 24:2). 한 국가의 구성요건은 땅과, 백성과, 주권이 갖추어져야 한다. 아브라함을 부르신 하나님은 영토로 가나안을 주시고, 그 후손들로 한 민족을 이루며, 하나님의 백성이라 하심으로 신정국가가 이 땅의 나라들 속에 자리 잡게 하셨다. 그 이름이 이스라엘이요, 위치는 가나안 땅이고, 주권은 하나님의 법 즉 십계명이 된다 (창12:1-3).

> 여호와께서 아브람에게 이르시되 너는 너의 고향과 친척과 아버지의 집을 떠나 내가 네게 보여 줄 땅으로 가라 내가 너로 큰 민족을 이루고 네게 복을 주어 네 이름을 창대하게 하리니 너는 복이 될지라. 너를 축복하는 자에게는 내가 복을 내리고 너를 저주하는 자에게는 내가 저주하리니 땅의 모든 족속이 너로 말미암아 복을 얻을 것이라 하신지라(창 12:1-3).

> 롯이 아브람을 떠난 후에 여호와께서 아브람에게 이르시되 너는 눈을 들어 너 있는 곳에서 북쪽과 남쪽 그리고 동쪽과 서쪽을 바라보라 보이는 땅을 내가 너와 네 자손에게 주리니 영원히 이르리라 내가 네 자손이 땅의 티끌 같게 하리니 사람이 땅의 티끌을 능히 셀 수 있을진대 네 자손도 세리라(창 13:14-16).

> 보라 내 언약이 너와 함께 있으니 너는 여러 민족의 아버지가 될지라. 이제 후로는 네 이름을 아브람이라 하지 아니하고 아브라함이라 하리니 이는 내가 너를 여러 민족의 아버지가 되게 함이니라. 내가 너로 심히 번성하게 하리니 내가 네게서 민족들이 나게 하며 왕들이 네게로부터 나오리라 내가 내 언약을 나와 너 및 네 대대 후손 사이에 세워서 영원한 언약을 삼고 너와 네 후손의 하나님이 되리라 내가 너와 네 후손에게 네가 거류하는 이 땅 곧 가나안 온 땅을 주어 영원한 기업이 되게 하고 나는 그들의 하나님이 되리라(창 17:4-8).

> 내가 네게 큰 복을 주고 네 씨가 크게 번성하여 하늘의 별과 같고 바닷가의 모래와 같게 하리니 네 씨가 그 대적의 성문을 차지하리라 또 네 씨로 말미암아 천하 만민이 복을 받으리니 이는 네가 나의 말을 준행하였음이니라 하셨다 하니라(창 22:17-18).

여기에서 약속하신 "네 씨로 말미암아"는 천하 만민이 구원의 축복을 얻게 되는 그리스도의 언약이다 "아브라함과 다윗의 자손 그리스도의 세계라(마1:1)"는 말씀을 통해 이 메시아(그리스도)는 이스라엘의 혈통에서 오시며 그 장소가 가나안 땅이다.

이스라엘의 족장들은 이 가나안 땅을 떠나면 그 언약을 떠난 것이기에 그들의 생애는 가나안 땅을 중심으로 하여 이루어 졌으며 그 조상들은 이 것을 후손들에게 가장 중요시 하도록 했다.

아브라함은 이 땅의 '막벨라' 굴을 매장지로 마련하고 그 후손들이 벗 어나지 않도록 했다(창 23:17-18). 이 가나안 땅이 육신적 집결지라 한다면, 이스라엘의 '회당'은 정신적 결속의 탁월한 방법이라 할 수 있다. 이 매장 지를 문중 땅으로 하여 아브라함, 이삭, 야곱이 유언을 했고 요셉도 이 유 언을 했다. 그것은 약속된 그리스도가 이 땅으로 오실 것이기 때문이었다 (창 25:9-10, 49:30, 50:13, 25, 출 13:19, 수 24:32).

아브라함이 아들 [이삭]을 번제로 드려야 할 장소도 나중에 예수님이 십자가를 지신 장소였고, 이삭 대신에 '숫양'을 준비하신 것도 그리스도에 대한 언약이었다. 또한 아브라함이 [멜기세덱]에게 십일조를 드린 그 제사 장도 그리스도께서 현현하신 것이다.

> 살렘 왕 멜기세덱이 떡과 포도주를 가지고 나왔으니 그는 지극히 높으신 하나님의 제 사장이었더라.. 너희 대적을 네 손에 붙이신 지극히 높으신 하나님을 찬송할지로다 하 매 아브람이 그 얻은 것에서 십분의 일을 멜기세덱에게 주었더라(창 14:18, 20).
>
> 여호와는 맹세하고 변하지 아니하시리라 이르시기를 너는 멜기세덱의 서열을 따라 영 원한 제사장이라 하셨도다(시 110:4).
>
> 또한 이와 같이 다른 데서 말씀하시되 네가 영원히 멜기세덱의 반차를 따르는 제사장 이라 하셨으니(히 5:6).
>
> 이는 멜기세덱이 아브라함을 만날 때에 레위는 이미 자기 조상의 허리에 있었음이라 레위 계통의 제사 직분으로 말미암아 온전함을 얻을 수 있었으면 (백성이 그 아래에서 율법을 받았으니) 어찌하여 아론의 반차를 따르지 않고 멜기세덱의 반차를 따르는 다 른 한 제사장을 세울 필요가 있느냐(히 7:10-11).

모세의 책 중에 창세기에만 예수님의 이야기가 등장한 것이 아니다. 출애굽기에 '희생제사'나 '유월절'피는 예수님의 유월절 십자가에 대한 그 림자였고, 그 때에 애굽 주변 모든 민족들이 보는 앞에서 이스라엘이 노예에서 해방되는 유일한 길로 증언하신 것이다. 이것은 이스라엘에게만 아니라 전 세계에 주시는 영원한 메시아(그리스도)언약이다.

모세는 하나님의 지시하심을 따라 성막을 지었는데, 그 성막의 모든 재료와 구조, 기능은 모두가 그리스도를 예표 한다. 그 성막에서 드리는 제사는 모두 '피의 제사'였고, 이것은 피 없이는 사죄함이 없다는 언약으로 그리스도의 십자가 유일성을 예언한 것이다. 구약의 5대 제사 중 소제는 피 없이 드리는 제사였으나 그 소제물(곡식)도 피의 제사에 얹혀서 드리는 제사였으므로 피의 제사임을 증거 한다(출 29:41, 레 23:18, 민 15:9, 28:12-13).

레위기가 바로 제사의 이야기요 제사와 예물과 드리는 방법들 모두가 그리스도의 가장 확실한 예표이다. 민수기의 광야 생활 속에서 나타나는 도피성이나, 불뱀 사건, 만나사건은 모두 그리스도를 예언한 사건들이며, 신명기는 이스라엘의 구속과 가나안 앞에 오기까지의 사건들의 의미를 확인한 것이었고, 그것은 그리스도의 언약을 확증하는 것이었다. 모세의 입을 통해 '나와 같은 선지자 하나'는 모든 신학자들이 메시아 예언임을 인정한다(신 18:15, 18).

그들이 가나안 땅을 정복하고 한 민족으로 열방 가운데 자리 잡을 때 하나님은 세 가지 직분으로 그 백성들을 다스리고 인도하셨고 계시를 주셨는데, 그 세 가지 직분이 왕, 제사장, 선지자 이다. 이 직분을 맡은 자들이 늘 무너졌고 바꾸어 졌으나 그 직분자체는 예수님 오실 때까지 유지되었다. 직분을 맡은 인간이 원죄 아래 있고 인간들이 온전히 감당할 수가 없었으나, 그 직분 자체는 하나님이 세우신 것으로 완전하고 영원한 것이었다.

이 직분은 '기름 부음을 받은 자'로 그리스도를 가장 강력히 계시한 것이며, 예수님이 오셔서 그 직분을 완전히 이루셨다. 그래서 예수님은 그리스도(기름 부음을 받은 자)인 것이다. 그리스도 언약, 즉 예수님 이야기는 선지서들 뿐 아니라, 시가서나 지혜서에서도 꽉 차있다. 다윗은 말하기를 "주께서 내 주에게 이르시기를"(시 110:1)하므로 그는 아버지와 그리스도 이신 주님을 영감으로 본 듯이 말하였고, 그의 시편 22편과 23편은 그야 말로 그리스도를 보았고 예수님의 수난을 미리 기록하였다.

> 내 하나님이여 내 하나님이여 어찌 나를 버리셨나이까. 어찌 나를 멀리 하여 돕지 아니 하시 오며 내 신음 소리를 듣지 아니하시나이까(시 22:1).
>
> 내 힘이 말라 질그릇 조각 같고 내 혀가 입천장에 붙었나이다. 주께서 또 나를 죽음의 진 토 속에 두셨나이다. 개들이 나를 에워쌌으며 악한 무리가 나를 둘러 내 수족을 찔렀나 이다. 내가 내 모든 뼈를 셀 수 있나이다 그들이 나를 주목하여 보고 내 겉옷을 나누며 속옷을 제비 뽑나이다(시 22:15-18).

이사야 선지자는 사7:14 뿐 아니라 그 예언서 전체가 그리스도를 증언 하는데, 특히 사53장에는 너무 뚜렷이 증거 한다.

> 그는 실로 우리의 질고를 지고 우리의 슬픔을 당하였거늘 우리는 생각하기를 그는 징벌 을 받아 하나님께 맞으며 고난을 당한다 하였노라 그가 찔림은 우리의 허물 때문이요 그가 상함은 우리의 죄악 때문이라 그가 징계를 받으므로 우리는 평화를 누리고 그가 채찍에 맞으므로 우리는 나음을 받았도다. 우리는 다 양 같아서 그릇 행하여 각기 제 길 로 갔거늘 여호와께서는 우리 모두의 죄악을 그에게 담당시키셨도다(사 53:4-11).

이렇게 예수님께서는 천상에서 자신이 제정하시고 세상에 주신 율법 을 일점일획도 남김없이 다 완성 시키셨다. 그러므로 전도제자는 이 사실 을 세상에 증명하는 것이다. 구약의 율법 속에 살면서 율법을 지키고 율법 의 완성인 복음으로 시대를 변화 시킨 사람들이 무수히 많다.

[노아]는 하나님의 명령인 방주를 지으면서 그 명령에 율법을 지키는 자였으나 그 방주로 율법의 완성을 누렸다. [아브라함]은 하나님의 명령대 로 그 아들 [이삭]을 번제로 드리는 행위로 복음의 진수를 누렸다. [요셉] 은 그가 꿈을 통해 세계복음화의 언약을 잡고 제국에 여호와의 이름을 선

포하는 시대를 바꾸는 축복을 누렸다. 이들은 성경이 아직 없었던 시대에도 하나님의 말씀을 지킨 복음의 사람들이었다.

[모세]는 비로소 시내산에서 율법을 받았으나 그는 율법의 완성인 '희생 제사'(출 3:18) '유월절' 언약을 잡고 민족을 해방시킨 주역이 되었다.

[사무엘]과 [다윗] 그리고 [엘리사]와 [이사야] 등 모든 선지자들이 모두 율법시대에 살면서 율법의 완성인 메시아를 선포하고 누린 전도자들이었다.

다윗을 보라 그는 만왕의 왕이신 그리스도, 참 선지자 되신 그리스도, 참 제사장 되신 그리스도를 붙잡고 예언하고 있다.

그의 시편 22편에는 "내 힘이 말라 질그릇 조각 같고 내 혀가 입천장에 붙었나이다. 주께서 또 나를 죽음의 진토 속에 두셨나이다. 개들이 나를 에워쌌으며 악한 무리가 나를 둘러 내 수족을 찔렀나이다. 내가 내 모든 뼈를 셀 수 있나이다 그들이 나를 주목하여 보고 내 겉옷을 나누며 속옷을 제비 뽑나이다"(시 22:15-18) 하므로 십자가의 그리스도를 눈에 보고 있는 것같이 예언했다.

그리고 시편 24편에서는 만왕의 왕이신 그리스도의 승리를 보고 있었다.

문들아 너희 머리를 들지어다. 영원한 문들아 들릴지어다. 영광의 왕이 들어 가시리로다. 영광의 왕이 누구시냐 강하고 능한 여호와시요 전쟁에 능한 여호와 시로다. 문들아 너희 머리를 들지어다 영원한 문들아 들릴지어다. 영광의 왕이 들어 가시리로다. 영광의 왕이 누구시냐 만군의 여호와께서 곧 영광의 왕이 시로다(셀라)(시 24:7-10).

시편 2편은 시편 110편과 함께 제왕의 시이다. 신학자들 모두가 그리스도의 제왕의 예언임을 인정한다. "여호와께서 내주에게 말씀하시기를 내가 네 원수들로 네 발판이 되게 하기 까지 너는 내 오른쪽에 앉아 있으라 하셨도다"(시 110:1).

이 말씀은 다윗이 얼마나 그리스도를 가까이 보고 있었는지 짐작하게 한다. 여호와께서 자기 주(主)에게 말씀하셨다는 것이다. 여호와 외에 누가 왕 다윗의 주가 되겠는가? 다윗의 주는 예수님이시다. 그는 영감에 의하여 그리스도로 오실 예수님을 보았고 보좌 우편에 계신 것을 보았다. 율법시대에 살면서 율법의 완성이신 그리스도를 보면서 살았던 것이다.

이사야는 철저한 율법의 시대에 살면서 그리스도의 비밀을 정말 누린 선지자이다. 이사야 7장 14절에 "그러므로 주께서 친히 징조를 너희에게 주실 것이라 보라 처녀가 잉태하여 아들을 낳을 것이요 그의 이름을 임마누엘이라 하리라" 이 예언이나 53장의 예언은 메시아의 예언으로 너무나 분명하다. "그는 실로 우리의 질고를 지고 우리의 슬픔을 당하였거늘 우리는 생각하기를 그는 징벌을 받아 하나님께 맞으며 고난을 당한다 하였노라.[89]

> 그가 찔림은 우리의 허물 때문이요 그가 상함은 우리의 죄악 때문이라 그가 징계를 받으므로 우리는 평화를 누리고 그가 채찍에 맞으므로 우리는 나음을 받았도다. 우리는 다 양 같아서 그릇 행하여 각기 제 길로 갔거늘 여호와께서는 우리 모두의 죄악을 그에게 담당시키셨도다(사 53:4-6).

그러므로 율법주의나 율법폐기주의자는 참 전도자가 될 수 없다. 왜냐하면 양쪽이 다 하나님의 말씀 한 쪽들이 비어있기 때문이다.

---

89) '징벌을 받아 하나님께 맞으며' : 예수님시대에 서기관들과 바리새인들을 비롯한 미혹당한 군중들의 생각이다. "나는 벌레요 사람이 아니라 사람의 비방 거리요 백성의 조롱 거리니이다 나를 보는 자는 다 나를 비웃으며 입술을 비쭉거리고 머리를 흔들며 말하되 그가 여호와께 의탁하니 구원하실 걸, 그를 기뻐하시니 건지실 걸 하나이다." 이것은 시 22:6-8의 다윗이 예언한 십자가 앞의 비웃는 자들의 모습인데 바로 그들 제사장들을 비롯한 유대인들의 모습이다. "지나가는 자들은 자기 머리를 흔들며 예수를 모욕하여 이르되 아하 성전을 헐고 사흘에 짓는다는 자여 네가 너를 구원하여 십자가에서 내려오라 하고 그와 같이 대제사장들도 서기관들과 함께 희롱하며 서로 말하되 그가 남은 구원하였으되 자기는 구원할 수 없도다.(막 15:29-31) / 필자 주

제13장

전도제자와 더 나은 의(義)

(마5:17-20)

내가 율법이나 선지자를 폐하러 온 줄로 생각하지 말라 폐하러 온 것이 아니요 완전하게 하려 함이라 진실로 너희에게 이르노니 천지가 없어지기 전에는 율법의 일점 일획도 결코 없어지지 아니하고 다 이루리라 그러므로 누구든지 이 계명 중의 지극히 작은 것 하나라도 버리고 또 그같이 사람을 가르치는 자는 천국에서 지극히 작다 일컬음을 받을 것이요 누구든지 이를 행하며 가르치는 자는 천국에서 크다 일컬음을 받으리라 내가 너희에게 이르노니 너희 의가 서기관과 바리새인보다 더 낫지 못하면 결코 천국에 들어가지 못하리라(마 5:17-20).

1. 성경의 두 구분

성경은 모든 인류를 이등분한다.(특히 시편 전체의 서론이 되는 시편 1편이 더욱 뚜렷하다) 악인 아니면 의인, 의인 아니면 악인, 어떤 사람은 나는 하나님을 믿지도 않지만 하나님을 부인하지도 않는다며 그 중간을 주장하고 있다. 그러나 그것도 악인에 분류된다. 하나님의 말씀에 인류는 중간이 없다. 구원도 안 받고 구원 못 받는 것도 아닌, 빛도 아니고 어두움도 아닌 그런 중간은 없다. 성경은 악인과 의인을 어떻게 구분하는가?

그 분류법은 대표성에 있다. 인류의 대표 아담은 사탄의 유혹에 넘어가 범죄하고 말았다. 그래서 모든 인류는 죄인으로 분류되고 모든 인류는 사악함으로 가득 차있다. 그러나 하나님께서 구원의 복음을 허락하시고 여자의 후손으로 오신 예수님이 이 땅의 두 번째 인류의 대표가 되셨다. 그래서 바울은 예수님을「두 번째 아담」이라고 표현했고 대표성의 의미를 설명했다.

기록된바 첫 사람 아담은 생령이 되었다 함과 같이 마지막 아담은 살려 주는 영이 되었나니(고전 15:45).

그러므로 한 사람으로 말미암아 죄가 세상에 들어오고 죄로 말미암아 사망이 들어왔나니 이와 같이 모든 사람이 죄를 지었으므로 사망이 모든 사람에게 이르렀느니라(롬 5:12).

그러나 아담으로부터 모세까지 아담의 범죄와 같은 죄를 짓지 아니한 자들까지도 사망이 왕 노릇 하였나니 아담은 오실 자의 모형이라 그러나 이 은사는 그 범죄와 같지 아니하니 곧 한 사람의 범죄를 인하여 많은 사람이 죽었은즉 더욱 하나님의 은혜와 또한 한 사람 예수 그리스도의 은혜로 말미암은 선물은 많은 사람에게 넘쳤느니라(롬 5:14-16).

그렇다면 누가 악인이고 누가 의인인가 그 머리에 따라서 의인과 악인으로 분류된다. 세상의 기준은 죄를 짓고 악한 일을 행했기 때문에 악인이라고 생각한다. 그러나 성경의 인간 분류법은 세상의 분류법과는 완전히 다르다. 아무리 이 땅에 선한 일을 해도 그가 그 머리가 바로 마귀라면 그도 당연히 악인이다.

너희는 너희 아비 마귀에게서 났으니 너희 아비의 욕심대로 너희도 행하고자 하느니라. 그는 처음부터 살인한 자요 진리가 그 속에 없으므로 진리에 서지 못하고 거짓을 말할 때마다 제 것으로 말하나니 이는 그가 거짓말쟁이요 거짓의 아비가 되었음이라 내가 진리를 말하므로 너희가 나를 믿지 아니하는 도다. 너희 중에 누가 나를 죄로 책잡겠느냐 내가 진리를 말하는데도 어찌하여 나를 믿지 아니하느냐 하나님께 속한 자는 하나님의 말씀을 듣나니 너희가 듣지 아니함은 하나님께 속하지 아니하였음이로다(요 8:44-47).

이 말씀은 불신자의 신분을 예수님이 직접 정의하신 말씀이다. 이것은 대표의 원리를 암시한다. 혹 예수 믿는 신자들에게도 지탄을 받고 못된 일을 저지른 사람이 있다. 그래도 그가 의인으로 분류된 것은 그 머리가 의인이요 머리가 예수님이기 때문이다.

그가 두 번째 아담아래에 있는 사람이기 때문에 간혹 그의 행위가 의롭지는 못해도 하나님은 의인으로 칭해 주시는 것이다. 세상 속에서 불신자들에게도 여러 가지 선한 일과 착하고 의로운 삶을 사는 사람들이 많다.

그래서 그들은 세상에서 의롭다고 칭송을 받고 세인의 존경을 받지만 하나님 앞에서는 여전히 그는 죄인이다. "내가 죄악 중에서 출생하였음이여 어머니가 죄 중에서 나를 잉태하였나이다(시 51:5)이나 "기록된바 의인은 없나니 하나도 없으며" "모든 사람이 죄를 범하였으매 하나님의 영광에 이르지 못하더니"에서 죄 중에서 잉태 되었다는 것과 의인은 단 한명도 없다는 것과, 모든 사람이 죄를 범했다는 말씀은 분명히 원죄(原罪)를 기준으로 말씀하고 있는 것이다.

여기에는 갓 태어난 아이도 아담의 후손이기 때문에 모든 사람에 포함되는 것이며, 그 핏덩이도 죄인이다. 그렇다면 그 갓난아기도 "죄의 삯은 사망이다"(롬 6:23)는 심판의 대상임이 확실하다. 왜 그런가 하나님을 만나지 못한 자들은 여전히 사탄이 아비요 왕이 되어있기 때문이다.

메시아이신 예수님을 영접하지 않으면 마귀에게서 해방 받을 수 가없고 죄의 심판을 면할 수 가없고, 하나님을 만날 수 가없다. 그래서 이 사람들은 마귀를 따라 예비한 영벌에 들어가는 것이다. "또 왼편에 있는 자들에게 이르시되 저주를 받은 자들아 나를 떠나 마귀와 그 사자들을 위하여 예비 된 영원한 불에 들어가라"(마 25:41)고 하신 것이다.

그것은 그들의 머리가 사탄(마귀)이기 때문이다. 예수님은 누구를 향하여 "너희아비 마귀"즉 마귀의 자식이라고 말씀 하셨는가 1차로는 예수님을 구세주(그리스도)로 받아드리는 것을 거부한 유대 바리새인들이지만, 궁극적으로 하나님을 만나지 못한 불신자들을 통틀어 너희는 너희 아비 마귀에게서 낫다고 말씀하시는 것이다.

서기관들과 바리새인들은 예수님을 거부하고 하나님 보내신 메시아를 믿지 아니함으로 여전히 마귀에 속해 있는 것이다. 그래서 어쩔 수 없이 그들도 마귀의 자녀가 되어서 악인으로 취급을 받는 것이다. 이것은 하나님의 심판의 날까지 지속되어 흘러간다. 그래서 우리가 하나님 앞에 의인이 된 것은 내가 예수님 안에 있기 때문이요, 예수님의 모든 공로가 나를 의롭게 하였기 때문이요, 나는 단지 그것을 믿음으로 받아 들였기 때문에 하나님이 죄인 된 나를 의롭다고 여겨주셨고 영원히 의인으로 여겨 주시는 것이다.

2. 서기관들과 바리새인의 의

서기관들과 바리새인보다 더 나은 의는 무엇이냐 서기관들과 바리새인들은 행위로는 정말로 결함이 없이 의롭게 사는 사람들이었다. 저들은 자기들의 행실로 하나님의 뜻을 이루고 하나님이 지시한 모든 계명과 율법을 지킨다고 생각했고, 자기들의 행실이 의로우니 당연히 구원을 얻는다고 생각했으며, 하나님으로부터 의롭다고 인정받는다고 착각했다.

그러나 그리스도 안에 있었던 사람들은 자기들은 도저히 의롭다 인정받을만한 공로나 모든 행실이나 거기에 대한 능력과 힘도 부족하다는 것을 철저하게 깨달았다. 그래서 그들에게는 예수님의 대속이 필요했던 것이다. 그래서 예수님께서 십자가에서 모든 자기의 불의를 깨끗케 하시고, 믿는 자가 예수님을 믿는 그 순간에, 예수님의 의(義)가 자기들에게 전가(轉嫁) 된다는 사실을 확실히 믿었기 때문에 예수님 안에 들어와 있는 것이다.

구원 받은 하나님의 귀한 자녀들은 누구라도 아무리 행실이 마땅치 못해도 서기관들과 바리새인들의 의보다는 훨씬 능가한 의를 갖게 된 것이다. 서기관들과 바리새인들의 의와 예수님의 의를 비교해볼 때 그렇다.

예수님 안에 있는 사람들은 예수님의 의가 자기의 의가 된 것이다(전가 (轉嫁)된 의(義)). 이것은 자기의 행위나 또 선행이나 자기의 공로로 된 것이 아니고 하나님이 보내신 그 아들 그리스도를 믿었기 때문이다.

하나님은 아들을 믿는 자마다 다 영생을 얻고 하나님의 자녀가 된다 고 약속했기 때문에 그 약속을 믿는 믿음으로 하나님의 자녀 된 길에 들어 선 것이다. 하나님의 자녀 된 길에 들어선 사람은 그 대표가 예수님이고, 아직도 하나님의 구원의 은혜를 거부하고 자기의 행실로 의롭고 깨끗하 게 살아서 하나님의 의에 다다를 수 있다고 생각했던 모든 사람들은, 전부 다 아직 그리스도 안에 들어오지 못한 자녀들이요, 그 자녀들의 신분은 당 연히 사탄이 그의 아비가 된 것이다.

겉으로 보면 그 어떤 사람들도 서기관들과 바리새인들의 의를 능가할 수 없다. 이 부분에서도 여러 신학자들이나 주석가들은 명확하고 뚜렷하 게 구분을 못 짓고 있다. 그들은 하나같이 그것은 성령을 받을 때, 성령의 능력으로 말미암아 성화가 되고, 그래서 거룩하게 되고, 말과 행실이 의롭 게 되어서, 그것이 바로 서기관들과 바리새인들보다 의를 능가하는 의가 된다고 주장을 한다.

여기서 그들은 대표성을 적용하지를 못하고 있다. 그들 역시 신자들에 대한 지금까지의 가르침은 성령에 의한, 도덕적인 고상한 삶의 행실을 신 앙의 결론 인 것처럼 가르치고 있다. 이스라엘 백성들은 저희 서기관들의 가르침으로는 사탄의 함정과 죄의 함정, 그리고 위선의 함정, 의식의 함정 에서 벗어날 수가 없었던 것이다. 사실 지금의 복음적이지 못한 신학자들 도 마찬가지이다.

당연히 그리스도 안에 있는 자는 서기관과 바리새인들보다 그가 더 나 은 의를 소유하고 있는 것이다. 그래서 예수님께서 너희 의가 서기관들과 바리새인들의 의보다 낮지 아니하면 결단코 천국에 들어갈 수 없다고 말씀 하셨는데, 천국에 들어갈 수 있는 길이 바로 예수님의 의를 내가 덧입는 것이다.

나는 불의하고 사악하지만 나를 위해서 십자가에 피 흘려 죽으신 예수님의 의가, 내가 예수님을 믿는 순간에 나의 의가되기 때문에, 서기관들과 바리새인들의 훌륭한 그 행실을 가지고도 들어가지 못하는 천국을 나는 기꺼이 예수님의 놀라우신 공로로 소유하게 된 것이다.

3. 서기관과 바리새인보다 더 나은 의

앞에 의에 주림에서 바리새인과 세리의 기도를 언급했는데 다시 살펴보겠다. 주님은 성전에 기도하러 올라간 바리새인과 세리에 대한 말씀을 통해 그들의 위선을 지적하셨다. "또 자기를 의롭다고 믿고 다른 사람을 멸시하는 자들에게 이 비유로 말씀하시되 두 사람이 기도하러 성전에 올라가니 하나는 바리새인이요 하나는 세리라 바리새인은 서서 따로 기도하여 이르되 하나님이여 나는 다른 사람들 곧 토색, 불의, 간음을 하는 자들과 같지 아니하고 이 세리와도 같지 아니함을 감사하나이다. 나는 이레에 두 번씩 금식하고 또 소득의 십일조를 드리나이다하고 세리는 멀리 서서 감히 눈을 들어 하늘을 쳐다보지도 못하고 다만 가슴을 치며 이르되 하나님이여 불쌍히 여기소서. 나는 죄인이로소이다 하였느니라. 내가 너희에게 이르노니 이에 저 바리새인이 아니고 이 사람이 의롭다 하심을 받고 그의 집으로 내려갔느니라. 무릇 자기를 높이는 자는 낮아지고 자기를 낮추는 자는 높아지리라 하시니라"(눅 18:9-14).

바리새인은 당당히 서서 자기는 저 세리와 같지 않은 것을 하나님께 감사했다. 그리고 자기의 삶을 들어내기 시작했다. 자신은 착취나, 부정하지도, 간음자도 아니라고 자랑하듯 기도했다. 이것은 사실이었다. 통상적으로 바리새인들은 일주일에 두 번씩 금식했고 소유한 모든 것의 십일조를 바쳤는데, 식용품까지도 정확히 십일조를 드렸다. 그들은 또한 예배의식에 매우 정확하고 엄격했다. 그러나 복음시대에 있어서 그들은 그들이 있는 자리에서 단 한 번도 주님의 분노를 자아 내지 않은 적이 없었다. 주님으로부터 위선자로 탄핵을 받았고 어떤 누구도 책망치 않으신 예수님이 그들에게만은 심한 분노와 저주를 선포하셨다(마 13장 등). 그들이 심한 질책을 받은 것은 우리가 매우 범하기 쉬운 것들이라는 것을 안다면 위선이라는 것이 얼마나 경악스러운 결과를 가져올지 짐작케 한다. 서기관 바리새인들의 형태를 살펴보면,

첫째로 그들의 신앙은 마음이 아니라 외적이고 형식이었다. 그들은 모든 것이 사람이 보는 앞에서 행하여졌다(마6:2-18). 주님은 사람 앞에 높임을 받은 것은 하나님 앞에 미움을 받는 것이라 하셨다(눅16:15). 그들은 손을 씻지 않고 음식을 먹는 제자들을 보고 혐오했다. 그때 주님은 사람을 더럽게 한 것이 무엇이냐 하면서 사람의 입으로 들어가는 것이 아니라 사람 속에서 나오는 것이라 하셨다. '신앙은 그가 혼자 있을 때 하고 있는 그것이라'라는 말처럼 우리는 혼자 있을 때 자신이 어떤 존재인지 알게 되는 것이다. 저희 바리새 서기관들은 외부로는 숨기지만 내부에는 죄의 더러운 오물이 가득 차 있었다. 이것이 하나님 앞에서 우리의 실존이기도 하다. 세리가 바리새인보다 의롭다 함을 받고 돌아간 것은 이 사실을 인정했기 때문이다. 또 그들은 도덕보다 의식을 더 중요시 했다.

두 번째는 그들이 사람이 만든 규칙과 규례로 율법을 수호하는 것으로 알았지만 사실은 율법을 깨뜨린 것이었다(마 7:8-9). 부모들은 자식들에게 모욕을 당하면서도 자식들을 책망하는 것이 큰 부담이었다. 공산당의 부모들처럼 당(黨)을 위해서라면 부모도 권리주장을 포기해야지 그렇

지 않으면 당에 불충이라 해서 부모가 꼼짝 못하는 것이 전통처럼 되어왔다. '내가 하나님께 하는 것'이라고 하면 부모는 찍소리 못하는 지경에 까지 이르렀다. 이것을 율법인양 만들어 놓고 제멋대로 하고 싶은 일을 가족 앞에서 자행 했다. 이것이 예수님이 말씀하신 '고르반'(막 7:11)의 의미이다. 그들은 계명대로 부모를 공경한다고 했지만 그들의 중심은 효도가 없었다. 그들은 하나님을 핑계하여 부모의 자존심을 깨뜨리고 모욕했다 (막 7:10).

세 번째는 그들은 그들 자신과 자신들의 '의'에만 관심을 가졌다. 그래서 자기만족에 빠진 것이고, 그것은 그들이 하나님을 영화롭게 하는 것이 아닌, 자기를 높이는 자들이었다. 이런 사실은 구원받은 백성들이 하나님의 관점에서 자신을 바라보지 않는데서 늘 범하게 되는 불의이다.

네 번째는 그들의 비극은 팔복에서 선포되는 영성이 완전히 결여 되어 있다는 것이다. 하나님과 관계를 저들은 외적인 행동으로 기준을 삼았으며 그들 안에는 하나님과 소통은 막혀있었다. 그들 속에는 하나님께 속한 사랑, 긍휼, 은혜 등은 흔적도 찾아 볼 수 없었다.

그렇다면, 예수님의 가르침은 무엇인가 천국에 들어가려면 서기관 바리새인보다 더 훌륭한 생활을 조건으로 가르치시는 것인가 행위에 의한 구원을 말씀하시는가

그렇지 않다 '의인은 없나니 하나도 없다'이다(롬 3:10, 23). 율법은 세상을 정죄한다. 이는 모든 입을 막고 핑계할 수 없도록 하셨다. 그런데 예수님으로 말미암아 하나님의 은혜를 받은 것은 내 죄가 갈보리 십자가 위에서 완전히 씻어 졌기 때문이다. 그리고 믿음으로 예수님을 영접한 자들은 약속 된 성령을 받았다.

이로 말미암아 서기관, 바리새인들 보다 더 월등히 비교할 수없이 나

은 '의'를 입게 되었고 이것이 '칭의'(하나님이 의롭다 여김)이다. 그리스도의 의가 내게 입혀졌기에 저들의 의와는 차원이 다른 완벽한 '의'이다.

이제 우리는 새 생명과 새 성품을 받았다. 그리스도의 형상이 내 안에서 이루어 졌다. 에덴에서 잃어버린 하나님의 형상이 회복된 것이다. 옛것은 지나갔고 새것이 되었다(고후 5:17). 그래서 다시 태어난 사람(요1:12)은 그 속에 하나님의 성품을 가진 의로운 사람이고 그들의 의는 서기관 바리새인들의 의(義)를 능가한다. 그들은 주님이 말씀하신 복된 사람들이고 주님이 말씀하신 새로운 복(서기관의 가르침 아닌)을 추구할 사람이다.

심령이 가난하여 -의롭다고 인정받은 세리처럼- 천국을 소유했고, 그들이 이제 땅 끝까지 증인 되는 삶, 모든 족속에게 복음을 전하는 삶을 살게 되는 인생의 전환기를 맞은 사람들이다. 그래서 그들은 흑암에 놓인 인생을 바라보며 애통하고, 성령에 길들여진 전도자로 온유하며, 현장에 주리고 목말라 한다. 그들은 죽어가는 영혼을 긍휼히 여기며, 그들의 삶은 바리새인의 동기가 아닌 예수님의 소원에 동기를 두는 청결한 사람이고, 하나님과 인간을 화평케 하는 전도제자이며, 예수님을 위해 당하는 박해를 상관치 않는 사람들이다.

이들은 하나님이 주신 율법, 계명들을 사랑하며 그 계명 속에 계시된 예언을 선포하는 전도제자들이다. 이들은 율법의 기능을 알고 그 기능을 제대로 가르치므로 주의 백성들이 신앙생활 하는데 율법주의나, 혹 인본주의나, 종교생활이나, 신비주의에 빠지지 않도록 가르치는 성령의 사람들이다.

이들은 서기관들과 바리새인들은 발 치에도 미치지 못하는 하나님의 사람들이요 복음의 사람들이요 전도제자들이다.

4. 저희 서기관들과 바리새인들도 전도의 대상이다

제자들에게 있어서는 저희 서기관들과 바리새인들도 전도의 대상자들이다. 예수님이 저들에게 심판을 선언하셨으나(마 23장) 심판 선언은 주님의 몫이고 제자들은 그들 모두를 전도대상자로 봐야 한다. 제자들 때에 보면 그렇게 핍박하는 자들 속에서 유대 종교에서 기독교로 개종한 서기관, 바리새인, 제사장, 허다한 유대인들이 있었기 때문이다(행 14:1, 19:1, 17, 21:20, 28:17, 고전 9:20, 행 6:7, 마 8:19). 여기에는 산헤드린 아리마대 요셉이 있었고(마 27:57, 눅 23:51), 니고데모(요 7:50, 요 19:39), 특히 바울이 있었다(행 8:1).

예수님이 "땅 끝까지 이르러 증인 되리라"하신 말씀은 예루살렘이 그 시발점이면서 땅 끝이다. 사도 바울은 이스라엘의 회개의 때가 온다고 하였다(롬 10:18-19, 11:1, 11-14, 25-27). 사도바울은 유대인들을 얻고자 율법 아래 있는 자같이 되고자 한다고 했다. "유대인들에게 내가 유대인과 같이 된 것은 유대인들을 얻고자 함이요 율법 아래에 있는 자들에게는 내가 율법 아래에 있지 아니하나 율법 아래에 있는 자 같이 된 것은 율법 아래에 있는 자들을 얻고자 함이요 율법 없는 자에게는 내가 하나님께는 율법 없는 자가 아니요 도리어 그리스도의 율법 아래에 있는 자이나 율법 없는 자와 같이 된 것은 율법 없는 자들을 얻고자 함이라"(고전 9:20-22).

「아데미」 우상의 중심지 에베소에 전도할 때 바울은 3년이나 밤낮 쉬지 않고 눈물로 훈계 했다(행20:31). 바울은 골육 친척들 곧 유대민족이 그리스도께 돌아온다면 저주를 받아도 원하는 바라고 했다.

> 내가 그리스도 안에서 참말을 하고 거짓말을 아니 하노라 나에게 큰 근심이 있는 것과 마음에 그치지 않는 고통이 있는 것을 내 양심이 성령 안에서 나와 더불어 증언하노니 나의 형제 곧 골육의 친척을 위하여 내 자신이 저주를 받아 그리스도에게서 끊어질지라도 원하는 바로라(롬 9:1-3).

예수님은 핍박하는 자들을 위하여 비탄해하셨다. "예루살렘아, 예루살렘아 선지자들을 죽이고 네게 파송된 자들을 돌로 치는 자여 암탉이 그 새끼를 날개 아래에 모음 같이 내가 네 자녀를 모으려 한 일이 몇 번이더냐 그러나 너희가 원하지 아니하였도다"(마 23:37).

예수님의 "인자가 온 것은 잃어버린 자를 찾아 구원하려 함이니라"(눅 19:10)의 말씀 속에 사두개인과 바리새인이 포함이 안 된다고 누가 말할 수 있겠는가 그들도 세리와 함께 잃어버린 자가 아니겠는가

예수님이 죄인을 영접하고 -세리나 천민들을 서기관, 바리새인들이 볼 때 죄인- 함께 먹는 모습을 바리새인, 서기관들이 비난할 때 주님은 잃어버린 양(눅 15:4), 잃어버린 동전(눅 15:8), 잃어버린 아들(눅 15:24)의 세 비유를 말씀하시면서 죄인 하나가 회개하여 주께 돌아오면 하늘에서 크게 기뻐한다고 말씀하셨는데(눅 15:7), 여기에 저희 서기관, 바리새인 영혼도 포함된다. 저들도 잃어버린 양들이다. 예수님은 그들만 빼내고 모두를 위해서 십자가 지신 것이 아니기 때문이다.

예수님은 "나는 너희에게 이르노니 너희 원수를 사랑하며 너희를 박해하는 자를 위하여 기도하라"(마 5:44) 하심으로 핍박하는 자들, 즉 서기관들과 바리새인들과 유대인들을 위하여 기도하라하셨다. 예수님은 사두개인과 세리와 같은 잃어버린 자를 찾아 구원하러 오셨다(눅 19:10).

누가복음 15:11-24에 탕자의 비유는 하나님의 영혼을 사랑하시는 열정을 알게 한다. 탕자의 비유는 사랑하는 아버지 비유라 함이 옳다. 탕자가 주인공이 아니고 아버지가 주인공이다. 그 주제는 아들의 방종도 아니고 아들의 회개도 아니다. 방탕한 아들이 돌아오기를 고대하는 아버지의 기다림이 이야기의 주제이다. 바리새인들에 비유되는 큰 아들을 아버지가 내쫓지 않으셨다. 요한복음 3:16에 바리새인들과 서기관들, 대 제사장도 다 포함이 된다.

제14장

전도제자와 6계명
(마 5:21-22)

옛 사람에게 말한바 살인하지 말라 누구든지 살인하면 심판을 받게 되리라
하였다는 것을 너희가 들었으나 나는 너희에게 이르노니 형제에게 노하는 자마다
심판을 받게 되고 형제를 대하여 라가라 하는 자는 공회에 잡혀가게 되고 미련한
놈이라 하는 자는 지옥 불에 들어가게 되리라(마 5:21-22).

이제는 예수님이 율법의 완성자로서 구체적인 예로 들어간다. "...하였
다는 것을 너희가 들었으나"(21)는 이후에 네 번을 더 반복하는 형식으로
말씀하신다(21, 26, 33, 38, 43). 그러면서 예수님은 거기에 반해 "나는 너희
에게 이르노니" 형식으로 대치하여 반복하신다. 살인에 대한 계명이나, 간
음에 대한 계명은 구약의 계명으로 구약의 계명은 결과적이며 외적이었
으나, 예수님의 해석은 근원적이며 중심적인 해석이다. 그것을 중심적으
로 받아들일 때 외적 율법도 완성이 된다. 예수님께서 십계명의 전반부인
하나님에 대한 계명을 언급하시지 않는 것은, 하나님을 정말 사랑한다면
저들이 사람들을 사랑할 것인데, 저들이 사람들을 멸시하는 태도를 볼때
하나님을 사랑하느냐 라고 물으실 필요가 없는 것이다. 바로 저희 서기관
들과 바리새인들의 불의함을 들어내시려는 것이다. 예수님은 하나님을 사
랑하고 이웃을 사랑하는 것을 십계명의 강령으로 말씀하셨다.

여기에 "...하였다는 것을 들었으나 하심은 당시 유대 백성들을 대상으
로 하신 말씀으로서 당시 백성들은 회당에서 읽혀지고 서기관들이 해석
해 줌으로 그런 법이 있다는 사실을 알았다. 그런데 서기관들과 바리새인

들은 자신들이 가르친 것도 알지 못하였다. 그래서 예수님은 바리새인이나 서기관을 상대로 말씀하실 때는 "너희가 읽지 못하였느냐"라고 하셨다 (마 12:3, 5, 19:4, 21:16, 42, 22:31).

먼저 그 앞의 예수님의 말씀 "옛사람에게 말한바...하였다는 것을 너희가 들었으나 나는 너희에게 이르노니"의 옛사람은 누구를 말씀하시는가 대부분의 주석가들은 예수님 자신을 모세와 대조했다고 주장한다. 예수님은 새로운 계명을 시작하시고 옛 계명을 반박하시고 부정하신다는 것으로 해석해서 예수님의 표현은 "너희는 구약이 뭘 가르쳤는지 알고 있다. 하지만 나는 완전히 다른 것을 가르친다."는 의미라고 한다는 것이다. 이 해석은 잘못 되었다.[90]

예수님이 반박하시고 계신 것은, 율법자체가 아니라 서기관들과 바리새인 자신들이 만들어서 소유한 율법이다. 예수님은 천지가 없어지기 전에는 율법의 일점 일 획이라도 없어지지 않는다고 말씀하셨다. 예수님은 율법을 반박하기는커녕 율법을 지지하시고, 당신의 권위를 주장하시고, 자신이 제정하신 율법에 대한 참된 해석을 제공하신다.

살인하지 말라(21절), 간음하지 말라(27절), 누구든지 아내를 버리려거든 이혼 증서를 줄 것이라(31절)등은 율법을 반영하고는 있다. 그러나 다음의 "네 이웃을 사랑하고, 네 원수를 미워하라(43절)에서 전반부는 율법을 반영하지만 후반부는 율법에 없는 말이다. "원수를 갚지 말며 동포를 원망하지 말며 네 이웃 사랑하기를 네 자신과 같이 사랑하라 나는 여호와이니라"(레 19:18). 여기뿐아니라 다른 곳에도 없는 말이다. 이것은 율법에다가 덧붙인 것으로 율법을 왜곡한 것이다. 자세히 보면 앞의 계명들도 그들 전(前)의 서

---

90) 『이 상근 마태복음 주해』, 성등사, p97

기관 바리새인들이 고치고 만든 자기들의 율법인 것이다.

예수님이 책망하시는 것은 성경이 아니라 전통, 즉 그들이 읽은 하나님의 말씀이아니라 서기관들이 회당에서 계속 말해왔고 그들도 옛사람에게 들은 구전이었다. 이에 대해 존 스토트는 '예수님의 가르침은 율법에 대한 서기관들의 왜곡과 관련해서는 '대조'인 반면, 율법자체에 대해서는 '해석'이라고 보는 것이 정확하다'고 했다.[91]

예수님은 율법을 성취하신 분이시고 제자들은 율법에 순종해야했다. 예수님의 요구는 율법의 지극히 작은 부분 하나라도 무시할 수 없는 것이었다. 예수님이 모세를 반박하셨다면 그것은 바로 예수님이 자신을 반박하시는 것이 된다.

예수님은 제자들을 부르시고 공생애를 시작하시는 시점에서 유대광야에서 40일 동안 사탄에게 시험을 받으셨다. 마귀의 간교한 유혹을 물리치실 때 마다 성경의 적절한 말씀으로 물리치셨다. 예수님은 마귀와 논쟁할 필요가 없으셨다. 예수님은 사탄의 도전을 처음부터 기록 된 -자신이 제정하신- 말씀으로 해결하신 것이다. 성육신한 말씀이신 예수님은 자신이 문서로 주신 말씀에 맞추어 사셨다.

내가 만일 그렇게 하면 이런 일이 있으리라 한 성경이 어떻게 이루어지겠느냐 하시더라(마 26:54).

내가 날마다 너희와 함께 성전에 있으면서 가르쳤으되 너희가 나를 잡지 아니하였도다. 그러나 이는 성경을 이루려 함이니라 하시더라(막 14:49).

이에 모세와 모든 선지자의 글로 시작하여 모든 성경에 쓴바 자기에 관한 것을 자세히 설명하시니라(눅 24:27).

---

91) 『존 스토트의 산상수훈』, 정옥배 역, 생명의말씀사, p100

내가 너희 모두를 가리켜 말하는 것이 아니니라 나는 내가 택한 자들이 누구인지 앎이라 그러나 내 떡을 먹는 자가 내게 발꿈치를 들었다 한 성경을 응하게 하려는 것이니라 (요 13:18).

내가 그들과 함께 있을 때에 내게 주신 아버지의 이름으로 그들을 보전하고 지키었나이다. 그 중의 하나도 멸망하지 않고 다만 멸망의 자식뿐이오니 이는 성경을 응하게 함이니이다(요 17:12).

군인들이 서로 말하되 이것을 찢지 말고 누가 얻나 제비 뽑자 하니 이는 성경에 그들이 내 옷을 나누고 내 옷을 제비 뽑나이다 한 것을 응하게 하려 함이러라 군인들은 이런 일을 하고(요 19:24).

그 후에 예수께서 모든 일이 이미 이루어진 줄 아시고 성경을 응하게 하려 하사 이르시되 내가 목마르다 하시니(요 19:28).

이 일이 일어난 것은 그 뼈가 하나도 꺾이지 아니하리라 한 성경을 응하게 하려 함이라 (요 19:36).

이와 같이 예수님은 모세와 대조하시는 것이 아니고, 율법에 대한 참된 해석과 서기관들의 잘못된 가르침을 대조하시고, 그리스도인들의 '의'와 저희 서기관들과 바리새인들의 '의'를 대조하신 것이다. 또한 예수님의 가르치심은 저희들의 가르침을 모두 뒤집는 것이었다. 그렇게 하시지 않으신다면 예수님 자신이 율법을 왜곡하시는 것이 될 것이다.

서기관들과 바리새인들은 살인과 간음에 대한 계명을 행동으로만 제한했다. 예수님은 그 계명들을 확대하여 노한 생각이나 모욕하는 말을 살인에 포함시키셨고, 간음죄에 대해서도 음탕하게 바라보는 것들까지 포함시키셨다. 그들은 맹세에 대한 명령을 특정한 서약으로 제한하고 이웃 사랑도 특정한 사람에게 만으로 제한했다. 그러나 예수님은 사람을 사랑하는데 제한을 철폐하시고 모든 약속은 다 지켜야한다고 말씀하셨다. 우리는 산상수훈에서 율법을 제정하신 분이신 예수님이 율법을 새롭게 입법하시는 것이 아니라, 자신이 주신 율법의 해설자로 서신 것을 보고 있는 것이다.

'살인하지 말라'는 말씀은 십계명 제 6계명으로 출애굽기 20장 13절과 신명기 5장 17에 있는 계명이다. 살인한자는 7인의 장로로 조직된 각 고을의 지방재판소에서 재판하여 사형에 처했다[92](신 16:18, 출 21:12, 레 24:17, 민 35:30-31). 바리새인과 서기관들은 하나님의 심판에 대해서는 언급을 하지 않았다. 그들에게 중요한 것은 지방법정의 심판이었다. 그들은 '너희가 살인하면 재판장에게 형벌 받을 수 있기 때문에 살인하면 안 된다'는 식이었다. 완벽한 하나님의 계명을 한낱 세상법정의 법조문으로 격하시킨 것이다. 그렇게 해서 저들은 이 계명을 완전히 지킨 자로서 해당사항이 없다고 만족하였다.

1. "옛 사람이 말한바"와 "나는 너희에게 이르노니"

마태복음 5장 21절 이하에서 나오는 내용들은 20절의 "너희 의가 서기관과 바리새인보다 낫지 아니하면 천국에 들어가지 못하리라"는 예수님이 요구하시는 의가 어떤 의인가를 말씀하고 있다. 이러한 목적을 위해서 예수님은 그들의 '의'의 개념에 대해서 여섯 가지를 비교하여 예를 드신다. 그런데 매번, "옛 사람에게 말한바…하였다는 것을 너희가 들었으나", "그러나 나는 너희에게 이르노니"라는 수정하신다는 의미의 말씀으로 반복하신다.

여기서 주님은 구약의 율법과 자신의 말씀을 비교하신 것이 아니라, 모세의 율법에 대한 거짓 해석과 자신의 해석을 대조시키신 것이다. 예수

---

92) 『이 상근 마태복음 주해』, 성등사, p97

님께서는 신약에서 많은 경우에 구약을 인용하여 말씀의 본뜻을 가르쳐 주시고 계신다. 그런데 예수님께서 구약을 인용하실 때는 항상 "기록되었으되"라는 문구를 사용하셨다(마 4:4,7,11:10, 막 11:17). 그러나 여기서는 '기록되었으되'가 아니라 옛사람이 '말한바'라고 하신다. 그러므로 여기서 옛사람이란 구약의 기록된 하나님의 율법이 아니라 후대 율법 학자들(서기관들)이 율법을 해석하여 전하는 랍비들에게서 나오는 구전(口傳)을 지적하시는 것이다.

주님이 말씀하신 뜻은 너희 바리새인들은 옛 랍비들로부터 듣고 배워서 전하고 있으나, 그러나 '나는 말하노니 그 참뜻은 이러이러하다'는 의미이다. 예수님께서는 옛 사람의 권위에 호소하지 않고 바로 하나님의 권위에 근거하여 자신의 말씀을 선포하고 계시고 있는 것이다(마 7:29). 예수님께서는 율법의 참뜻을 알리시고 그것을 완성하시려고 오신 분으로서 자신을 알리고자 하신 것이다. 저희 서기관들과 바리새인들의 그릇된 교훈을 들추어내고 율법을 바로세우기 위해서 이렇게 비교하시는 것이다. 특히 바리새인과 서기관들은 율법의 의미와 심지어 그 요구 내용까지 항상 축소시키는 죄를 범하고 있었다. 그래서 이제부터 그들의 잘못된 가르침을 구체적인 예를 들어서 설명하시고 계신다.

먼저 "옛 사람에게 말한바 살인치 말라 누구든지 살인하면 심판을 받게 되리라 하였다는 것을 너희가 들었으나 나는 너희에게 이르노니 형제에게 노하는 자마다 심판을 받게 되고 형제를 대하여 라가라 하는 자는 공회에 잡히게 되고 미련한 놈이라 하는 자는 지옥 불에 들어가게 되리라"

바리새인과 예수님의 가르침에는 두 가지 다른 점이 비교 되고 있다. 첫째로, 살인죄에 대한 이해가 바리새인들은 단순히 살해행위에 국한 되었으며, 둘째로, 그것은 심판에 대한 이해가 세상법정의 처벌로 끝냈다는 점이다. 바리새인들은 사람을 직접 살인해야 살인죄가 성립이 된다고 가르쳤다. 그리고 그 죄는 세상법정의 재판을 통해서 정죄 받고 마땅히 처벌을 받으리라고 했다.

그런데 예수님은 살인이라는 계명은 이보다 훨씬 의미가 더 깊다고 하신다. 단지 살인 행위에만 국한시키지 않고 이 계명을 마음의 숨어있는 동기에서부터 살인죄를 적용하셨다. 또 그 죄에 대한 처벌도 세상법정의 처벌받는 것으로 끝나는 것이 아니라 하늘의 재판관으로부터 선고된 심판, 즉 영원한 지옥불이 그 죄에 대한 심판이라는 것이다. 예수님은 살인을 행동으로 비록 옮기지는 않았을지라도 마음에 분노하는 것과 사람의 인격을 무시하고 멸시하는 것까지도 살인으로 단죄하신다.

예수님은 "형제에게 노한 자는 심판을 받게 될 것이라"고 하셨다. 여기서 "형제에게 노하는 자" – '노'란 '이유 없이 분을 품다'는 뜻이다. 곧 부당한 분노이다. 하나님은 실제로 피 흘리는 행위만이 아니라 분노의 행위도 흘러 보내지 않으신다.

이유 없는 분노라고 하는 이유는 정당한 분노도 있기 때문이다. 그것은 성경에 하나님께서 이스라엘의 불의에 대한 분노를 표하신 바 있다. 또한 예수님도 바리새인들과 서기관들의 외식하는 것에 대단히 분노하셨다. 바울도 우상이 가득한 아덴의 현장을 보고 분노했다(행 17:16). 주의 백성이 하나님의 이름과 복음, 성령의 역사를 우습게 여기는 자들에 대한 분노는 거룩한 분노이다.

바리새인과 서기관과 제사장들은 살인죄에 해당되는 분노를 품고 있었다. 예수님이 엘리야 시대의 사렙다 과부의 일을 말하며 그들의 죄를 지적하자 회당에 있는 자들이 크게 분노하여 산 절벽에 밀쳐 죽이고자하는 일도 망설이지 않았다(눅 4:28-29).

이런 예들은 성경에 무수히 많다. 요한계시록 12장7절에서 교회에 대해서 용이 분노한 것도 같은 의미이다. 당시 헤롯왕은 자기가 있는데 새로운 왕이 출생했다는 것에 분노하여 두 살 이하의 아이들 살해를 자행했다(마 2:16). 가인의 아벨에 대한 분노도 마찬가지이다(창 4:6).

야고보 사도는 "사람의 성내는 것이 하나님의 의를 이루지 못 한다"고 하였다(약 1:20). 바울 사도가 말한 골로새서 3장 8절과 에베소서 4장 31절의 죄의 목록에도 분노가 나온다. "이제는 너희가 이 모든 것(탐심과 우상숭배)을 벗어버리라 곧 분과 악의와 훼방과 너희 입의 부끄러운 말이라" 에베소에 보낸 서신에서는 분노에 굴복하는 것은 마귀에게 복종하는 것이라고 말하고 "분을 내어도 죄를 짓지 말며 해가 지도록 분을 품지 말고 마귀로 틈타지 못하게 하라"하였다(엡 4:26-27). 예수님의 말씀하신 분노는 이런 분노인 것이다. 이 분노는 살인을 품은 것이다.

예수님은 또 "형제를 대하여 '라가'라 하는 자는 공회에 잡히게 되고"라고 하셨다. 형제에 대해서 라가라 하는 자에서 '라가'는 경멸을 수반하는 비난을 의미한다. 이 용어가 어리석고 경솔한 사람에게 쓸 때는 '얼간이'를 의미하는 것으로 당시에 가장 흔히 쓰이는 욕설이었다. 특별히 그 사람의 지적 기능이 모자라 얼빠진 짓을 해서 다른 사람에게 폐를 끼칠 때, '라가'라 하는 말을 사용했다.

또 "미련한 놈이라 하는 자는 지옥 불에 들어간다."고 하셨다. 여기서 '미련한 놈'이란 '어리석은 놈' '우둔한 놈'이란 말이다. 도덕적으로 추하고 우둔해서 '능멸 받을 자식'이라는 욕설이다. 그 사람 전체를 모욕하는 표현이다.
'라가' 바보라고 부르는 것이 지적인 것에 대한 경멸적인 말이라면 미련한 놈이란 말은 그 사람의 품성에 대한 경멸이다. 이것은 사람인격 전체를 모욕하는 말이다. 예수님은 마음에 더러움이 뱀처럼 꽈리를 틀고 그것을 눈으로, 입으로 토해내는 것들이 하나님 보시기에 얼마나 심각한 죄인가를 보여주신다. 그래서 '라가' '미련한 놈'이라고 하면 지옥에서 형벌을 받을 만큼 무서운 죄라는 것이다.

사실 행동으로는 사람을 살인하지 않더라도 얼마든지 사람을 파멸시킬 수 있는 방법이 있다. 다른 사람을 뒤에서 흉보거나 수군 거리 거나 의도적으로 남의 허물을 들추어내는 것은 그 사람의 자존을 파괴시키는 것이다. 예수님에 의하면 다 살인한 죄가 된다. 이것들의 근본은 마귀이다. 마귀는 태초에 하나님과 함께한 인간을 중상모략 하여 죽이는 데로 끌고 갔다. 가인도 아벨을 놓고 하나님 앞에서 분노하다가 살인으로 나갔다.

예수님은 '바보' '멍청이' 하면서 아무 거리낌 없이 사용하는 말들도 끔찍한 살인죄와 같으며 지옥의 형벌을 받아야 할 무서운 죄라고 하신다.

2. 죄의 특성과 심판의 특성

주님은 심판에 대해서 말씀하실 때 세상법정과 하늘의 법정, 세상 재판관과 하늘의 재판관을 둘로 대비하시고, 세상의 형기를 채웠다 해서 끝나는 것이 아니라고 하신다. 영원한 재판장이신 하나님 앞에서는 그 죄도 끝난 것이 아니며, 또 다른 죄가 호리라도 남아있다면 반드시 심판을 면할 수 없음을 말씀하시는 것이다. 그 죄에 대한 심판이 너무도 심각한 것이기 때문에 세상 법정을 넘어서 하늘의 법정으로 나가며 절대 빠져나갈 길이 없음을 밝히시는 것이다.

옛사람의 가르침을 따르는 바리새인들과 서기관들은, 살인을 범한 자를 사형에 처하여 이스라엘로부터 제거하라는 뜻으로만 가르쳤다. 그러나 예수님은 이 계명의 본래 의도는 행동으로 살인하는 것만이 아니라, 모든 종류의 악한 생각과 혀의 폭력을 정죄하신 것이요 그 처벌 역시 육신의 죽음으로 끝나는 것이 아니라 영원한 멸망의 죽음, 곧 지옥의 형벌을 받게 된다고 말씀하신다. 살인이라는 극단적인 폭력을 대표적인 예로 들어서 모든 종류의 폭력을 정죄하신 것이요 그 처벌 역시 세상법정에서 선고된 형기를 마치고 사면 받는 그런 심판이 아니라 영원한 멸망을 포함하는 영육간의 사망을 나타내고자 하신 것이다.

죽음이라고 할 때의 죽음은 영혼과 육신의 분리된 상태를 말하거니와 사망의 형벌은 이 땅에 태어날 때부터 원죄의 저주에서 망하다가 죽어서도 영원히 지옥의 고통으로 망하는 것을 사망이라 할 수 있다. 예수님께서는 살인죄와 그 처벌에 관한 하나님의 계명의 참뜻이 이렇게 깊고 영원하다는 사실을 밝히신 것이다. 우리는 예수님께서 죄의 목록을 말씀하신 것을 살펴 볼 필요가 있다.

> 예수께서 이르시되 너희도 이렇게 깨달음이 없느냐 무엇이든지 밖에서 들어가는 것이 능히 사람을 더럽게 하지 못함을 알지 못하느냐 이는 마음으로 들어가지 아니하고 배로 들어가 뒤로 나감이라 이러므로 모든 음식물을 깨끗하다 하시니라 또 이르시되 사람에게서 나오는 그것이 사람을 더럽게 하느니라. 속에서 곧 사람의 마음에서 나오는 것은 악한 생각 곧 음란과 도둑질과 살인과 간음과 탐욕과 악독과 속임과 음탕과 질투와 비방과 교만과 우매함이니 이 모든 악한 것이 다 속에서 나와서 사람을 더럽게 하느니라(막 7:18-23).

주님은 악한 생각을 살인과 똑같이 취급하셨다. 그러므로 죄라고 하는 것은 마음에서 일어나는 분노와 멸시와 모욕과 헐뜯는 것을 포함시키시고 거기다 우매한 것도 더하시고 계신다. 살인죄가 참으로 광범위하다는 것을 가르치신 것이다. 그렇다면 여기에서 강한 질문이 나오는 것은 자연스럽다. '마음에 악한 생각을 품는 것도 죽을죄가 된다면 사람의 행동 중에 죄 아닌 것이 어디에 있는가 단 한 순간이라도 사람이 죄짓지 않고 살

수 있겠는가 세상에 죄인 아닌 사람이 어디에 있겠는가 아니, 이런 죄도 영원한 지옥 형벌을 받아 마땅한가 육신의 죽음도 모자라서 그 영혼까지 영원토록 죽어야 그 죄 값을 치를 수 있다는 말인가 그렇다면 세상에 지옥 가지 않을 죄가 어디에 있으며, 지옥 가지 않을 사람이 어디에 있겠는가' 하고 말이다.

하나님께서 율법을 주신 참뜻이 바로 이 사실을 깨닫고 자신의 사악함과, 하나님의 요구하시는 '의'에 이르는 것의 절대불가능을 인정하도록 하시기 위한 것이다. 원죄와 자 범죄라는 것과 죄를 근거로 해서 역사하는 사탄의 올무와 하나님을 모르는 우매는 너무 엄청나서 어느 한 사람도 여기서 자유로울 수가 없다. 그래서 율법을 통해 아무리 훌륭한 인격자라도 지옥형벌을 피할 수 없다는 사실을 깨닫고 스스로 자신의 사악함을 인정하지 않을 수 없게 하고자 하신 것이다(롬 3:10, 23).

바리새인들과 서기관들은 심판을 받아야 할 죄는 행동으로 살인하는 것뿐이라는 식으로 가르쳤다. 하나님의 계명의 수준을 땅위의 죄인 된 인간의 간교한 것을 표준으로 만들어 버렸다. 따라서 그 정도는 사람이 능히 지킬 수 있고, '지금까지 우리들은 사람을 쳐 죽인 적이 없으니 우리는 살인죄에서 자유하다'고 자부했다. 자신들은 스스로 의롭다고 주장했다. 그러나 예수님은 너희는 모두 지옥 형벌을 받아 마땅한 자들이라고 밝히신 것이다.

흔히 불신자들이나 신자들도 똑 같이 살인이나 간음을 크게 생각하고 남 욕하는 것이나 비방은 죄도 아닌 것 같이 취급하여 욕과 저주가 일상이 되어있는데 하나님 앞에서는 살인이 일상이 되어있는 샘이 된다. 큰 죄는 심각하게 받아들이고 사소한 죄는 가볍게 넘어갈 수 있다고 생각하는 잘못에 대하여 예수님은 큰 죄나 작은 죄나 똑같이 지옥형벌을 피할 수 없다고 하신다.

3. 죄는 시급히 해결해야 할 매우 심각한 것

더 나아가서 "네 형제에게 원망을 들을만한 일이 있거든"은 행동으로 하는 폭력은 말할 것도 없고 상대방을 멸시하여 욕하는 것으로 감정을 건드려 상대방에게 원망을 들을만한 일을 한 것이 생각나거든 -우리는 늘 이런 것들이 생각나도록 기도해야한다- 하나님께 예배드리는 중이라도 중단하고 먼저 형제와 화해하라고 하신다. 예배가 그리스도인의 삶에서 너무 중요한데 예배를 함부로 중단할 수 있는가 그런데도 예배를 중단하고 화해로 매듭을 풀고 와서 예물을 드리라고 말씀하신 것이다.

이사야서 1장 11절과 29절 사이에는 심판의 경고가 있다. 이스라엘은 무수한 제물과 수양의 번제와 살진 짐승의 피를 가져와서 예배를 드렸다. 그런데도 하나님은 하나도 그것을 기뻐하지 않고 거절한다고 하셨다. 그들은 그저 마당만 밟고 갈뿐이요 오히려 하나님의 진노가 임박해 있다고 하신다. 그 이유는 성회와 더불어서 악을 행하고 있는 것 때문이라는 것이다. 그 악이 "네 방백들은 패역하여 도적과 짝하며 다 뇌물을 사랑하며 사례물을 구하며 고아를 위하여 신원치 아니하며 과부의 송사를 수리치 않는다."하였다. 가난하고 억울하고 원망하는 자들이 가득하다는 것이다. 그들의 송사를 들어주지 아니하고 오히려 불의를 행하고 있다는 것이다. 그래서 먼저 "선행을 행하며 학대 받는 자를 도와주며 고아를 위하여 신원하며 과부를 위하여 변호하라" 곧 그들의 억울한 일과 원성을 해결하고 오라는 것이다.

예배를 드리다가도 형제에게 원망을 들을만한 사소한 일이라도 가서 해결하고 오라는 주님의 의도는 무엇인가 이것은 지극히 사소한 죄라도 시급히 해결해야 할 만큼 매우 심각한 것임을 말씀하신 것이다. 사소한 죄라도 무시하거나 함부로 생각하지 말라는 것이다. 그리고 너를 송사하는 자와 함께 길에 있을 때에 급히 화해하라는 것이다. 이보다 시급한 일은 없다는 것이다. 죄를 해결할 기회를 놓치고 재판정에서 정죄 받고 선고를 받으면 죄 값을 다 치르기 전에는 결코 나올 수 없다고 하신다. 일상적인 사소한 죄라도 모든 죄는 이렇게 시급하게 처리해야 할 만큼 무섭고 심각하다는 말씀이다. 그러므로 제사장이 나와서 제사가 진행 되고 있다하더라도 당장 가서 그 사람과 화목한 다음에 다시 와서 예물을 드리라고 하신 것이다.

많은 것들이 사람 앞에서는 나타나지 않을 수 있지만 하나님 앞에서는 아니다. 그렇기 때문에 하나님께서 심판하시기 전에 죄 문제를 해결하라 하신 것이다. 궁극적으로는 영원한 재판장이신 하나님께서 마지막 날 네 죄를 책임 물어 정죄하시고 영원한 지옥 불에 던지기 전에 죄 문제를 해결하라고 하신 말씀이다.

4. 가인의 살인 죄 - 예배를 드리는 일로 인한 살인

그가 또 가인의 아우 아벨을 낳았는데 아벨은 양 치는 자였고 가인은 농사하는 자였더라. 세월이 지난 후에 가인은 땅의 소산으로 제물을 삼아 여호와께 드렸고 아벨은 자기도 양의 첫 새끼와 그 기름으로 드렸더니 여호와께서 아벨과 그의 제물은 받으셨으나 가인과 그의 제물은 받지 아니하신지라 가인이 몹시 분하여 안색이 변하니 여호와께서 가인에게 이르시되 네가 분하여 함은 어찌 됨이며 안색이 변함은 어찌 됨이냐 네가 선을 행하면 어찌 낯을 들지 못하겠느냐 선을 행하지 아니하면 죄가 문에 엎드려 있느니라. 죄가 너를 원하나 너는 죄를 다스릴지니라. 가인이 그의 아우 아벨에게 말하고 그들이 들에 있을 때에 가인이 그의 아우 아벨을 쳐 죽이니라(창 4:2-8).

제물을 가지고 제사를 드리는 것은 하나님을 만나려는 행위요 이것은 하나님을 떠난 인간의 절대적인 문제를 해결받기 위함이다. 하나님은 아담에게 그 방법을 가르쳐 주셨다. 아담이 스스로 만든 무화과나무로 만든 치마는 곧 말라 그의 수치와 부끄러움을 가릴 수가 없었다. 하나님은 아담과 하와를 내보내실 때에 가죽옷을 지어 입히셨다(창 3:21). 하나님이 지으신 가죽옷으로 그들의 수치가 가려졌다. 이것은 설명이 덧붙일 필요가 없는 완전 언약의 메시지이다. 가죽옷이 만들어 지려면 한생명이 희생이 되어야 한다.

이것이 성경의 '희생의 제물' 또는 '희생의 제사' 혹은 '피의제사' 또는 '피 없이는 죄 사함이 없다'라고 반복적으로 알려주는 내용이다(레 17:11). 그래서 "율법을 따라 거의 모든 물건이 피로써 정결하게 되나니 피 흘림이 없은즉 사함이 없느니라"(히 9:22).고 하신 것이다.

아벨은 하나님의 피의방법을 따라서 제사를 드렸다. 이것은 자신의 본질적인 문제를 해결할 수 있는 하나님의 언약을 잡았다는 증거이다. 그러나 가인은 농사를 하는 자로서 곡식 단을 가져와 제사를 드린 것이다. 가인이 정성이 부족해서 하나님을 만나는 일에 실패한 것이 아니다. 준비 없이 드린 것도 아니다. 아벨은 믿음이 있었고 가인은 믿음이 없었던 것은 사실이나 그것은 정확한 분석이 못 된다. 가인도 믿음이 있었기 때문에 하나님을 만나서 자신의 문제를 해결하려고 한 것이다. 그러면 뭔가? 하나님이 주신 방법에 대한 믿음이다. 그것은 언약적 믿음을 말하는 것이다.

구약의 5대 제사법 중에 소제가 있는데 이 소제(素祭)는 감사제로서 '피 없는' 제사이다. 그러나 이 소제는 반드시 피의 제물로 드리는 번제에 얹혀서 드려야 했다(출 29:41, 민 15:8-9, 28;28, 29:18 등). 그러므로 가인의 제사로는 창 3장 문제를 해결할 수 없고, 하나님을 만날 수도 없으며(하나님을 누리는 교제) 죄와 사탄의 포로 된 상태에서 해방될 수도 없는 것이다. 이 증거는 히브리서 11장 4절 말씀이다. "믿음으로 아벨은 가인보다 더 나은 제사를 하나님께 드림으로 의로운 자라 하시는 증거를 얻었으니 하나님이 그 예물에 대하여 증언하심이라 그가 죽었으나 그 믿음으로써 지금도 말하느니라."

원죄와 자범죄(自犯罪)를 해결 할 수 없었던 가인은 죄의 수렁에 더욱 깊이 잠기게 되었고 나아가 그는 인류의 첫 살인자가 되었고 이후로 모든 전쟁과 테러 등 모든 살인과 분노의 수문이 열려 그의 후손 [라멕]같은 대량살상자가 인류의 역사 속에서 물밀 듯이 일어나게 되었다(창 4:23-24). 창세기 3장 사건과 노아시대의 네피림으로 인한 타락과 사악함은 독버섯 균처럼 전체농장을 덮어버렸다.[93] 결국 성경은 인간의 절대적 부패로 인한 절대적 심판을 선언한다.

> 그러면 어떠하냐 우리는 나으냐 결코 아니라 유대인이나 헬라인이나 다 죄 아래에 있다고 우리가 이미 선언하였느니라. 기록 된 바 의인은 없나니 하나도 없으며 깨닫는 자도 없고 하나님을 찾는 자도 없고 다 치우쳐 함께 무익하게 되고 선을 행하는 자는 없나니 하나도 없도다. 그들의 목구멍은 열린 무덤이요 그 혀로는 속임을 일삼으며 그 입술에는 독사의 독이 있고 그 입에는 저주와 악독이 가득하고 그 발은 피 흘리는 데 빠른지라 파멸과 고생이 그 길에 있어 평강의 길을 알지 못하였고 그들의 눈앞에 하나님을 두려워함이 없느니라 함과 같으니라(롬 3:9-18).

5. 하나님이 주신 해결 책 - 그리스도 되신 예수님

율법이 광범위하고 심각하고 시급하다는 것을 깨닫는다면 어찌 스스로 그 율법 앞에서 심판을 면하는 자로 설수 있는 사람이 있겠는가 율법이 인간의 죄악을 어느 하나라도 놓치지 않고 추적한다면, 원죄와 자 범죄에

---

93) 네피림 : 본서 p164 참고

빠져있는 인간은 그저 죄의 늪에 허우적거릴 뿐, 아무 대책이 없는 무능만을 발견하게 되는 것이다. 그러므로 우리가 그리스도로 말미암은 새사람이 되지 아니하면 우리 속에서 나오는 것은 뻔한 것이다.

우리가 완전한 하나님의 법을 지키려면 그리스도의 '다 이루었다'는 사실이 나의 소유가 되어야한다. 그래야 호리라도 남김없이 하나님 앞에서 다 갚게 된다. 그리스도의 '의'가 내게 전가 되어 죄를 짓지만 '의롭다고 선포 받은 자'가 되는 것이다. 이것을 "너희가 그 은혜로 말미암아 구속을 받았으니"라고 하는 것이다. 그리스도께서 하나님 앞에서 호리도 남김없이 율법의 모든 요구를 성취하셨고, 또한 그 성취하신 주님께서 우리 안에 성령을 보내셔서 율법의 요구가 이루어지게 하시려는 것과 이것을 알고 믿게 하시려는 것이 율법을 주신 목적이다.

이 사실을 깨닫고 그 은혜를 믿음으로 받아 하나님 품으로 다시 돌아가게 하시는 하나님은 참으로 인자하시다. 하나님의 신실하심은 호리도 변함이 없으시고, 그 긍휼하심의 풍성은 표현할 수가 없으며, 하나님의 자비하심은 한이 없으며, 우리 아버지의 은총은 측량할 수 없다.

하나님의 인자하심은 영원에 이르고, 그 인자하심과 선하신 지혜가 예수님을 통해서 나타나신바 되었다. 하나님의 길이 참고 기다리심이 그리스도 안에서 증언되었다. 그러므로 예수님은 나의 그리스도이시다. 찰스 웨슬레가 찬양시를 쓸 때의 영적상태를 유지함이 합당하다.

만입이 내게 있으면 그 입 다 가지고
내 구주 주신 은총을 늘 찬송 하겠네
내 은혜로 신 하나님 날 도와주시고
그 크신 영광 널리 펴 다 알게 하소서

내 주의 귀한이름이 날 위로하시고
이 귀에 음악 같으니 참 희락 되도다.
내 죄의 권세 깨뜨려 그 결박 푸시고
이 추한 맘을 피로써 곧 정케 하셨네.

6. 사람을 살리는 전도자

예수님의 제자들을 부르심은 사람을 살리는 목적이다. "또 산에 오르사 자기가 원하는 자들을 부르시니 나아온지라 이에 열둘을 세우셨으니 이는 자기와 함께 있게 하시고 또 보내사 전도도 하며 귀신을 내쫓는 권능도 가지게 하려하심 이러라(막 3:13-15).

사망의 세력은 전 세계로 퍼져있다. 역시 사람을 살리는 예수님의 영역도 제자들을 통해서 모든 민족, 땅 끝까지 퍼져나간다. 지금도 예수님의 지상 명령을 수행하는 전도자들의 발길이 전 세계 237개 나라를 누비고 있다.

예수께서 나아와 말씀하여 이르시되 하늘과 땅의 모든 권세를 내게 주셨으니 그러므로 너희는 가서 모든 민족을 제자로 삼아 아버지와 아들과 성령의 이름으로 세례를 베풀고 내가 너희에게 분부한 모든 것을 가르쳐 지키게 하라 볼지어다 내가 세상 끝 날까지 너희와 항상 함께 있으리라 하시니라(마 28:18-20).

또 이르시되 너희는 온 천하에 다니며 만민에게 복음을 전파하라 믿고 세례를 받는 사람은 구원을 얻을 것이요 믿지 않는 사람은 정죄를 받으리라 믿는 자들에게는 이런 표적이 따르리니 곧 그들이 내 이름으로 귀신을 쫓아내며 새 방언을 말하며 뱀을 집어 올리며 무슨 독을 마실지라도 해를 받지 아니하며 병든 사람에게 손을 얹은즉 나으리라 하시더라(막 16:15-18).

오직 성령이 너희에게 임하시면 너희가 권능을 받고 예루살렘과 온 유대와 사마리아와 땅 끝까지 이르러 내 증인이 되리라 하시니라(행 1:8).

부활하신 주님의 절대명령을 받을 진데, 하나님의 은혜에 의하여 구원받은 백성이 전도하지 않는 다는 것은, 땅 끝까지 이르는 주님의 은혜의 흐름을 막아버리는 큰 죄가 된다. 여기에 대해 [존 스토트] 목사는 전도하지 않는 죄를 말하면서 엘리사시대의 사마리아 나병환자들의 대화를 다시 소개한다.[94]

이스라엘의 사마리아가 아람군대에 오랫동안 포위되어 물과 음식이 없어 극도로 굶주려 서로 자식을 잡아먹기를 제비를 뽑을 지경이었다. 성 안의 나병환자 둘이 이래 죽으나 저래죽으나 마찬가지라면서 뛰쳐나갔는데, 어떻게 된 일인지 아람군대는 급하게 다 도망한 상태였다. 이 때 그들이 실컷 배를 채우고 한 말이다(왕하 7:3-9).

"우리의 소위가 선하지 못하도다. 오늘은 아름다운 소식이 있는 날이거늘 우리가 잠잠하고 있도다. 만일 밝은 아침까지 기다리면 벌이 우리에게 미칠지니" 이것이 전도하지 않는 죄이다. 있는 그대로 소식만 전하면 자기자식들을 잡아먹는 지옥재앙의 고통에서 해방이 되는데, 이 복된 소식을 전하지 않는 소위는 살인죄인 것이 분명하다.

---

94) 『존 스토트 전도하지 않는 죄』, 김영배 역, 예수교 문서선교회, pp7-8

전도하지 않는 죄가 평신도들에게만이 아니고 대부분 목자들 역시 혀가 굳었다. 은혜로 구원을 받았다고 주장하며 가르치는 자들이 오히려 전도하는 자들을 이단으로 몰아가는 것은 하나님의 구속의 은혜를 막는 죄가 아닌가 왜 하나님 앞에서 내 교회에 사람이 오면 좋아하고 내 교회에서 빠져나가면 이단이라고 몰아붙이는가 그들의 교회는 그들이 주인 된 것이 맞다. 저들의 마구잡이 이단정죄는 진짜 이단을 웃음 짓게 하는 일이다. 이단모함 받은 참 전도자들과 진짜이단이 한 무리로 취급되어서 그 속에서 참전도자들은 주의 몸 된 전체교회를 생각하며 가슴을 치지만, 진짜이단들은 좋아서 무릎을 친다.

예수님만이 그리스도요 오직 그리스도의 복음만을 전하는 제자들의 고백에 주님은 내 교회를 세우시겠다고 하셨다(마 16:18). 보통 통상적인 '내 교회'나, '우리교회'라는 표현이 아닌 자신의 소유개념으로서 '내 교회'라고 하여 교인하나 옮기는 것이 그렇게 눈에 핏발이 설 정도로 분노할 일이라면, 그 교회는 진정 주님의 교회가 아니고 자기의 교회이다. 이 교회가 음부의 세력을 이길 수 있겠는가? 흑암에 갇힌 237개국에 들어가 하나님 나라를 세울 수는 있겠는가?

왜 목사와 주의 백성들의 입이 굳어졌는가? 자신의 문제가 오직 복음으로 해결되었다는 사실에 현장적 자극이 없기 때문이다. 이것은 사탄이 역사하는 현장을 모른다는 것이며, 원죄의 끔찍함을 모를 뿐 아니라 일분일초도 그리스도의 그늘에서 벗어나는 것이 가장 큰 위험이 된다는 원리를 모르기 때문이다. 사실은 복음을 모른다고 말할 수 있다.

모두가 화를 내고 분개해도 사실은 사실이다. 평신도들은 무엇을 말해야 될 줄도 모른다. 이 일이 우리에게 주신 절대 명령이라는 사실도 모른다. 이 일이 다른 어떤 일보다도 시급하다는 사실을 모른다. 이 일이 하나님의 역사를 주관하시는 목적이고 이 일이 하나님의 소원이라는 사실을 모르는 것이다. 이 일이 하나님께서 교회를 세우신 이유라는 것을 모르고, 이 일이 우리 모두에게 은사(달란트)를 주신 이유라는 것을 모른다. 하나님의 역사는 이 일로 진행이 되는데 신학자들은 하나님의 구속사에 대한 논리를 주장하지만, 자신에게서 끝나버리는 현장 없는 구속사를 말할 뿐이다. 당장 강의노트를 덮어두고 전도현장에 나가서 구속사의 행렬에 한 멤버로 나서는 것은 꿈만 같은 이야기이다.

주님의 몸 된 교회는 그리스도께 복종하는 영광을 받았다. 모든 하나님의 백성은 그리스도의 종이다. 주님의 피 값으로 사신바 되었다(고전 6:20). 고린도후서 5:14-15에 "우리가 만일 미쳤어도 하나님을 위한 것이요 정신이 온전하여도 너희를 위한 것이니 그리스도의 사랑이 우리를 강권하시는 도다. 우리가 생각하건대 한 사람이 모든 사람을 대신하여 죽었은즉 모든 사람이 죽은 것이라"

그리스도의 사랑이 무엇을 하도록 강권하시는가? 진실하고 선하고 의롭게 살도록 만드는 일에 강권일까 그런 삶은 사실 그리스도인의 상식이다.

상식을 왜 목표로 삼아버리는가? 바울의 삶의 동기는 빌립보 교회에 보낸 편지에서 나타난다. "형제들아 내가 당한 일이 도리어 복음 전파에 진전이 된 줄을 너희가 알기를 원하노라"(빌 1:12) 하면서 "그러면 무엇이냐 겉치레로 하나 참으로 하나 무슨 방도로 하든지 전파되는 것은 그리스도니 이로써 나는 기뻐하고 또한 기뻐하리라"(빌 1:18). 그의 삶의 동기와 가치와 기쁨은 오직 그리스도의 복음을 전파하는 일에 있음을 밝히고 있는 것이다.

그는 로마 감옥의 미결수로서 판결에 따라 석방이 되든지 아니면 사형에 처해 지든지 두 사이에 서있다. 그는 자신의 심경을 "이는 내게 사는 것이 그리스도니 죽는 것도 유익함이라"(빌 1:21)고 고백한다. 이어서 "그러나 만일 육신으로 사는 이것이 내 일의 열매일진대 무엇을 택해야 할는지 나는 알지 못하노라 내가 그 둘 사이에 끼었으니 차라리 세상을 떠나서 그리스도와 함께 있는 것이 훨씬 더 좋은 일이라 그렇게 하고 싶으나 내가 육신으로 있는 것이 너희를 위하여 더 유익하리라"(빌 1:22-24).

그의 중심은 변함없이 복음을 전파하는 기회를 찾는 것이었다. 그는 로마에 있는 제자들에게 편지로 고백하기를 "내가 그리스도 안에서 참말을 하고 거짓말을 아니 하노라 나에게 큰 근심이 있는 것과 마음에 그치지 않는 고통이 있는 것을 내 양심이 성령 안에서 나와 더불어 증언하노니 나의 형제 곧 골육의 친척을 위하여 내 자신이 저주를 받아 그리스도에게서 끊어질지라도 원하는 바로라"(롬 9:1-3)라고 했다. 그는 민족 복음화를 이루는 그것으로 애간장을 녹이고 있었다.

그가 주님으로부터 받은 사랑의 강권은 영혼구원의 전도(선교)에 대한 강권이다. 그리스도의 사랑이 나를 둘러싸고 있기 때문에 내게 있는 그리스도이름을 말하지 않을 수 없다(행 3:6). 종(從)은 고르거나 선택할 자유가 없다. 이것은 영광스럽고 행복한 복종이다.

그래서 전도자들도 예수님의 말씀하신 "그러므로"의 결론에 이른다. "너희는 가서 모든 족속으로 제자를 삼아"를 저버릴 수 없다. "아버지와 아들과 성령의 이름으로 세례를 주고" 교회의 일원이 되게 하라는 말씀에 그치지 않는다. "내가 너희에게 분부한 모든 것을 가르쳐 지키게 하라" 구원의 축복을 받은 사람을 전도자로 세워 내보내라는 명령이다.

주님의 분부한 것 중 가장 확실한 분부는 승천하실 때 하신 분부이다. 이 사실을 모두가 '주님의 지상명령'이라는 것을 부인하지 않는다. 교회의 지체들이 전도하도록 가르치라는 명령이다. 이에 대한 복종을 상술처럼 교인숫자를 채우라는 식으로 받아, 성도들을 강박관념에 몰아가는 목자들에게는 교인들을 몰아세울만한 핑계로서 예수님의 명령을 시행하고 있다. 여기서 교인이 하나라도 옮겨지면 교인 뺏어간다고 하여 그 목회자를 깊이 파헤치기 작업에 들어간다. 이런 중에 진짜이단들이 춤을 추는 것이다.

그 주님의 명령에는 복종에 대한 한 약속이 주어진다. 이것은 전도자의 행복지수이다. "볼지어다 내가 세상 끝날 까지 항상 너희와 함께 있으리라" 무엇을 가지고 주님이 세상 끝날까지 항상 함께 하시겠다고 하시는가 "하늘과 땅의 모든 권세"이다.

천국의 비밀, 하나님나라의 모든 역사, 보좌의 축복과 하늘의 천군 천사 들이다. 이것은 성령하나님의 역사에 따라 일어나는 일이요, 나사렛 예수 이름으로 일어나는 사건이며, 살아계신 하나님의 말씀 속에서 주어진 권세이다.

이 하늘의 권세가 땅에 나타날 때는 사탄(마귀)이 무너지고 귀신들이 쫓겨 나가며, 운명과 팔자라는 올무에서 해방 받으며, 가문의 저주가 끊어지고, 지옥의 문이 닫혀 지며, 죄와 사망의 법이 성령의 생명의 법아래 무릎을 꿇고, 만물을 주관하신 자의 강력이 역사하는 것으로 나타난다. 전도제자의 자리가 이 속에 있는 것이다.

7. 소극적 전도 - 예배의 걸림돌 제거

주님은 우리의 죄가 아닌 것처럼 무시하고 지나치는 사소한 죄들, 노하거나 욕하고 사람을 헐뜯고 모욕하는 것들이 지옥 불에 던져질 만큼 심각한 죄라는 사실을 깨닫게 하신다. 그래서 하나님의 심판이 이르기 전에 그 죄 문제를 해결하라는 것이다. 죄 문제를 해결할 기회가 있을 때에 놓치지 말고 그리스도의 은혜를 입으라고 하는 것이 율법을 주신 참뜻이라고 하신다.

우리가 율법의 참 뜻을 이해할 경우, 예수님께서 자신을 가리켜 "나는 율법을 완전케 하기 위하여, 율법을 완성하기 위하여 왔노라"고 하신 말씀의 뜻이 분명하게 드러날 것이다. 예수님이 이루시려는 나라는 바로 이와 같이 율법의 일점일획이라도 본래의 그 참뜻이 이루어지도록 하는 나라라는 것이다. 그러므로 하나님 나라에 사는 자는 그 나라의 성격상 율법의 외면에 나타난 것으로 통치를 받지 않고 율법의 참뜻의 통치를 받고 이루라는 것이다.

특히 내가 사람들의 생존과 안녕의 보존을 책임진 공적인 책임자라면 최선을 다해서 그들을 보호해 주어야 한다. 2014년에 전 국민을 슬픔에 잠기게 한 세월호 사건에서도 생명을 보호해야 할 자들이 그것을 소홀히 한 죄를 본다. 그저 자기의 하는 일로 돈이나 많이 벌고 재산이나 축적하고 혹은 권력을 추구하거나 자기 개인의 이익만 추구하는 자들이다. 그들의 배후에 교회라는 이름이 있다는 것은 사탄의 손에 얼마나 많은 교회가 농락당하고 있는 것인가를 알 수 있게 한다. 크리스천이 다른 사람도 존중하고 잘 살도록 도와주는 것은 선전용이 아닌 상식이다. 아이들에게 발암 물질이 있는 상품을 팔면서도라도 자기의 이익만 추구하는 그런 짓을 하지 않는 것은 상식이다.

주님께서 살인하지 말라는 계명은 하나님 사람들의 주 업무이다. 물론 우리가 살고 있는 사회가 하루아침에 완전히 고쳐지지 않을지라도, 복음의 사람들은 분명하게 자기가 가지고 있는 하나님 나라의 거룩한 미션을 이루어야 한다(행 1:1-8). 하나님의 생명의 성령의 법아래 있는 전도자들은 죄와 사망의 법아래 있는 자들을 살리는 일이 무엇보다 우선순위이다.

우리의 시대적 사명은 성경을 많이 알고, 종교적인 행위들을 많이 하는 것이 아니라 때를 얻든지 못 얻든지 복음을 전파하는 일이다. 별로 중요하지도 않은 이름 내는 것이나, 내 자리 확보하는 모임에 집중하지 않고 복음을 전하는 일에 엄히 명하심을 받는 것이 전도제자의 삶이다.

8. 적극적 전도 - 영혼까지 살리는 전도

살인하지 말라는 계명은 인간의 존엄성을 지키라는 말씀이다. 생명보존에 관한 계명으로 예수님은 인간의 생명을 넘어 심지어 참새 두 마리가 팔리는 것과 한 마리가 땅에 떨어지는 것도 하나님의 허락아래 있다고 하셨다(마 10:29). 창세기 2장 7절에 "여호와 하나님이 땅의 흙으로 사람을 지으시고 생기를 그 코에 불어넣으시니 사람이 생령이 되니라" 하셨다. 인간은 하나님의 손으로 빚어 만드시고 그 코에 생기를 불어 넣으셨기에 생령이 되었다. 생기는 하나님의 호흡이며 하나님의 영이며 하나님의 생명이다. 이것이 하나님의 형상대로 지음을 받았다는 의미이다. 생령은 살아있는 영이며 생기는 살아있는 바람이며 하나님의 숨(호흡)이다. 그렇기 때문에 낙태도, 인격모욕도 살인죄에 해당 된다고 하신 것이다.

가인의 후예들로 인하여 이 땅에는 살인과 강도와 암살과 학살과 테러가 가득 차있다. 또한 마약과 같은 부정약품이나 '세월호' 참사와 같은 선박과 차량, 항공기 점검 불량으로 일어나는 끔찍한 간접살인도 있다. 심지어는 SNS등 휴대 전화기를 통해 인신공격으로 자살로 몰아가는 심리적 살인이 유명 인사들에게서 빈번하게 일어나며 다수의 어린학생들이 왕따로 공격당하여 목숨을 끊는 심리적 살인도 허다하다. 불신 세상에 뿐 아니라 성도들 가운데도 사람을 실족시키는 일이 허다하다. 예수님의 말씀을 생각해보면 정말 정색하지 않을 수 없다.

"누구든지 나를 믿는 이 작은 자 중 하나를 실족하게 하면 차라리 연자 맷돌이 그 목에 달려서 깊은 바다에 빠뜨려지는 것이 나으니라. 실족하게 하는 일들이 있음으로 말미암아 세상에 화가 있도다. 실족하게 하는 일이 없을 수는 없으나 실족하게 하는 그 사람에게는 화가 있도다"(마 18:6-7). 이것은 영적 살인이라 할 수 있다.

스스로 목숨을 끊는 자살자들이 성경에 기록 되어 있는데, 질투의 화신이 되었던 [사울]왕과(삼상 31:4-5) [다윗]왕의 아들 [압살롬]과 함께 다윗왕국을 모반한 [아히도벨]과 예수님을 배반한 [가롯 유다]가 있다(마 27:5). 그들의 자살은 하나님의 주권적 섭리 속에서 하나님의 심판의 방법이라고 할 수 있을 것이다. 여하튼 우리의 생명은 하나님께 속한 것이 맞다면 내가 내 생명을 끊을 권한이 없는 것이 사실이다. 내가 결정하는 것, 이것이 창세기 3장의 하나님을 배신한 인간의 동기였다는 것을 근거로 보면 더욱 그러하다. 교회에 다니며 나름 신앙생활 하는 사람 중에 자살한 사람이 천국에 들어갈 수 있는가 들어갈 수 없는가의 문제는 별게 이다. 그가 진정 예수님을 구주로 고백하고 영접했다면 한 순간이라도 회개할 기회는 얼마든지 은혜로 주어질 것이다.

20세기의 가장 피비린내 나는 1차 2차 세계대전과 나치의 유대인 학살이나 공산주의자들로 자행된 대량학살은 하나님의 생명을 무시한 유물론적 사상에 기인하며, 인본주의 진화론 사상이 전 세계에 피의 바다를 만들었다.

그렇다면 여기에 대한 해결책이 무엇인가 모든 인류의 문제를 한꺼번에 해결할 수 있는 길이 하나님의 복음뿐이다. 살벌한 세상에 하나님나라가 임하는 것 외엔 답이 없다. "너는 이것을 알라 말세에 고통 하는 때가 이르러 사람들이 자기를 사랑하며 돈을 사랑하며 자랑하며 교만하며 비방하며 부모를 거역하며 감사하지 아니하며 거룩하지 아니하며 무정하며 원통함을 풀지 아니하며 모함하며 절제하지 못하며 사나우며 선한 것을 좋아하지 아니하며 배신하며 조급하며 자만하며 쾌락을 사랑하기를 하나님 사랑하는 것보다 더하며"(딤후 3:1-4) 말씀 그대로 말세의 고통이 세상에 더욱 심해졌다. 이것은 주님이 말씀하신바 대로 사람들의 마음속에 '살인'이라는 죄악을 품고 있는 그대로의 모습이다. 그런데 실제적으로 기독교인들은 어떤가?

사회의 정의가 관심사라고는 하지만 그것을 이루기에는 너무 장애물이 많고 문제들이 너무 복잡하다고 한다. 다원화 되어있는 사회에 도전할 수 있는 힘이 없으며 힘을 쓸 권력도 없다고 한다. 기독교를 반발하는 힘이 너무 막강한데 반해 우리에게는 어떤 영향력을 행사할 수 있는 것도 없다고 한다. 그러면 기독교가 이렇게 하찮은 존재인가 타락하고 이기적인 사회를 변화시킨다는 것이 비현실적인가 천지를 창조하시고 구원의 역사를 이끌어 가시는 하나님은 계시기나 하는 것인가 이것이 기독교적 비관주의의 시선이다.

역사는 한 두 명의 하나님 사람들에 의해서 제국과 시대와 사회를 변화시켜온 예들로 가득 차 있다. 애굽 시대에는 노예로 들어간 요셉을 통해서 전체가 극한 경제난의 위기를 해결했고 모세를 통해서 만방에 하나님의 백성들의 승리의 깃발을 올렸다. 사무엘이나 다윗을 통해 유브라데스 강 유역의 모든 나라에 하나님 여호와의 통치를 보였다. 앗수르 시대와 페르사 시대에 선지자 엘리사와 바벨론제국에 어린 포로로 끌려간 다니엘과 그의 친구들로 말미암아 제국의 부국강성이 이루어져서 하나님여호와의 통치에 머리 숙인 제왕들이 얼마든지 있었다.

초대교회는 예수님의 명령을 받은 전도자들로 인해 불과 250년 만에 로마에 하나님나라의 깃발을 꽂았다. 세상적으로 아무런 힘이 없었던 초대교회가 살인마요 전쟁에 미쳐 날뛰던 로마를 사랑의 복음으로 정복한 것이다. 극한 타락과 살인을 자행하는 로마제국에 하나님나라를 세워 온 로마인 사회를 그리스도의 사랑으로 범람하게 만들었다.

기독교인이 누구인가 라는 질문에는 예수님의 말씀 "너희는 세상의 소금이니 소금이 만일 그 맛을 잃으면 무엇으로 짜게 하리요 후에는 아무 쓸데 없어 다만 밖에 버려져 사람에게 밟힐 뿐이니라. 너희는 세상의 빛이라 산 위에 있는 동네가 숨겨지지 못할 것이요 사람이 등불을 켜서 말 아래에 두지 아니하고 등경 위에 두나니 이러므로 집 안 모든 사람에게 비치느니라"(마 5:13-15)에서 분명히 답을 내릴 수 있다.

이 말씀은 전도제자가 사회를 어떻게 변화 시킬 수 있는가를 말씀하신 것이다. 이것은 전도자는 세상 사람들과는 근본적으로 다르다는 것이다. 세상은 온갖 살인과 테러와 방탕으로 부패되어있다. 그 속에서 너희는 소금이다, 빛이라고 하신다. 물론 기독교인 전체를 두고 하신 말씀이시지만, 주님은 특히 복음을 전할 제자들에게 포인트를 맞추신다. 그러면서도 주의 백성이 된 모두에게 전도제자가 될 수 있는 문을 열어 놓으시고, 무리와 제자들을 함께 가르치신 것이다.

마가복음 3장 13절로 15절에서는 예수님이 원하셔서 제자들을 불러 내셨다고 하시는데 그 이유는 전도 때문이었다. "또 산에 오르사 자기가 원하는 자들을 부르시니 나아온지라 이에 열둘을 세우셨으니 이는 자기와 함께 있게 하시고 또 보내사 전도도 하며 귀신을 내쫓는 권능도 가지게 하려 하심이러라."

전도자는 반드시 여러 종류의 살인이 난무하는 세상에 침투해 들어가야 한다. 전도자는 사회와 등을 돌리면 주님의 명령을 이행할 수 없다. 어두운 현장에 빛은 들어가야 하는 것이며 소금은 부패된 현장에 녹아들어야 한다. 거의 모든 해석자들이 말하는 것처럼 기독교인의 선한 행실을 보여야 한다고만하고 그치는데, 정말 선한 행실이라 함은 그들에게 복음의 진수를 전하고 그들로 예수님을 부르게 하여 그와 그 집이 구원을 얻게 해야 한다(행 16:31). 행실만을 보이고 있는 것에는 얼마든지 성령의 역사가 아닌 인간적 행실도 있을 수 있기 때문이다. 그들의 행실로 하나님 아버지께 영광을 돌린다는 말은 불신자가 예수님을 영접하고 하나님의 품으로 돌아오는 것으로 그것이 영광중에 영광이 된다.

1, 2차 세계대전 후에 인간의 폭력성과 사악함으로 인하여 세상이 모두 다 회의주의에 빠졌을 때 기독교의 교회 지도자들과 신학자들의 모임들이 이루어졌다. 「로잔회의」를 비롯해서 많은 국제회의가 열렸다.[95]

이 모임들로 인류에 대한 기독교적 영향을 주려는 듯했다. 훌륭한 포럼에 멋진 슬로건을 발표했으나 사실은 그들의 영향은 별로 크지 않았고, 기독교가 세상에 희망을 갖게 할 것이라는 기대에 미치지 못했다. 세상에 이런 기독교의 모임이 있다는 정도이상의 영향력은 갖지 못했다. 오히려 자유주의신학의 흐름으로 해방신학과 민중신학을 품은 WCC와 WEA같은 많은 모임은 카톨릭의 인권단체와 더불어 오히려 민중에 대한 폭력을 조장하고 이 폭력에 쓰이는 뒷돈을 대주는 것이 그나마 교회가 하는 일이 되었고, 그것은 그리스도께서 주신 방법과는 동떨어져 있었다.[96]

---

95) 로잔회의 : 제1차 세계복음화국제대회(The First International Congress on World Evangelization)는 1974년 스위스의 로잔에서 열린 개신교 보수주의인 복음주의 성향의 기독교 대회를 말한다. 대회가 열린 장소의 이름을 따서 로잔회의(Lausanne Congress)라고 부른다. 당시 의장은 미국 침례교의 [빌리 그레이엄] 목사였고, 참석자는 150여 개국에서 온 3천명의 각국 대표들이었다. 제3세계에서도 참여한 대회 참석자들은 '온 땅이 주님의 음성을 듣게 하라'(Let the earth hear His voice)는 주제로 토론을 벌렸다. 제2차 국제대회는 필리핀 마닐라에서 1989년에, 제3차 국제대회는 남아프리카공화국 케이프타운에서 2010년에 열렸다. 현재는 한국계 미국인인 마이클 오가 국제 총재를 맡고 있고, 한국 로잔위원회는 온누리 교회의 이재훈 목사가 의장을 맡고 있다.(2017년 현재) 로잔언약에서는 현대 복음주의가 노예제 해방 등 사회참여를 활발히 했던 근대 복음주의자들과는 달리 사회참여를 소홀히 했다는 비판을 수용하였다. 로잔언약 작성자들은 제5항에 사회참여의 당위성에 대한 언급과 사회참여소홀에 대한 반성을 포함시켰으며, 9항에서는 복음화의 중요성에 대한 언급과 함께, 빈곤은 정의가 없는 사회제도가 만든 것으로 그리스도인은 빈곤퇴치에 참여해야 한다고 역설하였다. /위키백과

96) WCC : 세계교회협의회(World Council of Churches,世界敎會協議會)/ WEA: 세계복음주의연맹(World Evangelical Alliance), ※[빌리 그레함]도 근본주의 신학교에 다닌 적이 있고 근본주의 정신을 가지고 자유주의를 경계하고 배척하는 운동에 가담했다. 그런 그가 자유주의 진영의 손길을 거부하지 못하고 교제하며 자유주의 진영으로부터 후원금을 받았고, 이것이 문제가 되어 근본주의자 「밥 존스대학」의 총장 밥 존스는 그를 제명처분을 한 바 있다.

주님이 원하시는 그것은 실제로 하나님 나라가 모든 인류 속에 개개인 속에 들어가서 개개인의 심성을 바꾸는 작업이었다. 교회는 슬로건을 뿌리는 방법이 아닌 현장 속으로 소금처럼 녹아 들어가는 것이다. 사회를 개혁하는 참다운 길은 인간개인에게 하나님의 복음이 들어가서 그 사람의 전 인생을 송두리째 바꾸는 것 외에는 사회변화는 없다. 모든 사람을 한꺼번에 모두를 바꿀 수 없기는 해도 하나님의 복음과 말씀의 역사와 성령의 일하심은 소수만으로도 사회를 바꾸고도 남는 증거가 얼마든지 있다.

젊은 요셉과 나이 많은 모세를 통해 대 제국 애굽을 변화 시켰고, 사무엘과 다윗을 통해 팔레스틴 전 지역을 변화 시켰다. 엘리야와 그의 제자 엘리사를 통해 아람과 앗수르를 변화 시켰고, 다니엘과 친구들 몇 명으로 제국 바벨론을 변화시킨 분은 하나님이시다. 하나님은 복음에 올인한 초대교회 작은 무리를 통해 대제국 로마의 정치 경제 사회 문화 예술을 토탈적으로 바꾸셨다.

기독교의 석학이라 자처하며, 지도자의 자리를 견지하고 있는 모든 사람들은 이제 흑암에 놓여있는 현장 속으로 들어가야 한다. 가지고 있는 학식을 개개인에게 복음을 전하는 일에 헌신해야한다. 영광스러운 전도자의 신분으로 세상에 들어가 소금처럼 녹아지고 어두움 속에서 좌절하고 소망이 없는 개개인을 빛 가운데로 끌어내는 일에 시간을 선용해야 한다.

[프란시스 쉐퍼] 박사는 한사람 한 사람의 청년들과 대학생들에게 복음의 편지를 주고받음으로 그들의 영혼을 그리스도께 인도하는 현장을 가졌고, 팀 켈러나, R. A. 토레이, R.A Torrey 3세들 같이 같이 현장 속으로 들어가야 한다.[97)]

[요나단 에드워드]나 [웨슬레] 형제나 [조지 휫필드], [무디]나 이러한 최고의 영적 전도자들은 바로 세상에 들어가서 복음을 증거 하는 일에 평

생을 불태웠다. 인간 개개인에게 복음을 전해서 하나님의 은총을 받지 않고는 인간의 사악성과 폭력성, 살인과 적개심을 해결할 수 없음을 벌써 성경의 그리스도 복음을 통해서 답을 내린 현장의 사람들이었다. 그들은 부단히 현장을 누비며 다녔으며, 한 사람 한사람에게 복음을 전하기 위해서 소금처럼 현장에 스며들었다.

[웨슬레]가 도전을 받은 「모라비안 교도」를 지도했던 [진센돌프][98]나 변호사 공무중에 갑자기 성령의 역사를 체험한 [찰스 피니]나 또, 판자 촌에서 거지들과 지내던 [윌리엄 부스]등 모든 현장을 향하여 나아갔던 전도자들처럼 저들은 세상에 들어가야 한다. 모든 학자들과 교회 지도자들은 전쟁과 테러, 복수심과 살인이 자행해지는 세상의 현장에 하나님나라의 깃발들을 꽂아야 한다.

하나님 나라의 일들은 각 개인 속에서 들어가는 하나님의 놀라우신 은혜요, 오직 복음으로만 전인이 개혁되는 구속의 열매이다. 하나님의 복음을 받아드려 그리스도가 인간 개인 안에 들어가야 인간의 사악함과 폭력성이 그리고 증오와 원한이 사라질 수 있다. 이것이 하나님의 세상을 향한 방법이다.

---

97) 팀 켈러(Timothy J. Keller, 1950-) : 미국의 목사, 신학자 및 기독교 변증가. 그는 뉴욕시 리디머 장로교회(Redeemer Presbyterian Church)의 설립 목사, 그는 2018년 3월 한국을 방문하여 충고하기를 '교회가 커지고 권력이 강해지면 교회 지도자들이 권력과 부에 무릎을 꿇고 부패하게 된다. 한국교회가 이 문제를 감추지 말고 어떻게 회개하고 권력남용을 다뤄야 할지를 고민해야 한다'고 했다./ R.A.토레이(Reuben Archer Torrey(1856-1928): 미국의 전도자, 목사, 교육가, 저술가. 예일 대학교, 독일 라이프치히 대학교와 프리드리히 알렉산더 대학교(엘랑겐 대학교)에서 공부한 그는 D. L. 무디와 함께 복음운동에 참여하였다./ R.A.Torrey 3세: 대천덕(한국名)신부,1918- 2002년 한국에서 사망), 예수회 원장. /위키백과
98) 니콜라스 본 진센돌프 백작(Nicholas von Zinzendorf, 1700-1760) : 그는 본래 경건파 가정에서 자랐으나, 정치에 몰두하여 처음에는 경건주의자들과의 깊은 유대를 가지지 못했다. 그러다가 우연한 기회에 30년 전쟁에서 카톨릭의 박해를 모면하려고 모라비아에서 피난해 온 자들이 갈 곳이 없을 때, 자기 영토 안에 거주하기를 허락하였다. 이로써 그는 모라비안 운동의 지도자가 되게 되었다./ 찰스 피니(Charles Grandison Finney,1072-1875): 미국 장로교 목사이며 미국의 제 2차 부흥운동의 지도자이며 현대 부흥운동의 아버지로 불린다. 구파 장로교신학을 반대하고 기독교 완전주의를 주장하였다. 한국에 「피어선성경학원」(현 평택대학교)을 세운 피어슨 박사가 피니의 영향을 받았다./ 윌리엄 부스(William Booth, 1829-1912): 영국의 감리교 목사이자 구세군 창시자. 빈민들의 비참한 삶을 목격하고 빵과 복음을 함께 전해야 한다는 신념에 따라 아내 캐서린과 함께 런던의 빈민굴로 들어가서 그들에게 복음을 전했다. /위키백과

[찰스 피니]를 추종하는 단체들이나 [윌리엄 부스]를 추종하여 조직된 단체들과 그 안의 지도자들과 그리고 [웨슬레]를 추종하는 모든 단체들이 교단으로 발전되었다.

이제 그 교단들은 각각 교리를 세워 울타리를 치고, 새로운 이론을 만들어 내는데 정신을 쏟는 것을 그만하고, 그들이 추종하는 당사자 웨슬레처럼, 피니 자신처럼, 윌리엄 부스 자신처럼 돌아가야 한다. 이제 각자의 교리를 연구하고 새 규칙을 세우고 또 고치고를 그만하고 그 전도자들이 부단히 다녔던 현장을 회복해야 한다는 말이다.

성도들은 이제 교리나 규칙을 어느 정도 배웠기 때문에, 신앙생활을 잘 할 만큼은 되었다. 그동안 학자들의 공로가 크다. 그러나 이젠 서재에서 나와 전도의 현장으로 나가야한다.

석학이었지만 신학자로서 목회 전념하고 목회 현장을 사랑하며 양떼들을 쳤던 [캠벨 몰간]이나 「웨스트민스터 채플」의 후임목사 [로이드 존스]나 [존 스토트]나 [제임스 패커]같은 사람이 바로 세상을 변화시킬 수 있는 복음과 복음적 철학으로 세상현장에 큰 영향을 끼쳤던 전도자들이었다. 그들은 모두 현장에 들어가서 사역을 했으며, 목회 현장에서 사역했다. 그들은 하나님의 놀라우신 복음을 세상에 증거 하는 나팔들이 되었다.[99]

인간의 살인과 폭력성은 그 안에 그리스도께서 들어가서, 그들이 영혼부터 마음 정신과 의식이나 잠재의식, 무의식에까지 하나님이신 성령께 지배를 당함으로 하나님 나라의 열매로 나타난다. 이때 인간의 포악한 본성이 온유한 본성으로 전인(全人)적인 변화가 일어난다. 이 길 외에는 늘

---

99) 캠벨 몰간(Campbell Morgan, 1863-1945) : 영국에서 태어나 10세 때, 미국으로 건너와 부흥집회를 인도하는 D. L. 무디를 보고 자극을 받았다. 13세 때 첫 설교를 시작하여 15세 때부터 시골 교회들을 순회하며 설교 사역을 했다. 목사 안수를 받은 23세 이후부터는 그의 설교와 성경강해의 명성이 영국 전역과 대서양 건너 미국에까지 널리 퍼졌다. 1904년에는 런던 「웨스트민스터 채플」의 담임목사가 되었다.

살인이 자행되는 세상에 소망을 줄 수가 없다. 인간의 모든 사악함과 이기심에서 나오는 살인적 본능은 하나님의 방법인 그리스도의 십자가와 성령의 능력을 통해서만 바뀌질 수 있다. 이것은 세계역사와 한 민족의 역사와 한 개인들의 인생 속에서 얼마든지 그 증거를 찾아볼 수 있다.

하나님의 방법은 세상과 사회를 바꾸어 놓고 인간의 폭력성을 치유하시려는 것이 아니고 인간 한 사람 한사람을 하나님의 자녀로 불러들여서 하나님나라의 시민이 되게 하여 바꾸는 것이다. 인간의 살인(殺人)성은 하나님의 말씀으로 통제가 되며, 위로부터 내리는 긍휼의 풍성함으로 바뀌지는 내면의 변화 외에는 바꿔질 수 없다.

한국 교회에 이 중심을 가지고 복음운동에 뛰어든 목회자들과 중직(重職)자들이 있다는 것이 참으로 감사할 일이다. 그들은 교단들의 오해를 받고 있으나 상관없이 전 세계현장을 누빈다. 그들의 발길은 관광이나 성지순례가 아니고 주님의 지상명령 즉 세계복음화가 그들의 동기이다. 그들은 '오직 그리스도' '오직 하나님 나라' '오직 성령'의 역사, 이것으로 현장에 들어가며, 이것으로 후대를 세우는 일에 모든 헌신의 목적을 둔다.

만일 이 글을 읽는 독자 중에 「다락방 전도운동」에 대하여 의구심을 가지고 있는 독자라면, 제발, 정말로 제발 부탁한다. 이것은 오해와 누명의 굴레에서 빠져나오고 싶어 부탁을 하는 것이 아니다. 한국과 세계교회를 위한 진실한 마음에서 나온 부탁인 것을 우리 구주께서 아실 것이다. 이들이 하는 운동이 어떤 운동인지, 또 어떻게 진행 되는지, 또 전도현장과 선교현장에서 어떤 결과를 산출해 내고 있는지, 그들이 받는 훈련은 어떤 것이며 그들의 메시지 중심이 무엇인지, 진정 성경과 교리에서 벗어나 있는 단체인지 아닌지를 살펴보기를 바란다. 땅 끝까지 복음전파를 명령하신 주님은 아신다. 의구심을 혹 지금도 가지고 있다면 그 속에 들어가서 좀 면밀히 살펴보기를 부탁하고 싶다. 다락방 전도신학이 탁월하다는 것을 발견하고, 이 운동에 참여하게 된 목회자들 수백 명이 각각 소속되어 있는 교단들로부터 내몰림을 받았을 때, 할 수없이 교단을 설립하게 되었는데, 그때 맨 처음 설립의 취지가 '전도에 방해되면 교단을 바로 해체 한다'는 것이었다.

2019년 4월 17일 경남 진주시 한 아파트에 불을 지르고 불을 피해 계단을 내려오는 주민을 기다리고 있다가 다섯 명을 흉기를 휘둘러 마구잡이로 살인을 저지른 사람은 심한 정신병에 시달리던 사람이었다. 5년 동안 68차례나 정신병원에서 진료를 받은 환자였다. 각 방송에서 나름대로 이런저런 이야기들을 하지만 실제로 도움이 되는 답은 없다. 그래서 개개인에게 복음이 전해져야 하는 것이다. 그는 영적문제로 시달리는 것이 아닌가 영적문제는 특히 교회의 책임이라고 보지 않겠는가 소위 1200만이라는 -지금은 현저하게 줄어들었지만- 한국교회 성도들이 복음전도의 천명이 있고 정말 현장을 안다면 상황은 전혀 달라졌을 것이라고 확신한다.

필자의 경우도 매월 한 번씩 거의 세계 현장에 나아가서 복음을 전하고 있다. 또 매주에 한 번씩 교우들이 여러 지역을 돌면서 전도캠프를 나가고 있다. 어떤 시골마을에서는 나이 연로한 사람들로 인하여 가정교회가 모여지는데, 그곳에서 정기적으로 세례와 성찬식을 시행하며 그들을 마을사람들을 전도하도록 하고 있다. 물론 그들은 나이가 많아 기동하기가 불편해서 가까운 교회로도 갈 수 없다. 사역자들이 교회의 예배를 그들에게 가져다주고 있는 셈이다.

병원들에서 전도의 문이 열리고 병실에서 예수님을 영접한 자들이 지속 말씀공부가 되면서 세례와 성찬예식이 집례 되고 있다. 필자가 시무하는 교회 안에 의사와 간호사들이 여럿이 있어서 복음을 전하는 일에 우선순위를 두고 전도자의 사역을 감당하고 있다. 그렇다고 해서 거기서 전도를 받은 사람들이 본 교회로 들어온 경우는 없고 퇴원할 경우 가까운 교회에 출석하도록 연결하고 있다. 복음을 전하는 것에 다른 동기나 욕심이 들어가서는 진짜 전도가 될 수 없기 때문에 그렇다.

필자만 아니고 이 복음운동에 참여하는 전국과 세계의 모든 목회자들과 중직(重職)자들이 그렇고, 소위 '렘넌트'라고 불리우는 주일학교 아이들도 전도와 선교에 다 참여한다. 개척교회든지 미(未)자립 교회든지 자립교회든지 상관없이 전도와 선교의 현장을 다니고 있다.[100]

그 안에서 돌아가고 있는 전략은 그야말로 앞으로 세계교회가 연구의 대상으로 삼을 것이라고 감히 단언한다. 지금이야 말로 세상의 세련된 방법을 도입하는 운동이 아닌, 주님이 원하시는 복음운동, 즉 성경적 복음운동이 절대 필요하다. 혹여 독자들 중에 다락방 전도운동에 대해 오해하고 있다면, 진지하게 다락방 복음운동 속에 들어와서 객관적으로 분석해보길 바란다. 그리고 평가를 하길 바란다. 한국교회를 지키려는 사명을 가지고 오시지 않으면 의미는 없다.

> 그 중의 한 사람 곧 전에 예수께 왔던 니고데모가 그들에게 말하되 우리 율법은 사람의 말을 듣고 그 행한 것을 알기 전에 심판하느냐(요 7:50-51).

---

100) '렘넌트' 호칭: 대한예수교 장로회(개혁) 세계복음화 전도협회(일명 '다락방 전도운동')에서는 주일학생들을 '렘넌트'(Remnant-사 6:13을 근거)로 자연스럽게 통일해서 부르고 있음.

제15장

전도제자와 7계명
(마 5:27-32)

또 간음치 말라 하였다는 것을 너희가 들었으나 나는 너희에게 이르노니
여자를 보고 음욕을 품는 자마다 마음에 이미 간음 하였느니라 만일 네 오른 눈이
너로 실족케 하거든 빼어 내버리라 네 백체 중 하나가 없어지고 온 몸이 지옥에
던지 우지 않는 것이 유익하며 또한 만일 네 오른손이 너로 실족케 하거든 찍어
내버리라 네 백체 중 하나가 없어지고 온몸이 지옥에 던지 우지 않는 것이
유익하니라 또 일렀으되 누구든지 아내를 버리거든 이혼 증서를 줄 것이라
하였으나 나는 너희에게 이르노니 누구든지 음행한 연고 없이 아내를 버리면
이는 저로 간음하게 함이요 또 누구든지 버린 여자에게 장가드는 자도 간음
함이니라(마 5 27-32).

1. 가정의 시작

하나님이 인간을 창조하시고 생육하고 번성하여 만물을 다스리라하
셨다. 생육하고 번성하도록 하시기 위하여 주신 방법이 성적욕구라고 할
수 있다. 성적욕구가 결여 되어있다면 누가 상대를 사모하며 함께하고 싶
은 마음으로 접근을 할 수 있겠는가? 그렇다면 남녀의 사랑을 향한 갈망
은 하나님께는 인간들이 지상에 생육토록 하는 방법이요, 인간 편에서는
하나님이 주신 가장 좋은 선물이 된다. 이것은 하나님의 속성 중 일부이며
인간이 받은 하나님의 형상에서 나오는 보편적 은사이다.

이 인간의 애정의 갈망은 에덴의 타락 이전에 주어진 것으로 아담이

하와를 선물로 받았을 때 "이는 내 뼈 중의 뼈요 살 중의 살이라"(창 2:23)하여 가장 고귀한 선물을 기쁨으로 표현하였다. 창세기 3장 사건이 터지기 전에는 그들이 "벌거벗었으나 부끄러워 하지 아니하니라"(창 2:25)하신 말씀은 인간의 이성(異性)적 사랑과 성적인 욕구가 순수하고 아름다웠음을 알게 한다. 이로써 인간 생육과 번성의 메카니즘이 완성 되었다.

그러나 하나님의 생육과 번성에는 질서가 있다. "이러므로 남자가 부모를 떠나 그의 아내와 합하여 둘이 한 몸을 이룰 지로다"(창 2:24)라고 하심으로 정당한 방법을 세우신 것이다. 인간뿐 아니라 모든 동식물도 기질과 모양과 성향이 각각 다르나 생육에 합당한 방법을 주셨다. 하나님의 형용할 수 없는 지혜를 상상케 한다. 남자와 여자사이에는 동물적 욕구와 이성적 배려와 절제가 내면에 기반으로 형성 되어있다. 그러나 인간이 받은 하나님의 형상에는 욕구와 절제가 기계적으로 자리를 지키는 것이 아니다. 인간의 의지에 의하여 선택이 이루어진다. 혹은 불의한 선택에 의하여 하나님이 세우신 '둘이 한 몸' 이라는 질서가 깨어지게도 된다.

창세기 3장사건 이래 인간은 바로 하나님의 질서를 내팽개쳤다. 아담의 후손 가인의 계보에 '라멕'은 두 아내를 거두었고(창 4:19), 그는 살인자 가인의 대표적 후손임을 자처했다. 노아시대에는 '네피림'(창 6:4, 성경색인에 '장부들'로 표기)들이 조직적 권력을 가지기 시작했고 그 왕적 권력은 인간을 죽이고 살리는 힘을 행사했고, 원함에 따라 어떤 여자이든 자기의 소유물로 만들 수 있는 상황을 만들어 갔다. 인간의 사악함은 하나님 앞에서 더욱 담대하게 모든 분야에서 하나님의 질서를 깨뜨리는 것을 낙(樂)으로 삼은 소행에 까지 이른다.

급기야 하나님은 세상을 청소하기에 이르신다(창 6:7). 노아와 그의 후손으로 인류가 다시 번성하지만 창세기 3장의 그 사악함은 곰팡이 세균처럼 전 인간들과 피조세계에 전체로 확산되어 바벨탑시대에 이른다(창 11:1-9). 사탄에게 부속된 인간은 하나님의 자리를 넘보고 높은 탑을 건축하여 꼭대기에 하나님의 이름을 자기들의 이름으로 대처하는 우상의 제단을 세웠다.[101]

하나님은 이런 속에서 구속의 역사를 꾸려나가신다. 부패된 인간들 사이에서 노아에게 은혜를 베푸시고 구원의 길을 제시하시던 하나님은 이제 아브라함을 불러내시고 한 민족을 세우시게 된다. 이 세상 인류를 구원할 하나님의 계획에 그 민족이 여러 민족들 속에서 하나님의 사역자로 부르심을 받은 것이었다.

하나님은 그들이 한 민족으로 구성하시도록 요셉을 먼저 애굽으로 보내셨다.[102] 그리고 400년 후에 그들이 큰 민족이 되어 애굽에서 나왔을 때에 「시내 산」 광야에서 그들이 하나님께 속한 백성이라는 사실을 언약체결로 확증해 주셨다. 언약체결이 기록된 문서(십계명)가 그들에게 주어졌다. 여기의 일곱 번째 계명이 간음하지 말라는 계명이다.

웨스트민스터의 소 요리문답은 7계명을 범한 죄를 간음죄, 간통죄, 수간

---

101) 바벨탑과 인간의 반역: 유다 역사가 [요세푸스](37~98년)는 바벨탑을 「반항의 건축」이라고 규정한다. 인간이 바벨탑을 높이 쌓아올린 것은 만약 또 한 차례 대 홍수를 일으키더라도 안전하게 피신하려는 속셈이니, 인간의 꾀를 가지고 여호와의 분노를 벗어날 수 있다는 오만의 죄를 면하기 어렵다는 것이다. "구스가 또 니므롯을 낳았으니 그는 세상에 첫 용사라 그가 여호와 앞에서 용감한 사냥꾼이 되었으므로 속담에 이르기를 아무는 여호와 앞에 니므롯 같이 용감한 사냥꾼이로다 하더라 그의 나라는 시날 땅의 바벨과 에렉과 악갓과 갈레에서 시작되었으며 그가 그 땅에서 앗수르로 나아가 니느웨와 르호보딜과 갈라와 및 니느웨와 갈라 사이의 레센(큰 성이라는 뜻)을 건설하였으니 이는 큰 성읍이라."(창 10:9-12) [니므롯]은 영걸로 처음 나라를 세운 왕이 되었다. 그는 사람들을 지배하는 것으로 만족치 않고 자기를 숭배하게 하였다. 바벨론의 신화와 또는 고고학적 자료에 의하면 '바벨탑'의 맨 꼭대기 정상에는 월신, 소위 [NANA신] 섬기는 제단이 있었다. 지금까지 발굴된 고대 앗수르의 많은 탑들은 소위[지그랏]이라고 하는 것으로 학자들은 [지그랏]이란 탑들의 원형이 곧 [바벨탑]일 것이라고 본다. 자료들에 의하면 니므롯이 바벨탑을 쌓은 큰 목적 중의 하나는 자신을 월신(月神)의 화신이라 하고 자기 아들들을 별신으로 섬기게 하였다. 이것은 노아홍수 후에 시작된 인간들의 반역행위이다. 창 11:4에 보면 "탑을 쌓아 꼭대기를 하늘에 닿게하여 우리의 이름을 내고.."했는데 교만해진 니므롯과 인간들의 모습이다. 인간들은 자기의 이름을 높이고 하나님 자리를 넘보려는 것이다. 하나님께서는 탑을 무너뜨림으로 인간의 교만을 심판했던 것이다. /김희보, 『구약의 족장들』, 총신대 출판부, pp24-29
102) 시 105:17-19 "그가 한 사람을 앞서 보내셨음이여 요셉이 종으로 팔렸도다. 그의 발은 차꼬를 차고 그의 몸은 쇠사슬에 매였으니 곧 여호와의 말씀이 응할 때까지라 그의 말씀이 그를 단련하였도다."

(獸姦), 동성애 순으로 가벼운 것부터 무거운 것으로 나열해서 해설한다.[103]

간음죄는 "만일 남자가 약혼하지 아니한 처녀를 만나 그를 붙들고 동침하는 중에 그 두 사람이 발견되면 그 동침한 남자는 그 처녀의 아버지에게 은 오십 세겔을 주고 그 처녀를 아내로 삼을 것이라 그가 그 처녀를 욕보였은즉 평생에 그를 버리지 못하리라"(신 22:28-29). 이런 경우 그 남자는 사통한 젊은 여자와 결혼을 해야 할 의무를 가진다고 했다. 이것은 다음에 언급되는 죄들보다는 사악하지는 않지만 하나님의 명령을 어기는 죄인 것은 변명의 여지가 없다.

간통죄는 더 심한 죄로 모세의 율법은 사통(私通)은 죽이지 않았지만, 신명기 22장 22절에는 "어떤 남자가 유부녀와 동침한 것이 드러나거든 그 동침한 남자와 그 여자를 둘 다 죽여 이스라엘 중에 악을 제할지니라." 고 함으로 둘을 다 죽이라고 한다.

수간(獸姦)죄는 간통죄보다 훨씬 야비하고 사악한 죄이다. "짐승과 행음하는 자는 반드시 죽일지니라"(출 22:19). 이 행위는 사실상 사람을 짐승 수준으로 끌어 내리기 때문에 문자적으로 수간(獸姦)이라 한다. 매우 가증하고 혐오스러운 것으로 하나님이 이 행위를 언급하신 것은 인간의 타락이 어디까지 가능한 것인가를 알게 하시는 것이다. 인간 스스로 혐오를 느끼게 하시는 하나님의 완급조절이 우리 안에 아직 남아있게 하신 것에 감사를 드리지 않을 수 없다.[104] 동물을 가족의 일원으로 받아 가정 안에서 함께 지내는 중에 선을 넘는 경우가 얼마든지 있으며, 우리는 이를 묵과하는 사회에 살고 있다.

수간의 행위는 야비하고 혐오스럽기는 하지만 더러운 불법행위를 위해

---

103) G.I.위리암슨, 『소요리문답강해』, 최덕성 역, 개혁주의 신행협회, pp263-265
104) *Ibid*, p265

인간의 능력을 동원하지는 않는다. 더 가증스러운 것은 동성애이다.[105]

"너는 여자와 교합함같이 남자와 교합하지 말라. 이는 가증한 일이니라"(레 18:22). 이것은 고대 헬라와 로마시대에 매우 만연했던 일일 뿐 아니라 현대는 인권이란 미명아래 각 국가에서 동성결혼까지 법적으로 합법화 하는 추세이다. 하나님을 거슬리는 사악함에서 한 발 더 나아가 하나님의 거룩하신 명령을 의도적으로 내던져버리는 인간의 교만과 인간의 배후에 역사하는 악의 영들의 부추김이 명백하다.

예수님은 지금 산 위에서 십계명의 뒷부분을 설명하고 계시는 중이시다. 1계명부터 5계명 까지는 하나님께서 설명할 것이 없이 직접 선포하셨고, 이제 육신을 입은 하나님께서 뒷부분을 가르치고 계신다. 십계명의 모든 내용은 한 말씀이다. '너희 인간들의 문제는 하나님같이 되려고 하는 그것이 문제이다! 너희는 나의 주권을 인정하고 너희 자신을 우상으로 만들지 말라'는 말씀이다.

성경은 겉으로 드러난 행위만을 죄라 규정하지 않는다. 왜 예수님께서 인간의 마음속까지 들어내서 '이것도 죄고, 저것도 죄다'라고 하시는가 하나님은 하나님을 떠난 인간의 존재의 근본상태를 지적하시는 것이다. 존재자체가 사탄과 죄와 하나님을 떠난 자들이 보잘 것 없는 능력으로 하나님 흉내를 내고 있는데 그걸 그냥 두고 보실 수 없는 것이다. 그래서 하나님은 율법까지도 동원하셔서 인간들이 감추어두고 있는 내면의 사악함을 들어내 보이고 계신 것이다. 이것을 적나라하게 보았을 때 하나님의 은혜 앞에 무릎을 꿇게 되기 때문이다.

---

105) *Ibid*, p265

2. 성경의 계명

만일 이 말씀이 문자 그대로의 육체적 간음에 관한 경고라면 우리는 유곽이나 사창가에 가서 복음을 전할 수 없다. 그리고 이혼한 사람은 교회에 오면 안 된다. 하나님께서 이토록 철저하게 금한 것을 이미 저질러 버리고, 또 저지르고 있는 사람들에게 복음을 전할 이유가 있는가? 그냥 그대로 살다 정하신 심판을 받으면 된다라고 할 수밖에 없는 것이다. 그런데 주님은 죄인을 부르러 오셨다고 하셨다.

타인의 육체의 목숨을 끊는 것만이 살인이 아니라 타인에게 분을 품는 것도 살인이라면, 다른 이성과 부적절한 관계를 맺는 것만이 간음이 아니라 음욕을 마음에 품고 이성을 바라보는 것도 간음이라 하신다.

우리가 행위에만 집중해서는 이 계명들에게서 자유로울 수가 없다. 어떻게 불의한 세상에 살면서 단 한 번도 분을 품지 않을 수 있고, 언제나 현란한 노출로 시선을 유혹하는 TV, 영화, SNS, 광고영상의 홍수 속에서 청결한 눈빛을 유지할 수 있다고 거짓말 할 수 있겠는가. 하고 싶은 것을 하지 않으려고 노력해서는 백전백패할 수밖에 없다. 아예 하고자하는 의도 자체를 소멸해야한다. 그것이 마음에 하나님나라가 임하면 되는 것이다. 행위자체보다 그 행위의 원천이 되는 마음을 하나님나라로 채워야한다는 것이 예수님의 말씀이다. 이것이 갈라디아서 2장 20절의 상태이다. 행위가 정결해서 하나님나라가 임한 것이 아니라 하나님나라가 임했기 때문에 행위의 정결함이 가능한 것이다.

다른 것과 마치 한가지로 서기관과 바리새인들은 하나님계명의 표준이 마음의 문제인 것을 보지 못하고 어떠한 선행은 행하고, 어떠어떠한 나쁜 일을 범하지 않는 한 하나님보시기에 저희들은 옳다고 생각했다. 주님은 "너희는 사람 앞에서 스스로 옳다하는 자이나 너희 마음을 하나님께서 아시나니"를 다시 적용하신다. 그들은 간음을 범하지 않는 한 율법을 지켰다고 했다. 주님은 "여자를 보고 음욕을 품은 자마다 마음에 이미 간음하였느니라"고 하신다.

성경을 접근하는데 있어서 위험한 접근방법이 크게 두 방법이 있다. 하나는 문자(文字)적 해석이고, 또 하나는 초월(超越)적 접근이다. 전자는, 주로 세대주의 쪽에서 사용하는데 성경을 문자대로 해석하여 세상역사와 말씀을 대입하여 적용하는 방법이다. 후자는, 성경의 내용을 아예 신성시해 버림으로 역사 속에서 이루어지는 일상을 단절시키는 접근형태이다. 전자를 지지하는 사람들은 자신들 입장에 유리한 주장을 성경에서 찾을 때 주로 문자(혹 숫자)를 찾아 꿰어 맞추는 공통적인 특징을 가지고 있다. 예를 들어 '세상의 권세에 복종하라' 말씀을 폭력적 독재정권의 만행을 하나님이 주관하시는 역사의 한 단면으로 보고 독재정권에 아부하는 행동을 보이는데, 그것은 자신들의 당할 수 있는 핍박을 모면하려는 모습으로 들어나기도 한다. 그래서 문자주의는 결국 인본주의적 해석으로 기울어질 수밖에 없다.

후자의 경우는 하나님의 말씀을 초월자의 성역으로 삼고, 완벽한 하나님의 계명은 인간이 지킬 수 있는 것이 아니기 때문에 우리는 단지 철저한 회개의 행위로만 풀어나갈 수 있는 것이라고 결론지으려 한다. 결국 이 주장은 무책임에 빠지게 된다.

하나님이 성경을 주신 목적이 무서운 채찍을 들고 그대로 안하면 채찍질하는 노예상인과 같은 분이 아니시다. 인간의 수준으로는 도저히 다다를 수 없기에, 저 아득한 곳에서 명령만 내리시는, 초월자로서 자신의 존재를 알도록 성경을 주신 것도 아니다.

예수님은 지킬 수도 없고 감히 접근할 수도 없는 초월적 신성을 과시하기 위해 산위에서 장시간을 설파하신 것도 아니다. 성경은 인간들의 문자적 해석방법이나 풍류적 해석(Allegory)으로 뜻이 밝혀지는 수준의 말씀이 아니다.

예수님은 모든 율법을 제정하는 분으로 초월적인 분이시지만, 육신을 입으신 하나님 자신으로 모든 율법을 완성시키시며, 참 생명이 되시는 자신의 정체성을 밝히시고, 인간의 본질을 해결할 확고한 길을 가르쳐 주시고 계신 것이다. 전혀 해결 못하는 재앙의 길을 달려가는 인생들에게, 참 길이요 참 진리요 참 생명의 길로 인도하시고 계시는 것이다. 그래서 예수님은 성경의 원저자의 권위로 가르치고 계신 것이다. 예수님이 직접 하신 말씀이 "내가 곧 길이요 진리요 생명이니 나로 말미암지 않고는 아버지께로 올 자가 없느니라"(요 14:6)이고, 산위에서 모여 있던 모든 사람들의 평가도 그렇게 나타나는 것이다.

> 예수께서 이 말씀을 마치시매 무리들이 그의 가르치심에 놀라니 이는 그 가르치시는 것이 권위 있는 자와 같고 그들의 서기관들과 같지 아니함일러라(마 7:28-29).

3. 음욕과 계명

구약 성경의 기록은 너무나 솔직하다. 믿음의 위인들로 존경 받는 인물들의 실수와 잘못이 하나 숨김없이 기록된다. 이점에서 성경은 종교들의 경전들과 다르다. 구약 성경을 읽을 때마다 우리들이 당황하는 이유이다. "이런 것들이 어떻게 거룩한 성경에 기록 될 수 있는가" "믿음의 위인들도 우리와 다르지 않구나" 생각을 한다.

믿음의 위인들도 모든 면에서 불완전하지만 하나님의 자비와 은총으로 구원의 반열에 올라 있다. 이들의 윤리적 실수와 잘못이 성경을 통해 부각되어 기록된 것으로 그것은 하나님의 은총을 강조하기 위함이다. 또한 성경을 기록할 당시의 문화와 관습을 참고해서 이들의 삶과 생활이 기록된다. 예컨대 믿음의 위인들에게 부인들과 첩들이 있었다. 하나님은 세상 문화의 문제를 알지만 이를 징계하지 않고 허용하셨다.

그렇다고 구약 시대 축첩을 오늘날 그대로 용인하는 것은 완전히 잘못이다. 정글의 원주민들이나 미개발된 국가의 경우는 일부다처가 자연스런 일처럼 시행되고 있지만 말이다. 오늘날 어느 정도 평등의 법이 시행되고 있는 곳에서는 일부일처 제도는 문화와 관습 그리고 상식이 되어있다. 이런 부분에서도 인류의 잘못과 실수는 메시아에 의해 구원 받아야 할 죄인의 범주에 들어간다.

인간이 할 수 없는 것을 지나치게 요구하는 금욕주의는 하나님 앞에 위선(僞善)을 낳게 된다. 마태복음 5장 29절과 30절에는 "만일 네 오른 눈이 너로 실족하게 하거든 빼어 내버리라 만일 네 오른 손이 너로 실족하게하거든 찍어 내버리라" 이 말씀은 예수님이 여러 번 하신 말씀이다(마 18:8-9, 막 9:43-47). 말씀 그대로 한다면 눈을 빼버리고 손을 자르고 발을 찍어버리는 명령은 정말로 무서운 명령이 아닐 수 없다.

실제로 자신 속에 꿈틀거리는 깊은 불경건의 욕구를 뿌리 뽑기 위해 신체를 절단한 사람들도 있다. 알렉산드리아의 [오리겐](Origenes 185-254)은 금욕주의가 극에 달해서 재산과 음식과 심지어 잠까지 포기하며 음욕에 관한 말씀을 지나치게 문자적으로 해석하여 스스로를 거세(去勢)했다. 그 이후 325년 「니케아 회의」에서 이 관행을 금지시켰다.[106]

---

106) 존 스토트, 『산상수훈』, 정옥배역, 생명의 말씀사, p117. / 『다음백과』에서는 [오리겐]에 대한 인물소개를 하는데, 그는 알렉산드리아의 [클레멘스]의 제자였으며, 그는 주교 [데메트리우스]의 권한에 힘입어 클레멘스를 계승하여 교리문답학교 교장이 되었다고 한다(알렉산드리아 학파). 또한 오리겐이 청년시절 학생들에게 요리문답을 자유롭게 가르치기 위해서 스스로 거세(去勢)했다고 주장한 역사가 [요세푸스]의 말을 소개하고 있다.

주님의 말씀은 문자 그대로 신체를 불구로 만들라는 의미가 아닌 영적으로도, 도덕적으로도 가차 없이 자신을 스스로 부정하라는 의미이다. 신체의 절단과 '금욕'은 의미가 다르다. 여기에 대한 [존 스토트]의 부연설명은 '유혹이 눈을 통해서 오기 때문에 눈이 너희로 죄를 짓게 한다면 너희 눈을 빼버리라. 즉, 보지 말라. 마치 실제로 눈이 없는 소경이 된 것처럼, 죄를 짓도록 만들었던 대상들을 볼 수 없게 되어버린 것처럼 행동하라'고 한다는 의미라는 것이다. 여기에 대한 스토트와 그 외 거의 모든 학자들도 문자적 해석을 한다는 점은 비슷하다. 물론 극단적이지는 않지만 지나친 율법주의적인 느낌이 있다.

이 음욕의 해결은 그리스도 안에 들어가서 성령의 권능으로 주님의 계명을 감당해야 하는 것이다. 이 음욕은 우리 속에서 꽈리를 틀고 끊임없이 솟아오르는 뱀의 머리와 같다. 어떻게 처리할 수 있을까 이것이 바울의 로마서 7장의 고백이다.

형제들아 내가 법아는 자들에게 말하노니 너희는 그 법이 사람이 살 동안만 그를 주관하는 줄 알지 못하느냐 남편 있는 여인이 그 남편 생전에는 법으로 그에게 매인 바 되나 만일 그 남편이 죽으면 남편의 법에서 벗어나느니라. 그러므로 만일 그 남편 생전에 다른 남자에게 가면 음녀라 그러나 만일 남편이 죽으면 그 법에서 자유롭게 되나니 다른 남자에게 갈지라도 음녀가 되지 아니하느니라(롬 7:1-3).

우리가 육신에 있을 때에는 율법으로 말미암는 죄의 정욕이 우리 지체 중에 역사하여 우리로 사망을 위하여 열매를 맺게 하였더니 이제는 우리가 얽매였던 것에 대하여 죽었으므로 율법에서 벗어났으니 이러므로 우리가 영의 새로운 것으로 섬길 것이요 율법 조문의 묵은 것으로 아니할지니라(롬 7:5-6).

이로 보건대 율법은 거룩하고 계명도 거룩하고 의로우며 선하도다. 그런즉 선한 것이 내게 사망이 되었느냐 그럴 수 없느니라. 오직 죄가 죄로 드러나기 위하여 선한 그것으로 말미암아 나를 죽게 만들었으니 이는 계명으로 말미암아 죄로 심히 죄 되게 하려 함이라 내가 행하는 것을 내가 알지 못하노니 곧 내가 원하는 것은 행하지 아니하고 도리어 미워하는 것을 행함이라 이제는 그것을 행하는 자가 내가 아니요 내 속에 거하는 죄니라 내 속 곧 내 육신에 선한 것이 거하지 아니하는 줄을 아노니 원함은 내게 있으나 선을 행하는 것은 없노라 그러므로 내가 한 법을 깨달았노니 곧 선을 행하기 원하는 나에게 악이 함께 있는 것이로다. 내 속사람으로는 하나님의 법을 즐거워하되 내 지체 속에서 한 다른 법이 내 마음의 법과 싸워 내 지체 속에 있는 죄의 법으로 나를 사로잡는 것을 보는 도다. 오호라 나는 곤고한 사람이로다. 이 사망의 몸에서 누가 나를 건져내랴 우리 주 예수 그리스도로 말미암아 하나님께 감사하리로다. 그런즉 내 자신이 마음으로는 하나님의 법을 육신으로는 죄의 법을 섬기노라(롬 7:12-25).

그러므로 이제 그리스도 예수 안에 있는 자에게는 결코 정죄함이 없나니 이는 그리스도 예수 안에 있는 생명의 성령의 법이 죄와 사망의 법에서 너를 해방하였음이라 율법이 육신으로 말미암아 연약하여 할 수 없는 그것을 하나님은 하시나니 곧 죄로 말미암아 자기 아들을 죄 있는 육신의 모양으로 보내어 육신에 죄를 정하사 육신을 따르지 않고 그 영을 따라 행하는 우리에게 율법의 요구가 이루어지게 하려 하심이니라(롬 8:1-4).

바울은 율법과 복음의 관계를 자신의 내면에서 일어나는 치열한 죄의 세력과의 싸움으로 설명하고 있다. 죄의 세력은 모든 육신의 정욕과 안목의 정욕과 세상 자랑이 다 포함 된다. 그러나 가장 치열한 투쟁의 대상중 하나는 음욕이 아니겠는가라고 생각해도 무리는 아닐 것이다. 바울이 어떻게 그 문제를 해결하고 있는가? 존 스토트의 주장처럼 그 속에 들끓고 있는 죄의 세력을 억제하고, 아예 처다 보지도 않고, 생각조차도 안하려다 생각이 일어나면 가슴을 쥐어뜯고 탄식하고, 또 다시 분개 일심하여 싸움을 시작하고 있는가?

사도바울에게서 그런 모습은 전혀 보이지 않는다. 바울의 모습은 너무 자연스럽고 쉽게 해결하고 있는 모습이다. 그는 그리스도의 구속의 원리를 적용하고 있다. 구원의 시작도 구원받은 자의 이후의 삶의 원리도 구속의 원리에 적용하고 있다. "이 사망의 몸에서 누가 나를 건져내랴" 하지만 곧바로 "우리 주 예수 그리스도로 말미암아 하나님께 감사하리로다." 하면서 그리스도 안에 있는 생명의 성령의 법으로 죄와 사망의 법을 이길 수 있었다는 것이다.

"육신으로 말미암아 연약하여 할 수 없는 그것을 하나님은 하시나니" 그것이 해결의 원리라고 말하고 있는 것이다. 성령에 의한 생명의 법은 영원한 재판장이신 하나님의 법으로써 그것은 사는 법이요, 살아나는 법이요 살리는 법이다. 바울은 믿음을 가지고 그 법아래 들어가 버리는 것으로써 싸움에 승리하는 모습을 보이고 있다.

어떻게 세상을 이길 수 있는가?이에 대해 사도요한도 외치듯이 선포하고 있는 모습을 보인다. "예수께서 그리스도이심을 믿는 자마다 하나님께로부터 난 자니 또한 낳으신 이를 사랑하는 자마다 그에게서 난 자를 사랑하느니라. 우리가 하나님을 사랑하고 그의 계명들을 지킬 때에 이로써 우리가 하나님의 자녀를 사랑하는 줄을 아느니라. 하나님을 사랑하는 것은 이것이니 우리가 그의 계명들을 지키는 것이라 그의 계명들은 무거운 것이 아니로다. 무릇 하나님께로부터 난 자마다 세상을 이기느니라. 세상을 이기는 승리는 이것이니 우리의 믿음이니라"(요일 5:1-4).

예수님께서 그리스도이심을 믿는 자가 하나님으로부터 난 자이다(요 1:12-13). 하나님께로부터 난 자는 세상을 이긴다. 세상을 이기는 것은 그 믿음이라는 것이다.

이 사이에 하나님의 계명의 이야기가 들어있는데, 계명을 지키는 자가 하나님을 사랑하는 자라하면서 이 계명은 무거운 것이 아니라는 것이다. 하나님의 율법이 무거운 것이 아니게 되는 길은 오직 한길밖에 없다. 그것은 예수께서 그리스도이심을 믿는 그 믿음 속으로 들어가는 길뿐이다. 이것이 복음의 길이다. 수고하고 무거운 짐을 지고 예수님께 들어가 버리는 것이다.

사도 바울이 말한 대로 "곧 죄로 말미암아 자기 아들을 죄 있는 육신의 모양으로 보내어 육신에 죄를 정하사 육신을 따르지 않고 그 영을 따라 행하는 우리에게 율법의 요구가 이루어지게 하려 하심이니라"(롬 8:3-4)이다. 사도요한의 '세상을 이기는 것' 이라했을 때 '세상'이라는 어휘 속에는 우리의 안목의 정욕을 유발하는, 즉 음욕을 유도하는 색적 노출들의 유혹도 포함되는 것은 당연하다.

4. 질투하시는 하나님

구약성경 전체가 율법 책이라 한다면 구약의 간음은 온통 이스라엘 민족적 간음을 질타하고 계신다. 실제로 개인의 육신적 간음은 십계명과 그 외에 몇 구절로 금하시는데 그것은 십계명을 반복하실 때 외는 별로 없다.

"누구든지 남의 아내와 간음하는 자 곧 그의 이웃의 아내와 간음하는 자는 그 간부와 음부를 반드시 죽일지니라"(레 20:10)하신 말씀은 십계명을 확대해석하는 부분이고 "이는 그들이 이스라엘 중에서 어리석게 행하여 그 이웃의 아내와 간음하며 내가 그들에게 명령하지 아니한 거짓을 내 이름으로 말함이라 나는 알고 있는 자로서 증인이니라. 여호와의 말씀이니라 하시니라"(렘 29:23)하신 것도 포로 된 이스라엘이 영적으로 범한 간음 죄를 지적하신 것이며, "그 남편 대신에 다른 남자들과 내통하여 간음하는 아내로다"(겔 16:32)하신 것과 "그 아우 오홀리바가 이것을 보고도 그의 형보다 음욕을 더하며 그의 형의 간음함보다 그 간음이 더 심하므로 그의 형보다 더 부패하여졌느니라"(겔 23:11)하신 것도 북 왕국 이스라엘을 형으로 남 왕국 유다를 동생으로 표현해서 하신 말씀이다.

"너희 딸들이 음행하며 너희 며느리들이 간음하여도 내가 벌하지 아니하리니 이는 남자들도 창기와 함께 나가며 음부와 함께 희생을 드림이니라. 깨닫지 못하는 백성은 망하리라"(호 4:14) 하신 것 역시 우상으로 인한 영적 간음을 지적하신 말씀이다.

"내가 심판하러 너희에게 임할 것이라 점치는 자에게와 간음하는 자에게와 거짓 맹세하는 자에게와 품꾼의 삯에 대하여 억울하게 하며 과부와 고아를 압제하며 나그네를 억울하게 하며 나를 경외하지 아니하는 자들에게 속히 증언하리라 만군의 여호와가 말하였느니라"(말 3:5)는 말씀은 육신적 간음과 영적간음을 아울러 말씀하신 것인 반면에 "여인과 간음하는 자는 무지한 자라 이것을 행하는 자는 자기의 영혼을 망하게 하며"(잠 6:32) 하신 것은 잠언서가 백성들의 지혜로운 삶을 교훈하는 특성상 육신의 간음을 뜻한다 하겠다.

출애굽기 34장 6절에 "여호와께서 그의 앞으로 지나시며 선포하시되 여호와라! 여호와라 자비롭고 은혜롭고 노하기를 더디 하고 인자와 진실이 많은 하나님이라" 하셨고 이어 14절에는 "너는 다른 신에게 절하지 말라 여호와는 질투라 이름 하는 질투의 하나님임이니라" 어떻게 하나님의 속성에 '거룩'과 '질투'가 상존할 수 있는가

질투는 일종의 무서운 죄악으로 인간의 인격을 비뚤어지게 하고 공동체를 무너뜨리는 타락한 본성의 산물이다. 이 '질투'라는 동일한 단어가 한편 하나님의 속성이 되고, 한편으로는 인간의 죄의 속성이라고 하는 것은 아리송해 진다.

그것은 이 '질투'의 중성적인 성격 때문이다. 질투가 선이냐 악이냐 하는 것은 질투를 야기 시키는 상황, 즉 상대방이 합법적이냐 아니냐에 달려

있다. 한 구멍가게의 주인이 주변에 있는 다른 가게가 잘된다고 분개하는 것은 아주 잘못된 것이다. 왜냐하면 자기가 독점을 주장할 권리가 없기 때문이다. 그러나 결혼의 경우는 말이 달라진다. 그것은 영원히 독점적 관계를 가지기 때문이다. 남편과 아내는 '서로를 위할 것'을 엄숙하게 맹세했다. 여기에 제 삼자가 끼어든다면 질투할 권리가 있다. 거기에 아랑을 베푼다면 다른 문제보다 먼저 이 부부사이에 심각한 문제가 있다는 것을 알게 된다.

성경에 하나님의 질투가 언급 될 때에는 하나님이 그의 백성을 신부로 선택하셨다는 본문에서 나온다. 이스라엘과 맺은 하나님의 언약은 '혼인언약'이었다. 그러나 이스라엘은 우상으로 언약을 파기하여 영적간음의 심한 매음행위를 일삼았다.

우리에게 예수님이 신랑이요 하나님이 아버지라면, 우리를 향한 신실하고, 자비롭고, 은혜롭고, 노하기를 더디 하고, 인자와 진실이 많은 아버지 되시고 남편 되시는 하나님의 나라를 구하고 그 이름을 자랑하고 증거하는 것은 당연하다.

하나님께서 질투하시는 근거는 이스라엘과 맺은 언약관계보다 훨씬 광범위하다. 하나님의 질투는 이스라엘 뿐 아니라 전 인류를 대상으로 나타난다. 하나님의 질투는 인간의 모든 우상형태 때문에 일어나는 것이다. 이 근거는 그분이 창조주라는데 있다. 진정 하나님의 속성(屬性)중에 질투가 있다면, 그것은 이스라엘의 하나님이신것 때문이 아니라 더 본질적으로 그분이 온 인류를 창조하신 하나님이시요, 유일하시고 살아계신 참 하나님이시기 때문이다. 그렇다면 하나님은 인간들의 절대적인 예배를 받으실 권리가 있으시다. 세상이 우상을 섬기는 것을 하나님의 백성들이 대수롭게 여기지 않는다면, 하나님의 질투는 당연히 그 백성들이 감수해야 마땅하다. "나는 여호와라 나 외에 다른 이가 없나니 나밖에 신이 없느니라"(사 45:5). "나는 여호와니 이는 내 이름이라, 나는 내 영광을 다른 자에게 내 찬송을 우상에게 주지 아니하리라"(사 42:8).

전도와 선교에 있어서 유일신 사상은 필수적인 기본이다. 하나님은 모든 사람이 구원을 받으며 진리를 아는데 이르기를 원하시는 것이다. 그런데 하나님과 사람사이에 중보도 한분이시니 곧 그리스도 예수님이시다. 이것은 모든 인류에게 인간과 하나님과의 관계를 회복하는데 절대적인 조건이 된다. 그리스도의 유일성이 없다면 우리의 전도와 선교는 얼토당토 않는 것이 된다. 모든 사람이 우상에게 마음을 주고 있는 것은 기독교인들의 책임이고, 기독교인들이 하나님의 질투를 받는 것은 당연하다.

아테네를 방문한 바울이 도시거리의 대단한 건축물들을 보면서 다닌다. 여기서 바울이 받은 충격은 도시의 웅장함이 아니고 도시의 우상이었다. "바울이 아덴에서 그들을 기다리다가 그 성에 우상이 가득한 것을 보고 마음에 격분하여 회당에서는 유대인과 경건한 사람들과 또 장터에서는 날마다 만나는 사람들과 변론하니(행 17:16-17) 바울이 느꼈던 분노는 마음 깊은 곳에서 올라온 영혼의 '격발'이었다. 이것이 하나님께 속한 질투심이다. 이것이 전도자의 전도의 당위성이며 전도자의 중심이다.

5. 하나님은 민생의 사건들은 스스로 해결하도록 하셨다

구약의 율법은 의식법(儀式法)과 민법(民法), 그리고 도덕법(道德法)이 있다. 민생에서 일어나는 여러 고발사건과 재판의 일들은 십계명을 근거로 하여 백성들 스스로 해결하라고 하신다. 그 예로 모세의 장인 [이드로]가 제안한 천부장과 백부장, 오십 부장과 십 부장의 시스템으로 재판에 관한 일을 맡기도록 한 것이다(출 18:24-26). 민생에 관한 여러 가지 일들은 민법에 의해 스스로 처리하되 매우 어렵거나 민족전체에 심각한 문제가 되는 경우는 모세가 직접처리 하도록 두신 것이다.

백성들 안에서 일어난 성적인 문제에 있어서도 하나님께서 주신 율법에 근거하여 스스로 판단할 범주에 들어가는 것들이다. 하나님은 남녀 간의 일어난 불상사도 그들 스스로에게 맡기고 계신다. 이미 그들에게 그 죄에 관한 율법을 주셨기 때문이다.

민수기 25장에 나오는 '바알부올'에 부속 되어 정을 통한 남녀를 죽인 사건은 개인적 음행의 연고 같으나, 그것은 이스라엘이 우상의 세력에 오염되는 영적간음을 다루시는 하나님의 질투가 핵심내용이다. 1절 "이스라엘이 싯딤에 머물러 있더니 그 백성이 모압 여자들과 음행하기를 시작하니라." 7-9절에 "이스라엘 자손의 온 회중이 회막 문에서 울 때에 이스라엘 자손 한 사람이 모세와 온 회중의 눈앞에 미디안의 한 여인을 데리고 그의 형제에게로 온지라 제사장 아론의 손자 엘르아살의 아들 비느하스가 보고 회중 가운데에서 일어나 손에 창을 들고 그 이스라엘 남자를 따라 그의 막사에 들어가 이스라엘 남자와 그 여인의 배를 꿰뚫어서 두 사람을 죽이니 염병이 이스라엘 자손에게서 그쳤더라. 그 염병으로 죽은 자가 이만 사천 명이었더라"

이 사건은 하나님이 직간접으로 개입하신 사건으로 이스라엘 남자가 미디안의 여자를 데리고 막사에 들어갔다. 이것은 단순한 개인의 민사에 해당되는 사건이 아니고 민족전체의 비극이 되는 사건이었다. 그 남녀를 본 [비느하스]가 매우 분개하여 막사에 들어가서 창으로 그 둘을 배를 뚫어 죽였는데 하나님은 비느하스가 하나님 자신의 질투심을 가지고 행하였다 하시고 비느하스를 축복하셨다.

11-13절 "제사장 아론의 손자 엘르아살의 아들 비느하스가 내 질투심으로 질투하여 이스라엘 자손 중에서 내 노를 돌이켜서 내 질투심으로 그

들을 소멸하지 않게 하였도다. 그러므로 말하라 내가 그에게 내 평화의 언약을 주리니 그와 그의 후손에게 영원한 제사장 직분의 언약이라 그가 그의 하나님을 위하여 질투하여 이스라엘 자손을 속죄하였음이니라."

하나님께서는 이스라엘 개인적 간음내지 간통 같은 범죄는 스스로 처리하도록 맡기셨으나 이스라엘 민족적인 간음, 곧 이스라엘이 우상에게 부속되는 행위를 철저히 경계하시므로 친히 진노를 발하신 것이다. 하나님은 우상에 빠져 들어간 영적 간음은 직접 다스리시고 그에 대한 징벌은 철저하셨다.

타락한 선지자 [발람]은 외부의 힘이 아닌 이스라엘 젊은이들의 성적 욕구를 이용해 이방우상에 오염되도록 하여, 하나님으로부터 혹독한 징계를 받아 이스라엘이 스스로 자멸하게 되는 전략을 구상하였다. 즉 광야의 모래바람에 지친 백성들로 미디안의 하얀 피부와 립스틱 짙게 바른 요염한 여인들로 유혹하도록 전략을 제공한 것이다. 이스라엘로 하여금 무분별한 성적 타락과 그로 인한 우상숭배를 유도함으로써 하나님께 음행하게 하였다(계2:14). 이 사건을 부올의 아들[발람]으로 인한 '바알부올'이라고 부르게 되었다(민 25:6).[107] 하나님께서는 후에 이 사건으로 말미암아 이스라엘에게 미디안 다섯 왕과 그 남자들과 발람까지 다 죽이게 하심으로 그 죄악의 동조자들이 당하는 비참한 최후를 보여주셨다(민 31:1,7,8).

구약의 모든 이스라엘이 당한 고통은 신랑 되신 하나님과의 언약을 버린 신부 이스라엘의 우상으로 인한 영적간음이 원인이다. 그리고 간음한

---

107) 브올의 아들 [발람](Balaam) : 발람은 '탐닉자', '백성을 멸망시키는 자' 라는 뜻이다. 발람은 메소포타미아의 사람으로서 그가 어떻게 하나님을 알았는지에 대해서는 분명하지가 않다. 그는 유일신 하나님을 알고 있었을 뿐이지 진실로 믿은 것은 아니었다. 그는 주술(복술)을 폄으로 미래를 예언하거나 다른 사람들을 저주하여 멸망케 하는 일을 하였다. 따라서 모압 왕 [발락]이 자기 족속을 지키기 위하여 이스라엘을 저주하여 멸하려 한 것은 자연스러운 일이다. 발람은 몇 번씩이나 하나님의 제재를 받았음에도 불구하고 물질의 탐욕으로 발락의 요청에 동조함으로써 끝내 이스라엘을 음행의 꾀로 멸망시키려했다. 이 일로 인해 그는 불의의 삶을 탐낸 탐욕의 선지자, 거짓 선지자, 음행으로 이스라엘을 바알에게 부속시킨 자로 기록 되었다(벧후 2:1-22. 유 11, 계 2:14). /출처: 톰슨성경주석

이스라엘에 주어지는 모든 징계는 주변국의 침략으로 인한 끔찍한 학살과 약탈이며, 심지어는 성전의 보물까지 다 빼앗기며 성전이 불타고, 남녀노소를 불문하고 유린당하며, 살아남은 백성들은 포로로 끌려가 노예가 되는 고통을 감수해야 했다.

이 이스라엘의 영적 간음은 애굽의 문화에 물들어 살 때부터 이미 시작했으며, 그들은 노예가 되어 우상의 신전을 건축하는 고역을 당했다.

> 이와 같이 내가 네 음란과 애굽 땅에서부터 음행하던 것을 그치게 하여 너로 그들을 향하여 눈을 들지도 못하게 하며 다시는 애굽을 기억하지도 못하게 하리라 (겔 23:27).

부정한 하나님의 신부들은 기적으로 노예에서 해방을 받았으나 곧 바로 광야에서 우상을 만들어 간음을 자행했다. "모든 백성이 그 귀에서 금 고리를 빼어 아론에게로 가져가매 아론이 그들의 손에서 금 고리를 받아 부어서 조각칼로 새겨 송아지 형상을 만드니 그들이 말하되 이스라엘아 이는 너희를 애굽 땅에서 인도하여 낸 너희의 신이로다 하는지라"(출 32:3-4). 패역한 백성들은 금송아지를 만들어 그들의 길을 인도하는 신(神)으로 삼고 번제와 화목제를 그 우상에게 드린 것을 여호와께 제사하는 것으로 여겼다. "여호와께서 모세에게 이르시되 너는 내려가라 네가 애굽 땅에서 인도하여 낸 네 백성이 부패하였도다. 그들이 내가 그들에게 명령한 길을 속히 떠나 자기를 위하여 송아지를 부어 만들고 그것을 예배하며 그것에게 제물을 드리며 말하기를 이스라엘아 이는 너희를 애굽 땅에서 인도하여 낸 너희 신이라 하였도다"(출 32:7-8).

이스라엘은 약속의 땅 가나안에 들어가서 하나님의 도우심으로 그 땅을 차지하였으나 하나님의 언약을 버리고 이방문화에 동화되어 갔다.

> 그들이 그 사사들에게도 순종하지 아니하고 오히려 다른 신들을 따라가 음행하며
> 그들에게 절하고 여호와의 명령을 순종하던 그들의 조상들이 행하던 길에서 속히
> 치우쳐 떠나서 그와 같이 행하지 아니하였더라(삿 2:17).
>
> 그들이 그들의 조상들의 하나님께 범죄 하여 하나님이 그들 앞에서 멸하신 그 땅
> 백성의 신들을 간음하듯 섬긴지라(대상 5:25).

이스라엘의 3대 절기가 다 이스라엘의 출애굽과 연관이 있는 절기였으며 모세를 통해 주신 율법과 성막 또한 그 핵심은 이스라엘 백성들이 하나님을 잊지 않게 함이었다. 그럼에도 이스라엘은 너무도 쉽게 하나님 앞에서 음행을 저질렀다. 그 이유는 무엇이었는가 이스라엘백성들은 가나안 땅에 정착하게 되었다. 그들은 자신들이 짓지 않는 집에 살게 되었고. 저들이 심지 않았던 농산물을 먹게 되었다.

> 너는 가증한 것을 네 집에 들이지 말라 너도 그것과 같이 진멸 당할까 하노라 너는
> 그것을 멀리하며 심히 미워하라 그것은 진멸 당할 것임이니라(신 6:26).

6. 영적 간음과 우상

이스라엘은 광야 40년 동안에 [여호수아]와 [갈렙]외 모든 백성은 광야에서 태어난 후대들이었다. 그들은 광야에서 출생하여 천막생활밖에 모른 백성들이었다. 그들은 집을 건축하는 일도, 농사를 짓는 일을 전혀 모를 수밖에 없었다. 그들은 씨를 뿌리는 시기도, 거두는 시기도 몰랐고, 도구를 만들어 사용할 줄도 몰랐다. 그런데 그들은 가나안을 거의정복하고 그 땅 현지인들 중 일부를 자신들의 종으로 삼았다. 그리고는 정착한 땅의

생활방식과 농사의 일 등을 그들로부터 배우고 가나안 문화에 익숙해졌다. 그들은 그와 동시에 가나안인이 섬기는 우상에 대한 풍습도 같이 익숙해져버렸다.

그런데 가나안의 농사법은 [바알우상]과 밀접히 관련되어있었던 것이다. [바알]신은 농사를 풍요롭게 해준다는 가나안우상이다. [아세라]는 다산과 쾌락의 여신으로 바알신과 부부관계였다. 농사를 풍요롭게 해주고 다산과 쾌락을 주는 신, 그것은 이 세상의 모든 인간들이 끊임없이 추구하고 바라는 것들이다.

가나안땅의 바알과 아세라우상은 이스라엘 백성들에게 매우 매혹적인 것들이었다. 왜냐하면 그 신들을 섬기면 그 신은 이스라엘 백성들에게 풍요와 물질의 복을 주고 쾌락을 가져다 줄 것 같았기 때문이다. 그들이 여태까지 믿어왔던 여호와 하나님은 그러한 것이 없다고 생각했다. 그래서 이스라엘 땅에는 자연히 여호와와 바알을 동시에 섬기는 '혼합주의 신앙'이 자리를 잡았던 것이다.[108]

그들은 광야의 금송아지를 여호와로 대처했던 것처럼, 자신들의 농사를 풍요롭게 해주고 쾌락을 줄 바알을 섬기면서 그것이 여호와를 섬기는 것이라고 말했던 것이다. 신명기 율법에 따르면 이것은 도무지 상상할 수 없는 일이다. "이스라엘 여자 중에 창기(娼妓)가 있지 못할 것이요 이스라엘 남자 중에 미동(美童)이 있지 못할지니"(신23:17) 그런데도 이것이 묵인되고 허용되었다는 것은 이미 [솔로몬]왕의 첩들로 들어온 이방의 왕비들이 가져온 우상과 그제사장들이 왕정시대에 대대로 뿌리내린 것을 제어할 수 없을 만큼 되어 버렸다는 증거다.

이스라엘 백성들은 급기야 여호와 하나님을 버리고 이방신을 따라 섬기는 음란의 길을 걸어가게 됐다. 사단은 하나님이 만드신 첫 사람 아담과 하와를 선악과로 유혹하여 간부(姦婦)와 같이 되어 하나님과 이혼하도록 만들었다. 이스라엘의 불신앙으로 말미암아 사탄은 줄기차게 선민의 역사를 영적음란으로 채웠다.

> 내게 배역한 이스라엘이 간음을 행하였으므로 내가 그를 내쫓고 그에게 이혼서 까지 주었으되 그의 반역한 자매 유다가 두려워하지 아니하고 자기도 가서 행음함을 내가 보았노라(렘 3:8).
>
> 내가 어찌 너를 용서하겠느냐 네 자녀가 나를 버리고 신이 아닌 것들로 맹세하였으며 내가 그들을 배불리 먹인즉 그들이 간음하며 창기의 집에 허다히 모이며 (렘 5:7).

---

108) 바알(Ba'al)신화 : 바알은 구약 성경에 가장 많이 나오는 우상의 이름이다. 가나안 사람들은 바알을 가리켜 '하늘의 주'(The Lord of heavens)라고 불렀다. 바알이 하늘의 비와, 땅의 폭풍을 주관한다고 믿었기 때문이며 천둥소리를 바알의 음성이라고 믿었다. 우가리트 문헌에 의하면, 가나안 사람들은 바알이 세상에 '풍요와 번영'을 가져다준다고 생각했다. 그런데 바알에게 대적이 있었다. 바알에게 그 대적은 [못](Mot)이라는 신이다. 가나안 사람들에게 있어서 못은 불행의 신, 또는 죽음의 신으로 알려졌다. 못이 바알과 싸워 바알을 죽이고 7년 동안 북방을 다스렸다. 이 기간 동안 땅에는 큰 흉년이 들었다. 7년 후에 바알의 누이이며 애인이었던 [아낫](Anath)이 못과 싸워 승리를 하게 되었다. [아낫]여신은 승리한 후에 바알의 시체를 찾았다. 그리고 못을 죽였다. 바알 신화가 기록된 「우가릿 서사시」는 아낫의 싸움을 이렇게 묘사하고 있다. '그녀는 죽음의 신을 붙잡았다. 그녀는 칼로 그를 쪼갰다. 그녀는 키로 그를 키질했다. 그녀는 불로 그를 불살랐다. 그녀는 맷돌로 그를 갈았다. 그녀는 밭에 그를 흩어버렸다' 이로 인해 바알은 다시 살아나게 되었고, 세상에는 7년 동안 큰 풍년이 들었다. 구약 성경을 보면 바알은 '다곤 신의 아들'이라고 불렸다(삼상 5:1-, 삿 16:23) 다곤 신은 곡물을 주관하는 신이다. 당시 블레셋 땅인 아스돗과 가사에는 그를 숭배하던 산당이 있었다. 가나안 사람들이 섬기던 신중에 '아세라'와 '아낫'과 '아스다롯' 3대 여신이 있다. 아세라는 엘신의 아내로서 모든 신들의 어머니였다. 그리고 아낫은 바알 신의 누이인 동시에 애인이었다. 아낫은 전쟁의 신인 동시에 성(sex)를 주관하는 여신으로 여겨졌다. 렘 44:19을 보면 이스라엘 여인들이 '하늘의 여신'에게 분향하고 제사 드렸다는 기록이 나온다. 이 여신이 바로 아스다롯이다. 아스다롯도 아낫과 같이 전쟁과 성을 주관했다. 따라서 이 두 여신은 서로 혼동되어 숭배되기도 했다. 이 3대 여신은 가나안 사람들이 생각하고 있는 이상적인 여인상을 나타내고 있다. 이 여신들은 여성의 아름다움과 성적 매력을 나타낸다고 믿었다. 성경에는 아낫 여신에게 바쳐진 남성을 '카데쉬'라고 부르는데 우리말 성경에서는 이 말을 '미동', 또는 '남색(男色)하는 자'라고 번역하였다.(왕상 14:24, 15:12, 22:46, 왕하 23:76). 이스라엘의 타락한 왕들은 아낫 여신을 위해 여호와의 성전 가운데 '미동의 집'을 두고 있었다.(왕하 23:7) 가나안 사람들이 이 우상들을 숭배한 이유는 '땅의 풍성한 수확'을 얻기 위한 것이었다. 땅 속에 양분이 있어서 그것이 식물을 자라게 하고, 열매를 맺게 한다고 믿었다. 가나안 사람들은 식물이 자라고 열매를 맺는 일을 우상숭배 관점에서 이해하고 있었다. 그들은 신적인 힘이 땅 속에 내재하고 있다고 생각했다. 가나안 사람들은 이 힘이 바알 신과 아세라 신의 성적 결합을 통해서 생겨난다고 믿었다. 그래서 그들은 바알과 아세라를 흥분시키기 위해서 신전에서 음란한 제사 의식을 거행했다. 이러한 일을 돕기 위해 신전 안에는 제사를 드리는 사람과 성 관계를 맺는 우상에 헌신된 창녀들이 있었다. 그들은 신전에서 제사를 드리는 사람과 성 관계를 맺음으로 바알과 아세라가 성적으로 흥분하도록 자극했다. 이렇게 해서 바알과 아세라가 성적으로 결합을 하게 되면 비가 내려 땅을 적시게 된다고 생각했다. 그리고 이로 말미암아 곡식이 자라고 풍성한 수확을 거둘 수 있다고 생각한 것이다. / 김희보, 『구약 이스라엘사』, 총신대출판부, pp36-39

너희가 도둑질하며 살인하며 간음하며 거짓 맹세하며 바알에게 분향하며 너희가 알지 못하는 다른 신들을 따르면서(렘 7:9).

내가 너의 간음과 사악한 소리와 들의 작은 산 위에서 네가 행한 음란과 음행과 가증한 것을 보았노라 화 있을 진저 예루살렘이여 네가 얼마나 오랜 후에야 정결하게 되겠느냐 하시니라(렘 13:27).

너희 중에서 살아남은 자가 사로잡혀 이방인들 중에 있어서 나를 기억하되 그들이 음란한 마음으로 나를 떠나고 음란한 눈으로 우상을 섬겨 나를 근심하게 한 것을 기억하고 스스로 한탄하리니 이는 그 모든 가증한 일로 악을 행하였음이라(겔 6:9).

네가 높은 대를 모든 길 어귀에 쌓고 네 아름다움을 가증하게 하여 모든 지나가는 자에게 다리를 벌려 심히 음행하고 하체가 큰 네 이웃 나라 애굽 사람과도 음행하되 심히 음란히 하여 내 진노를 샀도다(겔 16:25-26).

참 적나라하다. 모든 주변나라의 우상을 있는 대로 받아들이고 꼬리를 치며 강대국 애굽에 추파를 던지며 그 애굽에 의존하여 그 품에 파고드는 하나님의 선민 이스라엘의 추한 모습이다.

바벨론 사람이 나아와 연애하는 침상에 올라 음행으로 그를 더럽히매 그가 더럽힘을 입은 후에 그들을 싫어하는 마음이 생겼느니라. 그가 이같이 그의 음행을 나타내며 그가 하체를 드러내므로 내 마음이 그의 형을 싫어한 것 같이 그를 싫어하였으나 (겔 23:17-18).

북 이스라엘과 남 유다를 가리켜 형제로 칭하여 둘 다 우상에 심히 음행한 사실을 밝히는 말씀이다.

자비로우시며 그 인자하심이 영원한 하나님은 [호세아] 선지자를 통해서 이스라엘 백성의 신랑으로서 신부된 이스라엘이 하나님자신의 중심을 알게 하시는 간곡한 호소의 말씀을 주신다. 그 호소가 간음한 신부 이스라엘에게 살아있는 메시지로 전달케 하시기 위해서 그의 종을 실제로 창녀를 사랑하여 결혼을 명하시므로 말씀을 시작하셨다.

여호와께서 처음 호세아에게 말씀하실 때 여호와께서 호세아에게 이르시되 너는 가서 음란한 여자를 맞이하여 음란한 자식들을 낳으라. 이 나라가 여호와를 떠나 크게 음란함이니라 하시니(호 1:2).

그 백성에게 살아있는 메시지를 전할 수 있도록 하시기 위하여 하나님이 그의 종을 다스리는 한 방법이시다.

너희 어머니와 논쟁하고 논쟁하라 그는 내 아내가 아니요 나는 그의 남편이 아니라 그가 그의 얼굴에서 음란을 제하게 하고 그 유방 사이에서 음행을 제하게 하라(호 2:2).

이 말씀은 [고멜]의 자식들에게 하는 말씀으로 이스라엘 전체를 '아내'로 개인을 '자녀'라 부르는데, 어머니와 논쟁하라는 뜻은 우상에 입 맞춘 남북왕국의 행적을 살피고 정리해보라는 뜻이다.

내 백성이 나무에게 묻고 그 막대기는 그들에게 고하나니 이는 그들이 음란한 마음에 미혹되어 하나님을 버리고 음행하였음이니라. 그들이 산꼭대기에서 제사를 드리며 작은 산 위에서 분향하되 참나무와 버드나무와 상수리나무 아래에서 하니 이는 그 나무 그늘이 좋음이라 이러므로 너희 딸들은 음행하며 너희 며느리들은 간음을 행하는 도다. 너희 딸들이 음행하며 너희 며느리들이 간음하여도 내가 벌하지 아니하리니 이는 남자들도 창기와 함께 나가며 음부와 함께 희생을 드림이니라 깨닫지 못하는 백성은 망하리라(호 4:12-14).

이 말씀은 바알에게 제사하는 모습이다. 나무가 우거진 곳은 바알이 비를 내렸기 때문이고, 남녀 창기들이 바알과 아세라 목신(木神)에 제사하는 행위가 산당에서 교잡(交雜)하여 바알과 아세라 여신을 흥분시켜 그 신들도 교잡(交雜)하게하므로 땅이 생산의 능력을 발휘한다는 것으로 이것이 이스라엘의 우상행위였다는 것이다.

하나님은 그 백성들을 발가벗겨서 그 부끄러움을 만방에 드러내신다고 하셨다. 그때 신부 이스라엘이 본 남편에게로 돌아오게 된다는 것이다. [호세아]에게 돌아온 [고멜]은 만신창이가 되어서 남편에게 돌아온다. 그녀가 남편에게 돌아오기까지 행한 모든 일이 다 창녀 짓이었다. 고멜은 오직음행으로 남편도 자식들도 다 버리고 창기에 긴긴 세월을 살던 누더기가 되어버린 여인이었다. 호세아는 그녀의 몸값을 치르고 그녀를 자신의 품으로 들여오는데, 그렇게 하는 것도 하나님의 명령이었다. 이 놀라운 은총의 시행은 하나님자신이 핏 값을 치루고, 하나님 떠난 인간을 다시 자신의 품으로 불러들이시겠다는 큰 자비의 구속을 알게 하시는 언약의 증표였다.

7. 신약시대의 신랑과 신부

구약의 하나님은 신약시대에 와서 그의 신부를 교회에 대치시킨다. 요한복음 6장 28-29절에서 예수님은 하나님의 보내신 자를 믿는 것이 하나님의 일이라 하셨다. "저희가 묻되 우리가 어떻게 하여야 하나님의 일을 하오리이까? 예수께서 대답하여 가라사대 하나님의 보내신 자를 믿는 것이 하나님의 일이니라 하시니" 하나님의 신부 이스라엘의 옳은 행실이 뭔가? 하나님이 보내신 예수를 믿는 것이다. 바리새인과 서기관들처럼 율법의 문자대로 살면서 나쁜 일 안하는 문제가 아니다. 예수님을 믿는 믿음이 바로 신부들이 입어야 할 세마포 예복이다. 예복 없이는 혼인잔치에 못 들어간다.

성경이 말씀하시는 간음의 본질적 의미는 하나님의 품을 떠나있으면서도 [고멜]처럼 돌아오기를 꺼려하는 영적 불경건의 상태인 것이다. 성경을 보는 복음적 시선은 반드시 지킬 규범이나 심판과 정죄의 근거로 보는 것이 아니라, 그리스도의 완성된 구원의 현장에서 하나님의 한량없는 은혜를 찬송하며 하나님의 나라와 하나님의 의를 이루기 위해 투신하는 근거로 계명을 보는 것이다.

우리에게 성경이 율법주의가 되면 우리는 간음을 하는 신부가 되고 만다. 왜냐하면 하나님의 백성이라 하면서 신랑의 품으로 온통 들어가 신랑이 마련한 모든 은혜의 혜택을 누리는 신부의 모습이 아닌 다른 방법, 즉 자신의 독단적인 행동과 자신의 의를 내세워, 자기는 혼자서 살겠다고 신랑에게 가는 것을 거부하기 때문이다. 그래서 바리새인들 서기관들과 율법주의자들은 간음자인 샘이다. 그들은 그들의 조상들의 못된 음란을 그대로 답습하고 있는 것이다.

스데반 집사는 마지막 메시지에서 바리새인들과 서기관들, 대제사장들과 유대인들을 신랄하게 공격하였다.

"우리 조상들이 모세에게 복종하지 아니하고자 하여 거절하며 그 마음이 도리어 애굽으로 향하여 아론더러 이르되 우리를 인도할 신들을 우리를 위하여 만들라 애굽 땅에서 우리를 인도하던 이 모세는 어떻게 되었는지 알지 못하노라 하고 그 때에 그들이 송아지를 만들어 그 우상 앞에 제사하며 자기 손으로 만든 것을 기뻐하더니"(행 7:39-41)이 조상들의 간음의 행위를 지금 너희들이 행하고 있는 것이 아니냐 라고 하는 말이다.

하나님이 외면하사 그들을 그 하늘의 군대 섬기는 일에 버려두셨으니 이는 선지자의 책에 기록된바 이스라엘의 집이여 너희가 광야에서 사십 년간 희생과 제물을 내게 드린 일이 있었느냐 몰록의 장막과 신 레판의 별을 받들었음이여 이것은 너희가 절하고자 하여 만든 형상이로다 내가 너희를 바벨론 밖으로 옮기리라 함과 같으니라(행 7:42-43).

그는 자신을 돌로 쳐 죽일 것을 알면서도 결연히 '너희가 바로 음행으로 신랑을 배신한 자들의 후손들이라'고 외친다.

> 목이 곧고 마음과 귀에 할례를 받지 못한 사람들아 너희도 너희 조상과 같이 항상 성령을 거스르는 도다. 너희 조상들이 선지자들 중의 누구를 박해하지 아니하였느냐 의인이 오시리라 예고한 자들을 그들이 죽였고 이제 너희는 그 의인을 잡아 준 자요 살인한 자가 되나니 너희는 천사가 전한 율법을 받고도 지키지 아니하였도다. 하니라(행 7:51-53).

스데반의 의분의 외침은 저희 유대인들을 향한 인간적 적개심이 아닌 하나님의 나팔이었다. 돌에 맞아 죽으면서도 돌 던지는 영혼들을 위해 기도하는 것은 예수님의 온유하신 영에 충만해 있었기 때문이다. 사도 요한은 복음서에서 현장에서 잡힌 간음한 여자의 사건을 기록하였다.

> 서기관들과 바리새인들이 간음 중에 잡힌 여자를 끌고 와서 가운데 세우고 예수께 말하되 선생이여 이 여자가 간음하다가 현장에서 잡혔나이다. 모세는 율법에 이러한 여자를 돌로 치라 명하였거니와 선생은 어떻게 말 하겠나이까 저희가 이렇게 말함은 고소할 조건을 얻고자하여 예수를 시험 함 이러라 예수께서 몸을 굽히사 손가락으로 땅에 쓰시니 저희가 묻기를 마지아니하는지라 이에 일어나 가라사대 너희 중에 죄 없는 자가 먼저 돌로 치라 하시고 다시 몸을 굽히사 손가락으로 땅에 쓰시니 저희가 이 말씀을 듣고 양심의 가책을 받아 어른으로 시작하여 젊은이까지 하나씩 하나씩 나가고 오직 예수와 그 가운데 서있는 여자만 남았더라. 예수께서 일어나사 여자 외에 아무도 없는 것을 보시고 이르시되 여자여 너를 고소하던 그들이 어디 있느냐 너를 정죄한 자가 없느냐 대답하되 주여 없나이다. 예수께서 가라사대 나도 너를 정죄하지 아니하노니 가서 다시는 죄를 범치 말라 하시니라(요 8:3-11).

은혜의 주님 앞에서 영적 간음을 하고 있는 자들이 육체적 간음을 하다 적발된 여자를 끌고 와서 돌로 쳐 죽이려 하고 있는 것이다. 돌에 맞아 죽어야 할 그 간음한 신부의 모습이 바로 자신들의 모습이라는 것을 그 율법주의자들은 알지 못하고 있는 것이다. 돌 맞아 죽어야 할 자는 정작 자신들이었으나 그들은, 그것도 여자만 정죄하여 죽이려고 혈안이 되어 있었다.

이것이 율법에서 벗어났다고 자처하는 교회들의 모습이다. 신랑 되시는 복음의 그리스도를 두고 율법이 아닌 율법주의에 빠져있는 모습이나, 종교는 아니나 종교생활에 빠져있는 모습이나, 기독교 신비가 아닌 신비주의에 빠져있다면 이는 분명히 영적음행이다. 주님을 사랑한다 하면서 교권과 자리 잡기에 혈안이 되어있는 것도 영적 간음이다.

"너희가 그것을 먹는 날에는 너희 '눈'이 밝아 하나님과 같이 되어 선악을 알 줄을 하나님이 아심이니라 여자가 그 나무를 '본즉' 먹음직도 하고 보암직도 하고 지혜롭게 할 만큼 탐스럽기도 한 나무인지라 여자가 그 실과를 따먹고 자기와 함께 한 남편에게도 주매 그도 먹은지라"(창 3:5-6). 이게 처음부터 뽑아야할 눈이고 잘라내야 할 손이다.

"만일 네 오른 눈이 너로 실족케 하거든 빼어 내버리라 네 백체 중 하나가 없어지고 온 몸이 지옥에 던지 우지 않는 것이 유익하며 또한 만일 네 오른손이 너로 실족케 하거든 찍어 내버리라 네 백체 중 하나가 없어지고 온몸이 지옥에 던지 우지 않는 것이 유익하니라"(마 5:29-30). 주님은 신부들에게 간음하게 만드는 눈과 손을 찍어 버리라고 말씀을 하신다. 그건 단순히 몸을 범죄 하게 하는 지체를 찍어 버리라는 말씀이 아니다. 만일 그런 정도의 경고라면 우리의 몸은 이미 장기(臟器) 하나도 남아있지 않아야 한다. 이 말씀은 하나님의 품을 떠나 음란과 거짓의 아비 사탄과 눈이 맞아 배신한 인간의 간음죄에 대한 '절대적 심판'을 말하는 것이다. 이것은 또 그 심판을 모면할 길의 '절대적 불가능'을 말하는 것이기도 하다. '절대적'이란 말은 하나님께만 해당되는 말이다.

하나님은 이 땅에 한 민족을 세워 하나님의 백성으로 만들고 그들의 하나님이 되시기를 기뻐하셨다. 그들의 혈통을 따라서 하나님자신이 친히 메시아(그리스도)로 간음의 현장에 찾아오실 것을 미리약속하시고, 약속대로 창기 된 인간을 하나님의 집으로 데려가시는 계획을 실행하셨다. 이것이 구원이고 이구원이 모든 인간을 대상으로 하기 때문에 시간이 필요한데, 이 기다림이 하나님의 계획된 구속의 역사가 되는 것이다.

이스라엘은 이 소식을 전하도록 먼저부름을 받은 것이다. 그러나 그들은 하나님의 의도하심을 철저히 외곡 해버렸다. 놀라우신 인내의 하나님이 그들을 설득하되 그들의 조상 적부터, 하나님이 육신을 입고오신 지금까지 아니, 그이후로도 그들을 설득하시고 계셨다.

> 아, 상상할 수 없는 하나님의 기다리심이여
>
> 아, 측량할 수 없는 하나님의 사랑이여
>
> 아, 한없는 하나님의 자비하심이여
>
> 아, 끝없는 하나님의 은총이여
>
> 아, 풍성한 하나님의 긍휼이여
>
> 아, 영원하신 하나님의 인자하심이여

이 놀라운 은혜가 간음의 현장에서 쏟아진다. 여인을 고발하는 자들 앞에서 예수님은 땅에 글을 쓰시고 "..이에 일어나 가라사대 너희 중에 죄 없는 자가 먼저 돌로 치라" 하실 때 서기관들과 바리새인들은 지금까지 감추어진 자신들의 현장을 보게 되었다. 앞의 7장에서 초막절을 지키려고 밤에 촛불을 밝히고 즐거워했던 그들이었지만 흑암 속에 감추어 두었던 영적 간음은 밝힐 수 없었다. 예수님의 죄 없는 자가 먼저 돌로 치라하신 말씀으로 자신들의 죄가 자신들에게 폭로되었다. 이것도 그들에게 베푸신 은혜이다. 그들의 모든 위선에다 살인의 죄를 더 추가하지 않게 되었기 때문이다.

그들의 죄인 됨이 폭로되자 율법주의자들은 어두움이 빛에 사라지듯, 은혜를 피해 다 도망했다. 그런데 공개적으로 간음의 현장에서 잡혀온 여자만이 그 자리에 꼼짝도 않고 서있었다. 이 고발된 여인 앞에 한분 예수님만 계셨다. 비참한 인생이 오직 예수님만 보일 때 모든 올무와 함정에서 자유가 주어진다. 그녀는 그저 예수님의 처분만을 기다리고 있을 뿐이었다. 예수님은 이 여인에게 말씀하신다.

"너를 고소하던 자들, 너를 정죄한자들이 있느냐"

"주여 없나이다."

"나도 너를 정죄하지 아니하노니 다시는 죄를 짓지 말라"

예수님의 말씀은 이런 뜻이라 할 수 있다. '이 여자야, 그게 뭐가 그리 좋아서 생명을 걸었냐. 그게 네 수치와 부끄러움을 만천하에 폭로 되는 것을 감수할 정도란 말이냐 왜 순간적인 음욕으로 네 인생을 건단 말이냐 그럴 가치가 있느냐' 이런 격려가 아니겠는가 "이제 그리스도 예수 안에 있는 자에게는 결코 정죄함이 없나니 이는 그리스도 예수 안에 있는 생명의 성령의 법이 죄와 사망의 법에서 너를 해방하였음이니라"(롬 8:1-2)의 말씀이 이 여인에 실행이 되었다.

'만물의 주인인 내가 너를 정죄하지 않는다. 이 은혜 속에 있는 너를 누가 감히 정죄할 수 있단 말이냐 그러니까 사람들의 이목이나 판단 등으로 너의 가치를 가늠하는 그런 간음하지 말고 내 은혜 안에서 자유 하라'는 말씀인 것이다. 예수님은 벌거벗은 부끄러움도 다 품어주시는 은혜와 사랑의 신랑이라는 걸 잊지 말라는 것이다. 예수님은 여인을 받아 주셨다.

예수님께 의탁한 [막달라 마리아]도 그 문제를 해결하였고, 남편을 다섯이나 바꿔치던 사마리아 연인도, 구약시대의 유다의 며느리 [다말]이나 여리고성의 기생 [라합], 그리고 역사의 현장 속에 무수히 버림받은 여인들이 하나님의 품에 들어가 인생이 바뀌었다. 다말과 이방인 기생이 하나님의 이스라엘, 그것도 다윗 왕과 그리스도의 계보에 들어가게 된 것은 하나님의 은혜 앞에 율법의 세력은 아무런 힘을 발휘할 수 없다는 증거이다.

예수님을 만나는 모든 인간은 그 분의 복음의 능력으로 모두 변한다. 그야말로 수고로운 인생과 무거운 삶의 짐을 예수님께 가지고 들어가는 것이 유일하게 사는 길이다. 우리 구세주의 은혜 안에 머무르는 것이 사는 길이라는 말이다.

한 발짝만 예수님이 계시지 않는 곳으로 이동하면 그 여자는 곧 돌에 맞아 죽는다. 그래서 그 여인은 절대로 예수님을 떠날 수가 없다. 이게 바로 구원받은 자의 현주소이다. 자기가 누구인지를 알고, 자기가 어떻게 살아나 예수님의 신부가 된 것을 아는 사람은 예수님의 품을 절대로 벗어날 수가 없다. 그 은혜의 울타리 밖으로 나가는 순간 율법의 돌과 사탄의 화전(火箭)에 공격받아 치명적인 상처를 받게 된다는 것을 안다.

산상수훈의 간음하지 말라는 말씀은 인류의 근원적인 죄, 즉 인간의 하나님 떠난 사건으로부터 접근해야 해석이 바로 된다. 거기서 영적 간음이 시작되었기 때문이다. 예수님의 수훈은 단순히 육체적 순결을 유지하라는 말에 그치는 것이 아니라 하나님이 보내신 참 신랑이신 예수님의 은혜와 사랑을 뿌리치고, 자기의 힘과 의로 살아가겠다고 뛰쳐 나가서 온갖 잡신들과 합방하는 인간의 영적 간음을 더 심각하게 생각해야 될 말씀인 것이다.

> 간음하는 여자들이여 세상과 벗된 것이 하나님의 원수임을 알지 못 하느뇨 그런즉 누구든지 세상과 벗이 되고자하는 자는 스스로 하나님과 원수 되게 하는 것이니라 (약 4:4).

8. 영적간음의 현장에 선 전도제자들

이제 세상 사람들이 말하는 간음과 성폭행 같은 것은 세상 법정에 맡기도록 하자. 세상이 인권에 대한 문제를 더 중요시할수록 성에대한 법률도 더 세밀히 만들고 있다. 그런데 동성애 결혼 같은 것이나, 낙태를 허용하는 법안들이 세워지고 있는 것은, 우리 전도자들이 볼 때는 세상의 모든 법규들이 일관성이 없다는 이야기가 된다. 하나님의 성경에 근거하지 않는 세상의 것들은 자가당착에 빠질 수밖에 없다는 것을 우리는 이미 잘 알고 있다.

그래도 우리 자신을 수치와 부끄럼 속에 빠지지 말게 하자. 우리의 다툼과 판결의 사건들을 세상의 법의 판단에 좌우 된다는 사실은 기분이 상할 일임에 틀림없다. 그래서 우리 자신을 단정히 하여 말려드는 일이 없도록 하자. 전도제자는 교회 신자들로 인하여 전도의 문이 막히는 것이 제일 괴로운 일이기 때문이다. 그래서 우리자신과의 영적싸움이 중요시 된다. 세상의 판단을 받게 되는 여러 요인이 영적문제에서 기인되기 때문이다. 그런데 대부분의 그리스도인들이 영적실체와 사건의 영적 배경을 모르고 있다는 것이 안타깝지만 말이다.

> 우리의 씨름은 혈과 육을 상대하는 것이 아니요 통치자들과 권세들과 이 어둠의 세상 주관자들과 하늘에 있는 악의 영들을 상대함이라(엡 6:12).

우리의 싸움은 사람이 아니고 배후의 악의 영들이다. 저들을 이기기 위해서는 전심갑주를 입으라하신다. 이 전신갑주는 하나님이 만드신 것으로 취해서 입어야한다. 우리의 싸움의 현장에서 이기고 또 언제든지 영적 싸움에 뛰어나갈 수 있도록 자세를 갖추어야 한다고 하신다. 잠시 승리했다고 전쟁이 끝난 것이 아니기 때문이다. 영적 싸움은 평생 해야 하고 또 영적 싸움에서 승리할 수 있도록 후대들을 전도자로 세워서 그들의 후손들까지 영적군사로 세워야 한다. 그래서 완전복음으로 무장해야한다.

이 무장은 머리에 구원의 투구를 쓰는 것으로부터 시작한다. 이것은 내가 태어날 때부터 원죄와 사탄과, 지옥의 배경이라는 것을 아는 것으로 이것은 지성(知性)의 부분이다. 이 사실을 발견하면 절대저주, 절대사망이기 때문에 가슴을 치며 애통해 하는데 이것은 감성(感性) 부분이다. 이제는 자신의 힘으로 절대 불가능하지만, 이런 삶에서 돌아서려고 애를 쓴다. 이것은 의지(意志)부분이다.

그에게 복된 소식이 들려왔다. 그리스도께서 모든 문제를 십자가위에서 끝내시고 생명의 길을 열어 놓으신 것을 알게 되었다. 그리스도 되신 예수님을 영접하면 사망에서 생명으로 옮겨진다는 정보를 갖게 되었다. 이것이 지성(知性)의 부분이다. 이제 구원의 길을 찾았으니 가슴에 기쁨의 감격이 넘친다. 이것이 감성(感性) 부분이다. 이제는 본질상 진노의 자리에서 돌아서서, 오직 그리스도 되신 예수님만 따른다. 이것이 의지(意志)부분이다.

영적으로 승리하는 비결이 여기 있다. 내 머리가 그리스도의 비밀로 채워져야 하는 것이다(골 1:26-27, 2:2-3). 전에 세상풍속을 따르며 얻은 사상, 지식, 이념, 의식이 복음의 지식으로 치유되는 것이다. 복음이 유일한 답이 되었고, 오직복음(吳直福音)이 되었다.

또한 그리스도 밖에 있는 동안 얼마나 많은 상처를 주고받았는가 내 속의 미움과 원망과 원한이 복음으로 치유가 되어 내 가슴이 복음화(福音化) 되는 것이다. 이제 가슴에 그리스도의 복음으로 채워지고 이젠 모든 것이 감사와 찬양으로 바뀌는 것이다. 독자인 당신은 복음 안에 있으면 모든 과거는 하나님의 계획과 응답의 발판이 되는 것을 알기나하는가

이제 나의 삶의 규모와 의지가 바뀌어졌다. 삶의 방법도 목적도, 이유도 바뀌어졌다. 삶의 방향도, 성령의 인도 속에서 하나님나라를 위해 사는

것으로 바뀌어졌다. 그래서 나의 말과 행동이 복음적(福音的)이 되었다. 의지부분이 복음으로 치유되는 것이다.

이 모든 무장은 영원한 하나님의 진리의 말씀 곧 성경으로 힘을 쓰는 허리띠가 되고, 한손에 들고 있는 믿음의 방패를 가지고 사악한자의 불화살을 막으며, 다른 손에 있는, 특히 예배 때주신 강단의 말씀으로, 권세가 약속된 말씀, 즉 성령의 검으로 흑암의 세력을 공격하는 것이다.

이 모든 무장을 유지하기 위해 성령 안에서 무시로 기도하며, 이 기도를 지속하기 위해 또 기도하며, 공동체 안에 있는 형제들을 위해서 기도하며, 전도자에게 시대적인 말씀을 계속 주시옵소서 라고 기도하는 것이다. 주의 성령께서 전도자들의 전도와 선교현장에서 당연히 전할 복음을 담대히 전하게 해달라고 기도하는 것이다.

사탄에게 입 맞춘 순간, 아담과 하와는 자기들과 모든 인류를 '마귀의 자녀'(요 8:44)라는 이름의 간음상태로 만들고 말았다. 하나님과의 관계가 깨진 창세기 3장의 사건은 인간의 역사를 영적간음의 부패된 피로 흐르게 하였다.
인간은 하나님을 알만한 것이 보임에도 불구하고 하나님을 썩어질 사람과, 새와 짐승과, 기어 다니는 동물모양의 우상으로 바꾸어 버렸다 (롬 1:23).
하나님같이 되려는 인간욕망의 전차는 하나님의 통제를 지독히 싫어해, 사탄의 사주대로 종교를 만들고 무속과 점술, 갖가지 우상으로 대체상품을 만들어 냈다. 태양과 달과 별을 향해 절하고, 나무와 돌과 흙을 동원해서 거기에 제물을 바치는 간음의 행위를 열심히 하고 있다. 모든 민족들은 그들의 조상신을 만들어 자신들의 문화로 자랑하고 있다.

하나님 형상의 자취가 남은 인간은 놀라우리만치 지혜가 사악해져서 과학과 모든 학문을 우상화하고 물질과 자신들의 명예 또한 우상화하고 있다. 바벨탑을 쌓던 그 지혜로 각처에 신전을 세우고 '민속 문화'라는 이름으로 사람들을 끌어 모으고 있다.

구약시대 이스라엘 백성이 [몰렉우상]에게 자녀들을 제물로 올린 것처럼 지금도 힌두교의 어머니들은 신성하게 여긴 '겐지스'강에 갓난아이를 던져버리는 일을 자행하고 있다.[109]

그들의 행위는 저들의 우상(偶像)신을 달래려는 것이고 큰 희생을 감수한 것이다. 모든 종교인들이 희생적지성을 우상에게 올린다. 그들의 행위가 인류의 가장 심각한 영적간음이라는 사실은 전혀 모르고 있다.

이것은 역으로 그들의 희생은 일종의 구원을 갈망하는 신의식(神意識)에서 나오는 것이라고 볼 수 있는 것이다. 그렇다면 그들에게 참 영생과 유일하신 참 하나님을 만나게 해주는 것이 전도자의 사명이다.

사탄은 세계의 엘리트들을 모으는 작업에 열을 올리고 있다. 그에게 쓰임 받는 단체들이 '프리메이슨'과 '유대교' 또는 '모슬렘'과 '동양의 종교'단체들이다. 뉴에이지가 전 세계에 퍼져있어 각종 점술과 요가, 마술, 점성술을 가르치며 UFO를 창조주로 선전하고 인간을 신의 위치로 올리는 운동을 집요하게 하고 있다. 이들은 모두 귀신을 불러들이는 영적간음을 주선하는 가장 사악한 배교의 단체들이다.

---

109) 몰렉(Molech) : 또는 밀곰(Milcom), 몰렉은 '밀곰'이라고도 불리는 암몬 사람들이 섬기던 우상 이름이다. 성경에는 이 우상에게 제물로 드리기 위해서 자녀를 불 가운데로 지나가게 했다는 기록이 종종 언급되어 있다(왕하 21:6, 겔 16:20, 렘7: 31). 고고학자들이 4세에서 12세까지의 어린아이들을 불에 태워 제물로 드린 수백 개의 납골단지를 발견했다. 하나님은 모세를 통해서 이 우상을 숭배하는 일을 엄히 금지했다. 그러나 이스라엘 백성들은 계속해서 이 신을 섬기곤 했다(레 18:21, 20:1-5). [솔로몬]이 몰렉을 위해 신당을 지었으며, [아하스]와 [므낫세]는 자기 자녀들을 몰렉에게 제물로 드렸다(왕하 16:3, 21:6). [요시야]왕 때는 신앙개혁으로 몰렉 숭배를 엄히 금지한 바 있다. 그러나 유다 말기에 갈수록 몰렉 숭배는 점점 더 성행했다(렘 7:31, 겔 16:20-21, 23:3,39). '암몬' 사람들은 몰렉을 '그모스'라고 부르면서 자기의 민족 신을 삼았다. 그들이 어린아이를 몰렉에게 제물로 드린 것은 서원에 대한 증표로 드린 것이다. /김희보, 『구약 이스라엘사』,총신대출판부,pp40-41

그들은 참된 복음을 가진 교회를 원수로 여기며 '기독교 말살' 운동을 지상 목표로 설정하고 있다. 이들 속에 교회의 많은 지도자들이 가입되어 있다는 것은 정말로 현 교회의 심각한 문제들을 생각하게 한다. 그들은 자기들의 세력으로 '세계단일정부'를 목표로 잡고, 이를 위해 '단일경제', '단일종교'를 지향하며, 그들의 전략은 전 세계의 정치인 경제인 예술인, 스포츠인, 미래를 위해 대학의 수재들을 모으고 적그리스도를 기다리는 것이다.[110]

주님께서는 속히 그들을 복음 앞에 무릎을 꿇게 하실 것이다. "평강의 하나님께서 속히 사탄을 너희 발아래에서 상하게 하시리라"(롬 16:20) "나의 복음과 예수 그리스도를 전파함은 영세 전부터 감추어졌다가 이제는 나타내신바 되었으며 영원하신 하나님의 명을 따라 선지자들의 글로 말미암아 모든 민족이 믿어 순종하게 하시려고 알게 하신 바 그 신비의 계시를 따라 된 것이니 이 복음으로 너희를 능히 견고하게 하실 지혜로우신 하나님께 예수 그리스도로 말미암아 영광이 세세무궁 하도록 있을지어다 아멘"(롬 16:25-27). 그러므로 그리스도의 제자들이여 전도자들에게 주신 약속을 잡고 현장으로 달려가는 일에 일심 전심 지속하자.

> 밤에 주께서 환상 가운데 바울에게 말씀하시되 두려워하지 말며 침묵하지 말고 말하라 내가 너와 함께 있으매 어떤 사람도 너를 대적하여 해롭게 할 자가 없을 것이니 이는 이 성중에 내 백성이 많음이라 하시더라(행 18:9-10).

모든 이교도들 안에도 주님의 구원 주시기로 작정된 자들이 많다. 아니 많은 정도가 아니고 전 인류가 하나님을 떠난 영적 간음상태에 빠져있기에 하나님의 구속의 손길을 펼치고 계신 것이다.

---

110) 팀 라하이(Tim La Haye)박사, 『도전하는 현대 무신론』 부제<기독교대 인본주의>, 보이스사, p137

음녀 이세벨에 미혹당한 인간들은 모든 것을 동원하여 자신을 창조하신 하나님을 외면하고 있다. 자기를 지으시고 끔찍이 사랑하셨고, 사랑하고 계신 신랑의 품으로 돌아오기를 여전히 거부하고 있다. 오히려 인간은 과학을 동원하여 더욱 하나님 없는 집안을 세워나가고 있다. 인간은 과학적 법칙을 세우고 하나님을 배제(排除)시켜 버린 지 오래되었다. 이 땅의 모든 문제를 스스로 해결할 수 있다고 호언장담하고 있다.

사랑의 하나님은 한편 진노의 하나님이시기도 하다. 자비의 하나님은 심판의 하나님이기도하시다. 그래서 영적간부(靈的奸婦) 인간은 시한부 삶을 살 수밖에 없다. 하나님의 은혜의 시간이 막이내리면 돌이킬 수 없는 영원한 고통의 형벌에 떨어진다. 물론 그가 좋아 따르던 저 마귀와 그의 사자들과 함께 영원한 불 못에 떨어진다. 간음함으로 하나님을 떠나 딴살림을 차린 인간은 하나님 다시 찾고 싶어도 그 길을 스스로 찾을 수 없다. 인간은 하나님의 사랑을 받을 만한 자격이 없으며 음녀의 함정과 올무와 굴레에서 벗어날 수가 없다. 그래서 하나님은 그리스도를 보내시겠다고 하신 것이다.

하나님은 그리스도 언약을 창세기 3장, 비극이 시작된 그때부터 끊임없이 말씀해 오셨다. 이스라엘은 주변의 모든 민족들에게 이 언약을 전해야 했다. 그것이 그들을 선민으로 세우신 목적이었다. 그들은 사명자로서 기름부음을 받았다(시 105:15). 그러나 그들은 오히려 하나님의 언약을 버리고 주변나라의 우상을 연모했다. 그들은 우상에게 빨리 달려가서 행음을 하고 있을 때에도 하나님은 많은 선지자들을 세워서 이스라엘이 돌아올 것을 독려하셨다.

인자하심이 영원하신 하나님은 이스라엘의 계속된 배신의 행위에도 자신과의 관계를 회복하시겠다고 약속하셨다. 예수님이 비유로 말씀하신

집나간 아들을 애타게 기다리시는 아버지의 이야기는 하나님의 마음을 알게 해주셨다(눅 15:11-32). 전도자는 간부(奸婦)가 된 세상에게 돌아온 탕자의 이야기를 해줘야 세상은 아직 소망이 있다는 것을 발견하게 된다.

> 나 여호와가 말하노라 너희는 나의 증인, 나의 종으로 택함을 입었나니 이는 너희가 나를 알고 믿으며 내가 그인 줄 깨닫게 하려 함이라 나의 전에 지음을 받은 신이 없었느니라 나의 후에도 없으리라 나 곧 나는 여호와라 나 외에 구원자가 없느니라. 내가 알려 주었으며 구원하였으며 보였고 너희 중에 다른 신이 없었나니 그러므로 너희는 나의 증인이요 나는 하나님이니라. 여호와의 말씀이니라(사 43:10).

전도제자의 길은 이 말씀을 따라가는 길이다. 전도제자의 길은 십자가에 못 박히신 그리스도를 전하는 길이다. 전도제자들은 영적간음에 빠진 인류를 향한 하나님의 애타는 마음을 세상에 알리는 기름부음을 받은 자들이다. 아브라함의 육신적 후손인 이스라엘이 포기한 그 천명을 실현하는 자들이다. 정치경제, 과학과 철학의 지혜를 자랑하는 인간들에게 하나님은 전도의 미련한 것으로 구원의 방법을 택하셨다. 철학은 성경 밖에서 '인간이 무엇이냐' '참된 인간의 길은 또 무엇이냐' 애를 쓰면서 나름 답을 내놨지만 그것들은 영생의 길을 찾는데 있어서는 일고의 가치가 없는 것들이다. 저들에게는 하나님의 십자가의 길이 어리석게 보인다. 그래서 멸망이 그들의 종착역이 된다. 십자가의 도가 그들에게 여전히 인기가 없으나 하나님은 생명의 길을 거기에다 마련하셨다.

하나님의 지혜에 있어서는 이 세상이 자기 지혜로 하나님을 알지 못하므로 하나님께서 전도의 미련한 것으로 믿는 자들을 구원하시기를 기뻐하셨도다. 유대인은 표적을 구하고 헬라인은 지혜를 찾으나 우리는 십자가에 못 박힌 그리스도를 전하니 유대인에게는 거리끼는 것이요 이방인에게는 미련한 것이로되 오직 부르심을 받은 자들에게는 유대인이나 헬라인이나 그리스도는 하나님의 능력이요 하나님의 지혜니라(고전 1:21-24).

제16장

전도제자와 구제

(마 6:1-4)

사람에게 보이려고 그들 앞에서 너희 의를 행하지 않도록 주의하라 그리하지
아니하면 하늘에 계신 너희 아버지께 상을 받지 못하느니라 그러므로
구제할 때에 외식하는 자가 사람에게서 영광을 받으려고 회당과 거리에서
하는 것 같이 너희 앞에 나팔을 불지 말라 진실로 너희에게 이르노니 그들은
자기상을 이미 받았느니라. 너는 구제할 때에 오른손이 하는 것을 왼손이
모르게 하여 네 구제함을 은밀하게 하라 은밀한 중에 보시는 너의 아버지께서
갚으시리라(마 6:1-4).

예수님은 마 5:20에서 "너희 의가 서기관과 바리새인보다 더 낫지 못하
면 결코 천국에 들어가지 못하리라"고 하신바 있다. 그들은 율법의 문자를
중심으로 한 반면 제자들은 마음의 동기도포함해서 말씀을 받기 때문에 그
들보다 더 낫다. 제자들은 모든 불신자들이 자기를 사랑하는 자들을 사랑
하는 수준이 아닌 원수들까지 포함하는 사랑을 새 계명으로 받았다.

6장 1절에서도 "사람에게 보이려고 그들 앞에서 너희 의를 행하지 않도
록 주의하라"고 하셨고 5절에는 "너희는 ..외식하는 자와 같이 하지 말라."
고 하셨다. 이교들과 같이 주문외우는 기도를 "본받지 말라"고 하신다(8절).

구제와 기도, 금식은 모든 종교가 다 가지고 있는 것들이다. 그리스도
안에 있는 자들은 이에 대해서도 서기관들과 바리새인들, 우상을 섬기는
이교도들과 세상의 불신자들과 달라야한다고 말씀하신다. 제자들은 또 교
회라는 이름은 사용하지 않으셨으나 교회의 세속화나 명목상의 선행이나

특히 교회의 기득권, 즉 교권을 가진 자들과 같이 되는 것을 경계하시는 말씀이다.

주님이 단호히 경계하시는 것은 구제와 기도, 금식을 사람에게 보이려 하지 말고 하나님 앞에서 하라는 것이다. 이것은 구제와 금식뿐 아니라 신앙생활의 모든 부분에서 적용해야 된다. 주님은 구제하는 것 자체를 경계하시는 것이 아니라 자기 의를 자랑하기 위하여 요란을 떠는 것을 지적하시는 것이다. 서기관들과 바리새인들은 이점에 있어서 가장 머리를 잘 굴렸다.

어려움을 당하는 사람을 도와주는 것은 그리스도인뿐만 아닌 불신자들에게서도 얼마든지 찾아볼 수 있는 인간애이다. 어려움과 빈곤에 처한 사람을 돕는 것은 사람으로서는 당연한 것이며, 그리스도인으로서는 상식이며, 전도자로서는 전도의 문이 된다. 잠언 28장 27절에 "가난한 자를 구제하는 자는 궁핍하지 아니하려니와 못 본체하는 자에게는 저주가 크리라"고 하신 말씀은 특별히 하나님의 자녀에게만 주신 말씀이 아닌 신불신 간에 일반적 행위와 보답을 말씀하는 것이다.

"사람에게 보이려고 그들 앞에서 너희 의를 행하지 않도록 주의하라" 하실 때 주님은 바리새인들의 기만을 경고하신 말씀이다. 그들은 선행을 악한 방식으로 행하였다. 사악한 인간의 기부(寄附)의 행위는 거의 타락한 인성의 욕망에서 나오게 된다. 마피아가 마약, 인신매매 등으로 갈취한 막대한 돈 중에 제법 큰돈을 기부하는 행위는 그야말로 기만이다. 선전용이기 때문이다. 교황청의 [비오 11세](Pius XI)와 [무솔리니]의 관계처럼, 숱한 일이 교회라는 이름으로 자행해 하나님을 기만했다.[111]

예수님은 마 5:16에서는 "이같이 너희 빛이 사람 앞에 비치게 하여 그들로 너희 착한 행실을 보고 하늘에 계신 너희 아버지께 영광을 돌리게 하라"고하셨는데 구제나 기도와 금식의 착한 행실은 사람 앞에서 숨기라고 하신다. 이중에 하나는 이행할 것을 명하시고 하나는 금하셨다. 두 경우 모두 '사람에게 보이기 위함이면서 하나님 앞에서 판단을 받음'에는 똑같다. 그러나 빛을 비추는 착한행실을 '보게 하라'하심은 믿음의 담력을 종용하신 말씀이지만, '보이지 않게 하라'는 말씀은 우리 몸에 배어 있는 허식 때문이다. 숨기고 싶은 유혹을 받을 때는 보여주어야 하고, 보여주고 싶은 유혹을 받을 때는 숨겨야 하는 경우가 종종 우리 앞에 나타난다.

전 재산을 팔아 구제를 한다고 해도 우리자신이 받은 하나님의 자비에는 조금도 미치지 못한다. 재산이 문제가 아니라 하나님 아버지의 이름이 모욕 되는 현장에서는 순교까지 감당할 수 있는 믿음을 달라는 기도가 있어야 된다. 그러므로 두 명령의 목적은 같은 것으로서 하나님의 나라이고 하나님의 의를 위함이다.

구제와 기도와 금식은 기독교 신자들만의 것이 아니다. 이방 종교인들이나 유대인들, 특히 유대교 기득권층에 있는 자들이 열심히 실천하고 있는 것들이었다. 예수님이 제자들에게 없는 것을 새롭게 만들어 지키라 명하신 것이 아니고, '너희들도 그것을 할 때'라고 말씀하셨다(2, 5, 16절). 모든 사람들이 그렇게 할 것이며 제자들에게는 더더욱 당연한 것이다.

---

111) 비오 11세와 무솔리니 : 1506년부터 약 120년간 재건된 바티칸 대성당이 '평화'의 상징물처럼 세워졌으나 실상은 하나님의 이름을 이용한 자신들의 권위와 공적을 노린 교황청과 중세 카토릭교회의 부패가 낳은 산물이다. 교황청은 바티칸 대성당 건립을 위해 유럽 국가들로부터 기부금을 받았지만 부족했다. 교황 [레오 10세](Leo X, 1513-1521)는 바티칸 성베드로 대성당 건축을 위해 '면죄부'를 팔기 시작했다. 1922년 교황 [비오 11세](Pius XI, 1857-1939)는 '무솔리니는 신의 명을 부여받은 인간'이라고 추켜세웠고 이후 무솔리니는 선거에서 압승을 거두었다. 교황 비오 11세는 [히틀러]도 지지했다. 교황이 이들을 지지한 것은 히틀러와 무솔리니가 공산주의로부터 카토릭 교회를 지켜줄 것이라는 기대와 함께 '파시스트'들과 주고받는 막대한 경제, 정치적 거래가 있었기 때문이었다. 1929년에 교황 비오 11세와 이탈리아 수상 무솔리니는 로마의 라테란 궁전에서 '라테란 조약'을 체결하여, 교황청은 이탈리아를 국가로 인정하고, 이탈리아는 바티칸에 대한 교황권의 주권을 인정하고 독립을 보장하였다. 또한 바티칸 시는 이탈리아에 대한 세금을 면제받았다. 그래서 일부 역사가는 2차 세계대전이 발생한 원인으로 '교황이 무솔리니와 히틀러와 야합한 것'을 들고 있다. 비오 12세(Pius XII)는 2차 세계대전이 끝난 후에도 나치의 유대인 대학살에 침묵하여 비난을 받았다. /출처: '교황의 범죄 역사', 작성자: 광야, 2019.3.14

1. 하나님 앞에서

세상은 모든 것을 사람 앞에서 한다. 그러나 복음은 인간 차원을 넘어 하나님 앞에서 하는 것이다. 세상은 열심히 하라고 가르친다. 그러나 성경은 하나님의 말씀 안에서 하라고 가르친다. 예수님은 기도의 내용을 가르치시기 전에 기도의 본질을 가르치신다. "사람에게 보이려고 그들 앞에서 너희 의를 행치 않도록 주의하라 그렇지 아니하면 하늘에 계신 너희 아버지께 상을 얻지 못하느니라" 사람의 칭찬이 목적이기에 하나님은 응답하실 필요가 없는 것이다. 헌금이나, 구제나, 금식이나, 기도 등 무슨 봉사나 헌신의 행위든지, 심지어는 말하는 모든 것까지도 사람 앞에서가 아닌 하나님 앞에서 하는 체질이 되어야 한다.

나의 구제나 헌신이 인정을 받고 사람들의 칭찬을 받아서 헌금도 더 많이 한다면 결과적으로 하나님 앞에서는 아무 가치가 없다. 기도도 그렇다 기도의 시간을 자랑하면 벌써 가치는 떠내려가 버린다. 마태복음 6장에는 예수님께서 기도를 가르치신다. 그 전에 서론에서 사람 앞에서 하지 말라. 그러면 하나님 앞에서는 상은 없다고 하신다.

6장 2절에 보니까 "그러므로 구제할 때에 외식하는 자가 사람에게 영광을 얻으려고 회당과 거리에서 하는 것 같이 너희 앞에 나팔을 불지 말라 진실로 너희에게 이르노니 저희는 자기상을 이미 받았느니라"고 하셨다. 3-4절에도 "너는 구제할 때에 오른손의 하는 것을 왼손이 모르게 하여 네 구제함이 은밀하게 하라 은밀한 중에 보시는 너의 아버지가 갚으시리라"고 하셨다. 양손이야기는 전혀 표시 없이 하라는 말씀이다. 5절에도 "또 너희가 기도할 때에 외식하는 자 같이 되지 말라" 외식한다는 말은 밖으로 막 꾸미는 것을 의미한다. 분명히 "저희는 자기상을 이미 받았느니라"고 하셨다.

실컷 신앙생활 했는데 하나님으로부터 한 가지도 인정을 못 받는 미련함이여 바리새인 서기관들은 종교인으로 중생한 자들이 아니기에 꾸미는 짓밖에는 할 수가 없다. 그들이 혹 이방인 [고넬료] 같이 진실함이 있었다면 하나님이 은총을 베푸셨을 것이다. 그렇다면 고넬료와 같이 생명 얻는 회개에 이르게 될 수도 있었을 것이다(행 10:1-5, 11:18). 그러나 주님은 저희들에게는 슬피 울며 이를 갈이 예비 되었다고 하셨다(마 24:51).

저희 서기관과 바리새인들은 헌금도 하나님 앞에서가 아니었다. 자기들이 정한 전통에 정해진 대로했다. 구제역시 그랬다. 구제할 때에는 나팔을 불고 될 수 있는 대로 많은 사람이 알도록 했다. 예수님은 말씀하시기를 그것이 무슨 구제냐 하신 것이다. 그들은 언제나 이익과 손해를 저울질 하며 수입창출이나, 이름이 높아지는 일이라면 매우 치밀하고 부지런 하였다. 이것이 구제에 있어서도 그 법칙을 적용한 것이다.

오늘날 교회 안에서 자기이름이나 이익을 위한다면 다툼과 모함이 서슴없이 일어난다. 그러면서도 라면 상자와 구호품 전달하는 사진에 올린다. 하나님이 보실 때 그것이 어떻게 구제냐 하실 것 아닌가? 아무 사랑도 없고 내용도 없는 그것이 어떻게 구제가 되겠는가? 오늘날 기독교와 당시 서기관 바리새인들이 거의 똑같다.

여러 가지 기도 프로그램 만들어 가지고 기도를 많이 하지만 혼자 있을 때 기도가 안 된다면 하나님이 보실 때는 기도가 아닐 것이다. 바리새인은 기도 시간 정해 놓고 기도하러 간다. 그런데 실제로 그 사람들에게는 기도할 시간은 없었다.

우리는 올바른 구제, 올바른 헌금, 올바른 기도부터 회복해야 한다. 우리는 하나님 앞에서 해야 된다. 우리가 대표기도 할 때에는 사람을 의식하는 기도가 될 수밖에 없는데 이때도 하나님 앞에서 기도하도록 의도적으로 노력해야 할 것이다. 헌금 할 때도 하나님께 드리는 너무 중요한 시간이라는 것을 알아야 된다. 남이 알아주든 말든 내가 드리는 이 예물이 복음 전파하는데 쓰이기 때문에 이것이 시대적인 축복이라는 사실을 알아야 되는 것이다. 하나님 앞에 헌금 드리는 그 시간이 하나님 나라의 경제가 회복되는 시간이다. 이 선한 행위를 할 때는 하나님 앞에서 하는가 사람에게 보이려고 하는가 의 문제가 남는다. 여기서 제자들의 선택이 들어난다. 저희 사람에게 칭찬을 기대하는 자들은 매사에 생명 살리는 것이 목적이 아닌, 자신의 자랑과 유익을 위해서 행동한다. 이것이야 말로 육신의 정욕과 안목의 정욕과 이생의 자랑인 것이고 저희 서기관들과 바리새인의 외식적 특징이다(요일 2:15-17).

> 이 세상이나 세상에 있는 것들을 사랑하지 말라 누구든지 세상을 사랑하면 아버지의 사랑이 그 안에 있지 아니하니 이는 세상에 있는 모든 것이 육신의 정욕과 안목의 정욕과 이생의 자랑이니 다 아버지께로부터 온 것이 아니요 세상으로부터 온 것이라 이 세상도, 그 정욕도 지나가되 오직 하나님의 뜻을 행하는 자는 영원히 거하느니라(요일 2:15-17).

사실 저희 서기관들과 바리새인들은 어떤 민족보다 먼저 성경을 가졌으나, 하나님의 뜻을 왜곡 한 지도자들이 되었다. 때문에 하나님과 관계를 회복하는 길도 찾지 못했고 하나님의 뜻도 왜곡된 것, 즉 자신들이 만들어낸 것들이었다. 그들은 아브라함과 다윗의 후손 된 하나님의 백성이라 자랑하였으나 자기 땅에 오신 그리스도를 영접하지 않았다. 오히려 그리스도를 십자가에 내 몰았다.

> 유대인들이 이로 말미암아 더욱 예수를 죽이고자 하니 이는 안식일을 범할 뿐만 아니라 하나님을 자기의 친 아버지라 하여 자기를 하나님과 동등으로 삼으심 이러라 (요 5:18).

> 너희가 성경에서 영생을 얻는 줄 생각하고 성경을 연구하거니와 이 성경이 곧 내게 대하여 증언하는 것이니라(요 5:39).
>
> 내가 너희를 아버지께 고발할까 생각하지 말라 너희를 고발하는 이가 있으니 곧 너희가 바라는 자 모세니라 모세를 믿었더라면 또 나를 믿었으리니 이는 그가 내게 대하여 기록하였음이라(요 5:45-46).

예수님은 제자들도 당연히 구제를 할 것으로 여기신다. 구제는 이웃과 관계에 대한 것이고, 기도는 하나님과 관계된 것이며, 금식은 자기 자신에 대한 경건의 문제라 할 수 있다. 저희 서기관바리새인들은 이 세 가지에서 모두 질책을 받았다. 그들은 겉은 깨끗하지만 속은 탐욕과 악독이 가득하다는 예수님의 폭로에 이를 갈았다. 그들은 높은 자리와 사람들의 칭찬을 좋아한다는 것과 경건하게 보이지만 그 속은 노략질하는 이리라고 하시는 책망을 견딜 수가 없었던 것이다.

그들은 일주일에 이틀을 평생 금식했다. 하루 8기간을 기도로 보내고 매일 율법을 낭독한 자들이다. 여호와의 이름을 목숨같이 지키고 매일구제나 선행에 힘썼다. 율법을 극히 귀하게 여기고 세속에 물들지 않기를 힘쓰는 자들이었다. 그러나 하나님이 육신을 입고 오셨을 때는 그 하나님을 향하여 치를 떨었다. 그들은 예수님을 지독히 싫어했다.

그들은 그리스도요 하나님아들이신 예수님이 "내가 모세가 말한 그리스도이며, 하나님의 아들이라"고 하는 그것으로 십자가에 못질해버렸다. 오늘날까지도 그들은 '시내 산'에서 내려와 '갈보리 산'을 바라보라고하면 치욕으로 몸을 떤다. 그들은 칭찬과 존경을 받고자 하는 욕망으로 평생을 외식으로 살았다.

"나는 사람에게서 영광을 취하지 아니하노라"(요 5:41)고하신 주님은 사람에게 보이려고 사람들 앞에서 너희 의를 행하지 않도록 주의하라 하신 주님의 말씀은 너희 선행을 자랑하지 말라는 말씀이다. 사람에게 보이는 것은 결국 자기평판을 위한 것이다.

오른 손이 하는 것을 왼손이 모르게 하라는 말씀은 하나님이 다 알고 계신다는 말씀이다. 우리는 항상 하나님 앞에 서있는 존재이다. 아무리 싫어도 하나님을 피할 수는 없다. 다윗은 하나님께서 "의로우신 하나님이 사람의 마음과 양심을 감찰하시나이다"고 했다(시 7:9). 하나님은 마음의 중심을 다 아신다. 하나님은 동작과 내면의 의도를 함께 보시고 계신다.

예수께서는 "너희는 사람 앞에서 스스로 옳다 하는 자들이나 너희 마음을 하나님께서 아시나니 사람 중에 높임을 받는 그것은 하나님 앞에 미움을 받는 것이니라"(눅 16:15).라고 바리새인들을 책망하셨다. 이 준엄한 책망을 받은 자가 어떻게 자신의 구제를 나팔을 불 수 있겠는가 그러나 바리새인들은 마이동풍이었다. 그들은 사람들의 칭찬으로 보상을 이미 받아버린 상태였고, 정말로 많은 구제와 동정을 베풀며 살았다 해도 하나님의 보상은 기대할 수가 없게 되어버렸다.

2. 전도제자의 구제

주님은 제자들에게 너희 구제는 저들 서기관 바리새인과 같이해서는 안 된다고 하신다. 주님은 제자들을 모든 족속에게로 보내실 것을 계획하셨다. 주님은 땅 끝까지 자신의 복음을 들고 보내시는 청사진을 이미 준비하시고 계셨다. 제자들은 주님이 원하시는 자들로 부르신 분이 주님 자신이셨다. 주님은 모든 족속에게 흩어져서 복음을 전해야하는 제자들에게 가장 중요한 부분을 짚어 주시고 계신 것이다.

제자들을 통해 주님은 영광을 받으셔야하고 주의 이름은 온 천하에 증거 되어야 한다. 주님이 제자를 부르시고 가르치신 목적이 세상의 현장에 불우한 자들과 가난하고 병든 자들이 많으니, 최선을 다해 그들을 도우는 것에 있다고 해석하는 자들에게 동의할 수는 없다. 주님의 신앙생활의 문제를 조목조목 짚고 가르치신 목적은 세상을 살리는 복음 전도에 있는 것이다.

예수님은 어느 날 안식일에 회당에서서 이사야서를 받아 아사야 61장의 부분을 읽으셨다. "선지자 이사야의 글을 드리거늘 책을 펴서 이렇게 기록된 데를 찾으시니 곧   주의 성령이 내게 임하셨으니 이는 가난한 자에게 복음을 전하게 하시려고 내게 기름을 부으시고 나를 보내 사 포로 된 자에게 자유를, 눈 먼 자에게 다시 보게 함을 전파하며 눌린 자를 자유롭게 하고 주의 은혜의 해를 전파하게 하려 하심이라 하였더라(눅 2:17-19).
예수님은 포로 된 자를 자유롭게, 눈먼 자를 다시 보게, 눌린 자를 자유롭게 하며 하나님의 은혜의 해를 전파하기 위해 기름부음을 받은 자, 곧 그리스도가 오시는데 자신이 예언 된 그리스도임을 밝히셨다. 그래서 성경을 읽으신 예수님은 자리에 앉자 회당에 있는 자들에 "이 글이 오늘 너희 귀에 응하였느니라"(눅 4:21)라고 하신 것이다.

예수님은 가난한자에게 구제하려고 오신 것이 아니라 그리스도 일을 위해 오셨다. 그리스도 일은 복음이다. 포로 된 자들이나 눌린 자들을 자유롭게 하며 눈먼 자들이 다시 보게 되는 일은 구원의 복음으로 인한 자유요, 예수님을 만난 소경들이 다 눈을 뜨는 일이 있었음에도 그들에게 자비를 베푸신 궁극적인 목적은 영혼구원을 위한 것이다. 사탄과 흑암에 포로 된 것과 지옥의 운명과 원죄(原罪)와 자(自) 범죄의 저주에서 해방 받는 것 이상 더 큰 치유는 없다. 그렇다면 전도자의 구제행위는 일반사람들처럼 구제로 자기만족감을 누리는 것이 아니라 영혼구원으로 거슬러 올라가야

하는 것이다. 그러지 않으면 이교도들과 불신자들의 수준에 머물고 만다. 물론 신자들의 착한 구제로 기독교가 긍정적 평가를 받는 일이 기쁘지만 말이다.

예수님을 위해 값비싼 옥합을 깨뜨리고 예수님께 향 기름을 부어드린 여자를 어떤 제자가 그것으로 많은 가난한 사람을 구제할 수 있는데 왜 낭비 하냐고 면박을 주었을 때 예수님은 '가만두어라 이 여자는 나의 장례를 준비하는 것이라' 하시면서 가난한 자들은 항상 너희와 함께 있으니 아무 때라도 원하는 대로 도울 수 있으니 구제하면 된다고 하셨다(막 14:3-9). 구제는 상식이란 뉘앙스가 느껴진다.

누가복음 7장에는 감옥소에 갇힌 [세례요한]이 실족할 뻔한 이야기가 나온다. 그는 자신이 예수님을 메시아라고 소개했는데, 메시아가 도래하심으로 무언가 큰 변화의 조짐을 기대했으나 그분이 너무나 평범하시며, 큰 변화의 조짐이 없는 이유로 회의감을 느끼고 자신의 제자들을 보내서 질문을 했다. "오실 그이가 당신이오니이까 우리가 다른 이를 기다리오리까"(눅 7:19) 때마침 요한의 제자들이 예수님께 나왔을 때에 예수님은 질병과 귀신 들린 자들을 많이 고치시고, 많은 소경을 고치시는 현장이었다. 예수님은 그들에게 너희가 세례요한에게 가서 보고들은 것을 알려라하시면서 말씀하셨다. "예수께서 대답하여 이르시되 너희가 가서 보고 들은 것을 요한에게 알리되 맹인이 보며 못 걷는 사람이 걸으며 나병환자가 깨끗함을 받으며 귀먹은 사람이 들으며 죽은 자가 살아나며 가난한 자에게 복음이 전파된다 하라"고 하시고는 "누구든지 나로 말미암아 실족하지 아니하는 자는 복이 있도다"(눅 7:23) 하셨는데 여기에서도 가난한 자에게 구제이야기가 아닌 복음이 선포됨을 이야기하신 것이 분명하다. 또 모든 고침과 복음전파는 세례요한에게 예수님이 그리스도라는 답변이었다.

어느 날 부자청년 한사람이 예수님께 나와서 어떤 선한 일을 해야 영생을 얻을 수 있냐고 질문할 때 예수님은 네가 계명들을 지키라 하셨고, 그 부자는 내가 이모든 계명들을 지키었는데 아직 부족한 것이 있나요 다시 질문할 때, 예수님은 말씀 하셨다. "네가 온전하고자 할진대 가서 네 소유를 팔아 가난한 자에게 나누어 주라 그리하면 하늘에서 보화가 네게 있으리라 그리고 와서 나를 따르라하시니"(마 19:21). 이 청년은 재물이 많음으로 근심하며 돌아갔다. 이 부자청년은 재물 때문에 그리스도의 가장 귀한 초청을 거부했다. 그는 어릴 때부터 받은 탈무드교육에 '가난=죄'라는 등식에 길들여있기에 재산을 없애는 것을 두려워했을 것이다. 재산을 다 줘버리고 나면 가난해 질것이고 그는 죄인이 되니 말이다.

여하튼 만약 그가 재물에 연연하지 않고 예수님의 제자가 되었다면 세상전체를 가슴에 품은 초대교회 제자의 반열에서 큰 기쁨을 누렸을 것이다. 다 쓰지도 못하고 없어질 물질 때문에 이 황홀한 지위를 놓치다니 얼마나 억울한 인생인가

"믿는 사람이 다 함께 있어 모든 물건을 서로 통용하고 또 재산과 소유를 팔아 각 사람의 필요를 따라 나눠 주며(행 2:44-45) 여기에 즐기고 있을 부자청년을 생각해보라. 이 얼마나 영광스러운 인생이었겠으며, 전도자의 인생으로 얼마나 큰 영예가 주어졌을까 이것을 놓치는 억울함이 또 어디 있단 말인가

재물은 복음전하는 도구가 될 뿐 아니라, 재물을 가진 자는 재물을 주님을 따르는 제자로서, 전도와 선교를 위해 사용해서 하늘의 상급이 된다. 하늘에 쌓아두는 보물은 좀이나 동록이 해하지 못하는 영원히 남는다.

누가복음 14장에 주인이 잔치를 크게 준비해놓고 종들을 보내어 손님들을 초청하는데 모두 이런저런 핑계를 대고 다 초청에 응하지 않았다.

'밭에 나가 봐야한다'. '소를 길들여야한다', '결혼이라 못 간다.'하며 사양을 했다. 종이 보고하자 주인은 노하여 "빨리 시내의 거리와 골목으로 나가서 가난한 자들과 몸 불편한 자들과 맹인들과 저는 자들을 데려오라 하니라"(눅 14:21)고 명하셨다. 그래도 큰 잔치라 비어있는 자리들이 있다고 하니 주인이 다시 말한다.

여기의 비유는 천국잔치요 구원을 위한 초청전도라고 해석하는 것에 모든 주석가들 사이에 이견이 없다. 골목의 가난한 자들과 소경들과 다리 저는 자들을 구제하는 박애운동을 잘하라는 말씀이 아니다. 이 비유는 전도를 위한 것이며 천국잔치에 초청하는 구원의 초청인 것이다.

예수님은 이 세상에 구제나 박애를 가르쳐주시려고 오신 것이 아니다. 예수님은 그리스도로 오셨다. 예수님은 그리스도의 일을 하셨다. 예수님이 공생애 중에 병든 자, 눌린 자, 귀신들린 자, 죽은 자를 살리기도 하셨다. 그것은 약속된 메시아가 오시면 자연스럽게 나타날 일이었다. 그러나 그것이 예수님이 오신 목적이 아니다. 기적으로 배고픈 자들을 먹이신 것이나, 병들어 죽은 자를 무덤에서 불러내신 것이나. 귀신들을 명하여 쫓아내신 것이나, 물위를 걸으시고 바람과 풍랑을 잔잔케 하신 것은 예수님이 그리스도이신 것이 들어나는 일들이고 이것이 복음서를 기록한 목적이다.

> 예수께서 제자들 앞에서 이 책에 기록되지 아니한 다른 표적도 많이 행하셨으나 오직 이것을 기록함은 너희로 예수께서 하나님의 아들 그리스도이심을 믿게 하려 함이요 또 너희로 믿고 그 이름을 힘입어 생명을 얻게 하려 함이니라(요 20:30-31).

3. 예수님의 사마리아 현장

전도제자의 의에 주리고 목마른 부분에서 소개했지만 다시 소개하겠다. 예수님은 이스라엘의 사각지대가 되어버린 사마리아에 제자들과 함께 들어가서 사마리아가 사각지대나 재앙지대가 아닌 황금어장인 것을 알게 하셨다. 사마리아에 들어가신 예수님은 그곳 우물가의 한 여인에게 다가 가셨다. 그 여인으로부터 예수님은 자기가 그리스도이신 것을 알려주시 고 예수님을 믿으면 영원히 목마르지 않는 생수를 얻게 된다고 말씀하셨 다. 이 여자는 예수님의 말씀을 오해해서 '내게 생수를 주시옵소서' 라고 말했다. 이 여인의 말뜻은 자신이 물을 기르러 오지 않도록 해달라는 얘기 였다. 이 여인은 사람들을 피해서 정오의 무더운 시간에 물을 기르러 나온 여인이다. 우물터는 모든 아낙들이 모이는 곳으로, 마을안 모든 사람들의 얘기가 펼쳐지는 곳이다. 이 여인은 아낙네들의 혐오의 눈길을 피해서 물 을 기르러 나왔던 것이다.

예수님은 이 여인의 인생의 목마름을 해결해주시려고 "네 남편을 데려 오라"하는 말씀으로부터 시작한다. '내 남편이 없나이다.' 예수님은 "네 말 이 맞다 전에 네 남편이 다섯이 있었으나 지금 있는 남자도 네 남편이 아 니다."하시므로 그녀의 인생의 갈함을 들어내셨다. 이 여인은 자기 인생의 문제에 스스로 직면하지 않을 수 없게 되었다. 자신은 남자를 다섯 명이나 갈아치워도 만족과 평안과 위로가 없었고, 지금 함께 사는 남자도 의지할 수 없는 남자였다. 이 여인에게는 자기인생을 내 맡길 수 있는 남자는 아 무도 없었다. 인생에 목마름을 해결할 수 없었던 이 여인은 예수님의 은혜 로 참 인생의 갈급함을 치유 받았다.

구제라는 것이 어떤 것인가 이 여인을 위해서 우물을 파주는 것이 구 제인가 만약 이 여인의 집에 우물을 파줬다면, 이 여인은 인생의 갈함을 찾지 못했을 것이다. 그 마을에는 이미 좋은 우물이 있고 온 마을이 먹을 수 있을 정도였다. 물이 필요하면 거기를 이용하면 되는 것이다. 예수님의 관심은 그 여인의 영혼이었다. 이 영혼이 생명을 얻고 메시야를 만나서 메시아를 마을에 알리는 전도자가 되는 것이 예수님의 목적이었고, 그 일로 예수님은 이 여인에게 다가가신 것이다.

예수님은 이 현장을 제자들로 보게 하셨다. 제자들이 음식을 마련해 왔을 때 "나는 너희가 알지 못하는 먹을 양식이 있다"(요 4:32)하셨고, 제자들이 의아하고 있을 때 "나의 양식은 나를 보내신 이의 뜻을 행하며 그 일을 온전히 이루는 이것이니라."하시므로 사마리아 전도하신 것을 양식으로 말씀하셨고, "너희는 넉 달이 지나야 추수할 때가 이르겠다하지 아니하느냐 나는 너희에게 이르노니 너희 눈을 들어 밭을 보라 희어져 추수하게 되었도다"(요 4:34-35)고 하심으로 사마리아는 황금어장인 것을 말씀하셨다. 그리고 주님의 양식은 영생에 이르는 영원한 구원이었다는 것을 알 수 있다. 그러므로 구제는 전도를 위한 것 이여야 한다.

구제의 부작용이 얼마든지 나타날 수 있는데 구제 때문에 전도의 문이 막힐 수가 있고, 구제 때문에 사람을 게으르게 할 수가 있다. 그래서 구제는 신중하게 해야 할 뿐 아니라 영혼구원을 위한 효력이 있게 되는 구제여야 한다. 예수님께서 병든 자를 고치시고 귀신들린 자를 치료하시며 소경이 눈을 뜨고 절름발이를 성하게 하신 모든 이적들은 예수님이 바로 약속하신 메시아인 것을 증명하는 것이다. 그래서 그 증거를 본 사람들로 예수님을 그리스도로 믿고 구원에 이르도록 하시는 것이다. 예수님이 오신 것은 어려운 사람들을 돕고 굶주린 사람들을 먹이고 병든 사람을 고쳐주는 그것이 목적이 아님을 확인케 한다.

예수님께서는 구제와 치유와 기적들을 자신이 지금까지 예언된 그리스도요 하나님의 아들이라는 이 사실을 세상에 알리는 수단으로 사용하시고 계셨다. 요한복음 6장에 보면 보리떡 다섯 개와 물고기 두 마리로 오천 명을 먹이시고 열두 바구니를 남기시는 이야기가 있는데 그 5천명이 넘는 무리들이 예수님을 따라 다니며 그들은 끼니를 거르고 배고파하고 있었다. 무리들에게 돈이 있다 해도 음식을 살 데가 없었다.

예수님께서는 제자들을 시켜서 오십 명씩 백 명씩 무리를 지어 앉게 하시고 아이의 도시락, 보리떡 다섯 개와 물고기 두 마리로 오천 명을 다 먹이시고 남은 음식을 모으니 열두 바구니가 되었다. 이일로 인하여 모든 무리들은 환호를 지르며 예수님이 왕이 된다면 경제문제는 걱정할 것이 없다 해서 예수님을 본격적으로 쫓아다녔다.

예수님은 그들을 피해서 한적한 곳으로 올라가 기도하시고 밤에 갈릴리 바다 위를 걸어 건너편으로 가셨다. 무리들은 다음날 배들을 타고 예수님이 계신 건너편으로 몰려왔다. 그리고 무리들이 예수님께 이야기한다. '왜 우리를 피하셨나이까 우리가 당신을 임금으로 삼으려고 하는데 왜 우리와 보조를 같이 안합니까' 이때 예수님은 그들에게 단호히 말씀하신다.

"예수께서 대답하여 이르시되 내가 진실로진실로 너희에게 이르노니 너희가 나를 찾는 것은 표적을 본 까닭이 아니요 떡을 먹고 배부른 까닭이로다. 썩을 양식을 위하여 일하지 말고 영생하도록 있는 양식을 위하여 하라 이 양식은 인자가 너희에게 주리니 인자는 아버지 하나님께서 인치신 자니라"(요 6:26-27) 그 때 무리들이 그들이 질문했다. '우리가 어떻게 하여야 하나님의 일을 하오리이까'(요 6:28) 예수님은 "하나님께서 보내신 이를 믿는 것이 하나님의 일이니라"(요 6:29)고 하셨다.

4. 기적(Miracle)과 표적(Sign)

무리들은 기적(奇蹟,Miracle)을 보고 그 기적이 보여주는 표적(表迹,Sign)도 보아야 했다. 오병이어의 기적에 대한 기록은 1절부터15절로 마쳤으나 그 기적이 의미하는 뜻을 22절부터71절까지 긴 구절을 할애하시며 설명하셨다. 예수님은 오병이어의 역사로 바로 예수님 자신이 영원한 생명의 떡이요 그리스도이신 것을 사람들에게 알리셨다. "너희 조상들은 광야에서 만나를 먹었어도 죽었거니와 이는 하늘에서 내려오는 떡이니 사람으로 하여금 먹고 죽지 아니하게 하는 것이니라. 나는 하늘에서 내려온 살아 있는 떡이니 사람이 이 떡을 먹으면 영생하리라 내가 줄 떡은 곧 세상의 생명을 위한 내 살이니라 하시니라"(요 6:49-51).

예수님이 오병이어의 기적으로 의도하신 것을 보여 주셨다. 예수님이 그리스도(메시아)이신 것을 보여 주셨다. 그래서 예수님은 그들이 다시 끼니를 거르고 굶주려있었지만 또 다시 기적을 일으켜서 먹이시지는 않았다. 그 것은 기적자체로 예수님 자신이 약속된 메시아이신 것이 충분히 알도록 밝혀졌기 때문이다. 예수님은 그리스도로 오셨지 굶주린 자를 먹이려고 오신 것이 아니었다는 애기다.

그렇다면 우리의 구제는 무엇인가 어려운 사람을 무조건 도와주고 밥을 퍼주는 그것이 진짜 전도자의 길인가 이것은 하나님의 백성들의 당연한 일이며, 인간의 상식이다. 먹을 것, 입을 것, 마실 것이 남아서 쓰레기로 수십만 톤이 매일 버려지는데 그것이 없어서 썩은 물을 먹고 있는 저 민족들은 누가 돌봐야 하는가 이것은 인류의 상식이다. 이기주의 탐욕으로 가득하여 상식도 내던진 인간의 끝이 어디일까

상식수준 마저도 거의 사라진 세상은 심히 인색해졌다. 그렇다고 상식을 실행하면서 요란을 피는 것은 기독교인들이 할 짓이 아니다. 신자나 불신자 모두의 상식인데 이기적 사악함이 끝판에 와있는 시대에, 구제를 실행한다면 훌륭하게 보이는 일임에 틀림없다. 그 일로 언론에 소개되고 칭찬 듣는 일이 되어버린 것은 좋은 일을 하는 사람들이 없다는 증거이다.

전도제자는 어찌됐든 어려운 사람들을 도와주는 그 일로 저들의 영혼을 어떻게 살릴 수 있을 것인가 어떻게 하나님을 만나게 할 수 있으며 어떻게 지옥의 저주에서 빠져나오게 할 수 있을까 를 목적으로 한 구호활동이 되어야 한다. 이것은 복음이 그곳에서 반드시 선포되는 것을 전제로 하는 것이며 이것은 전도운동이 된다. 이것을 빠뜨리는 구제는 알맹이가 빠진 것이다.

요한복음 9장을 보면 예수님과 제자들이 동행하면서 길가에 앉아있는 거지 소경을 보게 되었다. 제자들이 예수님께 질문한다. '주님 저 앉아 있는 소경 거지가 무엇 때문에 저렇게 저주를 받았습니까 저의 부모들의 죄 때문에 그렇습니까 아니면 자신의 죄 때문에 그렇습니까' 예수님은 여기서 제자들에게 그 부모의 죄 때문에도 아니요 자기 죄 때문에도 아니고 하나님이 오늘 여기서 하실 일을 나타내기 위해서 지금까지 저 모습으로 앉아있는 것이라고 말씀하셨다(요 9:1-3).

하나님이 그곳에서 하실 일은 예수님이 하나님의 약속하신 메시아, 즉 그리스도이신 사실이 들어나는 일이다. 약속된 그리스도가 이 땅에 오셨는데 예수님이시다. 예수님이 가시는 곳에 하나님나라의 일들이 일어나는 것은 자연스러운 것이다. 사탄과 죄와 지옥의 어두움에 잡힌 영혼이 해방받는 것, 어두움에 갇힌 영혼이 참 빛이 되신 그리스도가 오심으로 빛을 보는 것은 당연한 일이다.

예수님께서 소경을 고쳐주시고 인생을 바꿔 주시는 그것으로 인하여 거리에 앉아서 구걸하는 인생은 청산되었다. 본질상 진노의 자녀가 하나님의 큰 긍휼을 입어 새로운 인생을 사는 것이 하나님의 뜻이다. 그렇다면 예수님께서 어려운 사람 병든 자를 치료하러 오셨다고 한다면 그 말은 일부만 맞는 말이다. 예수님은 가시는 곳마다, 그리고 예수님께 오는 병든 모든 사람을 고쳐주셨으나 목적은 자신이 그리스도임을 믿게 하는 것이었다.

예수님은 그리스도로 오셨다. 영혼의 병, 사단의 함정에 빠진 것, 원죄와 자 범죄의 올무에 걸린 것, 지옥의 덫에 걸린 것, 운명과 저주의 사슬에 묶인 영혼을 해방시키는 그 일을 하시기위해서 그리스도로 오신 것이다. 그리스도의 놀라우신 이름은 모든 흑암과 저주와 가난과 질병에 고통당하는 원인이 하나님을 떠난 인생의 현장이라는 사실을 밝히는 이름이다. 이 땅의 현장에서 세상의 근본문제를 치유하시는 일이 바로 예수님이 이루신 그리스도의 일이다.

예수님은 제자들을 전도현장에 보내시면서 하신 말씀이 있다. "예수께서 그의 열두 제자를 부르사 더러운 귀신을 쫓아내며 모든 병과 모든 약한 것을 고치는 권능을 주시니라"(마 10:1). 제자들을 처음 부르실 때 전도의 현장에 보내셨다. 그리고 전도를 위해 치유의 권능을 주셨다. "예수께서 이 열둘을 내보내시며 명하여 이르시되 이방인의 길로도 가지 말고 사마리아인의 고을에도 들어가지 말고 오히려 이스라엘 집의 잃어버린 양에게로 가라. 가면서 전파하여 말하되 천국이 가까이 왔다하고 병든 자를 고치며 죽은 자를 살리며 나병환자를 깨끗하게 하며 귀신을 쫓아내되 너희가 거저 받았으니 거저 주라. 너희 전대에 금이나 은이나 동을 가지지 말고 여행을 위하여 배낭이나 두 벌 옷이나 신이나 지팡이를 가지지 말라. 이는 일꾼이 자기의 먹을 것 받는 것이 마땅함이라"(마 10:6-10).

너희가 이 놀라운 축복을 거저 받았으니 거저주어라. 가서 병든 자를 치료하고 귀신을 쫓아내며 가난한 자에게 복음을 전해라 하시면서 하신 말씀이 너희는 염려해서 다른 것 준비할 필요 없다. 하나님이 모든 필요를 제공해 주신다는 것이다.

주님은 제자들이 영혼을 구원하시는 일에 집중하게 하신다. 제자들에게 복음을 전파하기 위해서 너희는 가서 천국이 가까이 왔다고 말해라 천국이 가까이 온 것은 예수님이 오신 것이요 예수님이 오심으로 하나님 나라는 이미 이루어졌고 악령에 시달리는 모든 자들이 해방을 받는다. 그래서 궁극적으로 하나님의 잃어버린 형상을 회복하고, 하나님과의 관계가 회복되고, 그래서 하나님의 자녀로 신분이 바뀌지는 것이다. 그것을 위해서 예수님은 제자들을 현장에 보내신 것이다. 현장에 보내실 때 그 일을 하도록 예수님은 병을 고치는 권능을 주셨고, 귀신을 쫓는 권세도 주셨고, 가난한 자에게 복음을 전하는 말씀도 주셨다.

5. 재물을 아낌없이 써야할 곳은 복음을 위한 곳

요한복은 11장에 와서는 예수님의 사랑하시는 남매 그 중에 나사로가 병들어 죽게 되었다. 예수님은 아프기 시작할 때에 통지를 받았지만 예수님은 가시지를 않았다 이유는 죽은 나사로를 무덤에서 불러내시는 것을 계획하고 있었기 때문이다. 죽어서 썩은 시체가 걸어 나오는 전무한 일을 이제 모두 목격할 것이다. 그래서 예수님 자신이 나사로가 병들어 죽기 전에 거기 계시지 않은 것으로 기뻐하신다고 하셨다. "내가 거기 있지 아니한 것을 너희를 위하여 기뻐하노니 이는 너희로 믿게 하려 함이라"(요 11:15) 예수님의 기쁨은 제자들이 확실한 믿음에 거하는 것을 보는 것이다.

예수님은 나사로 사건을 통해 자신이 참 생명의 주요 부활의 주요 하나님이신 사실을 알리도록 하시는 기회로 삼으셨다. 예수님은 죽은 자를 살리시고 병든 자를 고치셨지만 예수님은 그 일 때문에 오신 것이 아니다. 예수님은 이 세상에 자신이 하나님이 약속하신 영원한 생명이요 참 부활이요 그리고 메시아(그리스도)인 것을 알게 하시려고 오신 것이다. 예수님은 이 땅에 오셔서 그리스도의 일을 이루셨다.

세상이 예수님자신을 그리스도라는 사실을 발견하고 믿게 하시려고 무덤 속에 있는 나사로를 불러내신 것이다. 그것은 누가 그리스도(메시아)인가를 알게 하는 것이며, 예수님 자신이 생명이요 부활이신 그리스도이심을 믿게 하는 방법이었다.

그 당시에 나사로 외에 많은 사람이 죽어갔고 많은 병든 사람이 있었지만 예수님은 그 사람들을 일일이 고치고 살려내지 않으셨다. 무덤에서 썩은 시체를 불러내서 걸어 나오게 하시는 이 증거만으로도 거기 모든 사람들이 예수님이 그리스도이신 것을 알았고, 후에는 그들이 예수님이 그리스도이신 것을 전하게 될 것이었다. 창조주 예수님은 일시에 모든 무덤을 열게 명하실 수 있다. 그러나 주님은 그렇게 하시지 않으셨다.

주님은 자신에 대한 충분한 증거를 보이셨다. 어차피 나사로도 그 세대에 다시 죽었다. 다른 죽은 사람을 살리신다 해도 마찬가지이다. 그런데 인간의 절대 절명의 문제, 하나님을 만나는 것과 사망의 저주, 지옥의 저주에서 해방 받는 것, 영원한 심판에서 해방 받는 것, 천국의 시민이 되어 하나님과 영원히 함께 사는 것, 하나님과 관계를 회복하는 것 때문에 예수님은 "나는 부활이요 생명이니 나를 믿는 자는 죽어도 살겠고 무릇 살아서 나를 믿는 자는 영원히 죽지아니하리라"(요 11:25)는 사실을 알려주신 것이었다.

또 십자가 지실 일을 앞두고 "예수께서 이르시되 내가 곧 길이요 진리요 생명이니 나로 말미암지 않고는 아버지께로 올 자가 없느니라"(요 14:6). 이것이 밝혀짐으로 다른 기적을 더 사용하실 필요가 없으신 것이었다. 이제는 세상이 예수님을 그리스도로 믿고 영접하는 몫이 남겨진 것이다. 그런데 안타깝게도 사도요한은 그 백성에게 말씀되신 예수님이 그리스도로 오셨으나 그의 백성이 영접을 안했다고 했다(요 1:11). 이 땅에 죽은 자가 살아나는 그런 일들과 수많은 병든 자들이 고쳐지는 일이 필요 없어서가 아니고 영원한 천국의 삶과 잠시 사는 세상의 삶은 비교할 수가 없는 것이 영혼구원이다.

요한복음12장에 보면 나사로의 여동생 마리아가 아주 큰돈이 되는 향유 한 근을 예수님의 발에 붓고 자기 머리털로 예수님의 발을 닦는데 집안에 향기가 가득했다. 예수님의 놀라우신 은총과 긍휼에 감사하는 마음이 표출된 것이다. 이것을 본 제자 중 [가룟 유다]가 '왜 그 비싼 기름을 허비하는가 그것을 팔아서 가난한 자들에게 나눠줬으면 얼마나 좋겠는가' 책망하여 여자를 무안하게 했다.

예수님은 "그를 가만두어 나의 장례할 날을 위하여 그것을 간직하게 하라 가난한 자들은 항상 너희와 함께 있거니와 나는 항상 있지 아니하리라 하시니라"(요 12:7-8)라고 하셨다. 가난한 자들은 항상 너희 현장에 널려있다. 너희가 정말로 구제하고 가난한 자들을 도와주려는 마음이 있다면 얼마든지 할 수 있으니 그렇게 하라. 그러나 나는 너희와 항상 같이 있는 것이 아니다. 이 여자가 하는 일은 나의 장래를 준비하는 일이다. 다른 복음서에는 덧붙이기를 "이 천국복음이 증거 되는 곳에는 언제든지 이 여자가 하는 일도 같이 증거 되리라"고 말씀하셨다.

우리가 우리 재물을 아낌없이 써야 할 곳은 그리스도의 놀라우신 복음을 위해서 쓰는 것이고 하나님의 뜻을 이루는 전도와 선교를 위해 사용하는 것이다. 예수님의 십자가 복음이 증거 되는 일에 내 재산이 쓰여 지는 것은 절대로 낭비가 될 수 없다. 하나님의 구속사에 사용되는 그 재물이야말로 가장 값진 재물이 되고 가장 효과 있는 쓰임이 된다. 세상 구원의 유일한 길이 되는 그리스도의 이름이 선포되는 것을 위해서, 지역과 민족과 전 세계 나가서 복음을 전하는 일을 위해서 우리 재물이 쏟아진다면 그 재물이 어찌 낭비가 되리요 그 재물은 하늘의 곳간에 저장될 것이다.

예수님께서 십자가 위에서 모든 인간의 필요한 것들을 다 이루셨다. 그리고 3일 만에 부활하셔서 감란 산에서 남여제자들에게 40일 동안 하나님 나라의 일을 설명하시고 하나님나라를 확장할 미션을 주셨다. 그 내용이 부활의 메시지이다(마 28:16-20, 막 16:15-20, 요 21:15-18).

누가는 40일 동안 예수님이 제자들에게 모든 민족, 땅 끝까지 가서 복음을 전하라고 명하시고 그리고 그 일을 할 수 있도록 예수님은 성령의 능력을 약속하셨다는 것을 기록했다(행 1:1-8). 예수님이 승천하신 곳에 있던 제자들은 마가요한의 다락방에 모여서 오로지 주님의 약속하신 것, 즉 아버지의 약속하신 것을 기다리는 집중기도에 들어갔다. 그러자 10일 후에 약속하신 성령이 강림하셨다.

오순절 날 성령의 충만함을 받은 제자들로 초대교회가 시작 된다. 이날은 하나님의 구속의 역사가 유대교회에서 기독교회로 옮겨지는 시간이기도 하다. 이 교회에 3000명 제자들이 일어나고 5000명의 성도들이 모이는데, 그들은 모든 것들을 서로 내놓고 서로 부족한 것을 채워주며 서로 통용을 하는 일들이 벌어졌다. 하나님의 성령의 충만함을 받은 전도자들이 가난한 형제들을 위해서 재산을 내놓는 것은 상식이고 당연한 일이기에 자랑할 것은 아니었다.

사도행전 3장에 보면 베드로와 요한이 성전 미문에 있는 앉은뱅이를 만나는데 그 앉은뱅이는 태어나면서부터 그렇게 되었다. 그는 일찍이 성전 미문에 자리를 잡고 구걸하여 살았다.

베드로와 요한이 성전에 들어가려 할 때에 그 앉은뱅이가 그들을 보고 손을 내밀어 구걸했다. 이때 베드로와 요한이 성령의 충만하여 그를 주목하면서 하는 말이다.

"은과 금은 내게 없다, 그러나 네게 있는 것이 있다. 내게 있는 이것을 네게 주노니 나사렛 예수이름으로 일어나 걸어라"(행 3:6)하고 손을 잡아 일으켰다. 이 앉은뱅이는 동전을 구걸했지만 베드로와 요한이 그를 주목하여 볼 때 그에게 필요한 것은 돈이 아니었다.

저주받은 운명에서 빠져 나오는 것이 그에게 시급한 것이었다. 사단의 함정과 죄의 올무에서 빠져나오는 것이 시급한 일이었다. 베드로는 그에게 동전은 던져주지 않았지만, 그의 본질적인 문제를 해결해 주었다. 이 사람은 성한 몸으로 집에 돌아갔다. 이제 성한 몸으로 스스로 일해서 살게 되었다. 그에게 그 몸으로 그리스도의 이름을 증거 하는 증인의 길이 열렸다. 그는 서있는 자체만으로도 예수님의 부활을 증거하는 것이다.

그가 일어난 시점은 예수님의 부활이 사실인가 거짓인가에 대해서 확인하고자 하는 마음이 온 예루살렘에 팽배해 있었기에 앉은뱅이가 부활하신 그리스도 이름으로 일어난 사건은 저 유대인들의 거짓이 폭로되는 결정적 사건이 되었다.

사도행전 6장에 초대교회가 효과적으로 구제하기 위하여 교회조직을 한다. 초대교회가 제자들과 성도들이 수없이 모였기 때문이었다. 모두가 유대교에서 기독교로 개종을 한 것이다. 초대교회에 많은 헌금이 모아 졌다. 초대교회는 이 헌금을 주로 구제에 사용했다.

그런데 히브리 파 유대인들과 헬라 파 유대인들 사이에 과부들 구제에 대한 불평이 대두되었다. 이 문제를 해결하려고 최초에 중직 자들을 세우고 그들에게 구제의 일을 맡겼다. 사도들은 오로지 기도하는일과 말씀전하는 일에 전무할 수 있도록 하였다.

여기서 세워진 사람이 스데반집사와 빌립집사이다. 그들은 구제의 일 뿐 아니라 복음전하는 일에 뛰어들었다. 스데반 집사는 복음전하다 돌에 맞아 죽었다. 주님은 보좌에서 그를 마중하며 격려하셨다. 빌립집사는 사마리아에 들어가 복음을 전했다. 사마리아에 큰 기쁨이 있었다. 이 사마리아는 예수님이후로 평신도 빌립집사가 처음 들어간 것이다. 사도들도 생각지 못한 사마리아 어장에 들어간 것이다. 이들은 구제가 그렇게 중요한 것이 아니었다. 복음전도가 가장 우선순위였다. 그야말로 어려운 과부들을 돕는 것은 모든 사람이 해야 할 상식이었다. 특히 그리스도인들은 동기가 없는 상식이어야 한다.

전도제자는 항상 가난한자를 도와주는 중심을 가져야 하지만, 그것은 불신자들도 얼마든지 하는 일이고 이교도들도 적극적으로 하는 행위이다. 전도제자의 구제는 오직 복음이 증거 되는 이유여야 한다. 오직 그리스도의 복음으로 인생이 완전히 변화되고 지옥의 운명과 사단의 세력에서 빠져나오는 동기로서의 구제가 되어야 한다. 선교하는 안디옥 교회는 하나님의 놀라우신 재정적인 축복을 누렸다. 천하의 기근이 들어 식량난으로 고통을 당할 때 안디옥 교회는 예루살렘 형제들을 위해서 헌금하며 그들을 지원했다(행 11:27-30).

전도제자는 교회안의 형제들이 어려움을 함께 담당하는 것은 당연한 것이고 미련을 두지 않고 지원을 해야 마땅하다. 그러면서 교회밖에 있는 사람들에 대한 구제를 할 때는 바리새인들처럼 요란을 떨지 말고 오로지 복음을 전하는 목적으로 해야 한다.

하나님이 "아름답도다 복음을 전하는 자들의 발이여"하시는 그 속에 있는 사람들을 지원하는 일이라면 그 재물은 최고의 가치가 있다. 전도자들은 선교현장의 어려운 사람들을 돕고, 보내는 사람들은 전도자들이 얼마든지 돕도록 하는 이런 교회와 단체가 있다면 그야말로 아름답고 멋진 사역이다.

빌립보 성도들이 바울을 지원한 것으로 바울은 빌립보 교회 성도들을 자랑하며 그 일을 기억한다. "빌립보 사람들아 너희도 알거니와 복음의 시초에 내가 마게도냐를 떠날 때에 주고받는 내 일에 참여한 교회가 너희 외에 아무도 없었느니라. 데살로니가에 있을 때에도 너희가 한 번뿐 아니라 두 번이나 나의 쓸 것을 보내었도다"(빌 4:15-17). 바울은 자신이 쓸 것을 그들이 제공했고, 자신이 선교의 현장에 나갈 때마다 그들이 자신을 지원한 그것으로 인하여 늘 풍성하게 복음을 전할 수 있었고 그들이 지원한 물질로 흩어 가난한 자들에게 베풀었고, 그렇게 하여 복음을 증거 할 수 있도록 되었다고 말한다. 이것이야 말로 전도자의 물질을 사용하는 기준이 아니겠는가

6. 전도제자들의 기본

전도제자들은 기본으로 생각할 것이 있다. 첫째, 항상 복음에 유익 되는 쪽으로 해야한다. 여러 가지를 따져서 하면 사람들에게 실망을 안겨줄 것이다. 그래서 어떻게 하는 것이 복음에 유익한가를 생각하는 것이다. 둘째, 전도에 유익한 쪽으로 가는 것이다. 구제가 전도에 유익한 쪽으로 가야지 전도의 길이 막히는 구제가 된다면 받는 사람은 좋아할지 모르나 하나님 앞에서는 의미가 없다. 하나님은 모든 행위를 영혼구원에 맞추시기 때문이다. 셋째, 미래에 유익한 쪽으로 가는 것이다. 하나님이 어떤 불신자든 신자이든 상관없이 어려운 생활을 허용하신 것은 그 사람이 갱신할 기회로 만드시고 계신다. 이것이 불신자에게는 일반은총으로 주어지고 신자에게는 특별한 은혜의 기회로 주시는 것이다. 특별한 기회라 함은 신자가 어려움을 당하거나, 실패나 미혹에 빠졌을 때나 여러 가지문제에 직면해 있을 때들이 기회가 된다는 의미이다.

어떤 경우에도 하나님의 구원과 쏟아지는 은혜의 햇빛은 변함이 없기 때문에 오히려 어려움의 때가 특별한 기회가 되는 것이다. "이와 같이 성령도 우리의 연약함을 도우시나니 우리는 마땅히 기도할 바를 알지 못하나 오직 성령이 말할 수 없는 탄식으로 우리를 위하여 친히 간구하시느니라. 마음을 살피시는 이가 성령의 생각을 아시나니 이는 성령이 하나님의

뜻대로 성도를 위하여 간구하심이니라 우리가 알거니와 하나님을 사랑하는 자 곧 그의 뜻대로 부르심을 입은 자들에게는 모든 것이 합력하여 선을 이루느니라"(롬 8:26-28).

함정에 빠진 성도가 하나님의 뜻에 반한 삶을 살고 있더라도 그로인하여 하나님의 은혜의 증인이 되도록 하시는 등의 다양한 섭리가 하나님의 섭리이다. 미래 유익을 위한 가장분명하고 확실한 기회는 후대를 살리고 세우며 전도제자의 여정에 오르게 하는 것이다. 성경의 믿음의 사람들을 세상이 감당치 못했는데, 바로 그들의 바통을 이어 받는 일이 가장 귀중한 일이다.

하나님은 그 자녀들이 세상 사람들에게 의지하여 빌려 사는 것을 원치 않으신다. 이것은 성경전체가 입증하고 있다. 하나님은 그 자녀들의 미래를 승리의 길로 가도록 모든 것을 예비해 놓고 계신다. 우리의 생각이 너무 단편적이고 눈앞의 것만 바라보고 있는 체질이기에 어쩔 때는 우리의 원하는 대로 되어지지 않는다고 실망하기 일쑤이다. 그러나 하나님은 전능하신 우리의 아버지이시다. '아버지이시다'는 말은 최선의 것을 주신다는 말이고(눅 18:7-8, 마 6:32), '전능하신'이라는 말은 하나님이 나를 나보다 더 잘 아신다는 뜻이다. 하나님의 하시는 방법과 시간표가 우리와 다를 뿐이다. 그러므로 우리의 할 일은 하나님을 신뢰하고 자신을 갱신하는 일이다. 이것이 시대의 응답을 받는 전도제자의 그릇준비이다. 이것이 안 되면 좋은 일생기면 감사하고 안 좋은 일 생기면 원망하는 불신자 수준에서 벗어나지 못한다.

제17장

전도제자와 재물
(마 6:19-34)

너희를 위하여 보물을 땅에 쌓아 두지 말라 거기는 좀과 동록이 해하며 도둑이 구멍을 뚫고 도둑질하느니라. 오직 너희를 위하여 보물을 하늘에 쌓아 두라 거기는 좀이나 동록이 해하지 못하며 도둑이 구멍을 뚫지도 못하고 도둑질도 못하느니라. 네 보물 있는 그 곳에는 네 마음도 있느니라. 눈은 몸의 등불이니 그러므로 네 눈이 성하면 온 몸이 밝을 것이요 눈이 나쁘면 온 몸이 어두울 것이니 그러므로 네게 있는 빛이 어두우면 그 어둠이 얼마나 더하겠느냐 한 사람이 두 주인을 섬기지 못할 것이니 혹 이를 미워하고 저를 사랑하거나 혹 이를 중히 여기고 저를 경히 여김이라 너희가 하나님과 재물을 겸하여 섬기지 못하느니라. 그러므로 내가 너희에게 이르노니 목숨을 위하여 무엇을 먹을까 무엇을 마실까 몸을 위하여 무엇을 입을까 염려하지 말라 목숨이 음식보다 중하지 아니하며 몸이 의복보다 중하지 아니하냐. 공중의 새를 보라 심지도 않고 거두지도 않고 창고에 모아들이지도 아니하되 너희 하늘 아버지께서 기르시나니 너희는 이것들보다 귀하지 아니하냐. 너희 중에 누가 염려함으로 그 키를 한 자라도 더할 수 있겠느냐 또 너희가 어찌 의복을 위하여 염려하느냐 들의 백합화가 어떻게 자라는가 생각하여 보라 수고도 아니하고 길쌈도 아니하느니라. 그러나 내가 너희에게 말하노니 솔로몬의 모든 영광으로도 입은 것이 이 꽃 하나만 같지 못하였느니라. 오늘 있다가 내일 아궁이에 던져지는 들풀도 하나님이 이렇게 입히시거든 하물며 너희일까보냐 믿음이 작은 자들아 그러므로 염려하여 이르기를 무엇을 먹을까 무엇을 마실까 무엇을 입을까 하지 말라 이는 다 이방인들이 구하는 것이라 너희 하늘 아버지께서 이 모든 것이 너희에게 있어야 할 줄을 아시느니라. 그런즉 너희는 먼저 그의 나라와 그의 의를 구하라 그리하면 이 모든 것을 너희에게 더하시리라 그러므로 내일 일을 위하여 염려하지 말라 내일 일은 내일이 염려할 것이요 한 날의 괴로움은 그 날로 족하니라(마 6:19-34).

1. 저희 서기관들과 바리새인들의 재물관

예수님 당시의 유대 종교인들은 전적으로 물질에만 매달려 있었다. 그들은 탐욕스러웠고, 속임수를 썼으며 더 많은 물질을 손에 넣으려고 애썼다. 소유에 관해 전반적으로 오용하고 있던 바리새인들과 서기관들에게 예수님은 산상수훈 처음부분부터 저들의 기준을 지탄하셨다. 저들은 메시아로 오신 예수님의 인격과 그의 생명의 본질과 예수님이 세우고 계신 왕국에 대해 본질적으로 그릇된 믿음을 가지고 있었다. 그들은 중생하지 못한 자들로서 생각이 세속적이고 현세적이며 자기중심적이었다.

저들의 메시아관도 지극히 현세적이었다. 그들은 메시아의 통치아래 높고 명예로운 자리를 차지할 자들은 바로 자신들이라고 확신했다. 그리고 메시아가 오면 이방인들에게 복수하여 모든 압제와 고통에서 자유롭게 해줄 전사로서 세계에 우뚝 설 것이라는 생각이 확고하였다. 그래서 메시아로 인해 자기 유대인들은 현세적인 군주의 통치아래서 풍부한 부와 명예와 번영을 누리게 될 것이라고 확신하였다. 그러나 그들의 모습은 중생 못한 불신자들의 본성과 공통적인 모습일 뿐이었다. 더 나아가서 저들은 스스로 인위적이고 효력도 없는 종교체계를 만들어 냈다.

이때 주님은 완성된 율법으로 하나님나라에서의 삶의 기준을 확증하셨다. "너희 의가 서기관과 바리새인보다 더 낫지 못하면 결단코 천국에 들어가지 못하리라"(마 5:20)는 주님의 말씀은 '내 나라에 들어오려면 새롭고 완성된 기준으로 바꿔져야 한다'는 뜻이다. 예수님은 저들의 뒤틀린 기준을 밝히시고 제자들과 따르는 백성들에게 천국의 참의미를 확인해 주셨다.

바리새인들은 교만했고 자기중심적이었으며 스스로 만족하였다. 하지만 예수님은 심령이 가난하고 자신의 위선적 사악을 애통해하며, 온유하며, 의에 주리고 목말라 해야 한다(마 1-12)고 하심으로 자기 자신에 대한 올바른 자각을 할 것을 말씀하셨다. 그리고 주의 백성들에게는 세상에 대한 자각으로 '세상의 소금'이며, '세상의 빛이라'고 하셨다(마 5:13-14).

주님이 원하셔서 부르심을 받은 제자들에게(막 3:13) 주님은 너희가 '소금과 빛이 되라'고 하신 것이 아니고, 제자 자신들에게 '이미 너희는 빛이고 소금이다'라고 하신 것이다. 주의 백성과 제자들은 존재자체가 소금이고 빛이다. 부패 된 세상에 녹아드는 소금, 어두운 세상에 들어나는 빛인 것이다. 세상에 섞여 들어가서 표시 없이 변화시키는 영향력을 보여야 하지만, 한편으로 세상에 들어나서 어두움을 몰아낼 빛이라는 것이다.

저희 바리새인들은 멋대로 율법에 전통들을 더했다. 그들은 하나님의 말씀에 자신들의 유전을 더해서 하나님의 말씀을 복잡하게 하고, 백성들이 함정에 빠지도록 유도했다고 볼 수밖에 없는 짓을 서슴지 않았다. 그들은 하나님의 말씀에 자신의 기준을 더하고 빼는 짓에 숙련되어있었다. 그러나 예수님은 율법이 다 성취되기 전까지는 그 일 점 일 획도 없어지지 아니할 것이라고 하심으로(마 5:17-20) 그들에게 심판을 예고하신 것이다 (계 22:18-19).

바리새인들과 서기관들은 십계명의 외적인 부분에만 집착했다. 그들은 자신들이 원죄와 자(自)범죄 속에 들어있지 않는 인간인 양 살았다. 그러나 그들의 내면은 타락한 인간이 그렇듯 살인과 음행과 거짓말이 가득했다. 하나님의 판단기준은 나타나는 행위만을 보는 것이 아니고 내면의 동기, 즉 인간심연의 가장 밑바닥 까지를 포함해서 판단하신다는 사실을 무시한 채 살아갔다. 저들은 금식하고 기도하고 구제도하며 살고 있으나 모두 외식이었다. 그들의 동기는 추악했고 예수님은 그것을 꿰뚫어 보셨다. 바리새인과 서기관들에 의해 가르침을 받고 있는 백성들이 그들의 누룩을 버리고 메시아이신 예수님을 만난 것이 얼마나 큰 축복인가?

예수님은 이제 재물에 대해서 말씀하신다. 저희 서기관과 바리새인들은 재물의 축적문제와 일상생활에 있어서 총체적으로 뒤틀려있었다. 그래서 예수님의 "너희 의가 서기관들과 바리새인들보다 더 나아야 한다"(마 5:20)는 말씀은 어렵지가 않다. 모든 계명을 완성하신 예수님을 믿고 의지하면 된다. 예수님은 이 원리를 재물에 있어서도 적용시키신다. 서기관과 바리새인들은 탐욕에 잡혀 자기를 위해 이 땅에 보물을 쌓고 있었다. 그들은 그것이 체질화 되어있었고 탐욕은 마치 귀신처럼 그들의 등 뒤에 달라붙어 있었다. 성경은 거짓교사의 특징을 '돈에 대한 탐욕'과 '자리에 대한 탐욕'을 들고 있다. 바리새인과 서기관으로 대표되는 거짓교사들은 돈 때문에 교사노릇을 한다.

구약 시대에도 외식이 있는 곳에는 돈에 대한 탐욕도 있었다. 사무엘상 2장에 [엘리]는 대제사장으로서 당시 이스라엘 민족의 지도자였다. 그에게는 [홉니]와 [비느하스]라는 두 아들이 있었는데, 그들은 지독한 망나니였다. 그들은 성전안의 깡패였고 호색한이었으며 하나님의 제사를 우습게보았다(삼상 2:12-16). 여호와께서는 결국 그들을 쳐서 죽게 하셨다. 레위기 7장의 규정에 의하면, 여호와께 바쳐진 제물의 일부는 제사장에게 주어지게 되어 있다. -가슴 부분과 오른쪽 뒷다리(레 7:30-50)- 그러나 [홉니]와 [비느하스]는 "제물이 당도하면 우리가 먼저 검사하여 좋은 것을 취하고 그 나머지를 하나님의 몫으로 남겨 두리라"고 했다(삼상 2:12-16). 백성들이 여호와께 제물을 가져오면 자기들이 먼저 제물을 검사해 보고 좋은 부위를 취한 다음 남은 것을 여호와께로 보냈다.

그들은 그렇게 제사를 멸시하고 탐욕적이었다. 그런데 신약시대에 와서 서기관과 바리새인들도 똑같은 짓을 했다. 그들은 자신의 종교적 지위를 이용하여 주머니를 채웠다. 때문에 예수님께서는 두 차례나 채찍을 휘둘러 성전을 깨끗케 하셔야만 했다(마 21:12-13, 요 2:13-17). 그들은 자리를 이용하여 치부하였다. 외식과 탐욕은 지독한 악취를 풍긴다. 예수님은 저들을 '회칠한 무덤'이라고 지탄하셨다(마 23:27). 지금의 교회 안에도 종교적인 외식이 있는 곳이면 그 어디나 탐욕의 문제가 따르고 있다.

서기관과 바리새인들에게 '부유하다'는 것은 곧 '거룩함'의 증표였다. 그들에게 '가난은 곧 죄 때문'이라는 등식이 각인 되어있었고, 그들의 선배들로부터 뿌리내려진 것이었다. '나는 지극히 의로워 하나님께서 축복해 주셨기 때문에 부유하다'고 하여 은연중 으쓱했다. 그래서 "약대가 바늘귀로 들어가는 것이 부자가 하나님의 나라에 들어가는 것보다 쉬우니라"(마 19:24)고 하신 주님의 말씀은 그들에게 정말 큰 충격이었다. 바리새인들에게 있어 부는 삶을 하나님께서 승인하신다는 증표였고, 하나님은 자기들 같이 의로운 사람에게 부를 주신다고 믿었기 때문이다. 그들은 재물을 곧 하나님이 자기들 같이 특권층에게 주시는 축복으로 평가했기 때문에 탐욕적으로 돈을 모았고 돈이 많아질수록 더욱 신령한 사람인 체했다.

2. 순종과 불순종에 따라오는 부요와 궁핍

필자는 앞서 [싱클레어 퍼거슨]의 『온전한 그리스도』를 서평 한 [팀 켈러]의 순종의 의미를 진술한 바 있다. 여기서는 신명기 28장을 근거로 한 순종을 물질적 복을 받기에 합당했다고 자랑하는 소행으로 삼는 것이 맞는가에 대한이야기를 하고자 한다.

바리새인들과 서기관들은 신명기 28장의 요건을 가지고 자기들의 주장을 발전시켰다. 그들이 가나안 땅에 들어가기 전에 모세로부터 받은 언약을 부의 조건으로 받았다. "네가 네 하나님 여호와의 말씀을 삼가 듣고 내가 오늘날 네게 명하는 그 모든 명령을 지켜 행하면 네 하나님 여호와께서 너를 세계 모든 민족 위에 뛰어나게 하실 것이라 네가 네 하나님 여호와의 말씀을 순종하면 이 모든 복이 네게 임하며 네게 미치리니"(신 28:1-2) 순종에 관한 조건이다. '너희가 내 말대로 행하면 축복하겠다.'는 것이다. 그러면 축복을 주시는데 "네가 성읍에서도 복을 받고 들에서도 복을 받을 것이며 네 몸의 소생과 네 토지의 소산과 네 짐승의 새끼와 네 우양의 새끼가 복을 받을 것이며 네 광주리와 떡 반죽 그릇이 복을 받을 것이며 네가 들어와도 복을 받고 나가도 복을 받을 것이니라"(신 28:3-6). 여기서의 축복은 모두 물질적인 것이 분명하다.

그런데 순종하지 않았을 때는 "네가 만일 네 하나님 여호와의 말씀을 순종하지 아니하여 내가 오늘날 네게 명하는 그 모든 명령과 규례를 지켜 행하지 아니하면 이 모든 저주가 네게 임하고 네게 미칠 것이니 네가 성읍에서도 저주를 받으며 들에서도 저주를 받을 것이요 또 네 광주리와 떡 반죽 그릇이 저주를 받을 것이요 네 몸의 소생과 네 토지의 소산과 네 우양의 새끼가 저주를 받을 것이며 네가 들어와도 저주를 받고 나가도 저주를 받으리라"(신 28:15-19)하셨다. 이것을 '물질적 축복은 순종했다는 증표이고 물질적 빈곤은 불순종했다는 증표'라는 등식으로 세웠다.

서기관과 바리새인은 더 많이 가질수록 그것은 하나님께서 축복하고 계시다는 사실을 더욱 강력히 증거 한다는 논리로 율법체계를 세운 것이다.[112]

서기관들과 바리새인들은 신명기 28장을 잘못 해석한 것이다. 물질적 부의 획득이 그들의 가장 큰 목표가 된 것은 '하나님이 나에게 해주신 일을 보라. 내가 얼마나 거룩한지 보라'고 말할 수 있기 위해서였다. 그래서 그들은 필사적으로 돈을 원했고 더욱 탐욕적으로 되어갔다.

필자는 앞에서 부자청년의 이야기를 언급했었다. 그가 근심하여 예수

---

112) 존 풀러톤 맥아더(John Fullerton MacArthur), 『하나님을 섬기면서 재물을 관리하는 법』, 부제 '개인 성경공부 겸 설교자료' 안의 바리새인들의 재물관을 참고, 나침판

님을 떠났고, 예수님은 제자들에게 부자가 천국에 들어가는 것이 낙타가 바늘귀를 통과하는 것보다 어렵다고 하셨다. 부자청년에게는 재산을 없애는 것이 재산에 대한 애착도 있지만, 그가 재물을 가난한 사람에게 나누어 줘버리면, 이제 자신은 죄인이 되어버리는 공식에 큰 걱정이 될 수도 있는 것이다. 그가 지금까지 '순종은 부요, 불순종은 가난' 그렇게 배워 왔기 때문이다.

3. 순종의 의미

이제 여기서 신명기 28장의 복과 저주의 기준이 된다는 순종에 대해서 언급하고자 한다. 존 맥아더나, 로이드 존스나, 존 스토트 등 설교가나 주석가들이 짚어주지 않는 사안이 된다. 여기서 "네가 만일 네 하나님 여호와의 말씀을 순종하지 아니하여"(신 28:15)의 '순종 한다'의 이면에는 성경의 전체 사상인 언약을 잡았다는 의미가 더 크고 '불순종'의 의미는 당연히 하나님의 언약을 곡해한 것과 언약을 내 버린 것의 의미가 성경전체의 의미이다. 단순히 그 율법을 문자대로 순종했다는 말은 바리새적인 율법관이 아니다.[113]

성경은 이스라엘이 우상을 도입하고 하나님의 자리를 우상에게 넘겨 버렸다는 행위를 언약을 버렸다는 행위로 단정한다. 또한 이 행위를 불순종이란 단어로 사용한다. 이 사실은 신명기에서만 확인해도 그렇다.

> 너희는 스스로 삼가 너희의 하나님 여호와께서 너희와 세우신 언약을 잊지 말고
> 네 하나님 여호와께서 금하신 어떤 형상의 우상도 조각하지 말라(신 4:23).

---

113) 바리새인들의 율법관 : 그들의 율법관은 문자대로 순종한 것이 아니고 거기에 더하고 빼기를 해서 제멋대로 지키고, 그것을 가르쳤기 때문에 그들이 아무리 잘했어도 계명을 문자대로 지켰다고 볼 수 없다. /필자

그가 네 아들을 유혹하여 그가 여호와를 떠나고 다른 신들을 섬기게 하므로 여호와께서 너희에게 진노하사 갑자기 너희를 멸하실 것임이니라(신 7:4).

네가 만일 네 하나님 여호와를 잊어버리고 다른 신들을 따라 그들을 섬기며 그들에게 절하면 내가 너희에게 증거하노니 너희가 반드시 멸망할 것이라(신 8:19).

너희가 만일 내가 오늘 너희에게 명령하는 도에서 돌이켜 떠나 너희의 하나님 여호와의 명령을 듣지 아니하고 본래 알지 못하던 다른 신들을 따르면 저주를 받으리라(신 11:28).

장색의 손으로 조각하였거나 부어 만든 우상은 여호와께 가증하니 그것을 만들어 은밀히 세우는 자는 저주를 받을 것이라 할 것이요 모든 백성은 응답하여 말하되 아멘 할지니라(신 27:15).

그 외 신명기 전체에서 불순종은 우상숭배라는 등식으로 말하고 있다.

모세의 모든 책과 사사기 이후 구약전체가 순종과 불순종을 이방 우상에 대한 태도를 기준으로 말하고 있다(왕상 9:6, 왕상 9:9, 왕하 17:35, 왕하 17:37, 왕하 17:38, 대하 7:19, 대하 7:22, 대하 24:18, 시 106:36, 사 42:8, 사 44:15, 사 44:17, 겔 20:39, 렘 1:16, 렘 11:10, 렘 16:11, 렘 35:15, 단 3:28, 단 3:29 등).

우상에도 종류가 많다. 형상우상과 사상우상이 있으며, 명예나 돈이나 권력, 지식과 지위도 다 우상이 될 수 있다. 가정에서는 자식이 또는 멋진 자동차나 비싼 주택이 우상이 될 수 있다. 하나님의 기준은 무엇이든지 하나님보다 더 사랑한 것이 있다면 다 우상이라고 한다. 거기서 탐심이 나오고 탐심은 곧 우상 숭배라고 지적한다(골 3:5).

주님의 말씀을 보면 이 땅의 것들을 다루는 방법을 깨우치기 위해서 세 가지를 구분해서 양자택일을 가르친다. 즉 두 가지의 보물, 두 가지의 공간, 두 주인이다. 각 경우가 서로 다르지만 똑같은 원칙이 적용된다. 먼저, 우리는 우리의 보물을 이 땅에 쌓을지 하늘에 쌓을지 선택해야 한다(19-21절). 둘째로 빛 가운데 행할지 어둠 가운데 행할지를 선택해야 한다(22-23절). 마지막으로, 섬길 주인을 선택해야 한다. 우리의 주인은 하나님이어야 하는가, 세상이어야 하는가 둘 다를 주인으로 섬길 수는 없다. 선택해야 할 것은 세 가지이지만 사실 이는 한 가지 문제로 귀착된다. 즉, 육신의 것들을 어떻게 처리해야 하는가의 문제이다. 이는 선택하기 어려운 문제이다. 존 스토트(John Stott)의 말 '세상적인 야망에는 강한 매력이 있고 물질주의의 마력은 벗어나기 힘들다.' 이 말은 정말 옳다. 부의 매력에서 벗어나기란 어렵다.

만일 주님께서 이 문제를 해결하려면 네가 가진 것의 50%만 갖고 나머지는 내게 주라고만 말씀하신다면 우리의 체세가 아주 쉬워질 것이다. '나는 내 50%를 드렸는데 주님은 뭘 주시겠습니까'라고 각각 말할 수도 있다. 만약 우리가 기계적으로 받을 것을 계산하고 드린다면 공허와 혼돈만 남을 것이다. 또한 우리가 하나님에 대한 두려움 때문에 드리는 것은 하나님께서 원치 않는 예물이다. 우리가 그분을 사랑하기에 드리는 헌신을 기뻐 받으신다. 주님은 우리에게 절대적인 기준을 주지 않으셨다. 주님은 단지 원칙만을 주셨을 뿐이다. 그것은 어떤 외적형식이 아니라 우리의 태도를 보시는 원칙이다.

4. 보물을 하늘에 쌓아두라

[칼빈]의 경제윤리 사상은 첫째, 이 세상의 재물을 추구하되 탐심을 갖고 추구해서는 안 되는 것이었다. "너희를 위하여 보물을 땅에 쌓아 두지 말라 오직 너희를 위하여 보물을 하늘에 쌓아 두라" "돈을 사랑함이 일만 악의 뿌리가 된다"는 의미이다(마 6:19-20, 딤전 6:10).

둘째, 정직하게 일해서 그 소득이 하나님으로부터 오는 것으로 생각해야 한다. "자기의 토지를 경작하는 자는 먹을 것이 많으려니와 방탕을 좇는 자는 궁핍함이 많으리라"(잠 28: 19) "나와 내 백성이 무엇이기에 이처럼 즐거운 마음으로 드릴 힘이 있었나이까. 모든 것이 주께로 말미암았사오니 우리가 주의 손에서 받은 것으로 주께 드렸을 뿐이니 이다(대상 29:13-14). "네게 있는 것 중에 받지 아니한 것이 무엇이뇨"(고전 4:7). 이 말씀에는 우리가 소유한 것이 하나님께로부터 왔다는 의미가 함축되어 있다. 엉뚱한 계획을 추구하기보다는 자기 땅에서 열심히 일하라는 의미이다. 또한 적게 가진 자도 하나님께 감사한 생활을 하며, 감사한 마음으로 음식을 먹어야 한다. "그런즉 너희가 먹든지 마시든지 무엇을 하든지 다 하나님의 영광을 위하여 하라"(고전 10: 31). 많이 가진 자는 탐심과 무절제, 낭비와 불필요한 소비, 그리고 교만이나 허영으로 재산을 남용해서는 안 된다. "네 이웃의 집을 탐내지 말지니라"(출 20:17). "나로 가난하게도 마옵시고 부하게도 마옵시고 오직 필요한 양식으로 내게 먹이시옵소서. 혹 내가 배불러서 하나님을 모른다 여호와가 누구냐 할까 하오며 혹 내가 가난하여 도적질하고 내 하나님의 이름을 욕되게 할까 두려워함이니 이다"(잠 30:8-9). 이것이 [칼빈]의 사상이다.

"너희를 위하여 보물을 땅에 쌓아 두지 말라" 우리는 너무나 많은 물질적 유혹에 직면하여 산다. 땅의 보물과 하늘의 보물 중 한 가지를 택할 때 마다 갈등이 있다. 예수님은 "땅이 아니라 하늘에" 보물을 두라고 하셨지만 말이다. 보물은 항상 마음을 움직이는 세력이 된다. "네 보물 있는 그곳에는 네 마음도 있기"(마 6:21절) 때문이다. 전도자 [바울]은 [디모데]에게 경고하기를 "돈을 사랑함이 일만 악의 뿌리가 된다"(딤전 6:10)고 했다.

돈 자체가 악의 근원이 되는 것이 아니라 돈을 사랑하는 마음이 그렇다는 뜻이다. 사람을 부패시키는 것은 돈이 아니라 돈을 사랑하는 마음이다. 여호수아 7장 나오는 [아간]이 대표적 사건이다. 그는 보물에 집착하는 마음에 값비싼 외투와 은과 금덩어리를 탐하여 하나님께 드려야할 첫 열매를 훼방했다(수 7:5, 24). [아간]과 모든 가족들과 함께 아골 골짜기에서 돌에 맞아 처형이 되었고 돌무더기가 쌓여 후대에 경종이 되었다. 아간의 탐심은 그의 자녀들까지 죽음에 이르게 하였고, 이 탐심이 「아이」성 전쟁에서 이스라엘 군사 36명이 죽게 되었다.[114]

이 탐심으로 인한 범죄가 [엘리사] 때에 재현되는데 엘리사의 사환 [게하시]의 탐심으로 나타난다. 그가 하나님의 사람이요, 자기스승인 [엘리사]를 속이고 문둥병을 치료하고 가는 [나아만]에게서 은 두 달란트와 옷 두벌을 받아 챙기고 엘리사에게 거짓말을 했다. 그는 선지생도로서 거짓말과 탐심에 빠짐으로 다른 선지생도의 본보기로 나아만의 문둥병이 그에게로 옮겨 갔다(왕하 5:20-27).

"너희를 위하여 보물을 땅에 쌓아 두지 말라." '보물'(treasure)이라는 말은 '무언가를 어딘가에 챙겨 놓는다.'는 개념을 갖고 있다. 주님은 우리가 매일매일 살아가는 데 소용되는 것을 말씀하시는 것이 아니라 쓰지도 않고 그저 쌓아 놓기만 하는 것에 대해 말씀하시는 것이다. 주님은 장래를 위해 따로 마련해 두는 것, 매일의 생활과 가족 부양, 구제, 헌금하는 데 필요하거나 하나님의 돈을 더 잘 관리할 청지기가 되기 위해 투자하는 것을

---

114) 첫열매 여리고의 의미 : 하나님은 그 백성들에게 노략물을 주어서 부요하게 하셨고 그들이 짓지 아니한 성과 집에 안주하게 하셨지만, 이 첫 성(城)의 경우만은 특이 하게도 온전히 하나님께 불태우고(집과 모든 살림), 죽이고(사람과 가축), 하나님의 성전에 두라(금과 은 동으로 불사르지 못하는 보물)고 하심으로 이스라엘은 하나도 취하지 못하게 하셨다. 칼빈은 '그것은 첫 열매로써 성별되는 것이 마땅했기 때문이다. 따라서 하나님께서는 모든 건물, 사람, 곡식, 짐승, 물건들 모두를 하나님의 자신의 소유로 주장하시며 어느 하나도 개인이 취하는 것을 금하신 것이다.'(『존 칼빈 구약악성서주석5, 여호수아』, 존 칼빈, 성서교재간행사, p426)고 하였다. 이와 같이 이 첫 열매의 의미는 제사드림에 속한 것이고 아간이 취한 것은 하나님의 제사를 훼방한 행위로 십계명 처음 부분과 도덕적 계명, 도둑질과, 탐심을 아울러 어긴 중죄에 해당한다. 여기에서 이상근 박사는 여호수아 6:17의 '그 가운데 있는 모든 물건은 여호와께 바치되..'에서 '바치되'라는 의미를 저주하고 멸절시키는 그 행위가 하나님께 바치는 것이며, 한편으로 가나안의 우상 숭배를 근절시키고 그 땅을 여호와의 성지로 만들기 위한 조치였다고 한다. /이상근 『여호수아주해5』, 성등사, pp46-47), 수 6:17-19, 신 3:16 참고

말씀하시는 것이 아니다. 그것은 자신을 위해 그저 쌓아 놓기만 한 부(富)를 의미한다. 세상에는 그저 쌓여만 있는 돈이 너무 많다. 이것이 주의 백성들에게도 적지아니하게 있는 것이 사실이다.

어떤 광신자들은 문자 그대로 해석하여 아무것도 소유해서는 안 된다고 주장한다. 다시 말해 가진 것을 모두 팔고 거리로 나 앉아서 걸인이 되어야 한다고 하는 것이다. 마치 철학자 [디오게네스]처럼 말이다.[115]

광신자들은 말하기를 '젊은 부자관원의 경우를 보라. 예수님께서는 그에게 "네 소유를 팔아 가난한 자들을 주라"(마 19:21)고 하지 않으셨는가'라고 한다. 그러나 예수님이 그렇게 말씀하신 대상은 그 청년 한 사람 뿐이었다. 예수님은 또한 "또 내 이름을 위하여 집이나 형제나 자매나 부모나 자식이나 전토를 버린 자마다 여러 배를 받고 또 영생을 상속하리라"(마 19:29)고 말씀하신바 있다. 주님께서 무엇을 소유하는 것을 정죄하신 적은 한 번도 없었다. 젊은 부자 관원에게 가진 것을 모두 팔라고 하신 것은 그것이 그와 하나님 사이를 가로막고 있기 때문이었다.

예수님은 정직하게 부를 얻고 올바르게 사용하는 부는 금하지 않으신다. "네 하나님 여호와를 기억하라 그가 네게 재물 얻을 능력을 주셨음이라"(신 8:18) 이 말씀은 그의 백성들이 재물을 얻은 것이 자신의 능력과 자신의 힘으로 얻은 것이라고 마음에 자랑할 것을 걱정해서 주신 말씀이다. 축복의 하나님께서는 아브라함과 욥과 다윗을 번영케 하셨다. 사도 바울은 "누구든지 자기 친족 특히 가족을 돌보지 아니하면 믿음을 배반한 자요 불신자보다 더 악한 자니라"(딤 5:8)고 했다.

---

115) 디오게네스(Diogenes, BC412?~BC323 경) : 터키의 시노프(Sinop)지역에서 태어났다. 디오게네스는 철학의 깊이보다 수많은 일화로 더 많이 알려진 철학자다. 알렉산더가 고린도에서 열린 체육제전(Isthmian Games)을 마치고 소문으로만 듣던 디오게네스를 찾아갔다. 그 때 디오게네스는 구멍 뚫린 통나무 속에서 일광욕을 즐기고 있었다. 그 둘이 나눈 대화이다. '나는 대왕 알렉산더다' '나는 개 같은 디오게네스요' '내가 무섭지도 않은가?' 디오게네스는 되물었다. '그대는 선한 자인가?' '그렇다' '그렇다면 뭣 때문에 선한 자를 무서워하겠는가?' '그대가 바라는 것을 말해보라' '지금 가리고 있는 햇빛이나 가리지 말고 비켜 주었으면 하노라' 이 이야기를 들은 알렉산더는 '만약 내가 알렉산더가 되지 않았다면 디오게네스와 같은 사람이 되고 싶었을 것이다.'고 했다. /다음백과)

예수님이 금하신 것이 무엇인가 주님은 우리가 가진 것에 대해 말씀하시는 것이 아니라, 가진 것에 대한 우리의 태도에 관해 말씀하시는 것이다. 나를 둘러싼 모든 영역에서 하나님께 감사함으로, 하나님 나라를 위해 내 소유를 사용한다면, 그 재물의 권리를 가질 수 있다. 그러나 나 자신을 만족시키기 위해 쌓아 두기 위해 재물을 모으고 있다면 그것은 악이다. 예수님이 금하신 것은 세상적인 부를 과도하게 추구하는 것이다.

사람은 이 일에서는 절제나 한도를 지키지 못한다. 사람들은 필요한 것보다 훨씬 더 좋은 것들을 하나님께서 알아서 제공해 주실지라도 만족을 모르며 주어진 것들을 달가워하지도 않고 무조건적으로 집착하는 돈에 대한 꺼질 줄 모르는 욕망을 금하신 것이다. 또 주님은 세상적인 이익을 위하여 참된 부를 깔보는 자들을 정죄하신다. 한 그릇 팥죽을 위하여 장자의 명분을 팔아버린 [에서]의 경우가 그런 것이다(히 12:16). 지금 시대에도 옛날과 같이 '배부르게 못할 것'을 위하여 모든 힘과 정열을 소모해 버리는 사람들이 너무 많다(사 55:2).

예수님의 금하신 것은 마음의 우상이다. 사람이 마음을 두고 의지하는 것은 모두 그에게 하나님이 된다. 그래서 '탐심은 곧 우상 숭배'라고 하는 것이다(골 3:5). 그리고 부자가 천국에 들어가는 것이 어렵다고 하신 말씀은 이런 이유 때문이기도 하다. 그가 자기의 재물을 믿기 때문이다. 보통 신자들이 내세의 행복을 바라본다고 말하고 있다. 그러나 지금 자신이 가장 가치를 두고 추구하고 있는 것이 무엇인가를 주의 깊게 살펴봐야 한다. 나는 무엇을 가장 좋아하고 즐기는가 세상에 속한 것들인가 하나님께 속한 것인가 나의 가장 큰 수확의 때가 언제인가 세속적인 자는 안식일의 제사가 '어느 때 끝날 꼬' 라고 불평하지만, 전도자는 '주의 성전에서 한 날이 다른 곳에서 천 날보다 나은즉..'이라 한다(시 84:10).

[아더 핑크]의 말이 적절하다. '주일 날 예배가 끝나기도 전에 세상에 달려 나가는 신자는 하나님의 풍성한 은혜의 추수 시간표는 다 놓치고 사

는 자들이다.'

"오직 너희를 위하여 보물을 하늘에 쌓아 두라 거기는 좀이나 동록이 해하지 못하며 도둑이 구멍을 뚫지도 못하고 도둑질도 못하느니라"(마 6:20)는 말씀은 5병2어의 기적을 행하시고 주님을 따르겠다고 달려드는 자들의 중심, 즉 세상적인 물질을 향해있는 마음을 아시고 하신 말씀과 연관이 된다. "썩을 양식을 위하여 일하지 말고 영생하도록 있는 양식을 위하여 하라 이 양식은 인자가 너희에게 주리니 인자는 아버지 하나님께서 인(印)치신 자니라. 그들이 묻되 우리가 어떻게 하여야 하나님의 일을 하오리이까 예수께서 대답하여 이르시되 하나님께서 보내신 이를 믿는 것이 하나님의 일이니라 하시니"(요 6:27-29) 썩고 없어질 땅에 보물을 쌓아두려고 말고 영적이고 영원한 것들 즉 하나님의 나라의 일을 위하여 하라는 것이다.

우리가 하나님의 일에 몰두하며 하나님과 동행하면서 주어지는 삶속에서 참 행복과 평안이 주어진다. 이것은 전도자들의 여유이며 감미로운 삶의 리듬이며 빼앗길 수 없는 영원한 기쁨이다. 아무도 약탈할 수 없는 보물을 쌓아 두려면 그것이 그리스도와 함께 하나님 나라에 감추어져야 한다.

먼저 그 보물을 찾아야한다. 그런데 그 보물은 하나님이 알게 하실 때만이 가능하다. 그래서 주님은 제자들에게 그들이 이 보화를 찾았는가 살피셨다. "예수께서 빌립보「가이사랴」지방에 이르러 제자들에게 물어 이르시되 사람들이 인자를 누구라 하느냐 이르되 더러는 세례 요한, 더러는 엘리야, 어떤 이는 예레미야나 선지자 중의 하나라 하나이다. 이르시되 너희는 나를 누구라 하느냐 시몬 베드로가 대답하여 이르되 주는 그리스도시요 살아 계신 하나님의 아들이시니 이다. 예수께서 대답하여 이르시되 바요나 시몬아 네가 복이 있도다 이를 네게 알게 한 이는 혈육이 아니요 하늘에 계신 내 아버지시니라"(마 16:13-17).

　　예수님을 따르는 많은 무리들은, 예수님을 '메시아'일 것이라고 기대를 하면서도, 사회정의를 실현할 세례요한 같은 분, 하늘에서 불을 내리던 선지자 엘리야 같이 기적적 기대를 가질만한 분, 어려운자와 함께 하였던 예레미야 선지자와 동일한 분, 유대종교의 선지자들 중 한분으로, 이것은 마치 종교를 창시한 석가나 공자와 같은 성인으로 본 것이다.

　　예수님은 그 무리들의 관점을 다 아시면서 제자들에게 물으셨다. 그 이유는 언제든지 세상도, 교회안의 무리들도 그렇다는 것을 주지시키려는 것이다. 이것은 지금까지 교회 안에서 가장 심각한 문제이며 고치기 힘든 문제이기도 하다.
　　거의 교회 안에서 신자들이 신앙생활을 사회운동이나, 신비운동이나, 가난한자를 돕는 것이나, 하나의 종교로 생각하고 있다.[116]

　　예수님은 자신이 세워 가시는 교회를 염두에 두고 제자들에게 분명한 어조로 질문 하신다 "너희는 나를 누구라 하느냐" 앞으로 세상을 복음화하고 주님의 참 교회를 세워야할 제자들에게, 교회가 가질 핵심적 사역을 질문을 통해 간직하게 하신 것이다. "주는 그리스도시오 살아계신 하나님의 아들이시니 이다" 그렇다 예수님은 세상에 정의로운 외침도, 신비한 기적도, 어려운자들의 고통도 풀어주셨으나 그러나, 주님의 목적은 그것이 아니었다. 주님은 그리스도의 일을 위하여 세상에 오신 것이다. 그리스도 일은 그리스도의 3중직으로 요약할 수 있다.[117]

　　예수님의 질문에 정확한 대답을 한 제자들에게 하신 말씀은 "바요나

---

116) 신자들이 그리스도와 교회를 보는 색깔 : 세례요한(사회 운동), 엘리야(신비운동, 은사운동), 예레미야(박애운동), 선지자들 중하나(기독교도 하나님의 종교로 보고 신앙생활을 종교생활로 하는 자들)

시몬아, 네가 복이 있도다. 이를 네게 알게 한 이는 혈육이 아니요 하늘에 계신 내 아버지시니라"(마 16:17) 고 하셨다.

고린도후서 4:6-7에는 그리스도가 보배라고 하신다. "어두운 데에 빛이 비치라 말씀하셨던 그 하나님께서 예수 그리스도의 얼굴에 있는 하나님의 영광을 아는 빛을 우리 마음에 비추셨느니라. 우리가 이 보배를 질그릇에 가졌으니 이는 심히 큰 능력은 하나님께 있고 우리에게 있지 아니함을 알게 하려 함이라"

그리스도는 하나님의 비밀 이다. "이 비밀은 만세와 만대로부터 감추어졌던 것인데 이제는 그의 성도들에게 나타났고 하나님이 그들로 하여금 이 비밀의 영광이 이방인 가운데 얼마나 풍성한지를 알게 하려 하심이라 이 비밀은 너희 안에 계신 그리스도시니 곧 영광의 소망이니라"(골 1:26-27).

보물은 비밀이기 때문에 찾아야 한다. 만대로부터 감추어진 구원의 보물인 그리스도 가 이제 나타나셨는데 그 분이 예수님이시다. 그리스도가 보물일 뿐 아니라 그 보물이 모든 보물을 또 캐내는 '마스터 키'이다. "이는 그들로 마음에 위안을 받고 사랑 안에서 연합하여 확실한 이해의 모든 풍성함과 하나님의 비밀인 그리스도를 깨닫게 하려 함이니 그 안에는 지혜와 지식의 모든 보화가 감추어져 있느니라"(골 2:2-3). 그 안에는 모든 보

---

117) 그리스도의 3중직 : 왕, 제사장, 선지자 이다. 구약에 이 세 직분 자를 세울 때 기름을 부어 세웠다. 왕이 있어야할 이유는 원수 대적을 물리치고 하나님의 백성의 안녕과 평안을 위해서이며, 제사장을 세우는 것은 백성들의 모든 죄를 피의 제사를 통해 용서받도록 하는 일이며, 선지자는 하나님의 말씀을 전파해서 방황하는 백성들에게 하나님께로 돌아오라고 외치며 길을 알리는 일이다. 예수님이 그리스도라 할 때는 이 의미가 영적으로 확산되고, 복음이 율법의 완성인 것처럼 완벽하게 이 땅의 본질적인 문제를 해결하셨다는 의미에서 '그리스도'라 한다. 이 땅의 본질적인 문제는 차3장사건 이후로 사탄이 세상의 임금 노릇하고 있다는 것이다. 그 사탄을 꺾으신 참 왕이 그리스도이다.(요일 3:8, 히 2:14-15) 그리고 사탄과 연결되어 있는 원죄와 모든 자(自)범죄의 문제이다. 여기에 대해 그리스도는 짐승의 피가 아닌 자신의 피로서 단번에 영원히 살아있는 제사를 드림으로 죄의 문제를 완전히 해결하셨다.(막 10:45, 요 19:30) 또 사탄과 죄의 결과로 하나님으로부터 쫓겨난 인간에게 그리스도는 하나님을 만날 수 있는 길을 열어주셨다.(요 14:6, 행4:12) 그래서 누구든지 그 주의 이름을 부르는 자는 구원을 얻고,(행 2:21, 롬 10:13) 구원을 얻는 길은, 분명히 자기중심에 예수님을 자신의 그리스도로 영접해야 하는 것이고,(요 1:12, 계 3:20) 이 영접이 하나님의 자녀로의 새 삶의 시작이다.(고후 5:17) /필자 주

물이 감추어져있다.

이 보물은 심령의 가난한 상태, 즉 자신의 비참함과 결핍을 깨닫고 진실로 의에 주리고 목말라할 때 찾게 된다. 이 위대한 보물을 발견한 후에는 이 보물이 세상의 어떤 것들보다 소중하고 가치 있는 영원한 것임을 자신 속에서 주장하게 되는 것이 정상적인 반응이다. 그래서 바울은 최상 중에 최상의 비교급을 말할 때 '그리스도를 아는 것'이 가장 고상하다고 고백했다. "그러나 무엇이든지 내게 유익하던 것을 내가 그리스도를 위하여 다 해로 여길뿐더러 또한 모든 것을 해로 여김은 내 주 그리스도 예수를 아는 지식이 가장 고상하기 때문이라 내가 그를 위하여 모든 것을 잃어버리고 배설물로 여김은 그리스도를 얻고 그 안에서 발견되려 함이니 내가 가진 의는 율법에서 난 것이 아니요 오직 그리스도를 믿음으로 말미암은 것이니 곧 믿음으로 하나님께로부터 난 의라"(빌 3:7-9). 우리가 이렇게 고백할 수 있다면 정말 보물을 찾은 것이다.

다윗이 고백한 것처럼 "하늘에서는 주 외에 누가 내게 있으리요 땅에서는 주 밖에 내가 사모할 이 없나이다"(시 73:25). 고백이 되는가 그는 주의 법이 천천 은금보다 좋아서 내가 주의 계명을 순금보다 더 사랑한다고 했다(시 119:72, 127). 이것이 내게 사실이라면 나의 재물이 그야말로 하나님나라와 그의 의를 위해 드림이 되고 그것을 위해 더욱 재물을 확보하여 그는 진정 선교 기업을 위한 전도제자가 될 것이다.

전도제자의 삶은 우리 주님께서 하늘에 계시므로 그의 마음역시 하늘에 있다. 그러나 몸은 아직 이 땅에 있음으로 우리의 보물을 하늘에 쏘아올려야한다. 우리의 보물을 올바르게 사용한다는 것은 세상재물을 하늘의 것으로 바꾸는 것을 말하는데 이것이 복음운동과 이 복음운동이 지속되기 위한 후대를 세우는 일이다. [아더 핑크]는 그의 산상수훈 강해에서 가난한 자를 불쌍히 여기는 것은 여호와께 꾸어 드리는 것이며 그의 선행을 갚아주시리라는 성구를 소개하고(잠 19:17) '하나님은 가난한 자를 자기의 사자로 삼아 부자에게 보내어서 그가 필요한 것을 그에게 빌리도록 하신다.'고 했다.[118]

인간 사랑의 최상급은 하나님의 구원에 이르게 도와주는 것이다. 사망에서 생명으로 옮겨주는 것이야 말로 구제의 목적이다. 하나님 사랑과 인간 사랑이 다 복음전도 안에 있으며, 구제도 영혼구제에 이를 때에 완전해진다. 사도행전 10장에 등장한 [고넬료]의 구원을 참고 해 볼만 하다. 로마군 장교 [고넬료]의 구제가 영혼구원으로 가는 길에서 기도와 하나님 경외함과 함께 나타나는 팔복의 마음상태가 될 수 있다는 암시를 발견할 수 있다.

> 그가 경건하여 온 집안과 더불어 하나님을 경외하며 백성을 많이 구제하고 하나님께 항상 기도하더니 하루는 제 구 시쯤 되어 환상 중에 밝히 보매 하나님의 사자가 들어와 이르되 고넬료야 하니 고넬료가 주목하여 보고 두려워 이르되 주여 무슨 일이니이까 천사가 이르되 네 기도와 구제가 하나님 앞에 상달되어 기억하신 바가 되었으니 네가 지금 사람들을 욥바에 보내어 베드로라 하는 시몬을 청하라 (행 10:2-5).

그의 선한 일, 구제와 경건과 기도가 하나님 앞에 상달 되었다는 것은 그가 구원받은 자의 신분으로 응답의 축복을 누린 것이 아니라 구원의 길에 접어드는 하나님의 긍휼을 입게 된 선함이다. 왜냐하면 성령께서 천사를 보내신 것은 구원을 주시기 위함이셨다. [베드로]를 초청케 하신 이유는 그리스도의 복음을 듣게 하려함이요 이 복음으로만 구원에 이르기 때

---

118) 『아더 핑크 산상수훈 강해』, 지상우 옮김, 크리스챤 다이제스트, p257

문이다(엡 2:6-8). 실제 베드로가 그의 집을 방문했고 비로소 그와 온 집의 사람들과 친구들까지 구원을 받았다.

> 그가 너와 네 온 집이 구원 받을 말씀을 네게 이르리라 함을 보았다 하거늘 내가 말을 시작할 때에 성령이 그들에게 임하시기를 처음 우리에게 하신 것과 같이 하는지라(행 11:14-15).

> 그들이 이 말을 듣고 잠잠하여 하나님께 영광을 돌려 이르되 그러면 하나님께서 이 방인에게도 생명 얻는 회개를 주셨도다 하니라(행 11:18).

"너희를 영접하는 자는 나를 영접하는 것이요 나를 영접하는 자는 나를 보내신 이를 영접하는 것이니라. 선지자의 이름으로 선지자를 영접하는 자는 선지자의 상을 받을 것이요 의인의 이름으로 의인을 영접하는 자는 의인의 상을 받을 것이요 또 누구든지 제자의 이름으로 이 작은 자 중 하나에게 냉수 한 그릇이라도 주는 자는 내가 진실로 너희에게 이르노니 그 사람이 결단코 상을 잃지 아니하리라 하시니라"(마 10:40-42). 그러므로 전도자들은 엄청난 세상의 흑암경제를 세상 살리는 복음경제로 바꾸는 주역들이다. 이것이 창세기 1:27과 28절을 회복하는 정복이다.

이 일에 쓰임 받은 전도자들이 있다. 그리스도인으로 경제의 부를 이룬 수많은 사람들이 있었지만 진정 복음을 위해 부를 사용한 사람들은 그렇게 많지 않다. 19세기 말 – 20세기 초 미국 경제를 이끈 대표적 기업인 [존 데이비슨 록펠러]와 [앤드루 카네기]는 각각 '석유 왕' '철강 왕'으로 불리며 한 시대를 풍미했다. 이 두 사람의 인생역정은 매우 닮아 있다. 둘 다 기독교인이며, 가난한 집안에서 태어났지만 사업가로 막대한 부를 축적했고, 인생 말년에 둘 다 자신들의 이름을 딴 재단을 설립해 자선사업을 벌였다는 것에서 닮았다.

[존 데이비슨 록펠러]는 천문학적인 돈을 기부한 사람으로 존경받는

실업가요 자선사업가로 알려졌다. 그가 수십 개의 대학과 수천 개의 교회를 세웠고 그가 낸 십일조의 헌금을 집계하는 사람만 수십 명이었다고 한다.[119]

그런데 그에 대한 엇갈린 평가들이 있다. 그가 정유회사를 키워나가는 과정에서 수단방법을 가리지 않고 미국전체 정유물량 90%를 독점, 경쟁업체 직원매수, 노동자를 탄압한 것 등으로 두 얼굴의 소유자로 평가한다. 특히 결정적인 사건은 「콜로라도」석탄·철강의 노동쟁의 진압과정에서 기관총을 난사해 40명이 숨진 사건이다. 그때의 록펠러는 전혀 신앙인 기업가 모습과는 동떨어진 사람이었다는 것이다.

[앤드루 카네기]를 이야기할 때마다 반드시 언급되는 악명 높은 〈홈스테드 학살 사건〉도 록펠러의 〈러들로 광산 학살사건〉이 일어난 즈음에 벌어졌다. 1892년 6월에 카네기의 소유인 홈스테드 제강소에서 임금 협상 문제로 노사 갈등이 첨예화되었다. 회사는 사설 경비원을 수백 명 투입했고 그 와중에 경비원과 노동자 간에 충돌이 빚어져 10명의 사망자와 수백 명의 부상자가 발생했으며, 결국 주 방위군이 투입되어서야 사태가 진정되었다. 이 사건은 록펠러 소유의 〈러들로 광산 학살사건〉과 함께 미국 역사상 최악의 노동 탄압 사건 가운데 하나로 평가된다.[120]

결국 이 두 사람이 그 재물을 축적하는 과정과 기업의 식솔들을 다루는 방법에서는 주님이 말씀하신 하나님나라를 위해 온전히 행해졌다고 쉽게 평가를 할 수 없다.

---

119) 록펠러(John Davison Rockefeller, 1839-1937) : 석유산업계를 지배하여 미국 최초의 대규모 트러스트인 스탠더드 석유회사를 창설했다. 말년에는 자선사업에 전념했는데, 일생을 통해 그가 기부한 금액은 총 5억 달러를 넘었고, 1955년까지 아들 록펠러의 기부금을 합하면 총 25억 달러가 넘었다. 당시 그의 재산은 원화로 396조, 미국경제의 1.5%이상을 차지했다. 현대 미국의 최고 부자[빌 게이츠]는 그의 1/4수준이다.

120) 카네기(Carnegie, Andrew, 1835-1919) : 미국의 산업 자본가. 스코틀랜드에서 태어났으며 미국의 펜실베이니아 주로 이주한 뒤 어려서부터 방직공, 배달원 등 여러 직업에 종사했다. 철도 회사에 투자하여 큰 이익을 얻은 것을 시작으로 운송회사, 석유회사 등에도 투자하였다. 그 후 철강업을 경영하여 크게 성공하였으며, 실업계에서 물러난 뒤에는 여생을 교육, 문화 사업에 크게 기부하였고 활동했다. 미국 철강업계에 큰 영향력을 행사했던 까닭에 '강철 왕'(鋼鐵王)이라 불리어 진다.

그러나 '백화점의 왕'이라 불리어지고 있는 [존 워너메이커](John Wanamaker, 1838-1922)는 온전히 주님의 말씀하신 대로 그의 보물을 하늘에 쌓아둔 모델로 세울 수 있겠다.[121] 백화점의 창업자인 워너 메이커를 보통 '성경이 만든 사람'이라 부르고 그와 같은 제목의 전기도 나와 있고 신앙인물로 수 많은 사람들이 애독하고 있다.

그는 누구보다도 하나님 앞에서 신앙인의 삶을 살았고, 목회자가 아니면서도 목회자 이상의 역량을 발휘하며 그리스도인의 모범을 보여주었다. 그의 하나님나라와 그의 의를 구하는 삶은 선교기업인들의 감동과 도전이 되고 있다. 복음을 위해 평생을 불태우며 어떤 경우라도 하나님으로부터 주어진 천명을 소홀히 하지 않고 평생을 복음에 일심, 전심, 지속했던 산업인 제자였다. 그가 어릴 때 다니던 교회의 [챔버스] 담임목사님으로부터 맨토를 받고 감명을 받기는 했으나 '제자는 만들어지는 것이 아닌 태어난다'는 말이 그에게 딱 맞다.

그는 일생토록 성경을 사랑하고 많은 교회를 설립했으며, 67년간을 주일학교 교사로 헌신하면서 세계 최대의 주일학교를 이룬 하나님이 세운 전도제자였다. 그는 또 전 세계를 다니며 기독청년운동을 일으키고 수많은 나라에 YMCA 회관을 지어 복음운동에 재산을 아낌없이 쏟아 부은 전도자였다. 그는 선교기업인으로 세계최대의 기업을 이루면서 직원들의 존경을 받고 모든 사람들의 사랑을 받아 최고의 시민이라는 이름으로 동상까지 세워진 하나님의 사람이었다.

---

121) 존 워너메이커(John Wanamaker) : 초기이름 [그랜드 디포], 벽돌공의 아들로 태어나 가난으로 학교를 제대로 다니지 못했던 그는 어릴 때 일 년 반의 품삯을 모아서 자신의 성경을 갖게 된 것을 기뻐하여 평생 동안 성경을 보물 1호로 여기고 살았던 사람, 후에 미국을 대표하는 사업가이자 기독교 산업인의 모델로 평가 받는다. 그는 주일학교 교육에 평생을 바쳤으며 YMCA 총재로서 전 세계에 청년복음화를 위해 YMCA 회관을 세웠다.(한국에도 세움) 그는 비즈니스맨으로서 혁신에 혁신을 일으키며 모든 이의 존경을 받았다. 늘 최초라는 수식어를 붙이고 살았고 그를 부르는 많은 칭호들이 있지만, 가장 많이 알려진 '백화점 왕 존 워너메이커' 라고 불리고 있으나 '주일학교 교사 존 워너메이커' 라는 별명이 그를 더 자랑스럽게 할 것이다.

워너메이커의 주일성수는 흔들릴 수 없는 삶의 원칙이었다. 그의 생애는 주일을 기다리고 주일을 준비하며 주일 예배를 통해 새 힘을 공급받는 삶이었다. 주일에는 하나님을 만나고 교회에서 봉사하는 일 외에는 어떤 약속도 만들지 않았으며 평생 이 원칙을 지켰다. [해리슨] 대통령(23대)이 그를 〈체신부 장관〉으로 임명하고자 했을 때도 '주일성수할 수 있는 조건으로 장관직을 수락'한 일은 유명하다. 그를 비난하려는 기자가 질문했다. '일국의 장관직이 주일학교 교사직만도 못하다는 것입니까' 그는 주저함 없이 이렇게 대답했다. '장관직은 몇 년 하다 말 부업이지만, 주일학교 교사직은 내가 평생 동안 해야 할 본업입니다.'

그는 자신의 말대로 주일성수를 위해 워싱턴에서 필라델피아까지 먼 거리를 4년 동안 한 번도 빠지지 않고 교회에 출석하여 교사의 일을 감당했다. 그는 주일은 하나님의 날이고 하나님께만 영광을 올려야 하며, 교회를 위한 사역 외에 어떤 비즈니스도 하지 않는 것을 지켰다. 그래서 그는 사업 초창기부터 주일날에는 모든 점포의 문을 닫았다. 그는 백화점 벽보에 다음의 글을 써 붙였다.

◀ 전 사원에게 알림 ▶

1. 주일에는 아무리 바쁜 일이 있어도 절대 출근하지 마세요.

2. 주일에는 하나님을 예배하고 성경을 배우세요.

3. 교회에 적어도 1년에 5달러 이상을 헌금하세요.

4. 주일에 댄스홀이나 유흥업소에 가려면 회사에 그 이유를 제출하세요.

5. 이럴 땐 조심하세요.

'만일 여러분이 기도보다 더 큰 즐거움을 발견한다면, 성경보다 더 좋아하는 책을 발견한다면, 교회보다 더 좋은 장소를 발견한다면, 주님이 베풀어 워너메이커는 자신의 성공과 부를 직원들과 함께 나누길 원했고 그들의 성공이 자신의 성공이며 그들의 실패가 자신의 실패라고 생각하였다. 당시 일반적인 상점 직원들은 열악한 근로 환경과 많은 시간의 노동에 시달려 피곤한 삶을 살 수 밖에 없었다. 그는 「그랜드 디포」를 개점하면서 '6개월 이상 일한 모든 직원에게 유급 휴가를 시행합니다'라고 발표했다.

그야말로 존 워너메이커는 주님의 말씀을 따라 돈을 벌고, 말씀에 따라 돈을 사용한 가장 멋진 산업인 제자의 모델이라고 해야 한다. 그는 말씀을 사랑하며 말씀을 묵상하는 기업인, 끊임없는 기도로 하나님과 소통하며, 전도자의 직무를 감당한 평신도 목회자요, 평신도 선교사였다. 그의 평생의 주일학교 사역이야 말로 미래를 살리는 최고의 사역 중심에 있었다.

이 시대 복음운동에 [존 워너메이커] 같은 평신도 산업인 전도자가 나오는 것을 간구해야할 것이다. "너희는 그리스도 예수 안에서 나의 동역자들인 브리스가와 아굴라에게 문안하라 그들은 내 목숨을 위하여 자기들의 목까지도 내놓았나니 나뿐 아니라 이방인의 모든 교회도 그들에게 감사하느니라. 또 저의 집에 있는 교회에도 문안하라"(롬 16:3-5a) 이런 사람 말이다.

[윌리엄 와이팅 보든](William Whiting Borden, 1887-1913)도 그의 보물을 하늘에 쌓아 두고 하늘에서 엄청난 이윤을 누린 전도자이다. 전 세계인의 마음을 울린 청년이라는 수식어를 가진 복음의 사람이며, 복음을 위한 사람이었다.

[보든]의 사망 소식이 이집트로부터 타전(打電)되었을 때, 미국에 그 사람의 인생 이야기를 보도하지 않은 신문이 하나도 없었다고 한다. 그의 소천 소식이 전해지자 수많은 나라에서 그의 죽음을 안타까워하는 편지들이 산더미처럼 쌓였다. 프린스턴 신학교 학보 기사는 '보든처럼 젊은 나이에 하나님과 인류를 위해 그토록 헌신한 사람은 또 없을 것이다'라고 보도했다. [보든]은 자기 재산뿐만 아니라 자기 자신까지도 바쳤다. 그는 자기의 헌신을 희생으로 여기지 않고 특권으로 여겼다. 그의 헌신은 하나님을 향한 감사와 하나님나라의 사역에 대한 기쁨에서 나온 것이었다.

'주님을 위해 남김없이, 후회없이, 후퇴없이' 이것이 하나님만 따르기를 원했던 그의 인생 전체를 표현하는 세 문장이다. 제자로 살려면 [윌리엄 보든]처럼 가진 모든 것을 아낌없이 드리고, 남김없이 자신의 인생을 주님께 드렸다.

그는 억만장자의 낙농그룹 보든가(家)에서 태어났다. 윌리엄이 고등학교를 졸업하자 그의 부모는 그에게 견문을 넓히기 위해 세계여행을 하도록 했다. 그런데 그는 아시아, 중동을 여행하면서 그리스도를 알지 못하고 죽어가는 수많은 사람들이 있음을 보고 큰 충격을 받았다. 그는 그 영혼들을 위해 기도하며 복음 선교에 자신의 삶과 자신이 가진 모든 것을 바치겠다고 결심했다. 그는 예수님의 제자로만 기억되기를 원했다. 자신의 성경책에 문장 하나를 썼다. '남김없이 다 드립니다'(No Reserves).

그는 여행에서 돌아와 아버지의 강권으로 「예일 대학」에 들어갔다. 하지만 그의 마음은 이미 온전히 예수님만을 향하고 있었다. 신입생시절 그는 한 친구와 함께 아침마다 성경을 읽고 기도하는 모임을 시작했다. 그가 신입생이었지만 신입생 150명이 그의 성경공부 모임에 동참하였다. 그가 4학년 때는 1,000명의 학생이 성경공부 모임에 동참하였다. 대학 밖의 사역으로 노숙자들을 위해 헌신했고 알코올 중독자들의 갱생을 돕는 「예일 호프 미션」이란 힐링 단체도 세웠다. 그의 봉사는 복음전도가 목적이었다. 「예일 대학」과 「프린스턴신학대학원」 당시 그의 일기장에 메모를 했는데, '나는 늘 자신을 부인하고 예수님께 순종하리라'

아버지가 돌아가시면서 막대한 재산을 물려받았다. 그러나 그는 수백만 달러의 유산을 포기하고 중국선교를 결심했다. 그리고 그는 성경책 뒷면에 다시 한 문장을 썼다.

'결코 돌아가지 않으리라'

이후 그는 이집트 카이로에서 「척수 수막염」에 걸려 한 달 뒤 25세 나이에 하나님의 부르심을 받고 세상을 떠나고 말았다. 전 세계가 그의 죽음을 애도했다. 중국 「란쓰우」성에 가면 [윌리엄 보든]을 기억하는 사람들이 거기에 병원을 세웠고 중국의 무슬림들이 그 병원을 통해서 그리스도께 돌아오는 자들이 있다고 한다. [윌리엄 보든]이 자신의 성경책에 남긴 글이다.

『결코 남김 없이』(No Reserves)
『결코 후퇴 없이』(No Retreats)
『결코 후회 없이』(No Regrets)

이 세 마디의 말은 전도자의 삶을 표현한 말이다. [보든]으로 인해 예일대학에서 영적 부흥이 일어나고 많은 학생들이 그를 따라 세계 선교에 대한 비전과 꿈을 품게 됐다.

미국남부 「리치먼드」의 한 신문은 '많은 재산과 뜨거운 열정, 여러 재능을 천국의 영원한 가치를 위해 사용한다는 [보든]의 인생관이 일반적으로는 받아들이기 어려운 일인지 모른다. 그러나 한 가지는 분명하다. 비록

[보든]이 인생의 황금기에 그의 꿈을 펴보지도 못했지만, 보든 만큼 감동을 세상에 남긴 적은 없다. 또한 영원한 가치를 위한 그의 투자는 이미 풍성한 결실을 맺고 있고, 앞으로도 더 많은 열매를 맺을 것이다'라며 그의 그리스도와 그분의 나라에 「All in」한 삶을 통해 큰 영향을 주고 있음을 알게 했다. 전도제자의 모습을 보게 된다.

5. 하나님의 착한 일

일반적으로 인식된 착한일이 전도의 문을 열수 있으며 세상이 교회에 대한 인식에 긍정적 유익이 된다. 이런 선한 일은 교회에만 있는 것이 아니고 여타 다른 종교단체나 민간단체에서 얼마든지 인류애라는 이름으로 행해지고 있는 것도 사실이다.

바울이 빌립보교회에 보낸 편지에서 "너희 안에서 착한 일을 시작하신 이가 그리스도 예수의 날까지 이루실 줄을 우리는 확신하노라"(빌 1:6) 했는데 여기에 착한 일은 선행을 말하는 것이 아니다. 성경에서의 가장 착한 일은 하나님의 소원과 일치되는 전도와 선교이다. 빌립보 1장 6절의 전후 문맥에서 확실히 들어난다.

"너희가 첫날부터 이제까지 복음을 위한 일에 참여하고 있기 때문이라"(빌 1:5) 복음을 위한 일인 것이다. 빌립보 교회가 세워진 첫날부터 [루디아]를 중심으로 바울 선교 팀을 지원한 사실을 말하고 있음이 명백하다(행 16:14-15, 빌 4:15-16).

우리 안에서 착한 일을 시작하신 하나님께서는 지금도 세상구원의 언약을 역사 속에서 변함없이 이루시고 계시며, 이 일을 위해 지금도 말씀을 성취시키시고 계시며, 이 일에 헌신하는 전도자의 기도에 응답하시며, 지금도 성령으로 역사하시고 계신다. 그래서 우리 안에서 행하시는 이는 하나님이시다고 한다. "너희 안에서 행하시는 이는 하나님이시니 자기의 기쁘신 뜻을 위하여 너희에게 소원을 두고 행하게 하시나니"(빌 2:13) 세상을 구원하시는 하나님께서는 그 일을 하시기 위하여 전도자들에게 자신의 소원을 품게 하신다. 그래서 하나님의 소원이 전도자의 간절한 소원이 되는 것이다. 전도자의 간절한 소원은 자연히 기도제목이 되어 지고 이것이 소원이기 때문에 순간이라도 잊을 수 가없어서 기도를 계속할 수밖에 없는데, 이것이 무시(無時)기도이며 24시 기도가 될 수밖에 없다.

하나님의 소원과 뜻, 하나님의 목적과 계획에 일치하는 기도는 응답이 올 수밖에 없고 응답에 플러스알파가 나타나며(마 6:33) -플러스알파가 없어도 응답의 기쁨은 넘치지만 말이다- 하나님은 전도자에게 응답해 주심으로 하나님 자신의 목적을 이루시는 것이다. 인간구원을 위해 하나님은 인간을 사용하시고 특히 전도자들과 전도하는 단체를 사용하시기 때문에 그들에게 주시는 응답과 축복은 하나님의 소원을 이루는 세상구원으로 모아진다.

주여 나의 삶속에 임마누엘 누리게 하소서
나의 생각 나의 작은일 하나님 것이 되게 하소서
주여 나의 일생이 제자의 길에 있게 하소서
나의 과거, 나의 오늘, 미래를 드리옵니다.

주여 나의 걸음이 전도 속에 있게 하소서
길을 잃고 방황하는 양 찾는 곳에 있게 하소서
주여 나의 후손이 선교 속에 있게 하소서
열방 중에 제자들과 손 높이 들고 찬양합니다.

나를 넘어서 하나님 은혜를
응답을 넘어서 하나님 소원을
일을 넘어서 하나님 계획을
축복을 넘어서 하나님 언약을
임간 사랑을 넘어서 하나님 사랑
보게 하소서, 보게 하소서
렘넌트 시대를 품에 앉고 서게 하소서, 하나님께

- 류 광수 -

3부

기도와 누림

여호와여 내가 주께 부르짖으오니
나의 반석이여 내게 귀를 막지 마소서.
주께서 내게 잠잠 하시면
내가 무덤에 내려가는 자와 같을까 하나이다(시28:1).

제18장

전도제자와 기도

(마 6:5-15)

또 너희는 기도할 때에 외식하는 자와 같이 하지 말라 그들은 사람에게 보이려고회당과 큰 거리 어귀에 서서 기도하기를 좋아하느니라 내가 진실로 너희에게 이르노니 그들은 자기상을 이미 받았느니라 너는 기도할 때에 네 골방에 들어가 문을 닫고 은밀한 중에 계신 네 아버지께 기도하라 은밀한 중에 보시는 네 아버지께서 갚으시리라 또 기도할 때에 이방인과 같이 중언부언하지 말라 그들은 말을 많이 하여야 들으실 줄 생각하느니라 그러므로 그들을 본받지 말라 구하기 전에 너희에게 있어야 할 것을 하나님 너희 아버지께서 아시느니라 그러므로 너희는 이렇게 기도하라 하늘에 계신 우리 아버지여 이름이 거룩히 여김을 받으시오며 나라가 임하시오며 뜻이 하늘에서 이루어진 것 같이 땅에서도 이루어지이다 오늘 우리에게 일용할 양식을 주시옵고 우리가 우리에게 죄 지은 자를 사하여 준 것 같이 우리 죄를 사하여 주시옵고 우리를 시험에 들게 하지 마시옵고 다만 악에서 구하시옵소서 (나라와 권세와 영광이 아버지께 영원히 있사옵나이다 아멘 너희가 사람의 잘못을 용서하면 너희 하늘 아버지께서도 너희 잘못을 용서하시려니와 너희가 사람의 잘못을 용서하지 아니하면 너희 아버지께서도 너희 잘못을 용서하지 아니하시리라(마 6:5-15).

1. 전도 제자와 기도의 실제

영성을 가지고 참 응답의 포인트를 잡는 것이 전도 제자의 기도이다.

대부분 영성훈련을 정신개발이나 외부의 힘이나 은사를 통해서 자기를 개발하는 것으로 생각한다. 뉴에이지 운동이나 프리메이슨과 종교단체들과 무속인들의 영성훈련 핵심이 보이지 않는 힘을 제공받는 것인데 그 힘이 귀신을 말하는 것이다. 이것은 매우 위험하다. 이것을 구분 없이 교회에서 가르치는데 특히 산기도 때나 기도원에서 귀신들린 경우가 많다.

인간이 가지고 있는 영성은 창세기 3장 사탄과 죄와 하나님 떠난 불신앙의 영성이다. 이것이 노아 때에 '네피림'으로(창세기 6장), 바벨탑 시대(창세기 11장)를 거쳐 지금 전 인류에 흐르고 있는 귀신 문화인 것이다. 이 상태를 훈련으로 더하겠다는 것이 세상의 정신운동과 기(氣)운동들이다. 교회에서도 다짜고짜 영성 훈련하다가 어려움을 당한다. 이단들이 거의 영성훈련 잘못한 곳에서 나왔다.

뉴에이지나 불교나 '네가 하나님이다' '네가 부처가 되는 것이다'라고 가르치는데 이게 저 에덴에서 사탄이 인간을 유혹할 때 '네가 하나님같이 될 것이다'와 똑같은 것이다.

영성은 하나님께 있다. 하나님의 형상을 회복하는 것이 영성의 시작이다. 그리고 하나님의 언약을 따라가는 것이 영성의 방향이다. 하나님의 언약을 따라갈 때 하나님이 주신 힘이 영성이다. 전도 제자는 하나님의 언약을 따라가는 언약의 여정을 가는 사람이다. 언약의 여정을 가는 목표는 사람 살리는 전도이다. 그래서 예수님은 최고의 영성을 제공받은 초대교회에게 '모든 족속에게' '만민에게' '땅 끝까지' 라고 말씀하신 것이다. 참 영성은 이런 정확한 방향을 잡고 여러 가지 기도와 말씀과 훈련들이 있는 것이다.

모든 종교는 다 기도가 있다. 그런데 기독교는 복음을 가진 자들이기 때문에 기도의 비밀이 다르다. 전도자들은 이것을 누리며 전달해야 한다. 응답은 하나님이 하신다. 그러므로 전도 제자들이 가질 가장 첫 번째 비밀이 뭔가? 그것은 교회의 비밀이다. 교회가 어렵다면 교회를 섬기는 중직자들이 최고응답 받아야 한다. 이것이 로마서 16장의 교회를 위한 이면계약(裡面契約)을 가진 전도 제자들이다. 그들은 교회의 보호자로 혹, 동역자로 혹 식주인으로, 혹 사랑하는 자로, 수고하는 자로, 인정받은 자로, 혹 친척같이, 혹 비서같이 교회를 두고 하나님과 이면계약을 가진 자들이다.

그런데 교회 중직(重職)자들이 자신도 모르는 사이에 불신자와 같은 수준으로 떨어진다. 자기도 모르는 사이에 평신도들이 시험들 세상 이야기를 생각 없이 해버린다. 자신도 모르는 사이에 사탄을 돕는 것이다. 그래서 후대들이 교회를 섬기는 법을 배워야 한다. 오직 복음 전하는 목사님의 오른팔이 되도록 가르쳐야 한다. 자기 판단으로 교회를 봤을 때 교회가 잘 안 되고 목사가 잘 못 할 수도 있다. 그런데 거기에 잡혀서는 살아남을 수 없다. 세계 복음화를 위한 여정을 가는 렘넌트는 혼자 살아남을 뿐만 아니라 교회를 뒤에서 회복시키는 힘이 있어야 한다. 내가 교회의 지체이며 교회는 주님이 세우시는 주님의 몸이기 때문이다(마 16:18, 고전 3:16).

하나님의 자녀는 성령께서 내주하신다. 그 성령께서는 교회를 위해 말할 수 없는 탄식으로 기도하고 계신다(롬 8:16). 그래서 소위 '이 교회는 뭐가 이래' 하는 식으로 말하는 자들은 심한 교만에 처한 자이며 조만간 주님의 피로 사신 주의 몸 된 교회를 발바닥 취급한 그 일에 책임을 져야 할 것이다.
교회는 이 사람 저 사람 다 와서 하나님의 풍성한 긍휼과, 끝없는 자비와 영원하신 인자하심을 찬양하는 구속받은 자들의 제단이다. 도둑이나 깡패들이 와서 어려운 사람을 돕는 자로 변하는 곳이 교회이다. 그러므로 교회는 사람들이 들어와서 변화되는 과정이 끊임없이 반복되는 곳이므로 시끄럽기도 하고 문제가 보이기도 한다. 그래서 수준 있다고 생각하는 자들에게는 생리적으로 안 맞을 수가 있다. 그러므로 교회를 섬기는 중직 자들이 교회의 비밀을 모르면 큰일이 난다.

다락방 전도 운동에서는 각 교회의 모든 중직자들이 이 훈련을 받는

다. 이것이 교회 안에서 시급히 해야 하는 영적 치유이다. 교회를 섬기며 후대들을 세워야 하는 중직자(重職者)들이 힘을 못 얻으면 큰일 난다.

우리 안에 잘못된 각인이 바뀔 때가 언제인가? 바로 말씀을 묵상하며 말씀을 누릴 때이다. 나의 각인 된 것이 바뀌면서 하늘의 것이 다가온다. 당장 복음의 말씀 누리는 묵상기도를 시작해 보라.

> 하나님의 말씀은 살아 있고 활력이 있어 좌우에 날선 어떤 검보다도 예리하여 혼과 영과 및 관절과 골수를 찔러 쪼개기까지 하며 또 마음의 생각과 뜻을 판단하나니 지으신 것이 하나도 그 앞에 나타나지 않음이 없고 우리의 결산을 받으실 이의 눈앞에 만물이 벌거벗은 것 같이 드러나느니라(히 4:12-13).

하나님의 말씀은 좌우에 날 선 예리한 칼(수술하는 말씀)이 되어 전인(全人)을 치유한다. 혼과 영(영혼)을 치유하고, 관절과 골수(육신)를 치유하며, 마음과 뜻(정신)을 치유한다. 그래서 말씀 앞에 발가벗은 나아만 장군처럼 들어내는 것이다(왕하 5장).

신약의 초대교회 형제들은 신약성경이 아직 없었다. 그런데 사도들의 한 마디로 평생 승리했고 응답의 길을 달려갔다. 주로 원색 복음의 말씀들로 그랬다. 그들은 한 구절로 평생을 묵상하기도 했다. 하나님의 말씀 한 마디로 우리 일평생을 다 주장하며 역사하실 수 있다. 그런 의미에 [헨리 무어하우스]는 요한복음 3장 16절만 가지고 평생에 전도현장을 다니며 수많은 사람을 전도하였다.[122]

[류광수] 목사는 '복음 성경 구절 한 30개가 나 자신에게 담겼는데 기적이 일어났다. 사람들에게 이 응답 받게 해야겠다. 나는 이 복음의 말씀들을 반복할 것이다. 했던 말을 또 하느냐 해도 나는 또 할 것이다'라고 했다.

복음은 반복이 될 수 없다. 어제 내가 그리스도가 꼭 필요했다면 나는 역시 오늘도 그리스도가 꼭 필요하다. 이것은 복음을 아는 모든 사람이 느끼는 사실이다. 바울처럼 다른 말 하려다가 다시 그리스도로 말을 돌리는 것은 한 번이라도 그리스도의 복음을 더 들을수록 듣는 사람이 살아나기에 때문이다. 그래서 바울은 고린도전서 1:22-24에서 "유대인은 표적을 구하고 헬라인은 지혜를 찾으나 우리는 십자가에 못 박힌 그리스도를 전하니 유대인에게는 거리끼는 것이요 이방인에게는 미련한 것으로되 오직 부르심을 받은 자들에게는 유대인이나 헬라인이나 그리스도는 하나님의 능력이요 하나님의 지혜니라" 이어서 그는 "형제들아 내가 너희에게 나아가 하나님의 증거를 전할 때에 말과 지혜의 아름다운 것으로 아니하였나니 내가 너희 중에서 예수 그리스도와 그가 십자가에 못 박히신 것 외에는 아무 것도 알지 아니하기로 작정하였음이라"고 했다(고전 2:1-2).

류 목사는 다시 말하기를 '말씀을 묵상하라. 어느 정도 묵상하면 되는가 묵상을 제대로 안 하면 밥 먹고 난 후 기억이 안 난다. 묵상을 시원찮게 하면 돌아다니면서 기억이 안 난다. 언제든 기억나게 하라. 내가 응답받은 것을 포럼 할 때 나의 각인이 바뀐다. 시작해 보라. 우선 1년 정도를 해보라. 도저히 간증하지 않고는 안 되는 역사가 시작된다. 각인 된 것은 무서운 것이다. 병원에서 위내시경 할 때 주사를 놓고 잠들게 한다. 마취가 깰 대 비몽사몽간에 각인 된 것이 입으로 나온다. 이때 그리스도 각인된 사람은 주 예수 그리스도라고 할 것이다'라고 비유를 들었다.

복음 누리는 자가 성령을 의지하여 기도로 뇌를 집중하는 것을 보고 묵상이라고 한다. 바울은 고린도 교회에 보낸 편지로 이 사실을 알게 했다.

> 기록된바 하나님이 자기를 사랑하는 자들을 위하여 예비하신 모든 것은 눈으로 보지 못하고 귀로 듣지 못하고 사람의 마음으로 생각하지도 못하였다 함과 같으니라. 오직 하나님이 성령으로 이것을 우리에게 보이셨으니 성령은 모든 것 곧 하나님의 깊은 것까지도 통달하시느니라. 사람의 일을 사람의 속에 있는 영외에 누가 알리요 이와 같이 하나님의 일도 하나님의 영외에는 아무도 알지 못하느니라. 우리가 세상의 영을 받지 아니하고 오직 하나님으로 부터 온 영을 받았으니 이는 우리로 하여금 하나님께서 우리에게 은혜로 주신 것들을 알게 하려 하심이라 (고전 2:9-12).

류광수 목사는 '이것을 과학적으로 찾아내라. 하나님을 향하여 조금만 나를 스톱!(stop!) 하라. 잠시만 모든 것을 스톱!하라. 이렇게 되면 복음의 능력이 굉장한 것으로 다가온다'라고 했다. 그는 전도훈련에서 기도를 항상 가르치는데 이 기도의 실제는 정말 탁월하다. 기독교 서점에는 기도에 관련한 책들이 제일 많지만 기도를 실제로 쉽게 하도록 만드는 책은 그리 많지 않다.

유명한 책 『무릎으로 사는 그리스도인』은 기도의 실제보다 기도의 요청을 말하고 있다. [이엠 바운즈](Edward McKendree Bounds, 1835-1913) 역시 기도의 필요성을 감동 있게 묘사했다. 그 외 수많은 기도의 사람들이 있고 감동을 주는 책들이 많지만, 류광수 목사가 가르친 기도의 실제에 대한 내용은 발견할 수 없었다. [찰스 피니]의 기도는 굉장한 힘이 있으나 그만큼 주관적인 색체가 강하고, 최고의 석학인 [로이드 존스], [존 스토트], [아더 핑크], [존 라일], [오스왈드 스미스]등 할 것 없이 기도의 필요성을 크게 고취 시켰으나, 기도의 실제에서는 뭔가 부족함이 느껴진다. 저 [크레드보 버나드]를 비롯해서 '수도원주의'의 기도 생활도 세속에서 승리해야 하는 신자들에게 답이 되지 못하는 것은 분명하다.

한동안 〈다니엘 기도〉라 해서 세이레(21일) 집중기도회가 유행처럼 번지기도 했다. 또 다니엘 정시기도를 작정해서 시도한 사람이 많았다. 하루 세 번 시간을 정해놓고 하는 기도 말이다. 그러나 우리의 상황이 수도원이 아니고서야 번번히 지속에 실패하는 것이 당연하다고 하겠다.

그러면 [류광수] 목사가 가르치고 있는 기도의 실제를 몇 가지를 먼저 간단하게 진술하고 그 후에 조목조목 더 깊이 살펴보도록 하겠다. 먼저 밝힐 것은 류 목사는 이 기도를 40년 동안 전도사역 속에서 발전시켰고, 자신의 현장검증(성경적 검증, 과학적 검증, 의학적 검증)을 토대로 하여 가르쳤다는 사실을 기억하기 바란다.

첫째, 각인을 바꾸는 묵상(默想)기도이다. 그동안 불신자로 살았던 각인된 것을 바꾸고, 그리스도 복음으로 스스로 각인시키는 시간을 묵상기도라고 한다. 우리를 괴롭히는 힘보다 우리를 돕는 힘이 훨씬 크다(왕하 6:16-17). 명상은 마음을 비우는 작업이고 말씀의 묵상은 마음을 하나님의 말씀으로 채우는 것이다.[123]

두 번째, 기도의 뿌리가 되는 정시(定時)기도이다(행 3:1, 10:9). 이제는 각인이 바뀌고 새로운 뿌리가 내리기 시작한다. 각인된 것을 바꾸는 것은 말씀밖에 없다.

세 번째, 이제 체질도 바뀌는 무시(無時)기도이다(엡 6:18).

---

123) 묵상(默想) : 묵상이라고 할 때 소위 명상(冥想)이나 요가에서 쓰는 사색(思索)과는 다른 의미이다. 명상이나 사색은 주로 뉴에이지 그룹이나 프리메이슨 집단, 또는 힌두교와 불교 등 종교단체에서 사용하는데 묵상은 의미가 다르다. 그들은 자기 자신 속에 있는 힘을 극대 시키며, 또한 삼라만상의 기(氣)를 운집하는 행위로 정신을 집중하는 것이요, 그것은 또한 떠돌아다니는 악령의 힘이든, 상관없이 에너지를 받아들이는 것으로 거의 모든 결과는 귀신들림으로 종착된다. 여기서 말하는 묵상은 하나님의 살아계신 말씀에 집중하기에 그것은 성령의 깊은 세계로 들어가게 되는 결과가 된다. 말씀이 곧 하나님이며(요 1:1-3) 성령께서 말씀의 원 저자시며(딤후 3:16) 성령께서는 말씀을 통해 그리스도를 증거 하시므로(요 14:26, 요 15:26, 요 16:13) 묵상은 말씀을 대상으로 하기에 성령이 역사하시는 것이며, 내 안을 거룩하신 하나님의 임재로 채우는 것이다. 이 묵상은 다윗이 제일 많이 쓰고 제일 높은 경지까지 올라갔다.(시 1:2, 19:14, 시 63:6에는 묵상을 「개역개정」에서는 묵상을 '읊조림'으로 표현했다) /필자 주

네 번째, 재창조가 일어나는 깊은 기도이다. 고린도후서 12장에 있는 깊은 기도이다. 바울은 자신이 몸 밖에 있었는지 몸 안에 있었는지 알 수 없다고 했고 그는 3층천에 올라갔었다고 했다(고후 12:1-10).

다섯 번째, 변화되는 집중(集中)기도이다(행 12:1-21). 드디어 우리가 가는 곳에 변화가 일어나기 시작하는 것이다.

여섯 번째, 응답 확인하는 예배(禮拜)기도이다(요 4:23-24). 매일 응답을 확인하게 된다.

이런 기도 속에서 참된 성공이 나온다. 우리는 성공이 목표가 아니다. 우리의 목표는 성공 이후의 것이다. 노예로 팔려간 요셉의 성공은 애굽의 총리가 된 것이 아니다. 그런다면 하나님이 애굽으로 보낸 이유가 사라진다. 요셉은 애굽의 통치자가 되어서 애굽의 7년의 위기를 해결하고 왕과 모든 신하와 온 백성에게 번영을 누리게 했는데, 이일은 "여호와께서 하신 일이다"였다. 이것이 요셉의 목표였다. 이것이 당시 세계 복음화인 것이다. 그는 복음으로 세계를 정복했다(창 50:20-21). 우리의 목표는 세상의 성공이 아니라 하나님을 향한 세계 복음화이다.

전도제자들은 이렇게 시대의 흐름을 바꾸는 것이다. 전도자들은 싸우고 다툴 필요가 없다. 흑암 쪽으로 가는 시대의 흐름을 바꿔버리면 되는 것이다. 그렇다면 지금부터 시급히 준비할 것이 있다. 세상을 바꾸는 하나님의 사람으로의 준비이다. 모든 문제를 응답으로 보는 것이다. 위기는 전부 기회로 바꾸는 것이다. 이 언약을 붙잡으면 학업과 산업이 달라진다. 구원받은 우리의 기도는 세계를 움직일 수 있다.

2. 묵상(默想)기도

류광수 목사가 가르치고 있는 기도의 실제로 들어가 보자. - 여기 기도내용은 다락방 전도운동의 기도훈련에 대한 일부 메시지를 옮긴 것임을 먼저 밝힌다 -

여러 가지 상황에 따라 하는 기도는 혼자서 하는 기도의 실제이다. 조용한 아침의 시간을 묵상으로 한다. 묵상의 시간은 말씀이 내 안에 자리 잡는 시간이 되므로 불신자 때 형성된 각인과 뿌리와 체질이 바뀌는 가장 좋은 시간이다. 이 시간은 복음 누리는 기도로 뿌리가 달라지는 시간이다. 뿌리가 내려야 열매가 맺는다. 혼자 있는 시간은 좋은 기회도 될 수 있고 무너질 수도 있다. 이때 각인, 뿌리, 체질을 바꾸는 최고의 기회로 삼는 것이다.

전도 제자의 길을 가는 사람은 특히 아침 시간을 활용해야 한다. 아침의 시간에 말씀 묵상을 놓치지 않으면 된다. 가볍게 시작을 해도 혼자서 많은 응답을 받게 된다. 아침의 시간은 조용한 시간이란 의미이다. 말씀 붙잡고 조용한 시간을 묵상으로 보내라. 이걸 한 사람과 안 한 사람은 과학적으로도 차이가 있다. 얼른 보면 별로 표가 안 나지만 나중에 나타난다. 마약 환자들 보면 한두 번 한 것은 잘 모른다. 나중에야 완전히 표가 난다. 조금씩만 혼자서 생각하는 시간과 그리고 꾸준히 노트만 해도 도움이 된다. 아침에는 바쁘니까 길게 하지 않아도 꾸준히만 하면 된다. 우리가 많은 성경을 보는 것보다 깊이 있게 봐야 한다. 그 말씀이 각인되도록 보는 것이다.

다락방 전도운동에서 나오는 큐티 자료인 『기도수첩』은 성경 전체를 복음의 흐름에서 다루고 있다. 성경이 왜 복음을 그렇게 반복하고 있는가 예수님의 교육방법이 왜 반복적인가를 알아야 한다. 새로운 것, 잡다한 것을 많이 내면 책은 잘 팔릴 수 있다. 이런 것으로는 각인된 것을 바꿀 수 없다.

시편에 '묵상'이라는 단어가 많이 나온다. 나도 모르는 사이에 내 속엣 것이 바뀌는 것은 말씀밖에 없다. 주로 복음의 성구들을 기본으로 해서 자기 교회 『강단말씀』과 『기도수첩』을 가지고 묵상하면 된다.[124]

예수님이 말씀에서 명상과 기(氣)운동이나 요가의 결과가 무엇인지 분명히 드러난다.

> 더러운 귀신이 사람에게서 나갔을 때에 물 없는 곳으로 다니며 쉬기를 구하되 쉴 곳을 얻지 못하고 이에 이르되 내가 나온 내 집으로 돌아가리라 하고 와 보니 그 집이 비고 청소되고 수리되었거늘 이에 가서 저보다 더 악한 귀신 일곱을 데리고 들어가서 거하니 그 사람의 나중 형편이 전보다 더욱 심하게 되느니라 이 악한 세대가 또한 이렇게 되리라(마 12:43-45).

3.정시(定時)기도

정시기도 기준을 어디서 찾는가 이 기도로 행복해질 때까지이다. 이것

---

124) 『기도수첩』 : 「사단법인 세계복음화 전도협회」에서 월간으로 나오고 있는 큐티 자료이다. 오래전부터 큐티 자료들이 교계에 많이 나왔다. 주로 제자운동에 활용되는데 큐티를 위한 책들이 다양하고 지금은 개 교회별로 만들어서 성도들의 경건을 돕고 있다. 일반적으로 큐티가 지향하는 순서는 기도(성령께서 말씀을 깨닫게 하시도록), 정해진 본문 읽기(반복해서 읽으며 의미를 찾기), 묵상(하나님은 어떤 분으로 나타나시는가? 명령과 약속, 고백할 죄 등), 적용(나에게 오늘 명령하신 실천사항), 나눔(하루를 지내고 적용의 결과를 형제들과 나눔. 말씀을 실천하여 말씀대로 살았다는 순종의 기쁨을 나눔으로 진행된다.) 보통 많이 쓰이는 큐티 자료는 성경을 순서대로 10〜15 구절씩 한정해서 매일 연속으로 읽는다. 주로 대학 기독 단체들이 제자훈련에 거의 사용하는데, 그날의 할당 된 본문을 가지고 큐티를 하면서 하나님의 명령을 수행하여, 오늘도 하나님의 말씀대로 하루를 살았다는 매우 큰 기쁨을 누리곤 한다. 여기에 매우 큰 약점이 돌출된다. 문제는 어제의 말씀이 끝이 아니라는데 있는 것이다. 한 달 30일을 계속 큐티를 했다면, 하나님의 말씀은 하루 지켰다고 끝나는 것이 아니라, 지난 30일의 것과 오늘의 것을 모두 다 지켜야 한다. 여기에 갈등이 오는데, 특히 청년 대학생 때에는 위선과 신앙 양심에 민감할 때인지라, 한번 못 지키고 두 번 못 지키다가 무너지면, 하나님의 말씀이 매우 큰 짐이 되어 다가온다. 이렇게 해서 하나님의 말씀은 도저히 지킬 수 없는 것으로 단정이 되어 버리고 믿음의 삶을 포기하고 만다. 그래서 대학 시절에 열심히 하던 친구들이, 사회에 나와서는 교회를 찾지 못하는 경우가 허다 하다.(필자도 목사로서 6개월 동안 대학에 상주하면서 C.C.C 「새 생명」 지도자훈련을 받은 경력이 있다) 반면에 「세계복음화 전도협회」에서 나오는 큐티 자료 『기도수첩』은 그 내용이 언제나 성경 전체를 문맥으로 하여, 그날그날의 언약을 잡게 하는데, 그것은 복음적 언약이며, 세계복음화의 큰 흐름으로 나가는 여정을 가로록 하는 제자훈련이다. 그래서 오늘 '말씀대로 살았네 못 살았네'가 아닌 '내가 흐름 속에 있는가'를 체크 하는 것이기에 갈등할 필요가 없는 것이다. 우리 하나님의 자녀는, 하나님의 구원계획 속에서 쓰임 받기를 갈망하는 일이 바로 큐티의 목적인 것이다. /필자 주

으로 하나님이 나와 함께 계신다는 통상적 고백이 아닌 with(함께)가 확인되는 행복이다. 류 광수 목사는 '하나님과 함께 하는 with의 행복을 누려라. 만약 정시기도가 힘들면 묵상기도부터 하는 것이 좋다. 그리고 정시기도 때는 행복해야 한다. 이때 치유되기 시작하고 기도가 뿌리내리기 시작한다'라고 했다.

정시기도 시간을 어떻게 정할 것인가 하루 세 번씩 시간을 정시로 정해서 한다면 [요셉]같이 노예로 사는 사람은 절대 못 한다. 정시기도에 대한 이해를 돕겠다. 사업을 하거나 직장 생활하는 사람이 기도시간을 정해서 기도한다는 것은 주변 사람들과 회사에 무례한 일을 자행하는 것이다. 남들에게 희생을 강요하듯 하거나 내가 힘이든 정시기도는 하나님이 일단 원하시지 않는 것이 분명할 것이다.

그렇다면 시간을 어떻게 정할 것인가 그것을 예로 들겠다. 만약 직장 생활하는 사람이거나 사업을 하는 사람은 출근하는 시간과 퇴근하는 시간을 정시기도의 시간으로 정하면 된다. 그러면 자연스럽게 하루 두 번의 정시기도시간을 잡게 된다. 그 시간은 기도해도 안 해도 흐르는 시간이다. 직장가는 길이 30분이 소요된다면 하루 1시간은 확보가 된 것이다. 출근할 때 기도하면서 시간을 누려라. 하나님 앞에 나를 세우고 '하나님 오늘도 하나님의 원하시는 것을 하게 하시고, 하나님 원하시는 만남도 허락하시고, 하나님 원하시는 말을 하게 하옵소서!' 한다면 회사나 직장에 대한 새로운 아이디어나 많은 좋은 생각을 하게 될 것이다. 이 속에서 골치 아픈 일이 순식간에 답이 떠오르기도 하고 벌써 직장 안에서 내 얼굴이 달라져서 사람을 대하게 될 것이 틀림없다. 승용차나, 버스나, 지하철 안에서 이 시간이 얼마나 행복한 시간이 되는가를 확인할 수 있다. 수많은 사람이 파김치가 되어있는 그 시간에, 나는 행복하고 새로운 생기가 넘치고 그야말로 완전한 기도이다.

사도행전 3:1에 베드로와 요한이 제9시 기도시간에 성전에 올라가다가 나면서부터 앉은뱅이로 평생 사단의 손에 잡혀있던 사람을 보았다. 거기에 베드로와 요한이 '주목했다'는 말씀이 있는데 굉장한 의미가 들어 있는 말씀이다.

제 구시 기도시간에 베드로와 요한이 성전에 올라 갈 새 나면서 못 걷게 된 이를 사람들이 메고 오니 이는 성전에 들어가는 사람들에게 구걸하기 위하여 날마다 미문이라는 성전 문에 두는 자라 그가 베드로와 요한이 성전에 들어가려 함을 보고 구걸하거늘 베드로가 요한과 더불어 주목하여 이르되 우리를 보라 하니 그가 그들에게서 무엇을 얻을까 하여 바라보거늘 베드로가 이르되 은과 금은 내게 없거니와 내게 있는 이것을 네게 주노니 나사렛 예수 그리스도의 이름으로 일어나 걸으라 하고 오른손을 잡아 일으키니 발과 발목이 곧 힘을 얻고 뛰어 서서 걸으며 그들과 함께 성전으로 들어가면서 걷기도 하고 뛰기도 하며 하나님을 찬송하니 모든 백성이 그 걷는 것과 하나님을 찬송함을 보고 그가 본래 성전 미문에 앉아 구걸하던 사람인 줄 알고 그에게 일어난 일로 인하여 심히 놀랍게 여기며 놀라 니라(행 3:1-10).

이때는 예수님의 부활을 두고 예수님을 죽인 자들은 여러 가지 거짓말을 퍼뜨렸고 제자들은 부활하신 예수님과 40일을 함께 있었다. 군중들은 어떤 말이 맞는가 하면서 명절 끝에 성전에 다 모여 있었을 때이다. [베드로]와 [요한]이 주목했다는 말은 그 상황 속에서 거기 모인 백성들에게 부활을 증거 하는 기회임을 주목하여 보았다는 것이다. 그것이 하나님이 앉은뱅이를 거기 두신 목적이고 그래서 '나사렛 예수' 이름으로 그를 일으켜 세운 것이다.

복음을 알고 정시기도하는 하나님의 사람들은 많은 것을 보게 되었다. 앉은뱅이와 무리들이 하나님의 은총이 내려지는 성전에서 성전의 당국자들로 인해 오히려 하나님을 만나지 못하고 있다는 것을 보았다. 또 앉은뱅이의 저주받은 지옥의 운명과 죄의 심판을 해결하지 못한다는 것을 보았다. 또 자타가 하나님의 종으로 인정하는 성전 당국자들은 온갖 좋은 자리를 차지하고 있으나 앉은뱅이 인생의 본질적인 문제를 해결해 줄 수 없다는 것을 보았다. 늘 성전에 미문에 있었으나 흑암의 걸린 영혼을 하나님을 만날 수 있도록 하지 못한 것을 주목하여 보게 되었다. 또 [베드로]와 [요한]은 자신들도 성령 충만을 받기 전에는 이 사실을 발견하지 못하고, 동전이나 던져주는 것이 최선으로 안 사실을 새롭게 본 것이다.

이렇게 정시기도의 축복은 엄청나다. 정시기도 시간을 확보하는 것은 성령 충만의 시간을 확보하는 것이며 영적 리듬을 회복하는 시간이다. 정시기도의 시간에 내 생에 아주 중요한 응답이 온다. 그래서 반드시 나의 성령 충만의 방법을 찾아야 한다. 나의 환경과 입장과 기질에 맞는 그 시간을 확보해야 한다. 이것은 남이 모를수록 좋다. 시작하면서 중요한 응답이 오면 정시기도가 되어 진다. 혹 큰 문제나 위기가 오면, 기도를 하지 말라 해도 기도를 한다. 그래서 문제 오기 전에 중요한 응답이 오도록 정시기도를 하는 것이다. 이것이 아무것도 아닌 것 같아도 그렇게 쉽게 흔들리던 불신앙의 체질이 바뀐다.

사도행전 10장에도 정시기도로 하나님의 보좌와 성령의 충만함이 영속되는 일이 연결된다. "이튿날 그들이 길을 가다가 그 성에 가까이 갔을 그때에 베드로가 기도하려고 지붕에 올라가니 그 시각은 제 육시더라" (행 10:9).

베드로는 피장이 [시몬]의 집 옥상에서 제6시 기도를 하고 있었다. 하나님은 이미 천사를 보내셨다. 성령께서는 '가이사랴'에 있는 로마 황궁의 수비대 장교 [고넬료]를 구원하시고자 멀리 '욥바'에 있는 베드로를 청해 와서 복음을 들으라고 하셨다.
고넬료의 하인들이 욥바의 [시몬]의 집에 거의 도착할 즈음에 베드로는 환상을 본다. 그것은 보자기 환상인데 그 안의 모든 짐승을 잡아먹으라 하신 것이다. 오래전부터 부정하다고 여기는 로마인들과 다른 이방인들에게도 차별 말고 구원의 복음을 전하라는 의미였다. 지금까지 선민의식에 베여있는 베드로의 각인과 뿌리와 체질을 바꾸시는 하나님의 작업이시고, 베드로를 자애롭게 설득하시는 하나님의 손길이며, 율법과 전통의 틀을 고치시는 하나님의 치유이시다. 정시기도는 많은 것을 깨닫게 되고, 하늘의 심부름꾼인 천사가 움직이게 되고, 하나님의 원하시는 일을 알게 되고, 사람에게 꼭 필요한 것을 알게 되며, 하나님의 원하시는 곳으로 가게 되며 하나님의 성경이 내 사상이 되는 일이 일어난다.

정시기도하면 하나님 말씀의 능력을 새롭게 깨닫게 된다. 보통 성경책을 끼고 다니는데, 그만큼 성경이 중요하기 때문이다. 또 오랫동안 신학자들이 연구한 중요한 자료들 많은데 많은 기독교인들은 하나님의 말씀이 자기 속의 각인, 뿌리, 체질을 바꾼다는 생각을 못 하고 있다. 그래서 『기도수첩』이나 교회 『강단의 말씀』을 가지고 정시기도를 실천해보는 것이다. 중요한 응답이 올 때까지 계속하는데 사실 응답이 안 와도 된다. 정시기도로 하나님과의 시간이 행복하다면 그 자체보다 더 큰 응답은 없기 때문이다.

내게 가장 행복한 시간이 언제인가 나의 하나님 아버지와 함께 지내는 시간이 아닌가? 성 삼위 하나님의 한없는 자비하심에 접촉이 되고, 긍휼에 풍성하신 하나님을 대할 때가 가장 행복할 때가 아닌가? 나를 나보다 더 잘 아시고, 나를 나보다 더 사랑하시는 하나님과 소통할 때 진정 행복할 때이다. 이 시간을 하루에 한두 번 정도 만들어야 한다. 나의 가장 행복하고, 위로부터 내려오는 힘을 받는 시간을 만드는 것은, 당장 시작해야 하고 지속해야 할 우선순위이다.

지혜로운 사람은 제일 중요한 것을 제일 중요한 시간에 하는 사람이며 지혜로운 시간 관리자이다. 내가 하나님의 성령에 바로 충만해지는 시간을 만들어야 한다. 이것은 나의 가장 편한 시간이며, 아무도 방해할 수 없는 그런 시간이다. 주부는 자녀들을 학교에 보내고 남자는 출근하고 혼자 남은 시간에 설거지, 세탁, 청소하면서 정시기도를 시작한다. 가사일 마치고 하나님 앞에 앉아서 주일 강단 말씀을 가지고 하늘의 아버지와 대화를 시작한다. 그리고 정시기도 시간에 가장 중요한 것을 하는 것이다. 운동이든, 특별한 공부나 뭐든 간에 가장 중요하다고 생각하는 것을 하는 것이다. 사실 이렇게 되면 혼자서 영성의 행복을 누릴 수 있다.

4. 무시(無時)기도

에베소서 6장 18절을 「개역 개정」은 "모든 기도와 간구를 하되 항상 성령 안에서 기도하고 이를 위하여 깨어 구하기를 항상 힘쓰며 여러 성도를 위하여 구하라"고 번역했고, 「개역 성경」은 "모든 기도와 간구로 하되 무시로 성령 안에서 기도하고 이를 위하여 깨어 구하기를 항상 힘쓰며 여러 성도를 위하여 구하고"라고 번역되었다.

무시기도는 말 그대로 모든 환경 속에서 시간을 정하지 않고 하는 기도이다. 이것은 그야말로 24시 기도라고 할 수 있다. 이 기도는 눈에 보이는 모든 것을 기도로 연결하는 기도이다. 모든 뉴스나 시사를 기도화 시키는 것이다. 만약 정시기도를 통해서 기도의 행복을 맛보면, 기도의 열망이 생겨 더 많이 기도하고 싶어 하는데 이때 나오는 것이 무시 기도이다. 무시 기도는 내가 옮겨 가는 장소에서 하나님의 계획을 잠시 물어보고, 내가 약속된 만남이나 우연한 만남 속에서도 하나님의 뜻을 잠깐 묻고, 만나서 하고자 하는 일을 진행하면서 틈틈이 이 사람에게 내가 무슨 말을 해야 하는가를 생각하는 것이다. 꼭 복음 전하는 일이 대화는 아니다. 하나님을 의지하면 기회는 언제든지 오게 된다. 나를 상대에게 진실한 사람으로 인식시키는 일은 성령께서 하셔야 진짜이기 때문이다.

당연히 문제가 생겼을 때도 더욱더 하나님의 뜻과 의도하심을 알도록, 간단히 여쭤보고 문제를 대하는 것이다. 문제가 축복으로, 아니면 절망으로 결정되는 것이 한순간의 생각이나, 말이나, 행동으로 된다는 사실은 모두가 잘 알고 있다. 내 속에서 부정의 요소가 작용한다면, 말 한마디로 일을 망쳐놓아서 심각한 실패와 쓰디쓴 후회를 감당해야만 할 때도 종종 있다.

정시기도의 결과로 성령 충만함이 온다면 무시 기도의 결과는 성령의 인도받음으로 나타난다. 모든 일 속에서 간단한 기도이지만, 이것이 지속이 되면 나중에는 완벽히 성령의 인도받는 결과로 나온다. 그러므로 전도제자들은 반드시 만남을 축복으로 만들어야 한다. 어떤 사람은 멸망의 만남을 축복으로 만드는 사람이 있고 축복의 만남을 멸망으로 만드는 사람이 있다.

무시 기도는 계속 기도만 하고 있으라는 말이 아니다. '하나님 내가 이럴 때 어떻게 해야 합니까' 간단히 기도하면서 판단해도 응답은 크게 온다. 여기서 힘을 얻고 치유되는 일이 벌어진다. 보통 우리는 내 마음대로 안 되고, 상대가 좀 지나치면 대뜸 혈기를 보인다. 그것이 큰 약점이다. 인간이 성질이 없는 사람이 누구인가 순간의 한 성깔로 초를 뿌려버리는 경우가 너무 잦다. 내가 복음의 사람이요 기도하는 사람이라면, 특징이 평안이며 여유이다. 이 여유와 평안을 가진 사람에게 나쁜 의도를 가지고 다가오는 사람은 자신도 모르게 안달하여 자기 속에 있는 것을 까발리고 만다.

기도의 사람은 일이 자기 뜻대로 안 풀려도 상관이 없는 것은 또 기도하면 되기 때문이다. 아직 하나님의 시간표가 오지 않은 것으로 알고 기도하며 기다리는 시간을 갖는다. 그래서 전도자의 가장 큰 무기가 기도이며, 특히 무시 기도이다. 심지어 매우 골치 아픈 사람을 통해서도 응답을 찾아

내는 것이 무시 기도이다. 이런 하나님의 축복을 무시 기도로 누려야 한다.

우리에게는 삶이 있고 현장이 또 있다. 여기에서 하나님의 답을 많이 찾아낼 수 있어야 한다. 거기서 안 좋은 것을 봐도 깨달을 수 있고, 안 좋은 것을 들어도 깨달을 수 있다. 이런저런 사람들을 보면서 깨달을 수도 있다. 이것을 보면서 언제든지 하나님의 계획을 찾아내야 한다. 이것이 무시 기도이다. 이것을 보고 24시 기도라고 한다. 24시 기도가 되면 25시, 즉 인간의 수준을 초월한 일들이 일어난다. 이것은 하나님 나라의 일이요, 보좌와 관계되는 일이다. 여기서 받은 응답이 영원한 것이 된다. 성령의 역사는 영원으로 가기 때문이다.

24시 기도가 어떤 것인가? 이것은 하루 24시간 내내 기도만 한다는 말이 아니다. 굴속에서 혼자 기도하는 것도 아니다. 굴속에 혼자 있으면 헛것만 보이고 귀신이 침범한다. 24시 기도는 전혀 기도를 안 하는 것 같은데 기도를 제일 많이 하는 사람이다. 기도로 유명한 교회사 속의 어떤 사람들보다 더 기도를 많이 하는 사람이 되도록 거룩한 욕심을 가지라.

24시 기도는 되어지는 기도에서 가능하다. 예를 들어보겠다. 자판기에서 동전이 쏟아진다면, 아무리 무덥고, 추워도 계속 스틱을 당기고 있을 것이다. 왜냐 동전이 계속 나오기 때문이다. 우리의 기도가 응답이 된다면, 기도하지 말라고 해도 기도를 할 것이다.

세상에는 광(狂)들이 많다. 스포츠로 시작해서 취미생활, 그리고 예능을 특히 좋아하는 광들이 많다. 도박의 광들은 24시간 머리에서 떠나지 않는다. 꿈에서도 도박을 한다. 이것이 24란 의미이다. 골프 메니아는 종일 골프를 생각해도 지루하지 않고 즐겁다. 내게 기도가 즐겁고 행복하다면 24시 무시 기도는 되어 질 것이다.

사도 바울이 무시로 기도하라는 말은 전도제자의 영적 싸움을 두고 한 말이다. 우리의 싸움은 사람이 아니다. 정사(政事)이다. 정치적으로 벌어지는 일이다. 이일이 국가적 이기주의로 전쟁이나 모든 테러나 추악한 일들의 온상이다. 배후가 하늘에 있는 악의 영들이기 때문이다. 또 권세(權勢)이다. 권력과 세력인데 정사를 주도하는 힘이다. 유엔으로부터 저 시골의 이장에 이르기까지 그 지위에 매겨진 법적인 힘이다. 이것이 지금 하나님을 대적하는데 움직이고 있다.

또 이 어두움의 세상 주관자들과 하늘의 악의 영들이다. 노아시대는 이것들을 통칭하여 네피림으로 표현하고 있다(창 6:4). 인간들이 생육하여 무리를 형성하면, 조직들이 나오고, 그 조직에는 우두머리가 일어서는데 이는 니므롯(창 10:8-12)과 같은 사탄의 능력을 받아 서는 자들이다. 이자가 다니엘이 말한 종말에 일어나는 '멸망케 하는 가증한 것'(단11:31, 12:11)이며, 신약에는 '적그리스도'이다(요일 2:18, 22, 요일 4:3, 요이 1:7, 계 17:4-5, 21:27).

이들을 상대로 할 영적 싸움에 들어가는 자들은 하나님이 마련하신 전신 갑주를 취해서 입는 것이다. 이 무장은 머리에서부터 발끝까지 그리스도의 복음으로 한 무장이다. 머리에 쓰는 구원의 투구는 그리스도를 아는 지식이며, 가슴의 의의 흉배는 그리스도의 구원에 대한 감격이며, 허리의 진리의 띠는 영원히 변하지 않는 진리의 성경이며, 발은 그리스도를 전하는 복음의 삶이다. 한 손에는 마귀의 불화살을 막는 믿음이요, 다른 손은 그때그때 주시는 복음의 말씀, 강단이다. 그런데 이 무장을 유지하는데 절대 필요한 것이 무시 기도이다.

> 모든 기도와 간구로 하되 항상 성령 안에서 기도하고 이를 위하여 깨어 구하기를 항상 힘쓰며 여러 성도를 위하여 구하라 또 나를 위하여 구할 것은 내게 말씀을 주사 나로 입을 열어 복음의 비밀을 담대히 알리게 하옵소서 할 것이니 이 일을 위하여 내가 쇠사슬에 매인 사신이 된 것은 나로 이 일에 당연히 할 말을 담대히 하게 하려 하심이라(엡 6:18-20).

바울은 성령 안에서 무시로 기도하고 또 이 무시 기도를 계속하기 위해서 기도하라고 한다. 전도자의 영적 싸움의 현장에서의 기도이다. 성도들을 위해 무시로 기도하며, 목회자들과 복음 전하는 자들에게 성령께서 말씀을 달라고 기도하며(마 10:19) 그래서 감옥이든 어디든 당연히 할 말을 담대히 할 수 있도록 기도하는 것이다.

5. 집중(集中)기도

집중기도는 사건을 만나게 될 때 주로 하는 기도이다. 사건과 문제 속에는 반드시 축복이 들어있다. 우리의 신분 때문이다. "그러므로 이제 그리스도 예수 안에 있는 자에게는 결코 정죄함이 없나니 이는 그리스도 예수 안에 있는 생명의 성령의 법이 죄와 사망의 법에서 너를 해방하였음이라"이기 때문이다(롬 8:1-2).

우리는 하나님의 법으로 망하는 곳에서 살아나는 영역으로 옮겨졌다. 세상 사람들이 망했다고 하는 것은 맞는 말이다. 그러나 그리스도 안에 있는 하나님의 자녀는 '사망'이나 '죽음'이나 '망함'이나 '저주'나 '지옥'이나 '심판' 같은 단어가 해당이 안 된다. 심장이 멈추고 호흡이 끊어진 순간 영원한 생명에 바로 들어가는 것이니 '사망'이나 '죽음' 같은 단어와 상관이 없는 것이다. 그리스도 밖에 있는 자들에게는 망하게 되는 재앙의 사건이지만, 그리스도 안에 있는 자에게는 응답과 축복의 사인(sign)일 뿐이다(롬 8:28). 그래서 바울은 "아무것도 염려하지 말고 다만 모든 일에 기도와 간구로, 너희 구할 것을 감사함으로 하나님께 아뢰라 그리하면 모든 지각에 뛰어난 하나님의 평강이 그리스도 예수 안에서 너희 마음과 생각을 지키시리라"고 했다(빌 4:6-7). 이것을 찾아 누리는 것을 보고 집중기도라고 한다. 교회에서나 가정에서, 혹은 사업하면서 중요한 사건이 생긴다. 묵상기도와 정시기도를 아는 사람은 집중기도에 쉽게 들어갈 수 있다.

전도제자는 자기 분야에서 성공해야 한다. 성공이 목표는 아니지만, 성공을 해야 전도와 선교를 효과적으로 할 수 있기 때문이다. 그러기 위해 집중력이 필요하다. 집중력을 기르는 제일 좋은 것이 집중기도인데 혼자서 하는 것이다. 제자는 혼자서 살아남을 수 있어야 된다.

[류광수] 목사는 '집중력을 키우는 기도가 매우 중요한 것은 집중력에서 모든 힘이 다 나오기 때문이다. 그래서 운동도 좋고, 낚시도 좋고, 등산도 좋다. 제일 쉽게 할 수 있는 것이 운동인데 운동하면서 기도하는 것이다'라고 했다.

집중기도가 되어 진다는 말은 다니엘 10장에 기록된 대로 하나님이 천사 장을 보내셔서 닫힌 문을 여시는 것 같은 큰 역사 일어난다.

다니엘은 곧 큰 전쟁이 있을 것이라는 사실을 알고 식음을 전폐하고 집중기도에 들어갔다. 이 전쟁이 어떤 의미인지 그리고 어떻게 될 것인지, 이스라엘은 또 어떤 어려움이 올 것인지를 알려고 하나님의 긍휼을 바라는 간절함으로 집중기도에 들어간 것이다. 거기에 하나님은 응답하셨다 (단 10:1-3).

> 그가 내게 이르되 다니엘아 두려워하지 말라 네가 깨달으려 하여 네 하나님 앞에 스스로 겸비하게 하기로 결심하던 첫날부터 네 말이 응답받았으므로 내가 네 말로 말미암아 왔느니라 그런데 바사 왕국의 군주가 이십 일일동안 나를 막았으므로 내가 거기 바사 왕국의 왕들과 함께 머물러 있더니 가장 높은 군주 중 하나인 미가엘이 와서 나를 도와주므로 이제 내가 마지막 날에 네 백성이 당할 일을 네게 깨닫게 하러 왔노라 이는 이 환상이 오랜 후의 일임이라 하더라(단 10:12-14).

다니엘이 계시를 알고자 하여 집중으로 기도한 것은 전도자들에게 시사한 바가 크다. 그리고 하나님의 사람이 집중으로 기도할 때 그야말로 하늘의 권능들이 흔들린다(마 24:29, 눅 21:26). 다니엘의 기도가 하늘의 천사장 [가브리엘]과 [미가엘]과 [사탄](바사국군주로 표방 됨)이 총동원된 것도 시사한 바가 매우 크다. 이토록 전도자들의 집중기도는 위력이 있다.

6. 깊은 기도

우리 아버지 하나님은 우주 만물을 창조하신 주인이시다. 하나님께서는 자신의 형상을 받은 인간에게 모든 만물을 다스리고 정복하게 하셨다. 그런데 사탄의 유혹을 받은 인간이 타락한 후 이 다스림과 정복 등 모든 권리를 사탄에게 빼앗겨 버렸다. 인간들은 이미 사탄의 함정에 빠졌고, 지금 그 올무에서 허덕이고 있다. 하나님은 이런 인간을 위해 하나님을 다시 만나는 길을 열어 주셨다. 그 길이 그리스도(메시아)이며, 예수님이 그리스도로 이 땅에 오셨다. 이 그리스도이신 예수님을 믿고 영접함으로 하나님의 자녀 된 백성들은, 이 땅에 사는 동안 가장 중요한 일이 복음전파로 하나님의 구속역사에 동참하는 것이다. 이것이 하나님의 형상을 회복한 새로운 피조물들의 새로운 정복이다.

창세기 3장사건 이후로 모든 피조물들이 타락한 인간의 사악함에 치를 떨며 지금도 고통을 감내하고 있다. 사탄에 속한 자들의 환경파괴는 매우 광범위하고 거칠어서 자연환경은 심히 탄식하고 있다. 모든 피조물의 소망은 하나님의 형상 회복한, 하나님의 친 백성들이 일어나 자신들을 정복해 주는 일이며, 이 땅에 그리스도의 생명을 퍼뜨리는 일이다. 그들을 다스리고 정복하는 자들이 하나님의 자녀이기를 간절히 바라는 것이다(롬 8:19-22). 산천초목뿐만 아니라 모든 에너지의 원천도 피조물에 속하며, 공기와 물과 땅과 바다가 다 피조물에 포함된다.

하나님은 인간의 몸속에 엄청난 에너지를 개발할 수 있는 능력을 주셨다. 또 자연환경 속에 엄청난 에너지의 흐름을 주관하며 에너지를 흡수할 수 있는 능력도 주셨다. 그런데 이 능력을 세상의 불신자들에게 다 빼앗긴 상태이다. 지금도 피조물의 고대하는 바는 하나님의 형상 회복한 하나님의 자녀들 손에 자신들이 들어가는 것이다(롬 8:19).

하나님의 형상을 상실하고 하나님과 관계가 깨질 때, 인간은 서로 죽이고, -가인(창 4:8), 라맥(창 4:23)- 인간과 자연과의 관계가 깨진 것을 피조물들도 알고 있다. 모든 피조물들이 놀라운 인간 본래의 특권을 사탄에게 다 뺏긴 것과 그것을 마귀의 자녀들이 마귀를 위해 활용하고 있다는 것에 탄식하고 있다. 공중의 권세 잡은 자를 따르고 있는 불신자들은(엡 2:2), 사탄의 방법으로 세상의 에너지를 흡수하면서 인간들을 호도 하고 있다. 하나님의 자녀들이 불신자들에게 자연과학도, 생명공학도, 생명의 의술도, 생명에너지 학(學)도 다 뺏겼다.

귀신을 들리게 하는 자들이 '기(氣)운동'이다 '복식호흡'이다 '초능력 운동'이다 '요가' 다 '마인드 콘트롤'이다 하면서 보이지 않는 세계에 깊이 접촉하고 있다. 이것은 본래 하나님의 형상을 가진 인간에게 주신 것들이다. 하나님의 형상을 받은 인간에게 생육과 번성과 정복과 다스림의 권리를 주신 것이다. 이 권리가 사탄에 속한 자들(요 8:44)의 손에 에너지가 들어가니, 사람을 죽이고 정복하려는 전쟁을 위한 원자폭탄이 나오고, 저들의 과학은 지구를 오염시켜 지구는 숨도 제대로 못 쉬는 상태로 병들어 있다. 이것을 아는 전도자들과 모든 하나님의 백성들은 다시 회복해야 한다.

하나님의 백성이 아니면 저희들의 요가나 복식호흡, 정신운동은 반드시 귀신의 들림이 일어난다. 저들은 쉬지도 않고 인간들에게 덫을 놓는다. 우리가 복식호흡을 우리 것으로 돌리고, 자연의 에너지도 효용(效用) 되게 개발해야 하는데, 이일은 철저히 그리스도 안에서, 성령을 의지하면서 해야 한다. 그리스도 안에서 깊은 호흡 기도를 할수록 성령의 역사는 더 구체적이고, 더 사실적이며, 객관성(모두가 인정한)과 주관성(나와 하나님사이의 비밀)을 아울러 가진다.

이런 것은 본래 하나님의 형상을 가진 인간이 가진 능력이다. 하나님 형상을 회복한 하나님의 자녀들은 호흡 기도를 비롯한 본래의 능력의 원천들을 가져와야 된다. 저들은 단전운동이나 복식호흡을 통해서 귀신을 불러오지만, 우리는 거룩하신 성령의 임재를 채우는 것이다. 그러므로 우리의 호흡 기도는 깊은 기도의 가장 탁월한 방법이며, 하나님과의 깊은 소통이 이루어지는 시간들이다.

바울은 고린도후서 12장에 자신의 깊은 기도의 경험을 이야기했다(고후 12:7-10). 바울은 자신에게 있는 심각한 문제를 해결하기 위해 세 번을 작정을 하고 깊은 기도 속으로 들어갔다. 그 기도를 통해 답을 찾았는데 그것은 사탄의 가시가 없어진 것이 아니고 그것으로 더 깊고 큰 은혜의 비밀을 발견했다. 알고 보니 그 고통이 하나님이 바울을 바울 되게 하시는 방법이었다. 이렇게 깊은 기도는 감추어진 하나님의 비밀을 발견하는 것이다. 깊은 기도를 통해 하나님의 완벽하신 계획을 보는 눈이 열린다. 이제 바울은 사탄의 가시가 있다는 것에 감사하며 자신의 연약한 것을 자랑하게 된 것이다. 이것이 깊은 기도로 얻어지는 하나님의 깊은 비밀을 보는 것이다. 그래서 깊은 기도는 하나님의 보좌와 접촉이 이루어진다.

다윗이 얼마나 깊은 기도에 자주 들어갔는지 그의 영적 세계를 감지한 것과 영적 예시의 내용들을 시편을 보면 알 수 있다. "여호와께서 내 주에게 말씀하시기를 내가 네 원수들로 네 발판이 되게 하기까지 너는 내 오른쪽에 앉아 있으라 하셨도다"(시 110:1). 다윗은 그리스도를 바라보았다. 여호와께서 다윗의 주(主)에게 말씀하셨다는 것이다. 어찌 왕인 다윗의 주(主)가 그 땅에 있었겠는가 이것은 성부와 성자를 두고 하는 말이다.

다윗은 미래에 이 땅에 보내심을 받은 하나님의 아들과 보내시는 아버지의 장면을 미리 본 것이다. 이런 차원 높은 하늘의 비밀은 깊은 기도의 사람만 볼 수 있는 것이다. 다윗은 그 정도가 아니라 성자께서 이 땅을 구원하기 위해 십자가로 죽으심을 미리 보았다. 이것은 가장 큰 비밀이다.

"내 하나님이여 내 하나님이여 어찌 나를 버리셨나이까 어찌 나를 멀리하여 돕지 아니 하시오며 내 신음 소리를 듣지 아니하시나이까"(시 22:1) 이것은 십자가위에서 예수님의 부르짖음이시다(마 27:46).

> 나는 벌레요 사람이 아니라 사람의 비방 거리요 백성의 조롱 거리니이다 나를 보는 자는 다 나를 비웃으며 입술을 비쭉거리고 머리를 흔들며 말하되 그가 여호와께 의탁하니 구원하실 걸, 그를 기뻐하시니 건지실 걸 하나이다(마 27:28-29, 41).
>
> 나는 물 같이 쏟아졌으며 내 모든 뼈는 어그러졌으며 내 마음은 밀랍 같아서 내 속에서 녹았으며 내 힘이 말라 질그릇 조각 같고 내 혀가 입천장에 붙었나이다. 주께서 또 나를 죽음의 진토 속에 두셨나이다. 개들이 나를 에워쌌으며 악한 무리가 나를 둘러 내 수족을 찔렀나이다. 내가 내 모든 뼈를 셀 수 있나이다 그들이 나를 주목하여 보고 내 겉옷을 나누며 속옷을 제비 뽑나이다(시 22:14-18).

이 장면은 십자가에 매달리는 예수님의 형용할 수 없는 육신의 고통을 적나라하게 표현한 다윗의 글이다. 십자가에 매달려있다면, 모든 피는 손과 발과 옆구리에서 물처럼 쏟아졌을 것이며, 자신의 뼈들이 하나하나 움틀거려, 뼈 하나하나의 고통을 셀 수 있을 만큼 고통이 뚜렷이 전달되었을 것이다. 신 포도주를 찍어 입을 적셔 줘야 할 만큼 혀가 입천장에 붙었을 것이다. 그들은 예수님의 손과 발을 못질했고 겉옷을 제비 뽑아 나누어 가졌다.

다윗은 사울에게 쫓겨 다니는 심한 고생을 했어도, 실제로 이런 표현과 같이 육신의 고통은 당해보지 않았다. 그러므로 다윗은 깊은 기도로 그리스도의 십자가의 끔찍함을 예지한 것이다. 다윗의 깊은 기도는 이 정도로 하늘의 비밀을 미리 보게 되었다.

> 문들아 너희 머리를 들지어다. 영원한 문들아 들릴지어다 영광의 왕이 들어 가시리로다 영광의 왕이 누구시냐 강하고 능한 여호와시요 전쟁에 능한 여호와 시로다 문들아 너희 머리를 들지어다. 영원한 문들아 들릴지어다 영광의 왕이 들어 가시리로다   영광의 왕이 누구시냐 만군의 여호와께서 곧 영광의 왕이 시로다(셀라)(시 24:7-10).

성경의 학자들은 대부분 이 성구를 그리스도의 재림 모습을 예언한 시라고 한다. 왕 다윗은 만왕의 왕이시오, 영광의 왕이신 예수님의 재림의 장면까지 보았다.

다윗의 깊은 기도는 어느 경지까지 올라갔을까 다윗의 계속된 기도의 모습을 보라. 그는 낙심하여질 때 자신의 이성이 자신의 영혼을 책망하는 영적 세계에 통달해 있는 모습을 보여 준다. 이것은 바울에게서도 찾아볼 수 있는 모습이다. "오직 하나님이 성령으로 이것을 우리에게 보이셨으니 성령은 모든 것 곧 하나님의 깊은 것까지도 통달하시느니라"(고전 2:10). 다윗 역시 기름 부음을 받을 때 하나님의 영에 크게 감동했다. 사울왕도 성령에 감동했던 사람이다. 문제는 이것을 어떻게 지속하느냐 의 문제이다. 사울에게서는 기도의 냄새가 전혀 나지 않는다. 그러나 다윗은 묵상기도(양치기 때)와 정시기도(주로 왕이 되어서)와 예배기도(찬양을 중심하여)와 깊은 기도(하나님의 계시를 받을 때)와 무시로 하는 기도(사울에게 쫓겨 다닐 때와 전쟁터에서)가 느껴진다.

"하나님이여 사슴이 시냇물을 찾기에 갈급함 같이 내 영혼이 주를 찾기에 갈급하니 이다. 내 영혼이 하나님 곧 살아 계시는 하나님을 갈망하나니 내가 어느 때에 나아가서 하나님의 얼굴을 뵈올 까"(시 42:1-2). 다윗은 항상 주님으로 갈급한 상태였기에 순식간에 깊은 기도에 들어갈 수 있을 것이며, 기도의 행복을 누린 모습이다.

또 다윗은 자신의 영혼이 자기의 몸속에서 스스로 근심하고 있는 것을 직시하고 빨리 쫓아낸다. 순간이라도 불신앙에 틈을 주지 않으려는 것이다. 그가 단호히 자신의 영혼을 책망하는 것은, 냉철한 이성으로 자기 속에 있는 영의 상태를 직시하고 있기 때문이다. 다윗은 사람들의 불신앙의 소리에 -자신에 대한 공격은 상관없지만 하나님이 있냐 없냐 라는 하나님을 모욕하는 소리- 눈물 흘리면서 낙심이 틈타는 것을 스스로 느꼈다. 다윗은 하나님을 만나지 못한 자들을 예배의 날에 저들을 성전에 인도했는데, 이제는 그들이 '하나님이 어디 있냐' 하고 종일 어이없는 소리를 할 때 심히 낙심되었다.

이것은 전도자의 낙심일 수도 있다. 이때 그는 즉시 자신 속에 있는 영혼을 책망한다. 맨 정신의 이성이 부정된 감정에 젖어 흔들리는 영혼을 질타하는 모습이다. "내 영혼아 네가 어찌하여 낙심하며 어찌하여 내 속에서 불안해 하는가 너는 하나님께 소망을 두라 그가 나타나 도우심으로 말미암아 내가 여전히 찬송하리로다"(시 42:5, 11, 43:5). 다윗은 복음의 사람이요, 말씀의 사람이요, 성령의 사람이요, 전도의 사람이며, 찬양의 사람이요, 믿음의 사람이요, 현장의 사람이다. 특히 다윗은 깊은 기도의 사람이다.

깊은 기도의 축복을 누릴 때 내적인 힘이 생긴다. 내적인 힘을 가지면 어떤 상황 속에서도 스스로 승리할 수 있다. 미래가 많이 남아있는 렘넌트(Remnant)들에게 반드시 가르쳐야 한다. 렘넌트는 하나님이 '남겨둔 자'들이기에 가장 중요한 훈련으로 영적수준을 올려 주어야 한다. 자녀들에 대해서 엉뚱한 걱정을 하지 말고 내적인 힘부터 키워 줘야 한다. 자녀들을 영적 서밋(summit)으로 올려야 하니 하나님과 깊은 소통에서 오는 기쁨을 맛보게 해야 한다.

세상에 성공한 사람이 많지만, 그들은 영적문제를 가지고 있다. 그렇다면 깊은 기도를 통해서 내적인 힘을 기르면 된다는 말이 된다. 깊은 기도의 기준은 뭐냐 기도를 깊이 하는 것인데, 실제로 어떻게 해야 하는가 다윗은 깊은 찬양속으로 들어갔다. 그래서 많은 찬양을 만들어내고 그가 찬양할 때 사울 왕에게 붙은 귀신이 떠나갈 정도였다. 이때는 다윗이 소년 시절이었다는 것을 기억해야 한다.

호흡을 깊이 하면서 기도해보라. 명상하는 자들은 깊은 호흡을 하면서 마음을 비우지만, 성령의 사람들은 깊은 호흡을 하면서 말씀을 채우고 하나님의 임재를 채운다. 호흡에 대한 것은 의학적으로 증명된 것이다. 산소가 우리 몸속에 깊이 들어갈 때 우리의 세포와 미세혈관이 살아난다. 산소의 원활한 공급으로 병을 유발한 나쁜 세포는 좋은 세포에 죽게 된다. 이것은 과학적 증거이다. 이제 혼자서 지금부터 할 수 있는 것을 하나씩 시작해야 한다.

우리는 스스로 살아남아야 한다. 그래서 하루 중 깊은 기도가 필요하다. 이 깊은 기도는 다른 사람에게 배우지 말고 하나님에게서 찾아내야 한다. 여기에서 큰 성공과 실패를 좌우한다. 다윗이 굉장히 깊은 기도로 들어갔는데 찬양으로 들어갔다. 처음에는 잘 안 될 수 있다. 그러면 교회에 가서 하면 된다. 교회에 가서 하는데 깊은 기도에는 소리를 내면서 하는 것도 굉장히 좋다. 부르짖는 기도는 뇌에 각인이 잘 된다. 뇌를 통해서 모든 것이 좌우된다. 이때는 장소와 시간 선택이 중요하다. 평일 날 교회에 가서 아무리 큰소리로 기도해도 누가 뭐라 하지 않는다. 아무도 나를 도와주지 않아도 괜찮다. 그래야 깊은 기도가 나온다. 이것은 누가 가르쳐주는 것이 아니다. 말씀 따라 내가 치유되어버리면 따라온다. 그래서 이건 누구나 시작할 수 있다.

7. 예배기도

예배 기도는 예배 드릴 때마다 답이 나오고, 다음 예배드리러 갈 때마다 증거를 가지고 간다. 이걸 보고 예배기도 라고 한다. 하나님 말씀의 흐름을 제대로 타면 모든 것에 답이 나온다. 일단 집에서 예배드리러 가기 위해서 준비할 때부터 이미 예배는 시작된 것이다. 예배드리러 오는 시간에 예배에 집중해야 한다. 류광수 목사는 예배의 5가지 포인트를 집어 줬다.

첫째, 감사이다.

다윗은 이렇게 고백한다. "내게 주신 모든 은혜를 내가 여호와께 무엇으로 보답할까 내가 구원의 잔을 들고 여호와의 이름을 부르며 여호와의 모든 백성 앞에서 나는 나의 서원을 여호와께 갚으리로다"(시 116:12-14). 긍휼에 풍성하신 하나님은 그 큰 사랑으로 나를 구원해 주셨다. 사탄의 올무와 모든 죄의 저주에서, 영원한 지옥의 저주와 심판의 운명에서 나를 구원해 주셨다. 착하고 훌륭한 사람이 헤아릴 수 없이 많지만, 자격이 미달한 쓰레기 같은 나를 창세전에 선택해 주셨다(엡 1:1-3).

나는 평생 감사하면서 하나님의 일과 교회에 헌신해도 모자란다. 하나님은 나를 자녀로 받아 주셨다(요 1:12). 성령 하나님은 기꺼이 내 안에 들어와 계시고 영원토록 떠나지 않고 인도해 주신다(고전 3:16, 요 16:13). 이 증거로 기도에 응답하시며(요 15:7) 천국의 시민권자로 보좌가 배경이 되게 하셨고(빌 3:20) 모든 흑암 세력을 이길 수 있는 권세를 주셨지(눅 19:19) 거기다 나를 높여 모든 민족을 살리는 일에 전도제자로 세계현장에 파송시키신 것이다(마 28:16-20).

여기에 무엇을 더 요구할 수 있겠는가 뭔가 더 달라고 한다면 참 어처구니없는 자이다. 그런데도 하나님은 뭐든지 요구하라고 하신다. 어찌 감사하지 않겠는가 그야말로 우리 하나님은 우리 아버지이시다. 어찌 아버지를 찬양하며 예배드리지 않겠는가 어찌 우리 아버지의 이름을 자랑하지 않겠는가?

둘째, 말씀(성경)흐름을 타는 것이다.

성경은 하나님의 절대 변하지 않는 표준이다. 인간이 성경대로 살면 어떤 문제도 다 해결된다. 완벽한 기준이기 때문이다. 그런데 타락한 인간은 절대 완벽한 표준으로 살 수 없다. 하나님이 할 수 없는 것을 하라고 하시는가 아니다 사탄에 잡혀 하나님의 형상을 상실하고 하나님과 생명적 관계가 깨진 인간은 하나님의 절대적 표준대로 살 수 없다. 그래서 모든 인간은 하나님의 심판 아래 있는 것이다. 하나님이 표준을 주신 것은 인간이 절대 불가능하다는 사실을 깨닫게 하시려는 것이다. 인간이 철저히 망할 처지에 있는 것을 알게 하시는 것이다. 그래야 하나님의 긍휼이 절대 필요함을 알고 하나님의 자비를 구하는 자리에 설 수 있기 때문이다. '하나님 나를 불쌍히 여기소서 나는 죄인입니다' 할 때 구원의 길이 내 앞에 들어 난다. 이 사실을 깨달은 자는 인간의 의는 아무짝에도 쓸 수 없는 누더기인 것을 고백하게 된다(사 64:6). 그래서 바울은 외치기를 "너희는 그 은혜에 의하여 믿음으로 말미암아 구원을 받았으니 이것은 너희에게서 난 것이 아니요 하나님의 선물이라 행위에서 난 것이 아니니 이는 누구든지 자랑하지 못하게 함이라"(엡 2:8-9).

하나님은 성경을 통해서 구원의 비밀을 알 수 있도록 하셨다. 그 구원의 비밀은 창세기 3장의 비극이 일어난 때 곧바로 주시고 이후 계속해서 시대마다 구원의 길을 선포하셨다. 성경의 흐름은 시대마다 주어진 단어는 다르지만 내용은 모두 메시아(그리스도)로 일관한다.

창세기 3장의 타락 때에 주신 복음이 창세기 3:15의 "여자의 후손"이다. 그리고 세상을 대청소하실 때 그때의 구원의 길은 "방주"였다(창 6:14). 다시 번성한 인간은 그 원죄의 영향으로 말미암아 사악함을 더욱 발전시키는데 그것이 바벨탑으로 나타났다. 바벨탑은 '네가 하나님같이 되라'는 사탄의 미혹이 전 인류의 공통된 모토였다. 이때 하나님은 아브라함을 그곳에서 부르시고 한 민족을 세워 모든 민족을 구원코자 하셨다, 그것이 "가나안 땅"으로 보내신 이유였다(창 12:1-3). 하나님은 그곳으로 메시아를 보내시고자 계획하셨는데, 혈통으로 아브라함의 혈통이었다(마 1:1). 이것이 아브람과 그 후손들이 가나안 땅을 벗어나면 안 되는 이유였다. 이후에 그 후손들이 노예생활로 고통을 당하고 있을 때 하나님은 거기서 해방의 길로 "희생의 제사, 즉 유월절 어린양의 피"의 언약을 주신 것이다(출 3:18, 12:13). 그들이 한 민족으로 번성하여 세계 열방중 한 민족이 되었으나 포로로 잡혀 고통으로 신음할 때 하나님은 "처녀가 잉태하여 낳은 아들"을 약속하심으로 거기서 해방의 길을 알려 주셨다(사 7:14). 신약시대에 와서 이 모든 언약의 단어들은 그리스도(메시아)가 오심으로 성취되었다(마 16:16). 이제 실체가 오심으로 모든 그림자의 희미함은 사라졌다.

그리스도 되신 예수님은 자신이 직접 구원의 길임을 선포하셨다(요 14:6). 특히 예수님은 성경에 비추어서 자신의 위치를 설명하시기도 하셨다. "너희가 성경에서 영생을 얻는 줄 생각하고 성경을 연구하거니와 이 성경이 곧 내게 대하여 증언하는 것이니라"(요 5:39). 사도 요한은 성경을 기록한 목적을 분명히 선언했다.

> 예수께서 제자들 앞에서 이 책에 기록되지 아니한 다른 표적도 많이 행하셨으나 오직 이것을 기록함은 너희로 예수께서 하나님의 아들 그리스도이심을 믿게 하려 함이요 또 너희로 믿고 그 이름을 힘입어 생명을 얻게 하려 함이니라(요 20:30-31).

사도 바울도 성경이 기록된 목적을 말했는데, 당시는 구약만 있었을 때이다.

그러나 너는 배우고 확신한 일에 거하라 너는 네가 누구에게서 배운 것을 알며 또 어려서부터 성경을 알았나니 성경은 능히 너로 하여금 그리스도 예수 안에 있는 믿음으로 말미암아 구원에 이르는 지혜가 있게 하느니라(딤후 3:14-15).

구원은 그리스도 되신 예수님 안에 있다는 것을 성경을 통해 알게 된다는 것이다. 그러므로 예배 기도는 감사와 말씀의 흐름을 타는 것이다. 그래서 강단에서 오직 그리스도 되신 예수님만을 선포하는 교회에 앉아 있는 자들은 행복한 자들이다.

예배를 드리면서 믿음이 살아나야 하는데, 말씀을 제대로 들을 때이다. 바울이 한 말이다. "그러므로 믿음은 들음에서 나며 들음은 그리스도의 말씀으로 말미암았느니라"(롬 10:17). 믿음은 말씀을 들을 때 일어나는데, 특히 그리스도의 말씀, 즉 복음을 들을 때 생기는 것이라고 한다.

[류광수] 목사는 이 부분을 말하면서 '날마다 눈 뜨면 고민하는 사람과 말씀 묵상하는 사람은 다르다. 눈만 뜨면 인본주의 쓰는 사람과 말씀 묵상하는 사람은 세포가 달라져 버린다. 영적 상태가 달라져 버린다. 그래서 말씀 묵상이 중요한 것이다. 나이 좀 든 분들은 암송이 좋다. 이 말씀이 필요하다면 쓰는 것도 좋다. 살아 있는 하나님의 말씀은 반드시 흐름이 보인다. 이 흐름이 보일 때 나에게 메시지로 다가오는 것이다. 여기서 주의해야 될 것은 복음의 흐름을 보면서 성경을 읽는 것이다'라고 했다.

셋째, 하나님의 능력에 집중하는 것이다.
위의 두 가지가 되어졌을 때 이제 하나님께 집중하는 것이다. 하나님의 능력을 믿는 믿음에 집중하는 것이다. "그가 내게 대답하여 이르되 여호와께서 스룹바벨에게 하신 말씀이 이러하니라 만군의 여호와께서 말씀하시되 이는 힘으로 되지 아니하며 능력으로 되지 아니하고 오직 나의 영으로 되느니라"(슥 4:6) "볼지어다 내가 내 아버지께서 약속하신 것을 너희에게 보내리니 너희는 위로부터 능력으로 입혀질 때까지 이 성에 머물라 하시니라"(눅 24:49) "우리가 이 보배를 질그릇에 가졌으니 이는 심히 큰 능력은 하나님께 있고 우리에게 있지 아니함을 알게 하려 함이라"(고후 4:7) "우리의 싸우는 무기는 육신에 속한 것이 아니요 오직 어떤 견고한 진도 무너뜨리는 하나님의 능력이라 모든 이론을 무너뜨리며 하나님 아는 것을 대적하여 높아진 것을 다 무너뜨리고 모든 생각을 사로잡아 그리스도에게 복종하게 하니 너희의 복종이 온전하게 될 때에 모든 복종하지 않는 것을 벌하려고 준비하는 중에 있노라"(고후 10:4-6).

이 능력에 관한 개념은 약속된 그리스도(메시아)가 오시고 결정적인 영향을 받았다. 이 힘과 능력은 전능하신 하나님의 말씀으로 행사되는데, 구체적 행사는 하나님 나라가 세상 역사 속으로 침투해 들어와서 사탄의 세력을 전복시키는 것으로 행해진다. 그리고 이 능력은 하나님을 따르는 자들의 믿음이 도화선이 된다. 전도자는 그리스도의 구원 사역을 시행하는 자들로 그리스도의 능력을 부여받았다. 예수님은 제자들을 세상으로 내보내실 때 능력으로 그들을 무장시키셨다.

또 산에 오르사 자기가 원하는 자들을 부르시니 나아온지라 이에 열둘을 세우셨으니 이는 자기와 함께 있게 하시고 또 보내사 전도도 하며 귀신을 내쫓는 권능도 가지게 하려 하심이러라(막 3:13-15).

또 이르시되 너희는 온 천하에 다니며 만민에게 복음을 전파하라 믿고 세례를 받는 사람은 구원을 얻을 것이요 믿지 않는 사람은 정죄를 받으리라 믿는 자들에게는 이런 표적이 따르리니 곧 그들이 내 이름으로 귀신을 쫓아내며 새 방언을 말하며 뱀을 집어올리며 무슨 독을 마실지라도 해를 받지 아니하며 병든 사람에게 손을 얹은즉 나으리라 하시더라(막 16:15-18).

예수께서 열두 제자를 불러 모으사 모든 귀신을 제어하며 병을 고치는 능력과 권위를 주시고 하나님의 나라를 전파하며 앓는 자를 고치게 하려고 내보내시며 (눅 9:1-2).

내가 너희에게 뱀과 전갈을 밟으며 원수의 모든 능력을 제어할 권능을 주었으니 너희를 해칠 자가 결코 없으리라 그러나 귀신들이 너희에게 항복하는 것으로 기뻐하지 말고 너희 이름이 하늘에 기록된 것으로 기뻐하라 하시니라(눅 10:19-20).

예배드리는 시간에 하나님께 집중하지 못하면 우리의 생활패턴이 분산하게 된다. 집중은 굉장한 능력을 포함하기 때문에 길수록 좋고, 깊을수록 좋다. 하나님께 집중하는 시간은 내 안에 영적 시스템이 만들어지는 시간이다. 내가 기도할 수 있는 영적 시스템이 얼마만큼 만들어졌는가에 따라 미래가 좌우된다. 내 영적 시스템에 따라 하나님의 능력을 체험하게 된다.

또 하나님을 향해 집중하는 시간은 내 각인, 뿌리, 체질을 바꾸게 된다. 이게 바뀌어야만 모든 것이 회복되는 것이다. 이 축복을 가지고 여러 상황 만나면 응용이 되고, 내 모든 분야에서 24시 기도가 되어 진다. 이에 따라 인간의 능력과 수준, 기준을 초월한 25시가 온다. 이것을 '하나님의 역사'라고 하며, '하나님이 하신 일이다'고 말들을 하는 때이다. 이렇게 역사하신 하나님의 역사는 잠시가 아니고 영원히 간다.

하나님은 예레미야에게 "너는 내게 부르짖으라"고 하셨다(렘 33:3). 그 말은 집중하라는 말씀이다. 그러면 "내가 네게 응답하겠고 네가 알지 못하는 크고 은밀한 일을 보이리라." 그래서 예레미야는 시위대 뜰에 갇힌 것이다. 그곳은 우물 감옥으로 사방팔방이 막힌 곳이며, 하늘 쪽에만 창살문이 있다. 다른 것들을 바라보지 말고 오직 하늘의 여호와께만 집중하라는 말씀이다. 우리가 예배를 통해서 주님께 집중하면 우리의 가정과 산업과 현장에 주님이 집중하신다.

네째, 그 결과로 치유가 일어난다.

보통 치유 받는다고 할 때 육신의 병을 두고 이야기한다. 그러나 우리가 치유 받아야 할 분야는 대단히 많다. 감사의 결과도 치유이며, 복음의 결과도 치유이며, 하나님께 집중하는 것도 치유로 나타난다. 그래서 예배를 통해서 일어난 치유는 전인적 치유이다.

영혼치유, 영적문제 치유, 마음과 정신문제 치유, 육신의 병 치유, 가정치유, 경제 치유 전반적인 치유가 예배 기도를 통해 일어난다. 영혼치유는 예수님을 영접하여 하나님의 자녀 된 순간에 일어난다(요 1:12-13). 지성(知性)의 문제인 사상과 이념, 의식과 하나님 없이 쌓아온 지식들은 성삼위 하나님과 하신 일을 알 때 치유된다. 감성(感性)의 문제는 구원의 하나님께 감사하며, 절대 불가능한 구원이 은혜로 주어졌다는 사실로 인하여 감격이 넘칠 때 치유가 된다. 의지(意志)는 이제 불신자의 상태에서 단호히 떠나서, 오직 그리스도를 따라가는 모습으로 치유가 일어난다.

복음을 알 때 세상의 학문과 철학이 하나님을 아는 데에는 무가치하다는 판단이 서게 되고, 이제 복음이 지식적 답이 된다. 또 구원의 감사와 감격이 가슴에 넘치면 과거의 모든 상처는 사라지는데, 이것은 내 속에서 복음화(福音化)가 된 상태이다. 또 나의 삶이 오직 그리스도와 세계 복음화에 목적이 되면 나의 말과 행동이 복음적(福音的)으로 바뀐다.

나의 신앙생활이 종교생활이 되면 마음에 갈등이 계속되고, 복음에서 벗어난 율법주의는 남을 판단하고, 자신도 정죄하면서 무너져 버리며, 인본주의에 빠지면 늘 실패 할 수밖에 없고, 말씀 중심에서 벗어난 신비주의는 그야말로 위험천만하다.

또 우리의 마음과 생각은 모든 갈등의 싹이 담아있는 장소이다. 지난날의 상처와 가정배경, 실패의 경험들이 내 안에 영상으로 남아있어 여차하면 이런 것들이 귀신의 통로가 되어 정신문제로 발전한다(엡 4:27). 또한 우상과 제사, 점술이나 미신들은 귀신의 끄나풀이 되어 직접 역사한다(계

9:20, 고전 10:20, 행 16:16-18).

치유는 오직 복음과 말씀과 성령의 역사로 치유가 된다. 그래서 예배 기도가 중요한 것이다(행 10:38, 히 2:14-15, 요일 3:8, 계 12:12, 마 4:24). 육신의 치유도 먼저 영혼의 병을 고치고, 마음의 병을 고치고, 이후에 의사나 약과 음식이나 운동이 효과가 있다. 이것은 환경치유도 같은 원리가 적용된다. 우상의 잔재들과 흑암의 굴레를 벗어버려야 한다. 하나님은 예배시간에 말씀을 보내서서 우리를 치유하신다. "이에 그들이 그들의 고통 때문에 여호와께 부르짖으매 그가 그들의 고통에서 그들을 구원하시되 그가 그의 말씀을 보내어 그들을 고치시고 위험한 지경에서 건지시는 도다"(시 107:19-20).

"내 이름을 경외하는 너희에게는 공의로운 해가 떠올라서 치료하는 광선을 비추리니 너희가 나가서 외양간에서 나온 송아지 같이 뛰리라"(말 4:2) 예배 기도를 통해서 실제 치유가 일어난다. 모든 현장을 치유하는 답이 계속 보이고, 영적 상태가 달라진다.

다섯째, 말씀이 현장과 일치된다.

하나님의 선지자 이사야를 통해 주신 말씀에 대한 증언이다. "이는 비와 눈이 하늘로부터 내려서 그리로 되돌아가지 아니하고 땅을 적셔서 소출이 나게 하며 싹이 나게 하여 파종하는 자에게는 종자를 주며 먹는 자에게는 양식을 줌과 같이 내 입에서 나가는 말도 이와 같이 헛되이 내게로 되돌아오지 아니하고 나의 기뻐하는 뜻을 이루며 내가 보낸 일에 형통함이니라"(사 55:10-11).

사도 바울은 풍랑의 위기 속에서 분명한 말씀의 증언을 했다. "그러므로 여러분이여 안심하라 나는 내게 말씀하신 그대로 되리라고 하나님을 믿노라"(행 27:15).

창세기 21장에는 [아브라함]과 [사라]에게 역사하신 하나님에 대한 증거를 보이는데, 하나님은 자신의 말씀을 반드시 실현시키시는 분임을 나타낸다. "여호와께서 말씀하신대로 사라를 돌보셨고 여호와께서 말씀하신대로 사라에게 행하셨으므로 사라가 임신하고 하나님이 말씀하신 시기가 되어 노년의 아브라함에게 아들을 낳으니"(창 21:1-2).

예배 기도를 통해서 말씀이 성취되면서 아주 중요한 미래가 보인다. 또 전에는 하나님의 말씀이 나와 상관없다고 생각했는데, 이제는 말씀이 나의 모든 것과 맞아떨어진다. 알고 보니 위기로 보이는 것이 응답이었고 축복이란 것을 알게 된다(롬 8:28).

모든 것이 합력하여 선을 이루는 것을 체험하는 것이다. 그러므로 예배시간에 하나님께 집중하고, 강단의 말씀을 잡고 간다면 그 말씀은 실현되는데, 말씀을 담고 있는 그곳, 그 사람에게 실현이 된다는 말이다.

제19장

전도제자와 금식기도

(마 6:16-18)

금식할 때에 너희는 외식하는 자들과 같이 슬픈 기색을 보이지 말라
그들은 금식하는 것을 사람에게 보이려고 얼굴을 흉하게 하느니라
내가 진실로 너희에게 이르노니 그들은 자기상을 이미 받았느니라.
너는 금식할 때에 머리에 기름을 바르고 얼굴을 씻으라.
이는 금식하는 자로 사람에게 보이지 않고 오직 은밀한 중에 계신
네 아버지께 보이게 하려 함이라
은밀한 중에 보시는 네 아버지께서 갚으시리라(마 6:16-18).

1. 저희 서기관들과 바리새인들의 금식

메튜헨리(Matthew Henry,1662-1714)는 구제와 기도에 이어서 금식이 나중에 다루어진 것은 그것이 의무라기보다 다른 의무를 위한 수단이기 때문이라고 했다.[125]

예수님이 외식하는 자들을 책망하신 것은 그들이 일주일에 두 번씩 하는 금식이 아니라 그것에 대한 그들의 자랑이었다(눅 18:12). 예수님 당시 금식을 하든지 안하던지 이스라엘 백성들에게는 금식이 매우 익숙한 말이었다. 금식은 칭찬할 만하다. 금식이야 말로 하나님 앞에서 마땅한 자아부정의 행위이기 때문이다.

---

125) 『메튜헨리 주석 마태복음(상)』, 기독교문사, p277

서기관들과 바리새인 유대인들은 금식을 일반화시켜 행했다. 그들은 영혼의 회개나 겸비가 없이 연극처럼 금식을 하고 있었다. 그들은 금식하는 중에 거리로 나갔다. 그들은 우울한 얼굴로 바꾸었고 풀이 죽은 시늉을 했으며 평상시와는 다르게 걸음을 엄숙하고 느리게 걸었다. 그들을 보는 사람들이 '아 저들은 얼마나 자주 고통스런 금식을 하는가'하고 감탄하도록 유도했다. 그들은 약장수처럼 구제와 기도와 금식에 대한 연기를 연습하고 있었다. 그들은 사람들의 칭찬으로 이미 상을 받아버린 것이었다.

그들의 개인적인 특성과 삶과 종교적인 제도로는 하늘나라에 들어가는 자격이 미달된 상태였다. 주님은 자신을 구세주로 받아들이도록 많은 깨우침의 말씀을 주셨으나 그들은 '우리에게는 모세가 있다'(요 9:29) 고 하여 예수님을 오히려 배척했다.

유대인들은 금식에 많은 것을 부가시켰다. 그들은 금식이 죄를 없이한다고 믿었다. 그들은 너무 형식적으로 흘러가서 가난한 자를 구제하면 그들의 죄에서 건짐을 받는다고 믿었으며 기도의 의식 절차를 지키면 죄 용서함을 받는다고 믿었다. 그리고 그들이 금식하면 천국에서 특별한 자리를 차지한다고 믿었다. 그들은 하나님의 원하신 것을 의식적이고 형식적인 것으로 만드는 데는 탁월한 전문성을 가지고 있었다.

예수님은 금식의 숫자에 대해서 언급을 안 하셨다. 개인의 상황이 각자 다르게 임하기 때문이다. 이것을 [메튜헨리]는 '말씀 안에 있는 성령은 그것을 마음 안에 있는 성령에게 맡겨두었'고 표현했다.[126]

금식은 육신에 고통을 가하는 것이지만, 그러나 그것을 선전하려하면 벌써 하나님의 인정하심은 떠나버린다. 금식할 때 기름을 바르고 얼굴을 씻으라고 하신다. 이것은 외식적인 금식을 금하심이다. 바리새인들과 저희 서기관들의 금식에는 진실한 마음이 없었다. 자신의 내면의 악과의 투쟁으

---

126) *Ibid*, p275

로 인한 금식이 아니었다. 이것이 바로 서기관들과 바리새인들의 문제였다. 그들의 금식은 헛수고였으며 모든 기도역시 그런 것이었다. 진실함을 갖추지 못했다면 기도의 열정은 없는 것이다. 그리고 진정한 열정을 가지지 못했다면 진정한 금식도 할 수 없다. 저들의 금식은 영성을 가장하기 위하여 위조된 것이다. 구제나 기도나 금식이나 어느 것이든지 다른 사람들에게 어떤 인상을 주기 위해 하는 것은 자기상을 이미 받아버린 것이다.

2. 단식과 금식

오늘날 단식이 대중적인 것이 되어 있다. 이 단식은 성경이 가르치는 금식이 아니다. 지금 단식을 하는 사람들이 증가 일로에 있다. 단식을 위해 특별히 만들어진 약이나 식품이 많이 나오고 단식에 관한 책들이 많이 팔리고 있다. 비만에서 탈출하고 정신적으로나 신체적으로 상쾌함을 느낄 수 있으며 혈압과 콜레스테롤을 낮추고 정신적 성취감을 느낀다. 무엇보다 자신에 대한 통제력이 생겨 자신감이 생겼다고 자랑하는데 특히 연예인들의 말들은 파급의 효과가 크다. 그러나 패션모델들은 계속해서 영양실조 속에 살아가고 있다. 이들은 음식에 대한 정신적인 거부감으로 음식을 입에 넣기만 해도 토하기 일쑤이다. 날이 갈수록 몸이 말라가는데, 이것은 단식이 스트레스성 정신질환이 된 것을 대변한다.

세상이 말하는 단식과 우리가 말하는 금식에 대해 구분해야한다. 신자들이 육신적인 이유로 단식을 하면서 기왕에 이것을 금식으로 단정하는 것은 시작부터 영적인 가치가 없다. 성경에서는 금식 그 자체를 목적으로 가르치고 있지 않다. 금식은 금식 그 자체만으로 어떤 덕이 있거나 덕을 만들지 못한다. 성경에서의 금식에 대한 모든 유익들은 간접적인 것이다. 음식을 먹든지 안 먹든지 그것이 신령함과는 상관이 없다. 로마서 14

장 17 에는 "하나님의 나라는 먹는 것과 마시는 것이 아니요"라고 말하고 있기 때문이다.

금식이 성경적이기 위해서는 마땅히 영적인 것과 연관이 필수적이다. 영적인 것과 연관된 금식만이 성경에서 명하고 있는 금식이다. 레위기 16 장에 나와 있는 속죄일은 하나님께서 세우신 총체적이고 공적이며 국가적인 금식일 이었다. 그 날은 일 년에 한 번씩 이스라엘 전 민족의 지난해의 죄를 위한 속죄제를 드리는 날이었다. 그들은 그 속죄일에 해가 뜰 때부터 해가 질 때까지 금식했다. 여기의 금식은 그들의 죄를 고백하는 깊은 애통과 연관되어 있다. 금식은 절대로 금식 그 자체로만 의미가 있는 것이 아니다.

성경에 음식을 금하는 것은 상한심령 또는 갈급한마음과 관련되어 있다. 금식은 '주님 앞에 자신을 낮추다'(시 35:13)라는 말과 같은 의미이다. 레위기 16장 29절은 "너희는 영원히 이 규례를 지킬지니라 일곱째 달 곧 그 달 십일에 너희는 스스로 괴롭게 하고 아무 일도 하지 말되 본토인이든지 너희 중에 거류하는 거류민이든지 그리하라." 말씀에서 스스로 괴롭게 하라는 말씀을 금식으로 이해하는 것은 합당하다. 금식은 하나님 앞에서 자신이 쓸모없음을 고백하며 하나님의 긍휼을 구하는 호소인 것이다. 그러므로 금식은 이유 없이 막 하는 것이 아니다. 단순히 음식을 먹지 않는 것에만 열중하면 금식 그 자체의 중요성을 잃어버릴 것이며 또한 스스로를 추켜세우며 자신이 점점 더 신령해져 간다고 착각하게 될 것이다.

성경적인 금식은 절대로 어떤 이유 없이 행해지지 않았다. 자신을 부인하고 자신을 괴롭게 하는 데에는 항상 이유가 있는 것이다. 그 이유는 마음에 사무치는 어떤 것으로서, 자신을 괴롭히고 싶어서가 아니고 피할 수 없어서 해야만 하는 것이다. 그런데 바리새인들은 그것을 곡해하고 변질시켰었다. 그렇다면 금식은 완전히 음식을 끊는 단식을 말하며 이것은 아주 중요한 의미가 있는 것이다.

3. 금식의 기간

성경은 금식의 기간에 대해서는 정하지 않고 있다. 기간은 그 사람과 당시의 형편, 상황, 필요에 달려 있다. 고린도후서 11장 27절에서 바울은 여러 번 굶었다고 함으로 금식에 대하여 말하고 있는데, 이것은 처한 환경 상황에서 먹어야지만, 먹지 못했던 경우를 말하는 것 같으나 금식하는 것으로도 해석할 수 있겠다. 바울의 금식의 기간에 대해서는 어떤 일정한 표준이 없다.

어떤 사람은 40일을 금식해서 신령함을 은연중에 자랑한다. 그들에게 하루 금식하는 사람은 그만큼 신령하지 못한 사람이 된다. 이런 합당치 않는 자랑을 할 수 있는 것이 금식 행위이기 때문에 언급이 없다. 만일 사도 바울이 가끔 금식했으나(행 13:2-3, 14:23), 이것을 반드시 해야 할 것이라면, 그는 이 금식에 대해 가르쳤을 것이다. 그러나 바울이 쓴 그 모든 명령들과 교훈의 말씀 가운데 금식에 대한 것은 없다. 오직 공적이고 의무적인 금식은 속죄일뿐이었다. 그리스도께서 십자가에서 죽으심으로 그 속죄일도 끝났다. 이제 금식은 개인적이고 자발적이 되었다. 금식이 필요한 일이 있다면 하면 된다.

성경에서 볼 수 있는 가장 일반적으로 행해졌던 금식기간은 해 뜰 때부터 해질 때까지의 금식이다. 또 여러 경우에 사무엘상 31장 13절에 볼 수 있는 것과 같이 일주일 금식한 경우가 있고, 다니엘 10장 3절은 3주간 금식에 대해 말하고 있다. 누가복음 18장 12절에서 바리새인들이 일주일에 두 번씩 금식해 왔다. 그러므로 금식의 기간은 상황에 따라 각기 달랐다. 정해진 기간보다 금식을 해야 할 경우를 아는 것이 중요하다.

"너희는 금식 일을 정하고 성회를 소집하여 장로들과 이 땅의 모든 주민들을 너희 하나님 여호와의 성전으로 모으고 여호와께 부르짖을지어다"(욜 1:14-16). 역병이 하나님의 백성들을 쳤을 때 그들은 금식했다.

"그들이 내게 이르되 사로잡힘을 면하고 남아 있는 자들이 그 지방 거기에서 큰 환난을 당하고 능욕을 받으며 예루살렘 성은 허물어지고 성문들은 불탔다 하는지라 내가 이 말을 듣고 앉아서 울고 수일 동안 슬퍼하며 하늘의 하나님 앞에 금식하며 기도하여"(느 1:3-4) 예루살렘 성벽이 무너지고 파괴되었다는 소식을 들었을 때 느헤미야의 마음은 산산이 부서져 내렸다. 그는 수일 동안 슬피 울며 하나님 앞에 금식하며 기도하였다.

다윗은 그의 원수가 병들었을 때에 금식하였다. "나는 그들이 병들었을 때에 굵은 베 옷을 입으며 금식하여 내 영혼을 괴롭게 하였더니 내 기도가 내 품으로 돌아왔도다"(시 35:13). 다윗은 밧세바와의 범죄로 그녀 사이에서 낳은 아들이 하나님께 징계로 크게 앓게 되었다. 이때 다윗의 금식 시작과 마침이 나온다.

> 나단이 자기 집으로 돌아 가니라 우리아의 아내가 다윗에게 낳은 아이를 여호와께서 치시매 심히 앓는지라 다윗이 그 아이를 위하여 하나님께 간구하되 다윗이 금식하고 안에 들어가서 밤새도록 땅에 엎드렸으니 그 집의 늙은 자들이 그 곁에 서서 다윗을 땅에서 일으키려 하되 왕이 듣지 아니하고 그들과 더불어 먹지도 아니하더라 다윗이 그의 신하들이 서로 수군거리는 것을 보고 그 아이가 죽은 줄을 다윗이 깨닫고 그의 신하들에게 묻되 아이가 죽었느냐 하니 대답하되 죽었나이다. 하는지라 다윗이 땅에서 일어나 몸을 씻고 기름을 바르고 의복을 갈아입고 여호와의 전에 들어가서 경배하고 왕궁으로 돌아와 명령하여 음식을 그 앞에 차리게 하고 먹은지라 그의 신하들이 그에게 이르되 아이가 살았을 때에는 그를 위하여 금식하고 우시더니 죽은 후에는 일어나서 잡수시니 이 일이 어찌 됨이니이까 하니 이르되 아이가 살았을 때에 내가 금식하고 운 것은 혹시 여호와께서 나를 불쌍히 여기사 아이를 살려 주실지 누가 알까 생각함이거니와 지금은 죽었으니 내가 어찌 금식하랴 내가 다시 돌아오게 할 수 있느냐 나는 그에게로 가려니와 그는 내게로 돌아오지 아니하리라 하니라(삼하 12:16-23).

[우리아]의 아내 [밧세바]와의 사이에서 태어난 아이가 다윗에게 내리는 한 징계로, 아주 심한 병에 걸렸을 때에 성경은 다윗은 그 아이를 위하여 하나님께 간구하되, 금식하고 밤새도록 땅에 엎드렸다. 만일 내 아이가 심한 질병에 걸려 목숨이 몹시 위태롭다면 그 아이에 대한 사랑으로 하나님 앞에 엎드릴 것이라는 것이다. 하나님께 식음을 전폐하고 울부짖는 것은 정말 필요한일이었다. 그의 범죄로 당하는 징계 중에서 하는 금식이라도 하나님 앞에서 진실한 금식은 영적인 유익을 하나님은 반드시 주신다. 하나님께 온전히 몰두해 있을 때 오는 유익은 병든 자가 고침 받은 것과 고침을 못 받은 것과 상관없이 주시는 영적축복은 무한하다. 이것이 진실한 금식에 대한 하늘의 상이다.

오늘날 하나님의 백성들이 그리스도의 마음에서 멀어져 버리고 하나님께 조아릴 태도가 사라져 버린 것은 큰 비극이다. 예수님은 극심한 고통 속에서도 예루살렘 성을 바라보고 눈물을 흘리셨으며 죽은 나사로의 무덤 앞에 눈물을 흘리며 서 계셨다(눅 19:41, 요 11:35). 이 같은 마음을 교회에서 찾아보기가 쉽지 않다.

우리는 세월호가 침몰해 수 백 명의 아이들이 죽었다는 소식을 접한다. 또 아프리카 케냐에서 쓰레기통을 뒤지는 어린 영혼들의 소식을 듣는다. 그러면서도 일본의 지진으로 2만 명이 죽었다는 소식을 또 받는다. 그런데 쓰나미로 죽은 자들보다 일본에서 한 해 동안 자살하는 숫자가 3만 명이라는 사실도 알게 된다. 우리는 그와 같은 소식으로 수없이 뇌의 공격을 받기 때문에 감정이 무디어지고 말았다. 우리는 예수님께서 비극에 대하여 느끼시는 마음과 동떨어진 차원에서 살고 있다.

우리는 친구가 병들었을 때에 금식하는가 원수가 병들었을 때 금식하는가 사람들이 그리스도 없이 지옥으로 멸망해 가는 것을 봄으로 애통함으로 금식할 수 있는 영적상태가 되어있는가 이것이야 말로 가장 위대한 금식의 행위가 될 것이다. 전도자의 금식을 통해 전도와 선교의 문을 여실 것이고 하나님은 기뻐하실 것이다.

> 내가 기뻐하는 금식은 흉악의 결박을 풀어 주며 멍에의 줄을 끌러 주며 압제 당하는 자를 자유하게 하며 모든 멍에를 꺾는 것이 아니겠느냐(사 58:6).

4. 민족이 위기에 처했을 때

성경에 보면 사람들이 큰 두려움과 위험으로 인하여 금식하지 않으면 안 될 때가 있었다. 음식을 먹을 정신이 없을 정도로 우기에 직면하였다. 그들은 그런 위기에서 탈출은 오직 하나님의 손길뿐이라는 사실을 알고 있었다. 그래서 그들은 금식하며 하나님 앞에 울부짖었다.

[에스더]가 [모르드개]에게 회답하여 이르되 당신은 가서 수산에 있는 유다인을 다 모으고 나를 위하여 금식하되 밤낮 삼 일을 먹지도 말고 마시지도 마소서 나도 나의 시녀와 더불어 이렇게 금식한 후에 규례를 어기고 왕에게 나아가리니 죽으면 죽으리이다 하니라(에 4:15-16).

유대인으로서 바벨론의 왕비가 된 [에스더]는 전 유대인들을 몰살시키려는 [하만]의 함정 때문에 목숨을 걸고 [아하수에로]왕 앞에 나아가야 했다. 그녀는 수산에 있는 모든 유대인들에게 밤낮 3일을 물도 마시지 않는 금식을 요청했다. 그리고 에스더는 생명을 걸고 모든 유대백성들과 함께 하나님의 구원을 위하여 금식에 들어갔다.

에스라는 70년의 포로생활에서 해방되는 가장 기쁜 날에, 그와 백성들은 그 기쁨을 잘 감당해 내기 위하여 이스라엘 민족에게 금식을 선포했다 (스 8:21-23).

왜 그들은 금식을 선포하고 스스로 겸비하였는가 에스라는 포로생활 하던 그 백성들을 인도해야 하는데 바벨론에서 예루살렘까지 어떻게 가야 할지를 알지 못했다. 더구나 그들의 가는 길에는 산적과 노상강도와 이스라엘을 미워하는 이방민족들이 있었다. 그들은 어린 아이들과 그들의 모든 재산을 가지고 광야를 지나가는 것에 대하여 하나님의 절대적인 도움을 호소하여 금식에 들어간 것이다.

그리고 에스라는 길에서 적군을 막고 자신들을 도울 보병과 마병을 왕에게 구하기를 부끄러워하였다고 고백하고 있다(22절). 우리를 해방시키신 하나님은 우리를 돌보시는 것은 지당하시다. 그래서 왕에게 왕의 군대로 우리를 도와주라는 요청을 할 수가 없다는 것이다. 그렇게 하는 것은 하나님의 위신을 깎아 내리는 것이라는 고백이다. 아닥사스다왕이 동정적이지만 왕을 의지할 수 없다. 나는 하나님을 의지해야 한다고 한 것이다. 그 중심으로 금식하며 우리 하나님께 간구하였다고 말한다(스 8:23).

레위기 23장 29-32절에 보면 대 속죄일에 금식을 한 이유는 죄를 자복함 때문이었다. 자복에는 자기 비하가 따른다. 주님께 어떤 죄 때문에 마음속 깊이 괴로워하고, 심히 애통해 함으로 식음을 전폐하고, 하나님께 마음을 쏟아 놓을 때가 있다. 다윗은 큰 죄를 범했었다(삼하 11장). 그가 자기의 의미 있는 죄를 자복하지 않고 있었을 때 그의 삶은 말라들어 갔다. 그는 그의 머리끝에서부터 발가락까지 진통을 느꼈으며 병들었다. 먹을 수도 잠을 잘 수도 없었다. 그러나 그가 그의 죄를 자복했을 때 모든 것은 떠나고 그는 다시 온전하여졌다(시 32:1-5). 우리의 삶에도 우리의 죄악으로 심히 불안해하며 하나님의 이름을 더럽힌 것으로 하나님께 나아와 자복하며 하나님의 자비만 바라볼 때가있다. 우리들의 잘못에 대한 속죄는 이미 받았다 할지라도 마음에 생긴 상처를 치료해야 할 필요가 있다.

「요나서」에는 니느웨 성 사람들의 금식이 소개 된다.

요나가 그 성읍에 들어가서 하루 동안 다니며 외쳐 이르되 사십 일이 지나면 니느웨가 무너지리라 하였더니 니느웨 사람들이 하나님을 믿고 금식을 선포하고 높고 낮은 자를 막론하고 굵은 베 옷을 입은지라 그 일이 니느웨 왕에게 들리매 왕이 보좌에서 일어나 왕복을 벗고 굵은 베 옷을 입고 재위에 앉으니라. 왕과 그의 대신들이 조서를 내려 니느웨에 선포하여 이르되 사람이나 짐승이나 소 떼나 양 떼나 아무것도 입에 대지 말지니 곧 먹지도 말 것이요 물도 마시지 말 것이며 사람이든지 짐승이든지 다 굵은 베 옷을 입을 것이요 힘써 하나님께 부르짖을 것이며 각기 악한 길과 손으로 행한 강포에서 떠날 것이라 하나님이 뜻을 돌이키시고 그 진노를 그치사 우리가 멸망하지 않게 하시리라 그렇지 않을 줄을 누가 알겠느냐 한지라(욘 3:4-9).

그들은 [요나]의 외치는 소리를 듣고 금식하며 하나님께 부르짖었다. 이스라엘을 괴롭히는 니느웨에 하나님의 구원과 은혜주심에 아직도 못마땅한 선지자 [요나]의 무성의한 말씀증거에도 불구하고, 니느웨성은 왕부터 시작하여 모든 백성들, 심지어 짐승들까지도 베옷을 입고 재위에 앉아 하나님의 자비를 베풀어 주시기를 부르짖었다. 이들의 금식기도는 하늘의 상을 받았다. 그것도 생명의 풍성한 구원으로 하나님의 자비를 보상받았다. 하나님의 노염은 잠깐이요 그 은총은 평생이시다(시 30:5).

[사무엘]은 그의 백성에게로 가서 그들이 바알을 섬기는 어그러진 길로 간 것을 지적하며 그들에게 우상을 제거하며 하나님만 바라볼 것을 제시하였고 그 백성들은 스스로 모여 여호와를 위한 제단에 물을 붓고 종일 금식하며 회개했다. 그 때에 하나님은 자비를 베푸사 블레셋에게서 민족을 구해주셨다(삼상 7:3-6).

5. 하나님이 기뻐하시는 금식

> 내가 기뻐하는 금식은 흉악의 결박을 풀어 주며 멍에의 줄을 끌러 주며 압제 당하는 자를 자유하게 하며 모든 멍에를 꺾는 것이 아니겠느냐 또 주린 자에게 네 양식을 나누어 주며 유리하는 빈민을 집에 들이며 헐벗은 자를 보면 입히며 또 네 골육을 피하여 스스로 숨지 아니하는 것이 아니겠느냐(사 58:6-7).

이스라엘 백성들은 금식을 하는 것으로 자신들 스스로를 선하게 생각했다. 그들은 금식으로 자신들을 괴롭히며 하나님을 바라보았다는 것이다. 그런데 하나님은 응답을 주시지 않는다고 항거했다. 그에 대한 하나님의 대답이다. "보라 너희가 금식하는 날에 오락을 찾아 얻으며 온갖 일을 시키는 도다 보라 너희가 금식하면서 다투며 싸우며 악한 주먹으로 치는 도다 너희의 오늘 금식하는 것은 너희 목소리로 상달케 하려는 것이 아니라 이 것이 어찌 나의 기뻐하는 금식이 되겠으며 이것이 어찌 사람이 그 마음을 괴롭게 하는 날이 되겠느냐 그 머리를 갈대같이 숙이고 굵은 베와 재를 펴는 것을 어찌 금식이라 하겠으며 여호와께 열납 될 날이라 하겠느냐"(3-5절). 너희가 머리를 숙이고 재를 바르고 굵은 베옷을 입었지만 너희 마음은 사악한 그대로이다라고 지적하고 계신다. 그러면서 하나님은 나의 기뻐하는 금식은 흉악의 결박을 풀어 주며 멍에의 줄을 끌러 주며 압제당하는 자를 자유하게 하며 모든 멍에를 꺾는 것이라고 하신다(6-7절). 하나님께서 원하시는 금식은 하나님의 진리의 말씀을 전해서 사람을 살리는 전도자의 삶에서 나오는 것이어야 한다(사 58:3-11).

사도행전 9장 3절-9절은 「다소」 사람 [사울]의 금식기도가 나온다. 그는 「다메섹」 도상에서 부활하신 예수님을 만나고 엎드러지고 말았다. 그는 예수님이 부활하셨다고 증거 한 스데반을 비롯한 제자들을 색출하여 체포해 가려던 길이었다. 그는 즉시 주님께 돌아왔으며 그는 먹는 것이 문제가 아니었다. 그는 삼일동안을 식음을 전폐했다. 그럴 수밖에 없었다. 이때로부터 그는 그리스도께 잡힌바 된 것을 잡으려고 전도자의 길을 달려갔다 (빌 3:12).

사탄이 [하와]를 꾀었을 때 음식으로 시험했다(창 3:1-6). [노아]는 포도주를 만들어 먹고 벗은 몸으로 장막에 누워서 자녀들이 소름끼치는 일을 감당해야 했다(창 9:20-21). [에서]는 장자로서의 상속권을 가지고 있었다. 장자가 된 것은 커다란 축복이었다. 그런데 죽 한 그릇에 그의 장자 권을 줘 버리고 말았다(히 12:16-17, 창 25:32-34).

광야에서 이스라엘 백성들은 먹을 것을 가지고 한탄한다. "누가 우리에게 고기를 주어 먹게 할꼬 우리가 애굽에 있을 때에는 값없이 생선과 외와 수박과 부추와 파와 마늘을 먹은 것이 생각나거늘"이라고 울부짖었다. 그들이 광야를 지나면서 생각하는 것이 전에 먹었던 음식뿐이었다. 애굽에서 놀라운 이적들로 구원을 받았고, 하나님의 율법을 받았으며, 이제 약속된 땅을 향해 전진하는 중에 생각하는 것이라곤 고기나 수박 생각뿐이었다. 그들은 하나님께서 기적으로 주신 만나를 지겨워했다(민 21:5). 하나님은 그들에게 메추라기를 몰아주시고 그들은 치킨으로 배가 터지도록 먹어댔다. 하나님께 그들의 요구를 들어 주셨지만, 그 음식이 아직 그들의 입에 있을 때에 진노하사 청년들을 엎드러뜨리셨다(시 78:29-31).

이 탐욕은 대제사장의 집을 부패시켰다. 하나님께서는 대제사장 [엘리] 에게 다음과 같은 질문을 하셨다. 너희는 어찌하여 내가 나의 처소에서 명한 나의 제물과 예물을 밟으며 네 아들들을 나보다 더 중히 여겨 내 백성 이스라엘의 드리는 가장 좋은 것으로 스스로 살찌게 하느냐고 진노하셨다. 백성들이 제물을 가져오면 그 중에 얼마는 제단에서 불태워졌고 얼마는 제사장들의 필요를 공급하는 데 쓰여 졌다. 제사장들은 어떤 부분이 하나님께 드려지는 것이며 어떤 부분이 자신들의 몫인지를 확실히 해야 했다. 엘리의 아들들이 성전의 깡패들이 되어 하나님께 드릴 제사 중에 좋은 부분을 다 챙겨먹고 남은 것을 제물로 올렸다. 배를 만족시키고자 하는 욕구가 하나님의 성소에서 제사장들이 하나님께 드리는 예배를 멸시하는 지경에 이르렀다(삼상 2:29-34).

사도 바울은 고린도교회 성도들에게 경고성 메시지를 전하였다. 가난한 자들 앞에서 음식을 다 먹어치우고 성찬을 흥청거리는 잔치로 전락시키지 말라고 하였다(고전 11:17-34).

6. 모세의 금식과 예수님의 금식

산상수훈에서 예수님은 제자들에게 구제와 기도와 금식에 대해 가르치고 계신다. 제자들은 그야말로 예수님 승천이후 모든 민족에게 하나님나라의 복음을 전하도록 택하심을 받은 자들이다. 예수님은 메시아 사역을 시작하시기 전에 40일을 금식하셨다. 금식하시는 중에 사탄의 시험을 물리치셨고(아담은 시험에 실패했다) 그리고 주님의 복음을 증거 할 제자들을 부르신 것이다. 그러므로 예수님의 금식은 세상 구원을 위한 금식이요, 예수님이 후로 세상에 예수님의 복음을 증거 할 제자를 세우기 위한 금식이었다.

모세도 「시내산」에서 40일간 금식하였다. 혹자는 모세의 금식과 예수님의 금식이 같다고 취급한다. 40일이라는 날 수는 같으나 모세의 금식과 예수님의 금식은 큰 차이가 있다. 모세는 인간으로서 창세기 3장 사건에 매여 있는 인간이요, 예수님은 그 사건과 상관이 없는 죄가 없으신 분이다. 모세는 그분의 지음을 받은 피조물이지만, 예수님은 그를 지으신 하나님이시다. 모세는 십계명 돌 판을 받아서 백성에게 전달한 자이지만, 예수님은 십계명을 제정하시고 돌 판에 기록하여 모세에게 주신 분이시다.

모세는 그 분의 사환이며, 예수님은 모세의 주인이시다. 모세의 얼굴에 광체가 나서 백성들 앞에 나갈 때 수건으로 그 얼굴을 가리고 나갔다. 거룩하신 하나님의 영광의 빛에 접할 때 그렇게 될 것이다. 그러나 예수님의 금식이후에 그 얼굴에 빛이 났다는 기록이 없다. 그것은 예수님 자신이 빛 자체이시기 때문이다(요 1:1-3). 마태는 그의 복음서 「변화산」 이야기에서 모세와 엘리야가 하늘에서 예수님 앞으로 내려오심을 설명하는데 예수님 얼굴이 해같이 빛나며 그 옷이 빛과 같이 희어 졌다고 했다(마 17:2). 그것은 하늘의 보좌에서 나타나는 거룩함의 당연한 영향이다. 그 몸 그대로 예수님은 거룩하시고 성결의 본체이시다.

어떤 사람들은 예수님을 따라서 40일 금식을 한다고 한다. 어떻게 예수님의 금식을 따라서 할 수 있겠는가 인간은 그럴 자격도 없다. 필자는 40일 금식에 들어갔던 부끄러움을 밝히지 않을 수 없다. 기도원에서의 그 금식은 날짜를 세는 일이 하루 일과가 되었고, 성도들의 음식을 한 조각 얻어 와서 냄새를 맡는 것으로 많은 시간을 보냈으며, 음식을 만들어 먹는 요리 방법이 수첩에 빽빽하게 기록되어 흡사 기도원에서 요리책을 한 권씩 만들어 내려가는 것 같은 우스운 모양이었다. 금식이 끝나고 그것이 하나도 써먹은 적이 없지만 말이다.

이게 어찌 예수님의 금식을 따라한 것이 될 수 있겠는가 그러면서도 장기금식을 한 것으로 성도들의 눈에 신령하게 비추었으니, 이것이 예수님이 지탄하신 바리새인들의 금식 모양이 아닌가 정말로 하지 않아야 할 짓을 한 것이다. 그래도 자비로우신 하나님은 헛짓거리 금식이지만, 미련해서 그렇지 교회를 잘해보려고 하는 의도가 조금은 있는 것을 보셨던지 많은 깨달음을 주셨다. 그렇다 해도 억지된 금식은 안하는 것보다 못하다. 금식을 안 하면서 힘을 가지고 하나님께 집중했다면, 오히려 기도에 집중을 더 잘했을 것이다. 얼마나 미련한 짓인가 그렇게 장기 금식하다가 죽어가는 사람도 보았고, 눈이 돌아가 버린 사람도 보았고, 평생 위장병을 앓고 있는 사람도 보았다.

과연 그 짓은 자기기만이며 보통 미련한 짓이 아닐 수 없다. 이제 필자는 음식을 먹으면서 힘을 내고 기도한다. 힘을 얻어 전도와 선교의 현장을 다니며 기도한다. 그렇다고 금식 자체를 무용하다고 감히 말할 수 없다.

금식은 성경이 말씀하기 때문이다. 금식 그 자체는 귀하나 금식을 제대로 하지 못한 내 자신이 큰일 날 짓을 한 것이다. 그렇다고 지금 금식한 사람들이 모두 헛된 금식을 하고 있다고는 절대 생각하지 않는다. 그들은 필자보다 훨씬 훌륭히 그것을 감당 할 것이다. 모두다 필자보다 나은 믿음의 사람들임이 분명할 것이기 때문이다.

7. 하나님의 말씀을 받을 때

모세와 다니엘의 금식은 하나님의 말씀을 받을 때였다. "사람이 떡으로만 살 것이 아니요 하나님의 입으로 나오는 모든 말씀으로 살 것이니라"(신 8:3, 마 4:4)의 말씀은 여러 가지해석이 가능하지만 분명한 것은 말씀 속에서 삶의 모든 것을 재공 받는다는 것이 분명하게 들어있다. 하나님은 그 백성들을 말씀으로 인도하셨기 때문이다. 하나님의 말씀 속에 먹을 것, 입을 것, 마실 것이 다 있다는 의미를 부인할 수 없다.

> 네 하나님 여호와께서 이 사십 년 동안에 네게 광야 길을 걷게 하신 것을 기억하라 이는 너를 낮추시며 너를 시험하사 네 마음이 어떠한지 그 명령을 지키는지 지키지 않는지 알려 하심이라 너를 낮추시며 너를 주리게 하시며 또 너도 알지 못하며 네 조상들도 알지 못하던 만나를 네게 먹이신 것은 사람이 떡으로만 사는 것이 아니요 여호와의 입에서 나오는 모든 말씀으로 사는 줄을 네가 알게 하려 하심이니라 이 사십 년 동안에 네 의복이 해어지지 아니하였고 네 발이 부르트지 아니하였느니라(신 8:2-4).

이 말씀에 근거한다면 하나님의 말씀에서 모든 것을 채움 받는 믿음이 그 백성들의 방법이 되어야 하는것이다. [다니엘]의 금식기도는 [에스라] 금식기도와(스 9장) [느헤미야]의 금식기도(느 9장)와 함께 성경에 있는 위대한 기도로 손꼽힌다. 다니엘의 금식의 동기는 성경말씀이었다. 예레미야의 예언을 읽는 중에 이스라엘의 포로 기간이 70년으로 끝난다는 것과 지금이 바로 그때인 것에 가슴이 벅차오르는 감정을 제어할 수 없었다. 그는 70년 포로의 고통의 원인이 자신들이 하나님의 말씀을 내버린 행위에 있음을 자복하고 하나님의 긍휼을 간구한 것이다. [다니엘]은 성경을 읽다가 마음이 뜨거워서 식음을 전폐하고 하나님의 말씀을 더 알고 확인하고자 깊은 기도에 들어갔다.

하나님의 사람들이 하나님께 말씀을 받을 때에나 전파할 때 금식함으로 거기에 집중하는 것은 정말로 당연한 태도이다. 선지자 [예레미야]는 이스라엘의 범죄로 바벨론에 포로가 될 것을 예언했고 그것 때문에 그는 백성들로부터 매국노요 배신자라는 욕설을 받았고 왕과 신하들의 미움을 받아 옥에도 여러 번 갇힌바 있었다. 예레미야는 동시에 그들의 포로생활 70년 후에는 돌아 올 것을 동시에 예언했다. 그 예언이 성취되어 이스라엘이 포로생활 하는 중에는 예레미야의 예언이 유일한 소망이 되었다. [다니엘]은 그 소망의 날이 온 것을 성경을 통해 확인하고, 년 수를 계산해보며 감격을 주체할 수 없었고, 그 사실을 하나님께 확인해야 했다. 이때 그가 무엇을 먹을 수 있단 말인가 그의 금식은 간절한 자복이나 간구의 자세이고, 베옷을 입고 재에 앉은 것은 자기를 부정하는 슬픔과 고통의 표시이다(단 9:1-5).

[다니엘]은 하나님의 말씀에 굶주렸던 것이다. 금식하며 베옷을 입고 재를 무릅쓰고 주 하나님께 기도하며 간구하였다. 그는 자기백성 이스라엘이 하나님이 보내신 선지자들로 주신 말씀을 듣지 아니하였음을 자복하고 자신이 간구하는 것은 자신과 백성들의 의가 아니라 하나님의 크신 긍휼에

의 의지한다고 간구한다. 이때 하나님의 천사 '가브리엘'이 다니엘의 저녁 예배 때 말씀을 가지고 왔다. 천사 가브리엘은 이스라엘의 포로기간을 알려 준다.

이스라엘의 가장 악함은 하나님의 말씀을 청종치 않고 말씀을 우습게 취급하는 것이다. 이스라엘은 왕이나 방백들이나 백성들이 똑같이 말씀을 듣기는커녕, 말씀을 전하는 선지자들을 오히려 박해했다.[127)]

다니엘의 간구는 '주여 들으소서! 주여 용서하소서, 지체치 마옵소서, 주님 자신을 위하여 하옵소서'라는 것이었다. 과연 다니엘의 금식기도는 지체 없이 응답이 되었다. [다리오]왕 원년(586년 B.C), 즉 고레스에 의해 귀환의 명령이 떨어지고 그들은 본국으로 돌아와 예루살렘 성을 재건하고(느 7:1) [스룹바벨]에 의해 성전도 재건되었다(스 3:8-13, 6:15).

하나님은 다니엘이 하나님의 말씀의 뜻을 알기위해 금식으로 기도하기 시작한 그 순간에 천사에게 명령을 내리셨다(21절). 천사는 다니엘에게 하나님의 은총을 크게 받은 자라고 하면서 이 이상을 깨달으라고 한다. 다니엘이 금식하고 기도한 때에 하나님께서 들으셨고, 보셨으며, 말씀을 주셨다. 다니엘은 70년의 놀라운 계시를 받았다. 그는 앞선 선지자의 글을 읽고 더 자세히 이해하고 깨닫기 위해 하나님께 계시를 구하는 금식을 했다 (단 9:20-24).

하나님의 말씀을 받기 위해 금식하는 것은 하나님의 계시를 간절히 기다리는 심령으로 몰두하는 것이다. 하나님께서 나타내신 것이 무슨 의미인가를 알고자 간절히 열망할 때이다. 그 열망은 너무나 간절해 그 말씀을 이

---

127) 가브리엘 : '하나님의 사람' 이란 뜻으로 천사의 이름이 여기서 처음나타 난다. 그리고 10:13에는 '마가엘' 이란 천사의 이름도 나타난다. 성경에는 7천사장이 있고 그들의 이름은 우리엘, 라파엘, 라구엘, 미가엘, 사리엘, 가브리엘, 레미엘 등이다.(계8:2, 에노스1서<1 Enoch> 20:2-8, 토빗서<Tobit> 12:15) 이외에 루시퍼스(Lucifer)가 있는데 그는 교만하여 하나님의 보좌를 엿보다가 사탄이 되어버렸다고 한다.(사 14:12, 벧후 2:4, 유 6) 가브리엘은 계시의 '전달자' 또는 '해설자' 로 알려져 있다./이상근 박사 주석(14), 성등사, pp455-456

해할 수 있을 때까지 음식을 생각할 수 없게 만든다. 우리 특히 목회자나 전도제자들은 하나님의 말씀이 풍성히 채워지도록 자신을 불태울 때가 있어야 한다. 말씀을 묵상하며 하나님의 계획과 뜻을 이루기 위하여, 하나님께서 원하시는 그일, 그 장소, 그 사람 속에 있기 위하여 말씀에 전념한 나머지 음식 먹을 생각이 나지 아니한 것이 바로 금식이다.

예수님은 아버지의 보내신 뜻을 행하며 온전히 그 뜻 즉, 구원의 뜻을 이루는 것이 자신의 양식이라고 하셨다. "이르시되 내게는 너희가 알지 못하는 먹을 양식이 있느니라. 제자들이 서로 말하되 누가 잡수실 것을 갖다 드렸는가 하니 예수께서 이르시되 나의 양식은 나를 보내신 이의 뜻을 행하며 그의 일을 온전히 이루는 이것이니라"(요 4:32-34).

때로는 내 안에서 성경의 문이 열려 그 비밀이 줄줄이 깨달아 질 때, 생각났던 것들이 사라질 위험이 있기에 식사를 잊는 것은 축복이다. 영의 양식에 대하여 심히 굶주려 있을 때, 육신에 음식을 공급을 중단할 수 있다는 것은 제자의 매우 좋은 영적상태가 된다. 때로 그 진리를 발견하기 위해서는 식사를 거르는 일도 있어야 할 것이다.

8. 안디옥 교회의 금식

기도는 언제나 금식과 연결되어 있지 않아도 금식은 항상 기도와 연결되어 있다. 사실 금식 그 자체가 기도의 행위가 되지만 말이다. 금식하지 않고서도 기도할 수 있지만 금식하면서 기도하지 않을 수는 없다. 통상적인 기도를 말할 때는 금식 없는 기도는 있어도 기도 없는 금식은 있을 수 없다. 성경을 찾아보아도 기도 없이 금식했다고 하는 곳은 한 군데도 발견할 수 없다. 금식은 금식 그 자체로 끝나지 않고 결과적으로 금식하는 자를 하나님의 존전으로 나아가게 하는 영적인 탄원(기도)으로 인도한다. 하나님께로부터 온 기도와 금식을 하는 자들은 그 기도와 금식에 있어 자신에게 거짓이 없다. 그는 하나님께서 그 일에 깨달음을 주실 때까지 포기하지 않는다.

전도자들은 세상에 의미를 두지 않고 하나님의 존전에 나아가 기도하는 반면, 어떤 사람들은 하나님을 인식하지도 못한 채 말만 내뱉는 기도를 한다. 하나님의 구원을 감사하며 그 구원을 시간마다 누리는 것이 가장 좋은 기도가 된다. 주님은 약속하셨다. 세상 끝 날까지 너희와 항상 함께 있을 것이라고.. 이것을 실제로 누리는 것이 최고의 기도 아닌가? 이 엄연한 사실이 안 믿어진다면 당장 금식의 제단에 올라가야 한다.

금식 중에 가장 표준으로 삼을 금식은 사도행전 13장의 안디옥교회의 금식이다. 역사상 처음으로 주님의 명령을 이행하는데 조직적 규모를 갖고 선별과 안수, 파송식을 하므로 시스템의 형식을 보인다. 이것이야 말로 한 목적을 계속 수행하기 위한 시작인 것이다. 이것을 선교캠프의 시작이라 할 수 있는데 이 캠프에서 가장 중요한 사안은 성령의 인도를 받는 일이다. 사도행전을 달리 표현한다면 '성령행전', '복음운동의 행전' 또는 초대교회의 '전도와 선교의 행전' '전도제자들의 행전'이라고 할 수도 있다.

바울과 바나바가 예루살렘 교회(마가다락방교회)형제들을 돕기 위해서 헌금을 가지고 안디옥 교회의 보냄을 받았다(행 11:30). 그들의 사역을 마치고 돌아 올 때 마가다락방집의 아들인 [마가 요한]을 데리고 돌아왔는데, 이는 안디옥교회의 첫 번째 선교사파송 때 선교지로 갈 사람이었다(행 12:25).
사도행전 13장 1절에 구성원이 나온다. "안디옥 교회에 선지자들과 교사들이 있으니 곧 [바나바]와 '니게르'라 하는 [시므온]과 '구레네'사람 [루기오]와 분봉 왕 '헤롯의 젖동생' [마나엔]과 및 [사울]이라" 안디옥에 다민족이 거주했다는 사실은 이 구성원들을 보아서 알 수 있다. 이것은 주님께서 선교를 위한 장소를 치밀히 준비하셨다는 것을 알 수 있게 한다. 이 구성원들은 안디옥교회의 선지자들과 교사들이었다. 누가는 자세한 인적사항을 첨가하지 않고 이름만 소개했다.

그중에 [바나바]는 앞서 소개한 바 있다. "구브로에서 난 레위족 사람이 있으니 이름은 요셉이라 사도들이 일컬어 바나바라(번역하면 위로의 아들이라) 하니 그가 밭이 있으매 팔아 그 값을 가지고 사도들의 발 앞에 두니라"(행 4:36-37).

'니게르'라 하는 [시므온]은 니게르가 '검은'이란 뜻이므로 아프리카 흑인이고(이 흑인이 교회의 선지자와 교사로 세워졌다는 사실은 그야말로 선교 가능한 교회 시스템이 아닐 수 없다), '구레네' 사람 [루기오]는 아프리가 동북쪽의 큰 도시로 지금은 「트리폴리」라고 불리어지고 있는 곳이다. 주석가들이 대부분 [시므온]을 로마 병사에 의해서 예수님의 십자가를 대신 지게 된 사람이라고 하였으나 '구레네' 사람 [루기오]인지 [시몬]이라는 '구레네' 사람인지는 정확하지가 않다. 여하튼 이 둘 중의 하나일 것이다. "그들이 예수를 끌고 갈 때에 시몬이라는 구레네 사람[128] 시골에서 오는 것을 붙들어 그에게 십자가를 지워 예수를 따르게 하더라"(눅 23:26).

헤롯의 '젖동생' [마나엔]은 헤롯 안티파스와 같이 젖을 먹고 자랐다는 말이다. [마나엔]의 어머니가 헤롯의 유모였다는 말이다.[129]

---

128) 구레네 사람 : 일찍이 유대인이 많이 이주해서 살고 있던 도시이다. 예루살렘에는 '구레네인'의 회당이 있을 정도로 그 두 사람도 그 회당에 속해있는 제자들일 것이다. [시므온]은 알렉산더 [루포]의 부친이며(막 5:21) 그 아들 [루포]는 롬 16:13절의 제자와 동일시되며 로마에서 저명한 인사가 되었다. 그 아내도 전도자 바울의 여자 제자였다./ 요새푸스, 유대 고대사(iii), 도서출판 일호, 14권 p348

129) 헤롯의 젖동생 마나헴(Manahem)의 예언 : 요세푸스는 주전 50년 사해부근에 은둔생활을 했던 '엣세네파(Essenes)' [마나헴]이 어린 [헤롯]을 만나 미래에 왕이 될 것을 예언했다고 한다. [마나헴]은 행동양식이 훌륭하고 예언적 지식을 가진 사람이었다. 그가 어린 [헤롯]을 보고 '유대인의 왕이여!'라고 인사를 했다. [헤롯]은 나는 한낮 평범한 소년에 불과할 뿐이라고 했다. [마나헴]은 [헤롯]에게 '그렇지만 너는 왕이 될 것이고 너는 왕이 되어 하나님 앞에 경건하며 정의롭게 다스려야 한다.'고 했다. 그러면서 다시 말하기를 '네가 이러한 사람이 되지 않을 것도 알고 있다. 결국 왕이 될 것이지만, 그러나 너는 정의와 경건을 잊게 될 것이다.' 이때 어린 [헤롯]은 [마나헴]의 말에 주의를 기울이지 않았다. 그러나 후에 왕이 되었을 때 [마나헴]에게 사람을 보내어 자신의 재위기간을 물었다. [마나헴]이 그 기간을 한정 짓지 않았으므로 [헤롯]은 만족하여 [마나헴]을 절친한 친구로 생각하고 그를 존중하였고, 그때부터 [헤롯]은 '에세네파'라면 누구에게나 존경심을 갖게 되었다. 그렇다면 그의 헤롯대왕의 아들 분봉왕 헤롯이 [미나헴]의 손자 [마나엔]과 한 유모 밑에서 자랄 수 있는 것은 자연스런 일이 된다. /요세푸스, 유대 고대사(iii), 도서출판 일호, 10권 pp573-574

안디옥 교회와 지도적 구성원들이 선교캠프를 4차례(4번째는 로마에 피고인으로 가게 됨)를 연달아 하게 되는데 이 막강한 사역을 시작하는 처음에 가장 중요한 일은 오직 성령의 인도를 받는 것이며, 모든 일을 성령께 맡기는 것은 선교의 성패가 이로써 결정이 되기 때문이다. 그래서 안디옥교회 모든 형제들과(전 성도가 함께 동참했을 것이다) 지도자들이 함께 금식으로 기도함으로 성령의 지시를 받는다. "주를 섬겨 금식할 때에 성령이 이르시되 내가 불러 시키는 일을 위하여 바나바와 사울을 따로 세우라 하시니 이에 금식하며 기도하고 두 사람에게 안수하여 보내니라"(행 13:2-3).

예수님께서도 자신의 사역을 시작하기 전에 금식하셨다(마 4:1-2, 눅 4:1-2). 예수님은 세상을 구원할 그 일이 얼마나 중요하며, 그 일을 맡기는 제자를 세우는 일의 막중함을 아시기에 그냥 시작할 수 없어서 사탄의 세력을 꺾어 놓고 시작하셨다.

안디옥교회의 선교사역에 있어서도 어떤 특정한 일을 위하여 특정한 사람을 선택할 때 금식은 필수적이고 가장 중요한 우선순위에 둬야 할 부분이었다. 이 일을 쉽게 결정하거나 사적으로나 정치적으로나 인정에 끌려서나, 후원자가 있기 때문에 선교현장에 뛰어드는 것이 아니다. 올바른 지도자를 선택하는 것이나 옳은 선교사들을 보내는 것은 그 때나 지금이 한치도 변함없이 중요하다.

사도행전이 전도와 선교의 텍스트로 주어졌다면 오늘날 우리들에게도 똑같이 중요하다. 그러므로 선교사를 선택하는 일이나 그들을 보내는 일에 성령의 인도를 받기위해 몸부림치는 것은 주님이 보시기에 합당한 교회의 모습이다.

"오직 하나님이 성령으로 이것을 우리에게 보이셨으니 성령은 모든 것 곧 하나님의 깊은 것까지도 통달하시느니라"(고전 2:10)고 했으며 또 "우리가 이것을 말하거니와 사람의 지혜의 가르친 말로 아니하고 오직 성령의 가르치신 것으로 하니 신령한 것은 신령한 것으로 분별하느니라. 육에 속한 사람은 하나님의 성령의 일들을 받지 아니하나니 이는 그것들이 그에게는 어리석게 보임이요, 또 그는 그것들을 알 수도 없나니 그러한 일은 영적으로 분별되기 때문이라"(고전 2:13-14)고 하신다.

땅끝까지 가서 영혼을 살리는 일이 하나님의 절대적 목표라면 선교는 가장 신령한 일중의 신령한 일이다. 그렇다면 방법 중 가장 신령한 방법도 성령께 절대 의존하는 것이다. 성령께서는 우리 인생에게 하나님의 생명의 진리를 깨닫게 하시며 그 생명이 그리스도 안에 있음을 고백하게 하신다. 성령이 간섭하지 않는 다면 어느 누구도 예수님을 그리스도 주(主)라고 고백할 수 없다(고전 12:3).

> 내가 아버지께로부터 너희에게 보낼 보혜사 곧 아버지께로부터 나오시는 진리의 성령이 오실 때에 그가 나를 증언하실 것이요 너희도 처음부터 나와 함께 있었으므로 증언하느니라(요 15:26-27).
>
> 그러나 진리의 성령이 오시면 그가 너희를 모든 진리 가운데로 인도하시리니 그가 스스로 말하지 않고 오직 들은 것을 말하며 장래 일을 너희에게 알리시리라 그가 내 영광을 나타내리니 내 것을 가지고 너희에게 알리시겠음이라(요 16:13-14).
>
> 너희를 넘겨 줄 때에 어떻게 또는 무엇을 말할까 염려하지 말라 그 때에 너희에게 할 말을 주시리니 말하는 이는 너희가 아니라 너희 속에서 말씀하시는 이 곧 너희 아버지의 성령이시니라(마 10:19-20).

성령께서는 그리스도의 영이시며, 예수님이 아버지로부터 보내신 3위의 하나님이시다(요 14:26). 예수님의 영이시며 또한 아버지의 영이신 성령께서는 세상에 예수님이 그리스도이심을 증거 하신다. 또한 전도자들을 통해 그리스도를 증거 하게 하신다. 성령은 사람들을 진리가운데 인도하시며 주님이 일러주신 말씀을 증거 하신다. 성령께서는 자신의 주장을 그리스도의 의도에 국한시키시며 성경의 원 저자로서 성경을 통해 그리스도를 알게 하신다. 그리고 성령은 성육신과 십자가 부활과 다시 오실 그리스도의 영광을 나타내신다. 성령께서는 예수님의 것으로(구원의 비밀) 말씀하신다. 성령은 전도자들이 현장에서 박해를 받을 때에도 할 말을 주신다. 이것은 박해 때만이 아니고 우리를 증인으로 세우시기 때문에 전도의 모든 현장에서 필요한 말씀을 주신다. 그렇다면 성령의 충만함과 성령의 인도와 성령의 역사를 간구하는 것은 절대적이다. 그래서 깊은 기도의 행위인 금식의 중요성은 아무리 강조해도 모자랄 것이다.

성령은 선교의 수행자요, 관리자이시다. 성령이 주도하시지 않는 선교는 다 뒤틀린 것이 된다. 그래서 전도제자는 성령의 통제아래 들어가며, 성령의 지배를 받으며, 성령의 음성에 민감해야 한다. 그래서 깊은 기도의 비밀을 가지고 있어야한다. 모든 복음 전파의 현장에서 성령은 사람을 준비하시며, 장소를 준비하시고, 사건도 준비하시며, 말씀도 준비하시고, 표적도 준비하신다. 이것이 사도행전 전체의 이야기이다. 그러므로 선교의 여정에 성령의 인도를 받는 것이 곧 열매가 된다. 성령하나님께서는 시간표도 주권적으로 주장하시며 전도자들을 위해 하늘의 천사들을 움직이신다.

오순절 성령강림 이전의 제자들은 두려움에 쌓여 있어서 '땅 끝까지'는 절대 불가능이었다. 그러나 오순절 성령강림 이후 성령이 그들을 휘어잡으시고 근본적인 변화가 나타났다. 모든 두려움이 사라졌다. 박해자들 앞에서 담대하게 그리스도의 부활과 그 당위성을 거침없이 증거 하였다. 예수님이 말씀하신대로 성령께서 할 말씀을 주셨다. "다른 이름은 없나니 천하 인간에 구원받을만한 다른 이름을 주신일이 없음이니라"(행 4:12). "우리는 그 이름을 말하지 않을 수 없다" "하나님 앞에서 너희 말 듣는 것보다 하나님의 말씀을 듣는 것, 어떤 것이 옳은가 판단해보라" "우리는 이 일에 증인이다"(행 3:15, 4:19). 이 모든 변화는 절대적으로 성령이 전도자들안에서 이루신 역사이다. 요한복음 14장 16절로 17절에 예수님의 하신 말씀이 사실적으로 이루어진 모습이다. "내가 아버지께 구하겠으니 그가 또 다른 보혜

사를 너희에게 주사 영원토록 너희와 함께 있게 하리니 그는 진리의 영이
라 세상은 능히 그를 받지 못하나니 이는 그를 보지도 못하고 알지도 못함
이라 그러나 너희는 그를 아나니 그는 너희와 함께 거하심이요 또 너희 속
에 계시겠음이라" 그런데 이 약속은 얼마든지 그리스도께 돌아오는 모든
사람에게 주신 약속이다(행 2:38-39).

4부

전도와 제자

주 예수께서 말씀을 마치신 후에 하늘로 올리우사
하나님 우편에 앉으시니라
제자들이 나가 두루 전파할 쌔 주께서 함께 역사하사
그 따르는 표적으로 말씀을
확실히 증거하시니라(막16:19-20).

제20장
전도제자와 산상수훈 결론 부
(마 7:24-29)

> 그러므로 누구든지 나의 이 말을 듣고 행하는 자는 그 집을 반석 위에 지은 지혜로운 사람 같으니 비가 내리고 창수가 나고 바람이 불어 그 집에 부딪치되 무너지지 아니하나니 이는 주추를 반석 위에 놓은 까닭이요 나의 이 말을 듣고 행하지 아니하는 자는 그 집을 모래 위에 지은 어리석은 사람 같으니 비가 내리고 창수가 나고 바람이 불어 그 집에 부딪치매 무너져 그 무너짐이 심하니라. 예수께서 이 말씀을 마치시매 무리들이 그의 가르치심에 놀라니 이는 그 가르치시는 것이 권위 있는 자와 같고 그들의 서기관들과 같지 아니함일러라(마 7:24-29).

마태복음 7장은 28절-29절의 청중들의 결론을 내린 것을 근거로 진술하겠다. 물론 5장도 6장도 모두가 다 이 결론에 해당되고, 복음서 전체와 성경 전체가 다 예수님의 가르침에 근거하여 해석해야 하겠지만 말이다. 모든것은 8복 중에 심령이 가난한 자가 천국을 소유한다는 구원의 복을 이야기 한 것과 같이, 집을 반석위에 지을 것인가 모래위에 지을 것인가 에 대한 이야기가 되기도 한다.

1. 예수님의 가르침이냐 서기관들의 가르침이냐

청중들의 평가에 의하면 예수님과 서기관의 가르침에 비교한 평가이다. 지금까지 수백 년 그들은 서기관의 가르침이나 율법사, 혹 서기관 된 바리새인들의 가르침을 받아왔다. 그들의 가르침은 하나님의 의와는 상관 없이 가르쳐왔다. 그들은 하나님의 뜻과 사랑과 자비를 가르친 것이 아니 라 성결 법 -식사 전에 손 씻는 것 등- 성전제의, 안식일 성수, 성전에 바치는 십 일조 등을 철저히 가르쳤다. 그들의 가르침은 하나님을 최고로 섬기라고 가르치면서도 오히려 하나님을 가장 크게 거역하는 길들을 제시하는 샘 이었다. 그들의 대범한 위선은 하나님을 심히 농락했고 놀랍게도 예수님 은 그들에게 종말론적 지옥의 판결을 가차 없이 부으셨다. "뱀들아 독사의 새끼들아 너희가 어떻게 지옥의 판결을 피하겠느냐"(마23:33).

그들은 하늘을 향해서 주여! 주여! 하지만, 그들의 하소연은 거부되었 고 아버지 집에서 외면 당했다. "그 날에 많은 사람이 나더러 이르되 주여, 주여 우리가 주의 이름으로 선지자 노릇 하며 주의 이름으로 귀신을 쫓아 내며 주의 이름으로 많은 권능을 행하지 아니 하였나이까 하리니 그 때에 내가 그들에게 밝히 말하되 내가 너희를 도무지 알지 못하니 불법을 행하 는 자들아 내게서 떠나가라 하리라"(7:22-23).

그들은 양과 염소의 극명한 구별 중에 염소의 심판을 받는 자로 취급되 었다 "인자가 자기 영광으로 모든 천사와 함께 올 때에 자기 영광의 보좌 에 앉으리니 모든 민족을 그 앞에 모으고 각각 구분하기를 목자가 양과 염 소를 구분하는 것 같이 하여 양은 그 오른편에 염소는 왼편에 두리라."(마 25:31-33) "또 왼편에 있는 자들에게 이르시되 저주를 받은 자들아 나를 떠 나 마귀와 그 사자들을 위하여 예비 된 영원한 불에 들어가라"(마 25:41).

주님은 7장의 산상수훈을 정리하는 과정에서 '비판하지 말라'와 '구하 라 찾으라 문을 두드리라'와 '좁은 문으로 들어가라', '거짓 선지자를 삼가 라'하는 말씀을 주시는데 이 말씀은 24-27의 집을 짓는 주초에 근거가 되 어 나타난다.

"예수께서 무리를 보시고 산에 올라가 앉으시니 제자들이 나아온지라 입을 열어 가르쳐 이르시되"(마 5:1-2) 무리들은 처음 산위에 올라 말씀을 가르치심을 받은 무리들이었다. 그리고 산상수훈이 끝나고 예수님과 서기관들의 가르침을 비교해서 평가를 했다. 무리들의 평가에 유추해 보면, 24절과 26절의 내용에서 가장 중심 되는 말씀은 "나의 이 말을 듣고"의 '나의' 이다. 이 '나의'가 무리들의 결론과 일치가 되기 때문이다.

서기관들의 가르침에 대한 것들은 앞부분에서 많이 진술을 했다. 그들은 위선의 전문가들이었다. 초대교회 당시 어떤 유대 랍비는 '세계 위선자들의 90%가 예루살렘에 살았다'고 주장하기도 했다. 서기관 바리새인들은 '가장하는 자들'로 붙여진 상징적 이름이 '연기자'였다. 그래서 이들의 모든 행위는 사람에게 보이려는 동기에서 나온 것이었다.

"사람에게 보이려고 그들 앞에서 너희 의를 행하지 않도록 주의하라 그리하지 아니하면 하늘에 계신 너희 아버지께 상을 받지 못하느니라 그러므로 구제할 때에 외식하는 자가 사람에게서 영광을 받으려고 회당과 거리에서 하는 것 같이 너희 앞에 나팔을 불지 말라 진실로 너희에게 이르노니 그들은 자기상을 이미 받았느니라"(마 6:1-2). 그들은 사람에게 보이는 것이 중요한 목적이었고, 그래서 그들의 자리와 존경받음과 거기서 나오는 수입들을 챙겼다. 그래서 구제를 할 때도 사람들이 보지 않는 곳에서는 레버리지가 없어서 시행을 하지 않았고 사람들이 많이 모인 곳에서 나팔을 불고 구제 등의 행위를 했다.

그래서 예수님은 제자들의 '의'가 저희 서기관과 바리새인들의 의보다 더 나아야 한다고 하셨다(마5:20). 이들의 잘못은 구제와 기도와 금식을 이행 했다는데 있는 것이 아니었다. 예수님은 제자들도 그것들을 해야 한다고 하셨다. 저들 서기관과 바리새인들의 관심은, 자신들의 행위 뒤에 숨어 있는 것 즉, 자기 영광과 과시욕 때문이었다. 그들은 사람들의 판단과는 비교할 수 없는 하나님의 판단을 애써 무시하는 큰 죄를 저질렀다.

그들의 또 다른 특징은 그들이 하나님의 계명에 맹세를 했다 해도, 인간적 전통을 하나님의 계명보다 더 우위에 두었다. 하나님의 완전한 계명들이 저들로 인해 공허하게 되었으며 '네 부모를 공경하라'는 계명보다 '음식 먹기 전에 손을 씻으라'는 장로의 유전을 더 크게 여긴 것이다.

"그러면 당신의 생각에는 어떠한지 우리에게 이르소서. 가이사에게 세금을 바치는 것이 옳으니이까 옳지 아니하니이까 하니 예수께서 그들의 악함을 아시고 이르시되 외식하는 자들아 어찌하여 나를 시험하느냐"(마 22:17-18) 이 대화에서 저들의 사악함은 극명하게 들어났는데, 예수님을 존경하는 체 하면서 진정한 관심은 예수님의 말씀 속에서 꼬투리를 잡는 것이었다.

그들의 사악함의 결과는 마태복음23장에 긍휼이 배제된 혹독한 심판으로 나타난다. 거기에 나오는 '화'는 8복과 반대되는 것들로 일곱 차례 나온다. 그들에게서 들어나는 현저한 특징은 그들의 가르침과 행동이 일치하지 않는 것이다. 그들은 모세의 자리에 앉아 있었다. 그들은 사람들의 어깨에 무거운 짐을 지우게 하고 자기들은 손가락 하나 까딱하지 않으려고 했다.

> 그러므로 누구든지 나의 이 말을 듣고 행하는 자는 그 집을 반석 위에 지은 지혜로운 사람 같으리니 비가 내리고 창수가 나고 바람이 불어 그 집에 부딪치되 무너지지 아니하나니 이는 주추를 반석 위에 놓은 까닭이요 나의 이 말을 듣고 행하지 아니하는 자는(마 7:24-26a).

28절과 29절에 의해서 모든 말씀이 해석 되어야 한다면, 24절과 26절의 중요한 핵심은 주님의 '말씀을 행한다' '행하지 아니 한다'의 말씀이 아니라 누구의 말을 듣느냐 가 핵심이다. 행하는 것보다 누구의 말을 듣느냐가 중요하고, 이것이 먼저 단정이 되어야 해석이 제대로 되게 된다. 이 말씀은 구원을 받기 위해서 누구의 가르침을 받느냐 하는 것이다. 이것은 서기관들의 가르침이냐? 예수님의 가르침이냐? 이것은 복음이냐? 율법이냐?의 문제요, 율법주의냐? 율법을 완전케 하신 예수님의 말씀을 듣느냐?이다.

이 사안은 구원에 이르기 위한 절대적 조건이 된다. "나의 이 말을 듣고" 여기서 '나'(예수님의)가 핵심이요, 주격이다. 이것은 전체 산상수훈의 결론이다. 이것은 변화 산의 사건에서 나오는 하늘의 음성의 의미가 된다. "베드로가 예수께 여쭈어 이르되 주여 우리가 여기 있는 것이 좋사오니 만일 주께서 원하시면 내가 여기서 초막 셋을 짓되 하나는 주님을 위하여, 하나는 모세를 위하여, 하나는 엘리야를 위하여 하리이다 말할 때에 홀연히 빛난 구름이 그들을 덮으며 구름 속에서 소리가 나서 이르시되 이는 내 사랑하는 아들이요 내 기뻐하는 자니 너희는 그의 말을 들으라 하시는지라"(마 17:4-5). 누구의 말을 들어야 하느냐 이며, 롬 10:15에서는 복음을 전하는 자들의 발걸음을 격려하면서 그리스도의 말을 듣는 것이 구원의 길이라고 한다. "그러므로 믿음은 들음에서 나며 들음은 그리스도의 말씀으로 말미암았느니라"(롬 10:17).

> 그러나 너희 눈은 봄으로, 너희 귀는 들음으로 복이 있도다. 내가 진실로 너희에게 이르노니 많은 선지자와 의인이 너희가 보는 것들을 보고자 하여도 보지 못하였고 너희가 듣는 것들을 듣고자 하여도 듣지 못하였느니라(마 13:16-17).

초라하게 보이는 성도의 눈은 철학의 대가(大家) 보다 더 복된 눈이다. 그들은 그리스도의 비밀을 보았기 때문이다. 그리스도의 비밀을 듣는 귀와 보는 눈은 하나님의 은혜의 선물이다. 그리스도의 복음은 많은 선지자와 의인들이 경험하기를 열망했다. 복음의 빛을 희미하게 보았던 구약의 성도들은 복음의 실체에 접근하려고 간절히 앙망하였다. 그들은 그리스도에 대한 모형과 그림자와 예언들만 가졌다.

그들은 하나님 자신이 그리스도로 이 땅에 오시는, 그 엄청난 사건을 보기를 간절히 소원하였다. 그들은 큰 구원이 되시는 이스라엘의 위로 자를 보기를 열망하였으나 보지를 못했다. 비록 그들은 하나님의 비밀을 가진 하늘의 사람들이었지만 그들이 보기를 열망하였던 것들을 보지 못했다. 이유는 하나님의 때가 아직 이르지 않았기 때문이었다.

짐승의 피로 이루는 대속의 계시에 감탄했던 구약시대 믿음의 사람들에 비해 복음시대에 살고 있는 우리가 엄청난 축복을 누린다는 것은 왠 횡재인가? 이 놀라운 예언이 다 성취된 사실들을 보는 눈을 가지고 있다는 것으로 인해 감사의 마음이 넘치는 것은 당연하다. 그리고 정말 그리스도(메시아)를 진실함으로 고대한 자들은 예수님을 진실함으로 살피게 되어있다. 그래서 우리 눈은 봄으로, 귀는 들음으로 복이 있는 것이다. "어찌하여 내 말을 깨닫지 못하느냐 이는 내 말을 들을 줄 알지 못함이로다"(요 8:43). "하나님께 속한 자는 하나님의 말씀을 듣나니 너희가 듣지 아니함은 하나님께 속하지 아니하였음이로다"(요 8:47).

그들은 주님의 말씀을 들을 수 있는 귀를 가지지 못하였다. 그들은 주님의 말씀을 주의 깊게 또 편견 없이 들어 보려고 하지 않았다. 그들은 주님 가까이에 와있었으나, 주님이 말씀하실 때는 고개를 돌렸다. 그러나 혹 주님의 말씀에 꼬투리를 발견할 때는 눈이 번쩍거렸다. 그들은 고의적으로 주님의 말씀을, 수준 낮은 말로 지레 결정 해버렸다. 그러나 둘러싼 무리들 앞에서는 자신들이 누구의 말이든 진지하게 듣고 판단한다는 이미지를 심어 놓기 위하여 진지한 척을 했다. 그러나 기실 그들은 주님의 한 말씀도 겸허히 들을 생각이 없었다. 마치 그들은 스데반 집사에게 했던 짓을 주님께 할 수 있는 때가 되었다면, 큰 소리를 지르며 귀를 막고 이(齒)를 갈며 일제히 예수님께 달려들었을 것이다(행 7:57). 그들은 바울의 복음 메시지를 듣다가 "소리 질러 이르되 이러한 자는 세상에서 없애 버리자 살려 둘 자가 아니라"(행 22:22) 한 것처럼 발작을 한 상태에 있었다.

저희 서기관들과 바리새인들은 백성들에게 하나님을 가르치며 존경받는 것을 자처하는 자들이었다. 하나님의 아들이 와서 하나님의 뜻을 말하고 계신데, 그를 야만인 취급을 하고 또는 귀신들린 자 취급을 하는 자들이었다. 그들은 자칭 그 나라에 아주 귀한 자들로 여겨졌으나 그 나라의 왕의 말씀을 이방이나 부랑자의 말처럼 비웃었다. 그래서 그들은 "화있을진저 너희 서기관과 바리새인들이여" 하는 단호한 심판의 선고에 내몰릴 수밖에 없었다.

마23장에서 7개의 화중 6개는 '화(禍)가 서기관과 바리새인들, 저희 위선자들에게 있을 것이다'고 공식적으로 사용 되었고 7번째는 '눈먼 인도자들에게 화가 있을 것이라'고 사용 되었다. 그 중에 네 번의 화를 보면,

첫 번째 화는 서기관과 바리새인들은, 사람들로 하나님 나라에 들어가는 것을 가로막는 자들로 정죄하고 '화(禍)'를 선고하신다. 그들은 자신도 천국의 문에 들어가지 않았고, 들어가고자 하는 자들마저도 들어가지 못하게 막았다.

두 번째 화는 저들이 유대교 개종자를 얻기 위해 땅과 바다를 누비는데, 개종자가 생기면 자신들보다 배나 더 지옥자식으로 만들어 버린다는 것이다. 역사가 [요세푸스]는 이방인들이 유대교로 개종시키는 일에 매우 열심이었다고 한다.

세 번째 화는 사람이 성전으로 맹세하면 안 지켜도 되지만, 성전의 금으로 맹세하면 반드시 지켜야 한다고 가르친다. 저들은 결국 눈이 먼 인도

자들이었다.

네 번째 화는 십일조를 드리나 율법의 더 중요한 것, 곧 의요 인과 신은 무시한 자들이었다. 저들은 사소한 것들이라도 자신들의 이익과 관련된 것은 철저히 지키도록 가르쳤고, 매우 중요한 교훈이라도 자신들에게 직접 이익이 되지 않으면, 대강 넘어갔다.

> 누구든지 그 선지자의 말을 듣지 아니하는 자는 백성 중에서 멸망 받으리라 하였고 (행 2:23).
>
> 너희가 내 양이 아니므로 믿지 아니하는 도다. 내 양은 내 음성을 들으며 나는 그들을 알며 그들은 나를 따르느니라. 내가 그들에게 영생을 주노니 영원히 멸망하지 아니할 것이요 또 그들을 내 손에서 빼앗을 자가 없느니라(요 10:26-28).

이것들은 예수님의 쉬운 멍에와 가벼운 짐과는 첨예한 대조를 이룬다. 그들은 사람들에게 보이기 위함이 모든 동기이며, 긴 경문을 붙이고 회당의 가장 좋은 자리를 찾으며, 시장에서 사람들로부터 선생(Rabbi)라는 인사 받기를 좋아했다. 여기에 비해 예수님의 제자들의 삶은 겸손과 사랑의 헌신으로 나타나야 했다.

2. 나의 이 말을 듣고에서 "나의"

[존 칼빈]은 복음에 대한 거짓고백자와 참고백자를 구별하기란 힘든 경우가 허다하므로 그리스도께서는 훌륭한 비유를 써서 큰 차이점을 보여주고 있다고 했다. 그리고 칼빈은 '나의 이 말을 듣고'에서 '나의'에 대해서는 주석을 하지 않았다 그러나 '이 말을 듣고..'의미는 그리스도의 가르침의 전체적인요약이라 하였고, 철저한 자기 부정에 이르지 못한 인간의 허영은 모래위에 집을 짓는 거와 같다고 했다.[130]

[메튜 헨리] 역시 '나의 이 말을 듣고'에서 '나의'에 대한 언급은 없다. 그는 바로 그의 말씀을 행하려 하지 않는 다면, 그것을 듣는 것이 행복하게 할 수 없다고 하면서 그러나 만일 이 말씀을 듣고 그대로 행하면 우리의 행위는 축복을 받는다고 했다.[131]

[이상근] 역시 '나의 이 말을 듣고 행하는 자는'에서 '나의'에 대한 해석이 없이 지나간다. '산상수훈은 너무나 고상하므로 찬탄으로 그치는 수도 있으며, 너무 고도(高度)이므로 아예 실천을 단념하는 수도 있다. 이 말씀을 듣기만 하고 실행하지 않으면 무의미할뿐더러 파국에 이를 것을 밝히신 것이다'고 했다.[132]

참고로 그의 『특주 6. 율법과 복음』에서 '산상수훈은 바울신학에 비추어 볼 때, 그리스도가 율법의 완성이란 사실은 선명해 진다.'고 하면서 '산상수훈과 바울신학 간에는 간격이 있다. 전자가 주로 윤리적 면에서 논하는 반면, 후자는 십자가의 구속이란 신학적인 면에 근거해 있다는 점이다. 실로 산상수훈을 통하여 십자가에 대한 직접적 언급이 없는 것은 간과해서 안 될 사실일 것이다'고 했다.[133]

그는 산상수훈이 윤리적인 논증이라고 하면서 산상수훈 안에는 십자가에 대한 직접적 언급이 없다는 것을 간과하지 말아야한다고 했는데, 거의 모든 주석들이 산상수훈을 윤리와 도덕의 기준이라고 망설임 없이 주장한다. 물론 십자가에 대한 언급은 없다. 그러나 팔복이 윤리와 도덕의 기준이란 말인가 절대 그렇지 않다. 거기는 철저한 복음적 가르침이 핵심이 되고, 반석위의 건물을 짓는 것도 반석이신 그리스도가 인생의 주인인가 아닌가?의 문제인 구원의 가르침이 뼈대를 이루고 있다. 앞의 팔복과 필자의 전체 전개를 참고해 보라.

[아더 핑크] 역시 '나의 이 말을 듣고'에서 '나의'를 꼬집어서 설명하지

130) 『존 칼빈 신약성서주석1(공관복음1)』, 존칼빈 성서주석출판위원회 역편, 성서교재간행사, p.334
131) 『메튜 헨리 주석 마태복음(상)』 고영민역, 기독교문사, p345
132) 『이상근 마태복음 주해』, 성등사, p136
133) 『이상근 마태복음 주해』, 성등사, '특주6. 율법과 복음', p138

않았다. 그는 마 7:24-25에 대해서 말하기를 단순한 구절이지만, 단 두 사람의 주석가도 똑같은 해석이 없을 정도로 산상수훈의 주석은 사람마다 다르다고 했다. 핑크는 역시 행위를 중요하게 여기는 학자답게 디모데전서 6:17-19을 들어서 말한다.

"네가 이 세대에서 부한 자들을 명하여 마음을 높이지 말고 정함이 없는 재물에 소망을 두지 말고 오직 우리에게 모든 것을 후히 주사 누리게 하시는 하나님께 두며 선을 행하고 선한 사업을 많이 하고 나누어 주기를 좋아하며 너그러운 자가 되게 하라 이것이 장래에 자기를 위하여 좋은 터를 쌓아 참된 생명을 취하는 것이니라"

그는 이 성구를 소개하면서 '사람들은 어찌하여 이 구절을 자주 인용하지 않으며, 좀 더 자주 상세하게 설명하고, 강력하게 주장하지 않는 것일까 그 이유는 그 구절에 대하여 언급할 때마다 "이 닦아둔 것 외에 능히 다른 터를 닦아둘 자가 없으니 이 터는 곧 예수 그리스도라"(고전 3:11)라는 구절을 거의 매번 인용하면서 디모데전서 6:17-19과 같은 구절은 그 의미를 약화시켰기 때문이라고 했다.

그는 행위를 명령하는 성구를 대면서, 은혜의 복음의 구절들을 자주 인용하며 즐거워하는 사람들의 신앙의 색깔을 비아냥거린다. 그는 '불법을 행하는 자들아 내게서 떠나라 내가 도무지 너희를 알지 못하노라'는 말씀을 들어서 '그러므로 주님의 말씀을 듣고 행하는 자는 지혜로운 자요 그의 말씀을 듣고 실행하지 않는 자는 어리석은 자니라'는 말씀이 불법 자들에 대한 말씀에 뒤따라 나오는 것은 자연스러운 일이라고 했다.

그는 또 [메튜 헨리]도 그것을 지적한바 있다고 하면서 그는 '우리의 영혼을 구하고 영원한 생명을 얻기 위한, 확실한 일을 하는 유일한 방법은 주 예수의 말씀을 듣고 그것을 실행하는 것이다'라고 했다는 것이다. 핑크는 다시 강조한다. 주님의 명령을 무시하면서도, 구원에 이르기 위하여 그리스도의 피를 믿는다고 생각하는 자는 스스로 치명적인 미혹에 빠진 것이라고 했다.

그는 그리스도께서 지혜롭다고 일컫는 자들은 '나의 말을 듣고 그 말을 이해하는 자' 또는 '나의 말을 듣고 나를 믿는 자'를 말씀하신 것이 아니라는 것을 주목해야 한다고 했다. 그는 또 말하기를 그리스도를 믿으면서 그의 계율을 실천하지 않는 사람이 아주 많다. 그들은 '그리스도를 믿기 때문에' 모든 것이 다 좋으며, 죽더라도 천국에 가리라고 생각한다고 한다. 그러면서 그는 '이 땅에는 그들을 깨우쳐 줄 사람이 그다지 많이 남아 있지 않다'고 했다.

그는 말하기를 우리는 거듭나지 않았다면, 그리스도와 결합 된 것은 아니다. 즉 '사랑으로써 역사하는' 믿음을 가지지 못했다면, 우리는 거듭나지 않은 것이다. 그리고 '하나님의 계명을 지킴으로써' 증거를 보이지 않는다면, 우리는 이 구원에 이르는 믿음을 지니지 못한 것이라고 했다.

그는 말하기를 '때때로 누구든지 주의 이름을 부르는 자는 구원을 받으리라(롬 10:13)는 말씀을 들을 것이다. 그러나 회개하지 않는 마음으로는 구원에 이르려고 해서는 안 된다고 말해줄 만큼 충실한 사람이 없다는 것이다. 그는 계속하기를 너희는 내가 명하는 대로 행하면 곧 나의 친구라(요 15:14)하는 하나님의 위로의 약속들에 대해서는 크게 강조하면서, 내가 명하는 대로 행하면 곧 나의 친구라는 구절을 함께 주지시키지 않는 칼빈주의 목사들이 많이 있다'고 말한다.

그는 요한일서 2:3-5도 행위를 위한 구절로 소개한다. "우리가 그의 계명을 지키면 이로써 우리가 그를 아는 줄로 알 것이요 그를 아노라 하고 그의 계명을 지키지 아니하는 자는 거짓말하는 자요 진리가 그 속에 있지 아니하되 누구든지 그의 말씀을 지키는 자는 하나님의 사랑이 참으로 그 속에서 온전하게 되었나니 이로써 우리가 그의 안에 있는 줄을 아노라"[134]

---

134) 아더 핑크, 『산상수훈강해』, 지상우역, 크리스천 다이제스트, pp545-553

위의 부분만을 가지고 그의 주장을 살펴보면, 믿음과 행함과의 관계를 깊이 있게 보지 못한 것 아닌가 생각 된다. 역시 중세와 청교도에로 흐르는 강한 율법주의 내지 인본주의 기조가 미국에 뿌리내린 영향 일 것이다. 계명을 지키는 것이 무엇인가 계명을 지키는 것은 일단 주님의 요구대로 믿는 것이다. 십계명을 주신 목적은 은혜를 주시기 위한 것이다. 십계명을 하나님의 기준대로 지킬 수 있는 자는 한 사람도 없다. 진심으로 지키려 한다면, 그는 바리새인들과 서기관들처럼 율법주의자가 아닌 참으로 율법을 사랑하며 지키려는 자이다. 그 사람은 정직하기에 자신이 어느 하나라도 지킬 수 없다는 것을 발견하며, 하나님의 긍휼을 바라며 자신을 탄식한다. 이게 계명을 지키는 것이다. 여하튼 아더 핑크도 '나의 이 말을'에서 '나의'에 대한 언급이 없다.

[박윤선] 박사는 '나의 이 말을 듣고.'의 주석에서 예수님과 서기관들에 대한 주석을 달았다. 그는 '거짓 선지자들의 말을 듣지 않고, 예수님의 말씀을 받아 행하는 자들은 반석에 집을 세움과 같다. 예수님의 말씀은 한 개의 반석과 같이 든든하나 거짓 선지자들의 말은 모래와 같이 무너지고 만다. 예수님의 말씀은 영생하신 하나님의 말씀이니 만큼 하나님께서 그것을 언제나 감시하시며 또 그것을 가지고 능력을 행하신다(히 4:12-13). 그러나 거짓 선지자의 말은 죽은 것과 같아서 생명의 능력이 없고 바람에 날리는 모래와 같다'고 했다.[135]

[로이드 존스]는 그의 강해설교 책 『산상수훈』에서 산상수훈의 결론 부분인 마 7:28-29로 설교를 했는데, "예수께서 이 말씀을 마치시매 무리들이 그의 가르치심에 놀라니 이는 그 가르치시는 것이 권위 있는 자와 같고 그들의 서기관들과 같지 아니함일러라." 여기서 명확하게 24절의 '나

---

135) 『박윤선 성경주석(공관복음)』, 영음사, p225

의 이 말을 듣고'에서 '나의'의 의미를 놓치지 않고 마무리 한다.

그는 말하기를 '마지막 두 구절은 산상설교를 고찰하는데 있어서 매우 중요하다. 이유는 산상설교 자체보다도 산상수훈을 말씀하신 분에게 주의를 돌리도록 해주기 때문이다. 마태는 산상수훈을 전달하고 난 후에, 이 수훈을 주신 분을 바라보라고 하고 있다. 우리는 도덕적, 윤리적, 영적 가르침에서 멈추어서는 안 된다. 그러나 이런 것들이 중요하지만, 이것을 넘어 말씀하신 분에게 다가가지 않으면 안 된다.

산상수훈의 권위는 궁극적으로 말씀하신 분에게서 오는 것이다. 교사이신 분이 그의 가르침보다 더욱 중요하다는 말이다. 우리가 그 설교에 주의를 기울이는 이유는 그것을 말한 분 때문이다. 이것이 산상수훈의 권위요 보증인 것이다. 그래서 우리 주 하나님이 육신을 입으시고 말씀하신다는 사실을 의심한다면 우리의 태도는 기초부터 위협을 받지만, 반대로 말씀하신 분이 하나님의 독생자라는 사실을 믿는다면 이 말씀들은 경외와 엄숙함과 권위로 채워져 있음을 보게 될 것이다'고 했다.[136]

그렇다 마 7:24의 "그러므로 누구든지 나의 이 말을 듣고 행하는 자는 그 집을 반석 위에 지은 지혜로운 사람 같으리니"에서 '나의' 부분은 산상수훈의 결론이라는 사실을 볼 때, 모든 주님의 교훈의 초점이 주님자신에게 맞추어져 있다는 것을 아는 것이 절대로 중요하다.

산상수훈은 심오한 교리들이다. 이것이 윤리적, 도덕적 가르침 외에는 아무것도 아니라는 자들은, 마지막 구절인 저희 서기관들과 같지 않다는 진술을 전혀 살피지 않는 무성의한 자들이라 할 수 있다. 주님이 주신 모든 교훈은 주님자신에게 초점을 맞추어야 그 말씀으로 주신 것들을 제대로 파악할 수 있다. 그러므로 산상설교를 사회 공동체 존재의 원리로 삼고 산상수훈에서는 그리스도의 죽음이나 속죄, 구원에 관한 영적교훈을 찾을 것이

---

136) 마틴 로이드존스, 『산상설교집(하)』, 문창수역, 베드로서원, pp415-417

아니라고 주장하는 사람은 성경을 전혀 모르는 사람이다.

전도제자들은 산상 수훈에서 특별하신 주님을 바라본다. 그들 눈에 주님은 기이한 놀라움일 뿐 아니라, 구약의 모든 계명의 실현과 그 계명을 주신 분의 주석을 보는 것이다. 여기에 전도제자들과 그리스도 예수 안에 있는 자들의 기쁨이 있다. 산상수훈 뿐 아니라 모든 성경의 목적은 그리스도를 아는 지식으로 끌어가는 것이다.

"예수께서 제자들 앞에서 이 책에 기록되지 아니한 다른 표적도 많이 행하셨으나 오직 이것을 기록함은 너희로 예수께서 하나님의 아들 그리스도이심을 믿게 하려 함이요 또 너희로 믿고 그 이름을 힘입어 생명을 얻게 하려 함이니라"(요 20:30-31). 예수님이 그리스도이심을 믿게 되는 것이 성경의 목적이다. 그래서 구원자를 보내 주시고 하나님의 보내신 자를 믿는 것이 하나님의 일이다.

"그들이 묻되 우리가 어떻게 하여야 하나님의 일을 하오리이까 예수께서 대답하여 이르시되 하나님께서 보내신 이를 믿는 것이 하나님의 일이니라 하시니"(요 6:28-29) 그러므로 하나님이 보내신 하나님의 독생자를 믿는 것이 생명을 얻는 것이요, 믿게 하는 것이 생명을 얻게 하는 일이며, 이것을 알고 전 생애를 그리스도와 하나님나라를 위해 사는 자가 전도제자의 삶을 사는 자이다. 이 일은 재창조 된 모든 하나님의 사람들의 존재의 목적도 된다. [존 스토트]의 말대로 구원받은 모든 사람은 전도자요, 구원받지 못한 모든 사람은 전도의 대상자이다.

"예수를 너희가 보지 못하였으나 사랑하는 도다. 이제도 보지 못하나 믿고 말할 수 없는 영광스러운 즐거움으로 기뻐하니 믿음의 결국 곧 영혼의 구원을 받음이라"(벧전 1:8-9). 성경을 살피고 연구하는 목적도 구원 때문이다.

악한 사람들과 속이는 자들은 더욱 악하여져서 속이기도 하고 속기도 하나니 그러나 너는 배우고 확신한 일에 거하라 너는 네가 누구에게서 배운 것을 알며 또 어려서부터 성경을 알았나니 성경은 능히 너로 하여금 그리스도 예수 안에 있는 믿음으로 말미암아 구원에 이르는 지혜가 있게 하느니라(딤후 3:13-15).

마지막 때에 수많은 속임수들이 난무하는데 너는 성경을 제대로 배우라는 것이다. 성경을 제대로 배우면, 너의 구원이 그리스도 예수 안에 있다는 것을 알게 된다. 이것이 진짜 지혜가 되는 것이다. 예수님 자신이 성경에 대해 직접 하신 말씀이다.

"너희가 성경에서 영생을 얻는 줄 생각하고 성경을 연구하거니와 이 성경이 곧 내게 대하여 증언하는 것이니라"(요 5:39). 어떤 사람이 성경을 연구하며 공부한다면, 결국 그는 예수님께 모든 관심이 돌려져야 한다. 여기에 대해서 서기관들과 바리새인들은 씩씩거리며 반발했다. 무슨 소리냐 우리는 모세가 있다고 한 것이다. 다음 구절은 예수님으로부터 소경된 자기의 눈을 고침 받은 사람과 예수님을 폄하 하고 깔보며 신경질적인 바리새인의 대화이다.

"또 이르시되 내가 너희와 함께 있을 때에 너희에게 말한바 곧 모세의 율법과 선지자의 글과 시편에 나를 가리켜 기록된 모든 것이 이루어져야 하리라 한 말이 이것이라 하시고"(눅 24:44) 예수님은 우리에게는 모세가 있으며, 우리는 모세의 제자라고 자부심을 보이는 바리새인들과 서기관들에게 말씀하셨다.

내가 너희를 아버지께 고발할까 생각하지 말라 너희를 고발하는 이가 있으니 곧 너희가 바라는 자 모세니라 모세를 믿었더라면 또 나를 믿었으리니 이는 그가 내게 대하여 기록하였음이라(요 5:45-46).

모세의 모든 율법 책들은 모두 예수님의 이야기이다. 산상수훈을 받았던 사람들은 갈릴리출신의 목수가 동산에서 새로운 모습으로 가르치실 때 그들의 놀라움은 이루 말할 수 없을 정도였다. 무엇이 그렇게 놀라게 했는가 그것은 소위 율법학자들이 자부하는 전문성이 없었으나 주님의 가르침에는 율법을 제정하신 당사자로서 권위가 있었고, 인간을 창조하신 창조자 임에도 오만을 찾아 볼 수 없는 절제 된 권위가 있었으며, 청중들을 깊이 사랑하는 지극히 부드러운 권위가 가득했다.

주님의 가르침에는 전혀 인용이 없었다. 주님자신이 말씀 자체이신데 누구의 것을 인용하겠는가(요 1:1-2). 그래서 주님의 말씀에는 "나는 너희에게 이르노니"로 청중들에게 선포하신다. 특히 요한복음에서 나오는 7번의 "나는 ... 이다"의 선포들이 주님을 주님으로 바라보게 하는 것이다. 주님은 오직 한 분, 율법의 참된 해석자로 청중들 앞에 계셨고 지금도 우리 앞에 계신다. "나는 너희에게 이르노니"는 율법의 수여자로써 말씀하신 것이다.

주님은 "나의 이 말을 듣고 행하는 자는" 이라고 말씀하셨다. 주님은 모래위의 집이 탁류에 무너지듯이 각자 인생을 심판하실 분으로서 '나의 이말'을 사용하셨다. 이 말씀은 '너희는 내가 누구인 것을 알고 있느냐 내 말의 절대성을 알고 있느냐'라는 메시지가 된다.

"나로 말미암아 너희를 욕하고 박해하고 거짓으로 너희를 거슬러 모든 악한 말을 할 때에는 너희에게 복이 있나니"(마 5:11)의 주님의 말씀은 이 말씀 때문에 너희를 욕하고 박해할 때는 복이 있다 하지 않고 "나로 말미암아"라고 하셨다.

그러므로 "너희는 세상의 소금이다. 너희는 세상에 빛이다"(마 5:13)라는 말씀도 어떤 윤리적 도덕적 행실을 보이는데 소금과 빛이 되는 것이 아니라, 일차적으로는 그리스도 되시며 살아계신 하나님 되신 예수님을 세상에 전하는 것이 소금이며, 빛이 된다고 할 수 있다. 전도제자는 소금이신 그리스도가 그 안에 부어진 자요, 빛이신 그리스도 안에서 불타는 자이다. 그래서 주님이 빛인 것 같이 이제는 그들이 세상에 빛이다. 주님은 자신을 녹이고 태우심으로 자신을 주셨지만, 이제는 제자들이 세상에 빛이 되는 것이다.

구약 레위기 율법에 하나님께 드리는 제사들이 소개되면서 그 제사들을 드리는 방법도 소개했다. 번제(燔祭, 출 29:18)와 화제(火祭, 출 29:25)와 요제(搖祭, 출 29:27)와 거제(擧祭, 출 29:28)와 전제(灌祭, 출 29:40)들이다. 전도자는 그의 인생을 전도와 선교를 위해 그의 인생이 통째로 드려진 자이며, 남김없이 불태우는 자요, 전도와 선교를 위해 더 이상 남은 것이 없이 흔들어 털어내는 자이며, 그의 모든 삶을 전도와 선교를 위해 높이 올려 바쳐진 자이며, 인생의 진액을 남김없이 그리스도와 하나님나라를 위해 부어버린 자이다.

전도제자는 이런 헌신을 사람에게 보이려는 것이 아니라, -사람에게 보이려 한다는 것이 그들에게는 수치이며 치욕이다- 모두에게 비추기를 위해 등경위에 자리 잡는다. 자신으로 인하여 하나님께 돌아오는 영혼들을 기대하면서 그렇게 한다. "그러나 너희는 택하신 족속이요 왕 같은 제사장들이요 거룩한 나라요 그의 소유가 된 백성이니 이는 너희를 어두운 데서 불러내어 그의 기이한 빛에 들어가게 하신 이의 아름다운 덕을 선포하게 하려 하심이라"(벧전 2:9).

선지자 이사야를 통해 주신 말씀은 이스라엘에게 하신 말씀이나, 기실 모든 하나님의 백성이 생명의 미션으로 받아야할 언약의 말씀이다.

일어나라 빛을 발하라 이는 네 빛이 이르렀고 여호와의 영광이 네 위에 임하였음이니라. 보라 어둠이 땅을 덮을 것이며 캄캄함이 만민을 가리려니와 오직 여호와께서 네 위에 임하실 것이며 그의 영광이 네 위에 나타나리니 나라들은 네 빛으로, 왕들은 비치는 네 광명으로 나아오리라(사 60:1-3).

태초에 말씀이 계시니라 이 말씀이 하나님과 함께 계셨으니 이 말씀은 곧 하나님이시니라. 그가 태초에 하나님과 함께 계셨고 만물이 그로 말미암아 지은 바 되었으니 지은 것이 하나도 그가 없이는 된 것이 없느니라. 그 안에 생명이 있었으니 이 생명은 사람들의 빛이라 빛이 어둠에 비치되 어둠이 깨닫지 못하더라(요 1:1-5).

참 빛 곧 세상에 와서 각 사람에게 비추는 빛이 있었나니 그가 세상에 계셨으며 세상은 그로 말미암아 지은 바 되었으되 세상이 그를 알지 못하였고 자기 땅에 오매 자기 백성이 영접하지 아니하였으나 영접하는 자 곧 그 이름을 믿는 자들에게는 하나님의 자녀가 되는 권세를 주셨으니 이는 혈통으로나 육정으로나 사람의 뜻으로 나지 아니하고 오직 하나님께로부터 난 자들이니라 말씀이 육신이 되어 우리 가운데 거하시매 우리가 그의 영광을 보니 아버지의 독생자의 영광이요 은혜와 진리가 충만하더라(요 1:9-14).

사람이 예수님을 영접할 때 주어진 축복을 살펴볼 때에는 주어진 은혜가 가히 절대적이어서 표현을 다 할 수 없다. 예수님을 마음에 중심으로 영접할 때 하나님의 자녀가 되는데, 이것이 소위 예수님을 믿는다는 의미가 된다. 수년을 교회 다니고 예배를 드렸으나 내면에는 아직 그리스도인이 아니며, 그저 교인으로 남아있는 사람이 상상외로 많을 것이다.

예수님을 영접한다는 것은 태초에 계신 말씀을 영접하는 것이요, 내 안에 재창조의 말씀이 임한 것이다. 사탄에 잡히고, 원죄와 자(自)범죄의 심판아래 있으며, 지옥의 운명에 걸려있는 내 안에 하나님의 재창조의 말씀이 임하신 것이다.

예수님은 태초에 계신 말씀이시고, 이 말씀은 곧 하나님이시기 때문에 내가 예수님을 영접할 때 하나님이 내 안에 오시는 것이다. 하나님이 내안 오신다는 것을 말 그대로 생각해 보라 이 얼마나 놀라운 사건인가? 일단

이 일이 가능한 일인가? 절대 불가능한 일이 일어난 것이다. 언제 일어났는가? 예수님을 내가 중심에 영접할 때 일어났다.

　내가 영접해준다는 식으로 왜곡하고 내가 하나님께 양보나 한 것 마냥 영접했는데, 아니 그것이 내 인생에 엄청난 기적이었다. 예수님을 영접한 것은 만물이 그로 말미암아 지은바 되신 그분을 영접한 것이다. 내가 내 중심에 영접한 분이 창조주 하나님이신 것이 사실이라면 어떻게 할 것인가 기절초풍할 일이 아닌가
　그분이 내안에 계신다. 창조의 능력과 계획을 가지시고 나와 함께 계신다니 이게 엄청난 액수의 복권과 비교 할 수 없는 대박인데, 이게 확률적으로 내게 가능이나 하겠는가? 아 내안에 창조주가 계신다. 내 안에 만물을 말씀으로 지으신 이가 계신다. 인생의 자본이 아무리 크다 한들 이자산에 비교할 수 있는가 이것이 예수님을 영접하는 것이다.

　예수님을 영접할 때 그 안에 생명이 있었으니 참 생명을 영접한 것이며 참 생명이 내안에 들어온 것이다. 그래서 이제 나는 생명의 법아래 사는 사람이다. 죄와 사망의 법에서 해방되었다. 그리고 하나님의 생명의 성령의 법으로 사는 자가 되었다. 내가 예수님을 영접할 때 성령께서 내주하시기 때문이다. "그러므로 이제 그리스도 예수 안에 있는 자에게는 결코 정죄함이 없나니 이는 그리스도 예수 안에 있는 생명의 성령의 법이 죄와 사망의 법에서 너를 해방하였음이라"(롬 8:1-2).

　이제 나는 하나님의 절대적인 생명의 법에 들어있으니, 절대적 생명이 나의 것이며, 절대적 생명의 법이 나의 법체계이다. 나는 생명의 법치아래 있다. 그러므로 나는 살아야 한다. 영혼도, 마음과 정신도, 생각도, 관념도, 육신도 다 살아야 한다. 내 가정도 나로 인해 살아야하고, 내 하는 사업도 살아야 한다. 내 죽은 돈도 생명 살리는 돈으로 살아야하며, 내 시간도 사

람 살리고, 민족 살리며, 237나라를 살리는데 있어야 한다. 그 생명이 사람들의 빛이기 때문이다. 이것이 하나님의 생명의 법인 것이다.

놀라운 것은 어두운 세상이 빛을 깨닫지 못했다는 것은 그렇다 치고, 그 백성들에게 오셨으나, 그 백성들이 영접을 안 했다는 것이다. 자기 땅에 오셨으나 수천 년을 사랑을 받고 보호받았으며 특별한 계시와 은혜와 언약을 받은 백성들이 영접을 안했는데, 어떻게 내가 영접을 했는가 참 신기하고 놀랄 일이다. 그 백성들은 참으로 엉뚱한 메시아(그리스도)관을 가졌고 엉뚱한 가르침을 받았기 때문이었다. 그들은 그들의 조상을 부르실 때부터 주셨던 선교사명을 내버린 것이다. 메시아(그리스도)를 기다리라, 메시아(그리스도)의 소식을 이방에 전해라 하신 미션을 내버린 것이다. 그들의 조상 아브라함에게 주신 것은 '네 씨로 말미암아 모든 족속이 복을 얻을 것이다'는 것이었다.

> 또 하나님이 이방을 믿음으로 말미암아 의로 정하실 것을 성경이 미리 알고 먼저 아브라함에게 복음을 전하되 모든 이방인이 너로 말미암아 복을 받으리라 하였느니라 (갈 3:8).

그러므로 누구의 말을 듣는가는 행함 이전에 복음이냐? 율법주의이냐? 서기관의 율법적 강단이냐? 복음의 강단이냐? 이다. 하나님으로부터 난 자는 예수님을 영접한 자이다. "자기 땅에 오매 자기 백성이 영접하지 아니하였으나 영접하는 자 곧 그 이름을 믿는 자들에게는 하나님의 자녀가 되는 권세를 주셨으니 이는 혈통으로나 육정으로나 사람의 뜻으로 나지 아니하고 오직 하나님께로부터 난 자들이니라"(요 1:11-13).

제21장

전도제자와 구하고 찾고 두드림
(마 7:7-12)

구하라 그리하면 너희에게 주실 것이요 찾으라 그리하면 찾아낼 것이요 문을
두드리라 그리하면 너희에게 열릴 것이니 구하는 이마다 받을 것이요 찾는 이는
찾아낼 것이요 두드리는 이에게는 열릴 것이니라. 너희 중에 누가 아들이 떡을
달라 하는데 돌을 주며 생선을 달라 하는데 뱀을 줄 사람이 있겠느냐 너희가
악한 자라도 좋은 것으로 자식에게 줄 줄 알거든 하물며 하늘에 계신 너희
아버지께서 구하는 자에게 좋은 것으로 주시지 않겠느냐 그러므로 무엇이든지
남에게 대접을 받고자 하는 대로 너희도 남을 대접하라 이것이 율법이요
선지자니라(마 7:7-12).

　구하는 이마다 받을 것이요 찾는 이는 찾아낼 것이요 두드리는 이에게
는 열릴 것이니라. 이것은 의심할 수 없는 절대적 약속이다. 이것은 모든
약속을 주시는 분이시며 -인간의 남발적인 약속의 차원이 아닌- 정확히 실행하시
는 말씀되신 하나님의 약속이다.

　앞의 6장 말씀에 '하물며 너희 일까보냐'를 유추해 보면, 사실 기도하
지 않는 것이 죄가 된다. 산상수훈은 전체가 구원을 위한 말씀(5장)과 구원
을 누리는 기도(6장)와 구원의 사역에 동참하는 전도(7장)라고 볼 수 있다.
예수님께서 가르침의 중심을 제자들에게 맞추신 것으로 볼 때는 더욱 그
렇다.

　주님께서 제자들을 부르신 것은 그들이 구원(천국)의 선물을 주시며 그들
로 땅 끝까지 이 구원의 복음을 전하는 전도자로의 부르심이다(막 3:13-15).

제자들의 삶이 율법을 준행하는 삶이 되어야 하는데, 이것은 천국 백성들의 삶의 차원을 세상에 보이고 그 고상한 삶을 동경하도록 하는 것이요, 반대로 제자들의 율법을 준행치 못하는 것으로는, 제자들이 스스로 힘으로는 세상을 살리는 사역을 할 수 없다는 사실을 체험으로 인지하도록 하시는 것이다. 제자들은 하나님의 성령을 24시 구하는 기도의 비밀이 절대 필요함을 알아야 한다. 그렇다면 필요한 것을 하나님께 구하지 않는 것이 죄가 된다.

사무엘이 백성에게 이르되 두려워하지 말라 너희가 과연 이 모든 악을 행하였으나 여호와를 따르는 데에서 돌아서지 말고 오직 너희의 마음을 다하여 여호와를 섬기라 돌아서서 유익하게도 못하며 구원하지도 못하는 헛된 것을 따르지 말라 그들은 헛되니라. 여호와께서는 너희를 자기 백성으로 삼으신 것을 기뻐하셨으므로 여호와께서는 그의 크신 이름을 위해서라도 자기 백성을 버리지 아니하실 것이요 나는 너희를 위하여 기도하기를 쉬는 죄를 여호와 앞에 결단코 범하지 아니하고 선하고 의로운 길을 너희에게 가르칠 것인즉 너희는 여호와께서 너희를 위하여 행하신 그 큰일을 생각하여 오직 그를 경외하며 너희의 마음을 다하여 진실히 섬기라(삼상 12:20-24).

인간은 망각의 바다에 띄어져 있는 돛단배와 같다. 하나님은 자기 백성들이 자신들 속에 임재하시는 하나님을 바라보며 하나님을 누리기 위한 가장 좋은 방법을 주셨다. 그런데 우리에게 필요한 모든 것이 우리 손에 있지 않은 상태이다. 또한 우리의 모자란 것이 하나님이 베푸신 은혜이다. 그래서 필요로 하는 것을 구하고 찾고 두드리는 행위는 하나님을 바라보는 행위로, 하나님의 자녀들이 아버지를 망각하지 않는 최고의 방법이다. 그러므로 기도하지 않는 것이 죄가 되는 것이다.

하나님의 임재하심을 누리는 방법이 기도라 한다면 사실 신앙생활은 기도생활이라 해도 무방하다. 그러므로 기도의 방법에 대해서 끊임없이 찾아내고 연구하는 것은 절대적으로 중요한 사역이다. 우리는 하나님의 성령에 충만해지는 나만의 방법들을 찾아내야한다. 하나님의 은혜를 받는 나만의 방법들이 있다. 장소와 시간이나 방법들이나 분위기가 각자의 성향에 따라 다르기 때문에 각자가 쉽고 지속할 수 있기에 부담이 되지 않는 방법을 찾아야 한다.

　기도에 욕심을 낸 나머지 순간적인 감정으로 시작해서 거창하게 계획을 세운다면 하나님이 먼저 부담을 느끼실 것이다. 그래서 자기만의 성령에 충만할 수 있는 쉬운(?) 방법을 찾아내야 한다. 혹 산에서, 혹 성전이나 골방에서, 혹 새벽이나, 밤이나, 낮의 공간이나 이 시간들을 하나님을 바라보는 시간을 만들어 내야 한다. 그 시간은 가장 효과적으로 찾아야 하는데, 생계나 일상에 지장을 받지 않고, 또 남에게 피해를 주지 않고 하나님을 바라 볼 수 있는 시간들을 확보해야 한다. 이런 의미에서 다락방 전도운동의 [류광수]목사를 통해 배우는 기도의 방법은 정말이지 탁월한 방법이 아닐 수 없다.

　기도생활이 일상생활보다 더 중요하여 기도가 우선되는 것이 모순처럼 생각되어지나, 사실은 삶이 바쁘기 때문에 기도를 더 해야 되고 우선순위가 되어야 한다. 우리 인간이 100년 동안 힘을 써도 할 수 없는 일을 하나님은 단 10초 동안에도 할 수 있으시기 때문이다. [류광수] 목사는 자투리 시간을 기도로 활용하라고 했다. 정말 열심히 사는 사람들은 바쁘게 산다. 그래서 기도하기가 어렵다고 한다. 그가 하나님의 백성이라면, 하나님은 그를 기도가 없는 그 상태로 방치하실 수 없다. 기도가 일상의 열심보다 더 중요한 것이 사실이라면, 그에게 기도시간이 마련되는 것은 최우선 순위이다. 이것을 할 수 있는 가장 좋은 시간이 자투리시간이다. 아무리 바빠도 식사는 할 것이고, 화장실은 갈 것이고, 출근과 퇴근에 시간을 반드시 써야한다. 이 시간들을 기도로 활용하다면, 이 사람은 24시 기도의 사람이 될 것이다.

믿음의 사람들이 시대를 바꾼 것은 이런 기도의 비밀을 가지고 있었기 때문이다. 요셉은 노예로 팔려가서 제국을 정복했다. 그의 비밀이 무엇인가 "여호와께서 요셉과 함께 하시므로 그가 형통한 자가 되어 그의 주인 애굽 사람의 집에 있으니 그의 주인이 여호와께서 그와 함께 하심을 보며 또 여호와께서 그의 범사에 형통하게 하심을 보았더라"(창 39:2-3). 요셉은 성경이 말한 그 한 사람이다. 어떻게 요셉이 여호와께서 함께하심을 누릴 수 있었는가 그것이 요셉이 가진 기도의 비밀이다. 노예의 신분으로 그가 기도시간을 정한다는 것은 불가능하다. 그가 기도 할 수 있는 시간은 노예의 일을 하면서 계속 하나님을 바라보는 것뿐이다. 자투리 시간뿐만 아니라 그의 기도는 24시 기도라 할 수 있다. 이것으로 여호와께서 함께 하심을 누렸는데, 여기서 그의 모든 삶이 형통이라는 결과로 나왔다.

"여호와께서 요셉과 함께하심으로 그가 형통한 자가 되어"라고 하셨는데, 사실 요셉의 생모 [라헬]이 일찍 죽은 것도 형통이다. 그로인해 형들이 마음 놓고 괴롭힐 수 있었고, 형들의 미움으로 요셉은 노예로 팔렸고, 애굽에 들어갈 수 있게 되었기 때문에 그것이 다 형통이다. 결국은 요셉이 엄마와 일찍 사별한 것도, 가정에서의 어려움도, 노예로 팔려간 것도, 감옥소에 들어간 것 등, 이 모두가 제국의 총리로서의 하나님의 준비하심이 되었고, 총리가 되어 여호와의 이름을 열방에 증거 하는 전도자가 되었다. 이것이 하나님의 계획의 실현이다.

[사무엘]은 어머니 [한나]의 기도의 비밀 속에서 태어났다. 사무엘은 성전 안의 생활로 어릴 때 하나님과 깊은 소통을 체험하고 누렸다. 어린 사무엘의 삶이 언약궤 옆에서 24시 기도하는 삶이 될 수밖에 없었다. 하나님은 사무엘의 말이 하나도 땅에 떨어지지 않게 하셨다. "사무엘이 자라매 여호와께서 그와 함께 계셔서 그의 말이 하나도 땅에 떨어지지 않게 하시니"(삼상 3:19).

제사장 [엘리]는 배태랑 성직자이나 그의 영성은 무너졌고 계시는 끊어졌으며, 하나님의 음성은 기도하는 사무엘에게 임했다. 어린 아이가 24시 하나님을 섬기는 자리에 있었고, 하나님과 소통하는 삶을 살았기에 사무엘은 사람의 소리는 거의 듣지 못했다. 그는 하나님의 음성밖에 들은 것이 거의 없었을 것이다. 사무엘 속에는 하나님의 음성이 채워졌다. 그리고 그가 말한 말은 모두 하나님의 말씀을 다시 내놓는 것이었다. 영성이 정상적으로 회복하여 하나님과 깊은 소통을 이루는 전도제자는 지나가는 말도 사람이 살아나는 답이 된다. 그래서 사무엘은 훗날에 지도자가 되었을 때 백성들에게 고백하고 약속했다. "나는 너희를 위하여 기도하기를 쉬는 죄를 여호와 앞에 결단코 범하지 아니하고 선하고 의로운 길을 너희에게 가르칠 것인즉"(삼상 12:23) 이것이 우리들이 찾을 기도의 비밀이다.

하나님은 한 시대에 하나님이 원하시는 일을 위해, 하나님의 원하시는 곳에 있는 사람, 하나님이 필요한 일 속에 있는 사람, 즉 전도제자에게 말씀을 주신다. 그 사람은 어느 시대의 사람이든지 기도의 비밀을 가진 사람이며, 시대를 보며 영적 신음이 있는 사람이다.

> 여호와여 내가 주께 부르짖으오니 나의 반석이여 내게 귀를 막지 마소서 주께서 내게 잠잠하시면 내가 무덤에 내려가는 자와 같을까 하나이다(시 28:1).

형들은 놀러 다니며 양치는 일은 말째 동생 [다윗]에게 떠맡겼다. 어린 다윗은 어쩔 수 없이 양떼를 치는 일을 도맡아 했고, 다윗은 그 시간을 최고의 시간으로 만들었다. 그 시간에 하나님과 가장 깊은 소통을 누렸으며, 그의 시편의 고백을 보면 그 시간이 가장 행복한 시간이었고, 그 때의 하나님의 말씀묵상과 찬양시를 짓는 시간이 평생의 영성이 갖추어 지는 기도의 시간이 되었다. 결과로 형들이 뛰어난 장수나 선비가 되었다 해도, 그들은 다윗에게 엎드리는 하인들에 불가하게 되었다. 다윗은 그 자신의 고백대로 여호와가 자신의 목자가 되었으니 부족함이 전혀 없었다.

"사무엘이 기름 뿔 병을 가져다가 그의 형제 중에서 그에게 부었더니 이 날 이후로 다윗이 여호와의 영에게 크게 감동 되니라. 사무엘이 떠나서 라마로 가니라"(삼상 16:13). 다윗은 목동 시절에 깊은 기도, 24시 하나님을 바라보는 묵상과 찬양으로 모든 것이 준비 되었고, 하나님의 시간표에 따라 [골리앗]이 등장한다. 알고 보면 골리앗은 다윗에게 죽으려고 태어난 것이다. 골리앗은 다윗이 하나님의 마음에 합한 민족의 지도자가 되는 데에 소모품이었고, 사울왕은 다윗이 최고의 왕, 즉 하나님의 뜻을 다 이룰 왕이 되어져가는, 그 일에 쓰임 받은 자가 될 뿐이었다.

이미 하나님은 다윗에게 기름을 부으셨고, 이제는 어떤 누구라도 다윗을 해칠 수는 없었다. 다윗이 여호와의 신에 크게 감동했기에 다윗은 이제 공인이 되었다. 이 사실을 사울왕은 부정해도 백성들은 이미 감각적으로 눈치를 챘고, 하나님은 보이지 않는 대관식을 이미 마쳤다. 결국 사울 왕을 비롯해 적국의 왕들도, 어떤 전쟁도 다윗을 죽일 수가 없다. 다윗을 대적하는 자는 하나님을 대적하는 자가 되어버리고 다윗을 위하는 사람은 하나님을 위하는 사람이 되었다. 그는 하나님의 사람이 되어있었기 때문이다.

질투의 화신이 된 [사울]왕은 평생의 대적이 되어 다윗을 죽이려 했다. "사울이 다윗을 더욱더욱 두려워하여 평생에 다윗의 대적이 되니라"(삼상 18:29). 그러나 다윗은 점점 강성하여 갔다. "만군의 하나님 여호와께서 함께 계시니 다윗이 점점 강성하여 가니라"(삼하 5:10).

결국 깊은 영성으로 하나님이 함께하시는 것을 누린 다윗은 그 어떤 환경과 대적들로 인해 어려움이 온다 해도, 그것은 모두 최고의 왕이 되어 가는 왕도(王道)일 뿐이었고, 모두가 하나님의 응답일 뿐, 형통한 자가 되었다. 다윗의 최고의 방법은 하나님이 함께 하시는 임마누엘이었다.

1. 기도가 모든것이냐? 하는 질문에 대해

[아더 핑크]는 거의 모든 주석가들의 획일적 해석을 지적한다. 그는 이 '구하라, 찾으라, 두드리라'를 단지 기도의 주제만을 다루는 것은, 주석가들이 그럴 의도는 없지만 광범위한 가르침을 제한하는 것이라고 했다. 그는 기도가 신자들이 세상에서 영적으로 살아갈 수 있도록 은혜를 공급받는 것이라 할지라도, 하나님께서 주시는 것들을 기도외에서도 찾아 사용해야 한다고 한다. 그의 견해는 기도만 만사가 아니고 여러 기도외의 것들도 기도처럼 중요하다는 의미이다.[137]

그의 말이 맞다. 그런데 기도만이 모든 것이냐 하는 식의 말에는 첨가해 줄 말이 있다. 많은 교회의 지도자들이 기도에 대한 것을 통상적으로 알고 가르친다. 이것은 어떤 사람들이 '전도가 다냐'고 하는 질문과 상통한다. 기본적으로 성경은 두 가지 길을 제시한다. 한 길은 하나님 만나는 길이다. 또한길은 만난 하나님을 누리는 길이다. 하나님을 만나는 것은 그리스도 되신 예수님을 영접해서 된다. 하나님 누리는 길은 그리스도 되신 예수님의 이름으로 기도하는 것으로 되어 진다. 기도자체가 하나님을 바라보고 말씀을 듣는 행위이기 때문이다. 그래서 기도는 하나님과의 대화라고 한다.

기도는 하나님이 세우신 것으로 그 백성의 신앙생활을 성숙시키시는 탁월한 방법이다. 하나님의 임재를 이런 저런 행위에서 다양하게 인지를 한다 해도, 사실은 모든 다양한 것들이 기도라는 카테고리에 다 포함 되어 있다. 그래서 기도는 하나님과 함께(with)가 있고, 임마누엘(immanuel)이 있고, 하나님과 하나 되는 원니스(oneness)가 있는 것이다. 이것으로 모든 요구가 이룰 수 있고, 이행할 수 있고, 이것은 참 영성이며, 이것은 성령의충

---

137) 아더 핑크, 『산상수훈강해』, 지상우역, 크리스천 다이제스트, p391

만이며 은혜의 상태이다. 사실 성령의 충만을 받으면 모든 것이 해결되기 때문에, 예수님은 제자들의 질문을 무시하시고 최종적으로 땅 끝까지 나가라 하시면서 한 가지 약속을 잡도록 하셨다.

> 그들이 모였을 때에 예수께 여쭈어 이르되 주께서 이스라엘 나라를 회복하심이 이 때니이까 하니 이르시되 때와 시기는 아버지께서 자기의 권한에 두셨으니 너희가 알 바 아니요 오직 성령이 너희에게 임하시면 너희가 권능을 받고 예루살렘과 온 유대와 사마리아와 땅 끝까지 이르러 내 증인이 되리라 하시니라(행 1:6-8).

제자들에게 여러 가지 궁금한 것이 있었으나, 모두가 성령의충만속에 답이 들어있을 뿐 아니라 모든 것이 거기서 해결 된다고 하신 것이다. 그래서 제자들은 그 약속을 잡고 오로지 기도에 힘썼고 주님은 약속대로 성령으로 충만케 하셨다. 이후에는 그들에게 모든 상황적 의문과 궁금증, 저들이 염려했던 것들에 대한 해답을 찾은 것이다. 이제는 그런 질문은 필요 없게 되었고, 심지어는 가족들에 대한 염려도 필요 없게 되었고, 예수님을 십자가에 못질했던 자들의 위협도 아무런 문제가 되지 않았다. 또한 기독교인으로서 구별된 도덕과 윤리의 요구는 성령의 충만의 결과로 오는 열매가 될 때, 인간적 노력으로 되는 것보다 더욱 완전해 질 뿐 아니라 성도의 거룩한 삶에 대한 갈망에 힘이 더해진다. 이런 의미에서 '기도는 다 이다' 고 하는 것이다.

2. 전도가 모든 것이냐? 하는 질문에 대해

'기도가 다이다'에 대한 것을 생각해 봤으니 '전도가 모든 것이냐' 하는 말도 생각해 보자. 책 제목이 「전도제자의 산상복음」이기 때문이다. 기독교 신앙과 신학이 다양한 것같이 전도가 여러 가지 은사 중에 하나라고 이

구동성으로 말한다. 개인과 이웃과 가정과 민족의 단위와, 봉사와 헌신과 예배와, 각각의 달란트와 각 사람의 성격과 기질들이 다 다른 것처럼 전도도 그 중에 하나라는 것인데 과연 그럴까

성경은 인간의 본질과 세상 문제의 원인을 해결하는 방법에 있어서는 언제나 한가지로 진단하며, 해결의 길도 언제나 한 길을 제시한다. 세상은 하나님이 창조주요 주권자이시며, 이 땅의 문제는 하나님의 형상대로 지음을 받은 인간이 하나님을 떠난 사건에서 비롯된 것이라고 가르친다. 여기에 개입한 것이 사탄과 죄의 실체이며, 사탄을 꺾고 죄와 지옥의 형벌에서 해방시키신 분이 그리스도이며 그분을 영접하는 것이 모든 불행에서 해방되는 길이라 한다. 다양한 인종이 있으나 해결책은 언제나 유일하게 그리스도이며, 많은 국가들과 집단의 갈등을 푸는 길이 언제나 그리스도이며, 각각 체제가 다르지만 살길은 그리스도뿐임을 가르친다.

전도는 이 그리스도를 증거 하는 일로 그 무엇보다도 앞서서 해야 될 일이며, 하나님의 구속사의 중심이며 하나님의 계획을 이룸에 있어서도 가장 핵심적인 요소가 된다. 일단 세상의 구원은 하나님의 최종 목적이고 역사를 진행하는 하나님의 이유이다. 여기에 동력의 추가 전도이다. 하나님께서 인간의 도움이 필요하지는 않지만, 기꺼이 창조의 사역에서 인간을 관리자로 사용하신 것처럼, 황송하게도 또 재창조의 사역에서도 재창조 된 인간을 사용하신다. 이렇게 해서 인간의 '전도의 행위'가 미련한 것이지만, 하나님은 기꺼이 그렇게 세상을 구원하시기를 기뻐 하셨다(고전 1:21).

세상의 종말은 그리스도께서 재림하실 때 정리 되는데, 세상에 복음전파가 이루어지는 상황에 따라 하나님의 정해진 시간표에 이루어진다(마 24:14, 36). 하나님께서는 처음부터 메시아(그리스도)를 보내실 것을 약속하

셨는데 이 소식을 모든 족속에게 전해야 하는 자들이 하나님의 선택을 받은 백성이며(창 12:1-3), 그 백성의 혈통을 통해 그리스도가 오시고, 그리스도가 오실 땅은 이미 지적해 두신 '가나안'(팔레스타인) 땅이었다. 그래서 그 백성들은 거기에 들어가야 했고 거기에서 벗어나지를 말아야 했다.[138]

세상을 구원하실 주인공 그리스도가 시대마다 다른 단어로 예언되었는데, 처음에는 '여자의 후손'(창 3:15), 노아시대에는 '방주'(창 6:14), 바벨탑시대에는 '가나안 땅'(창 12:1-3), 노예시대에는 '희생의 제물' 또 '유월절 어린양의 피'(출 3:18, 12:13), 포로시대에는 '처녀가 잉태하여 낳은 아들'(사 7:14)로 표현 되었다. 이 사실을 전하도록 선택 받은 민족이 이스라엘 이었다. 그런데 그들이 이 선택적 책임, 영광스러운 증인의 직무를 내버렸다.

---

138) 아브라함을 비롯한 족장들이 '가나안' 땅에 연연한 이유 : 구속사를 진행하신 하나님께서 우상의 굴레에 빠진 아브라함을 선택하셔서 믿음의 조상으로 세우고자 불러내셨다. 하나님께서 아브라함에게 세우신 언약이 '그의 씨'(당시에는 이삭을 비롯한 후손들이었지만, 궁극적으로 그리스도였고, 목적은 만민이 구원을 받는 것이었다. 그런데 그의 씨 '그리스도'가 오시는 장소가 '가나안' 땅이었다. 이 땅이 하나님께서 아브라함에게 지시한 땅이었고,(창 12:1-2) 이 땅에서 그의 후손이 민족을 이루리라는 것이었다. 아브라함은 이 사실을 후손들에게 전달하기 위해, 한 곳을 문중의 터를 삼아 그의 부인과 그자신과 적통[이삭]과 [야곱]까지 이 땅을 매장지로 삼았다. 이것은 그들의 후손이 어디에 있든지 반드시 이 땅으로 돌아오도록 하기 위함이었다. [요셉]이 이방 애굽으로 가서 통치자가 되었을 때, 야곱은 임종(臨終)시에 요셉에게 유언하여 자신의 시신을 그 조상의 땅으로 매장 하라는 것이었다. 요셉 역시 그가 임종(臨終)할 때 우리가 당장은 이곳 애굽에서 살지만, 영원한 터전은 우리 조상들에게 주신 '가나안' 땅임을 상기시키고, 여기서 떠날 때 자신의 해골을 가지고 떠나라고 유언했다. 그리고 [모세]는 400년 후 애굽을 떠날 때 요셉의 유골을 가지고 나왔고, [여호수아]는 그 유골을 가나안땅에 안장했다. 이유는 한가지이다. 세상을 구원하실 '메시아'(그리스도)가 그들의 혈통을 통해서 오시고, 그 장소는 '가나안' 이기 때문에 그렇다. 그래서 이스라엘은 그 땅을 벗어나서는 어려운 시련이 더해졌는데 아브라함도, 이삭도, 야곱도 그 땅을 벗어날 때 어려움을 당했고, 그들이 민족으로 구성 된 이후 그들에게 주어진 사명은, 그곳에 오실 메시아에 대한 소식을 주변의 모든 민족들에게 전하는 것이었다. 그래서 그들이 선민으로 선택을 입은 것은, 그 땅을 지키는 것과 그 소식을 전하는 것이다. 이것이 복음을 지키는 것이며, 복음을 세상에 전하는 것이며, 여기에 그들의 생존의 이유가 있는 것이었다. 그래서 그 땅에 생명을 걸어야 했던 것이다. 〈참고 성구〉 [갈 3:8-9] 또 하나님이 이방을 믿음으로 말미암아 의로 정하실 것을 성경이 미리 알고 먼저 아브라함에게 복음을 전하되 모든 이방인이 너로 말미암아 복을 받으리라 하였느니라. 9) 그러므로 믿음으로 말미암은 자는 믿음이 있는 아브라함과 함께 복을 받느니라. /[창 23:19] 그 후에 아브라함이 그 아내 사라를 가나안 땅 마므레 앞 막벨라 밭 굴에 장사하였더라. (마므레는 곧 헤브론이라) /[창 25:9] 그의 아들인 이삭과 이스마엘이 그를 마므레 앞 헷 족속 소할의 아들 에브론의 밭에 있는 막벨라 굴에 장사하였으니.. /[창 49:30] 이 굴은 가나안 땅 마므레 앞 막벨라 밭에 있는 것이라 아브라함이 헷 사람 에브론에게서 밭과 함께 사서 그의 매장지를 삼았으므로.. /[창 50:13] 그를 가나안 땅으로 메어다가 마므레 앞 막벨라 밭 굴에 장사하였으니 이는 아브라함이 헷 족속 에브론에게 밭과 함께 사서 매장지를 삼은 곳이더라. /[창 50:25] 요셉이 또 이스라엘 자손에게 맹세시켜 이르기를 하나님이 반드시 당신들을 돌보시리니 당신들은 여기서 내 해골을 메고 올라가겠다 하라 하였더라. /[출 13:19] 모세가 요셉의 유골을 가졌으니 이는 요셉이 이스라엘 자손으로 단단히 맹세하게 하여 이르기를 하나님이 반드시 너희를 찾아오시리니 너희는 내 유골을 여기서 가지고 나가라 하였음이더라. /[수 24:32] 또 이스라엘 자손이 애굽에서 가져 온 요셉의 뼈를 세겜에 장사하였으니 이곳은 야곱이 백 크시타를 주고 세겜의 아버지 하몰의 자손들에게서 산 밭이라 그것이 요셉 자손의 기업이 되었더라. /필자

"나 여호와가 말하노라 너희는 나의 증인, 나의 종으로 택함을 입었나니 이는 너희가 나를 알고 믿으며 내가 그인 줄 깨닫게 하려 함이라 나의 전에 지음을 받은 신이 없었느니라 나의 후에도 없으리라 나 곧 나는 여호와라 나 외에 구원자가 없느니라. 내가 알려 주었으며 구원하였으며 보였고 너희 중에 다른 신이 없었나니 그러므로 너희는 나의 증인이요 나는 하나님이니라. 여호와의 말씀이니라"(사 43:10-12). 그들은 여호와 하나님을 떠나 우상을 섬기는 가증한 일을 거침없이 자행했다. "나는 여호와이니 이는 내 이름이라 나는 내 영광을 다른 자에게, 내 찬송을 우상에게 주지 아니하리라"(사 42:8).

이로 인해 그들에게 혹독한 재앙이 왔고, 그 재앙은 대부분 강대국에 정복당하는 전쟁의 재앙이었다. 그 백성의 무너짐 속에서도 하나님께서 세우신 복음전파의 계획은 이루어지는데, 노예나 포로 중에 '그 한사람'을 세우시는 것이었다. 그 한사람이란 '남은 자'를 의미하며 그들은 반드시 제국의 왕들 앞에 서게 하셨고, 우상과 대결에서 승리케 하심으로, 여호와는 살아 계신 유일한 하나님이신 것을 모든 족속에게 알리셨다.[139] 그러므로 전도는 하나님의 큰 계획이며, 역사를 진행하시는 하나님의 목표이며, 하나님의 소원이며, 성육신과 십자가의 이유이다. 이 전도는 '오직 그리스도'라는 사실을 모르면 할 수 없는 것이기에 전도는 모든 것이라고 할 수 있다.

3. 하나님께 돌리는 더 큰 영광

우리는 하나님께 영광 돌린다는 말을 자주 사용한다. 보통 이 말을 할

---

139) 한 사람의 의미 : '그 한사람'은 대표적으로 표현한다면 요셉, 모세, 사무엘, 다윗, 엘리사, 이사야, 다니엘, 바울 등을 중심한 히 11장의 믿음의 영웅들과 초대교회 모든 제자들과 성경에 등장하는 믿음의 영웅들을 총 망라한다. 하나님은 시대마다 루터 같은 한 사람들을 세워서 시대를 바꾸셨다.

때는 사업에 성공해서 교회에 많은 액수의 헌금을 하거나, 기독교인이 착하고 선한 일에 모범이 되었을 때나, 중병에서 하나님의 은혜로 고침을 받거나, 운동선수가 승리의 세리머니를 기도로 보이고 예수 믿는 사람이라는 것을 밝힐 때 하나님께 영광을 돌리는 것이라고 한다. 전 세계 그리스도인들은 이렇게 삶의 현장에서 하나님이 하신 일을 세상에 알려서 그들로 하나님을 동경하고 예수님을 믿도록 하는 것이 소극적 전도가 된다.

하나님께 돌리는 더 큰 영광이 있다. 하나님의 영광을 위한 더 적극적이고 능동적인 것이 있다. 전도제자의 삶이다. 처처에 죽어가는 영혼들이 하나님의 품으로 다시 들어 올 때 하나님께 더 큰 영광이 된다. 이것이 예수님의 100마리 중에 잃어버린 한 마리의 양을 찾은 이야기이다. 사탄에 권세에 잡히고, 흑암의 올무에 걸린 영혼들이 거기서 빠져나와 하나님을 찬양하며, 그리스도의 구원을 증거 하는 것이 최고로 하나님을 영화롭게 하는 것이다.

사탄과 그의 졸개 귀신들은 아담과 하와가 지음 받기 전부터 이미 하나님의 영광을 훔치는 전략을 짜고 있었다. 이것이 아담 이후 세상에 종교를 만들어 주는 것이며, 우상을 제시하여 하나님의 자리에 세워 놓는 짓이였다. 모든 인류는 여기에 빠져 각 족속대로 신전과 우상을 만들어 하나님을 찾을 필요가 없도록 속이고 뛰어난 인간(네피림)을 교주로 세워 종교를 만들어 내고, 종교 속에서 인간다운 삶의 모델로 경문(經文)들을 제시했다. 이 땅의 모든 인간들이 그 이교와 사교에 속아 넘어간 상태이다. 이것이 사실이라면 하나님께만 속한 찬양과 경배를 당연히 하나님께로 돌리는 것이 가장 크고 시급한 본분이다. 그래서 전도와 선교는 가장 크게 하나님께 영광을 돌리는 것으로 '아름답도다! 좋은 소식을 전하는 자들의 발이여!'라고 하신 것이다. "나는 여호와이니 이는 내 이름이라 나는 내 영광을 다른 자에게, 내 찬송을 우상에게 주지 아니하리라"(사 42:8).

종교적 삶이 이 땅의 본질적인 문제를 결코 해결 할 수는 없다. 본질적인 문제의 배후 조종자가 사탄이며, 이 사탄은 지금도 보이지 않게 모든 영역을 지배하고 있다. 인간이 선행과 진실한 것으로 사탄의 손에서 빠져 나올 수는 없다. 윤리도덕적인 삶이 절대로 지옥의 저주를 해결 할 수는 없다. 선한 행실로 아무리 칭찬을 받아도 자신이 심판받을 죄인이라는 운명의 굴레를 벗을 수는 없다. 사탄의 함정과 죄의 올무와 지옥의 운명에서 해방 받는 길은 오직 그리스도뿐이다.

그리스도는 성삼위 하나님의 유일한 방법이다. 이 땅의 문제를 치유하시려고, 성부하나님은 그리스도를 약속하셨다(요 3:16, 6:38). 성자 예수님은 육신을 입고 그리스도로 오셨다(요 4:25-26, 1:14). 성령하나님은 그리스도를 증거 하신다(요 15:26, 14:26). 그러므로 전도를 모르면 복음을 모르는 것이다. 어떻게 그리스도의 유일성(요 14:6, 행 4:12)을 모르는데 유일한 답을 제시 할 수 있으며, 그리스도 구원의 완전성(요 5:24, 롬 8:2)을 모르는데 어떻게 복음을 분명하게 증거 할 수 있으며, 그리스도 구원의 영원성(히 13:8, 벧후 3:8)을 모르는데 복음운동을 지속할 수 있겠는가

복음을 누가 모르는가 하겠지만 ‘예수그리스도’와 ‘예수가 그리스도’라는 말을 구별하지 못하고 있는 신자들이 너무 많은 것이 사실이다. 예수님을 세례요한이나 엘리야나 예레미야나 선지자 중에 하나라고 생각한다면 사실 그리스도를 모르는 것이다(마 16:14).

그리스도로 오신 예수님은 제자들에게 세상을 살릴 미션을 주셨고, 그 일을 감당할 권능을 주셨으며, 제자들로 인해 세워질 후대전도제자들이 바통을 이어받아 왔다(요 17:20). 이 구속의 역사가 진행되는 속에서 예수님은 다시 심판주로 오신다(마 24:14). 이때에 성 삼위 하나님께서는 최고의 영광을 거두신다. 그 때는 사탄마귀와 그의 사자들과 그를 따르는 사람

들은 영원한 감옥소에 던져질 것이요, 모든 사람은 엎드려 구원의 하나님께 감사와 찬양을 올릴 것이다. 이 예수님의 재림은 우주적인 대격변이 될 것이며, 만물이 새롭게 될 것이다. 그러므로 주님 재림의 때까지 그리스도와 세계복음화는 절대 성취될 언약이며, 전도의 대열에 서서 어두운 세상에 빛을 밝히는 전도자들의 상급이 한없이 영화로울 것이다.

하나님께 영광 돌린다는 것은 사실 영혼구원을 위한 것에서 나온다. 앞에서 언급한 착하고 의로운 행실은 성령의 열매로 나타나야 하는 것으로, 그것은 전도의 문을 막지 않고 전도의 문을 여는 역할로 매우귀한 신자의 덕망이지만, 그것은 예수님 안에 있는 하나님의 자녀들에게는 상식이고 당연한 것이다. 인간이라면 그렇게 살도록 창조되었기 때문이다.

교회 안에 있는 사람들 중에 하나님을 믿는 사람이 있고 하나님을 안 믿는 그저 교인이 있다. 하나님을 믿는 사람 중에도 복음을 아는 사람과 복음을 모르는 사람이 있다. 복음을 아는 사람 중에도 영적세계를 아는 사람과 영적세계를 모르는 사람이 있다.

영적세계를 알지 못하면 '오직복음' '절대복음' '항상복음'이란 말이 이해가 안 된다. 영적인 실체 사탄마귀 귀신들은 성경에만 그 정체를 밝히고 있다. 이것들은 하나님의 구속사에 악역들이지만, 그들이 전도자들 앞에서 무릎을 꿇게 하실 때(롬 16:20) 이 땅의 올무는 벗겨질 것이며, 모든 입으로 승리하신 어린양의 이름을 높일 것이며, 성삼위 하나님의 영광이 온 우주에 가득하게 될 것이다. 그 영광을 받으시는 분이 우리 아버지요, 구세주요, 보혜사이시다(계 5:12-13, 7:9-12).

주여 나의 삶속에

주여 나의 삶속에 임마누엘 누리게 하소서
나의 생각, 나의 작은 일 하나님 것이 되게 하소서
주여 나의 일생이 제자의 길에 있게 하소서
나의 과거, 나의 오늘, 미래를 드리옵니다.

주여 나의 걸음이 전도 속에 있게 하소서
길을 잃고 방황하는 양 찾는 곳에 있게 하소서
주여 나의 후손이 선교 속에 있게 하소서
열방 중에 제자들과 손 높이 들고 찬양합니다.

나를 넘어서 하나님 은혜를 응답을 넘어서 하나님 소원을
일을 넘어서 하나님 계획을 축복을 넘어서 하나님 언약을
인간 사랑을 넘어서 하나님 사랑 보게 하소서, 보게 하소서
렘넌트 시대를 품에 안고 서게 하소서, 하나님께

- 류광수 -

4. 간구의 당연함

내가 또 너희에게 이르노니 구하라 그러면 너희에게 주실 것이요 찾으라 그러면
찾아낼 것이요 문을 두드리라 그러면 너희에게 열릴 것이니 구하는 이마다 받을
것이요 찾는 이는 찾아낼 것이요 두드리는 이에게는 열릴 것이니라(눅 11:9-10).

누가복음과 사도행전의 저자 [누가]는 구하고 찾고 두드리라는 말씀

을 소개하면서 먼저 주님의 가르치시는 기도를 소개하고(눅 11:1-4), 밤중에 찾아온 친구를 위해 이웃집에 음식을 간청하는 비유를 기록했다. 이 말씀은 하나님께서 꼭 필요한 것을, 구하는 자, 찾는 자, 두드리는 자를 외면하지 않으신다는 비유이다. 그 뒤에 연결해서 아버지 된 자가 자식이 떡을 달라는데 돌덩이를 줄 아비가 있겠느냐 생선 달라는데 뱀을 주겠느냐 알을 달라는데 전갈을 주겠느냐 하시며 하늘에 계신 네 아버지가 구하는 자에게 성령을 주시지 않겠느냐고 기록했다.

응답하시려고 구하라고 하는데도 구하지 않고 찾지 않는 데는 어쩔 수가 없다. 문은 두드려야 열리는 것이다. 굉장히 사실적인 것을 말한다. 하나님은 자녀들의 기도에 반드시 응답하신다. 특히 전도제자의 기도에 응답하신다. 아예 하나님은 응답해 주시려고 전도자를 찾고 계신다. 하나님이 역사를 진행하는 목적이 영혼구원이다. 영혼구원은 하나님의 소원이기 때문에 하나님의 소원을 이룰 자들을 찾고 계신다. 그래서 전도제자의 삶을 사는 사람, 즉 다른 동기 없이 제자의 삶을 사는 사람이 거의 없기 때문에 하나님은 놀랍도록 반가워하신다.

어떤 방법으로 응답하시는가 어떤 것은 기도하고 말씀 받은 그대로 되기도 한다. 어떤 것은 응답이 안 오는 줄 알았는데 가장 적절한 때를 기다려서 응답을 보내기도 하신다. 나는 이렇게 기도했는데 하나님은 저렇게 주실 때가 있다. 하나님은 항상 더 좋은 것으로 주는 것이 법칙이다.

성령께서 우리 안에 계시기 때문에 우리가 기도할 때 응답이 오든 안 오든 성령이 우리를 인도하시는 시간이다. 성령이 인도하시는 시간은 우리를 하나님께서 완전히 책임지시는 시간이다. 우리가 계속 기도해서 성령의 은혜를 받을 때 하늘에서 권능이 임한다. 또 눈에 안보이게 하늘의 천사를 보내신다. 이때 굉장히 중요한 일이 벌어진다. 세상 사람들은 알지 못하지만 공중권세 잡은 자 사단의 권세가 이때 꺾인다. 지금도 사탄의 세력들은 활동하고 있다. "그 때에 너희는 그 가운데서 행하여 이 세상 풍조를 따르고 공중의 권세 잡은 자를 따랐으니 곧 지금 불순종의 아들들 가운데서 역사하는 영이라"(엡 2:2). 이들을 제압하지 못하는 것은 몇 가지 이유가 있는데, 그 중에 영적인 사실을 실제로 믿지 않는 것이며 실제로 믿지 않기 때문에 기도가 실제로 안 되는 것이 그 이유이다.

"집에 들어가시매 제자들이 조용히 묻자오되 우리는 어찌하여 능히 그 귀신을 쫓아내지 못하였나이까? 이르시되 기도 외에 다른 것으로는 이런 종류가 나갈 수 없느니라 하시니라"(막 9:28-29). 이것이 땅에서와 위에서의 일이 함께하여 벌어지는 작업이다.

우리가 이 땅에서 기도할 때마다 천국에 있는 많은 축복들이 내려오는 시간이다. 로마서 16:25-27에 기록된 대로 영세 전에 감추어져 있던 것들이 기도할 때 전부 내려온다.

"나의 복음과 예수 그리스도를 전파함은 영세 전부터 감추어졌다가 이제는 나타내신바 되었으며 영원하신 하나님의 명을 따라 선지자들의 글로 말미암아 모든 민족이 믿어 순종하게 하시려고 알게 하신 바 그 신비의 계시를 따라 된 것이니 이 복음으로 너희를 능히 견고하게 하실 지혜로우신 하나님께 예수 그리스도로 말미암아 영광이 세세무궁 하도록 있을 지어다 아멘"

기도하는 시간에 벌써 하늘문은 열리고 흑암권세는 꺾이게 되어있다. 내가 어떻게 전도해야 해야 할까 이전에 이것부터 알고 있어야 한다. 전도자가 기도할 때 귀신세력들이 쫓겨나도록 되어있다. 그래서 전도제자가 현장에서 먼저 지옥의 세력을 결박시켜야 한다. 이것이야 말로 전도제자의 제일먼저 해야 될 사역이다. 예수님은 제자들을 부르시자마자 귀신을 내어 쫓는 권세가 있게 하셨다(막3:13-16a). 사단은 이미 결박되었다. 우리의 그리스도 되신 예수님은 십자가와 부활로 마귀의 권세를 꺾어 버리셨고, 지속적으로 마귀의 일을 멸하고 계시는데 전도자들을 통하여 하신다. 이것을 알고 있는 전도제자가 기도할 때에 현장의 우상의 세력과 우상의 저주들이 무너지고 땅에 있는 모든 흑암세력들이 꺾이게 되어있다. 전도제자의 기도로 벌어지는 일이다. 그러므로 전도제자의 기도시간이 생명이 일어나는 시간이다.

전도제자들이 기도할 때 하늘과 땅에 동시에 일어나는 일이 있다. 하늘에 있는 그리스도의 비밀이 땅에 있는 권세로 나타나게 되는 것이다. 하늘과 땅의 모든 권세가 그리스도 안에 있고 그것을 전도자들에게 주셨기 때문이다. 그리스도는 하나님의 비밀이며 그 안에는 지혜와 지식의 모든 보화가 감추어져 있다. 그래서 기도할 때 당연히 하나님나라가 임하게 된다.

> 이 비밀은 만세와 만대로부터 감추어졌던 것인데 이제는 그의 성도들에게 나타났고 하나님이 그들로 하여금 이 비밀의 영광이 이방인 가운데 얼마나 풍성한지를 알게 하려 하심이라 이 비밀은 너희 안에 계신 그리스도시니 곧 영광의 소망이니라"(골 1:26-27). 하나님의 비밀인 그리스도를 깨닫게 하려 함이니 그 안에는 지혜와 지식의 모든 보화가 감추어져 있느니라(골 2:2-3).

그리스도는 모든 문제 해결자이다. 내안에 이 언약이 있으면 다 끝난 것이다. "주는 그리스도시오 살아계신 하나님의 아들이시니 이다"고 하는 고백은 예수님이 최초에 약속하신 여자의 후손이요, 희생의 제물이시며, 처녀가 잉태하여 낳은 아들이시며, 성삼위 하나님의 그리스도 이시다는 고백이다. 그래서 그리스도는 모든 문제 해결자이다. 십자가와 부활로 사탄과 흑암의 세력을 끝장냈다. 원죄와 모든 자(自)범죄의 심판아래 있는 운명에서 해방시켰다. 불신앙의 세력과 지옥의 저주를 끝장냈다. 그래서 아무런 걱정이 될 수 없다.

5. 성삼위 하나님과 그리스도

복음 전도는 성삼위 하나님의 소원이며 세상을 살리시는 방법이다. 성부하나님은 세상을 구원하기 위해 아들을 보내셔야 했고, 성자 하나님께서는 우리 구원을 위해 인간이 되시고 대속의 십자가를 지셔야 했다. 성령하나님은 이 놀라운 성부하나님의 구속의 계획과 성자 하나님의 구속의 완성을 죄인들에게 적용하심으로 중생의 은혜를 베푸신다. 성경은 이 구속의 실제성을 밝혀 주신다.

예수님은 성부 하나님께서 자신에게 하라고 하신 일이 무엇인가를 말씀하셨다. "영생은 곧 유일하신 참 하나님과 그가 보내신 자 예수 그리스도를 아는 것이니 이다. 아버지께서 내게 하라고 주신 일을 내가 이루어 아버지를 이 세상에서 영화롭게 하였사오니 아버지여 창세전에 내가 아버지와 함께 가졌던 영화로써 지금도 아버지와 함께 나를 영화롭게 하옵소서"(요 17:3-5).

성령하나님은 성부와 성자의 보내심을 받았다는 것과 그가 와서 성자께서 그리스도이심을 증언할 것이라고 하셨다.

> 보혜사 곧 아버지께서 내 이름으로 보내실 성령 그가 너희에게 모든 것을 가르치고 내가 너희에게 말한 모든 것을 생각나게 하리라(요 14:26) 내가 아버지께로부터 너희에게 보낼 보혜사 곧 아버지께로부터 나오시는 진리의 성령이 오실 때에 그가 나를 증언하실 것이요 너희도 처음부터 나와 함께 있었으므로 증언하느니라(요 14:26-27).

성삼위 하나님께서는 세계가 있기 전에 구원의 계획을 세우시고 그 계획을 시행하셨다. 성부는 계획을 세우시고 보내시는 분으로, 성자는 계획을 함께 세우시고 보내심을 받은 구속주로 , 성령은 계획을 함께 세우시고 성부와 성자의 보내심을 받은 구속의 적용자로 상호간 유기적 관계 속에서 구원사역을 이루시는 것이다.

전도 선교의 계획자는 성부하나님이시다. 성부하나님께서 그리스도를 세상에 보내시는데, 아들을 그리스도로 보내실 것을 계획하셨다. 모세와 옛 선지자들은 하나님의 아들이 고난을 통해 영광에 들어 갈 것을 예언했었다. "그리스도가 이런 고난을 받고 자기의 영광에 들어가야 할 것이 아니냐 하시고 이에 모세와 모든 선지자의 글로 시작하여 모든 성경에 쓴바 자기에 관한 것을 자세히 설명하시니라"(눅 24:26-27).

이사야 선지자를 통해서는 십자가를 짊어지실 성자 하나님이 '성부의 보내실 고난의 종'이라는 명칭으로 예언했다.

"그는 실로 우리의 질고를 지고 우리의 슬픔을 당하였거늘 우리는 생각하기를 그는 징벌을 받아 하나님께 맞으며 고난을 당한다 하였노라 그가 찔림은 우리의 허물 때문이요 그가 상함은 우리의 죄악 때문이라 그가 징계를 받으므로 우리는 평화를 누리고 그가 채찍에 맞으므로 우리는 나음을 받았도다. 우리는 다 양 같아서 그릇 행하여 각기 제 길로 갔거늘 여호와께서는 우리 모두의 죄악을 그에게 담당시키셨도다"(사 53:4-6). 이 성자 하나님은 그리스도로서의 고난을 당하시지만 그 고난은 우주적인 기쁜 소식이 될 것을 예언하였다.

성부 하나님은 십자가의 구속을 미리 알려 주시는 방법으로 구약의 수많은 피의 희생을 깊이 생각하게 하셨다. "때가 차매 하나님이 그 아들을 보내사 여자에게서 나게 하시고 율법 아래에 나게 하신 것은 율법 아래에 있는 자들을 속량하시고 우리로 아들의 명분을 얻게 하려 하심이라" (갈 4:4-5).

성자 예수님은 성부 하나님이 맡기신 구원을 이루기 위해서 자기를 비어 종의 모습으로 오셨다. "그는 근본 하나님의 본체시나 하나님과 동등됨을 취할 것으로 여기지 아니하시고 오히려 자기를 비워 종의 형체를 가지사 사람들과 같이 되셨고 사람의 모양으로 나타나사 자기를 낮추시고 죽기까지 복종하셨으니 곧 십자가에 죽으심이라"(빌 2:6-8) 예수님은 아버지의 모든 예언하심을 그대로 이행하셨다. 소위 예수님의 발자국 하나하나는 모든 성경을 이행하는 의도적 발걸음이었고, 그것은 우리를 위한 것이었다. "이에 내가 말하기를 하나님이여 보시옵소서 두루마리 책에 나를 가리켜 기록된 것과 같이 하나님의 뜻을 행하러 왔나이다 하셨느니라"(히 10:7).

예수님은 제자들을 택하여 복음을 전하도록 현장에 보내시면서 필요한 모든 것을 다 알리셨다. "예수께서 이 열둘을 내보내시며 명하여 이르시되 이방인의 길로도 가지 말고 사마리아인의 고을에도 들어가지 말고 오히려 이스라엘 집의 잃어버린 양에게로 가라 가면서 전파하여 말하되 천국이 가까이 왔다 하고 병든 자를 고치며 죽은 자를 살리며 나병환자를 깨끗하게 하며 귀신을 쫓아내되 너희가 거저 받았으니 거저 주라 너희 전대에 금이나 은이나 동을 가지지 말고 여행을 위하여 배낭이나 두 벌 옷이나 신이나 지팡이를 가지지 말라 이는 일꾼이 자기의 먹을 것 받는 것이 마땅함이라"(마 10:5-10) 그리고 부활하신 주님의 메시지는 모든 복음서에 다 기록 되어 있다(마 28:16-20, 막 16:15-20, 행 1:1-8, 요 21:15-17).

오순절 날 성령의 충만함을 받은 베드로는 이일이 성자 예수님으로부터 온 것이라고 증언했다. "하나님이 오른손으로 예수를 높이시매 그가 약속하신 성령을 아버지께 받아서 너희가 보고 듣는 이것을 부어 주셨느니라"(행 2:33) 성자 예수님은 모든 전도제자들의 머리가 되시며, 자신이 선교사시며 전도자이시다. 그러면서도 우리 주님은 복음 자체가 되신다.

성령 하나님 역시 복음 전도자이시다. 이 땅에 오실 그리스도(메시아)의 소식을 문서로 전해 주신 분이 성령이시다. 구약에 모든 선지자들로 그리스도를 예언하도록 영감을 주신 분이 성령 하나님이시다. 그러므로 성령 하나님은 성경의 원저자이시다. 성령 하나님이 오신 목적은 복음을 전하는 것이다.

> 보혜사 곧 아버지께서 내 이름으로 보내실 성령 그가 너희에게 모든 것을 가르치고 내가 너희에게 말한 모든 것을 생각나게 하리라(요 14:26).
>
> 내가 아버지께로부터 너희에게 보낼 보혜사 곧 아버지께로부터 나오시는 진리의 성령이 오실 때에 그가 나를 증언하실 것이요 너희도 처음부터 나와 함께 있었으므로 증언하느니라(요 15:26-27).
>
> 그러나 진리의 성령이 오시면 그가 너희를 모든 진리 가운데로 인도하시리니 그가 스스로 말하지 않고 오직 들은 것을 말하며 장래 일을 너희에게 알리시리라 그가 내 영광을 나타내리니 내 것을 가지고 너희에게 알리시겠음이라(요 16:13-14).

이 사실을 근거로 전도제자가 구하고 찾고 두드릴 것들이 들어 난다.

6. 전도제자의 구할 것 - 전도의 능력 (성령과 말씀)

전도제자들이 전도를 위해 구하고 찾고 두드리라고 하신다. 이것은 24시 기도의 비밀을 갖는 것이다. 마니아들은 자기들의 좋아한 것을 24시간 생각한다. 마니아이기 때문이다. 내가 24시 전도를 생각하면 24시 전도를 위해 구하고 찾고 두드릴 수밖에 없다. 전도제자가 구할 것이 무엇인가 이제 답이 나왔다. 증거의 주체가 성령이시기 때문에 예수님은 승천하시기 전에 성령을 구하라고 하셨다. 아니 성령을 기다리라고 하셨다. 이것은 아버지의 약속하신 것이라고 하심으로 전도제자는 성삼위 하나님과 하나가 되는 것이다.

"내가 아버지께로부터 너희에게 보낼 보혜사 곧 아버지께로부터 나오시는 진리의 성령이 오실 때에 그가 나를 증언하실 것이요 너희도 처음부터 나와 함께 있었으므로 증언하느니라"(요 15:26-27). 초대교회는 성령의 능력으로 그리스도의 증인들로 채워졌다. 그들은 성령의 권능을 받아 그들의 삶은 역동적인 삶이 되었고, 세상의 모임과는 확연히 다른 무엇을 보여 주었다. 세상은 오순절 사건속의 그들을 보며 술에 취했다고 오해 할 정도였다. 세상은 의아하였고 기이한 모습을 보았으며 함부로 범할 수 없는 경외감을 접했다.

그들은 결론을 내렸다. 복음을 받았는데 더 이상 구할 것은 사실상 없었다. 저들의 삶에 대한 걱정과 가족들의 안녕, 경제적 모자람 등은 이미 주님께서 말씀하신 대로 주님께 맡긴 상태였다. 산상수훈에서 그들이 기도할 것이 있다면 하나님나라와 그의 의(義)였다. 이것은 승천하시기 직전에 주신 주님의 감람산의 미션이었다. "사도와 함께 모이사 그들에게 분부하여 이르시되 예루살렘을 떠나지 말고 내게서 들은 바 아버지께서 약속하신 것을 기다리라 요한은 물로 세례를 베풀었으나 너희는 몇 날이 못되어 성령으로 세례를 받으리라 하셨느니라"(행 1:4-5).

우리는 수도 없이 육신적으로 필요한 것을 구하곤 하지만 알고 보면 한 가지 안에 다 있다. 그것은 돈이다. 전도자에게 여러 가지 것이 필요하다. 그러나 성령의충만 이 하나에 다 있다. 그래서 제자들이 질문했을 때 예수님은 그것들은 신경 쓸 것이 아니라고 말씀하신 것이다. "그들이 모였을 때에 예수께 여쭈어 이르되 주께서 이스라엘 나라를 회복하심이 이 때니이까 하니 이르시되 때와 시기는 아버지께서 자기의 권한에 두셨으니 너희가 알 바 아니요 오직 성령이 너희에게 임하시면 너희가 권능을 받고 예루살렘과 온 유대와 사마리아와 땅 끝까지 이르러 내 증인이 되리라 하시니라"(행 1:6-8).

전도자의 구하고 찾고 두드릴 것은 하나님나라이다. 하나님 나라와 하나님 의는 그리스도와 세계복음화이다. 그리스도가 하나님의 의이고 하나님의 나라는 전도와 선교이기 때문이다. 그래서 하나님나라와 하나님의 의를 이루기 위해 성령의 권능을 구하고 필요한 자원 즉 인적자원 물적자원을 찾고 현장을 두드리는 것이다. 전 세계의 현장을 두드리는 것이다. 전도제자는 24시 성령의 충만을 구해야 한다.

초대교회는 성령의 능력으로 말미암아 핍박하는 자들을 두려움 없이 복음을 증거 하는 교회가 되었다. 그들이 어제는 도망을 갔으나 이제는 담대히 그리스도를 증거 하는 자들이 되었다. 주님이 약속하신대로 그들은 무슨 말을 할 까 염려할 필요가 없었다. 그들에게 성령께서 할 말을 주셨다. "말하는 이는 너희가 아니라 너희 속에서 말씀하시는 이 곧 너희 아버지의 성령이시니라"(마 10:20). 고 하셨고, 실제로 저들을 넘겨 줄때에 두려움이 없이 예수님이 살아나신 것을 담대하게 전했다.

"너희와 모든 이스라엘 백성들은 알라 너희가 십자가에 못 박고 하나님이 죽은 자 가운데서 살리신 나사렛 예수 그리스도의 이름으로 이 사람이 건강하게 되어 너희 앞에 섰느니라"(행 4:10). "다른 이로써는 구원을 받을 수 없나니 천하사람 중에 구원을 받을 만한 다른 이름을 우리에게 주신 일이 없음이라 하였더라"(행 4:12). 그들은 베드로가 학문이 없고 무식해서 말을 못할 줄 알았는데 깜짝 놀랐다. 다시 베드로가 담대히 증언했다. "하나님 앞에서 너희의 말을 듣는 것이 하나님의 말씀을 듣는 것보다 옳은가 판단하라 우리는 보고 들은 것을 말하지 아니할 수 없다 하니"(행 4:19).
그들은 베드로와 요한으로부터 고침받고 서있는 앉은뱅이를 보았다.

다시 미문의 앉은뱅이 이야기를 살펴보자. 성령의 충만을 받고 제자들이 확연히 달라진 이후에 일어난 사건으로 예수님을 죽이고 부활을 조작한 자들과 조작된 말과 실제로 살아났다 하는 말을 모두 들은 사람들이 모여 있었다. 예루살렘 성의 분위기는 진짜가 뭐냐 하는 속에서 무언가가 결정 되어야하는 분위기였고 사실이 사실로 들어나야 하는 분위기였다. 그래서 한낮에 모두가 눈을 크게 뜨고 봐야하는 기적이었다. 거기는 예수님을 죽이고 그의 제자들도 죽이려는 대적들의 반응과 그들이 무슨 말을 하고 어떤 행동을 하는지를 흥미를 가지고 지켜보는 사람들로 가득했다. 또 여론을 따라 '십자가에 못 박아라'고 외쳤던 자들도 결정이 어떻게 나오는지를 대단히 흥미를 가지고 지켜보는 분위기였다. 앉은뱅이가 예수님 이름으로 일어선 사건은 이때 일어난 사건이기 때문이다.

앉은뱅이가 일어난 사건은 매우 길게 묘사되어 있는 기적이다. 예수님은 감람산에서 제자들에게 집중적으로 미션을 주셨으며 시간표도 맞추어 주셨다. 그들이 10일 동안기도에 전혀 힘쓰면서 성령이 임하셨을 때 많은 일과 다짐을 했다. 가룟유다의 빈자리를 채우고 먼저 예루살렘성전에 공개적으로 기도하러 간 것은 예루살렘교회와 마가다락방의 초대교회를 자연히 구분 짓는 발걸음이 되었다. 사도들은 담대히 현장으로 나갔다. 이 기적은 [마가]가 기록한대로 제자들이 나아가서 입을 열어 담대히 그리스도의 부활을 증거 하는데, 보좌에 계신 주님은 그 따르는 표적으로 함께 말씀을 증거 하신 결과이다. "주 예수께서 말씀을 마치신 후에 하늘로 올려지사 하나님 우편에 앉으시니라 제자들이 나가 두루 전파할새 주께서 함께 역사하사 그 따르는 표적으로 말씀을 확실히 증언하시니라"(막 16:19-20).

이 사람의 치유는 절대 의술로는 고칠 수 없는 신체적 병의 치유였다. 그는 나이가 40이 된 사람으로 나면서부터 하반신마비환자였다. 또한 이 치유는 어떤 의료적 행위가 없이 엊그제 모두가 아는 사실로 십자가에 죽으셨으나 부활하셨다고 소문난 그리스도의 이름으로만 이루어졌다. 그리고 이 치유는 즉각적이었다. 당장에 발과 발목이 힘을 얻고 뛰기까지 했다. 그리고 이 치유는 부분적이거나 일시적이 아닌 영구적이고 완전한 치유였다. 베드로는 이 사람이 완전히 낫게 되었다고 했다. "그 이름을 믿으므로 그 이름이 너희가 보고 아는 이 사람을 성하게 하였나니 예수로 말미암아 난 믿음이 너희 모든 사람 앞에서 이같이 완전히 낫게 하였느니라"(행 3:16).

매우 중요한 한 가지는 이 치유가 논란의 여지가 없게 앞의 과정들로 인하여 공개적으로 인정 되어버렸다는 것이다. 이 앉은뱅이는 성안에 잘 알려진 사람이었다. 지금 사도들까지 죽이려고 혈안이 된 대제사장들과 바리새인 서기관들과 장로들도 잘 아는 사람이었다. 그들은 성전에 들어가며 나오며 동전을 던져 주기도 했을 것이다. "그가 본래 성전 미문에 앉아 구걸하던 사람인 줄 알고 그에게 일어난 일로 인하여 심히 놀랍게 여기며 놀라니라 나은 사람이 베드로와 요한을 붙잡으니 모든 백성이 크게 놀라며 달려 나아가 솔로몬의 행각이라 불리우는 행각에 모이거늘"(행 3:10-11) 모든 무리들 중에 아직까지 믿지 않던 자들은 심히 기이히 여겼다. 재판 자리에서는 대제사장들과 장로들의 반응이 나타난다.

> 또 병 나은 사람이 그들과 함께 서 있는 것을 보고 비난할 말이 없는지라 명하여 공회에서 나가라 하고 서로 의논하여 이르되 이 사람들을 어떻게 할까 그들로 말미암아 유명한 표적 나타난 것이 예루살렘에 사는 모든 사람에게 알려졌으니 우리도 부인할 수 없는지라(행 4:14-16).

십자가에 달려 죽으시고 부활하셨다는 사실을 확실히 증거 하여 앉은뱅이를 일으킨 두 사도가 저들 앞에 서있고, 고침 받은 자가 온전한 몸으로 기뻐서 어쩔 줄을 모르고 서있고, 둘러선 군중들은 이제 증거를 받았고, 저 대제사장들과 장로들이 어떻게 나올까 하고 지켜보는데 그들은 할 말을 잃어 버렸다. 그들은 궁색하게 '그 이름을 증거 하지 못하게 엄포'를 내리는 것뿐이었다. 이 때 베드로는 다시 성령의 말하게 하심을 따라 담대히 외쳤는데 이 메시지는 영원히 살아있는 메시지요, 사탄과 흑암의 세력이 속속들이 무너지는 살아있는 말씀이다.

> 이에 베드로가 성령이 충만하여 이르되 백성의 관리들과 장로들아 만일 병자에게 행한 착한 일에 대하여 이 사람이 어떻게 구원을 받았느냐고 오늘 우리에게 질문한다면 너희와 모든 이스라엘 백성들은 알라 너희가 십자가에 못 박고 하나님이 죽은 자 가운데서 살리신 나사렛 예수 그리스도의 이름으로 이 사람이 건강하게 되어 너희 앞에 섰느니라(행 4:8-10).
>
> 다른 이로써는 구원을 받을 수 없나니 천하사람 중에 구원을 받을 만한 다른 이름을 우리에게 주신 일이 없음이라 하였더라(행 4:12).

"천하 인간에 구원 얻을 만한 다른 이름을 주신 적이 없다"는 말씀은 하나님의 유일성을 증거 하신 말씀이며 동시에 구원자의 유일성을 증거 하는 말씀이다. 종교를 용납하지 않는 말씀이요 하나님의 의지가 단호히 알려지는 말씀이다. 이 말씀은 영원한 복음의 말씀이며 동시에 흑암의 세력을 꺾는 말씀이며 사탄을 결박하는 권세의 말씀이며 영생의 길을 선포하는 말씀이다.

전도제자들이 또 구할 것은 말씀이다. 바울은 자기에게 말씀을 주사 복음을 담대히 전할 수 있도록 기도를 부탁했다. 그것은 '아데미 우상'의 소굴 「에베소」 현장에서 영적 싸움을 요구하면서 한 말이다. 사도는 에베소 성도들에게 영적 싸움에 임할 것과 반드시 복음의 말씀으로 무장할 것과 무시로 성령 안에서 기도할 것을 명령했는데 기도를 위한 기도를 할 것을 명령한 것이다. 그러므로 기도는 아무리 해도 다함이 없다.

사도는 이 기도와 함께 자신에게 말씀을 주시라고 기도를 요청한다. 그는 모든 하나님의 말씀으로 충만했다. 그럼에도 불구하고 말씀을 달라고 기도부탁을 하는 것은 말씀은 그때그때마다 새롭게 받아야하는 오늘의 말씀이 있어야하기 때문이다.

> 구원의 투구와 성령의 검 곧 하나님의 말씀을 가지라 모든 기도와 간구를 하되 항상 성령 안에서 기도하고 이를 위하여 깨어 구하기를 항상 힘쓰며 여러 성도를 위하여 구하라 또 나를 위하여 구할 것은 내게 말씀을 주사 나로 입을 열어 복음의 비밀을 담대히 알리게 하옵소서 할 것이니 이 일을 위하여 내가 쇠사슬에 매인 사신이 된 것은 나로 이 일에 당연히 할 말을 담대히 하게 하려 하심이라(엡 6:17-20).

전도의 주체가 성삼위 하나님이시고, 특히 주님이 말씀하신대로 성령 하나님의 주 사역이시라면 전도자의 구할 것은 성령의 역사이다. 성령은 그리스도를 증거 하신다. 성령은 말씀을 주신다. 성령님은 성경의 원저자이시다. 누가 성경의 진리를 성령님 보다 더 정확하게 증거 할 수 있단 말인가 그러므로 말씀을 심부름하는 자들이 순간순간 성령님을 의지하지 않는 것은 심각한 죄악이다. 성령은 아버지의 영이시며 그리스도의 영이시고 진리의 영이시며 보혜사이시다.

"기록된바 하나님이 자기를 사랑하는 자들을 위하여 예비하신 모든 것은 눈으로 보지 못하고 귀로 듣지 못하고 사람의 마음으로 생각하지도 못하였다 함과 같으니라. 오직 하나님이 성령으로 이것을 우리에게 보이셨으니 성령은 모든 것 곧 하나님의 깊은 것까지도 통달하시느니라"(고전 2:9-10). 성령은 요셉을 감동시키셨고 사무엘과 다윗을 감동 시키셨다. 이 시대에 요셉과 사무엘과 다윗과 같이 어린나이에 성령의 감동을 경험한 자가 나온다면, 그 시대는 흑암의 세력들이 무너지고 태평성대가 열릴 것이다.

사무엘이 자라매 여호와께서 그와 함께 계셔서 그의 말이 하나도 땅에 떨어지지 않게 하시니 단에서부터 브엘세바까지의 온 이스라엘이 사무엘은 여호와의 선지자로 세우심을 입은 줄을 알았더라. 여호와께서 실로에서 다시 나타나시되 여호와께서 실로에서 여호와의 말씀으로 사무엘에게 자기를 나타내시니라(삼상 3:19-21).

전도제자들이 무엇을 구할 것인가 그야말로 먹을 것, 마실 것, 입을 것은 전혀 구할 줄을 모르는 사람이여야 한다. 세상 사람이 볼 때는 매우 둔하고 답답한 자로 보이겠지만 이것이 정상적인 모습이다. 예수생명이 전도자의 것이며, 예수 능력이 그의 것이며 예수 권세가 그의 권세이며 예수 말씀이 그의 성취이며 예수 기도가 그의 응답이며 예수 치유가 그의 건강이며 예수 전도가 자기의 현장이기 때문에 그렇다.

영생은 하나님께서 영원 전부터 약속하시고 하나님은 그것을 하나님의 때에 하나님의 방법인 전도로 나타내셨다. "자기의 때에 자기의 말씀을 전도로 나타내셨으니 이 전도는 우리 구주 하나님이 명하신 대로 내게 맡기신 것이라"(딛 1:3). 바울은 디모데에게 때를 얻든지 못 얻든지 말씀을 전파하라고 하면서 주님이 자신에게 힘을 주시는 것은 말씀 전파 때문이라 했다. "주께서 내 곁에 서서 나에게 힘을 주심은 나로 말미암아 선포된 말씀이 온전히 전파되어 모든 이방인이 듣게 하려 하심이니 내가 사자의 입에서 건짐을 받았느니라"(딤후 4:17).

부활하신 예수님으로부터 하나님나라의 미션을 받은 제자들은 예수님이 승천하신 이후 곧 바로 마지막 성찬을 행했던 예루살렘의 마가요한의 다락방에서 약속하신 것을 기다렸다. 주님의 약속대로 오순절 날이 이르자 거기모인 120명의 남녀 제자들에게 성령이 강림하셨다. 그들은 모두 성령의 권능을 받았다. 바로 그들은 성령의 말하게 하심을 따라 다른 방언으로 말하기를 시작했다. 혹자는 이것을 방언 기도로 해석하는데 그것은 기도가 아닌 복음의 메시지였다. 인간의 언어를 초월한 하나님나라의 강력한 일이 나타난 것이다. 그 일은 인간의 전달 방식을 뛰어 넘는 하나님의 큰일을 말함이요 하나님나라의 복음이었다(행 2:5-11).

성령께서는 복음을 보존하신다. 그러므로 전도자들은 성령을 24시 구해야 한다. 전 세계가 복음을 쓰레기 취급하여 제멋대로 복음의 내용을 변질시키는데 이것이 교회 안에서 자행이 되고 신학자들로 말미암아 생명의 복음이 유행에 덜떨어진 한 사조처럼 취급당하고 있다. 성령의 활동하심이 없었다면 오래전에 복음은 사라졌을 것이고 교회도 복음을 찢어 발겼을 것이다. 현 시대의 교회는 복음전도에 대한 실증과 거부로 가득 차 있다. 사탄이 세계교회를 잠식해 버린 것이다.

그때나 이때나 미래나 이 문제를 해결할 수 있도록 성령 충만을 약속하신분이 예수님이시다. 그래서 교회는 성령을 힘써 구해야 한다. 성령께서는 그리스도의 몸 된 교회를 자신의 성전으로 삼고 지키실 것이다. 우리 자신이 성령께서 지키실 성전이요 우리 자신이 교회로서 성령의 전이다. 성령 하나님은 교회를 진리의 기둥과 터로서 지키실 것이다. "이 집은 살아 계신 하나님의 교회요 진리의 기둥과 터니라"(딤전 3:15b).

오순절 베드로의 설교를 듣고 복음을 받아들인 사람들이 베드로의 웅변에 감동을 받아 회개한 것이 아니다. 어느 누구라도 하나님의 말씀을 받아들인 것이라면 그 사람 속에는 성령의 불가항력적인 역사가 은혜로 작동한다. 빌립보 성에 [루디아]는 주님이 그 마음을 열어 주셨고 주님이 사도의 말을 청종케 하셨다. "안식일에 우리가 기도할 곳이 있을까 하여 문 밖 강가에 나가 거기 앉아서 모인 여자들에게 말하는데 두아디라 시에 있는 자색 옷감 장사로서 하나님을 섬기는 루디아라 하는 한 여자가 말을 들고 있을 때 주께서 그 마음을 열어 바울의 말을 따르게 하신지라 그와 그 집이 다 세례를 받고 우리에게 청하여 이르되 만일 나를 주 믿는 자로 알거든 내 집에 들어와 유하라 하고 강권하여 머물게 하니라"(행 16:13-15).

전도자는 성령의 감동을 구해야한다. 복음의 말씀을 전할 수 있도록 구해야하며 복음의 말씀이 들려질 수 있도록 구해야 하며 복음의 말씀이 지속적으로 전할 수 있는 자원들(기도처 같은 환경, 동원할 수 있는 사람 등)을 구해야한다.

> 그러므로 내가 너희에게 알리노니 하나님의 영으로 말하는 자는 누구든지 예수를 저주할 자라 하지 아니하고 또 성령으로 아니하고는 누구든지 예수를 주시라 할 수 없느니라(고전 12:3). 또 나를 위하여 구할 것은 내게 말씀을 주사 나로 입을 열어 복음의 비밀을 담대히 알리게 하옵소서 할 것이니(엡 6:19).

진정한 회개와 신앙은 성령의 중생시키는 은혜와 복음의 효과적인 증거에 의해서 이루어진다. 성삼위 하나님은 복음을 주신 분이시며 친히 복음을 실행하시고 친히 복음을 증거 하신다. "그가 내게 대답하여 이르되 여호와께서 스룹바벨에게 하신 말씀이 이러하니라 만군의 여호와께서 말씀하시되 이는 힘으로 되지 아니하며 능력으로 되지 아니하고 오직 나의 영으로 되느니라"(슥 4:6). "지혜가 있어서 이 일을 깨달을 만 한 자가 누구며 여호와의 입의 말씀을 받아서 선포할 자가 누구 인고 이 땅이 어찌하여 멸망하여 광야 같이 불타서 지나가는 자가 없게 되었느냐"(렘 9:12).

7. 전도제자의 찾을 것 - 전도의 주역 (구원받을 자와 제자)

전도의 주체가 성삼위 하나님이시고 특히 주님이 말씀하신대로 성령

하나님의 주 사역이시라면, 전도제자의 구할 것은 성령의 역사이다. 성령은 그리스도를 증거 하도록 사람을 준비하신다. 성부하나님이 구원 주기로 작정된 사람을 성령이 그리스도께로 인도하시며 구원의 복음을 전할 제자들도 준비하신다. 「칼빈 신학교」 학장이었던 [카이퍼] 박사(Rienk Bouke Kuiper)[145]는 전도자가 갖출 필수 조건을 말했는데, 첫째는 전도자는 복음을 분명히 이해하고 다음으로 복음에 대한 강한 확신과 복음역사에 대한 생동감을 가져야 한다고 했다.

바울은 전도자의 강한 확신을 표현할 때 믿었으므로 말하였다고 했다. "기록된바 내가 믿었으므로 말하였다 한 것 같이 우리가 같은 믿음의 마음을 가졌으니 우리도 믿었으므로 또한 말하노라"(고후 4:13) 본 절은 시 116:10의 인용이다. 그리고 '같은 믿음의 마음'은 '같은 믿음의 영'이다. 바울이 시편을 인용한 것은 자신이 다윗의 믿음을 가졌고 자신이 선진들의 믿음을 가졌으므로 말하는데 너희는 나의 믿음을 가지라는 말이다. 다윗이 인용한 [시 116:10]을 『개역개정』은 "내가 크게 고통을 당하였다고 말할 때에도 나는 믿었도다."라고 했고 『개역성경』은 "내가 믿는 고로 말하리라 내가 큰 곤란을 당하였도다."고 번역되어 있다. 제자들의 고난은 그리스도의 고난 중의 하나라고 할 수 있다. 그리스도의 고난이 어느 정도 제자의 고난으로 재현 된다. 이때 제자들은 그들의 몸에 '예수님의 죽인 것을 몸에 짊어지고 다닌다.' 그리고 이 흔적을 세상에 보임은 '예수님의 생명도 나타나게' 하려는 것이다. 전도자는 생명의 구원을 당연히 누려야 한다.

"내가 이 복음을 위하여 선포 자와 사도와 교사로 세우심을 입었노라 이로 말미암아 내가 또 이 고난을 받되 부끄러워하지 아니함은 내가 믿는

---

145) R.B 카이퍼저, 『전도신학』, 박수준역, 소망사. p207

자를 내가 알고 또한 내가 의탁한 것을 그 날까지 그가 능히 지키실 줄을 확신함이라"(딤후 1:11-12). 아름답도다 복음을 전하는 발이여 주의 이름을 부르게 하며 믿음에 이르도록 그리스도의 복음을 증거 하는 자, 보내심을 받은 자들이 모두 사람을 살리게 하는 아름다운 발걸음들이다.

전도제자는 무엇을 찾을 것인가? 구원을 주시기로 작정된 자이다. "이 방인들이 듣고 기뻐하여 하나님의 말씀을 찬송하며 영생을 주시기로 작정된 자는 다 믿더라"(행 13:48). "밤에 주께서 환상 가운데 바울에게 말씀하시되 두려워하지 말며 침묵하지 말고 말하라 내가 너와 함께 있으매 어떤 사람도 너를 대적하여 해롭게 할 자가 없을 것이니 이는 이 성중에 내 백성이 많음이라 하시더라"(행 18:9-10).

이 은혜의 부르심을 받을 사람을 찾는 것은 하나님이 인정한 진짜 전도자들에게 주시는 기쁨이다. 왜냐하면 세상에 가짜들이 많고 사탄은 가짜들을 사용해서 속이며 좋은 일꾼이라면 전도자들이 현장에서 찾아내는 것을 절대 싫어하기 때문이다. 하나님은 밭의 보화처럼 구원받을 자와 제자를 숨겨두신다. 그래서 밭에 감추어진 보화를 찾아내는 사람의 기준을 어느 정도는 가늠할 수가 있다. 그것은 복음 전도의 동기이다. 복음이 세상의 육신적 욕구의 수단으로 이용된다는 것은 그리스도와 그의 복음을 모욕하는 것이다.

예수님 당시 바리새인들과 서기관들은 교인하나를 얻기 위해 바다와 육지를 두루 다니다가 생기면 자기보다 배나 더 지옥자식으로 만들어 버렸다(마 23:15). 바울은 그들의 교만과 위선을 말하기를 그들은 육체의 모양을 내려하는 자들이고 그들은 무엇이든지 억지로 한다고 질타했다. 복음전도의 내적충동을 느낀다면 이 사람은 복음을 전하러 가지 않고는 못 배긴다. 복음전하는 일에 뛰어나갈 충동을 느끼는 사람이라면 그는 기쁨으로 그의 생을 복음전하는 일에 헌신할 것이다.

바울이 이런 충동에 잡혔다. "내가 복음을 전할지라도 자랑할 것이 없음은 내가 부득불 할 일임이라 만일 복음을 전하지 아니하면 내게 화가 있을 것이로다. 내가 내 자의로 이것을 행하면 상을 얻으려니와 내가 자의로 아니한다 할지라도 나는 사명을 받았노라 그런즉 내 상이 무엇이냐 내가 복음을 전할 때에 값없이 전하고 복음으로 말미암아 내게 있는 권리를 다 쓰지 아니하는 이것이로다. 내가 모든 사람에게서 자유로우나 스스로 모든 사람에게 종이 된 것은 더 많은 사람을 얻고자 함이라"(고전 9:16-19). 이와 같이 복음전파의 열망에 사로잡힌 자는 자기 자신을 위해서라도 복음 전파 하는 일에 뛰어들어야 한다. 그것은 하나님이 허용한 갈급함이기 때문이다. 구약의 예레미야 선지자가 그랬다. 입을 다물고 말씀을 전하지 않으면, 가슴이 불타는 것 같아 견딜 수 없는 상태가 되어졌다. "내가 다시는 여호와를 선포하지 아니하며 그의 이름으로 말하지 아니하리라 하면 나의 마음이 불붙는 것 같아서 골수에 사무치니 답답하여 견딜 수 없나이다"(렘 20:9).

전도제자는 하나님께 사로잡혀야 한다. 잡힌바 된 속에서 복음전도의 열망이 나와야 한다. 전도제자는 자신은 전도를 위한 하나님의 것이라는 사실을 인지하고 있다. 전도제자의 자기 사랑은 이기심이 없는 적당한 정도의 사랑이다. 어떻게 이런 경지에 이르게 됐는지 희한한 일이다. 그의 하나님 사랑 함이 자신의 이기심으로 부터 자신을 지켜준다. 그가 또한 자신을 적당히 사랑할 수 있는 것은, 하나님을 사랑하는 속에서 영혼사랑이 나오기 때문이다. 하나님 사랑 이웃사랑이 모든 율법이고 선지자라고 했는데, 이웃을 사랑하는 것은 그들의 영혼을 건져내기 위한 동기에서 나와야 맞다.

일반은총의 이웃사랑은 매우불충분하다. 영적사랑과 본질적으로 비교

되는 상대적인 것이다. 일반적인 사랑은 영적인 것을 추구하지 않는다. 그것은 일시적이고 육신적이다. 우정과 의리도 매우 불안전한 것이다. 모두 조건이 붙어 있기 때문이다. [스데반] 집사는 자기를 핍박하는 자들을 용서하며 그들을 진실로 사랑하며 기도했다. 이것은 예수님의 영, 즉 성령에 사로잡힐 때 가능한 것이다(행 7:59-60).

전도제자의 용서는 귀찮아서 그냥 해줘버리는 것이 아니다. 또 내가 용서하면 뒤에 내게 유리할 것이기 때문에 용서하는 것도 아니다. 전혀 나를 반대하고 전혀 틀린 주장에 꺾을 수 없는 고집에도 용서하는 것이다. 전도제자의 동기는 하나님을 사랑하는 사랑에서 나온다. 사도 [베드로]는 주님을 부인함으로 그 자신 마음으로 사도 직권을 상실했다. 부활하신 주님이 새벽 「디베랴」 바다에서 찾아 오셔서, "요한의 아들 시몬아 네가 나를 사랑하느냐" 물었을 때 베드로는 반석도, 사도도 아무것도 아니었다. 그는 주님이 부르시기 전의 [요한의 아들 시몬]이었다. 여기서 베드로는 끝없는 이해와 한없는 긍휼의 주님을 뵙고 뜨거운 눈물로 자신의 연약함과 주님에 대한 사랑을 고백했다. 이 고백은 전에 호헌 장담하는 그런 고백과 완전 거리가 먼 고백이었다.

주님은 다시 베드로를 일으키셨다. 사실 넘어진 것이 아니었다. 주님이 베드로를 쓰시는 프로그램 속에 있었던 것이었다. 배신의 사건은 마음은 원하지 않지만 육신의 연약함으로 넘어지고 마는 제자들이 평생에 받을 은혜의 통로가 되었다. 이게 그리스도 안에 있는 전도제자의 축복이다. 주님은 베드로의 사랑의 고백을 받으시고 "내 어린양을 먹이라, 내양을 치라"하셨다. 이 파송에는 예수님에 대한 전도자의 사랑이 조건이 된 것이다.

바울은 그리스도의 사랑이 우리를 강권한다고 했다. "우리가 만일 미쳤어도 하나님을 위한 것이요 정신이 온전하여도 너희를 위한 것이니 그리스도의 사랑이 우리를 강권하시는 도다 우리가 생각하건대 한 사람이 모든 사람을 대신하여 죽었은즉 모든 사람이 죽은 것이라 그가 모든 사람을 대신하여 죽으심은 살아 있는 자들로 하여금 다시는 그들 자신을 위하여 살지 않고 오직 그들을 대신하여 죽었다가 다시 살아나신 이를 위하여 살게 하려 함이라"(고후 5:131-15).

여기 '그리스도의 사랑'은 그리스도를 향한 제자들의 사랑이 아니라, 제자들을 향한 그리스도의 사랑이다. '강권 한다'는 말은 앞으로 밀어 붙이는 행위가 아니고 '제한 한다', '금 한다'는 의미이다. 그들을 위해 죽으신 예수님의 사랑이 그들로 하여금 다시는 자기 자신을 위해 나가는 것을 금하게 되었다는 것이다. 그것도 자발적으로 말이다. 그래서 전도자들이 자신을 위해 살지 않고 주님을 위해 살도록 강요하는 것은 주님을 향한 그들의 사랑이다.

전 세계에 복음의 순환기를 허락해 주옵소서
전 유럽교회가 복음과 전도와 선교운동이 회복되게 하옵소서
저 북방 러시아와 인도 모슬렘 땅에 그리스도의 깃발이 꽂아지게 하소서
저 중국과 북한과 일본 땅에서 주를 찬양하는 소리가 가득하게 하소서
저 동남아에 우상과 신전들이 무너지고 그리스도 앞에 엎드리게 하소서
저 아프리카에 무속과 정령숭배가 사라지고 복음의 깃발이 날리게 하소서
저 북미와 남미와 중남미에 지식우상과 마리아우상이 무너지게 하소서
저 호주와 뉴질랜드에 복음의 소리가 올려 퍼지게 하소서
전 세계 237개의 국가의 대도시마다 복음만을 선포하는 교회가 세워지게 하소서
전 세계교회에 주님이 기다리신 남은 자(Remnant)들이 모이게 하소서
전 세계에 선교 산업의 응답자들이 모이게 하소서.

전도제자들이 구원을 주기로 작정 된 자들을 찾을 뿐 아니라 하나님의 준비한 제자를 찾아야 한다. 이것은 주님이 주신 기도제목이다. "이에 제

자들에게 이르시되 추수할 것은 많되 일꾼이 적으니 그러므로 추수하는 주인에게 청하여 추수할 일꾼들을 보내 주소서 하라 하시니라"(마 9:37-38, 눅 10:2).

주님은 추수할 것이 많다고 하셨는데 왜 우리에게는 추수할 것이 어렵고 힘들고 적은가 좋게 말하면 한국교회는 교회가 많아 밥그릇 싸움에 들어간 때문이요, 나쁘게 말하면 전도를 모르고 전도를 하지 않기 때문이다. 전도를 한다 해도 참 교회운동이 아닌 교회숫자 불리는 것이기 때문에 그렇다. 각 교단에서 배출 되는 신학생들이 '교회성도의 수 = 나의 성공'이라는 등식을 가지고 있다. 교회가 전도하는 단체를 이단 만들기에 열을 올릴 때 진짜 이단들이 보란 듯이 일어나 정통교회의 양들을 마음껏 유린하고 있다.

[마가]는 그들을 부르실 때 주님의 방침을 기록했는데, "또 산에 오르사 자기가 원하는 자들을 부르시니 나아온지라 이에 열둘을 세우셨으니 이는 자기와 함께 있게 하시고 또 보내사 전도도 하며 귀신을 내쫓는 권능도 가지게 하려 하심 이러라"(막 3:13-15)고 했다. 전도제자는 분명 주님이 원하시는 자들이다. 그들은 언제나 주님이 원하시는 곳에 있다. 그들은 주님의 원하시는 일을 원한다. 그들은 언제나 주님의 원하시는 방법을 찾는다. 그리고 그들은 항상 주님의 원하시는 시간표를 기다린다. 그래서 전도제자는 주님이 구원 주시기로 작정한 자들을 찾아야 한다. 그리고 함께 복음전도 운동할 일꾼을 찾아야 한다. 그리고 방법도 찾아야 하는데 그 방법은 주님의 방법으로, 주님과 함께 지내는 것이다. 이것이 제자운동인 것이다.

전도제자는 일상의 모든 삶에 대한 것을 복음과 전도 속에서 찾는다. 믿음의 사람은 믿음으로 살기 때문이다. 그들은 믿음 속에 육신적필요가 다 있음을 안다. "네 하나님 여호와께서 이 사십 년 동안에 네게 광야 길을 걷게 하신 것을 기억하라 이는 너를 낮추시며 너를 시험하사 네 마음이 어떠한지 그 명령을 지키는지 지키지 않는지 알려 하심이라 너를 낮추시며 너를 주리게 하시며 또 너도 알지 못하며 네 조상들도 알지 못하던 만나를 네게 먹이신 것은 사람이 떡으로만 사는 것이 아니요 여호와의 입에서 나오는 모든 말씀으로 사는 줄을 네가 알게 하려 하심이니라 이 사십 년 동안에 네 의복이 해어지지 아니하였고 네 발이 부르트지 아니하였느니라"(신 8:2-4).

광야에서 이스라엘이 배워야 할 것이 무엇이었는가 그들은 아무것도 없었으나 그들을 부르신 하나님으로부터 모든 것이 제공 되었다. 여호와의 입의 말씀을 구하면 떡의 문제도 해결 되도록 된 것이다. 언약 안에 먹을 것 마실 것 입을 것이 다 있다. 40년 간 옷이 헤어 지지 않았고 발이 부르트지 않았다. 이사야 선지자는 이사야 60장 1-4에서 전도자의 사명을 받은 이스라엘에게 "일어나라 빛을 발하라" 하면서 전도자의 생활근거를 지적했다. "오직 추수한 자가 그것을 먹고 나 여호와를 찬송할 것이요 거둔 자가 그것을 나의 성소 뜰에서 마시리라 하셨느니라"(사 62:9).

예수님도 제자들을 전도 현장에 내보시면서 전도제자의 필요는 특별히 주님이 챙기신다는 의미의 말씀을 하셨다. "너희 전대에 금이나 은이나 동을 가지지 말고 여행을 위하여 배낭이나 두 벌 옷이나 신이나 지팡이를 가지지 말라 이는 일꾼이 자기의 먹을 것 받는 것이 마땅함이라"(마 10:9-10) 사도 바울도 선지자 하박국의 말을 인용하여 믿음의 사람들은 그가 가진 믿음으로 산다고 했다. "내가 복음을 부끄러워하지 아니하노니 이 복음은 모든 믿는 자에게 구원을 주시는 하나님의 능력이 됨이라 먼저는 유대인에게요 그리고 헬라인에게 로다. 복음에는 하나님의 의가 나타나서 믿음으로 믿음에 이르게 하나니 기록된바 오직 의인은 믿음으로 말미암아 살리라 함과 같으니라(롬 1:16-17, 참고 합2:4, 히 10:38). 그러므로 전도제자는 육신의 것을 찾는 것은 참으로 시간낭비일 뿐이요 하나님나라의 미션을 이룰 인력과 자원을 찾는 것에 올인 하는 자이다.

잃어버린 양을 찾는 것은 하나님의 백성들이 할 당연한 복음전도생활이다. 전도제자에게는 잃은 영혼을 찾는 것은 당연한 일이면서도, 전도제자는 그 잃은 영혼을 찾을 자를 찾아 세우는 일에 헌신된 사람이다. 그래서 전도제자는 모든 일상을 하나님께 의뢰하고 육신적인 삶에는 단순해진다. 이 비유를 영혼구원에 국한 한다고 할 때 목자의 잃어버린 한 마리 양이나, 과부의 잃어버린 드라크마나, 잃은 한 영혼을 찾는 일이 전도제자의 삶은 맞으나, 전도자는 사실 진주를 찾고, 밭의 보화를 찾는 사람으로서 레버리지가 되는 제자를 찾는 사람이다. 목자와 과부는 자기생활을 하면서 영혼을 찾는 사람이라면, 진주장사와 밭가는 농부는 그 일 자체로 사는 본업이다.

이일도 하나님이 주도하셔야 정확하고 제대로 된 열매가 나오게 된다. 그래서 전도제자는 끊임없이 자신의 목자 장이신 예수님을 바라보아야 한다. 70인 제자에 속했을「다메섹」의 [아나니아]가 받은 응답이 이 응답이다. 그는 다메섹의 한 거리에서 조용히 하나님을 바라보며 성령의 충만한 삶을 유지하고 있었다. 주님은 전도자 바울을 깨뜨리실 때 아나니아 제자가 있는 다메섹에서 꺾으셨다. 주님은 아나니아에게 바울(사울)을 알려주고, 그가 꺾어진 상태를 알려주시고 아나니아 자신이 그에게 와서 기도해줄 것이란 사실도 알고 있다고 알려 주셨다. 그리고 그가 이방인들을 위한 선교에 큰일을 할 것도 알려 주셨다. 모든 상황을 하나님이 친히 준비하시고 이루어 주신 것이다. 전도제자는 이런 응답이 즐거움이고 행복이다. 이 놀라운 기쁨을 누리지 못한 것은 단지 작은 동기들 때문이다.

하나님은 이스라엘의 초대 왕 [사울]을 버리셨는데 그 때부터 사울은 왕이지만 사람의 눈에 만 왕이었다. 실제 왕은 지금 왕관을 쓰고 있지 않는 [다윗]이었다. 전도자가 하나님의 선택으로 보내심을 받았다면, 그는 하나님 앞에서 전도자요 영적인 공인이다. 그러므로 그를 대적하는 자는 하나님을 대적하는 소행이 되어버린다. 이것이 다윗이 왕으로 기름부음을 받은 후에 되어 진 사울과 다윗의 관계이다. 사울은 왕의 자리에 있지만 사람의 눈에만 왕일 뿐 이미 하나님은 그를 버렸기에 아무것도 아니었다. 그가 왕으로서 신하들에게 명령을 하지만 그의 명령은 모두가 가치가 없는 것일 뿐이었다. 그러나 왕의 자리에 앉아있는 사울에게 쫓겨 다니는 처지였으나 그가 하는 모든 일은 하나님의 원하시는 일이 되었고 다윗을 대적하는 자들은 모두 하나님을 상대해야 했다. 이것이 전도자의 위에서 내리는 공적권위이다.

이세상의 복음화는 하나님이 계획하시고 진행하시고 마무리도 하나님이 하신다. 아주 패역한 정치인들과 부패한 성직자들이 한통속이 되어 하나님의 뜻을 쓰레기통에 버렸을 때 하나님은 전도자 예레미야에게 기도를 지시했다. 하나님의 기도의 지시가 우리에게 주신의미가 크다.

애굽의 노예로 잡혀있는 백성들을 구원하시기 위해 하나님은 [모세]를 준비하셨고 모세를 위해 [여호수아]를 준비하셨다. 여호수아를 위해 [갈렙]을 준비하셨고 기생 [라합]을 준비하셨다. 전도자는 이시대의 믿음의 사람들과 하나님의 은혜를 입은 사람들을 찾아야 한다. 구원 주시기로 작정된 자들을 눈으로 구별 할 수가 없어서 모든 사람에게 복음을 전해야 알 수 있는 것처럼, 하나님이 준비하신 제자들 역시 모든 곳에서 복음을 부지런히 전할 때 발견하고 만날 수 있는 확률이 높아진다. 그래서 [바울]은 제자 [디모데]에게 복음전도는 시간을 가려서 하는 것이 아니라고 했다.

하나님 앞과 살아 있는 자와 죽은 자를 심판하실 그리스도 예수 앞에서 그가 나타나실 것과 그의 나라를 두고 엄히 명하노니 너는 말씀을 전파하라 때를 얻든지 못 얻든지 항상 힘쓰라 범사에 오래 참음과 가르침으로 경책하며 경계하며 권하라 때가 이르리니 사람이 바른 교훈을 받지 아니하며 귀가 가려워서 자기의 사욕을 따를 스승을 많이 두고 또 그 귀를 진리에서 돌이켜 허탄한 이야기를 따르리라 그러나 너는 모든 일에 신중하여 고난을 받으며 전도자의 일을 하며 네 직무를 다하라 (딤후 4:1-5).

하나님은 바울 팀의 선교캠프의 방향을 「소 아시아」에서 「마게도냐」로 돌리셨다. 마게도냐 첫 성 「빌립보」에 도착했는데 여러 가지가 필요했다. 그들이 먼저 필요한 것은 기도처였다. 기도처는 베이스캠프가 되고 잠자는 숙소가 될 것이고 캠프의 포럼장소가 될 것이었다. 그들에게는 음식과 물 등 일상품들이 필요했다. 이것도 하나님이 준비했고 그들은 전도의 현장으로 기도처를 찾아 나섰다.

"거기서 빌립보에 이르니 이는 마게도냐 지방의 첫 성이요 또 로마의 식민지라 이 성에서 수일을 유하다가 안식일에 우리가 기도할 곳이 있을까 하여 문 밖 강가에 나가 거기 앉아서 모인 여자들에게 말하는데 두아디라 시에 있는 자색 옷감 장사로서 하나님을 섬기는 루디아라 하는 한 여자가 말을 듣고 있을 때 주께서 그 마음을 열어 바울의 말을 따르게 하신지라 그와 그 집이 다 세례를 받고 우리에게 청하여 이르되 만일 나를 주 믿는 자로 알거든 내 집에 들어와 유하라 하고 강권하여 머물게 하니라" (행 16:12-15). 모든 것이 한 번에 해결 되었다. 그래서 우리는 하나님이 전도자를 위해 준비하신 인력과 재원을 찾아야 한다.

사도행전 14장에는 바울의 「이고니온」과 「루스드라」와 「더베」에서 복음을 전할 때, 유대인들이 깡패들을 동원해서 핍박을 하는데 급기야 돌로 바울을 쳐서 죽이게 되었다. 그러나 피투성이 바울은 다시 일어나 다음날 바로 그 성들을 거슬러 다시 들어갔다. 어찌 그럴 수 있는가 그를 돌로 친자들이 거기 있을 것인데 말이다. 왜 그랬을까 바울은 그곳 성(城)들에

깡패는 물론 하나님의 준비한 제자들이 있기 때문이었다.

"유대인들이 안디옥과 이고니온에서 와서 무리를 충인하여 돌로 바울을 쳐서 죽은 줄로 알고 성 밖에 끌어 내치니라 제자들이 둘러섰을 때에 바울이 일어나 성에 들어갔다가 이튿날 바나바와 함께 더베로 가서 복음을 그 성에서 전하여 많은 사람을 제자로 삼고 루스드라와 이고니온과 안디옥으로 돌아가서 제자들의 마음을 굳게 하여 이 믿음에 거하라 권하고 또 우리가 하나님 나라에 들어가려면 많은 환난을 겪어야 할 것이라 하고"(행 14:19-22).

"바울이 더베와 루스드라에도 이르매 거기 디모데라 하는 제자가 있으니 그 어머니는 믿는 유대 여자요 아버지는 헬라인이라 디모데는 루스드라와 이고니온에 있는 형제들에게 칭찬 받는 자니"(행 16:1-2) 바울은 그 속에 이 제자가 있기 때문에 피투성이 몸으로 바로 달려간 것이다. 이것이 전도제자들이 생명 걸고 구하여 받을 것이요, 찾아서 얻을 것이다. 전도자의 찾을 것은 하나님의 예비하신 사람이며 사건이다.

8. 전도제자의 두드림 - 현장의 문 (전도와 선교)

누가는 성령하나님의 간섭이 얼마나 다양하시고 복음 전도에 있어서 치밀 하신가를 보여 준다.

성령이 아시아에서 말씀을 전하지 못하게 하시거늘 그들이 브루기아와 갈라디아 땅으로 다녀가 무시아 앞에 이르러 비두니아로 가고자 애쓰되 예수의 영이 허락하지 아니하시는지라 무시아를 지나 드로아로 내려갔는데 밤에 환상이 바울에게 보이니 마게도냐 사람 하나가 서서 그에게 청하여 이르되 마게도냐로 건너와서 우리를 도우라 하거늘 바울이 그 환상을 보았을 때 우리가 곧 마게도냐로 떠나기를 힘쓰니 이는 하나님이 저 사람들에게 복음을 전하라고 우리를 부르신 줄로 인정함 이러라(행 16:6-10).

성령의 부르심과 인도하심이 양상은 다르지만 목적은 그리스도 복음을 증거 하시는 것이므로 항상 흐름은 일치한다. 성령께서는 부르시고 복음을 전하고자 하는 자들을 기꺼이 전도자로 세우시고 그들을 인도하시며 은혜를 채워 주신다.

행 2:9-11에는 천하 각국 15나라에서 모여온 경건한 자들을 성령께서 세우셨는데 3000명의 평신도 제자들을 세우신 것이며 성전미문의 앉은 뱅이 사건으로 그리스도의 부활을 증거 할 때는 5000명이 예수님께로 개종했다. 성령하나님이 제자들의 앞장서서 일하셨다.

성령께서는 선교를 위해 팀을 구성시키신다. 성령께서는 「안디옥」교회에서 세계선교 캠프를 시작케 하셨고 선교사를 지목하시고 파송케 하신 분도 성령이시다. "안디옥 교회에 선지자들과 교사들이 있으니 곧 [바나바]와 니게르라 하는 [시므온]과 구레네 사람 [루기오]와 분봉 왕 헤롯의 젖동생 [마나엔]과 및 [사울]이라 주를 섬겨 금식할 때에 성령이 이르시되 내가 불러 시키는 일을 위하여 바나바와 사울을 따로 세우라 하시니 이에 금식하며 기도하고 두 사람에게 안수하여 보내니라"(행 13:1-3).

전도자는 성령님께 함께할 동역 자를 간절히 의탁해야 한다. 처음 선교사를 파송하는 안디옥교회의 그릇 준비를 보면 이방선교를 위해 신분과 출신과 인종의 구별을 뛰어넘어 한 팀이 되었다. 성령님의 인도를 간곡히 구할 때 목표와 메시지와 방법이 성령 안에서 다 통하는 것이다. 이게 아니면 성령의 인도를 받을 수 없다.

바울이 골로새 교회에 기도제목을 주었는데 "또한 우리를 위하여 기도하되 하나님이 전도할 문을 우리에게 열어 주사 그리스도의 비밀을 말하게 하시기를 구하라"(골 4:3)고 했다. 사도가 준 이 기도제목이야 말로 24시 우리에게 요청되는 기도의 절대 당위성과 필연성이다. 한국교회가 뭔가를 열심히 하려고 하는 그것들을 그만두고 1890년대 평양에서 열린 전도의 문이 이 민족에게 다시 한 번 열리기를 기도해야 한다.

전도의 주체가 되시는 하나님께서는 「소비에트 연방」의 빗장을 열어 주셨고 중국의 「죽의장막」 빗장도 열어 놓으셨다. 감히 하나님을 향해 총질하던 그들 사상이 무너진 것이다. 지금 저들은 저들 나름대로 복음 활동을 막고는 있으나 열려있는 것은 사실이다. 제주도에서 제 3세계의 제자들이 「도단성」 훈련을 받고 있는 것은 제주도가 국제도시가 되어 무(無)비자로 올 수 있도록 제도화되었기 때문인데 이것이 하나님이 열어 주신 복음의 문이다.

하나님의 시간표가 오면 북한 땅의 '네피림' 인간우상, 사상우상, 신전우상은 무너지게 되어있다. "그러므로 예수께서 다시 이르시되 내가 진실로진실로 너희에게 말하노니 나는 양의 문이라"(요 10:7) 양의 문이 되신 주님만이 저 북한 땅에 죽어가는 양들을 위해 해방의 문을 열어 주실 수 있기에 전도자는 무시로 기도해야 한다. 이 땅의 하나님의 백성들은 전도자들에게 문을 열어 주시고 그리스도의 비밀이 선포 되도록 기도해야 한다.

"이 비밀은 만세와 만대로부터 옴으로 감취었던 것인데 이제는 그의 성도들에게 나타났고 하나님이 그들로 하여금 이 비밀의 영광이 이방인 가운데 어떻게 풍성한 것을 알게 하려하심이라 이 비밀은 너희 안에 계신 그리스도시니 곧 영광의 소망이니라"(골 1:26-27). 양의 문이 되시고 참 목자시며, 목자 장이신 그리스도께서 세우신 모든 목자들은, 지금 전 세계에 구원의 소낙비가 내리기를 간구해야한다. 모든 주의 목자들은 그들의 양들과 함께 복음전도와 선교의 문을 열어 주실 것을 기도하며, 문이 열렸을 때 하나님의 비밀을 말할 수 있도록, 항상 복음의 말씀으로 자신을 채워야 한다. 하나님의 비밀은 우리 안에 계신 그리스도이시기 때문이다(골 1:27).

열면 닫을 자가없는 주님이 저 유럽에 복음의 문을 여시고 저 북방 러시아, 인도차이나, 모슬렘에 복음의 문을 열어주시기를 24시 기도하는 자들이 전도제자들이다. 서남아, 동북아 중국, 북한, 일본과 중앙아시아, 동남아시아, 그리고 복음불모지 아프리카, 북미, 남미와 중남미, 호주와 뉴질랜드에 다윗의 열쇠를 가지신 그리스도께서 선교의 문을 5대양 6대주에 열어주시기를 새벽마다 기도하자. 이것은 주님만이 하실 수 있고 주님이 열어야만 닫을 자가 없기 때문이다.

> 빌라델비아 교회의 사자에게 편지하기를 거룩하고 진실하사 다윗의 열쇠를 가지신 이 곧 열면 닫을 사람이 없고 닫으면 열 사람이 없는 그이가 가라사대 볼찌어다 내가 네 앞에 열린 문을 두었으되 능히 닫을 사람이 없으리라 내가 네 행위를 아노니 네가 적은 능력을 가지고도 내 말을 지키며 내 이름을 배반치 아니하였도다(계 3:7-8).

인간은 스스로 사탄의 함정에서, 원죄와 조상 우상의 죄들과 자(自)범죄들에 대한 형벌에서 빠져 나올 수가 없다. 하나님을 배반하고 지옥의 올무에 잡힌 상태를 스스로 해결하는 것은 절대불가능하다. 십자가의 도(道)는 하나님의 복음의 길이다. 전도란 사람들에게 하나님의 생명의 비밀을 말하는 것이다. 전도가 하나님의 생명을 전달하는 도(道)가 되려면 선행하는 조건이 있다. 전도지망생이 세상에 '예수에 관해서' 말하는 것을 중단하고 '예수가 그리스도' 되심을 말해야 한다(행 18:24-28).

복음전파는 이제 때가 정함이 없이 상시(常時)로 도래 되었다. 복음의 그림자는 실체가 오심으로 사라졌다. 이제는 또 다른 실체를 기다릴 이유가 없어 진 것이다. 만병통치약인 복음이란 캡슐을 항상 지니게 되었다. 그래서 '예루살렘을 떠나지 말고 아버지의 약속하신 것을 기다리라' 하신 말씀이 응답이 됨으로 시간과 공간의 장애가 되지 않게 되었다. 전도자는 이제 어디서나 언제든지 예루살렘을 떠나서도 아버지의 약속하신 것 즉 예수님이 아버지로부터 보내주신 성령의 권능을 받을 수 있게 되었다.

영혼구원의 주체이신 하나님이 문을 열어 주셔야 되기에 문을 두드려야 한다. "누구든지 내게 들으며 날마다 내 문 곁에서 기다리며 문설주 옆에서 기다리는 자는 복이 있나니"(잠 8:34) 전도자는 날마다 하나님의 말씀을 들으며 주님의 문 곁에서 문이 열리기를 기다리는 자이다.

우리 구주 예수님은 다윗의 열쇠를 가지신 분이시다. 열면 닫을 자가 없고 닫으면 열자가 없는 그리스도께서 문을 열어 주셔야 전도사역이 가능해 진다. 성부 하나님은 그리스도를 보내셨고, 성자 예수님은 그리스도로 오셨고, 성령하나님은 그리스도를 증거 하신다. 구원의 문은 성삼위 하나님이 열어 주셔야 된다. 전도의 주체는 성삼위 하나님이시므로 전도자는 성령의 인도 속에서 구원을 위한 현장을 때를 가리지 않고 두드려야 한다. 하나님의 시간표가 있기 때문이다.

이 땅에 구원의 문을 여신 분은 성삼위 하나님이시다. 긍휼이 풍성하신 하나님께서는 예루살렘과 온 유대와 사마리아와 전 세계에 은혜의 복음을 주신 분이시다. 사마리아는 B. C 700년부터 완전히 닫힌 문이 되어 버렸다. 사마리아에 구원의 문을 여신 분은 예수님이셨다. 예수님의 방문으로 700년 동안 버린바 된 사마리아에 은혜의 문이 열렸다. 사마리아가 버려진 재앙지대로 취급 된 것은 오랜 관습이 되었다. 사마리아 인 자신들도 기분은 상했으나 부정하지 않는 상태였다. 예수님의 사마리아 방문은 사마리아 사람들이 놀랄 정도로 파격적인 일이었다(요 4:9). 예수님의 파격적인 모습은 물 길러온 여인에게나 제자들에게도 기이했다. 모든 사람들이 사마리아는 하나님이 버린 땅으로 취급하였지만, 예수님은 사마리아가 희어져 추수하게 된 어장으로 보셨다(요 4:35, 39).

너희가 넉 달이 지나야 추수할 때가 이르겠다 하지 아니하느냐 내가 너희에게 이르노니 눈을 들어 밭을 보라 희어져 추수하게 되었도다. 거두는 자가 이미 삯도 받고 영생에 이르는 열매를 모으나니 이는 뿌리는 자와 거두는 자가 함께 즐거워하게 하려 함이니라(요 4:35-36).

하시는 동안 음식을 구하러 갔고 제자들이 돌아왔을 때는 이 여인이 동네로 전도하러 달려가고 없었다. 먹을 것을 구하려고 전도에 무관심한 제자들과 먹을 것에 무관심하고 전도하러 달려 나간 여인이 멋진 대조를 이룬다. 여인이 물동이를 버려두고 그리스도를 전하러 달려간 것은 영적기적이다. 제자들이 먹을 것을 차려놓을 때 예수님이 하신 말씀이다. "내게는 너희가 알지 못한 양식이 있다"하시고 말문을 여신 것이다. 갑작스런 예수님의 말씀과 제자들이 예수님께 집중하는 모습을 상상하게 된다. 제자들은 주님의 이때의 말씀을 평생 잊을 수가 없었을 것이다. "나의 양식은 나를 보내신 이의 뜻을 행하며 그의 일을 온전히 이루는 것이니라"

주님은 넉 달이 지나야 추수 때가 이른다고 하는 말씀은 인간사의 파종과 거두는 기간을 말하지만, 영혼구원의 신령한일은 지체 없이 행할 것을 가르치신 것이다. 사마리아 여인도 넉 달의 기간이 필요 없이 즉시로 동네로 달려간 것이었다. "여자의 말이 그가 나의 행한 모든 것을 내게 말하였다 증거 하므로 그 동네 중에 많은 사마리아인이 예수를 믿는지라"(요 4:39). 이것이 그 결과이다.

예수님 승천하신 이후 사도제자들은 사마리아 땅에 들어간다는 것을 생각지도 못하고 있었다. 그들이 받은 최고의 약속인 성령의 충만을 받았을 때도 그 약속이 주어진 목적을 생각하지도 못했다. "오직 성령이 너희에게 임하시면 너희가 권능을 받고 예루살렘과 온 유대와 사마리아와 땅 끝까지 이르러 내 증인이 되리라 하시니라"(행 1:8). 여기에 사마리아와 땅 끝이라는 말씀이 당장은 사도들에게 감추어 진듯하다. 성령의 충만 후 즉각적인 15나라에 흩어진 자들이 몰려온 것과, 성전미문의 앉은뱅이 치유의 역사와, 3000명의 제자가 일어난 것들과, 이 초대교회에 많은 헌금들이 모아지면서 일어난 갑작스런 부흥들을 볼 때 어쩌면 사마리아를 생각할 틈이 없었을 법도 하다. 그런데 놀랍게도 평신도 [빌립]집사가 예수님의 명령하신대로 사마리아에 먼저 들어갔다.

> 빌립이 사마리아 성에 내려가 그리스도를 백성에게 전파하니 무리가 빌립의 말도 듣고 행하는 표적도 보고 일심으로 그의 말하는 것을 좇더라. 많은 사람에게 붙었던 더러운 귀신들이 크게 소리를 지르며 나가고 또 많은 중풍병자와 앉은뱅이가 나으니 그 성에 큰 기쁨이 있더라(행 8:5-8).

사도행전의 구조가 1장 8절의 말씀이 성취되어 가는 과정으로 되어있다. 주님의 명에 따라 예루살렘과 온 유대와 사마리아와 땅 끝까지 전파 되어가는 과정을 차례로 보여주고 있는 것이다. 지리적으로 볼 때는 1장에서 7장까진, 예루살렘 안에 교회가 시작 되어 확장 되는 모습이며, 8장에서 12장은 유대와 사마리아와 팔레스틴 전역과 수리아와 안디옥까지 복음운동이 확산 되어지는 과정을 보여주고 제13장부터 28장까지는 사도바울 중심의 선교캠프가 아시아에서 마게도냐로 그리고 로마로 진행 되는 모습을 보여준다. 사도행전은 역사기록이므로 28장 이후 교회사로 연결이 되어 지금도 진행 되고 있다.

사도행전 1장 8절의 천명(天命)은 어디든, 어느 민족이든, 어느 때이든, 복음이 들어가는 곳곳에서 늘 새롭게 시작되고 확산되어 진행되고 있다. 또 복음이 들어 가는 대상으로 볼 때 1장에서 7장까지는 주로 유대인들 중심이고 8장부터12장은 유대인에서 이방인에게로 전환하는 과정이다. 이것이 [스데반] 집사의 순교로 대 전환이 이루어지는데 여기에 [빌립] 집사가 사마리아에 들어간 일은 평신도 전도제자들의 거침없는 행보를 보게된다.

하나님은 이 평신도 전도제자들에게 복음의 문을 열어 주셨는데 스데반 집사를 통해서는 핍박과 상관없이 전 이방의 선교의 시작으로, 빌립집사를 통해서는 재앙지대 사마리아와 아프리카에 문을 여셨다. 또 9장을 보면 이방 선교를 위해 바울을 준비하신 하나님은 다메섹에 있는 평신도 [아나니아]를 사용하셨다. 빌립집사의 사마리아 전도와 에티오피아 내시 전도는 복음이 지역과 민족을 넘어 온 세계에 열려있음을 보여준 주님의 메시지였다. 주님은 사마리아에 복음이 다가갔을 때 제한 없이 차별 없이 믿는 자에게 성령충만 주시기를 기뻐하셨다. 주님은 복음의 문이 모든 장벽을 초월하여 열려야 할 것과 복음 안에서 모든 장벽이 무너진다는 사실을 전도제자들에게 보여 주신 것이다.

"사울이 그의 죽임 당함을 마땅히 여기더라. 그 날에 예루살렘에 있는 교회에 큰 핍박이 나서 사도 외에는 다 유대와 사마리아 모든 땅으로 흩어지니라"(행8:1) 스데반 집사의 순교한 날로부터 본격적인 핍박이 예루살렘 교회에 시작 되었다. 이 일로 사도들 외에는 유대와 사마리아로 흩어졌다. 사도들은 예루살렘에서 삽시간에 일어난 많은 개종자들을 나두고 갈 수가 없는 형편이었다. 그러나 평신도중직 자들은 흩어져서 오히려 복음을 확산 시켰다. 주님은 전도의 문을 핍박의 때에 더욱 크게 여셨다. 여기 '흩어지니라'에서 흩어짐은 외형적으로는 유대주의의 박해로 되어 진 것 같으나 실상은 역사의 주관자 되신 하나님의 섭리에 의한 것이며 이 흩어짐으로 교회가 와해 되는 것이 아니라, 흩어진 자들의 전도로 오히려 교회가 확산 될 것이라는 메시지가 담겨있는 단어이다.[140]

빌립 집사는 헬라계 유대인으로 여겨지는데 그가 사마리아 지역의 전

---

140) 흩어진 자 : '흩어지니라'는 '흩다'의 부정 과거 수동태이다. '디아스페이로'(dia++speivrw, 흩뿌리다, 두루 뿌리다)가 수동태로 쓰인 것은 예루살렘 성도들이 자의(自意)에 의해서가 아닌 부득불 흩어질 수밖에 없었음을 보여준다. 이 디아스페이로 동사와 그 파생어가 70인역(LXX)에서는 하나님의 특별한 섭리가 담긴 용어로 쓰였다. 즉 구약성경에서 이 단어는 이방지역에 추방되었거나, 이방에 흩어져있는 소수의 사람들, 즉 남은 자들이었고, 하나님은 그들을 회복시킬 것을 언약적으로 말씀하셨다.(신 30:4, 느 1:9, 시 147:2, 사 49:6, 렘 15:7, 34:17) 그러므로 본 절의 '흩어지니라'의 표현도 하나님께서 주로 포로 같은 일로 이스라엘을 흩으시고, 회복시키시는 의미를 칠십인 역에서도 맥을 같이 한다. 『오스포드 원어성경대전』, 사도행전 8장-14장, 제자원, p29

도자로 사역을 크게 할 수 있었던 것은 정통 유대인보다 헬라계가 그 지역 사람들의 반감을 덜 살 수 있었을 것으로 생각 된다. 그가 사마리아의 문을 열고 난 후 사도 베드로와 요한이 점검하는 시간을 가졌다는 것은 교회의 질서를 지키고 있는 빌립집사를 생각하게 한다. 사도들로 사마리아 사람들의 믿음을 살펴보고 성령의 충만을 그들도 받을 수 있도록 준비를 한 빌립집사를 볼 때 그야말로 칭찬 듣는 사람 즉 영적문제를 치유 받은 사람이란 의미가 될 것이다(행 8:14-17). 여하튼 사마리아 문은 성령께서 여셨고 전도자 빌립을 통해 성령께서는 아프리카 문도 여셨다. 성령께서 빌립에게 천사를 보내셔서 하신 작업을 생각하면 당장 전도자는 전도할 문과 제자의 문을 열도록 집중해야 한다.

> 주의 사자가 빌립더러 일러 가로되 일어나서 남으로 향하여 예루살렘에서 가사로 내려가는 길까지 가라 하니 그 길은 광야라 일어나 가서 보니 에디오피아 사람 곧 에디오피아 여왕 간다게의 모든 국고를 맡은 큰 권세가 있는 내시가 예배하러 예루살렘에 왔다가 돌아가는데 병거를 타고 선지자 이사야의 글을 읽더라 성령이 빌립더러 이르시되 이 병거로 가까이 나아가라 하시거늘 빌립이 달려가서 선지자 이사야의 글 읽는 것을 듣고 말하되 읽는 것을 깨닫느뇨 대답하되 지도하는 사람이 없으니 어찌 깨달을 수 있느뇨 하고 빌립을 청하여 병거에 올라 같이 앉으라 하니라 읽는 성경 구절은 이것이니 일렀으되 저가 사지로 가는 양과 같이 끌렸고 털 깎는 자 앞에 있는 어린 양의 잠잠함과 같이 그 입을 열지 아니하였도다(행 8:26-32).

주님은 주의 사자를 빌립 집사에게 보내시고 길을 지시하셨다. 전도제자가 받을 응답이다. 지금은 이런 직접적인 음성이 없다 해도 우리는 복음전도의 문을 위해 기도해야 하며 주님이 갈 장소를 알게 해주실 것과 구원받을 자와 하나님이 예비하신 제자를 만날 수 있도록 간구해야 한다. 하나님이 하시면 전도자의 발걸음이 사막이라도 전도의 문이 열릴 수 있는 것이다. 하나님이 예비하신 제자는 복음듣기를 원하는 사람이다. 그러므로 전도제자의 할 일은 복음만 전하면 된다. 이 아프리카 사람 에티오피아 재

무장관이 그 이후에 제자로서 사역을 제대로 했다는 증거들이 많다. 지금도 거기에 성지가 많이 있다는 것과 한국을 방문한 [셀라시에] 황제로 까지 연결 되었다면 전도자와 한 사람의 만남이 하나님의 구속사에서 어떤 일로 나타나게 될 줄은 하나님만이 아신다. 그러므로 전도할 문을 열어 달라고 간구하는 일은 전도자의 가장 먼저 해야 할 사역이다.[141]

전도자 빌립의 생애에 단 한 번의 만남이 복음전도를 위한 영원한 만남이 되게 하셨다. 그러므로 열면 닫을 자가 없고 닫으면 열자가 없는 주님께 전도와 선교의 문을 열어 달라고 간청하는 일이 전도자의 주된 일이다. 주님은 빌립 집사로 말미암아 사마리아 성에 큰 기쁨을 허락하셨는데, 전도자의 복음 전파로 많은 사람에게 붙었던 더러운 귀신들이 크게 소리를 지르며 나가고 또 많은 중풍병자와 앉은뱅이가 고침을 받은 것이다. 이것은 마가가 기록한대로 전도자가 현장에 나가서 복음의 말씀을 전하면 보좌에 계신 주님의 역할은 표적을 주심으로 자기의 말씀을 증거 하셨던 것이다.

> 주 예수께서 말씀을 마치신 후에 하늘로 올리우사 하나님 우편에 앉으시니라 제자들이 나가 두루 전파할 쌔 주께서 함께 역사하사 그 따르는 표적으로 말씀을 확실히 증거하시 니라(막 16:19-20).

사도행전 9장에는 초대교회의 가장 큰 대적이 무너지는 장면인데, 이것도 주님이 직접 하신 작업이다(행 9:1-22). 자만에 가득 차 그리스도에 대

---

141) 하일레 셀라시에 1세 : 하일레는 '삼위일체의 힘' 이란 뜻, 1892-1975, 재위기간 1930-1974, 「에티오피아 제국」의 마지막 황제로서 1930년 선제(先帝)가 서거하고, 곧바로 황제가 되었다. 에티오피아 제국 최초로 헌법을 제정하였고, 노예 제도를 철폐하였다. 한국 전쟁 때 자신의 군대를 파견하여 대한민국을 지원하였다. 종전 후 1955년에 대한민국 건국훈장 중 최고등급인 「대한민국장」을 수여받았다. 1968년에 대한민국을 방문하여 대통령이었던 박정희를 예방하였으며, 주일날에 영락교회에서 예배를 드린 아프리카에 있는 한 국가의 수장으로 기록 되어있다. 당시 서울 시민들로부터 열렬한 환호를 받았다. /출처: 위키백과

항하여 자신만만하게 다메섹에 들어가려했던 사울(바울)은 콧대가 꺾이고 눈이 먼 채 오히려 그리스도에게 잡혔다. 그는 사람들의 손에 이끌려 다메섹으로 들어갔다. 이때가 그의 인생의 전환점으로 가장 큰 기쁨의 순간이었다. 그는 평생 오직 내가 그리스도 예수께 잡힌바 된 그것을 잡으려고 좇아간다고 했다(빌 3:12).

존 스토트는 '이때의 바울의 사건은 주관적인 환상이나 꿈이 아니었다. 그것은 부활하셔서 나타나신 그리스도 예수님의 객관적인 출현이었다. 그가 본 빛은 그리스도의 영광이었으며 그가 들은 음성은 그리스도의 음성이었다. 그리스도께서는 앞뒤를 가리지 않고 핍박을 질주하는 그를 막으시고, 정반대의 방향으로 전환시키셨다'고 했다.[142]

주님께서는 주도권을 가지시고 자기의 기뻐하심을 따라 전도의 문을 여신다. 이 한사람으로 엄청난 구원의 또 다른 문을 여실 것을 작정하시고 사울(바울)을 잡으셨다. 후에 사도바울은 자신이 주님께 '붙잡혔다'는 표현을 즐겨 사용한다. 그는 또 "내가 전에는 훼방자요 핍박자요 포행 자이었으나 도리어 긍휼을 입은 것은 내가 믿지 아니할 때에 알지 못하고 행하였음이라 우리 주의 은혜가 그리스도 예수 안에 있는 믿음과 사랑과 함께 넘치도록 풍성하였도다"(딤전 1:13-14)고 함으로 주님의 은혜가 믿음과 사랑과 함께 그의 마음에 밀려들면서 강물처럼 흘러넘치는 것을 표현했다. 주님의 은혜가 그를 붙잡았고 그 마음에 비추었으며 홍수처럼 그에게 넘쳐 흘렀다.

이 한사람으로 인하여 전 세계에 전도와 선교의 문을 열어 주셨다. 늑대를 양으로 변화시키시는 분이 주님이시다. 그래서 전도제자는 불신자

---

142) 존 스토트, 『땅끝까지 이르러』, 정옥배역, 한국기독학생출판부, p195

들과 새 신자들과 기존신자들 안에서도 전도할 사람을 기대해야 한다. 불신자들 중에서는 사울과 같은 사람들이 있다. 그들은 지성과 인격을 갖추고 있다. 그들은 실력도 갖추고 있다. 그들은 개성과 활력과 추진력을 가지고 있다. 그들은 기독교 신앙을 갖지 않는 자신생각을 소신 있게 주장한다. 그러면서도 대단히 진실하다. 그러나 그들은 진정으로 잘못 되어있는 엘리트 집단에 속한 사람들이다. 그들은 존 스토트의 말대로 '다메섹에서 예루살렘으로 여행하는 대신 예루살렘에서 다메섹으로 여행 하는 자들이다.' 저들은 보통 완고하며 단호하고 광신적으로 그리스도를 거부한다.[143] 그렇다고 바울의 예를 볼 때 그리스도의 주권적 은혜가 미치지 않는 곳에 있는 것은 아니다.

이런 이유로 전도제자들은 더 많은 믿음과 더 많은 기대를 가지고 주님께 복음의 문을 열어 달라고 간구해야 한다. 평생에 그 기도만 해서 하나님이 한 번만 응답하신다 해도 평생 돌아다녀서 전도하는 것보다 더 많은 전도를 할 수 있을 수도 있다. 하나님께 열심을 가진 것이 뒤틀린 삶으로 가시 채를 스스로 뒷발질하는 인생의 고통을 알게 하신 주님은 사울을 붙잡아 주셨고 시대적인 전도자로 세우셨다. 한 개인이지만 그것은 단지 시작일 뿐이다. 어마어마한 공효의 문이 기다리고 있는 것이다. 그래서 주님을 기대해야 한다. 이 [사울]을 [바울]로 바꾸신 주님은 그에게 어마어마한 문을 여시기를 기뻐하셨다. 그리고 누가는 이것을 『사도행전』으로 기록했다. 이것이 전도자들의 교과서이다. 모든 구원의 문 전도의 문은 양의 문이시고, 다윗의 열쇠를 가지신 주님이 여신다.

"내가 오순절까지 에베소에 유하려 함은 내게 광대하고 공효를 이루는 문이 열리고 대적하는 자가 많음이니라"(고전 16:8-9). 전도자를 통해서 그리스도를 영접한 자들은 누구나 변화된 사람이 되며, 그것을 증명하기 위

---

143) *Ibid*, p.207

한 새로운 칭호를 갖게 되는데 하나님과 새로운 관계가 되었다는 점에서 '성도', '하나님의 자녀'라고 칭하며, 교회와 새로운 관계가 되었다는 의미로 '형제'나 '자매'라고 호칭하며, 세상과 새로운 관계가 되었다는 점에서 '증인' 또는 '제자'라는 칭호를 갖게 된다. 이 호칭들 중에 가장 역동성 있는 호칭이 '전도제자'라는 호칭이다.

제22장

전도제자와 반석위에 지은 집
(마 7:21-29)

나더러 주여 주여 하는 자마다 다 천국에 들어갈 것이 아니요 다만 하늘에 계신 내 아버지의 뜻대로 행하는 자라야 들어가리라 그 날에 많은 사람이 나더러 이르되 주여 주여 우리가 주의 이름으로 선지자 노릇 하며 주의 이름으로 귀신을 쫓아내며 주의 이름으로 많은 권능을 행하지 아니하였나이까 하리니 그 때에 내가 그들에게 밝히 말하되 내가 너희를 도무지 알지 못하니 불법을 행하는 자들아 내게서 떠나가라 하리라 그러므로 누구든지 나의 이 말을 듣고 행하는 자는 그 집을 반석 위에 지은 지혜로운 사람 같으리니 비가 내리고 창수가 나고 바람이 불어 그 집에 부딪치되 무너지지 아니하나니 이는 주추를 반석 위에 놓은 까닭이요 나의 이 말을 듣고 행하지 아니하는 자는 그 집을 모래 위에 지은 어리석은 사람 같으리니 비가 내리고 창수가 나고 바람이 불어 그 집에 부딪치매 무너져 그 무너짐이 심하니라 예수께서 이 말씀을 마치시매 무리들이 그의 가르치심에 놀라니 이는 그 가르치시는 것이 권위 있는 자와 같고 그들의 서기관들과 같지 아니함일러라(마 7:21-29).

1. 거짓 선지자들

주님은 단 한 가지 좁은 문으로 들어감의 중요성과 우리가 참으로 좁은 길을 따라 걷고 있는가를 확실히 할 것의 중요성을 강조하고 계신다. 주님은 이 길을 걸어가는 데에 오는 위험과 장애물들을 보여주신다. 주님은 이 위험을 어떻게 알아볼 수 있으며 어떻게 처리할 수 있는가를 보여주셨다. 그리고 반석 위에 지은 집과 모래 위에 세워진 집의 말씀으로 산상수훈을 맺으셨다. 그런 속에서 구원과 심판이란 주제를 처음부터 끝까지 견지하셨다.

주님의 경고는 거짓 선지자들에 대한 경고이다. "거짓 선지자들을 삼가라 양의 옷을 입고 너희에게 나아오나 속에는 노략질하는 이리라" 이 말씀은 청중들의 결론 속에 포함 된 한 양상이다. 그것은 '너희는 누구의 말을 듣느냐' 예수님인가? 저희 서기관인가? 이다. 거짓 선지자들은 항상 주변에 있다. 그들에게 귀를 기울인다면 멸망이라는 것이다. 그들은 '나의 이 말'을 듣지 못하도록 힘쓸 것이라고 하신다.

거짓 선지자가 이단이라고 할 때 이단을 분별하는 것은 그렇게 어렵지 않다. [칼빈]은 로마 가톨릭 교도들이 "거짓 선지자를 삼가라"는 말씀을 가지고 개혁자들에게 못된 짓을 일삼고 있다는 것과 그 위협소리에 진상도 알지 못한 미숙한 사람들은 개혁교회를 회피하고 있다는 것을 안타깝게 말하고 있다. 그리스도의 권한을 대행한다는 가톨릭교도들이 조사과정도 없이 불쌍한 영혼들에게 겁을 주어 달아나게 하고 있다는 말은 그 당시를 상상해 볼 수 있게 한다. 그리고 칼빈은 본문의 '열매를 보고 안다'는 말씀은 '가르침의 도'로 이해하는 것이 마땅하다고 했다.[144]

만일 어떤 목사가 삼위일체를 부인하고 예수님의 신성과 인성과 성경의 이적들을 부인한다면 어려울 것 없이 이단이라고 바로 분별한다. 주님의 말씀 '양의 가죽을 쓰고 나오나 그 속에는 이리가 있다'는 말씀은 매우 귀중한 의미가 있다. 거짓말하는 자들이 그렇게 쉽게 분별할 수 있게 오지는 않는다는 말씀이다. 거짓 선지자들이 이리라는 것은 상상도 못할 잔인성을 말하는 것이다. 그들은 양의 가죽을 입고 오기 때문에 바른 선지자들이나 교사들 사이에서 구별이 안 된다. 오히려 바람직한 외모를 갖춘 사람

---

144) 『존 칼빈 신약성서주석1(공관복음1)』, 칼빈성서주석출판위원회 역편, 성서교재간행사, pp.328-330

으로 다가온다. 붙임성 있고 편안하게 하여 쉽게 공동체 일원이 된다. 교회를 사랑하는 헌신자로 보이며 지도자들에게 수종하는 참 일꾼으로 인정받는다. 믿음에 있어서는 의심을 할 필요가 없는것 같고 예배에 진지하며 맡겨진 직책에 매우 헌신 적이다. 하나님 영광과 예수 그리스도를 이야기하고 십자가를 말하고 하나님의 사랑을 강조한다. 또한 생활이 말씀과 일치하고 경건의 모습도 보이며 눈에 거슬리는 것이 하나도 없다. 그러므로 신자들이 조금도 눈치 채지 못한다. 그러나 마침내 우리 예수님은 "그들의 열매로 그들을 알리라"고 하셨다.

이 사람들의 거짓됨은 '말하지 않는 것'에 있다. 우리의 관념은 잘못된 짓을 하는 것만을 과오로 생각하는 것에 큰 함정이 있다. 하나님의 계명에 '하지 말라' 하는 것을 범하는 짓에 언제나 죄의 무게를 둔다. '하라'는 것을 안 하는 것은 거의 가볍게 여기고 지나가 버린다. 오늘날 대다수 교회 지도자들이 말을 해야 될 것을 말하지 않는 것에 문제가 있다는 사실을 발견하지 못하고 있다. 옳은 것들을 말하는 것 같으면서도 더 옳은 생명에 관한 것들을 줄기차게 말하지 않는 것이다. 이것도 예수님의 "나의 이 말을 듣고 행치 않는 사람"이 된다.

> 거짓말하는 자가 누구냐 예수께서 그리스도이심을 부인하는 자가 아니냐 아버지와 아들을 부인하는 그가 적그리스도니 아들을 부인하는 자에게는 또한 아버지가 없으되 아들을 시인하는 자에게는 아버지도 있느니라(요일 2:22-23).

적그리스도는 예수가 그리스도이신 것을 부인한다. 창세로부터 하나님의 경륜 속에 감추어진 것이 그리스도를 통한 구속계획이다. 이 하나님의 계획을 누구보다 더 사탄이 알고 있다. 하나님을 대적한 사탄은 세상으로 구세주 그리스도를 모르게 하는 것이 목표이다. 그리고 하나님을 만나는 길을 차단하는 것과 전도자들로 인하여 구원의 역사가 이어가지 못하게 하는 일이 교회를 공격하는 전략이다. 그래서 그의 전략은 '예수님이 그리스도 되신' 사실을 교회가 상시로 전하지 못하게 하는 것에 집중한다. 그저 교회들이 예수님 예수님 하면서도 내면의 가치관으로는 예수님을 세례요한이나 엘리야나 예레미야나 선지자 중에 하나라고 생각하기를 원하는 것이다. 사탄은 그렇게 생각하는 교회 지도자들과 교회를 두려워하지 않는다. 왜냐하면 그들이 두려워하는 사람들은 '예수님이 그리스도' 라는 사실을 알고, 믿고, 말하는 사람들이다. 그들에게는 당장 예수님의 말씀이 이루어지고 있다는 것을 사탄이 누구보다도 잘 알고 있다. "너는 반석이라! 음부의 권세가 너를 이기지 못하리라"는 말씀이 지금 살아있는 능력으로 자신을 결박하기 때문이다.

그렇다면 예수께서 그리스도 되심을 당연히 필연적이고 절대적으로 말해야 할 교회에서 그 말을 안 한 것은 무어라 평가해야 하는가 모두에게 좋게 평가받고 신도의 수가 많고 유명해서 많은 갈채를 받는다 해도 예수님이 그리스도 되신다는 사실을 말하지 않는다면 거짓말 하고 있는 것이다. "주는 그리스도 시요 살아계신 하나님의 아들이시니이다"(마 16:16). 말씀은 세상을 살리는 유일한 답이다. 이 말씀은 주님의 피로 세운 교회 밖에서는 절대 할 수 없는 말이다. 세상에 어떤 단체나 정치나 대학이라도 거기서는 절대 할 수 없는 말이다. 오직 교회에서 만 할 수 있는 말이고 교회에서 해야만 할 말이다. 그 외에 사랑, 겸손, 도덕, 절제, 더불어, 공동체, 희생, 봉사, 나눔, 형제애, 민족, 윤리 등 모든 말은 어디서나 할 수 있는 말이다. 그러나 '예수님이 그리스도요 세상을 구원할 유일하고 완전하고 영원한 길'이라는 사실을 예수님이 재림하실 때까지 외쳐야할 곳은 교회뿐이다. 이것이 교회에 주신 주님의 미션이다. 이것이 '오직 복음, 항상 복음, 절대 복음'이다.

많은 교회가 하나님을 만나는 그리스도에 대한 메시지를 기독교 입문의 초기단계로만 본다. 예수님을 믿어서 하나님의 자녀가 되었으면 이제 다른 단계로 나가야한다고 한다. 이제 하나님의 백성으로 가정과 사회에서 기독교인으로 살 때 어떻게 살아야하는가를 위해서 맞추어지는 초점들이 하나님께 영광을 돌리는 것이라고 하면서 그 삶은 이제 인내이며 열심이며 윤리와 헌신과 교제, 봉사들이며 그중에 하나가 전도와 선교이다. 그것은 이제 인간적 의지에 의한 열심히 할 것으로 가르친다. 과연 그럴까 그리스도는 하나님 만날 때만 절대 필요하고 그 후로는 간간이 필요한가? 굳이 그리스도 이름을 부를 필요가 없을까? 다음에는 신학적 지식을 위해 성경공부로 집중해야 하는가? 문제는 이것때문에 유럽교회 미국교회가 무너지고 있는 것이다.

"바울이 자기의 관례대로 그들에게로 들어가서 세 안식일에 성경을 가지고 강론하며 뜻을 풀어 그리스도가 해를 받고 죽은 자 가운데서 다시 살아나야 할 것을 증언하고 이르되 내가 너희에게 전하는 이 예수가 곧 그리스도라 하니"(행 17:2-3) 바울은 3주간을 집중으로 메시지를 전했는데 그 내용이 예수님이 그리스도라는 내용이었다.

"실라와 디모데가 마게도냐로 부터 내려오매 바울이 하나님의 말씀에 붙잡혀 유대인들에게 예수는 그리스도라 밝히 증언하니"(행 18:5) 그는 고린도 교회에서 하나님의 말씀에 붙잡혀 증거 했는데 그 내용이 예수님이 그리스도라는 내용이었다. 왜 이 안으로 들어가지 않는가 왜 이 초대교회를 회복하지 않을까 교회가 사탄의 전략에 넘어가버린 것이다. 교회의 인본주의 사상과 신비주의 율법주의 종교생활이 바로 그것이다.

"십자가의 도가 멸망하는 자들에게는 미련한 것이요 구원을 받는 우리에게는 하나님의 능력이라"(고전 1:18). 지금도 십자가의 도를 처음이요 마지막이 되게 해야 한다. 이것이 교회가 살길이다. "우리는 십자가에 못 박힌 그리스도를 전하니 유대인에게는 거리끼는 것이요 이방인에게는 미련한 것이로되 오직 부르심을 받은 자들에게는 유대인이나 헬라인이나 그리스도는 하나님의 능력이요 하나님의 지혜니라"(고전 1:23-24).

"형제들아 내가 너희에게 나아가 하나님의 증거를 전할 때에 말과 지혜의 아름다운 것으로 아니하였나니 내가 너희 중에서 예수 그리스도와 그가 십자가에 못 박히신 것 외에는 아무 것도 알지 아니하기로 작정하였음이라 내가 너희 가운데 거할 때에 약하고 두려워하고 심히 떨었노라 내 말과 내 전도함이 설득력 있는 지혜의 말로 하지 아니하고 다만 성령의 나타나심과 능력으로 하여 너희 믿음이 사람의 지혜에 있지 아니하고 다만 하나님의 능력에 있게 하려 하였노라"(고전 2:1-5) 이게 바울의 중심이다. 학식이 많고 수많은 현장에서 본 것이 많은 사람으로 할 말이 많았으나, 그는 기회가 있을 때마다 '한 번 더 그리스도의 복음을..' '한 번 더 그리스도의 복음을' 이라고 했다.

거짓말 하는 자들은 거짓말을 하려고 하는 것이 아니라 거짓말인 것을 모르기 때문에 거짓말을 한다. 그것은 성경에서 정리한 자기들의 고정된 개념 외에는 알려고도 안한다. 그래서 그들에게는 죄라는 개념이 심판받을 모든 조건이 되고 더 큰 문제는 죄라고 할 때 그들이 떠올리는 죄의 개념은 거의 모두가 자(自)범죄이다. 설교하면서나 성경공부 중에도 자(自)범죄의 개념으로 하고 신자들이 그 개념으로 듣는다. 원(原)죄의 개념이 철저하지 않으면 '그리스도'란 단어를 제대로 이해할 수 없어진다. '기름 부음을 받은 자'는 선지자, 제사장, 왕의 사역 적 명칭이다.

선지자는 하나님 떠난 인간에게 절대적 명제인 하나님 만나는 길이 된다.(요 14:6) 제사장은 원죄로 인하여 하나님을 떠난 인간의 원(原)죄와 모든 자(自)범죄를 해결하는 절대적 조건이 된다(요 19:30). 죄의 문제를 해결하려면 죄를 가지고 역사하는 사탄에게서 빠져 나와야 된다. 그래서 하나님의 아들이 나타나신 것은 마귀의 일을 멸하셨다고 하신 것이다(요일 3:8).

사탄의 유혹을 받아 범죄 하여 하나님을 떠난 인간은 이 세 가지 문제를 조목 조목해결 해야 한다. 죄 문제만 해결한다면 그리스도는 제사장 밖에 안 된다는 말이 된다. 사탄(마귀)과, 원죄와 모든 자 범죄와, 하나님으로 쫓겨난 이 비참함은, 한 문제 이면서도 세 가지 문제이다. 사탄의 저주와, 죄의 심판과, 지옥의 사망은 절대 인간의 힘으로 해결불가이다. 거짓말하는 자들은 성경을 제대로 몰라서 '그리스도'란 단어를 깊이 생각을 안 하고 있다. 사탄마귀 귀신들은 그저 악의 한 힘이거나 그래서 사탄이나 마귀나 귀신이란 단어도 사용하기 싫어한다. 그러면 성경에서 그 단어를 빼내야 하는 것이다.

> 이 비밀은 만세와 만대로부터 감추어졌던 것인데 이제는 그의 성도들에게 나타났고 하나님이 그들로 하여금 이 비밀의 영광이 이방인 가운데 얼마나 풍성한지를 알게 하려 하심이라 이 비밀은 너희 안에 계신 그리스도시니 곧 영광의 소망이니라 (골 1:26-27).

> 나의 복음과 예수 그리스도를 전파함은 영세 전부터 감추어졌다가 이제는 나타내신 바 되었으며 영원하신 하나님의 명을 따라 선지자들의 글로 말미암아 모든 민족이 믿어 순종하게 하시려고 알게 하신 바 그 신비의 계시를 따라 된 것이니 이 복음으로 너희를 능히 견고하게 하실 지혜로우신 하나님께 예수 그리스도로 말미암아 영광이 세세무궁 하도록 있을지어다 아멘(롬 16:25-27).

구약시대에는 사탄이란 말과 마귀, 귀신 이런 말들이 복음이 감추어져있듯이 감추어져 있었다. 그러나 약속하신 그리스도가 오신이후에는 그들이 감추어 진체로 있을 수가 없었다. 참 빛이 오셨기에 그들은 고통의 이를 갈며 정체를 드러내야 했다. 더 이상 그들은 비밀리에 함정을 팔수가 없게 되었다. 단 그의 정체를 성경이 알려준 대로 믿는 자에게만 해당이 된다. 지금도 세상은 그들의 배후를 모른다. 심지어 그를 이길 권세를 가진 교회도 모른다. 심지어 종교 다원론이 교회 안에서 주장되고 있다는 것과, 이것이 많은 신학교에서 신학으로 배워지고 있다는 사실은 정말 큰 재앙이 아닐 수 없다.

> 거짓말하는 자가 누구냐 예수께서 그리스도이심을 부인하는 자가 아니냐 아버지와
> 아들을 부인하는 그가 적그리스도니(요일 2:22).

> 예수께서 그리스도이심을 믿는 자마다 하나님께로부터 난 자니 또한 낳으신 이를 사
> 랑하는 자마다 그에게서 난 자를 사랑하느니라. 우리가 하나님을 사랑하고 그의 계
> 명들을 지킬 때에 이로써 우리가 하나님의 자녀를 사랑하는 줄을 아느니라. 하나님
> 을 사랑하는 것은 이것이니 우리가 그의 계명들을 지키는 것이라 그의 계명들은 무
> 거운 것이 아니로다. 무릇 하나님께로부터 난 자마다 세상을 이기느니라. 세상을 이
> 기는 승리는 이것이니 우리의 믿음이니라(요일 5:1-4).

2. 모래위에 지은 집

주님은 전도제자들이 들어갈 문과 갈 길을 말씀하시면서 집을 짓는 일
을 비유로 말씀하셨다. 모래위에 집과 반석위의 집의 결과는 그 주초에 의
해서 결정이 된다. 거짓선지자들과 참 제자들의 신앙의 주초가 모래와 반
석이라는 사실과 그 위에 건축 된 집은 비바람과 홍수 때에 생존이 결정이
된다. 누가 주초를 반석으로 삼느냐 누가 주초를 모래로 삼느냐의 구분을
주님은 "나의 이 말을 듣고 행하는 자는"이라고 말씀하셨다. 주님은 모래
위의 집이 탁류에 무너지듯이 각자 인생을 심판하실 분으로서 '나의 이말'
을 사용하셨다. 이 말씀은 '너희는 내가 누구인 것을 알고 있느냐 내말의
절대성을 알고 있느냐'라는 메시지가 된다.

예수님은 "나더러 주여, 주여 하는 자마다 다 천국에 들어갈 것이 아니
요 다만 하나님 아버지의 뜻대로 행하는 자라야 들어간다"(마 7:21)고 말씀
하셨다. 이 말씀은 미래에 주의 백성들이 편만한 교회시대를 두고 하신말
씀으로 보는 것이 자연스럽다. 지금 서기관들과 바리새인들은 예수님을

주(主)라 인정을 안했다. 그러나 예수님이 '나더러 주여 주여 하는 자 마다' 라고 말씀 하셨을 때 예수님 부활이후 주님의 신성(神性)이 보편적으로 세상에 들어난 때를 두고 하시는 말씀으로 보인다. 서기관들과 바리새인들이 그들을 예수님을 주로 인정을 안했더라도 예수님은 주(主)되신 분이시다.

여기서 '하나님의 뜻대로 행하는 자'에 대한 말씀을 분명히 짚고 갈 필요가 있다. 여기서 주여, 주여는 천국에 들어가는 구원의 입문(入門)이다. 그리고 주여, 주여 하는 자마다 다 천국에 들어가는 것이 아니라는 말씀은 로마서 10:13의 "누구든지 주의 이름을 부르는 자"는 구원을 얻는데, 마7장의 주를 부름은 진실한 부름이 아닌 것이 된다. 그들은 비판을 좋아하는 자들이고 진주를 돼지에 던지는 자들이며 넓은 길을 가는 자들이며 다른 종자의 열매를 맺은 자들이다.

구원에 있어서는 인간의 어떤 행위도 소용이 없다. 구원받은 이후로 신자가 하나님의 뜻을 찾아 사는 것은 하나님께 영광을 돌리는 것으로 당연한 신앙생활이다. 불신자 상태와 하나님 자녀의 상태는 모든 윤리적 척도에서나 행동의 척도가 현저하게 달라진다. 단어에 있어서는 같은 도덕과 같은 상식이지만 이제 그리스도 안에서는 성령에 의한 도덕윤리가 된다. 죄를 억제하고 하나님의 뜻대로 행하는 것이 선행이지만 아직은 그 단계는 아니다. 그래서 요한복음 6장 29절 말씀대로 '하나님의 보내신 자를 믿는 것'이 행함의 모든 것이다. 구원의 단계에서 주의 이름을 부르는 행위는 인생의 갈급함에서 나오는 깊은 탄식이며 그리스도를 향한 탄식이다.

"그들의 열매로 그들을 알리라"(마 7:20)고 하셨는데, 이것은 주초가 반석이라면 생명의 열매가, 모래라면 사망의 열매가 나온다는 말씀이시다. 열매는 믿음의 삶이다.

너희가 그 때에 무슨 열매를 얻었느냐 이제는 너희가 그 일을 부끄러워하나니 이는 그 마지막이 사망임이라 그러나 이제는 너희가 죄로부터 해방되고 하나님께 종이 되어 거룩함에 이르는 열매를 맺었으니 그 마지막은 영생이라(롬 6:21-22).

빛의 열매는 모든 착함과 의로움과 진실함에 있느니라(엡 5:9).

내 형제들아 어찌 무화과나무가 감람 열매를, 포도나무가 무화과를 맺겠느냐 이와 같이 짠 물이 단 물을 내지 못하느니라"(약 3:12).

그들은 기탄없이 너희와 함께 먹으니 너희의 애찬에 암초요 자기 몸만 기르는 목자요 바람에 불려가는 물 없는 구름이요 죽고 또 죽어 뿌리까지 뽑힌 열매 없는 가을 나무요(유 1:12).

오직 성령의 열매는 사랑과 희락과 화평과 오래 참음과 자비와 양선과 충성과 온유와 절제니 이 같은 것을 금지할 법이 없느니라(갈 5:22-23).

사랑은 오래 참고 사랑은 온유하며 시기하지 아니하며 사랑은 자랑하지 아니하며 교만하지 아니하며 무례히 행하지 아니하며 자기의 유익을 구하지 아니하며 성내지 아니하며 악한 것을 생각하지 아니하며 불의를 기뻐하지 아니하며 진리와 함께 기뻐하고 모든 것을 참으며 모든 것을 믿으며 모든 것을 바라며 모든 것을 견디느니라(고전 13:4-7).

이 모든 열매들은 세상에서 가장 훌륭하게 평가를 받는 것들이다. 사랑과 화평을 구현하고 인내하며 자비를 베푸는 것과 온유한 성품과 절제하는 삶은 가히 도덕적 모델이 된다. 또 시기나 자랑이 없고 정중하며 악의가 없고 참고 견디는 모습은 모든 칭찬을 다 받게 된다. 그런데 이것들이 반석위에서 맺는 열매인가 모래위에서 맺은 열매인가에 결정적 차이가 난다.

성령의 열매를 세상 사람들이 읽을 때 그것은 최고의 삶이다. 그것은 정말로 힘써 지켜야하고 가르쳐야하고 열심히 행해야 하는 것들이다. 이것은 또 모든 세상의 교육에서, 방송이나 모든 종교들의 경전에서 읽혀지는 것들이다. 그런데 이 사랑과 화평과 오래 참음과 온유들은 성령의 열매가 아니다. 내가 미움을 버리고 성질을 죽여야지 해서 사랑과 온유가 보였다면 그것은 성령에 속한 것이 아닐뿐더러 일시적인 것일 뿐이다. 모든 종교에서는 참고 열심히 해서 얻는 열매를 보려하지만 복음은 인간이 어떤 존재인지 알고 접근한다. 그리스도를 통해 하나님을 만나서 성령의 인침을 받았다 해도 늘 악에 넘어지는 인간을 아는 것이다. 그는 '의인'이 아니라, '용서 받은 의인'이라는 것과 그래서 '의인으로 인정'되어 '의인의 칭함'을 받은 자인 것을 안다.

그래서 이제 그는 자신의 힘으로는 자기 자신도 이길 수 없어서 주님의 약속하신 성령의 충만을 구한다. 성령의 열매는 성령의 충만이 될 때 나오는 것이다. 성령의 사람은 힘써 억지로 기뻐하거나 억지로 절제하거나 하지 않는다. 그냥 성령의 충만함을 구한다. 열매는 나와져야 하는 것이다. 그러나 한번 성령의 충만을 받았다고 이제 모든 삶이 열매로 되었느냐 할 때는 '아니다' 이다. 우리속의 불신앙의 세상체질은 깊이 뿌리내리고 각인이 되어졌기에 성령의 열매가 아닌 반대의 열매들이 나오기 일쑤이다. 이것 때문에 하나님이 주신 방법은 예배이다. 그래서 안식일(주일)의 제도를 허락하신 것이다. 예배를 통해 인본주의와 불신앙의 세력을 이길 힘을 얻는다. 기도를 통해 위로부터 내리는 힘을 공급받는다. 말씀을 통해 우리의 전인을 치유 받는다.

"하나님의 말씀은 살아 있고 활력이 있어 좌우에 날선 어떤 검보다도 예리하여 혼과 영과 및 관절과 골수를 찔러 쪼개기까지 하며 또 마음의 생각과 뜻을 판단하나니 지으신 것이 하나도 그 앞에 나타나지 않음이 없고 우리의 결산을 받으실 이의 눈앞에 만물이 벌거벗은 것 같이 드러나느니라"(히 4:12-13).

복음의 사람들은 사랑의 열매를 맺기 위해 오래 참고 투기하지 않고 겸손하거나 모든 것을 견디기 위해 힘을 쓰는 사람이 아니다. 그가 복음의 사람이라면 성령의 충만을 구한다. 하나님의 성령의 힘으로 되어야 그 열매가 믿을 수 있기 때문이다. 복음의 사람은 자신이 그리스도와 함께 십자가에 못질 당했다는 사실을 믿는 사람이다.

> 내가 그리스도와 함께 십자가에 못 박혔나니 그런즉 이제는 내가 사는 것이 아니요 오직 내 안에 그리스도께서 사시는 것이라 이제 내가 육체 가운데 사는 것은 나를 사랑하사 나를 위하여 자기 자신을 버리신 하나님의 아들을 믿는 믿음 안에서 사는 것이라(갈 2:20).

내가 그리스도와 함께 십자가에 못 박혔다는 것은 사탄과 모든 죄와 지옥의 심판대에 달릴 내가 죽었다는 사실을 말씀하는 것이다. 그래서 나의 사는 것은 내안에 그리스도께서 사시는 것이고 나를 위해 죽으신 하나님의 아들이요 그리스도 되신 예수님을 믿는 믿음으로 산다.

그리스도로 충만하면 사랑의 열매는 나온다. 그리스도는 반복이 아닌 응답이다. 그리스도를 통해 구원을 받았으니 이젠 됐다가 아니다. 이제 그리스도는 브릿지로서 구원의 강을 건넜으니 이젠 힘써 열매를 맺으라 하는 것에 큰 함정이 있는 것이다. 예수님을 믿고 구원을 받았는가? 여전히 예수님 이름으로 기도응답을 받고 예수님 이름으로 성령이 오시고(요 14:26, 15:26) 예수님이름으로 말씀을 성취 시키시고(요 17:14) 예수님 이름으로만 사탄이 무너지고 귀신들이 쫓겨나간다. 신앙생활에 성령의 역사와 기도응답과 말씀성취와 흑암의 세력을 이기는 것 외에 무엇이 그리 중요한가 그러므로 오직 복음인 것이며 이 복음 속에서 24시 머물 수 있는 방법을 찾아내야 한다.

필자는 1993년에 이 다락방 전도운동에 동참한 이후에 내개인의 신앙생활, 목회생활, 가정생활 모든 부분에서 총체적인 개혁이 이루어 졌다. 내가 힘써 도달하려는 신앙의 경지에 대한 반복적인 미끄러짐에서 해방을 받은 것이다. 목사로서 모든 삶이 언제나 눌리는 삶이었는데 누리는 삶으로 바꾸어진 것이다. 이에 대한 자세한 것들은 기회가 오면 보고하겠다.

3. 반석위에 지은 집

팔복에서 모든 복들이 태어나면서 주어진 성품에 해당이 안 된 것처럼 인간적 선행이나 도덕적 삶으로 나타난 훌륭한 것들이 그리스도와 상관없이 나타난 것이라면 불법으로 평가를 받는다. 물론 세상에서는 표창을 받는다 해도 말이다.

하나님은 세상을 창조하실 때도 그리스도 안에서 하셨고, 타락한 세상을 구원하시는 것도 그리스도로 말미암아 하셨고, 세상을 보전하는 것도 그리스도 안에서, 세상을 마감하시는 것도 그리스도 안에서 그리스도가 다시 오심으로 이루어지도록 하셨기 때문이다. 성삼위 하나님께서는 그의 모든 일들을 그리스도 안에서 작정하셨다(엡 1:3-14). 이것은 전 우주나 지구의 만물이나 각 나라들이나 각 개개인을 막론하고 모든 피조물에게 적용이 된다. 하나님의 섭리에서 벗어난 피조물은 아무도 또 아무것도 없다는 이야기가 성경의 이야기인 것이다. 모든 개인들이 모아져 사회가 구성되기에 모든 개인은 성경이 제시한 그리스도를 받아들여야 한다. 교육과 철학, 정치나 과학으로 사회문제가 해결되지 못한 사실은 이미 오래전에 사회자체가 증명했다. 하나님은 그리스도를 이미 약속하셨고 그 약속은 예수님으로 성취 되었다.

> 오직 주는 여호와시라 하늘과 하늘들의 하늘과 일월성신과 땅과 땅 위의 만물과 바
> 다와 그 가운데 모든 것을 지으시고 다 보존하시오니 모든 천군이 주께 경배하나이
> 다(느 9:6).

> 그는 보이지 아니하는 하나님의 형상이시요 모든 피조물보다 먼저 나신이시니 만
> 물이 그에게서 창조되되 하늘과 땅에서 보이는 것들과 보이지 않는 것들과 혹은 왕
> 권들이나 주권들이나 통치자들이나 권세들이나 만물이 다 그로 말미암고 그를 위
> 하여 창조되었고 또한 그가 만물보다 먼저 계시고 만물이 그 안에 함께 섰느니라
> (골 1:15-17).

이제 인간은 하나님을 찾아 방황할 필요가 없어졌다. 그리스도가 인간
의 역사 속에 친히 오셨기 때문이다. 뒤틀린 하나님과 관계, 인간끼리의
관계, 인간과 모든 자연과의 관계는 그리스도 안에서 원상회복의 길이 열
렸다. 그리스도 밖에서는 인간의 어떤 선행도 하나님의 기준에 미치지 못
할 뿐 아니라 그것을 공로로 받아 주실 이유도 없다는 것이 성경의 가르침
이다. 이제 그리스도 안에 있는 자에게는 모든 성경의 축복의 언약들을 자
신의 것으로 주장할 수 있게 되었다. 여기에서 사회의 문제들이 본질적으
로 해결되기 시작하는 것이다.

그러므로 사람이 세상에 태어나서 인생을 세워 가는데 가장 중요한 것
이 인생의 주초이며 그 외의 것은 그 다음의 문제들이다. 이것은 본질상 진
노의 자녀로 태어난 인간의 운명을 바꾸는 유일한 길이다(엡 2:1-3). 문제는
인생의 집을 건축하는데 기초를 어떻게 하느냐의 이다. 반석이냐 모래냐
하는 것은 구원의 문제이다. 이것은 하나님을 만나고 사느냐? 하나님을 만
나지 못한 체 사느냐 이다.

> 시몬 베드로가 대답하여 이르되 주는 그리스도시요 살아 계신 하나님의 아들이시니
> 이다 예수께서 대답하여 이르시되 바요나 시몬아 네가 복이 있도다 이를 네게 알게

한 이는 혈육이 아니요 하늘에 계신 내 아버지시니라 또 내가 네게 이르노니 너는 베드로라 내가 이 반석 위에 내 교회를 세우리니 음부의 권세가 이기지 못하리라 내가 천국 열쇠를 네게 주리니 네가 땅에서 무엇이든지 매면 하늘에서도 매일 것이요 네가 땅에서 무엇이든지 풀면 하늘에서도 풀리리라 하시고(마 16:16-19).

나를 기가 막힐 웅덩이와 수렁에서 끌어올리시고 내 발을 반석 위에 두사 내 걸음을 견고하게 하셨도다(시 40:2).

오직 그만이 나의 반석이시요 나의 구원이시요 나의 요새이시니 내가 크게 흔들리지 아니하리로다(시 62:2).

하나님의 뜻과 소원은 세상을 구원하시는 것이다(요 3:16). 하나님은 이 것을 위해 길이 참으셨다(롬 2:4, 3:25). 하나님께서는 이 구속을 목적으로 이 땅의 역사를 꾸며나가신다(엡 1:3-10). 기꺼이 성부께서는 아들을 포기 하셨고 성자께서는 자신을 십자가에 제물로 내어 주셨고 거룩하신 성령 께서는 기꺼이 오염된 우리 안에 들어오시기를 기뻐하셨다. 하나님의 이 소원을 이루는 수단이 복음의 전파이다. 이 복음은 세상을 구원하시기 위 한 하나님의 자기계시이며 세상에는 유일한 생명의 소식이다. 이 복된 일 을 하나님은 에덴의 비참한 사건이 일어났을 때 '여자의 후손'으로 알려 주셨다. 하나님은 시대가 흘러감에 따라서 약속을 확인해 주셨는데 어휘 는 다르지만 같은 언약이고 이것은 절망의 세상에 주신 생명의 언약이었 다. 구원의 여망이 끊긴 노아시대는 「방주」로(창 6:14), 절망의 노예 때에 는 「유월절 어린양의 피」로(출 12:13), 소망이 없는 포로 시절에는 「처녀가 낳은 아들」로(사 7:14), 속국이 되어 괴로움에 잡혀있을 때는 「그리스도」 로(마 16:16) 확인해 주셨다. 이전의 모든 언약은 그리스도(메시아)의 예표요 그림자였다.

그렇다면 이 땅에 오신 그리스도(메시아)가 누구냐 여기에 답을 찾아야 한다. 성경은 예언의 성취를 통해 그리스도가 오실 때 어떻게 오시고, 어떻게 사시고, 어떻게 죽으시고, 어떻게 부활 하실 것인가를 미리 알려 세상이 그가 누구인지를 알도록 조치를 하셨다. 과연 그가 누구인가? 그를 찾는 기준은 성경이어야 한다. 누가 성경의 예언대로 오시고 예언대로 사시고 죽으셨는가?

예수님의 제자들은 예수님과 동거하며 예수님의 모든 말씀과 행적을 보면서 답을 찾게 되었다. "내가 받은 것을 먼저 너희에게 전하였노니 이는 성경대로 그리스도께서 우리 죄를 위하여 죽으시고 장사 지낸 바 되셨다가 성경대로 사흘 만에 다시 살아 나사 게바(베드로)에게 보이시고 후에 열두 제자에게와"(고전 15:4-5) 제자들은 예수님의 말씀 한 마디 한마디, 그분의 행적 하나하나가 성경의 예언을 따라 되어 진 것을 현장에서 보았다. 그래서 그들은 예수님이 모든 예언의 주인공임을 고백한 것이다. 이 고백은 세상을 살리는 유일하고 완전하고 영원한 답이었다.

예수님의 질문은 제자들에게 세상구원의 일을 맡기시고 떠나갈 때가 가까워 졌을 때 하신 질문이었다. 예수님은 먼저 무리들의 잘못된 생각을 주지 시키셨다. 무리들은 예수님이 엘리야나 예레미야나 세례요한 혹 선지자들 중 하나라고 생각했다. 이것은 세상을 살리는 답이 될 수 없기에 제자들에게 유일하고 완전하고 영원한 답을 질문으로서 정리하도록 하신 것이다. "너희는 나를 누구라 하느냐"는 질문은 예수님의 제자사역에 기로가 된다. "주는 그리스도시요 살아 계신 하나님의 아들이시니이다"의 대답은 이로 보건데 이렇게 예언대로 오신 분은 오직 한 분 예수님 밖에 없다. 그래서 '예수님이 그리스도' 라고 하는 것이다.

세상에는 역사 이래 교주도 많고 영웅도 많이 있었지만, 성경의 예언대로 온 것이 아니라면 천하에 없는 기적을 보였다 해도 그를 그리스도(메시아)로 받아들일 수 없는 것이다. 그렇다면 그리스도 말고는 다른 길이 전혀 없는 것이냐? 그렇다 전혀 없다. 하나님이 그 길 말고는 다른 길을 주신 일이 없다. 이것이 유일성(惟一)이다. 예수님은 그리스도로 유일하시다(행 4:12). 예수님은 사단 마귀의 세력을 꺾으신 유일한 분이시다(요일 3:8). 예수님은 모든 죄의 형벌에서 해방 받는 유일한 길이다(막 10:45). 예수님은 하나님 만나는 유일한 길이시다(요 14:6).

4. 기름부음을 받은 자

이 땅의 근본문제는 창세기 3장의 문제이다. 하나님과 함께 있어야할 인간이 하나님을 떠난 것이다. 왜 이렇게 되었는가 하나님의 형상을 받은 인간이기에 핑계 할 수는 없으나 사단의 유혹으로 그렇게 되었다(창 3:1-5). 간교한 유혹에 넘어가 범죄(원죄)하고 말았다. 이것은 한 가지 문제이면서도 세 가지 문제이다. 이것은 조목조목 해결해야 한다. 하나님을 다시 만나야 된다. 그러기 위해서는 죄의 문제를 해결해야 한다. 죄의 문제를 해결하려면 사단의 손에서 빠져 나와야 한다. 사단은 죄를 근거로 인간을 잡고 있기 때문이다.

> 죄를 짓는 자는 마귀에게 속하나니 마귀는 처음부터 범죄 함이라 하나님의 아들이 나타나신 것은 마귀의 일을 멸하려 하심이라(요일3:8).
>
> 너희 자신을 종으로 내주어 누구에게 순종하든지 그 순종함을 받는 자의 종이 되는 줄을 너희가 알지 못하느냐 혹은 죄의 종으로 사망에 이르고 혹은 순종의 종으로 의에 이르느니라(롬 6:16).

이렇게 빼앗긴 하나님의 형상을 회복하는 것이 구원이다. 구원은 사악한 의지(義知)를 하나님의 뜻을 이루는 의지로 회복하는 것이다. 부패되어버린 감정(感情)을 하나님의 거룩함으로 회복하는 것이다. 하나님을 알지 못하는 무지에서 하나님을 아는 참 지식(智識)으로 회복 되는 것이 구원이다. 그래서 그리스도(메시아)가 와야 하는 것이다. 「그리스도」란 단어의 뜻은 '기름부음을 받은 자'라는 뜻이다. 하나님은 하나님의 일을 맡기실 때 기름을 부어 세우게 하셨다. 왕을 세울 때, 제사장을 세울 때, 선지자를 세울 때 기름부음을 명하셨다. 그러면 이 세 직분이 무엇인가를 알면 그리스도의 의미는 극명해진다.

왕이 하는 일이 무엇인가 왕은 적대세력을 물리치고 그 나라에 하나님의 왕국을 이루는 것이다. 제사장이 하는 일은 무엇인가 자기와 그 백성들의 죄를 사함받기위하여 희생(犧牲)의 피로 하나님께 제사를 드려 백성들의 거룩함을 회복케 하는 직분이다. 선지자의 하는 일이 무엇인가 불신앙하는 하나님의 백성들에게 하나님이 주신 말씀을 전하여 하나님께로 돌아오게 하는 일이다.

그 오랜 시간동안 하나님은 계속해서 왕들과 제사장들과 선지자들을 보내셨다. 그러나 그들도 원죄에 빠져있는 인간인지라 그들로는 그리스도의 직분을 완전히 이룰 수가 없었다. 그러나 하나님이 세우신 직분 그 자체는 완벽하다. 하나님이 세우셨기 때문이다. 그러나 그 직분을 맡은 인간은 죄와 불신앙으로 본질상 진노아래 있는 인간이었다. 그래서 타락한 왕들과 무너진 제사장들, 부패한 선지자들로 그리스도의 직분을 완전히 이룰 수는 없었다.

그래서 이 세 직분을 조목조목 완벽하게 이룰 자가 와야 하는 것이다. 하나님은 이 직분을 완전히 이룰 메시아(그리스도)를 약속하셨다. 그래서 언약 중에 이 세 가지 직분이 가장 분명한고도 오래도록 확인할 수 있는 메시아언약이 된다. 그 언약을 신학적으로 '그리스도의 삼 중직'이라 한다. 이것은 선지자요, 제사장이요, 왕이다.

네 하나님 여호와께서 너희 가운데 네 형제 중에서 너를 위하여 나와 같은 선지자 하나를 일으키시리니 너희는 그의 말을 들을지니라(신 18:15).

말할 때에 홀연히 빛난 구름이 그들을 덮으며 구름 속에서 소리가 나서 이르시되 이는 내 사랑하는 아들이요 내 기뻐하는 자니 너희는 그의 말을 들으라 하시는지라 (마 17:5).

참 선지자로 오실 그리스도(메시아)를 예언한 말씀이고 예수님께 모세가 내려 왔을 때 성취된 말씀이다. 이 구절은 모든 학자들이 그리스도에 대한 예언임을 부인하지 않는다. 제사장이 백성들을 대표해 하나님 앞에 서있는 자라면 선지자는 하나님을 대신해 백성들 앞에 선다. 선지자의 하는 일은 하나님을 떠난 자들에게 하나님의 말씀을 전해서 하나님께로 돌아오게 하는 것이다.

선지자는 하나님 떠난 인간에게 하나님 만나는 길을 열어주는 자이다. 예수님은 태초에 계신 말씀이셨다(요 1:1). 하나님은 영이시고 인간은 육신을 가졌기에 보이지 않는 하나님을 만날 수가 없다. 이 문제를 해결하기 위해서 하나님이 육신의 몸을 입고오신 분이 예수님이시다(요 1:14). 그래서 예수님은 나를 본 자는 아버지를 본 것이라고 말씀하신 것이다(요 14:9). 그러므로 예수님은 참 선지자로서 하나님을 만나는 유일한 길이 되신다.

예수께서 이르시되 내가 곧 길이요 진리요 생명이니 나로 말미암지 않고는 아버지께로 올 자가 없느니라(요 14:6).

예수님은 또 제사장으로 오실 것을 예언한 성경은 구약과 신약으로 분명히 확인이 된다. 창세기 14장 18에 "살렘 왕 멜기세덱이 떡과 포도주를 가지고 나왔으니 그는 지극히 높으신 하나님의 제사장이었더라."라고 하였고 시편 110편 4절에는 "여호와는 맹세하고 변하지 아니하시리라 이르시기를 너는 멜기세덱의 서열을 따라 영원한 제사장이라 하셨도다"하였고 선지자 이사야는 그가 오셔서 하실 일을 예언했는데 그 일은 제사장의 사역이었다. "그가 찔림은 우리의 허물 때문이요 그가 상함은 우리의 죄악 때문이라 그가 징계를 받으므로 우리는 평화를 누리고 그가 채찍에 맞으므로 우리는 나음을 받았도다. 우리는 다 양 같아서 그릇 행하여 각기 제 길로 갔거늘 여호와께서는 우리 모두의 죄악을 그에게 담당시키셨도다"(사 53:5-6).

아브라함이 소돔과 고모라를 공격한 연합군을 물리치고 돌아 왔을 때 축복한 멜기세덱에 대한 신분을 밝히는 말씀은 제사장이신 그리스도를 예언한 것이 분명하다."이 멜기세덱은 살렘 왕이요 지극히 높으신 하나님의 제사장이라 여러 왕을 쳐서 죽이고 돌아오는 아브라함을 만나 복을 빈 자라 아버지도 없고 어머니도 없고 족보도 없고 시작한 날도 없고 생명의 끝도 없어 하나님의 아들과 닮아서 항상 제사장으로 있느니라"(히 7:1-2). 히브리서 7장 21절에 "그들은(아론의 후손들) 맹세 없이 제사장이 되었으되 오직 예수는 자기에게 말씀하신 이로 말미암아 맹세(언약 즉, 약속으로)로 되신 것이라 주께서 맹세하시고 뉘우치지 아니하시리니 네가 영원히 제사장이라 하셨도다." 그래서 히브리서 7장 26절에 "이러한 대제사장은 우리에게 합당하니 거룩하고 악이 없고 더러움이 없고 죄인에게서 떠나 계시고 하늘보다 높이 되신 이라."

중보자는 원죄와 자(自)범죄와는 전혀 상관이 없어야 자격이 된다. 그래서 히브리서 7:27에 확인 하는 것이다. "그는 저 대제사장들이 먼저 자기 죄를 위하고 다음에 백성의 죄를 위하여 날마다 제사 드리는 것과 같이 할 필요가 없으니 이는 그가 단번에 자기를 드려 이루셨음이라" 인간 제사장은 자기의 죄 문제를 먼저 해결하는 제사가 필요해서 피의 제사로서 자기를 위한 제사를 드렸으나 하나님이신 예수님은 필요치 않았다.

또 왕으로 오실 것을 예언하셨는데 "내 종 다윗이 그들의 왕이 되리니 그들 모두에게 한 목자가 있을 것이라 그들이 내 규례를 준수하고 내 율례를 지켜 행하며 내가 내 종 야곱에게 준 땅 곧 그의 조상들이 거주하던 땅에 그들이 거주하되 그들과 그들의 자자손손이 영원히 거기에 거주할 것이요 내 종 다윗이 영원히 그들의 왕이 되리라(겔 37:24-25). 에스겔은 다윗보다 오랜 후에 활동한 선지자인데 다윗이 그들의 왕이 된다는 말은 만왕의 왕 그리스도(메시아)를 지칭한 것이 분명하다.

이 선지자, 왕, 제사장 직분을 신학적으로 그리스도의 3중직이라 한다. 이 3중직은 인간의 본질적인 문제를 조목조목 해결해야 하는 필연성을 알게 한다. 인간은 반드시 하나님을 만나야한다. 하나님을 만나려면 죄(원죄와 자(自)범죄)의 문제를 해결해야 한다. 죄의 문제를 해결하려면 죄를 따라서 역사하는 사탄에게서 빠져 나와야 하는 것이다. 이것은 한 가지 문제이면서 각각 해결해야하는 세 가지 문제이기도 하다. 죄 문제 한가지만이 문제라면 제사장직 외에는 그렇게 중요한 것이 못된다.

5. 교회의 표지(標識)

그래서 교회가 그리스도적 사명을 미션으로 받은 것이다. 그리스도의 왕적 사명을 가지고 세상의 왕 노릇을 하는 사탄(마귀)의 권세와 흑암의 세력을 현장에서 결박하는 것이다(마 12:28-29). 또한 제사장의 권세를 가지고 죄의 형벌로 심판을 받을 세상에 십자가의 비밀을 증거하며(롬8:1-2), 하나님을 만나 구원의 축복을 누리는 복음을 전하여(요 14:6), 그리스도의 왕국을 세워 가는 것이다. 이것은 주님이 교회에 주신 표지이기도 하다.
교회의 표지는 그리스도의 몸의 지체된 성도들의 삶을 의미한다. 성도는 구원받은 자의 신분에 따른 권세로 세상현장에서 영적전쟁에 임하는 것이며(왕적사명) 세상을 향한 중보기도 자가 되며(제사장적 사명) 세상에 하나님의 말씀을 전파하는 것이다(선지자적 사명). 이 세 가지 직분은 한마디로 전도(선교)를 의미한다. 하나님의 복음을 증거하며 구원의 은총을 주시는 하나님께 간구하며 그리스도께서 주신 권세를 가지고 흑암의 세력들을 무력화시키고 잡힌 영혼들을 건져내는 것은 모두 전도자의 삶인 것이다.

제자들이 예수님께서 그리스도이신 것을 고백했을 때 예수님은 제자들을 「변화 산」에 데리고 가서 자신이 엘리야나 예레미야 혹은 선지자중의 하나가 아니라는 사실을 각인 시키셨다(마 17:1-8). 이것은 세상을 살릴 제자들이 그리스도로 '오직'이 되도록 하시는 체질 교육이다. 예수님은 이스라엘의 영웅 모세와 엘리야를 불러내시고 예수님과 그들이 대화하는 장면을 제자들로 보게 하셨다. 이 장면은 제자들에게 엄청난 충격일 수밖에 없었을 것이다. 모세와 엘리야가 예수님 앞에 서다니 이건 너무나 놀라운 일이었다. 상상 할 수 없는 일이 실제로 눈앞에 나타나자 제자들은 크게 감격하여 말한다. '주여 우리가 여기 있는 것이 좋습니다. 우리가 예수님과 모세와 엘리야를 위하여 각각 초막을 짓겠습니다'라고 하였다.

거기에 있던 세 제자들은(베드로, 요한, 야고보) 정신없이 헛소리를 하게 된다. "베드로가 예수께 여짜오되 주여 우리가 여기 있는 것이 좋사오니 우리가 초막 셋을 짓되 하나는 주를 위하여, 하나는 모세를 위하여, 하나는 엘리야를 위하여 하사이다 하되 자기가 하는 말을 자기도 알지 못하더라"(눅9:33). 그때 구름이 저희를 감싸고 하늘에서 소리가 들렸다. "이는 내 사랑하는 아들이요 내 기뻐하는 자니 너희는 그의 말을 들으라"(눅 9:35) 하셨다. 그리고 이 말씀이 그침과 동시에 제자들의 눈앞에는 '오직 예수만' 보인 것이다. 예수님은 엘리야의 일과 예레미야의 일을 하시기 위해오신 것이 아니고 또 세례요한과 선지자 모세의 일을 하러 오신 것도 아니다. 예수님은『그리스도의 일』을 위해 오신 것이다.

이것이 인생 개인에게 확실하고 유일한 답이고, 전도제자들이 세상에 주어야 할 유일한 답이다. 그래서 공생애 3년 동안을 제자들과 동거하시면서 제자들이 '오직 예수님이 그리스도 이신 것'을 알게 하신 것이다. 그리스도의 복음이 약하거나 혼합되거나 변색 되어서는 절대 세상을 살릴 수 없기에 유일한 답을 잡게 하신 것이다. 그러므로 주님께 쓰임 받는 것은 능력의 문제가 아니다. 능력이 있어도 답이 없으면 쓰임 받을 수가 없다. 제자들은 누가 봐도 세상에 영향을 줄 수 있는 자들이 못 되었다. 그들은 누가 봐도 보잘 것 없는 자들이었다. 그러나 그들에게는 세상을 근본적으로 바꾸고 세상의 패턴을 송두리째 바꿀 답을 가지고 있었다. 이 답이 '오직 그리스도'였다. 주님께는 세상 현장에 보낼 자들이 답을 가지고 있으면 그 다음은 문제가 될 수 없었다. 왜냐하면 능력은 주님이 주시면 되기 때문이다. 그래서 답은 있으나 능력이 없는 자에게 주신 것이 성령의충만 이었다. 힘이 없어 두려워하는 그들이 약속하신 성령의 충만을 받고 전혀 다른 능력의 사람들로 변했다.

6. 반석 위에 집을 짓는 사람들

내게 주신 하나님의 은혜를 따라 내가 지혜로운 건축자와 같이 터를 닦아 두매 다른 이가 그 위에 세우나 그러나 각각 어떻게 그 위에 세울까를 조심할지니라. 이 닦아 둔 것 외에 능히 다른 터를 닦아 둘 자가 없으니 이 터는 곧 예수 그리스도라 만일 누구든지 금이나 은이나 보석이나 나무나 풀이나 짚으로 이 터 위에 세우면 각 사람의 공적이 나타날 터인데 그 날이 공적을 밝히리니 이는 불로 나타내고 그 불이 각 사람의 공적이 어떠한 것을 시험할 것임이라(고전 3:10-12).

이 말씀은 주초가 그리스도가 된 사람들에 대한 말씀이다. 이들은 모두 반석위에 집을 짓는 구원을 받은 사람들이다. 세상에서 모래위에 집을 세운 자들이 어려움을 당하는 것같이 그들도 심한 어려움을 당한다. 그들은 구원을 받았으나 육신에 속한 자들로써 영적 어린아이들이라고 한다 (고전 3:1-3). 그들은 아직 그리스도 안에서 어린아이들이었다. 그들은 복음에 대한 이해가 부족했다. 그래서 복음의 깊은 말을 할 수가 없었다. 개인 안에 복음화가 안 된 신자들은 아직 율법주의에 머물러 있는 것이다. 그들의 삶은 인본주의적 종교생활이 되어서 신앙생활이 공로 적 삶에 초점이 맞추어 있다. 그래서 바울은 그들에게 고기가 아닌 젖으로 먹일 수밖에 없다고 말한다. 그래서 바울은 이들에게 신령한 자들과 같이 대할 수 없어서 어린아이들 같이 대한다고 한다.

이것은 신앙의 연조만을 이야기한 것이 아니다. 연조가 있어야 하나 몇십 년씩 신앙생활을 했어도 복음의 비밀을 깨닫지 못한 신자들이 너무 많다. 그래서 아직 '나'라는 체질에서 벗어나지 못한다. 이기적이거나 나 중심으로 모든 것을 생각하여 어린아이 수준에 머문다. 내 기분, 내 경험, 내 주장, 내 자리, 내 이름, 내 능력, 내 공로나 성과를 바라는 것이 봉사나 헌신의 조건이 되어버린다. 이것은 필연적으로 불신자의 수준으로 분쟁과 파당이 일어난다(고전 3:4-9). '나는 아볼로다' '나는 바울이다' 하는 행위는 사람에게서 나오는 것이며, 이것은 바로 서기관들과 바리새인의 것들이다.

바울이나 아볼로는 심부름꾼이다. 그들의 모든 복음 전함과 능력은 하나님으로부터 나왔다. 전도자들의 사역의 결과는 제자이다. 이 축복은 하나님으로부터 나오는 것이다.

나는 심었고 아볼로는 물을 주었으되 오직 하나님께서 자라나게 하셨나니 그런즉 심는 이나 물주는 이는 아무 것도 아니로되 오직 자라게 하시는 이는 하나님뿐이니라 심는 이와 물주는 이는 한가지이나 각각 자기가 일한 대로 자기의 상을 받으리라 우리는 하나님의 동역 자들이요 너희는 하나님의 밭이요 하나님의 집이니라(고전 3:6-9).

전도제자들은 같은 복음을 전하지만 열심의 정도는 서로 다르다. 그들의 목표와 계획은 같아도 수행하는 강도(強度)는 다르다. 열심히 일하는 사람은 크게 성공한다. 성실한 사람은 보답이 따른다. 복음을 위한 저들의 서열은 다르게 보여도 주님의 도구라는 의미에서는 동역 자들이다. 여기서 바울과 아볼로는 착하게 선하게 사는 것에 대하여 논증을 전개하는 것이 아니다. 그들은 전도자들로 사역 속에서 열매를 맺은 개종자들에게 보내는 서신이다. 그들의 삶의 부분은 뒤에 가서 언급한다. 장성한다면 삶은 되어 지기 때문이며 당연한 것들을 소홀히 하지 않도록 지시하는 것이다.

내게 주신 하나님의 은혜를 따라 내가 지혜로운 건축자와 같이 터를 닦아 두매 다른 이가 그 위에 세우나 그러나 각각 어떻게 그 위에 세울까를 조심할지니라. 이 닦아 둔 것 외에 능히 다른 터를 닦아 둘 자가 없으니 이 터는 곧 예수 그리스도라 (고전 3:10-11).

좋은 터에도 나쁜 건물을 세울 수도 있다. 그리스도! 그 놀라운 반석이 집터가 되었다면 집도 주초처럼 빛나고 생명적이어야 한다. 금과 흙이 섞여있어서는 안 된다. 복음에 신비주의가 섞이면 안 된다. 복음에 종교가 섞이면 풀이 되어버린다. 신령한 복음의 계시위에 자신의 사상이나 이론을 세우면 짚이 되어버린다. 오직 복음만을 전하는 바울은 앞장에서 확실히 언급했다.

> 그리스도께서 나를 보내심은 세례를 베풀게 하려 하심이 아니요 오직 복음을 전하게 하려 하심이로되 말의 지혜로 하지 아니함은 그리스도의 십자가가 헛되지 않게 하려 함이라 십자가의 도가 멸망하는 자들에게는 미련한 것이요 구원을 받는 우리에게는 하나님의 능력이라(고전 1:17-18).
>
> 형제들아 내가 너희에게 나아가 하나님의 증거를 전할 때에 말과 지혜의 아름다운 것으로 아니하였나니 내가 너희 중에서 예수 그리스도와 그가 십자가에 못 박히신 것 외에는 아무 것도 알지 아니하기로 작정하였음이라(고전 2:1-2).

구원받은 고린도 교회에게 보냄 편지임을 기억해야 한다. 교회 안에서 여러 가지 세련된 방법을 추구하여 복음만을 말하는 복음의 사람들이 수준이 낮게 보인다면 정말 위험하다. 멸망으로는 안 가더라도 불 시험에 모든 것이 재가 될 수도 있다. 불신자들은 십자가의 복음이 미련하게 보여서 멸망하지만 말이다. 그리스도라는 터 위에 인생을 세우기 때문에 창수와 바람에는 살아남는다 해도 불에는 그 집이 견딜 수 없는 것이다.

"만일 누구든지 금이나 은이나 보석이나 나무나 풀이나 짚으로 이 터 위에 세우면 각 사람의 공적이 나타날 터인데 그 날이 공적을 밝히리니 이는 불로 나타내고 그 불이 각 사람의 공적이 어떠한 것을 시험할 것임이라"(고전 3:12-13). 여기의 어려움은 창수나 홍수같이 바닥을 공략하는 어려움이 아니고 집이 공략 당하는 시험들이다. 당연히 그 집은 홍수가 아닌 불의 공격이다. 주초, 즉 구원의 문제가 아닌 신앙생활의 문제이다.

복음으로 구원을 받았으면 그 복음의 능력으로 신앙생활이 되어야 완전하다. 구원 받는 일도 우리의 공로가 전혀 아님 같이 신앙생활도 우리의 힘으로 될 수 없는 것이다. 그 속에서 어느 것은 내 힘과 의지로 어느 부분은 하나님의 능력으로 이렇게 하는 것이 항상 어리석음을 불러왔다. 복음의 사람들은 갈라디아서 2장 20절이 언약으로 신앙생활을 채워야 한다.

그리스도께서 내 안에 사시는 것은 불이 그 공적을 태울 때 탈 것이 없다. 왜냐하면 그 안에는 보화이신 그리스도 만 있기 때문이다. 이것은 믿음이 완벽해서 된 것이 아니다. 그리스도께 의탁하는 것으로 되는 것이다.

머리에 있는 사상 중에 뭐가 남는가 예를 들면 분명히 진화론 사상은 태워질 것이다. 그러나 하나님의 창조의 사상은 남을 것이다. 하나님과 상관없는 이념과 지식은 태워질 것이다. 성경이 진단한 인간론이나 삼위일체 신론은 남아있을 것이다. 모든 인간적인 감정은 태워질 것이다. 그리스도 안에서 나오는 감사와 감격은 남을 것이다. 나를 위한 열심히 살던 그 달음질들은 불의 재가 될 것이다. 그러나 복음을 전하는 전도제자의 발걸음은 남아 있을 것이다. "지혜 있는 자는 궁창의 빛과 같이 빛날 것이요 많은 사람을 옳은 데로 돌아오게 한 자는 별과 같이 영원토록 빛나리라"(단 12:3).

복음생활을 종교생활로 바꾸고, 복음의 말씀을 율법주의로 바꾸며, 영적말씀을 육신적인 말로 바꾸고, 성경의 하나님의 기적들을 신화로 바꾸는 자들은 아무리 높은 학자의 명예를 쌓았든 다 재가 되어버릴 것이다. 그들은 불 가운데서 구원을 얻은 것처럼 망연자실 주저앉을 것이다. 누구든지 전도자들을 괴롭게 하는 자들이라면 말할 것도 없다.

"그 날이 공적을 밝히리니" 라고 하신 말씀은 모든 결산의 때가있다는 말씀이다. 우리 모두는 주님 앞에 서는 날이 있다. 특히 주의 백성들이 아무리 오래 살아도 200년은 못산다. 그리고 한세대가 지나면 모두가 한 시대의 흐름 속에 사라진다. 이 말은 나만 잘 먹고 잘살려고 발버둥거릴 필요가 없다는 말이다. 오직 복음만을 전해도 시간이 모자라고, 오직 복음을 위해 다 바쳐도 우리가 거기서 받을 축복에 손톱만큼도 모자란다. 사도 바울은 제자 [디모데]에게 때를 가리지 말고 전도자의 일을 하라고 엄히 명했다.

하나님 앞과 살아 있는 자와 죽은 자를 심판하실 그리스도 예수 앞에서 그가 나타나실 것과 그의 나라를 두고 엄히 명하노니 너는 말씀을 전파하라 때를 얻든지 못 얻든지 항상 힘쓰라 범사에 오래 참음과 가르침으로 경책하며 경계하며 권하라 때가 이르리니 사람이 바른 교훈을 받지 아니하며 귀가 가려워서 자기의 사욕을 따를 스승을 많이 두고 또 그 귀를 진리에서 돌이켜 허탄한 이야기를 따르리라 그러나 너는 모든 일에 신중하여 고난을 받으며 전도자의 일을 하며 네 직무를 다하라(딤후 4:1-5).

7. 믿음과 행함

가이사랴에 고넬료라 하는 사람이 있으니 이달리야 부대라 하는 군대의 백부장이라 그가 경건하여 온 집안과 더불어 하나님을 경외하며 백성을 많이 구제하고 하나님께 항상 기도하더니 하루는 제 구 시쯤 되어 환상 중에 밝히 보매 하나님의 사자가 들어와 이르되 고넬료야 하니 고넬료가 주목하여 보고 두려워 이르되 주여 무슨 일이니이까 천사가 이르되 네 기도와 구제가 하나님 앞에 상달되어 기억하신 바가 되었으니 네가 지금 사람들을 욥바에 보내어 베드로라 하는 시몬을 청하라 그는 무두장이 시몬의 집에 유숙하니 그 집은 해변에 있다 하더라 마침 말하던 천사가 떠나매 고넬료가 집안 하인 둘과 부하 가운데 경건한 사람 하나를 불러 이 일을 다 이르고 욥바로 보내니라(행 10:1-8).

의사 누가는 행전 9장에서 골수 유대인이 이방인의 사도로 변한 [바울]의 회심을 기록하고, 10장에서는 이방인으로 유대교에 호감을 가지고 있다가 기독교신자가 된 [고넬료] 이야기를 기록하였다. 누가는 고넬료 사건을 기록한 후 베드로의 사역에 대한 기록은 하지 않았다. 사도행전의 무대가 이방인을 위한 -특히 로마 복음화- 사역의 무대로 바꾸어진 것이다. 고넬료는 「이달리야」 대(隊) 라는 군대의 백부장이다. 다른 로마 군대들은 여기저기 민족들이 차출되어 군대로 이루어 졌으나 이달리야 대는 오직 로

마출신들로서 엘리트 집단이었다. 그리고 백부장은 오늘날의 대위 계급정 도 되는 직위였다.

> 그가 경건하여 온 집안과 더불어 하나님을 경외하며 백성을 많이 구제하고 하나님께 항상 기도하더니 하루는 제 구 시쯤 되어 환상 중에 밝히 보매 하나님의 사자가 들어 와 이르되 고넬료야 하니 고넬료가 주목하여 보고 두려워 이르되 주여 무슨 일이니 이까 천사가 이르되 네 기도와 구제가 하나님 앞에 상달되어 기억하신 바가 되었으 니(행 10:2-4).

여기서 믿음과 행위를 논하기 위해 먼저 [고넬료]의 사건을 살펴보겠 다. 고넬료는 하나님을 경외하고 기도생활과 경건과 이웃을 사랑하여 많 은 구제를 실천한 사람이었다. 이런 사실은 대부분의 기독교인의 표상이 라고 볼 수 있다. 그래서 신자들은 고넬료가 베드로를 만나기 이전에 영혼 구원을 당연히 받았다고 여기고 있다. 그런데 왜 베드로를 만나게 하셨으 며 구원의 복음이 그에게 필요하며 생명 얻는 회개와 그리스도를 믿는 믿 음과 성령의 은혜를 선물로 주셨는가 하는 것은 살피려 들지 않는다. 그래 서 이에 대한 정리가 필요하다. 이것은 선행이 구원의 조건이 되느냐의 문 제이기도 하고, 믿음이냐 행함이냐의 문제이기도 하다.

[F.F 브루스]는 '고넬료의 경우는 이스라엘의 하나님께 정기적으로 기 도하며 이스라엘 백성들에게 자선을 베풂으로써 자신이 유대교에 동조하 고 있음을 보여주고 있다. 우리는 고넬료가 할례만 받지 않았을 뿐, 유대 교의 요구사항을 만족시키는 요소들을 갖고 있었다고 말할 수 있겠다. 처 음으로 복음을 듣고 영접한 이방인이 하나님을 경외하는 자였다는 사실 이 더 큰 의미가 있는 이유는 그들이 바울이 순회한 도시들의 기독교 공동 체의 핵심을 이루었기 때문이다.'고 했다.

브루스는 고넬료가 하나님을 경외한 것이 예수님을 영접한 후의 일처럼 말하고 있는데 그가 말하는 것은 이방선교의 장이 본격적으로 열린 전체를 이야기한 것일 것으로 보여 진다.[145)]

그는 사도행전 11:13-14에 "그가 우리에게 말하기를 천사가 내 집에 서서 말하되 네가 사람을 욥바에 보내어 베드로라 하는 시몬을 청하라 그가 너와 네 온 집이 구원 받을 말씀을 네게 이르리라 함을 보았다 하거늘"의 말씀을 들어서 '고넬료와 그의 가족이 구원을 얻는 말씀을 듣게 하셨다'고 하면서 '우리는 이미 사도행전 10:35에 -각 나라 중 하나님을 경외하며 의를 행하는 사람은 다 받으시는 줄 깨달았도다.- 근거해서 고넬료는 하나님을 경외하고 의를 행하기 때문에 하나님이 받으셨다'고 하였다. 부르스는 그러면서도 '성경전체를 통해 볼 때 하나님의 심판은 항상 사람의 행위에 따라서 이루어지지만, 구원은 행위에 속한 것이 아니고 은혜에 속한 것을 알 수 있다. 베드로가 복음을 가지고 고넬료의 집에 온 후에야 비로소 구원이 그 집에 이른 것이다.'라고 하여 하나님이 고넬료를 받으신 것은 구원과 관계없이 긍휼을 베푸시는 것이며 복음을 듣게 하심은 그리스도를 믿고 구원을 받도록 하시는 것이라 하여 둘을 구분해서 말하고 있다.

[이상근]은 2절에 고넬료의 경건은 독실한 신앙 자를 표현한다면서 그러나 그는 할례를 받지 않았고 유대교의 관습은 따랐으나 유대교에 개종한 사람은 아니었다고 했다. 그의 구제와 기도가 하나님께 상달되어 그 결과 구원의 축복을 받으리라는 말씀도 천사로부터 들었다. "그가 너와 네 온 집이 구원 받을 말씀을 네게 이르리라 함을 보았다 하거늘"(행 11:14) 이상근은 고넬료가 좋은 구도자인 동시에 열심 있는 전도자였다고 하면서 그의 가족과 일가와 친구들도 같이 듣고 구원받기를 원한 사람이었다고 했다. 지금 구원을 받지 않았다 해도 전도하여 함께 구원을 받도록 하는 전도제자들이 있다고 하며 이 문제를 피해간 듯하다.[146)]

---

145) F.F.브루스성경주석,(헨드릭슨 패턴주석시리즈), 『사도행전(상)』, 이용복 • 장동민역, 아가페출판사, p294
146) 『이상근 사도행전 주해』, 성등사, p166

[박윤선]은 10장 35절 "각 나라 중 하나님을 경외하며 의를 행하는 사람은 하나님이 받으시는 줄 깨달았도다."의 주해에서 '이 말씀은 언뜻 보면 이방인들이 그들의 종교에 의해서라도 하나님을 경외할 수 있으며 그들이 말하는 의(義)의 표준이라도 가졌다면 하나님께 합당하다는 말같이 보인다. 그러나 실상 그런 것이 아니다. 베드로는 이교도들의 우상종교를 배척하였다(벧전 4:3, 행 4:12 참조). 이 구절의 뜻은 사람이 하나님께 합당하게 간주 되는 것이 어떤 민족적, 또는 인종적 유전 조건에 의한 것이 아니고, 누구든지 복음으로 거듭나서 하나님을 경외하며 의로워 지면 하나님께서 그를 받으신다는 것이다'고 했다.[147]

언뜻 보면 고넬료의 행실이 거듭난 결과인 것처럼 말하는 것 같다. 그러나 11장 18절의 "하나님께서 이방인에게도 생명 얻는 회개를 주셨도다."에서는 '생명 얻는 회개'는 성령의 인도하심으로 말미암아 복음을 믿고 주께 돌아오게 된 영생 얻는 회개를 말한다고 했다. 그렇다면 고넬료와 그 집안사람들이 베드로의 방문 후에 구원을 받았다는 의미가 된다.

[칼빈]은 10장 1-2의 주석에서 고넬료의 사건은 유대인 앞에서 할례 받지 않은 이방인을 특별히 높여주신 사건이라고 하였고, 그가 희귀한 사람인 것은 로마 군인으로서 하나님에 대한 신앙심이 아주 두드려졌으며, 사람들과의 태도가 아주 정직하고 신실했기 때문이라고 했다. 칼빈은 누가가 고넬료를 칭찬한 것은 율법의 두 돌판 즉 하나님과 인간관계에 대한 임무 수행을 잘한 것 때문이라고 했다. 또한 누가가 하나님 경외와 기도를 하나님에 대한 신앙심과 예배의 열매로 취급한 것은 아주 잘한 일이라고도 했다. 그는 그 어느 누구도 하나님을 아버지와 여호와로 알고 그에게 굴복하기 전에는 경건하다는 이야기를 들을 수 없는데 고넬료는 인정을 받았다고 했다.

---

147) 『박윤선 주석 사도행전』, 영음사, p249

[칼빈]의 말이 고넬료가 베드로를 만나기 전에 구원을 받은 자였다는 것인지, 아니라는 것인지 이 구절의 주석에서는 분명하게 말을 하고 있지 않다. 통상적으로 우리 일반성도들이 구원을 받은 상태에서 고넬료는 기도와 구제가 응답을 받았다고 배우고 있다. 칼빈은 고넬료의 천사를 만나기 전의 상태를 '희미하고 초보적인 신앙을 받은 사람'으로 평하고 있다는 것은 분명하다. 칼빈은 4절의 고넬료의 기도와 구제가 하나님 앞에 상달 되었다는 부분에서 가톨릭을 공격하는데, '로마 가톨릭에서는 이 구절을 남용하고 있다. 하나님께서 고넬료의 구제와 기도를 보시고, 복음의 신앙을 부여하셨다는 사실을 인간 편에서의 준비로 곡해하였다. 가톨릭은 인간이 자신의 근면과 덕으로 신앙을 획득하고, 행위의 공로로 하나님의 은혜를 기대하는 것으로 이야기 한다'고 했다. 또한 '가톨릭이 주장하는바 고넬료가 신앙의 일깨움을 받기 전에 그의 행위가 하나님께 열납 되었다고 하는 것은 유치한 오류다.'라고 했다.

[칼빈]은 이렇게 가톨릭을 비판하면서 가톨릭의 주장은 [펠라기우스(Pelagius)]의 '신앙이 없던 사람이라도 기도로 신앙을 얻는다.'라는 주장이라고 비난했다.[148]

칼빈은 '우리에게 하나님께서 거저주시지 않는 선행은 하나도 없다. 하나님의 은사에 대한 올바른 사용법도 하나님께로부터 나온다. 결점투성이 우리의 행위로 무엇을 받을 자격이 있다는 생각은 버려야 한다. 우리의 행위에 가치를 세워주는 것은 믿음뿐이다. 고넬료는 자기의 구제와 기도로 더 분명한 하나님에 대한 지식을 얻었지만, 그 구제와 기도가 하나님의 호의와 친절을 살 수 있었던 것은 아니다.'고 했다.[149]

---

148) 펠라기우스(Pelagius, 360-418): 펠라기우스는 브리타니아(영국) 태생의 기독교 수도사. 인간의 자유의지와 노력을 강조하고, 구원에 있어서 하나님의 선물로 주시는 은혜를 부정하였다. 어거스틴으로 부터 강한 반박을 받아 418년에 카르타고 공의회에서 이단으로 정죄되었다.
149) 『존 칼빈 신약성서주석1(사도행전1)』, 존칼빈성서주석출판위원회 역편, 성서교재간행사, pp.379-382

칼빈의 주장을 보면, 베드로를 만나기 전의 고넬료는 아직 구원의 단계에 들어가지 않았으나, 산상수훈의 예수님이 일러주신 '심령이 가난한 상태'에 들어간 것으로 본다고 말할 수 있다. 고넬료의 기도와 구제와 경건은 자기 구원을 위한 애통함이며, 사나운 로마 군인에게는 기적 같은 온유함이며, 가난한자들과 주변의 사람들에게 의로움을 베푸는 것은 의에 대한 굶주림이며, 사람들에게 자비를 베푸는 것은 긍휼히 여기는 것이며, 로마가 피정복국 유대에 손을 내미는 화평케 함이며, 그의 진실한 중심은 정치적 동기나 혹 인기를 위한 중심이 아닌 청결한 마음이며, 하나님을 믿어서 자기의 동료들이나 자기민족의 비난이나 불이익을 기꺼이 감수하려는 그 자리요, 그리스도 때문에 당한 곤란을 기꺼이 감당하려는 천국의 상을 받을 수 있는 그 자리이다.

"그가 우리에게 말하기를 천사가 내 집에 서서 말하되 네가 사람을 욥바에 보내어 베드로라 하는 시몬을 청하라 그가 너와 네 온 집이 구원 받을 말씀을 네게 이르리라 함을 보았다 하거늘 내가 말을 시작할 때에 성령이 그들에게 임하시기를 처음 우리에게 하신 것과 같이 하는지라"(행 11:13-15).

칼빈은 14절 해석에서 고넬료 보다는 복음을 전한 베드로에게 맞추어서 '구원이 인간의 말에 국한 되는 것이 아니고 하나님이 그 아들을 우리에게 영원한 생명으로 주시고 동시에 우리가 믿음으로 그를 소유하게 하신다.'고 했다.

[메튜헨리]는 고넬료는 이방인으로 처음 그리스도를 믿게 된 사람이라고 하면서 그 안에는 지혜와 선한 성품이 그를 빛나게 해준다고 했다. 고넬료는 천사를 통하여 그의 의로운 삶이 하나님께 열납 되었다는 사실을 알게 되었다. 그는 바리새인들처럼 보여 주기식이 아니었다. 고넬료는 최근에 이슈가 된 그리스도의 비밀을 알게 되리라는 약속을 받았다. 그래서 베드로를 청하라고 하신 것이었다. 그는 기도와 구제생활을 하며 가족들

도 하나님을 경외하며 신앙으로 살게 하였다. 그러나 '그가 더 해야 할 것이 있는데 기독교 신앙을 받아들이는 일이었다.'고 말했다. 한 걸음 더 나아가 메튜헨리는 '기독교를 받아들이는 것은 유익하니 원한다면 개종하라는 것이 아니라 반드시 개종하라는 것이었다.'고 했다.[150]

고넬료가 지금까지 하나님의 은혜를 받았다. 그러나 앞으로도 반드시 은혜를 받고 하나님으로부터 용납되어야한다. 앞으로 계속 용납 되려면 반드시 그리스도를 믿어야한다. 고넬료는 유대교의 여호와 하나님을 믿었고 구약에서 약속한 메시아 약속을 믿었다. 그러나 그는 이제 메시아의 그 약속이 실현되었음을 믿어야 했다. [메튜헨리]는 '메시아이신 예수님은 구약의 모든 그림자예언의 실체로서 자신을 보여 주셨다. 아마 그것은 몇 년까지도 가지 않는 엊그제 같은 일이었다. 앞으로는 그리스도의 이름이 아니면 구제나 기도가 하나님께 상달 될 수 없을 것이었다. 그러므로 고넬료는 구약의 체제가 접어들어 가고, 신약의 빛이 환하게 밝히는 과정 속에 있었던 것이다.'고 했다.

"그의 계명은 이것이니 곧 그 아들 예수 그리스도의 이름을 믿고 그가 우리에게 주신 계명대로 서로 사랑할 것이니라"(요일 3:23). [메튜헨리]는 '여호와 하나님을 믿는 자는 기도와 구제를 한다. 그러나 그것으로 더 이상 하나님을 알지는 못한다. 그러나 복음을 들은 사람들은 예수를 믿어야 한다. 그리고 이제 그들의 인격과 기도와 구제가 용납되기 위해서는 그리스도 되신 예수님만 의존해야 한다.'고 했다.[151]

천사는 고넬료에게 그리스도 복음을 전해주지 않았다. 다만 천사는 '베드로를 부르라 그러면 그가 너에게 말해주리라'고 했다(행 10:5, 22, 33).

150) 『메튜 헨리주석 사도행전(상)』, 이기문역, 기독교문사, pp409-410
151) Ibid, p.411

복음 전하는 일은 저 천사들에게 맡기신 것이 아니다. 보잘 것 없다 해도 성도들의 교회에 맡기신 것이다. 그러므로 교회도, 흩어진 성도들도 '예수님이 그리스도이시다'는 확실한 복음을 알지 못하면 그 일을 이룰 수가 없다. 베드로는 복음만 전했다. 고넬료를 유대인들과 같은 동등한 입장에 세워서 복음의 축복을 얻도록 한 것이다(행 10:35). 하나님께서는 사람들을 그들의 나라나 가문의 조상들을 보시고 판단하신 것이 아니라 그들의 중심을 보시고 판단하신다.

창세기 3장사건 후 누구도 그리스도의 중보로 나타난 하나님의 은총을 의지하지 않고는 하나님의 은총을 받지 못하였다. 그러나 그의 심령이 가난하여 하나님의 긍휼을 바라본다면 그에게 천국을 소유할 수 있게 해주신다. 베드로는 그리스도를 모시고 있었고, 십자가의 장소에 함께 있었고, 부활하신 그리스도와 함께 음식을 먹은 자로서 결론을 내렸다. 그러므로 너희가 해야 할 일은 이 그리스도 되신 예수님을 믿어야 한다는 것이다.

선행은 하나님의 긍휼을 받게 되는 마음상태가 조성된다. 그러나 그 마음에 그리스도가 결여 된다면 선행은 의미가 없다. 그의 행실이 빛을 보려면 그리스도를 믿어야 한다. 그리고 난후에는 그의 행실은 그리스도를 증거 하는 최고의 도구가 될 것이다. 하나님이 영광을 받으시는 최고의 정점이 복음전도이다.

고넬료 당시의 세속적 유대인들은 희생의 제사와 성결을 통하여 죄 사함을 얻는다고 생각하였고, 이방인들 중에서 하나님을 바라는 자들은 자신들의 죄를 보상하여 용서를 얻으려 하였다. 그러나 이 모든 노력은 다 헛것이다. 구약의 모든 제사는 십자가위에서 완성이 되었기 때문에 십자가 희생에 들어와야 한다. "그에 대하여 모든 선지자도 증언하되 그를 믿는 사람들이 다 그의 이름을 힘입어 죄 사함을 받는다 하였느니라. 베드로가 이 말을 할 때에 성령이 말씀 듣는 모든 사람에게 내려오시니 베드로와 함께 온 할례 받은 신자들이 이방인들에게도 성령 부어 주심으로 말미암 아 놀라니 이는 방언을 말하며 하나님 높임을 들음 이러라"(행 10:43-46).

> 그가 너와 네 온 집이 구원 받을 말씀을 네게 이르리라 함을 보았다 하거늘 내가 말을 시작할 때에 성령이 그들에게 임하시기를 처음 우리에게 하신 것과 같이 하는지라 내가 주의 말씀에 요한은 물로 세례를 베풀었으나 너희는 성령으로 세례를 받으리라 하신 것이 생각났노라 그런즉 하나님이 우리가 주 예수 그리스도를 믿을 때에 주신 것과 같은 선물을 그들에게도 주셨으니 내가 누구이기에 하나님을 능히 막겠느냐 하 더라 그들이 이 말을 듣고 잠잠하여 하나님께 영광을 돌려 이르되 그러면 하나님께 서 이방인에게도 생명 얻는 회개를 주셨도다 하니라(행 11:14-18).

한 걸음 더 나가서 그들이 '성령의 세례'를 받았으나 그래도 '물세례' 가 필요하다. 그래서 그들에게도 세례 베풀기를 권하고 있다. 주의 백성들 은 교회의 제도에 구속을 받는다. 성령의 능력을 확실히 받을수록 교회의 규칙들을 수행할 책임이 무거워 진다. 성령으로 세례를 받았는데 굳이 물 세례를 받을 필요가 있는가? 하고 수세를 낮은 등급에 속한 것처럼 여기 는 사람들이 있는데 정신이 나간 것이다. 물세례가 결코 하급에 속할 수 없다. 물세례는 예수님이 세우신 규칙이며 교회에 입교하는 관문이며, 새 로운 신분에 대한 언약의 인침이다. "이에 베드로가 이르되 이 사람들이 우리와 같이 성령을 받았으니 누가 능히 물로 세례 베풂을 금 하리요 하 고"(행 10:47) 고넬료와 그의 친구들 가족들 하인들은 성령을 받았음으로 물세례를 받을 수 있었다.

할례 받지 않은 이방인에게 그리스도의 이름으로 세례를 주는 것은 당 시의 수많은 사람들 특히 유대인들을 당혹하게 하는 일임이 분명했을 것이다. 그러나 세례를 주지 않는 것은 하나님을 훼방하는 더 큰 죄가 된다. 누가는 고넬료의 칭찬 듣는 행실들을 기록하려는 것이 아니다. 한 이방인의 회심 즉 이방인의 구원을 기록한 것이다. 그것도 바울을 통해 로마복음화의 기틀을 놓는데 쓰이는 고넬료 같은 제자들을 주님께서 친히 준비하심을 보이는 것이다. 주님은 천사를 양편에 보내셨다. 아나니아와 사울(바울)의 만남을 주선한 천사는 고넬료와 베드로의 만남을 주선했다. 그것은 고넬료가 예수님의 복음을 듣도록 하려는 것이었고 이후의 로마군현장의 복음전파를 위한 준비도 되었다. 베드로는 그에게 복음을 전파했다. 고넬료는 생명 얻는 회개를 했다. 그리고 믿고 구원을 받았다(행 15:7).

하나님을 경외하며 의를 행하는 것은 하나님의 은혜를 체험하기 위한 공적이나 전제 조건이 아니다. 베드로가 말한 것은 어떤 민족이나 어떤 종교를 가진 사람이라도, 경건하고 정직하다면 칭의(稱義)를 받는다는 것을 말하는 것이 아니다. 칼빈은 그 생각을 대단히 유치한 것으로 여겼다고 이미 지적했다. 만약 칭의(稱義)를 그렇게 말한다면 누가와 바울이 모순이 될 뿐 아니라 고넬료의 나머지 이야기와도 맞지 않는다. 이 경건하고 관대한 고넬료는 복음을 듣고 회개하고 예수님을 믿어야 했다는 것은 다른 주장을 용납하지 않는다(행 11:18, 15:7).

하나님은 이 과정을 거쳐 죄 사함과 성령의 선물과 생명을 주셨고 믿음에 의해 그를 깨끗게 하셨다(행 10:43, 45, 11:18, 15:9). 계속된 일련의 과정 속에서 고넬료는 세례를 받고 공개적으로 기독교공동체로 받아들여졌다.

[존 스토트]는 고넬료가 베드로의 말을 듣기 전에 하나님과 올바른 관계를 맺고 있었다고 하거나 의롭다 칭함을 받았다고 하는 것은 사도행전 10장과 11장을 오용하는 것이라고 했다.[152]

---

152) 존 스토트, 『땅끝까지 이르러』, 정옥배역, 한국기독학생출판부, p231

스토트의 말한 대로 [누가]는 9장에서 [바울]로 이름이 바뀌진 [사울]과 10장에서 [고넬료]의 회심에 관해 자세히 애기를 했다. 누가의 진술에 의하면 두 사람간의 차이가 있음에도 복음의 능력은 여전히 생명을 주시는 능력으로 나타나는 것이라고 했다. 사울은 유대인이었으며 고넬료는 이방인 이었고, 사울은 학자였으며 고넬료는 군인이었다. 유대교에서 사울은 고집불통이었으며 고넬료는 구도자였다. 그러나 두 사람은 모두 하나님의 은혜로운 주권에 의해 회심했다. 둘이 다 죄 사함과 성령의 선물을 받았다. 둘 다 대등하게 세례를 받고 그리스도의 가족으로 받아들여졌다. 누가는 복음이 이렇게 믿는 자에게 구원을 주시는 하나님의 능력이 됨을 입증한 것을 진술하고 있다.

8. 로마서와 야고보서

고넬료의 경건과 기도와 구제가 하나님께 상달된 것으로 대부분신자들이 그가 이미 구원을 받은 자라고 여긴다. 이렇게 말하는 것은 구원에 대한 성경전체의 내용을 왜곡하는 심각한 오류가 된다. 인간의 행실로 구원을 받을 수 있다고 하는 것은 성경 어디에도 없는 사상이다. 성경 어디에도 성삼위 하나님의 구속의 일에 인간의 보조가 필요하다는 말은 없다. 세상을 구원하는 성삼위 하나님의 사역에 인간의 협력이 필요하다는 주장은 성경의 하나님의 절대주권, 절대 하나님의 은혜를 무시하는 어리석은 주장이 되어버린다.

고넬료가 구원받았다고 여기는 신자들이 대부분 경건한 자들의 생각이고 하나님을 믿는 자들이 그렇게 해야 하기 때문에 그런 생각을 하는 것으로 여기지만, 이것이 목사들의 생각이라면 문제가 달라진다. 하나님이 고넬료에게 천사를 보내시고 베드로를 청하라는 것과 베드로에게 고넬료의 집을 방문하라는 것이 단지 고넬료가 착하고 기도 많이 했기 때문에 구원을 받은 고넬료에게 어떤 상응한 축복을 주시기 위함이었다면 거기에는 특별한 일련의 조치들이 필요치 않다. 하나님이 양편에 천사를 보내신 것과 만남을 조성한 것과 그것도 세 차례씩이나 베드로의 각인된 것을 뽑아내는 작업과 앞으로 베드로의 공격을 받을 일에 증인으로 유대인들을 동행시키는 것들과 고넬료의 마음을 열어 베드로의 복음을 청취케 한 모든 조치들은 고넬료와 그 집에 구원을 주시기 위함이었다. 구원의 말씀을 듣게 하고 생명 얻는 회개를 하도록 하여 성령을 선물로 주시기 위함이었다(행 10:33-48, 11:14-18).

하나님은 이방인이라도 하나님께 돌아오는 자들을 받아주시는 사실을 이스라엘과 온 유대에 알게 하셨다. 이 일은 구약의 여리고 정복 때 여호와의 편에 들어와 상천하지의 살아계신 하나님을 섬기겠다고 생명을 걸고 선택을 한 기생 [라합]과 그녀와 모든 가족이 받은 하나님의 구원의 축복과 같다. 라합은 육신의 죽음에서만 건짐 받은 것이 아니고 다윗의 할머니가 되었고 예수님의 족보에까지 들어간 영원한 구원의 선물을 받았다. 라합은 가나안의 우상의 허구를 인정하고 여호와께서 상천하지의 참 하나님이신 사실을 믿고 여호와의 날개아래 들어오기를 원한 것이다. 그녀는 자신도 모르게 하나님의 구속사에 동참한 것이다. 하나님은 그녀에게 인자를 베풀어 주셨다(수 2:1-24). 고넬료 역시 로마의 수많은 우상과 신화들과 황제숭배를 부정하고 여호와, 그것도 그가 지배하는 피지배자들의 신(神)을 받아들이는 일은 칼빈의 말 그대로 희한한 일이었고 하나님께서는 그에게 인자를 베풀어 주셨다.

이제 고넬료의 이야기에서 믿음이냐 행함이냐 라는 주제로 돌아와 보자. 이 논쟁적 말들을 정리하는 것은 어렵지 않다. 이것은 신학적 문제가 아닌, 단지 신앙의 구별의 문제이기 때문이다. 이것은 바울의 믿음은 무었을 말하고 야고보의 믿음은 무엇을 말하는 것인가 라는 것과 바울의 행함은 어떤 의미이고 야고보의 행함은 어떤 의미인가 라고 하면 쉽게 구별할 수 있는 문제가 된다. 보통 믿음으로 구원을 받느냐 행함으로 구원을 받느냐 하는 논쟁은 질문 자체가 성경을 비아냥거리는 말장난이 된다. 성경을 대할 때는 어떤 경우라도 해프닝을 산출해서는 안 된다. 하나님의 말씀은 일점 일 획이라도 가볍게 취급을 받을 만한 경우는 절대로 없기 때문이다.

9. 바울의 믿음

바울이 말하는 믿음은 구원 얻는 믿음이다. 이 구원 얻는 믿음은 성경 전체의 절대 조건이다. 이 구원은 성삼위 하나님으로부터 나온다. 이 구원이 인간으로부터 나온다면 그것은 종교이지 복음이 아니다. 이 구원이 주어질 때는 하나님의 주권적 역사와 긍휼에 풍성하신 하나님의 은혜로 주어진다(엡 2:4-9). 여기에 인간의 공로는 절대 필요치 않다. 허물과 죄로 죽어버린 자는 아무것도 할 수 없다. 사망의 종된 인간에게 잠깐의 삶은 하나님을 만나는 축복을 회복할 기회를 주시는 것이다. 그 잠깐의 기간에 하나님의 품안을 진심으로 원하는 것이 심령의 가난이다. 하나님이 구원주시기로 작정된 자가 그 은총에 이른다(행 13:48, 18:10, 엡 1:3-7).

성경은 구원의 신앙고백인 '예수님이 그리스도'이시다는 것과 그 고백을 할 수 있게 된 것이 하나님께 있음을 분명히 했다. "시몬 베드로가 대답하여 이르되 주는 그리스도시요 살아 계신 하나님의 아들이시니이다 예수께서 대답하여 이르시되 바요나 시몬아 네가 복이 있도다 이를 네게 알게 한 이는 혈육이 아니요 하늘에 계신 내 아버지시니라"(마 16:16-17) 구원 얻을 만한 믿음의 고백도 하나님이 주신다는 말이다. 여기에서 인간의 믿음은 구원의 선물을 수납하는 수단이 될 뿐이다. 이것은 효력 있는 부르심을 받은 자의 반응이라고 할 수 있다. 만약 수납하는 것도 행함이라면 그것은 행함이라 하지 않고 그것역시 믿음으로 구분하는 것이 자연스럽다. 창세기 3장의 사탄과 원죄와 모든 죄, 하나님 없는 인간의 행함은 아무리 닦아도 악취만 풍길 따름이다. 이런 인간이 거룩하신 하나님의 구속사역에 협력할 자격은 절대 없다.

10. 야고보의 믿음

이것도 구원받은 자의 믿음이다. 하나님의 생명을 받지 못한 자는 하나님의 생명의 일을 할 수가 없다. 그러므로 불신자의 선행은 신자의 선행과 본질이 다르다. 사람들이 만든 종교에 도덕적 삶의 모양들이 많다. 도덕적 요소는 성경에도 있는 것들이다. 그러나 그 요소들이 근본적으로 다른 것은 그 출처가 다르기 때문이다. 종교의 출처는 타락한 인간이고 성경의 계명들은 그 출처가 하나님이시다. 종교의 도덕적 삶이 구원을 얻는데 가치가 전혀 없으나, 사악한 인간의 막가파식 도발에 완급을 조절하는 가치가 있다(롬 13:1-5). 세상의 권세는 하나님의사역자가 되어 세상을 지옥으로 만드는 것을 제어하는 역할을 하고 있다. 이 세상의 권세들이 저들이 창안한 종교의 계율을 따른다. 이것이 종교가 주는 유익이다.

기독교 복음은 종교가 아니다. 출처가 하나님이기 때문이다. 성경 안에 있는 도덕적 계율은 불신자들이 좋아하는 것들이라 해도 그들의 것이 아니다. 물론 불신자들도 사랑과 화평과 자비나 온유나 절제와 근면과 겸손이 있고 또한 어휘도 같지만, 성경에 속한 어휘들은 성령의 열매들이다. 불신자들에게도 아직 남아있는 인간의 도덕성 즉 인간이란 본질에서 나오는 인간의 속성들과 진실하고 의롭고 깨끗하고 온유하고 겸손한 것 등이 있으나 그것은 성령에 속한 것들이 아니다. 불신자가 '나는 신을 믿는

다' 하고 정직하여 하나님의 뜻에 부합되더라도 그 믿음과 진실이 구원을 얻는 것은 아니다.

야고보의 믿음은 불신자들도 구원 얻을 것 같은 믿음을 말한 것이 아니다. 불신자들의 평화와 기쁨은 신자들의 평화와 기쁨과 전혀 다르다. 불신자들의 것들은 상대적인 것들이다. 상대적이기 때문에 손해가 되면 그 평화와 기쁨은 바로 깨진다. 그러나 성령의 열매로서 평화와 기쁨은 절대적이다. 그것은 상황에 상관없이 주어지는 것이다. 그래서 초대교회를 비롯하여 믿음의 사람들이 죽임을 당하면서도 핍박하는 자들을 위해 기도하며 기뻐할 수 있었다. "평안을 너희에게 끼치노니 곧 나의 평안을 너희에게 주노라 내가 너희에게 주는 것은 세상이 주는 것과 같지 아니하니라 너희는 마음에 근심하지도 말고 두려워하지도 말라"(요 14:27).

모든 피조물들도 '오직 복음'이 된 그리스도인 들이 나타나서 전 세계가 하나님의 나라의 세력으로 지배되기를 기다리고 있다(롬 8:18-25). 모든 자연환경, 만물들이 인간이 타락한 창세기 3장 때부터 고통 속에 있는 것이다. 모든 만물은 하나님의 형상이 있는 인간의 정복과 다스림을 받도록 되어있었다. 모든 인간의 나눔과 봉사와 정의와 사랑 등 모든 선행은 모든 인류의 상식이다.

야고보는 구원의 은총을 받은 신자가 이 상식을 저버린 상태를 지적하고 있다. 바울은 이방 로마인이나 유대교의 개종한 자들에게 구원을 얻기 위한 절대적인 믿음을 이야기하지만, 야고보는 12지파라고 불리는 유대교에서 개종하여 기독교회에 들어온 유대인 그리스도인들에게 말하고 있다(롬 11:13-24, 약 1:1). 이 놀랍고 영광스런 그리스도의 구원에 들어와서 예수님께 책망 받던 그 차별과, 위선과, 선생 되려 하는 것과, 거짓말과, 시기와 다툼과 탐욕을 그대로 가지고 있느냐 하는 것이다. 바리새인들과 저희 서기관들이 가르친 전통과 율법을 따르면 야고보가 말한 대로 될 수밖에 없다. 야고보의 믿음은 "자유롭게 하는 온전한 율법을 들여다보고 있는 자는 듣고 잊어버리는 자가 아니요 실천하는 자니 이 사람은 그 행하는 일에 복을 받으리라"(약 1:25)는 대로 자유롭게 하는 온전한 율법은 곧 바울이 말한 복음의 믿음이다. 이것은 산상 수훈에서 예수님이 말씀하신 내용과도 일치 된다(마 7:15-27).

11. 바울의 행함과 야고보의 행함

바울의 행함은 무엇이며 야고보의 행함은 무엇인가 바울은 로마서 1장부터 11장까지 구원의 믿음을 설명한 후 12장부터는 "그러므로 사랑하는 형제들아 내가 하나님의 자비하심으로 너희를 권하노니"(롬 12:1) 하면서 새롭게 살라고 말한다. 바울의 이 삶의 행함은 그의 모든 서신들을 유추해 볼 때 복음의 능력 안에서 나오는 열매의 성격들이다. 갈라디아서는 성령의 열매로, 고린도서에는 사랑의 열매를, 에베소서에서는 빛의 열매를 소개한다(갈 2:2-23, 고전 13:1-13, 엡 5:1-14). 이것은 은혜로 구원을 받은 사람들에게서 자연스럽게 나타나는 열매들이다.

바울의 모든 서신들에는 복음이 '오직'이 되도록 처음에서 반 이상을 원색복음으로 가득 채운다. "형제들아 내가 너희에게 나아가 하나님의 증거를 전할 때에 말과 지혜의 아름다운 것으로 아니하였나니 내가 너희 중에서 예수 그리스도와 그가 십자가에 못 박히신 것 외에는 아무 것도 알지 아니하기로 작정하였음이라"(고전 2:1-2) 바울은 십자가의 도가 망할 자에게는 미련하게 보이고, 신자 안에 그리스도가 있다는 것은 질그릇에 보화가 있는 것이며, 그리스도 안에 지혜와 지식의 모든 보화가 감추어져있기에 기회만 있으면 그리스도를 또 말하고 또 말할 수밖에 없었다. 왜냐하면 복음이 충만하다면 믿음의 행함은 따라 나올 수밖에 없기 때문이다.

전도제자들의 목적은 성령의 열매가 아니다. 성령의 열매가 사람들의 마음의 문을 여는 의미로서 전도제자의 삶의 모습이 되지만, 제자들이 날마다 구하는 것은 열매가 아니고 성령의 충만함이다. 성령이 충만하다면 열매는 나와 지는 것이기 때문이다. 교회 안에서 신앙생활이 종교생활로 되어있으면 열매를 목표로 한다. 성령의 충만이 목표가 아니고 열매가 목표가 되면 날마다 눌리고 힘든 신앙생활을 할 수밖에 없다. 자신에게서 갈등하고, 남의 행실로 또 시험 들고, 수도 없이 판단하며 복음을 누리는 구원의 능력을 맛볼 수 없다. 이 놀라운 복음의 능력을 놓친 것은, 복음이 목적이 아니고 열매를 목적으로 해서 살기 때문이다. 그래서 믿음의 사람들은 '복음의 오직'이 되면 지성(智性)의 부분이 복음으로 답(答)이 되며 감성(感性)의 부분이 복음화(福音化)가 되고 의지(意志)부분이 복음적(福音的)이 된다. 이것은 그리스도로 지성이 답을 내면 사상과 의식과 관념이 치유되고, 감성이 복음화가 되면 과거나 모든 상처가 치유 되며, 의지가 복음적이 되면 삶의 규모와 말투나 행동들이 치유가 된다. 이때가 바울이나 야고보의 믿음이나 행함의 열매들이 하나가 되어 나오는 것이다.

열매를 목적으로 할 때는 그 행함에 내제한 많은 갈등이 드러난다. 율법에 대한 의무감이 굴레가 되기 쉽고 자유로운 주님의 멍에가 주님의 계명으로 무거워져 버린다. 말씀을 행하는 동인(動因)도 주님의 은총에 대한 감사와 사랑으로가 아닌 하나님의 엄숙한 명령이 되기 때문에 곧 눌리고 지치게 된다. 또한 신앙생활의 힘이 성령의 도우심에서 나오는 것이 아니고 자기 이성의 결단이기 때문에 그것의 결과가 좋으면 자아도취로, 실망스런 결과라면 스스로 무너져버린다. 그래서 신앙의 열매 군(群)들을 목적으로 삼으면 모든 행위들이 자기 성취욕으로 드러난다.

성령의 충만은 각기 사람에 따라 인식부터 다르다. 구원 받은 자에게 성령이 내주하심은 변함이 없으나 성령의 역사는 다르다. 신자의 영적상태도 감정이 변화하듯 시시각각으로 변한다. 그러므로 성령님은 하나님이시다. 하나님의 충만은 그 깊이가 헤아릴 수 없다. 그래서 성령의 충만함은 성령의 충만함을 간절히 원할 때부터 이루어지는 것이다. 성령의 충만함을 간절히 원하고 계속 원하는 것이 성령의 충만 이다. 내가 성령의 충만을 기도할 때에 나타나는 양상은 어떤 선택에 있어서 야고보가 말한 나쁜 행위를 물리치고 자연스럽게 하나님의 원하시는 쪽으로 간다.

야고보의 "너희는 하나님이 우리 속에 거하게 하신 성령이 시기하기까지 사모한다 하신 말씀을 헛된 줄로 생각하느냐"(약 4:5)하는 말은 하나님이 우리를 얼마나 사랑하시는지를 알게 한다. 성령은 말할 수 없는 탄식으로 그 백성들을 위해 기도하시고 계신다. 그리스도 되신 예수님은 보좌에서 그 백성들을 위해 간구하시고 계신다(롬 8:27, 34).

성령의 충만함을 가장 정확하게 알려면 오리지널 성령의 충만함을 받은 마가 다락방의 사람들을 살피면 된다. 그들이 오순절 날에 주님의 약속대로 위로부터 오는 권능을 받았는데, 그 권능은 핍박하는 자들과 주어진 환경이나 집안의 가족 걱정이나 여타 있을만한 앞날의 걱정이 다 사라져 버렸다. 그들의 모든 관심은 '예수님이 그리스도이시다!'는 사실을 증거 하는 것뿐이었다. 그들은 그리스도로 충만했다. 그들은 그리스도께서 십자가에서 이 땅의 모든 문제를 해결하신 메시아이심을 생명을 걸고 증거 했다. 그리고 그리스도는 부활하셨고 지금 살아계신다는 사실을 죽음의 위협에서도 증거 했다. 성전미문의 앉은뱅이 사건은 부활사건을 조작한자들로 인해 의문을 품고 있던 백성들에게 확증을 주는 사건이었다. 그들은 그리스도께서 성령으로 지금도 함께 하신다는 사실을 누렸다. 그들은 그리스도께서 약속하신대로 심판주로 다시 오실 것이라고 증거 했다. 그들은 그리스도의 복음을 증거 하는 일에 생명을 바쳤다. 이것이 오순절 날 마가다락방에서 성령 충만함을 받은 제자들의 모습이다.

그러므로 성령의 충만함은 그리스도로 충만함이다. 성령의 충만은 복음의 충만함이며 오리지널 성령의 충만함을 받은 성도들의 모든 행함은 복음 전도와 선교를 위한 행함으로 나타났다. 그들의 모든 가치는 주님의 복음이었고 목적과 이유는 그 복음을 증거 하는 것이었다. 그것이 아니라면 주님이 핍박받는 세상에 그들을 남겨두실 이유가 없다. 나를 나보다 더 사랑하셔서 아들을 내어주신 하나님, 나를 위해 자기 몸을 버리신 예수님, 내안에 기꺼이 오셔서 떠나지 않고 함께 계시는 성령하나님은 그 피로사신 백성들을 천국으로 바로 데려가시지 않고 고통스럽고 악독한 세상에 남겨두신 이유는 단 하나이다. 이 구원의 일에 그의 백성이 필요하기 때문이다. 이 일 때문에 전도제자는 자유하나 자유를 오용할 수가 없다. 한 영혼이라도 구원을 얻도록 하는 것이기 때문에 도덕과 윤리와 질서의 모본을 보이는 것이다. 이것은 저희 서기관들이나 바리새인들처럼 보여주기 식(式)이 아니다. 자신이 도덕적으로 완전하지 않아도 눌리는 것이 없으나 그것이 복음전함에 걸림이 될 수 있기에 율법에 매이지 않았으나 매인 사람처럼 사는 것이다. 이러한 행실은 방종을 피하는 장치도 된다.

　　자유하게 하는 온전한 율법을 들여다보는 자들은 복음의 깊이와 높이와 넓이를 알고 모든 행함을 복음에 귀착시킨다. 바울의 기도와 야고보의 기도를 생각해 볼 때 바울의 기도는 성령 안에서 무시(無時)로 하는 기도이다. 이것은 24시간 기도이며 창세기39장의 요셉의 기도이다. 노예로 살면서 하나님이 항상 함께하셨다는 것이 요셉은 24시간을 하나님을 바라보았다는 증거이다. 바울은 그야말로 전도와 선교의 현장에서의 기도였다. 그의 현주소가 '그리스도 안'이었기에 그는 그리스도께 집중될 수밖에 없었다.

　　야고보의 기도는 정해진 모델 기도였다. 야고보 자신이 초대교회의 대표자요 지도자였다. 베드로도 바울도 야고보의 지도적 위치를 인정했다 (행 12:27, 15:1-35, 21:18, 고전 15:7, 갈 2:9). 야고보는 예수님의 형제로서 초대교회의 기둥이었으며 흩어져 있는 전체 교회의 보호막을 치는 기도가 절대 필요한 때에 기도의 짐을 지고 살았다. 그의 권위와 사랑은 여기서 나왔다. 그의 개인 별명이 '낙타의 무릎'이었다는 사실은 그가 기도로 깊은 영적세계를 누린 것을 증거 한다. 그의 기도와 그 외의 모든 행함은 믿음의 행함이었다. 이 두 사도의 기도와 행함은 같은 것이다. 이것은 로칼(Local)과 파라(Para)의 조화이다. 이것을 '나는 믿음으로 구원을 얻는다고 본다.' '나는 행함으로구원을 얻는다고 본다.' 하는 것 자체가 하나님의 섭리 속에서 정경(Canon)이 구성된 중요성을 놓치는 일이 된다.

바울의 믿음과 야고보의 믿음은 얼핏 상이한 것 같으나 내면에서는 일치하고 있다. 야고보서에도 바울의 교리적인 것이 다 깔려있다. 거듭남, 십자가 구속, 이신득의, - '이행득의'(以行得義)라는 말속에 '이신득의'(以信得義)가 진을 치고 있다- 속죄, 부활, 성령, 마귀, 재림들이 흐르고 있다(약 1:17-18, 25, 2:1, 9-11, 21-24, 4:5, 7, 5:7 등).

야고보의 행함은 구원을 얻는 믿음을 표현하고, 바울의 믿음은 완전한 구원을 얻는 행함이 포함 된다. 야고보의 행함은 도덕적인 종교의 기준이 아니라 구원 얻는 믿음에 입각한 것이다. 바울의 행함 역시 종교적인 행실 이아니라 복음에서 나오는 결과로의 믿음의 행실이다. 야고보가 용납할 수 없는 것은 참 믿음이 없는 구원이다. 야고보의 행함은 믿음에서 출발하고, 행함이 있다는 것은 참 믿음이 있다는 논리이다. 결국 바울과 야고보는 다 같이 믿음을 입증하고 있는 것이다. 행함을 믿음이라는 프레임에 포함시키고 행함을 믿음이라고 부르면 간단해진다.

자유롭게 하는 온전한 율법을 들여다보고 있는 자는 듣고 잊어버리는 자가 아니요 실천하는 자니 이 사람은 그 행하는 일에 복을 받으리라(약 1:25).

> 내 형제들아 영광의 주 곧 우리 주 예수 그리스도에 대한 믿음을 너희가 가졌으니 사람을 차별하여 대하지 말라(약 2:1).

예수님은 성경의 모든 예언의 성취자이며 완성자이다. 예수님의 탄생 역시 구약예언의 성취이다. 그리고 예수님의 공생애는 성령에 이끌려 마귀의 시험을 물리치심으로 본격적으로 시작되었다. 이것은 창세기 3장사건 중에 '여자의 후손'에 대한 예언의 성취였다. 아담은 무너졌으나 예수님은 두 번째 아담으로서 마귀의 유혹을 물리치시고 이긴 자로서 공생애를 시작하셨다(롬 5:16-19, 고전 15:45). 그것은 그리스도의 나타남이었으며 세상을 구원할 빛의 출현이었다(요 1:4, 10). 구세주께서는 세상을 구원할 자신의 할 일을 하나하나 이루어 가셨다. 그중에 선지자의 일과 제사장의 일과 왕의 일은 그리스도의 핵심적 일이었다. 예수님은 말씀으로 오셨고 하나님을 만나는 길을 열어 주신 참 선지자였다(요 1:12). 하나님 떠난 인간이 하나님을 만나기 위해서 죄 문제를 해결해야 되는데, 예수님은 참 제사장으로 십자가를 지셨다(요 1:29). 또한 죄를 통해서 역사하는 사탄마귀의 권세를 제압 하고 참 왕으로서 해방의 길을 여셨다(요 1:49).

이것이 십자가와 부활로 명백하고 완벽하게 완성이 된 것이다. 이제 예수님이 그리스도라는 사실을 증거 할 사람이 필요하다. 성삼위 하나님은 이 일련의 과정을 구원의 방법으로 세우셨다. 여기에 필요로 하는 자들이 전도제자들이었다. 주님은 전도제자들을 세상에 두기위해서 제자를 부르시고 이들을 전 세계에 증인으로 내보내신 것이다. 마귀의 시험을 물리치신 예수님은 자기의 원하는 자들을 제자들로 선별하셨다. 그리고 제자들을 훈련시키시는 방법은 함께 지내는 것이었다.

또 산에 오르사 자기가 원하는 자들을 부르시니 나아온지라 이에 열둘을 세우셨으니 이는 자기와 함께 있게 하시고 또 보내 사 전도도 하며 귀신을 내쫓는 권능도 가지게 하심 이러라(막 3:13-15).

이 말씀의 원리대로 12명, 70명, 120명의 남여가 제자들로 세워졌고, 500명의 사람들과 3000명의 제자들이 예수님이 그리스도이신 것을 증거 하는 전도제자들이 되었다. 이때로부터 교회사가 시작되었고 그 속에서 전도할 제자들이 2천년 동안 이어오고 있다. 주님은 전도자들이 모든 장애를 뛰어 넘을 수 있는 성령의 권능을 약속하셨는데, 이 약속이 성취된 처음 마가다락방 때부터 지금까지 이 약속에 해당 되는 1차 대상자들은 전도를 위한 제자들이었다. 이들을 부르시고 처음 집중적으로 말씀을 주신 것이 산상수훈이다. 그래서 이 방향에 맞추어 책 제목을 『전도제자들을 위한 산상복음』으로 잡았다.

산 위에서 주신 수훈

전도제자의 산상복음

발행일 | 2020. 8. 13 (초판)
지은이 | 조상용
발행인 | 박정자
발행처 | 에페코북스
마케팅 | 류호연
기획.디자인 | 에페코북스 편집실

주　소 | 서울시 영등포구 여의도동 14-5
제작처 | ㈜ 예손그리너
팩　스 | 02-2274-1854
이메일 | rutc1854@hanmail.net
출판등록 | 제20011-999127호

＊잘못된 책은 바꾸어 드립니다.
＊에페코북스는 헬라어로 '굳게 붙잡는다' 라는 뜻입니다. 에페코 출판사는 구원과 생명의
　말씀을 굳게 붙잡는 기업이 되겠습니다.